DICTIONNAIRE INATTENDU DES CITATIONS

DICTIONNAIRE INATTENDU DES CITATIONS

Alain Dag'Naud
Olivier Dazat

HACHETTE

LES AUTEURS

Agrégé d'histoire, ancien rédacteur en chef du *Guide de la presse*, **Alain Dag'Naud** est l'auteur de nombreux livres (notamment *L'Almanach des bienheureux, La Ville au Moyen Âge, La Construction du Mont-Saint-Michel, Les Secrets du Mont-Saint-Michel*) et de plusieurs guides touristiques.
Il collabore régulièrement à la revue *Notre Histoire*.

Rédacteur en chef de la revue *Cinématographe* jusqu'en 1987, auteur (*Chroniques perverses, Seigneurs et forçats du vélo, Le Livre de la Haine, Panache*, etc...) scénariste dialoguiste de films (*On peut toujours rêver* mis en scène par Pierre Richard), **Olivier Dazat** est également éditeur (*Lettres volées* de Gérard Depardieu).

Avant-propos

Le *Dictionnaire inattendu des citations* conserve les fondations des dictionnaires classiques : choix des auteurs les plus marquants, anthologie de leurs pensées. Mais aux gloires ressassées du passé, aux propos mille fois entendus sur des thèmes rebattus, nous avons préféré les paroles vraies, iconoclastes d'auteurs souvent méconnus. L'abbé Pierre, Hervé Guibert, Rimbaud ou Rilke ont plus à nous apprendre par leurs colères, leur foi ou leurs désespoirs que des penseurs brillants au langage de bois. Des articles de journaux, des chansons, des graffitis peuvent être aussi porteurs de fragments de réponse, à tout le moins de questions.

Les citations sélectionnées sont classées en thèmes, plus pratiques pour une recherche efficace de ce qui a bien pu être dit ou écrit sur tel ou tel sujet. La lettre C par exemple rassemble les Caresses, le Célibat, le Cerveau, le Ciel, le Cinéma ou le Cul. À l'intérieur de chaque thème, on s'étonnera de trouver se suivant deux citations contradictoires : la vérité est rarement uniforme. Suscitée par un regard, portée par l'émotion, une pensée porte sa résonnance dans les mots qui la forment et dans la sincérité de celui qui la formule. C'est assez dire qu'aucune censure, aucun tabou ne nous ont arrêtés, pas plus dans le choix des thèmes que celui des auteurs ou des citations. Sans provocations gratuites, nous n'avons simplement pas vu pourquoi il aurait fallu passer à la trappe un aspect sulfureux des êtres ou des mots.

En fin de l'ouvrage, l'index des auteurs et celui des mots-clés facilitent la recherche, les thèmes majeurs faisant l'objet d'une entrée du dictionnaire apparaissant en caractères gras. Les nombres renvoient au numéro d'ordre de la citation.

Sept mille citations ainsi « mises en marche » constituent la trame à rebondissements d'un roman du quotidien, subversif et actuel.

Alain Dag'naud et Olivier Dazat.

adulte

1 Chez l'homme, c'est le papillon qui devient un ver.
Henry de Montherlant *La Reine morte (1942);* Gallimard.

2 Grandir, c'est apprendre à grelotter seule.
Mireille Best *Les Mots de hasard (1980);* Gallimard.

3 L'éternelle jeunesse est impossible : même s'il n'y avait d'autre obstacle, l'observation de soi-même la rendrait impossible.
Franz Kafka *Journal intime (10 avril 1922);* tr. Kossovski ; Grasset.

4 La persistance en moi d'une velléité ancienne de travailler, de réparer le temps perdu... me donnait l'illusion que j'étais toujours aussi jeune.
Marcel Proust *A l'ombre des jeunes filles en fleur (1918);* Gallimard.

5 Qu'est-ce qu'un adulte ? Un enfant gonflé d'âge.
Simone de Beauvoir *La Femme rompue (1968);* Gallimard.

6 Ce n'était que ça l'âge adulte : l'enfance moins l'espérance.
Jean-Guy Rens *La Mort du coyote (1973);* L'Herne.

C'est fou comme les adultes sont enfantins... Ils sont enfantins 7
mais vulgaires.
Valérie Valère[1] *Le Pavillon des enfants fous (1979)*; Stock.

L'enfantillage, c'est la honte des hommes face à la vie au 8
sortir du néant.
Slogan, Mai 1968.

Car ce qui est né de la chair est chair, et ce qui est né de 9
l'esprit est esprit. Ne t'étonne pas de ce que je t'ai dit. Il faut que vous naissiez de nouveau.
Saint Jean chap. III, 6 et 7.

Choisir, c'est vieillir. 10
Philippe Soupault *Vingt mille et un jours,* entretiens avec S. Fauchereau *(1980)*; Belfond.

démon de midi :
Être grave dans sa jeunesse, cela se paie souvent par une 11
nouvelle jeunesse dans l'âge mûr.
Paul Léautaud *Passe-temps (1929)*; Mercure de France.

compte à rebours :
Il ne reste plus que deux, trois années, cinq avec de la chance, 12
pour garder un corps mince, un visage sans rides, pour approcher une enfant de vingt ans sans qu'elle recule ou qu'elle sourie.
Robert Brasillach *La Reine de Césarée*[2]; Plon.

adversité

Je comprenais que ça se passait pas bien dans la vie, que c'était 13
compliqué, qu'il y avait de la concurrence, que, même en arrivant très tôt, on arrivait trop tard.
San-Antonio *Je le jure (1975)*; Stock.

c'est le bouquet !
Il y a des gens qui vous laissent tomber un pot de fleurs sur la 14
tête d'un cinquième étage et qui vous disent : je vous offre des roses.
Victor Hugo *Tas de pierres (1901).*

On se fait encore plus d'illusions sur ses ennemis que sur ses 15
amis.
Alfred Capus *Œuvres complètes.*

---

1 - Valérie Valère est décédée en janvier 1983. Elle avait vingt-deux ans.
2 - Écrite en captivité, peu avant l'exécution de Brasillach le 6 février 1945, la pièce ne fut jouée à Paris qu'en 1957. Les organismes de la Résistance la firent retirer de l'affiche.

16 On s'habitue à ses infirmités, le plus difficile c'est d'y habituer les autres.
Élisabeth de la Live de Bellegarde, comtesse d'Houdetot (1730-1813).

17 Je suis comme un paralytique qui a trouvé dans l'immobilité le moyen d'éviter les chutes.
Benjamin Constant *Lettre à Sismonde de Sismondi,* 13 août 1813.

18 Le grand triomphe de l'adversaire est de vous faire croire ce qu'il dit de vous.
Paul Valéry *Mauvaises pensées et autres (1941);* Gallimard.

19 Combien de gens meurent dans les accidents pour ne pas lâcher leur parapluie.
Paul Valéry cité par André Gide, dans son *Journal;* Gallimard.

20 On dirait que l'homme peut tout supporter. Même ce qu'il n'a pas fait. Même l'idée qu'il n'en peut supporter davantage.
William Faulkner *Lumière d'août (1932);* tr. Coindreau ; Gallimard.

21 Je n'ai plus d'amis, je les ai tués avant qu'ils ne me tuent.
Réal Benoît *La Saison des artichauts (1968);* Cercle du livre de France.

22 Homme, tout affronter vaut mieux que tout comprendre.
La vie est à monter, et non pas à descendre.
Émile Verhaeren *Les Rêves,* dans *La Multiple Splendeur (1906);* Mercure de France.

23 L'homme est une entreprise qui a contre elle le temps, la nécessité, la fortune et l'imbécile et toujours croissante primauté du nombre.
Marguerite Yourcenar *L'Œuvre au noir (1968);* Gallimard.

24 Dans l'adversité de nos meilleurs amis nous trouvons toujours quelque chose qui ne nous déplaît pas.
La Rochefoucauld *Réflexions ou sentences... (1664).*

embaumé :

25 Le corps d'un ennemi mort sent toujours bon.
Aulus Vitellius (15-69).

26 Chaque fois qu'on produit un effet, on se donne un ennemi. Il faut rester médiocre pour être populaire.
Oscar Wilde *Le Portrait de Dorian Gray (1890);* tr. E. Jaloux et F. Frapereau ; Stock.

27 L'ennemi commence à devenir dangereux quand il commence à avoir raison.
Jacinto Benavente *Après le repas.*

28 Avec un peu d'intelligence et de perspicacité, on peut n'avoir jamais de meilleurs conseillers que ses ennemis.
Charles, duc de Morny (1811-1865).

Vivent mes ennemis ! Eux du moins ne peuvent pas me trahir. 29
Henry de Montherlant *Malatesta (1946)* ; Gallimard.

affinités

Et si Roméo et Juliette avaient été de la même famille, est-ce que ça aurait mieux marché ? 30
Pensée du 1er août 1981 ; Almanach de l'*Os à moelle* ; Mengès.

Pour Juliette – Tous les chemins mènent à Roméo. 31
Roland Bacri *Le Petit Lettré illustré (1971)* ; Balland.

Péché originel de l'amour, Adam et Ève ne se sont pas choisis. 32
Robert Mallet *Apostilles (1972)* ; Gallimard.

D'une certaine manière des gens qui renoncent à tout et des gens qui désirent tout sont bien faits pour s'entendre. 33
Maurice Barrès *Trois stations de psychothérapie (1891)*.

complicité :
Pourquoi la maîtresse compatit-elle toujours avec la femme trompée ? c'est agaçant. 34
André Berthiaume *Contretemps (1971)* ; Cercle du livre de France.

Cette sorte d'inclination que nous avons pour les personnes dont nous croyons les dispositions pareilles aux nôtres. 35
Madame de La Fayette *Zaïde (1670)*.

Un jour, de l'ongle du pouce, il grava ses initiales à elle dans le crépi friable d'immondes chiottes publiques. Un jour, elle se releva pour aller chercher de la vaseline. Un jour, elle dit drève, farde, chicon, drache et carabistouille, et il comprit alors, confusément, qu'ils auraient quelque peine à s'entendre. 36
Jean-Luc Benoziglio *Tableaux d'une ex (1989)* ; Le Seuil.

âge

huit ans :
Jusqu'à l'âge de huit ans, je n'ai ni ri ni souri. Depuis, j'ai adopté un certain rictus. 37
Maurice Roche *Mémoire (1976)* ; Belfond.

douze ans :

38 L'enfant met un siècle à grandir, et, à douze ans, il ne lui reste plus qu'à bâcler sa maturité en quelques heures et expédier la vieillesse en deux minutes.
Jacques Perret *La Bête mahousse (1951);* Gallimard.

treize ans :

39 Treize ans, c'est l'âge de raison de la mémoire.
Paroles de **Boubou Hama** rapportées par Jean Rouch *Le Monde,* 12 février 1982.

vingt ans :

40 J'ai vu souhaiter d'être fille, et une belle fille, depuis treize ans jusqu'à vingt-deux, et après cet âge, de devenir un homme.
La Bruyère *Les Caractères (1688).*

41 J'avais vingt ans. Je ne laisserai personne dire que c'est le plus bel âge de la vie.
Paul Nizan *Aden Arabie (1932);* Maspero.

quarante ans :

42 Après quarante ans, c'est sur la nuque que nous portons notre véritable visage, regardant désespérément en arrière.
Julio Cortazar *Marelle (Raynela) (1963);* tr. Guille et Rosset; Gallimard.

43 Ils sont rares, de nos jours, ceux qui atteignent la quarantaine sans vérole et sans décoration.
André Gide *Les Faux-Monnayeurs (1925);* Gallimard.

44 On a l'impression, quand on a atteint la quarantaine, qu'on n'a pas fait ce que l'on devait faire et qu'on n'a plus le temps de faire ce qu'on a à faire.
Claude Lelouch interview à *Télérama,* 4 juillet 1981.

45 À quarante ans, on séduit parce que c'est devenu un jeu. Ce n'est plus du tout un enjeu.
Danièle Laufer, dans *Biba,* mars 1990.

46 Il y a un âge pour se raconter sans trop de mensonge : la quarantaine. Avant on enjolive; après on radote.
Jean-Claude Andro *Toutes les salles de la forêt (1979);* Flammarion.

47 À quarante ans, les uns se font aigus, les autres fades : d'autres tournent au porc, moi je me fais loup. Je dis non, je rôde, et je me maintiens inattaquable dans les grands bois enneigés.
Charles Augustin Sainte-Beuve (1804-1869) *Correspondance à Madame Ollivier.*

48 Il avait compris qu'elle était destinée à vieillir mais non point à mûrir... Aux approches de la quarantaine, il vit sans surprise cette enfant s'alourdir, s'empâter, perdre sa grâce juvénile. Les caprices eurent des allures de crises. C'est alors qu'étaient apparus les premiers symptômes d'une dépression intermittente.
Jean-Louis Curtis *L'Horizon dérobé (1979);* Flammarion.

Quarante ans est un âge terrible. Car c'est l'âge où nous 49
devenons ce que nous sommes.
Charles Péguy *Victor-Marie, comte Hugo (1934)*; Gallimard.

cinquante-cinq ans :
À cinquante-cinq ans, j'ai conservé ma force virile, et je compte 50
bien que cela durera encore vingt ans; or je vieillirai, je deviendrai repoussant, les femmes ne viendront plus de bon cœur, j'aurai donc besoin d'argent.
Fedor Dostoïevski *Les Frères Karamazov (1877)*; tr. Mongault; Gallimard.

soixante ans :
À vingt ans, on est plus amoureux qu'autre chose; à soixante on 51
est plus autre chose qu'amoureux.
Victor Hugo *Œuvres dites de l'Imprimerie nationale.*

À vingt ans c'est une promenade, à soixante ans c'est un 52
pèlerinage.
Serge Bonnet *Prières secrètes des Français d'aujourd'hui (1976)*; Cerf.

quatre-vingts ans :
La sensualité s'éteint à quatre-vingts ans. 53
Marcel Jouhandeau *Parousie (Journaliers, t. 22) (1967-1968)*; Gallimard.

Quand on vit plus de quatre-vingts ans, on s'aperçoit que les 54
arbres aussi sont mortels.
François Mauriac interview dans *Le Monde*, 15 mars 1969.

quatre-vingt-quinze ans :
Une femme, âgée de quatre-vingt-dix ans, disait à Monsieur 55
de Fontenelle[1], âgé de quatre-vingt-quinze : « La mort nous a oubliés. » « Chut ! », lui répondit Monsieur de Fontenelle en mettant le doigt sur la bouche.
Chamfort (1741-1794) *Pensées, Maximes et Anecdotes (1803).*

agriculture

Les baux des maraîchers parisiens stipulent couramment que le 56
locataire peut emporter avec lui son sol jusqu'à une certaine profondeur quand il résilie son bail.
René Dubos *Courtisons la terre (1980)*; Stock.

---

1 - Fontenelle mourut centenaire, en 1757.

57 Les hommes qui travaillent ne peuvent rêver, et la sagesse nous vient des rêves. Vous me demandez de travailler la terre. Dois-je prendre un couteau et déchirer le sein de ma mère ?
Smohalla [1].

58 Toutes les fermes étaient pourvues d'un prisonnier français qui travaillait le jour aux champs et dormait la nuit avec la patronne pour des raisons de commodité réciproque : quand les maris allemands venaient en permission, ils restaient de préférence au café du village, sachant bien comment allaient les choses, et voulant dans leur sagesse paysanne qu'elles continuent ainsi puisque c'était la seule façon de faire tourner la ferme.
Gilles Perrault *Les Gens d'ici (1981)*; Ramsay.

59 L'amour aime les champs, et les champs l'ont vu naître.
André Chénier (1762-1794) *Élégie.*

60 L'agriculture ne sert plus à nourrir les populations, mais à produire des devises.
Robert Linhart *Le Sucre et la Faim dans le Nordeste du Brésil (1980)*; éd. de Minuit.

61 Vous pouvez promener votre charrue ailleurs que sur le champ virginal [...] de ma fille.
Cyrano de Bergerac (1619-1655) *Le Pédant joué.*

62 On a trouvé en bonne politique le secret de faire mourir de faim ceux qui, en cultivant la terre, font vivre les autres.
Voltaire (1694-1778) *Le Sottisier.*

63 Je ne connais aucune exception à cette règle, qu'il est moins coûteux d'acheter son lait que d'avoir une vache.
Samuel Butler *Ainsi va toute chair (1903)*; tr. Valery Larbaud ; Gallimard.

64 Quand le paysan va jusqu'à donner son argent, son sang ne compte plus après.
Jules Michelet *Histoire de la Révolution française (1847-1853).*

exode rural :

65 L'agriculteur est un homme qui transpire beaucoup afin de faire de son fils un monsieur qui rougira de lui plus tard.
Adrien Decourcelle *Le Livre de chevet.*

aimer

l'art d'aimer :

66 Il n'y a rien de plus réellement artistique que d'aimer les gens.
Vincent Van Gogh *Lettres à son frère Théo*; Gallimard.

1 - Chef indien d'Amérique du Nord (1815).

aimer

C'est bigamie d'aimer et de rêver. 67
Odysseas Elytis ; tr. du grec par X. Bordes et R. Longueville ; Maspero.

[...] Ceux qui aiment et ceux qui ont du plaisir ne sont pas 68
les mêmes.
Marcel Proust *À l'ombre des jeunes filles en fleurs (1918) ;* Gallimard.

J'aime parce que j'aime ; j'aime afin que je puisse aimer[1]. 69
Saint Bernard de Clairvaux.

Celle que j'aime 70
La pluie ne tombe pas sur elle.
Louis Chédid *La fille que j'aime ;* Disques CBS.

Est-il meilleur d'aimer ou d'être aimé ? Ni l'un ni l'autre si notre 71
taux de cholestérol excède 5,35.
Woody Allen *Dieu, Shakespeare et Moi ;* tr. M. Lebrun (1975) ; éd. Solar.

Avoir quelqu'un à aimer, c'est le paradis ! 72
Marcel Jouhandeau *Journaliers : Parousie* (t. 22) ; Gallimard.

Aimer, oui. Mais pas le genre d'amour-toujours avec cadenas 73
autour du vagin et court-circuit dans le cerveau.
Rita Mac Brown *Molly-Melo (1978) ;* tr. D. Marion ; Albin Michel.

à tombeau ouvert :
Danton était la vie même, faisait exhumer le cadavre de sa 74
femme pour la serrer encore dans ses bras.
*Journal d'***Aimée de Coigny** édité par A.M. Grangé ; Libr. Acad. Perrin.

à la folie :
J'ai toutes les raisons de t'aimer. Il me manque la déraison. 75
Robert Mallet *Apostilles (1972) ;* Gallimard.

à genoux :
Je n'ai jamais aimé une femme qu'autant qu'elle me paraissait 76
un miracle.
Marcel Arland *Carnets de Gilbert (1931) ;* Gallimard.

à pleines dents :
L'art d'aimer ? C'est savoir joindre à un tempérament de vampire 77
la discrétion d'une anémone.
E.M. Cioran *Syllogismes de l'amertume (1952) ;* Gallimard.

au choix :
En amour, il ne s'agit pas d'aimer mais de préférer. 78
Louise de Vilmorin *La Lettre dans un taxi (1973) ;* Gallimard.

---

1 - Il aime.

aller et retour :

79 Aimer, ça allait tout seul. C'est le retour qui n'était pas facile.
Jovette Bernier *Non Monsieur (1969)*; Cercle du livre de France.

conclusion :

80 Il y a seulement de la malchance à n'être pas aimé; il y a du malheur à ne point aimer.
Albert Camus *L'Été (1954)*; Gallimard.

amant

81 L'amant est toujours plus près de l'amour que de l'aimée.
Jean Giraudoux *Amphitryon 38 (1929)*; Grasset.

prince Charmant :

82 Sous le haut gaillard, elles adorent trouver l'enfant [...] bref neuf dixièmes de gorille et un dixième d'orphelin leur font tourner la tête.
Albert Cohen *Belle du seigneur (1968)*; Gallimard.

83 Pour beaucoup de femmes, le plaisir est toujours le plaisir, et n'est jamais que cela; et auprès de celles-là, de quelque titre qu'on nous décore, nous ne sommes jamais que des facteurs.
Pierre Choderlos de Laclos *Les Liaisons dangereuses (1782).*

84 L'homme qui aime bien peut commettre des crimes, il est toujours blanc comme neige aux yeux de celle qui l'aime.
Honoré de Balzac *Petites misères de la vie conjugale (1845).*

donnez-vous la peine d'entrer :

85 [...] Qui convaincra jamais un amoureux de ne pas voir d'intention dans une phrase tout simplement polie?
Claude Mathieu *Simone en déroute (1963)*; Cercle du livre de France.

86 Quoi qu'on dise, ce qu'une femme préfère chez un homme, c'est l'amour.
Roch Carrier *Il est par là, le soleil (1970)*; éd. du Jour.

87 On peut aimer l'amour et mépriser l'amant.
George Farquhar *The Recruiting Officer, III (1706).*

position :

88 Il est difficile aux amants de s'entretenir longtemps debout.
Michèle Bret *Telle mère telle fille.*

89 Et nous boirons à nos maîtresses
Dans les crânes de leurs amants.
Hector Berlioz *Lélio ou le Retour à la vie (1832).*

L'aimé est tout ce qui vit, l'amoureux, une chose morte. 90
Djalal-Eddine Roumi *Masnavi.*

L'amour a la vertu de dénuder non pas deux amants l'un en face 91
de l'autre, mais chacun des deux devant soi-même.
Cesare Pavese *Le Métier de vivre (1952);* Gallimard.

[...] Les amants à la longue deviennent des maris. 92
Catherine Bernard *Riquet à la houppe.*

poivre et sel :
Depuis que le monde existe on n'a jamais vu deux amants en 93
cheveux blancs soupirer l'un pour l'autre.
Jean-Jacques Rousseau *La Nouvelle Héloïse (1761).*

Au-delà d'une amante avec qui l'on jouit de la vie, il y a une 94
sœur avec qui l'on pleure.
Maurice Barrès *L'Ennemi des lois (1893).*

ambition

« Je réussirai ! » Le mot du joueur, du grand capitaine, mot 95
fataliste qui perd plus d'hommes qu'il n'en sauve.
Honoré de Balzac *L'Illustre Gaudissart (1833).*

Tout poids souhaite tomber vers le centre du monde par le plus 96
court chemin.
Léonard de Vinci dans Gonzague Saint-Bris *Athanase ou la manière bleue (1976);* Julliard.

L'alpinisme social n'est-il pas, avec la roulette ou le black- 97
jack, le sport le plus distrayant qu'un désespéré puisse pratiquer ?
Françoise Chandernagor *L'Archange de Vienne, Leçons de ténèbres* II *(1989);* éd. de Fallois.

girafe :
Il vaut mieux attraper un torticolis en visant trop haut que 98
devenir voûté en regardant trop bas.
Jacques Chancel *Tant qu'il y aura des îles (1980);* Hachette.

caméléon :
L'ambition souvent fait accepter les fonctions les plus basses : 99
c'est ainsi que l'on grimpe dans la même posture que l'on
rampe.
Jonathan Swift *Instructions aux domestiques;* éd. T. Shéridan.

Les places éminentes sont comme les rochers escarpés, où les 100
aigles et les reptiles seuls peuvent parvenir.
Madame Necker *Mélanges.*

lézard :

101 Il y a de la place au soleil pour tout le monde, surtout quand tout le monde veut rester à l'ombre.
Jules Renard *Journal (1898).*

102 Lâcher la proie pour l'ombre, comme si l'ombre n'était pas la meilleure des proies !
Jean Chalon *L'avenir est à ceux qui s'aiment (1979)* ; Stock.

loup :

103 *Lupus est homo homini* (L'homme est un loup pour l'homme)[1].
Plaute (254-184 av. J.-C.) *Asinaria (La Comédie des ânes), acte II, sc. 4* ; tr. Bourgery.

renard :

104 Si jamais j'acquiers la Sagesse, je serai assez sage, j'imagine, pour en tirer parti.
Somerset Maugham *Le Fil du rasoir (1940)* ; tr. Oungre ; Plon.

lionne :

105 Il n'y a pas de moyen plus sûr pour parvenir dans ce monde que de coucher avec la femme d'un homme puissant.
Charles Nodier *Moi-même (1798)*[2].

106 Les femmes pensent à l'amour, les hommes aux galons...
De Gaulle cité par André Malraux, dans *Les chênes qu'on abat (1970)* ; Gallimard.

107 La question du costume est énorme chez ceux qui veulent paraître avoir ce qu'ils n'ont pas, car c'est souvent le meilleur moyen de le posséder plus tard.
Honoré de Balzac *Illusions perdues*[3] *(1837-1843).*

108 Le monde appartient à ceux qui n'ont pas d'heures fixes pour les repas.
Anna de Noailles dans Edmée de la Rochefoucauld *Anna de Noailles (1976)* ; Mercure de France.

109 Pour arriver, il faut mettre de l'eau dans son vin, jusqu'à ce qu'il n'y ait plus de vin.
Jules Renard *Journal* ; Gallimard.

110 Quel premier communiant n'a rêvé d'être pape ?
François Mitterrand *La Rose au poing (1973)* ; Flammarion.

111 J'ai enfin trouvé ce que je voulais devenir plus tard : un petit garçon.
Joseph Heller *Panique,* trad. J. et M. Duranteau (1979) ; Grasset.

112 J'y crois, moi, à l'honneur, c'est pour ça que je n'ai pas réussi.
Gilles Archambault *Parlons de moi.*

---

1 - Thomas Hobbes reprendra la formule et la rendra célèbre.
2 - Nodier avait alors dix-sept ans. De nos jours, il faut même coucher en plus avec l'homme puissant !
3 - L'œuvre est dédiée à Victor Hugo.

Je voulais être un grand écrivain et je l'ai été. Je voulais 113
connaître la gloire et je l'ai connue. Et puis je voulais aussi autre chose, et je ne sais pas ce que c'était, et cela, je ne l'ai pas eu.
Jean-Paul Sartre cité par Geneviève Brissac *Le Monde,* 19 octobre 1990.

L'ambition, ça finit toujours entre quatre planches. 114
Frédéric Hufnagel *Maxi Basket.*

âme

Le corps est un des noms de l'âme, et non pas le plus indécent. 115
Marcel Arland *Où le cœur se partage (1927);* Gallimard.

Dans une figure, cherchez la grande lumière et la grande ombre, 116
le reste viendra naturellement.
Édouard Manet.

Qu'est-ce que l'âme ? – C'est ce qui s'échappe des yeux, des 117
cheveux secoués, de la bouche, des boucles, du torse, du sexe.
Jean Genet *Pompes funèbres;* A Bikini, aux dépens de quelques amateurs, 1947.

L'âme est le seul oiseau qui soutienne sa cage. 118
Victor Hugo *Les Misérables (1862).*

Nos âmes devraient, tout comme notre corps, trois mois par an 119
à la plage, aller nues; ainsi les verrions-nous prendre des rides, se boudiner ou se dessécher, se déformer, prendre du ventre, s'atrophier et, avant qu'il ne soit trop tard, nous pourrions leur appliquer des masques aux œufs ou à la framboise; cela nous éviterait bien des problèmes de reconnaissance.
Jean Basile *La Jument des Mongols (1966);* Grasset.

Un jour, au cours d'un 3 000 mètres, je fus frappé par cette 120
vérité profonde : est-ce par un pur hasard linguistique que le mot anglais qui désigne l'âme *(soul)* se prononce exactement de la même manière que le mot décrivant la semelle d'une chaussure *(sole)* ?
Erich Segal *La Pulchritude du coureur de fond; Le Magazine littéraire,* janvier 1978.

Comme on fait son âme on se couche dans les mots. 121
Jean Pérol *Morale provisoire (1978);* Gallimard.

Ceux qui nient l'immortalité de l'âme se rendent justice. 122
Maximilien de Robespierre cité par Robert Desnos dans *La Révolution surréaliste;* J.M. Place, diff. Plasma.

123 L'âme ne me paraît souvent qu'une simple respiration du corps.
Marguerite Yourcenar *Alexis ou le Traité du vain combat (1929)*; Plon.

124 À cette question : « Où va l'âme, quand meurt le corps ? », Jacob Boehme répondait : « Il n'y a point de nécessité pour elle d'aller nulle part. »
Cité par **Aldous Huxley** *La Philosophie éternelle (1946)*; tr. J. Castier; Plon.

125 Morts, les autres ne sont pas séparés. Ils tournent encore autour de leurs cadavres.
Antonin Artaud *Les Nouvelles Révélations de l'Être (1937)*; Gallimard.

126 L'âme est anonyme.
Maître Eckhart (v. 1260-v. 1327) *Œuvres*; tr. P. Petit.

127 Une âme se mesure à la dimension de son désir.
Gustave Flaubert (1821-1880) *Correspondance.*

128 Cette autre vie qu'est cette vie dès qu'on se soucie de son âme.
Alain *Histoire de mes pensées (1936)*; Gallimard.

129 Il faut perdre son âme. Mais comment ?
Robert Charbonneau *Aucune créature (1961).*

Amérique

U.S.A. :

130 Toute-puissance qui possède les deux tiers des autos, la moitié des engins nucléaires, le quart de l'acier et la quasi-totalité des emmerdements du monde.
Georges Elgozy *L'Esprit des mots, ou l'Antidictionnaire (1981)*; Denoël.

131 L'Amérique, maintenant, c'est Freud, l'angoisse, le doute et la merde.
Romain Gary *Adieu Gary Cooper (1969)*; Gallimard.

132 Les États-Unis sont bornés au nord par le pôle, au sud par l'Antarctique, à l'est par le premier chapitre de la Genèse, et à l'ouest par le Jour du Jugement dernier.
Arthur Bird (en 1899) dans P. Y. Pétillon *La Grand-Route (1979)*; Le Seuil.

133 C'est au bras de la noblesse de France que la démocratie américaine a fait son entrée dans le monde.
Paul Claudel (1868-1955) dans duc de Castries *La France et l'Indépendance américaine*; Librairie Académique Perrin.

Amérique

Dallas :
Si Christophe Colomb n'avait rien découvert, Kennedy serait toujours vivant. 134
Pensée du 25 avril 1980. Almanach de l'*Os à moelle;* Mengès.

Reagan :
Je suis contre le contrôle des armements, Salt II, les assurances sociales, les bureaucrates du gouvernement, l'avortement, l'égalité des droits de la femme, les droits des homosexuels, l'intégration scolaire excessive entre Blancs et Noirs, la pornographie. 135
Ronald Reagan discours, avril 1980, dans *V.S.D.,* 8 avril 1980.

New York :
Les Juifs possèdent New York, les Irlandais l'administrent, et les nègres en jouissent. 136
Propos rapporté dans *Le Monde,* 11 juin 1976.

Je ne connais pas une personne dans tout New York qui n'avale pas une pilule à un moment ou à un autre de la journée pour calmer une douleur quelconque. 137
Julian Horwitz *L'Ennemi naturel (1977);* tr. A. de Vogüé; Le Seuil.

Ils sont vraiment curieux ces Américains. Ils sont brutaux et crient en faisant l'amour, ou tellement timides qu'ils parlent et ne font rien. 138
Philippe Franchini *Continental Saigon (1977);* Olivier Orban.

Wall Street :
Les États-Unis restent l'un des rares pays où « capitalisme » est généralement considéré comme un mot de bon aloi. 139
Andrew Shonfield *Le Capitalisme d'aujourd'hui (1967);* Gallimard.

L'achat est un acte plus américain que la pensée, et je suis américain jusqu'au bout des ongles. 140
Andy Warhol cité par David Bourdon *Andy Warhol (1989);* tr. J. Bainiort, Flammarion.

I'm a poor lonesome cowboy :
Il faut avoir l'air d'être efficace en Amérique pour ne pas trop se distinguer. 141
Vladimir Boukovski *Cette lancinante douleur de la liberté (1981);* N. Krivochéine; R. Laffont.

La violence est l'une des grandes industries américaines. 142
Alain Bosquet *Les Américains sont-ils adultes ¿;* Hachette.

C'est un excès de rêve qui a tué les États-Unis. 143
J.G. Ballard *Salut l'Amérique! (1981);* tr. E. Gille; Denoël.

Les États-Unis d'Amérique forment un pays qui est passé directement de la barbarie à la décadence sans jamais avoir connu la civilisation. 144
Albert Einstein.

145 Aux États-Unis on est écrasé par ce cliché : il faut être heureux.
Mary Gaitskill *Mauvaise conduite (1988)* ; tr. A. Stroumza, Flammarion.

146 C'est plutôt lugubre de vivre à l'ère américaine – à moins qu'on ne soit américain, évidemment.
John Osborne *La Paix des dimanches (1958)* ; tr. Coline ; éd. Paris Théâtre.

autant en emporte le vent :

147 Le destin de notre nation a été de ne pas avoir d'idéologie, mais d'en être une.
Hans Kohn dans Elise Marienstras *Les Mythes fondateurs de la nation américaine (1976)* ; Maspero.

Canada :

148 Le Canada est délimité au nord par l'or, à l'ouest par l'orient, à l'est par l'histoire et au sud par des amis.
Frances Shelley Wees *Leçon de géographie (1937).*

Acadie :

149 Je leur avons dit de nous bailler la nationalité qu'y voudriont. Ça fait que je crois qu'ils nous avons placés parmi les Sauvages.
Antonine Maillet *La Sagouine (1972)* ; Grasset.

amitié

s.o.s. amitié :

150 Un meilleur ami, c'est quelqu'un que l'on appelle deux jours comme deux nuits.
Michèle Anouf *Des histoires ordinaires (1982)* ; Luneau Ascot.

151 Il faut toujours par saint Rémi
Accepter le cadeau d'un ami.
Qui hésite à prendre
Aura peur de donner.
Du chevalier à la robe vermeille dans **A. de Montaiglon** et **G. Raynaud** Recueil général et complet des fabliaux des XIIIe et XIVe siècles.

152 Quand mes amies sont borgnes, je les regarde de profil.
Joseph Joubert *Pensées (1842).*

153 Les amis, il faut les voir un par un avec l'éternité devant soi à chaque fois.
Christiane Rochefort *Ma vie revue et corrigée par l'auteur (1978)* ; Stock.

amitié

ami-mot :
Heureux deux amis qui s'aiment assez pour [savoir] se taire ensemble. 154
Charles Péguy *Victor-Marie, comte Hugo (1934)*; Gallimard.

Votre ami est la réponse à vos désirs. 155
Khalîl Gibrân *Le Prophète*; tr. Aboussouan; Castermann.

Ce sont les amis riches qui coûtent le plus cher. 156
Édith Wharton *Le Fruit de l'arbre*; Flammarion.

Vendredi :
Le véritable ami est celui à qui on n'a rien à dire. Il contente à 157
la fois notre sauvagerie et notre besoin de sociabilité.
Tristan Bernard *La Faune des plateaux*; Flammarion.

biographe :
Vivre sans ami, c'est mourir sans témoin. 158
George Herbert *Facula prudentum (1651).*

Dieu me garde de mes amis; mes ennemis, je m'en charge. 159
Antigone II (IIIe s. av. J.-C.) cité par Stobée *Florilegium*; repris par le maréchal de Villars en 1709.

Sganarelle :
L'ami n'est pas un complément; ce n'est qu'une réplique. 160
Pierre Baillargeon *Commerce (1947)*; Variétés.

adieu l'ami :
Celui qui te quitte dans son malheur te donne autant la preuve 161
qu'il n'a pas été véritablement ton ami que s'il te quittait dans ton malheur.
Garabet Ibraileanu (1871-1936) *En regardant la vie.*

Faust :
Le diable, voyez-vous, c'est l'ami qui ne reste jamais jusqu'au 162
bout.
Georges Bernanos *Monsieur Ouine (1943)*; Plon.

entre nous :
La seule façon de se faire un ami est d'en être un. 163
Ralph Waldo Emerson *Société et Solitude (1870).*

Il n'y a pas d'amis, il n'y a que des moments d'amitié. 164
Jules Renard (1864-1910) *Journal.*

Rien ne fortifie l'amitié comme lorsque, de deux amis, l'un se 165
croit supérieur à l'autre.
Honoré de Balzac *La Peau de chagrin (1831).*

Sans affinités physiques et profondes, l'amitié intellectuelle n'est 166
rien.
David Herbert Lawrence préface à Maurice Magnus *Souvenirs d'un Américain à la Légion étrangère (1989)*; tr. E. Deschodt, Salvy.

167 Notre amour pour certaines femmes est semblable à l'amitié que nous avons pour certains hommes.
Jules Renard.

168 L'amitié... une invention des hommes pour dominer leur vieille peur de la femme.
Marie-Odile Métral, dans Jean Delumeau *La Peur en Occident, XIVe-XVIIIe siècle ;* Fayard.

amour

169 Sais-tu vraiment
ce que c'est que de se donner ?
Alors tu es libre.
Javier Lentini *Museo de mascaras,* trad. V. Binar.

inauguration :

170 Lamiel s'assit et le regarda s'en aller (elle essuya le sang et songea à peine à la douleur). Puis elle éclata de rire en se répétant : « Comment, ce fameux amour, ce n'est que ça ! »
Stendhal *Lamiel (1889).*

171 L'amour... cet évangile apocryphe qui se moque de la dialectique.
Julie Cheverny *Sexologie de l'Occident (1976) ;* Hachette.

172 L'amour est la véritable religion de l'hypercomplexité.
Edgar Morin *La Méthode : La Vie de la vie (1977) ;* Le Seuil.

173 À quoi reconnais-tu que tu es amoureux ? La circulation en ville s'améliore et le coût de la vie me paraît extrêmement bas.
Muriel Spark *L'Appropriation (1988) ;* tr. Ph. Mikriammos, Fayard.

174 Un amour peut naître par défi. Il ne peut survivre que s'il s'inscrit dans une société.
Robert Musil *L'Homme sans qualités (1933) ;* tr. Jacottet ; Le Seuil.

175 Quand on aime, l'amour est trop grand pour pouvoir être contenu tout entier en nous ; il irradie vers la personne aimée, rencontre en elle une surface qui l'arrête, le force à revenir vers son point de départ, et c'est ce choc en retour de notre propre tendresse que nous appelons les sentiments de l'autre et qui nous charme plus qu'à l'aller, parce que nous ne reconnaissons pas qu'elle vient de nous.
Marcel Proust *À l'ombre des jeunes filles en fleur (1918) ;* Gallimard.

Qui ignore l'amour vit au milieu des fauves, mais qui a mal aimé effarouche les fauves. 176
Félix Lope de Vega (1562-1635) *Si les femmes étaient aveugles !*

Pour moi, l'amour n'est pas et ne doit pas être au premier plan de la vie : il doit rester dans l'arrière-boutique. 177
Gustave Flaubert *Correspondance à Louise Colet (1887).*

L'amour est ou n'est pas, il lui manque tout ou rien... 178
Georges Bernanos *Correspondance (1971) ;* Plon.

Tout grand amour a en soi quelque chose d'humiliant et de risible. 179
Jaroslaw Iwaszkiewicz *Les Demoiselles de Wilko (1961) ;* tr. Cazin ; Le Sagittaire.

L'amour, c'est l'occasion unique de mûrir, de prendre forme, de devenir soi-même un monde, pour l'amour de l'être aimé. C'est une haute exigence, une ambition sans limite qui fait de celui qui aime un élu qu'appelle le large[1]. 180
Rainer Maria Rilke *Lettres à un jeune poète (1929) ;* tr. Jacottet ; Le Seuil.

vulgarisation :
L'amour c'est l'infini mis à la portée des caniches. 181
Louis-Ferdinand Céline *Voyage au bout de la nuit (1932) ;* Gallimard.

L'amour n'est-il pas le dieu du temps perdu ? 182
Marie-Claire Blais *Les Voyageurs sacrés (1969) ;* H.M.H.

Il est vrai que l'amour est si dangereux à voir qu'il ne laisse pas d'enflammer lors même qu'il ne s'adresse pas à vous. 183
Madame de La Fayette *Zaïde (1670).*

mégot :
Les feux de l'amour laissent parfois une cendre d'amitié. 184
Henri de Régnier (1864-1936) *« Donc... » ;* Kra.

Tant qu'on y va au couteau, c'est qu'il reste de l'amour. 185
Norman Mailer, après l'agression contre sa femme.

L'amour imite, je peux même dire que l'amour ne fait que ça : imiter. 186
Daniel Boulanger *L'Enfant de bohème (1978) ;* Gallimard.

L'amour, s'il tient en une seule fleur, est infini. 187
Antonio Porchia *Aphorismes ;* tr. Verhesen dans *Poésie vivante en Argentine ;* Le Cormier.

Là où est l'amour, là est le véritable banquet. 188
Armand Robin *Le Temps qu'il fait (1942) ;* Gallimard.

---

1 - L'ouïe fine de Rainer Maria captait, certains soirs d'exaltation, le chant des sirènes.

189 L'amour, c'est un problème résolu à l'infini.
Vladimir Jankélévitch Conférence tenue à Bourges, décembre 1981.

mal entendu :
190 L'amour est un dialogue de sourds.
Emmanuel Cocke *Va voir au ciel si j'y suis (1971);* éd. du Jour.

191 L'amour est fort comme la mort.
Cantique des Cantiques, VIII, 6.

192 L'amour, c'est pas triste.
Jane Cousins *L'amour, c'est pas triste (1979);* Mazarine.

publicité :
193 *Omnia vincit amor.* (L'amour triomphe de tout.)
Virgile (v. 70-19 av. J.-C.) *Les Bucoliques.*

194 Le manque d'amour est la plus grande pauvreté.
Mère Térésa (née en 1910).

mariage :
195 L'amour craint le doute, cependant il grandit par le doute et périt souvent de la certitude.
Gustave le Bon (1841-1931) *Aphorismes du temps présent;* Flammarion.

196 L'amour, après tout[1], n'est qu'une curiosité supérieure, un appétit de l'inconnu qui vous pousse dans l'orage, poitrine ouverte et tête en avant.
Gustave Flaubert *Correspondance à Louise Colet,* 18 septembre 1846.

courant d'air :
197 Quand la comparaison entre par la porte, l'amour sort par la fenêtre.
Yahya Haqqt *La Lampe du sanctuaire;* tr. Monteil dans *Anthologie bilingue de la littérature arabe contemporaine;* Klincksieck.

198 Immortalité de l'amour : on ne saurait médire sans injustice d'un sentiment qui a survécu au romantisme et au bidet.
E.M. Cioran *Syllogismes de l'amertume (1952);* Gallimard.

analyse

199 La fonction du Kleenex n'est pas évidente pour tous. Quelques analysés ont passé plusieurs mois à utiliser le mouchoir pour se voiler la face en s'allongeant sur le divan.
Dominique Frischer *Les analysés parlent (1981);* Stock.

1 - Après tout, pourquoi pas ?

Tous les chemins mènent à soi. 200
Jacques Lanzmann *Tous les chemins mènent à soi (1979);* R. Laffont.

Il n'y a jamais nulle part où aller qu'en dedans. 201
Doris Lessing *La Descente aux enfers (1988);* tr. P. Alien, Albin Michel.

L'analyste est celui qui veille. Non pas le guetteur qui exige le 202
mot de passe, celui qui, même s'il fait le mort, interroge toujours : « Qui vive ? ».
Michel Schneider *Blessures de mémoire (1980);* Gallimard.

Pour atteindre l'authenticité, il faut que quelque chose craque. 203
Jean-Paul Sartre propos rapporté dans *Les Temps modernes - Témoins de Sartre,* numéro spécial, 531-533.

L'auto-analyse est réellement impossible[1]... S'il en était 204
autrement, il n'y aurait pas de maladie.
Sigmund Freud *Correspondance;* tr. Berman; Gallimard.

Une bonne confession vaut mieux qu'une mauvaise excuse. 205
Jean Hamon *Lettre à un ami (1734).*

Ce qui a été compris n'existe plus. 206
Paul Eluard *Capitale de la douleur (1926);* Gallimard.

Il ne subsiste peut-être qu'un voyage véritable dont on ne peut à 207
l'avance planifier ni le coût, ni la durée, ni le parcours, celui que nul autre ne peut faire à votre place : le voyage intérieur, la psychanalyse.
Dominique Frischer *Les analysés parlent (1981);* Stock.

conclusion :
Connais-toi toi-même. 208
Socrate (environ 470-399 av. J.-C.).

angoisse

signal d'alarme :
[...] L'angoisse est ce qui ne trompe pas. 209
Jacques Lacan *Le Séminaire, XI (1973);* Le Seuil.

La plupart d'entre nous ne sont collés aux chaises branlantes de 210
principes dépréciés que par les excréments de notre angoisse.
Franz Kafka dans Gustave Janouch *Conversations avec Kafka;* tr. B. Lortholary; Lettres nouvelles/Laffont.

1 - Autrement, quel manque à gagner pour l'analyste! L'auto-analyse est à l'analyse ce que la radio libre est à la radio nationale...

météo :

211 C'est ça l'angoisse : il n'y a plus de bons ni de méchants, il y a de beaux et de mauvais jours.
Claude Lelouch à propos du film *Les Uns et les Autres (1981).*

212 L'angoisse est la disposition fondamentale qui nous place face au néant.
Martin Heidegger *Kant et le Problème de la métaphysique (1929);* tr. de Waehlens et Biemel; Gallimard.

213 Dans ce monde, l'on n'a que la terreur pour se défendre contre l'angoisse.
Louis Scutenaire *Mes inscriptions (1976);* Gallimard.

214 Le scepticisme est l'élégance de l'anxiété.
E.M. Cioran *Syllogismes de l'amertume (1952);* Gallimard.

215 Celui qui se demande
Ce qu'il y a en haut
Ce qu'il y en bas
Ce qu'il y avait avant
Ce qu'il y aura après
Mieux vaudrait pour lui
N'avoir pas été créé.
Talmud; tr. Schwab; Maisonneuve.

216 Celui qui est un peu sage dans la vie peut réaliser cela : l'inutilité de s'inquiéter!
Tenzin Gyatso, quatorzième Dalaï Lama, propos rapportés par Stéphane Allix dans *Sources,* avril 1990.

moralité :

217 L'angoisse ça existe, l'important c'est d'en parler.
Affiche de La Porte Ouverte.

animal

218 Prêter aux bêtes des lueurs d'humanité, c'est les dégrader.
Rémy de Gourmont *Promenades littéraires (1904-1928);* Mercure de France.

à poil :

219 Si les animaux se mettaient à parler, on s'apercevrait qu'ils sont nus.
Pierre Gascar *L'Arche (1971);* Gallimard.

bébé phoque :

220 Appelons la femme un bel animal sans fourrure dont la peau est très recherchée.
Jules Renard *Journal (1935);* Gallimard.

animal

La femme ne sait pas séparer l'âme du corps. Elle est simpliste, 221
comme les animaux. Un satirique dirait que c'est parce qu'elle n'a que le corps.
Charles Baudelaire *Journaux intimes* dans *Charles Baudelaire, Œuvres posthumes et correspondance inédite* de Charles Crépet (1887).

Les plantes et les animaux ont une impudeur inlassable. 222
Louis Gardel *Fort Saganne (1980)*; Le Seuil.

Boire sans soif et faire l'amour en tout temps, Madame, il n'y a 223
que ça qui nous distingue des autres bêtes.
Beaumarchais *Le Mariage de Figaro (1780).*

L'animal fait un avec la nature. L'homme fait deux. 224
Jean Bruller, dit **Vercors,** *Les Animaux dénaturés*; Albin Michel.

En vérité, c'est par la voix, c'est par le son, c'est par un style 225
qu'on devient animal, et sûrement à force de sobriété.
Gilles Deleuze et **Félix Guattari** *Kafka, pour une littérature mineure (1975)*; éd. de Minuit.

Pavlov :
L'animal humain est en général inconscient de ses actions, ce qui 226
les rend encore plus révélatrices.
Desmond Morris *La Clé des gestes (1978)*; tr. Y. Dubois et Y. Mauvais; Grasset.

animus :
Quand on pense qu'au XVIIe s. des gens sensés, de par 227
Descartes[1], refusaient une âme aux animaux!... Ineptie qu'il y avait à refuser à d'autres êtres une chose dont l'homme n'a pas la moindre idée.
Jules Renard *Journal (1889).*

Bien plutôt qu'anthropomorphiser l'animal, l'homme a choisi le 228
plus souvent de se sacraliser en s'animalisant.
Marguerite Yourcenar *Les Yeux ouverts (1980)*; Centurion.

et moi, et moi, et moi :
Celui qui connaît vraiment les animaux est par là même capable 229
de comprendre pleinement le caractère unique de l'homme.
Konrad Lorenz *L'Agression (1977)*; tr. Fritsch; Flammarion.

---

1 - Allusion à la « Lettre au marquis de Newcastle » :
« Toutes les choses qu'on fait faire aux chiens, aux chevaux et aux singes ne sont que des mouvements de leur crainte, de leur espérance, ou de leur joie, en sorte qu'ils les peuvent faire sans aucune pensée. »

ans

230 Si les données de la neurophysiologie sont exactes, alors le jour le plus important de la vie est le premier, puis le deuxième, et ainsi de suite.
Julien Cohen-Solal *Les Deux Premières Années de la vie (1982);* R. Laffont.

231 Il fait bon vieillir. Être jeune, c'était tuant.
Hjalmar Soderberg *La route s'assombrit (1907).*

232 [...] L'effroyable translation de l'utérus au sépulcre qu'on est convenu d'appeler cette vie.
Léon Bloy *Belluaires et Porchers (1905);* Stock.

233 Notre homme extérieur dépérit, notre homme intérieur se renouvelle de jour en jour.
Saint Paul *Cor. IV, 16.*

234 Ce que tu as de jeune demeure ou périt mais ne vieillit jamais.
Jacques Duval *Afin de vivre bel et bien;* Albin Michel.

235 Nous vivons des myriades de secondes et, pourtant, il n'y en a jamais qu'une, une seule, qui met en ébullition tout notre monde intérieur : la seconde où la fleur interne, déjà abreuvée de tous les sucs, réalise comme un éclair sa cristallisation.
Stefan Zweig *La Confusion des sentiments (1927);* tr. Hella et Bournac; Stock.

236 Chaque homme doit avoir ainsi toute sa vie un âge essentiel auquel il aspire aussi longtemps qu'il ne l'a pas atteint, auquel il s'accroche quand il l'a dépassé.
Michel Tournier *Le Roi des Aulnes (1980);* Gallimard.

237 On rit, on se baise, on déjeune...
Le soir tombe; on n'est plus très jeune.
Paul-Jean Toulet *Les Contrerimes (1978);* Gallimard.

238 On vieillit dans la mesure où on grossit, mais on ne grossit pas que par le ventre.
Michel Tournier *Le Vent Paraclet (1977);* Gallimard.

239 J'étais hier plus léger qu'aujourd'hui d'un jour, et je serai demain plus lourd qu'aujourd'hui. La tonne qu'à ma mort je pèserai, si tout va bien, je te la donne, ô mon Dieu.
André Frédérique *Éclats de journal;* Plasma.

240 Il me semble être un peu plus vieux que mon bonheur.
Jean-Pierre Colombi *Leçons de ténèbres (1980);* Gallimard.

241 Je suis né un trente janvier.
Vous ne paraissez pas votre âge.
Jules Renard *Journal (1899).*

C'est un art de contempler ce que les ans nous apportent plutôt 242
que ce dont ils nous privent.
André Gide *Les Cahiers de la petite dame, t. IV;* Gallimard.

Notre vrai malheur, pourtant, 243
N'est pas ce que les ans nous volent,
Mais ce qu'ils laissent en partant.
William Wordsworth (1770-1850) *La Fontaine* dans Mélèse *Les Poètes lakistes;* La Renaissance du Livre.

Y'a une façon d'être jeune, puis une manière d'utiliser les restes. 244
René Fallet, interviewé par Michel Audiard dans *Lire,* janvier 1982.

Vieillir, moi, j'ai adoré ça, et je continue à aimer. 245
Claude Klotz *Le Passe-temps (1980);* J.-C. Lattès.

C'est bizarre, je me sens un peu vieilli de voir tous mes 246
souvenirs vieillir.
Éric Deschodt *Saint-Exupéry (1980);* Lattès.

L'existence de l'homme porte la vieillesse du monde. 247
Joë Bousquet *Œuvre romanesque complète, t. III (1981);* Albin Michel.

On commence à s'apercevoir que l'on vieillit quand le poids des 248
bougies dépasse celui du gâteau.
Bette Davis.

Il est plus tard que tu ne penses. 249
Gilbert Cesbron *Il est plus tard que tu ne penses (1958).*

apprentissage

chaîne :
Les galères font le galérien. 250
Victor Hugo *Les Misérables (1862).*

chantier :
Quel beau métier que d'être un homme sur la terre ! 251
Maxime Gorki *La Naissance de l'homme.*

usine :
La vie est un travail qu'il faut faire debout. 252
Alain.

Le travail manuel est une lecture sans fin. 253
Pierre Gascar *Les Sources (1975);* Gallimard.

turbin :

254 Il était commis livreur et il changeait tout le temps de patron. Ça lui varie les anecdotes, les partenaires. Il a fourré dans les légumes, calé sur les roues de gruyère, les kilos de sucre, les sacs de riz... filé le petit coup dans la bavette au milieu des quartiers de bœuf... culbuté en pleine motte de beurre... sa libido dans les victuailles.
Alphonse Boudard *L'Hôpital (1972);* La Table ronde.

je trime...

255 Tout est difficile avant d'être simple.
Thomas Fuller[1] (1608-1661) *Gnomologia.*

256 Personne ne devient jamais maître dans un domaine où il n'a pas connu l'impuissance.
Walter Benjamin *Écrits autobiographiques (1990);* tr. C. Jouanlanne et J.F. Poirier, Bourgois.

je gratte...

257 Ce que j'ai appris, je ne le sais plus. Le peu que je sais encore, je l'ai deviné.
Chamfort *Pensées, Maximes et Anecdotes (1803).*

je bosse...

258 Un homme n'est pas bon à tout, mais il n'est jamais propre à rien.
Se Ma-Fa *Règles, IV (XIVe s. av. J.-C.).*

je marne...

259 Si nous ne voulons pas rétrograder, il faut courir.
Pélage[2] (360 env.-422 env.).

je tape dans la butte[3] *:*

260 L'ouvrier qui a donné à ses enfants son art pour héritage leur a laissé un bien qui s'est multiplié à proportion de leur nombre. Il n'en est pas de même de celui qui a dix arpents de fonds pour vivre, et qui les partage à ses enfants.
Montesquieu *L'Esprit des lois (1748).*

arabes

261 La poésie a toujours été dans le monde arabe un pouvoir, et prince le poète.
Salah Stétié *Du monde arabe : la poésie, Vagabondages* n° 31.

---

1 - Il fut le chapelain de Charles Ier et de Charles II d'Angleterre.
2 - Originaire d'Irlande, il s'établit à Rome, puis s'enfuit en Afrique à l'arrivée des troupes d'Alaric (410). Il part ensuite pour la Palestine.
3 - « Je suis ton homme, et dans la pierre et le béton, les mains en loque... Je trime, je gratte, je bosse, je marne, je tape dans la butte, je gagne peut-être mon paradis. » M. Frot, *Nibergue (1969);* Gallimard.

On ne peut ni corroder ni user l'influence du Coran avec des vidéo-clips de Madonna. 262
Cornélius Castoriadis interviewé par J.C. Raspiengeas dans *Télérama,* 16 janvier 1991.

Le monde arabe, vous savez, c'est ce contact brutal entre deux mondes : d'un côté celui de la technologie, de l'autre celui de la magie. 263
Rachid Boudjedra *L'Escargot entêté (1977);* Denoël.

Algérie :
Nous z'autres, en Algérie, sept langues faut qu'on tourne en même temps avant de bien parler pataouète ! Le français naturel, l'espagnol, l'italien, le grec, le provençal, l'arabe et le judéo-arabe. Vous vous rendez compte cette richesse lingouistique ¿ 264
Roland Bacri *Textes choisis (1976);* Seghers.

Le nomade n'est pas tant le fils que le père du désert. 265
Jean Dorst *La Force du vivant (1981);* Flammarion.

Le temps n'est plus où une culture pouvait se tuer dans l'ombre, par la violence ouverte et quelquefois avec l'acquiescement aliéné des victimes. 266
Mouloud Mammeri *Poèmes kabyles anciens (1980),* texte berbère et français ; Maspero.

Libye :
De la Libye vient toujours quelque chose de nouveau[1]. 267
Aristote (384 env.-322 av. J.-C.) *Histoire des animaux, VIII, XXVII 10;* tr. collective.

Palestine :
Celui qui m'a changé en exilé m'a changé en bombe... Palestine est devenue mille corps mouvants sillonnant les rues du monde, chantant le chant de la mort, car le nouveau Christ, descendu de sa croix, porta bâton et sortit de Palestine. 268
Mahmoud Darwish *Poèmes palestiniens (1970);* tr. O. Carré ; Cerf.

architecture

Le béton pousse plus vite que le gazon. 269
Françoise Tournier dans *Elle,* 12 novembre 1990.

Nous affirmons que l'homme, fonctionnellement, pratique l'ordre, que ses actes et ses pensées sont régis par la droite et l'angle droit. 270
Le Corbusier *Propos d'urbanisme (1945);* Vincent, Fréal et Cie.

---

1 - On peut penser, bien sûr, qu'il s'agit de Carlos.

271 New York est ce que seront demain toutes les villes, géométrique. Simplification des lignes, des idées, des sentiments.
Paul Morand *New York;* G F Flammarion.

272 Quand le cœur des villes ne bat plus assez fort, ce sont les périphéries qui sont malades.
Jean Auroux dans *Le Monde,* 20 octobre 1990.

273 On a fait des banlieues sordides et des musées splendides.
Philippe de Villiers dans *Profession politique,* 16 novembre 1990.

274 Tant que les architectes feront corps avec les puissances qui les financent... tant qu'ils afficheront, avec vanité, une architecture aveugle à l'environnement, amnésique à l'histoire, insensible à la poésie, au lieu de se mettre modestement à l'écoute des choses et des hommes... le fossé continuera de se creuser entre l'architecture « moderne » des architectes et un public qui ne la reconnaîtra jamais comme sienne.
Bernard Huet dans *L'Architecture d'aujourd'hui, 1975.*

argent

vespasienne :

275 Comme son fils Titus lui reprochait d'avoir imposé l'urine, il lui mit sous le nez l'argent qu'avait rapporté l'impôt lors des premières rentrées et lui demanda s'il était incommodé par l'odeur[1].
Suétone (69-125) *Vie des douze Césars;* tr. A. Bourgery.

276 Ce n'est pas que l'argent n'ait pas d'odeur, c'est que l'homme n'a pas d'odorat.
Henri Jeanson *En verve (1971);* présentation Frank et Régent; Pierre Horay.

277 Ce produit mellifluent, sapide et polygène s'évapore avec la plus grande facilité cependant qu'il ne s'acquiert qu'à la sueur de son front, du moins chez les exploités de ce monde dont je suis.
Raymond Queneau *Zazie dans le métro (1959)*[2]; Gallimard.

278 L'argent gagné au jeu est deux fois plus précieux que l'argent gagné en travaillant.
Richard Price *The Color of Money* de Martin Scorsese.

279 Tout n'est qu'une question de fric, mes anges ! D'oseille ; de flouze ; de picaillons.
Pierre-Jean Rémy *Les Enfants du parc (1977);* Gallimard.

---

1 - *Non olet :* l'argent n'a pas d'odeur.
2 - On pourrait appliquer à l'argent la question de Gabriel au début du roman : « Doukipudonktan ? ».

280 La devise de l'époque, c'est « le sexe et l'argent », c'est-à-dire corps et biens. Cela sent le naufrage.
Gilbert Cesbron *Mourir étonné (1980)*; Laffont.

281 L'affirmation selon laquelle l'argent n'a pas été inventé seulement pour la satisfaction des besoins économiques, mais aussi pour satisfaire un besoin anal, me rappelle la conviction qu'ont certaines hystériques que les jambes sont faites pour l'autosatisfaction de celui qui les a et non pas pour marcher.
Ernest Borneman *Psychanalyse de l'argent (1978)*; tr. D. Guérineau; P.U.F.

282 Il faut un minimum de confort pour pratiquer la vertu.
Saint Thomas d'Aquin (1224/5-1274) *Opera omnia*; éd. Vivès.

283 Ma grande objection à l'argent, c'est que l'argent est bête.
Alain *Propos d'économique (1934)*; Gallimard.

284 Elle avait conscience de ne pouvoir être pleinement heureuse hors d'une certaine conjonction de la banque et du lit.
Vladimir Nabokov *Roi, Dame, Valet (1971)*; Gallimard.

285 L'argent ne peut faire que nous soyons heureux; mais c'est la seule chose qui nous compense de ne pas l'être.
Jacinto Benavente *Roses d'automne (1905)*.

286 L'argent ne fait pas le bonheur ? Qui le fait donc, je vous le demande ? Qui me donnerait cette démarche assurée, cette confiance, cette joie ?
Pierre Benoit *Kœnigsmark*[1] *(1918)*; Albin Michel.

287 L'argent ? Le principe est que si vous en avez, c'est que quelqu'un d'autre en a besoin.
William S. Burroughs, interview dans *Le Monde* du 18 janvier 1974.

288 Il faut choisir dans la vie entre gagner de l'argent et le dépenser : on n'a pas le temps de faire les deux.
Édouard Bourdet *Les Temps difficiles*[2] *(1934)*; Stock.

289 Pour avoir voulu ignorer l'argent à dix-huit ans, quand ils sont partis en nomades, ils risquent fort d'en parler toute leur vie.
Marilène Clément *La Fleur de lotus (1981)*; Gallimard.

290 Quand on pense tout le temps contre le pognon, on pense vraiment beaucoup trop au pognon.
Émile Ajar alias Romain Gary *Pseudo (1976)*; Mercure de France.

soulagement :

291 Ne soyez pas trop sévères avec votre argent, les gars. Donnez-lui sa chance... Dépensez-le donc.
Chester Himes *Black on Black (1979)*.

---

1 - *Kœnigsmark* marque les débuts de Pierre Benoit.
2 - La pièce fut jouée à la Michodière le 30 janvier.

aristocratie

bleu :

292 D'un sang noble ? Queu guiable d'invention d'avoir fait comme ça du sang de deux façons, pendant qu'il viant du même ruissiau !
Marivaux *Le Dénouement imprévu.*

293 Quand l'héritage social du rôle et du statut perd de l'importance, l'influence de l'héritage biologique augmente.
Theodosius Dobzhansky *Le Droit à l'intelligence (1978) ;* tr. M. Reisinger ; P.U.F.

294 L'égalité, cette chimère des vilains, n'existe vraiment qu'entre nobles.
Jules Barbey d'Aurevilly *Les Diaboliques (1874).*

295 L'aristocratie n'existant plus, l'étrange pouvoir qui reste paradoxalement le sien, c'est le privilège de mesurer la hiérarchie des illusions.
Jean Edern Hallier *Fin de siècle (1980) ;* Albin Michel.

blanc :

296 La noblesse est une propriété mystique de la liqueur séminale.
Paul Valéry *Mauvaises pensées et autres*[1] *(1941) ;* Gallimard.

297 Se souvenir du comte de la Mirandole léguant en 1625 sa fortune à une carpe... et se demander ce que ladite carpe, à part gober des bulles et des bouts de pain, a pu en faire.
Camille Bourniquel *Tempo (1977) ;* Julliard.

298 En général, les montres sont faites pour donner l'heure. Mais une montre en or existe d'abord par sa valeur personnelle. Une heure lui plaît, elle la garde. Elle est en or.
Géo Norge[2] *Les Oignons (1956) ;* Flammarion.

rouge :

299 Beaux messieurs et belles dames raffolent de s'entendre traiter de maquereaux et de grenouilles. Et aussi d'inachevés, d'avortons, de viande veule, de viande pourrie, de fins de siècle, de fins de race, de fins de tout.
Louis Chevalier *Montmartre du plaisir et du crime (1980) ;* R. Laffont.

300 Il faut reconnaître que les hommes de l'aristocratie française ont presque toujours su dépenser l'argent très élégamment : ils n'ont fait de bassesses que pour en avoir.
Abel Bonnard *L'Argent ;* Hachette.

---

1 - L'ouvrage parut d'abord à 335 exemplaires aux *Cahiers du Sud* (Marseille) et chez José Corti (Paris).
2 - Pseudonyme de Georges Mogin (1898-1925).

Les sociétés à castes et à classes rigides faisaient un gaspillage 301
impardonnable de talents... Mais il faut reconnaître que de telles sociétés réduisaient les aspects nocifs de la compétition.
Theodosius Dobzhansky *Le Droit à l'intelligence (1978);* tr. M. Reisinger; P.U.F.

armée

L'existence du soldat est (après la peine de mort) la trace la plus 302
douloureuse de barbarie qui subsiste parmi les hommes.
Alfred de Vigny[1] *Servitude et Grandeur militaires (1835).*

Cet attirail d'hommes et de machines qu'on appelle armée... 303
employé à ne rien produire en attendant qu'on l'emploie à détruire.
Charles Fourier *Œuvres complètes* (1841-1845, éd. posthume); Anthropos.

Un bon soldat ne doit penser qu'à trois choses : 1° au roi; 2° à 304
Dieu; 3° à rien.
Dicton allemand.

Il importe autant pour un soldat d'ignorer certaines choses que 305
d'en savoir d'autres.
Tacite (55-120) *Histoires, I, 83.*

corps à corps :
On peut assurer que, quand trente mille hommes combattent en 306
bataille rangée contre des troupes égales en nombre, il y a environ vingt mille vérolés de chaque côté.
Voltaire *Candide (1759).*

L'art d'être un guerrier est la seule façon d'équilibrer la terreur 307
d'être un homme par la merveille d'être un homme.
Carlos Castaneda *Ombres et Lumières de Carlos Castaneda;* Retz.

zouave :
Tant que le militaire ne tue pas, c'est un enfant. On l'amuse 308
aisément.
Louis-Ferdinand Céline *Voyage au bout de la nuit (1932);* Gallimard.

Toutes les guerres sont enfantines et livrées par des enfants. 309
Herman Melville *Chants de guerre (1866).*

---

1 - Vigny donna sa démission de l'armée en 1827.

t'as de beaux yeux!...

310 Le soldat qui n'est pas en état de soutenir l'éclat des yeux de son général ne soutiendra pas aisément l'éclat des armes de l'ennemi.
Denis Diderot *Principes de politique des souverains.*

311 Nonobstant, m'sieur l'major, que la discipline mélétaire elle n'est pas subséquente de la chose, j'voudrais vous serrer la pince.
Christophe[1] *Le Sapeur Camember (1896);* A. Colin.

312 Le soldat de métier acquiert un pouvoir de plus en plus grand à mesure que le courage d'une collectivité décline.
Gilbert Keith Chesterton *Hérétiques (1912);* tr. Bradley; Plon.

313 La guerre! c'est une chose trop grave pour la confier à des militaires[2].
Georges Clemenceau cité par Suarez dans *Soixante années d'histoire française;* Tallandier.

314 Parfois, les militaires, s'exagérant l'impuissance relative de l'intelligence, négligent de s'en servir.
Charles de Gaulle *Le Fil de l'épée (1932);* Plon.

315 Un conquérant est un homme dont la tête se sert, avec une habileté heureuse, du bras d'autrui.
Voltaire *Essai sur les mœurs (1756).*

316 Les généraux, au fond, me détestent. Je le leur rends bien. Tous des cons.
Charles de Gaulle cité par Pierre Viansson-Ponté *Lettre ouverte aux hommes politiques (1977);* Albin Michel.

317 Les généraux nous apparaissent d'autant plus intéressants qu'ils se rapprochent davantage des civils.
Roger Stéphane *Toutes choses ont leur saison (1979);* Fayard.

318 Le général Bonaparte était extrêmement ignorant dans l'art de gouverner. Nourri des idées militaires, la délibération lui a toujours semblé de l'insubordination.
Stendhal *Vie de Napoléon (1874).*

au suivant[3] :

319 L'avantage d'un général, c'est celui des médecins : leurs erreurs, ils les enterrent.
Robert Hollier *Marche ou crève, Carignan (1962).*

320 Le plus frappant, lorsque l'on étudie la psychologie des conflits et des combattants, depuis les grands chefs jusqu'aux plus humbles exécutants, c'est la bonne conscience générale.
Gaston Bouthoul *Essais de polémologie (1974);* Denoël.

---

1 - De son vrai nom, Georges Colomb (1856-1945), Christophe était sous-directeur du laboratoire de botanique à la Sorbonne.
2 - Cette idée, Clemenceau la soutint en une formule lapidaire : « Je fais la guerre » (1917).
3 - Chanson de Jacques Brel.

art

L'art ne reproduit pas le visible, il rend visible. 321
Paul Klee (1879-1940) *Théorie de l'art moderne.*

L'art s'adresse à des facultés de l'esprit particulièrement périlleuses[1]. 322
Paul Claudel *Mémoires improvisés,* recueillis par J. Amrouche (1954).

L'art est la magie délivrée du mensonge d'être vrai. 323
Theodor W. Adorno *Minima Moralia (1980);* Payot.

L'art est, comme la prière, une main tendue dans l'obscurité, qui 324
veut saisir une part de grâce pour se muer en une main qui donne.
Franz Kafka dans Gustav Janouch *Conversations avec Kafka;* tr. B. Lortholary (1978); Les Lettres Nouvelles, M. Nadeau.

Chaque artiste, qu'il soit superbe, douteux ou raté, a la 325
révélation de la gloire en un moment très secret de son travail.
Dominique Rolin *Un convoi d'or dans le vacarme du temps (1990);* Ramsay/De Cortanze.

Le grand art, c'est toujours de l'érotisme camouflé. 326
Jacques de Bourbon-Busset *Journal, VIII : Les Choses simples (1980);* Gallimard.

Qu'est-ce que l'art ? Prostitution. 327
Charles Baudelaire *Journaux intimes.*

Un petit art vivant est bien plus virulent qu'un grand art mort. 328
André Malraux dans Georges Duthuit *Le Musée inimaginable (1956);* José Corti.

L'art et la vérité peuvent partager le même lit sans que ça les 329
empêche d'être incompatibles.
Truman Capote *Les chiens aboient (1973);* Gallimard.

L'art pour l'art ne mène à rien. Si vous vous engagez dans cette 330
voie, vous êtes condamné à la bohème et vous finirez alcoolique ou syphilitique, mais peintre, certainement pas !
Victor Vasarely *Le Musée imaginaire de Vasarely (1978);* Duculot.

L'art est à l'opposé des idées générales... Il ne classe pas ; 331
il déclasse.
Marcel Schwob *Cœur double (1891).*

L'œuvre consacre l'échec de toute théorie. 332
Paul Klee.

---

1 - Le bon goût !

333 L'art venge la vie.
Luigi Pirandello *Ce soir, on improvise (1930)*; tr. Arnaud; L'Arche.

334 L'art gagne à être considéré comme un travail, avec des procédures, des ruses, des conflits, des audaces, des batailles à n'en plus finir.
André Chastel préface à *L'Atelier du peintre et l'Art de la peinture*; Larousse.

335 L'art est un jeu. Tant pis pour celui qui s'en fait un devoir.
Max Jacob *Conseils à un jeune poète (1945)*; Gallimard.

336 L'art est à la vie ce que le sperme est au sang.
Léon-Paul Fargue *Sous la lampe (1929)*; Gallimard.

337 Est-ce que l'art est autre chose qu'un aveu de notre impuissance ?
Richard Wagner préface de *Siegfried*; tr. d'Arièges; Aubier-Flammarion.

338 L'art est un cheminement studieux vers une école buissonnière.
Robert Mallet *Apostilles (1972)*; Gallimard.

339 En art, il n'y a qu'un critère : la chair de poule.
Kurt Tucholsky *Bonsoir révolution allemande (1981)*; tr. Brossat, Schuffels, Weill, Welke; Presses Universitaires de Grenoble.

340 L'art se situe dans l'intervalle, mince comme la peau, qui sépare la vérité du mensonge.
Monzaemon Chikamatsu *Entretiens avec Hozumi Ikkan.*

341 En art, il faut que la mathématique se mette aux ordres des fantômes.
Léon-Paul Fargue *Sous la lampe (1929)*; Gallimard.

342 Il y a dans toute œuvre d'art une tentation surmontée de suicide.
Michel Butor *Vanité (1980)*; Balland.

343 L'art est un mensonge qui nous permet d'approcher la vérité.
Pablo Picasso dans Florent Fels *Propos d'artistes*; Bulletin de la vie artistique, juin 1923.

musée :

344 La bourgeoisie a transformé l'art en culture.
Pascal Jardin *La Bête à bon Dieu (1980)*; Flammarion.

345 Jadis, l'artiste était inspiré. Aujourd'hui, il est positionné, looké, promotionné.
F. Pliskin dans *Le Nouvel Observateur*, 1er novembre 1990.

346 L'art est un produit pharmaceutique pour imbéciles.
Francis Picabia *391*, n° 12, mars 1920.

ascèse

Vous ne savez pas comment servir les hommes. Comment 347
sauriez-vous servir les dieux ?
Confucius[1] (551-v. 479 av. J.-C.) *Entretiens;* tr. Do Dinh; Le Seuil.

Qui se perd se trouve 348
Qui tout perd tout trouve !
Texte tamoul dans **Marie-Madeleine Davy** *Un itinéraire (1977);* Épi.

Aux justes, le penchant mauvais apparaîtra comme une haute 349
montagne. Aux méchants, il apparaîtra comme un cheveu de la chevelure ; et ceux-ci pleureront et ceux-là pleureront. Les Justes pleureront et diront : « Comment avons-nous pu dominer une montagne aussi élevée ? ». Les méchants pleureront et diront : « Comment n'avons-nous pas pu dominer un cheveu de chevelure ? » Et Dieu s'étonnera avec eux.
Léon Berman *Contes du Talmud (1980);* Lattès.

Ce choix entre les mondes possibles 350
Est la marque évidente du châtiment divin.
Roque Dalton *Taberna y otros lugares* dans G. de Cortanze *America libre (1976);* Seghers.

La vertu même a besoin de limites. 351
Montesquieu *L'Esprit des lois (1748).*

mortification :

Je ne sais plus qui recommandait aux hommes de faire chaque 352
jour pour le salut de leur âme deux choses qu'ils n'aimaient pas faire... C'est un précepte que je suis scrupuleusement, car chaque jour je me lève et chaque jour je vais me coucher.
Somerset Maugham *La Lune et Soixante-quinze Centimes (1919);* tr. Blanchet ; éd. de Paris.

Le croyant qui ne macère pas sa chair par une abstinence 353
appropriée, qui la nourrit de vices et de concupiscences, assimile la graisse des péchés, et, en face de Dieu, il devient un rebut putride.
Sainte Hildegarde de Bingen[2] (1098-1180) *Le Livre des œuvres divines;* Albin Michel.

---

1 - Confucius aurait eu le crâne relevé sur les bords, et creux au centre, ce qui lui aurait permis de recevoir pleinement les influences du ciel.
2 - Elle eut ses premières visions à trois ans. Cette femme étrange possédait une culture universelle et un remarquable don de prophétie. Les papes et les empereurs la consultaient avant de prendre des décisions importantes.

354 Si Madeleine avait coupé ses cheveux par pénitence, avec quoi aurait-elle essuyé les pieds du sauveur ?
Paul Claudel *Journal;* Gallimard.

cilice :

355 On dit que c'est une religieuse qui a inventé le fil de fer barbelé.
James Joyce *Ulysse (1922);* tr. Morel, Gilbert, Larbaud; Gallimard.

discipline :

356 Les vertus farouches font les mœurs atroces.
Saint-Just *L'Esprit de la Révolution et de la Constitution en France (1791).*

357 C'est dans la vertu qu'on rencontre les pires excès.
Georges Schéhadé *Histoire de Vasco (1956);* Gallimard.

358 Le sacrifice est le seul domaine aussi fort que celui du Mal.
André Malraux dans Guy Suarès *Malraux, celui qui vient (1979);* Stock.

359 La simplicité suffit pour mener une vie pauvre.
Serge Bonnet et **Bernard Gouley** *Les Ermites (1980);* Fayard.

pardon :

360 Je pardonne à Dieu mes offenses.
Maurice Blanchard *Débuter après la mort (1977);* Plasma.

astrologie et divination

361 Il n'y a point d'autre science que celle du destin.
Les Mille et Une Nuits[1] (Ve-VIIIe s.); *Histoire de la femme occupée;* tr. Mardrus; Roissard.

362 Je crois fermement à l'astrologie, mais rarement aux astrologues.
Max Jacob dans *Petite Astrologie de Max Jacob (1990);* présentation Marcel Béalu, Le Bibliophile rémois.

Faust :

363 Un trop grand désir de connaissance est une faute; et une seule faute peut engendrer tous les vices.
Gotthold Ephraim Lessing (1729-1781) *Faust;* tr. Salles; Lacroix.

1 - Nées aux Indes, transmises par la Perse, recueillies dans l'empire arabe, les *Nuits* n'étaient encore que 480 dans le recueil d'al-Gahsiyāri en 942 !

zodiaque :

Où reste le destin, quand cinq mille individus naissent au même endroit et au même moment ? 364

Ernst Jünger *Les Chasses subtiles (1969);* tr. H. Plard ; éd. C. Bourgois.

Bélier :

L'astrologue Cardan se suicida à la date qu'il avait calculée comme devant être celle de son décès. On ne saurait mieux se donner raison... 365

Robert Mallet *Apostilles (1972);* Gallimard.

Taureau :

Si les faiseurs d'horoscopes tombent souvent en erreur, quelle en est la cause ? C'est qu'ils prennent seulement quelques astres pour signes de notre destinée, tandis que tous les corps qui se trouvent au-dessus de nous revendiquent quelque part en notre sort. 366

Sénèque (Ier s. ap. J.-C.) *Questions naturelles, XII, 32-35 III, 8;* tr. R. Waltz.

Les astres commandent ! Et ils commandent une chose pour chacun ! Et cet ordre si serein des astres est une véritable anarchie pour la société. 367

José de Almada-Negreiros *Nom de guerre (1988);* tr. M.C. Vromans et A. Viennot, La Différence.

Gémeaux :

Deux augures ne peuvent se regarder sans rire. 368

Cicéron *De divinatione, II, 24 (44).*

Cancer :

Veillez, car vous ne saurez ni le jour ni l'heure. 369

Saint Matthieu.

Lion :

Le lion jeune le vieux surmontera ; 370
En champ bellique par singulier duel,
Dans cage d'or ses yeux lui crèvera,
Deux plaies une, puis mourir, mort cruelle.

Michel de Nostre Dame **(Nostradamus)** 35e quatrain [1] de la 1re centurie.

Balance :

La seule chose dont on soit sûr, en ce qui concerne l'avenir, c'est qu'il n'est jamais conforme à nos prévisions. 371

Jean Dutourd *Mascareigne ou le Schéma (1979);* Julliard.

Scorpion :

L'événement à venir projette son ombre. 372

Thomas Campbell *Lochiel's Warning.*

---

1 - C'est ce quatrain qui aurait annoncé la mort de Henri II dans un tournoi.

Sagittaire :

373 Sur la terre, deux choses sont simples : raconter le passé et prédire l'avenir. Y voir clair au jour le jour est une autre entreprise.
Armand Salacrou *La Terre est ronde (1938);* Gallimard.

Capricorne :

374 Savoir ce qu'on sera, c'est vivre comme les morts.
Paul Nizan[1] *L'An 2000;* Gallimard/Julliard.

375 On peut prévoir – sauf accident – votre fin prochaine.
Maurice Roche *Qui n'a pas vu Dieu n'a rien vu;* Le Seuil.

Verseau :

376 Hier, nous pouvions encore partir du passé pour juger le présent et même l'avenir... Aujourd'hui, nous devons partir de l'avenir.
Denis de Rougemont *L'avenir est notre affaire (1977);* Stock.

Poissons :

377 Les prophètes prédisent, en se lamentant, l'histoire ancienne.
Elias Canetti *Le Territoire de l'homme* (Réflexions 1942-1972); tr. A. Guerne; Albin Michel.

voyance :

378 Être prophète c'est avoir la parole dans l'image. Être sage, c'est voir l'idée dans la parole.
Armand Abécassis *Prophétie et Sagesse;* Cahiers de l'Université Saint-Jean de Jérusalem (1979); Berg International.

chiromancie :

379 L'eau de Javel et les lignes de la main dirigeront le monde.
Bulletin Dada n° 6, matinée du 5 février 1920.

psychométrie :

380 L'heure est boule de cristal.
Octavio Paz *Mise au net (1977);* tr. R. Caillois; Gallimard.

marc de café :

381 Le puits interroge la nuit
pour qu'il tombe une pierre.
La feuille interroge le ciel
pour qu'il tombe un oiseau.
Tout le ciel interroge l'homme
et l'homme interroge le puits.
André Frédérique *Histoires blanches (1980);* Plasma.

numérologie :

382 Car par le nom connaît-on l'homme.
Chrétien de Troyes *Perceval (vers 1170).*

---

1 - Nizan fut tué près de Dunkerque le 23 mai 1940.

athéisme

introït :
Je suis incroyant, Dieu merci ! 383
Réflexion entendue.

kyrie :
Catholique par ma mère, musulman par mon père, un peu juif 384
par mon fils... et athée grâce à Dieu.
Mouloudji *Autoportrait (1976) ;* Seghers.

gloria :
Ô ! mon Dieu ! Existe, je t'en prie ! 385
Frédérique Hébrard *La Chambre de Goethe (1981) ;* Flammarion.

dominus vobiscum :
Là où il n'y a plus de Dieu, il n'y a plus d'homme non plus. 386
Nicolas Berdiaev[1] (1874-1948) dans Bernard-Henri Lévy *Le Testament de Dieu.*

alléluia :
L'athée est Dieu qui joue à cache-cache avec Lui-même. 387
Sri Aurobindo[2] (1872-1950) *Pensées et Aphorismes ;* tr. Mère Mira Alfassa ; Buchet-Chastel.

credo :
Je ne crois pas à la science. Je ne crois plus qu'à la croyance. Et 388
je ne suis pas croyant.
Charles-Ferdinand Ramuz *Journal* (14 décembre 1903) ; Grasset.

offertoire :
Seul un athée peut être un bon chrétien et seul un chrétien, à 389
l'inverse, peut être un bon athée.
Ernst Bloch *L'Athéisme dans le christianisme (1968) ;* tr. Kaufholz et Raulet ; Gallimard.

orate, fratres :
En chaque athée, il y a un candidat à la divinité. 390
Nicolae Iorga *Pensées (1911).*

préface :
Si l'athéisme se propageait, il deviendrait une religion aussi 391
intolérante que les anciennes.
Gustave Le Bon (1841-1931) *Aphorismes du temps présent ;* Flammarion.

---

1 - Il avait également cette formule : « Ce n'est pas l'homme qui est humain, mais Dieu. C'est Dieu qui exige que l'homme soit humain. »
2 - Aurobindo fonda un ashram célèbre à Pondichéry. Cette communauté spirituelle et intellectuelle essaime actuellement en Europe et en Amérique.

sanctus :

392 Il y a plus de foi dans un doute honnête.
Croyez-m'en, que dans la moitié des dogmes.
Lord Alfred Tennyson *In Memoriam*[1] *(1850)*; tr. Cazamian; Aubier.

pater noster :

393 L'homme pieux et l'athée parlent toujours de religion : l'un parle de ce qu'il aime, et l'autre de ce qu'il craint.
Montesquieu *L'Esprit des lois (1748)*[2].

pax vobis :

394 Il est facile de croire; facile de ne pas croire. Ce qui est dur, c'est de ne pas croire à son incroyance.
Arthur Koestler *Les Call-girls (1975)*; tr. G. Fradier; Calmann-Lévy.

agnus dei :

395 Si j'étais plus jeune, je n'hésiterais pas à me faire nègre, sauvage, païen... sans pouvoir renoncer au Christ.
Jean Bourgoint *Le Retour de l'enfant terrible (1975)*; Desclée de Brouwer.

amen :

396 Dieu, il faut l'adorer ou le haïr; sans cette alternative, tu ne seras qu'un estropié.
Alain Bosquet *L'enfant que tu étais (1982)*; Grasset.

ite, missa est :

397 Pourquoi nous attaquer à Dieu lui-même ? Il est aussi malheureux que nous pouvons l'être. Depuis la mort de son pauvre fils, il n'a plus de goût à rien.
Erik Satie cité par Ornella Volta *Erik Satie*; Seghers.

deo gratias :

398 Le châtiment de l'incroyant, ce sera peut-être le pardon de Dieu.
Marcel Pagnol *La Femme du boulanger (1938)*; Fasquelle.

attente

avec philosophie :

399 Attendre, c'est cela, exister.
Ahmed Sefrioui *La Boîte à merveilles*; Le Seuil.

---

1 - Le succès triomphal de l'œuvre lui valut le titre de « poète lauréat », succédant ainsi à Wordsworth.
2 - L'ouvrage fut mis à l'Index en 1751.

avec méthode :
Ils m'ont pendu par les talons au pommier de la cour, puis, assis en cercle sous ma tête, ils se racontent des histoires en attendant que mes yeux tombent dans la poussière. 400
Jean Briance *Bulande (1967);* José Corti.

avec plaisir :
Le plus beau moment de l'amour, c'est quand on monte l'escalier. 401
Georges Clemenceau, *Les Plus Forts;* Fasquelle.

avec flamme :
L'attente est plus dure à supporter que le feu. 402
Proverbe arabe.

avec ignorance :
Le rustre sur la berge attend la fin du fleuve. 403
Horace (65-8 av. J.-C.) *Épîtres.*

salle d'attente :
L'attente commence quand il n'y a plus rien à attendre, ni même la fin de l'attente. L'attente ignore et détruit ce qu'elle attend. L'attente n'attend rien. 404
Maurice Blanchot *L'Attente, l'Oubli (1961);* Gallimard.

aube et crépuscule

ouverture :
Attention, écoutez : l'aube est une œuvre. 405
Jorge Guillén *Unique oiseau* dans *Cantique*[1]; tr. Esteban; Gallimard.

largo affettuoso :
[...] La femme au cœur plus grand qu'un lever de soleil. 406
Saint-Pol-Roux *Anciennetés (1903).*

intermezzo :
L'aube. Et voici que tout recommence. Je l'ai entendu venir par la voix des oiseaux puis quelqu'un a tiré sur la chasse d'eau. 407
Michel Vianney *Deux;* R. Laffont.

pizzicato :
L'aube est un mensonge abominable. 408
Siamanto (1878-1915) dans Rouben Melik *La Poésie arménienne;* tr. Delouze; Éditeurs Français Réunis.

1 - *Cantique* vit le jour en 1928, mais fut constamment complété jusqu'à l'édition définitive de 1950.

da capo :

409 Soirs ! Soirs ! Que de soirs pour un seul matin !
Henri Michaux *Plume (1938)*; Gallimard.

coda :

410 Tous les jours rencontrent leur fin.
James Joyce *Ulysse (1922)*; tr. Morel, Gilbert, Larbaud ; Gallimard.

animato :

411 Il est d'étranges soirs où les fleurs ont une âme.
Albert Samain *Au jardin de l'infante (1893)*[1].

finale :

412 C'est l'heure de notre mort quotidienne, l'instant où chaque homme aperçoit son destin comme une loi étrangère à sa vie.
Curzio Malaparte *Sang (1937)*; tr. R. Novella ; éd. du Rocher.

hymne à la joie :

413 Après le crépuscule, les vers luisants pensent : « Nous avons donné la lumière au monde ! »
Proverbe sanskrit.

au-delà

suivez le guide...

414 Ici, c'est autre chose que loin, c'est ailleurs.
Jean Giono[2] *L'Iris de Suse (1970)*; Gallimard.

415 Le pays du plus bref instant, telle est la terre. Est-ce ainsi, aussi, dans la région où l'on vit autrement ?
Georges Baudot *Les Lettres précolombiennes (1975)*; Privat.

416 Il n'y a dans le visible que des ruines de l'esprit.
Maurice Merleau-Ponty *Le Visible et l'Invisible (1964)*; Gallimard.

417 Ceux qui disent m'avoir connu doivent se tromper. Ils ajoutent même qu'ils m'avaient cru mort.
André Breton *Littérature,* Nle sér., n° 2, 1er avril 1922.

418 Tout porte à croire qu'il existe un certain point de l'esprit d'où la vie et la mort, le réel et l'imaginaire, le passé et le futur, le communicable et l'incommunicable, le haut et le bas, cessent d'être perçus contradictoirement.
André Breton *Second manifeste du surréalisme (1929)*; J.-J. Pauvert.

---

1 - Ce fut son premier recueil publié. Samain fut l'un des fondateurs du Mercure de France.
2 - « Écrivain français, sait lire et écrire. Ne sait pas nager », disait le fils du cordonnier de Manosque, dans le prière d'insérer de *Colline.*

La mort ! Cet objet, hélas ! si bien connu, et pourtant si inconnu, et par conséquent si méconnu, n'est-il pas le méconnaissable par excellence ? 419
Vladimir Jankélévitch *Le Je-ne-sais-quoi et le Presque rien (1980);* Le Seuil.

Ici, voyez-vous, il faut courir aussi fort qu'on le peut simplement pour rester au même endroit. Si on veut se rendre ailleurs, il faut courir encore au moins deux fois plus vite. 420
Lewis Carroll[1] *De l'autre côté du miroir (1872);* tr. Parisot; Aubier.

La poussière n'est pas encore le néant : elle doit être dispersée. 421
François Mauriac *Journal (1940);* Grasset.

L'invisible [...], ce n'est pas la disparition, mais la délivrance du nuisible. 422
Yves Bonnefoy *Un rêve fait à Mantoue (1980);* Mercure de France.

Le visible ouvre nos regards sur l'invisible. 423
Anaxagore[2] *Fragments (Ve s. av. J.-C.);* tr. Voilquin; Garnier.

La vision est l'art de voir les choses invisibles. 424
Jonathan Swift *Pensées sur divers sujets moraux et divertissants;* tr. Pons; Gallimard.

Nous sommes les abeilles de l'Univers. Nous butinons éperdument le miel du visible pour l'accumuler dans la grande ruche d'or de l'Invisible. 425
Rainer Maria Rilke *Lettre à W. von Hulevicz;* tr. Jacottet; Le Seuil.

Après la mort, il n'y a rien et la mort elle-même n'est rien[3]. 426
Sénèque *Les Troyennes (Ier s. ap. J.-C.).*

À chaque instant correspond aussi quelque chose qui est hors du temps. À l'ici-bas ne peut succéder aucun au-delà, car l'au-delà est éternel, il ne peut donc pas avoir de contact temporel avec l'ici-bas. 427
Franz Kafka *Préparatifs de noce à la campagne;* tr. M. Robert; Gallimard.

Il ne fait aucun doute qu'il existe un monde invisible. Cependant il est permis de se demander à quelle distance il se trouve du centre ville et jusqu'à quelle heure il est ouvert. 428
Woody Allen *Dieu, Shakespeare et Moi (1975);* tr. M. Lebrun; Solar.

Le rien c'est n'importe quoi mais ce n'est pas rien pour autant. 429
Alain Robbe-Grillet à propos de Roland Barthes; Colloque de Cerisy; Presses de la Cité, 10/18.

---

1 - Lui qui avait horreur du sport et de la vie collective fit ses études à la Public School de Rugby !
2 - Anaxagore faisait partie de l'entourage de Périclès. Cette pensée évoque les « homéonéries » d'Aristote.
3 - Sénèque avait-il cette pensée en tête lorsqu'il se suicida en 65 sur l'ordre de son ancien élève, le redoutable Néron ?

autorité

dictateur :

430 Le plus fort n'est jamais assez fort pour être toujours le maître, s'il ne transforme sa force en droit et l'obéissance en devoir.
Jean-Jacques Rousseau *Du contrat social (1762).*

gourou :

431 [...] Celui qui sait commander trouve toujours ceux qui doivent obéir.
Friedrich Nietzsche *La Volonté de puissance (1887).*

religieux :

432 [...] Il n'y a point de puissance capable de fonder l'ordre sur la seule contrainte des corps par les corps. Il y faut des forces fictives.
Paul Valéry *Au sujet des Lettres persanes.*

séducteur :

433 [...] L'homme qui en a compris un autre est en état de le dominer.
Baltasar Gracián *Le Héros (1973)*; Champ libre.

père :

434 L'autorité, c'est moins la qualité d'un homme qu'une relation entre deux êtres.
Maurice Barrès *L'Ennemi des lois (1892).*

patron :

435 Avoir de l'autorité sur autrui n'est rien d'autre, je pense, que d'exploiter son travail.
Leon Battista Alberti (1406 ?-1472) *Pensées.*

chef :

436 L'autorité, c'est comme la cuisine, il suffit d'avoir quelques bonnes recettes et de les appliquer avec soin.
Olivier de Tissot *Sans âme ni conscience (1975)*; Balland.

juge :

437 Le secret d'une autorité, quelle qu'elle soit, tient à la rigueur inflexible avec laquelle elle persuade les gens qu'ils sont coupables.
Raoul Vaneigem *Le Livre des plaisirs (1979)*; Encre.

autre (l')

qui sont-ils ¿

Je sont tous les autres. 438
Ilarie Voronca *La Poésie commune (1979);* Plasma.

Ceux qui vivent vivent d'une idée ; les autres, ce sont les morts. 439
Jules Michelet *Histoire de la Révolution française (1847-1853).*

En voilà des sales types, les gens. 440
Alphonse Allais *À se tordre (1891);* Ollendorf.

Les autres, hélas ! c'est nous. 441
Georges Bernanos *Correspondance : lettre de Palma (1971).*

que font-ils ¿

Les autres sont là pour qu'on s'occupe d'eux. 442
Maurice Béjart *Un instant dans la vie d'autrui (1979);* Flammarion.

Le comble de l'altruisme, c'est de laisser les autres s'occuper d'autrui. 443
Georges Elgozy *L'Esprit des mots, ou l'Antidictionnaire (1981);* Denoël.

Peut-on vivre, aimer, sans être un tout petit peu regardé ¿ Le paradis c'est les autres. 444
Léon Aréga *Le Débarras (1967);* Gallimard.

Aimer l'autre, c'est préserver son étrangeté. 445
Pascal Bruckner et **Alain Finkielkraut** *Le Nouveau Désordre amoureux (1977);* Le Seuil.

On ne cogne pas assez ses semblables. Dommage, ça les rendrait un peu plus semblables. 446
San Antonio *Si Queue-d'Ane m'était conté (1976);* Fleuve noir.

Qu'il vienne celui qui se dit semblable à moi, que je lui crache à la gueule. 447
Arthur Cravan *J'étais cigare (1971);* Éric Losfeld.

[...] Ce qu'il faut faire comme homme ou comme femme, l'être humain a toujours à l'apprendre de toutes pièces de l'autre. 448
Jacques Lacan *Le Séminaire, XI (1973);* Le Seuil.

Les tragédies des autres sont toujours d'une banalité désespérante. 449
Oscar Wilde *Le Portrait de Dorian Gray (1870);* tr. Jaloux et Fraperau ; Stock.

où vont-ils ¿

Tout fut autrui, tout sera autrui. 450
Manuscrit du XIIIe s., sans titre, bibl. Sainte-Geneviève.

451 Les personnes ne sont pas l'une devant l'autre, simplement elles sont les unes avec les autres autour de quelque chose. Le prochain, c'est le complice.
Emmanuel Levinas *De l'existence à l'existant (1978);* Vrin.

452 Les armes qu'on tient d'autrui ou vous tombent des bras, ou vous pèsent, ou vous entravent.
Jacopo Sannazzaro (1456-1530) ; *Pensées.*

453 Les gens gagnent à être connus, ils y gagnent en mystère.
Jean Paulhan *Entretien sur des faits divers (1930);* Gallimard.

avenir

454 L'avenir c'est ce qui dépasse la main tendue.
Louis Aragon *Le Fou d'Elsa (1963);* Gallimard.

banque du sperme :
455 La vraie générosité envers l'avenir consiste à tout donner au présent.
Albert Camus *Actuelles, I (1958);* Gallimard.

456 Ce qui nous trompe, quant à la nature même de l'avenir... c'est tout simplement l'ignorance où vivent la plupart d'entre nous quant à leurs véritables désirs, rêves ou besoins.
Denis de Rougemont *L'avenir est notre affaire (1977);* Stock.

anti-matière :
457 L'avenir c'est l'autre.
Emmanuel Levinas *Le Temps et l'Autre (1978).*

458 L'avenir est un paradis d'où [...] personne n'est encore jamais revenu.
Pierre Reverdy *En vrac (1956);* éd. du Rocher.

459 Tout sera oublié et rien ne sera réparé.
Milan Kundera *La Plaisanterie (1981);* tr. Aymonin ; Gallimard.

460 S'il n'avait point d'avenir, cela venait aussi de ce que son passé l'avait abandonné.
Manès Sperber *La Baie perdue (1980);* tr. Sperber et Gidon ; Gallimard.

461 Si ces hiers allaient manger vos beaux demains.
Paul Verlaine *Sagesse (1874).*

462 L'avenir n'est plus ce qu'il était.
Paul Valéry *Œuvres;* La Pléiade.

nuance !
Le futur n'est plus ce qu'il était. 463
André Fontaine *Le Dernier Quart du siècle (1976)*; Fayard.

Nous ne pouvons agir que sur l'avenir. 464
Bertrand de Jouvenel *L'Art de la conjecture (1972)*; Hachette.

Ce qui va arriver a déjà eu lieu ; ce n'est que du passé en retard. 465
Dominique Éddé *Lettre posthume (1989)*; L'Arpenteur.

Devant le passé, chapeau bas ; devant l'avenir, bas la veste. 466
Henry Louis Mencken *Dictionary of Quotations (1946)*; éd. Knopf.

Ordinairement, on porte le deuil du passé ; nous, nous portons le deuil de l'avenir. 467
Alexandre Dumas Sur Gérard de Nerval (texte de « Nouveaux mémoires – Dernières amours », paru en 1866 dans *Le Soleil*) ; éd. Complexe, 1990.

Toute réflexion sur l'avenir nous apporte, plutôt que des certitudes en réponse à nos incertitudes d'avenir, des incertitudes en réponse à nos certitudes présentes. 468
Edgar Morin *L'Avenir de la vie*; préf. à Michel Salomon (1981) ; Seghers.

L'avenir n'est interdit à personne. 469
Léon Gambetta[1] (1838-1882).

apesanteur :
L'avenir est à ceux qui n'ont pas peur du vide. 470
Valère Novarina *TXT,* n° 12 ; Ch. Bourgois.

Hier ne finira que demain, et demain a commencé il y a dix mille ans. 471
William Faulkner *L'Intrus (1948)*; tr. Raimbault ; Gallimard.

prospective :
Puisqu'on ne doit pas remettre au lendemain ce qu'on doit faire le jour même, on peut dire que le lendemain ne sert vraiment à rien. 472
Pensée du 11 mai 1980; Almanach de *l'Os à moelle;* Mengès.

Dans les années qui viennent, tous les discours politiques, toutes les campagnes publicitaires feront référence à l'an 2000 pour le représenter comme... un gouffre ouvert devant nous. Alors naîtra chez les plus faibles, c'est-à-dire les plus nombreux, un état d'esprit défaitiste, une véritable industrie de la panique, du suicide, une industrie avec ses créateurs, ses profiteurs, ses consommateurs, ses victimes, ses maîtres à penser. 473
François Truffaut dans *La Quinzaine littéraire,* juin 1983.

En 2100, il y aura douze milliards d'individus, presque autant que de neurones dans un cerveau humain. 474
Thierry Gaudin et al. *2100, récit du prochain siècle (1990)*; Payot.

---

1 - Thiers l'appelait « le Fou furieux ».

Aventure

475 La vie est une aventure terrible et une aventure qu'on court si seul qu'on se trouve parfois bien aise de se croire accompagné sur un bout de chemin.
Françoise Chandernagor *L'Allée du Roi (1981);* Julliard.

476 L'homme aventureux représente un style de vie, au lieu que l'aventurier est un professionnel des aventures.
Vladimir Jankélévitch *L'Aventure, l'Ennui, le Sérieux (1976).*

477 On ne voyage pas pour se garnir d'exotisme et d'anecdotes comme un sapin de Noël, mais pour que la route vous plume, vous rince, vous essore, vous rende comme ces serviettes élimées par les lessives qu'on vous tend avec un éclat de savon dans les bordels.
Nicolas Bouvier *Le Poisson scorpion (1982);* Gallimard/Bertil Galland.

478 Pour Voltaire, la tragédie racinienne est un modèle ; pour Racine, c'est une aventure.
Roger Caillois propos rapporté par Marguerite Yourcenar, réception à l'Académie, janvier 1981.

479 L'aventure est la tendresse des défigurés.
Patrick Besson *Nostalgie de la princesse (1981);* Le Seuil.

480 « Qu'est-ce que vous allez chercher là-bas ? » J'attends d'être là-bas pour le savoir.
André Gide *Voyage au Congo (1927);* Gallimard.

Europe Assistance :
481 À vouloir supprimer tous les risques, c'est la vie elle-même qu'on réduit à rien.
Norbert Bensaid *La Lumière médicale;* Le Seuil.

Dupont-la-joie :
482 Pas d'aventurier possible sans imbécile heureux en bermuda à fleurs.
Pascal Bruckner et **Alain Finkielkraut** *Au coin de la rue, l'aventure (1979);* Le Seuil.

Christophe Colomb :
483 On ne va jamais aussi loin que lorsqu'on ne sait pas où l'on va.
Cromwell.

484 On ne fait pas toujours ce qui convient et choisir l'erreur en connaissance de cause ne manque pas de charme.
Erich Maria Remarque *Le Ciel n'a pas de préférés;* tr. Auclères (1968); Presses de la Cité.

aventure

Sous le mot prudence, il y a le rire des dieux. 485
Pierre Albert Jourdan *Fragments;* éd. de l'Ermitage.

Choisir, c'est sans cesse rejeter celui que tu es, pour celui que tu 486
pourrais être. C'est l'esprit d'aventure.
Paul La Cour *Fragments d'un journal (1948).*

b

banque

487 La Bourse est une institution, comme l'Église, comme la Caserne... Les charlatans qui y règnent sont d'abominables gredins, mais il est impossible d'en dire du mal tellement leurs dupes les dépassent en infamie.
Georges Darien *Le Voleur (1897)*; J.-J Pauvert.

change :

488 Dans un pays où tout le monde cherche à paraître, beaucoup de gens doivent croire, en effet, qu'il vaut mieux être banqueroutier que de n'être rien.
Chamfort *Pensées, Maximes et Anecdotes (1803).*

489 L'inflation, impôt pour les pauvres, prime pour les riches, est l'oxygène du système. Regardez-le qui s'époumone.
François Mitterrand *L'Abeille et l'Architecte (1978)*; Flammarion.

à vos marks !...

Lorsque circulent dans un pays deux monnaies dont l'une est considérée par le public comme bonne et l'autre mauvaise, la mauvaise chasse la bonne. 490
Loi de **Gresham**[1].

portefeuille :

En mettre de côté pour en avoir devant soi demeure le principe directeur de tous ceux qui prennent les devants pour assurer leurs arrières. 491
Pensée du 23 avril 1981, Almanach de l'*Os à moelle;* Mengès.

La lâcheté, aux yeux des révoltés, consiste à ne pas attaquer plus souvent les banques. 492
Alain Jouffroy *Le Roman vécu (1978);* R. Laffont.

« J'acquiesce (d'épargne). » 493
San Antonio *Champagne pour tout le monde;* Fleuve noir.

Crédit Agricole :

On ne manie pas le beurre sans se graisser les doigts. 494
P.J. Le Roux *Dictionnaire proverbial (1786).*

banque du sperme :

L'amour est la seule passion qui se paye d'une monnaie qu'elle fabrique elle-même. 495
Stendhal *De l'amour (1822).*

L'honnêteté dans les affaires consiste à posséder à son compte en banque l'argent qu'on doit à ses créanciers. 496
Philippe Bouvard *Un oursin dans le caviar (1973);* Stock.

Si vous voulez savoir la valeur de l'argent, essayez d'en emprunter. 497
Benjamin Franklin *Poor Richard's Almanac (1732)*[2].

Il y a sans doute moins d'or dans ce monde qu'on nous le fait croire. 498
Jean-François Bory *Pas tout le même jour;* Flammarion.

banque :

L'acheteur d'or est un pessimiste qui a intérêt à imaginer le pire. 499
Michel Cruse (banquier), dans *Paris Match,* 30 août 1990.

découvert :

Je fais savoir à ma banque que pour mon découvert je viendrai les voir dimanche. 500
Michel Jonasz *V'là le soleil qui se lève;* Éd. WEA Filipacchi Music.

---

1 - Sir Thomas Gresham (1519-1579) est le fondateur du Royal Exchange de Londres.
2 - Avec son frère, Benjamin Franklin publiait aussi à Philadelphie un journal : la « Gazette de Pennsylvanie ».

Beauté

momie :

501 La Beauté est une sorte de morte. La nouveauté, l'intensité, l'étrangeté, en un mot, toutes les valeurs du choc l'ont supplantée.
Paul Valéry *Œuvres complètes ;* La Pléiade, Gallimard.

sois belle et tais-toi :

502 La bêtise est souvent l'ornement de la beauté ; c'est elle qui donne aux yeux cette limpidité morne des étangs noirâtres, et ce calme huileux des mers tropicales.
Charles Baudelaire *Essais et Notes.*

503 Le mauvais goût, c'est de confondre la mode, qui ne vit que de changements, avec le beau durable.
Stendhal *De l'amour (1822).*

504 [...] J'essayais de trouver la beauté là où je ne m'étais jamais figuré qu'elle fût, dans les choses les plus usuelles.
Marcel Proust *À l'ombre des jeunes filles en fleurs (1918) ;* Gallimard.

505 Une conception trop apollinienne ou trop gymnastique de la beauté risque paradoxalement d'empailler ou de durcir le beau.
Aimé Césaire *Sur la poésie ;* Seghers.

506 Belle, sans ornement, dans le simple appareil
D'une beauté qu'on vient d'arracher au sommeil.
Jean Racine *Britannicus (1669).*

bonne chair :

507 La beauté sera comestible ou ne sera pas.
Salvador Dali *Les Cocus du vieil art moderne ;* Fasquelle.

508 La beauté trop formelle devient une grimace.
Rosa Luxemburg *Lettres de prison (1916-1918) ;* tr. Aubreuil ; Bélibaste.

509 La beauté seule peut transformer en charité son propre mépris.
Luc Benoist *Art du monde (1978) ;* Gallimard.

510 Elle était belle comme la femme d'un autre.
Paul Morand *Lewis et Irène (1924) ;* Grasset.

511 Vous êtes une des plus belles femmes que j'aie jamais vues... Ce qui n'est pas forcément un compliment.
Groucho Marx *Animal Crakers (1930)* de Victor Heerman.

amant gâté :

La beauté, c'est comme l'alcool ou le confort, on s'y habitue, on 512
n'y fait plus attention.
Louis-Ferdinand Céline *Voyage au bout de la nuit (1932);* Gallimard.

Rien de plus émouvant que la beauté qui s'ignore, sinon la 513
laideur qui se sait.
Robert Mallet *Apostilles (1972);* Gallimard.

La beauté hélas ! c'est du cinéma. 514
Jean-Paul Fugère *Les Terres noires (1965);* H.M.H.

Un Grec et un Anglais ont chacun une manière d'être beau qui 515
n'a rien de commun.
Eugène Delacroix *Journal, t. I (1893).*

Tu sais l'épithète homérique pour désigner la beauté 516
surhumaine ? « Horrible. »
Jean-Louis Curtis *L'Horizon dérobé (1979);* Flammarion.

J'étais étrangement beau. Si beau que les objets inanimés, tels 517
que locomotives et télégraphistes, s'arrêtaient pour me regarder.
À San Francisco, par temps pluvieux, on me prenait souvent
pour le beau temps.
Mark Twain *cité par* Robert Benayoun dans *Anthologie du nonsens;* J.-J. Pauvert.

Je suis noire, mais je suis belle... C'est le soleil qui m'a brûlée. 518
Cantique des cantiques, I, 5 sv.

élémentaire !

Il me paraît indiscutable que l'idée du « beau » a ses racines dans 519
l'excitation sexuelle, et qu'originairement, il ne désigne pas autre
chose que ce qui excite sexuellement.
Sigmund Freud *Trois essais sur la théorie de la sexualité (1905).*

berceau

Nous commençons toujours notre vie sur un crépuscule 520
admirable.
René Char *Commune présence (éd. 1978);* Gallimard.

Température placenta idéale. Refuse traumatisme de la naissance. 521
Stop.
Pascal Bruckner *Monsieur Tac (1976);* Le Sagittaire.

522 Derrière le bébé, il n'y a pas seulement les neuf mois de conception d'un individu, mais les millions d'années de celle de l'espèce !
François Bresson *Vocabulaire de la psychologie (1979);* P.U.F.

523 L'éducation de l'homme commence à sa naissance ; avant de parler, avant que d'entendre, il s'instruit déjà.
Jean-Jacques Rousseau *Émile ou De l'éducaion (1762).*

524 Je suis entré dans la vie à ce moment-là, poussé par une mère qui n'y pouvait rien, tiré par une sage-femme épuisée qui ne songeait qu'à dormir.
Bernard Davy *Un coup de fouet;* Fayard.

prématuré :

525 L'exactitude étant la politesse des rois, un prématuré ne pourra jamais régner.
Pensée du 20 avril 1981 ; Almanach de l'*Os à moelle;* Mengès.

arreuh !

526 Le premier cri du nouveau-né est un cri de douleur.
Jean Cohen *Les Mains de la vie (1981);* R. Laffont.

527 La naissance est une guillotine.
Maurice Blanchard *Débuter après la mort (1977);* Plasma.

528 Il y a... des enfants qui
viennent au jour avec des douleurs
qu'on dirait contractées dans la tombe.
George Sand *Lélia (1833).*

529 La naissance est le miroir de la mort.
Bruno Lagrange *Le Mystère humain de la mort (1978);* Tchou.

530 Où est-il ce paradis ?
Peinard dans mon plumard, langé, blanchi, nourri,
J'étais un bébé heureux
J'étais un bébé arreuhh.
Louis Chédid *J'étais un bébé;* Disques C.B.S.

531 Dès la sortie de l'enfant, le cordon ne sert plus à rien.
Jean Cohen *Les Mains de la vie (1981);* R. Laffont.

532 Le berceau est non moins profond que la tombe.
Bruno Lagrange *Le Mystère humain de la mort (1978);* Tchou.

533 De la protection à la prison, du maillot au carcan, de l'éducation à la contrainte, où se trouvent les limites ?
J. Gélis, M. Laget, M.F. Morel *Entrer dans la vie,* Archives Gallimard/Julliard.

534 Le véritable lieu de naissance est celui où l'on a porté pour la première fois un coup d'œil intelligent sur soi-même [1].
Marguerite Yourcenar *Mémoires d'Hadrien (1951);* Plon.

---

1 - Ça allégerait l'état civil !

Nous naissons, pour ainsi dire, provisoirement, quelque part; c'est peu à peu que nous composons en nous le lieu de notre origine, pour y naître après coup, et chaque jour plus définitivement. 535
Rainer Maria Rilke *Lettres milanaises, 23 janv. 1923;* tr. Lang.

Le bébé n'est pas la bébée même si le bébé est d'abord bébée à faux trou et le bébé se distingue immédiatement de la bébée sans babou qui va fasciner sa mère mon bouchon trognon mon bout d'chou la rétine de celle-ci se fixant sur le petit mou à dévorer bout par bout alors qu'elle a tendance à ingurgiter la bébée sans bout d'un seul coup. 536
Philippe Sollers *Paradis, la seconde vie de Shakespeare (1981);* Éd. du Cercle.

Il faut pleurer les gens à leur naissance, et non pas à leur mort. 537
Montesquieu *Œuvres complètes;* Éd. A. Masson.

bêtise

grognement :
Il vaut mieux être un homme mécontent qu'un pourceau satisfait, être Socrate malheureux plutôt qu'un imbécile content, et si l'imbécile et le pourceau sont d'un autre avis, c'est qu'ils ne connaissent qu'un côté de la question. Les autres connaissent les deux côtés. 538
John Stuart Mill *De l'utilitarisme (1863);* tr. Lemaire.

On fait souvent des bêtises effroyables de peur de paraître bête. 539
Erkki Melartin *Je crois (1928).*

Un hasard a donné à l'homme l'intelligence. Il en a fait usage : il a inventé la bêtise. 540
Henri de Régnier *Promenades philosophiques;* Mercure de France.

Les idiotes ne sont jamais si idiotes qu'on le croit. Les idiots, si. 541
Marcel Achard.

La bêtise est abominable quand on la subit; mais quand on l'observe, elle a son charme, et on peut la savourer. 542
Michel Campiche *Du haut de la solitude (1980);* L'Aire.

Bon Dieu que les gens intelligents sont bêtes! 543
Jean Joubert *Les Sabots rouges (1979);* Grasset.

Je rêve d'être un imbécile heureux. 544
Graffiti Mai 1968.

béton

marée-chaussée :

545 Sous les pavés, la plage.
Slogan Mai 1968.

546 Aujourd'hui, arbres sur dalles : en fait d'arbres, que dalle !
Louis Chevalier *L'Assassinat de Paris (1977)*; Calmann-Lévy.

547 Les matériaux de l'urbanisme sont le soleil, les arbres, le ciel, l'acier, le ciment, dans cet ordre hiérarchique et indissolublement.
Le Corbusier (1887-1965) dans *Le Monde urbain*; EDMA, LGF.

une fleur à la bétonnière :

548 Il suffit d'une araignée pour faire respirer le béton.
Pierre Gascar *L'Homme et l'Animal (1974)*; Albin Michel.

exode rural :

549 Souvenez-vous que les murs des villes ne se forment que du débris des maisons des champs.
Jean-Jacques Rousseau *Du Contrat social (1762).*

550 C'est avec les pierres de la Loi qu'on a bâti les prisons, et avec les briques de la religion, les bordels [1].
William Blake *Le Mariage du ciel et de l'enfer (1790)*; tr. A. Gide; Aveline.

551 Au balcon d'un sixième : c'est là que j'aurais dû passer toute ma vie. Il faut étayer les supériorités morales par des symboles matériels, sans quoi elles retombent.
Jean-Paul Sartre *Le Mur (1939)*; Gallimard.

chef-d'œuvre en péril :

552 Tous les hommes ont un secret attrait pour les ruines. Ce sentiment tient à la fragilité de notre nature, à une conformité secrète entre ces monuments détruits et la rapidité de notre existence.
François René de Chateaubriand *Génie du christianisme (1802).*

---

1 - Face à la répression, Blake propose la vigueur de l'imagination créatrice : « La route de l'excès conduit au palais de la sagesse. »

Boisson

L'appétit vient en mangeant, disait Hangest du Mans ; la soif 553
s'en va en buvant.
François Rabelais *Gargantua,* prologue *(1534).*

Il vaut mieux être assis que debout et vermouth cassis. 554
Pierre Dac.

L'homme doit au vin d'être le seul animal à boire sans soif. 555
Pline l'Ancien *Histoire naturelle, XXIII.*

Lazare, tu es plus tenu au vin qu'à ton père, car s'il t'a donné 556
une fois la vie, le vin te l'a rendue plus de mille.
Auteur inconnu, *La Vie de Lazarillo de Tormès (1554) ;* tr. Molho ; Gallimard.

Il n'y a pas de joie sans vin. 557
Le Talmud.

Le vin est un humanisme. 558
Edouard Kressmann *Du vin considéré comme un des beaux-arts (1971) ;* Denoël.

in vino veritas :
Le vin est le miroir des hommes. 559
Alcée *Fragments, 73 (VIIe s. av. J.-C.).*

À la trogne connaît-on l'ivrogne. 560
Claude de Pontoux *Sentences notables, Adages et Proverbes.*

La plupart des gens ne sont pas alcooliques, mais s'imaginent 561
seulement l'être.
Charles Bukowski *Hollywood ;* tr. M. Lederen (1991) ; Grasset.

eau de Javel :
Quand ne sera-t-il plus besoin de rappeler que les antialcooliques 562
sont des malades en proie à ce poison, l'eau, si dissolvant et corrosif qu'on l'a choisi entre toutes substances pour les ablutions et lessives.
Alfred Jarry *La Chandelle verte (1969).*

eaux troubles :
Un homme qui ne boit que de l'eau a un secret à cacher à ses 563
semblables.
Charles Baudelaire *Du vin et du haschich (1860).*

vin Dieu !
Tous les méchants sont buveurs d'eau : 564
C'est bien prouvé par le déluge.
Louis-Philippe Ségur *Contes, Fables, Chansons (1801).*

Bonheur

nous deux :

565 Le bonheur naît jumeau.
Lord Byron *Don Juan (1819).*

566 Le bonheur, c'est ce qui fonctionne.
Fritz Zorn *Mars (1979);* Gallimard.

567 Or le bonheur, quant à lui, est un sommeil éternel.
Tony Duvert *Le Journal d'un innocent (1976);* Éd. de Minuit.

568 La permissivité ne fait pas le bonheur.
Jean Paul II propos tenu en 1980.

569 Ce qui pour nous fait le bonheur ou le malheur de notre vie, constitue pour tout autre un fait presque imperceptible.
Marcel Proust *Jean Santeuil (1896-1904);* Gallimard.

570 Le bonheur est un mot abstrait composé de quelques idées de plaisir.
Voltaire *Le Sottisier.*

571 Réaliser dans l'âge d'homme les rêves de la jeunesse, c'est ainsi qu'un poète a défini le bonheur.
Léon Blum *Stendhal et le Beylisme (1914).*

572 Vous cherchez le bonheur, pauvres fous ? Passez votre chemin : le bonheur n'est nulle part.
Louise Michel *Mémoires;* Maspero.

573 Je ne regrette pas d'avoir été refaite par les mains du Seigneur. Il ne m'a sauvée ni de la mort, ni des maux, ni du crime, car c'est par eux qu'on se sauve. Il m'a sauvée du bonheur.
Marguerite Yourcenar *Feux (1936);* Grasset.

574 Soyons tragiques jusqu'au bout et parions sur l'idée de bonheur.
Claude Jaquillard *Requiem pour une révolution perdue (1978);* L'Aire.

575 Le bonheur s'alimente volontiers de malentendus.
Roland Bacri *Alexandre Breffort;* Seghers.

576 Le bonheur ? La panse, la danse et la science !
Marie-Raymond Farré *La Longue Route des savants fous (1980);* Hachette.

ultimatum :

577 Le bonheur, c'est tout de suite ou jamais.
Marcel Jouhandeau *Éléments pour une éthique (1955);* Grasset.

bonheur

Le bonheur, c'est comme le coke – c'est une chose qu'on obtient comme un sous-produit de la fabrication d'autre chose. 578
Aldous Huxley *Contrepoint (1928);* tr. Castier; Plon.

Quand vous dites aux gens que le bonheur est une question simple, ils vous en veulent toujours. 579
Bertrand Russell *Autobiographie;* tr. Berveiller; Stock.

Le bonheur est une chose terrible à supporter. Surtout lorsque ce bonheur n'est pas celui pourquoi on avait arrangé toute sa vie. 580
Alain-Fournier *Lettre à Jacques Rivière, 22 juillet 1913.*

Théoriquement, il existe une possibilité de bonheur parfait : croire à ce qu'il y a d'indestructible en soi et ne pas s'efforcer de l'atteindre. 581
Franz Kafka *Préparatifs de noces à la campagne (1908);* tr. M. Robert; Gallimard.

rab :
Le bonheur c'est un plat de frites supplémentaire. 582
Charles M. Schulz *Snoopy;* Gallimard.

Si le bonheur ou le malheur va tout nu, il n'est jamais assez visible! Les gens ne le reconnaissent que lorsqu'ils l'ont emplumé à leurs couleurs! 583
Fernand Crommelynck *Chaud et Froid (1936);* Gallimard.

« Nous avons inventé le bonheur », diront les derniers hommes et ils cligneront de l'œil. 584
Friedrich Nietzsche *Ainsi parlait Zarathoustra (1883-1885);* tr. Betz; Gallimard.

Le plus pur bonheur du monde renferme un pressentiment de souffrance. 585
Johann Wolfgang Goethe *Le Juif errant (1774),* parution 1836; tr. Lichtenberger; La Renaissance du Livre.

exhibitionnisme :
Vraiment Billard n'avait pas de tact. Si j'avais été marié, je ne l'eusse pas dit. Il devait savoir qu'on ne raconte pas son bonheur à un malheureux. 586
Emmanuel Bove *Mes amis (1977);* Flammarion.

Le bonheur n'est jamais grandiose. 587
Aldous Huxley *Le Meilleur des mondes (1932);* tr. Castier; Plon.

conclusion :
On n'est jamais heureux qu'au petit bonheur. 588
Hervé Bazin *Mon abécédaire,* dans *Le Monde,* 9 juillet 1982.

Bourgeoisie

le charme discret

589 Je suis jeune et riche et cultivé ; et je suis malheureux, névrosé et seul.
Fritz Zorn *Mars (1977) ;* tr. G. Lambrichs ; Gallimard.

Chez nous, tout le monde était pauvre : la bonne, le cuisinier, le jardinier...

590 Quand quelqu'un de mes proches prononçait cela : « ... Tu n'as pas le sens de l'argent », tout était dit en quatre mots. Au nom du sens de l'argent, nous devions dans la famille nous soutenir sans nous aimer ; nous devions nous voir sans plaisir, nous fréquenter sans préférence, nous marier sans tendresse ; et aussi nous épier sans nous désavouer, nous tourmenter sans nous nuire, souffrir de nos chaînes sans les secouer, vivre enfin satisfaits de notre sort sans vivre heureux.
Philippe Hériat[1] *Les Enfants gâtés (1939) ;* Gallimard.

591 Les cons, ce sont les riches parce qu'ils sont riches, les pauvres parce qu'ils sont pauvres.
Wolinski *Lettre ouverte à ma femme (1978) ;* Albin Michel.

592 Que penses-tu de notre nouvelle bourgeoisie ?
Sans les vices de l'ancienne... hélas !
Miron Radu Paraschivescu *Journal d'un hérétique (1976) ;* tr. V. Jerunca ; O. Orban.

593 Un homme modérément honnête, avec une femme modérément fidèle, tous deux buveurs modérés, dans une maison modérément saine, voilà le vrai type de la classe bourgeoise.
George Bernard Shaw *Bréviaire du révolutionnaire (1929) ;* tr. A. et H. Hamon ; Aubier.

594 Les objets ne s'épuisent jamais dans ce à quoi ils servent, et c'est dans cet excès de présence qu'ils prennent leur signification de prestige, qu'ils « désignent » non plus le monde, mais l'être et le rang social de leur détenteur...
Jean Baudrillard *Pour une critique de l'économie politique du signe (1976) ;* Gallimard.

595 [...] Les classes moyennes sont presque seules à fournir le véritable imbécile, la supérieure s'arrogeant le monopole d'un genre de sottise parfaitement inutilisable, d'une sottise de luxe, et l'inférieure ne réussissant que de grossières et parfois d'admirables ébauches d'animalité.
Georges Bernanos *Les Grands Cimetières sous la lune (1937) ;* Plon.

---

1 - Pseudonyme de Raymond Payelle. *Les Enfants gâtés* font partie de la fresque des *Boussardel* et obtinrent le prix Goncourt en 1939.

La propriété est évidemment absurde. Pour être heureux, il ne faut avoir rien, ou tout au moins ne tenir à rien, car les possédants sont aussi des possédés. 596
Georges Hourdin[1] et **Gilbert Gaune** *Pour et contre les valeurs bourgeoises;* Berger-Levrault.

Si la propriété n'est certainement pas le vol, le superflu est à coup sûr l'assassinat. 597
Jean Rostand dans Andrée Tétry *Jean Rostand, prophète clairvoyant et fraternel;* Gallimard.

Je prétends que ni le travail, ni l'occupation, ni la loi ne peuvent créer la propriété : qu'elle est un effet sans cause. 598
Pierre-Joseph Proudhon *Qu'est-ce que la propriété ? (1840).*

elles ne sont pas de notre monde :
Une sainte peut tomber dans la boue et une prostituée monter dans la lumière, mais jamais ni l'une ni l'autre ne pourra devenir une honnête femme. 599
Léon Bloy *La Femme pauvre (1897).*

Mien, tien — « Ce chien est à moi, disaient ces pauvres enfants; c'est là ma place au soleil. » Voilà le commencement et l'image de l'usurpation de toute la terre. 600
Blaise Pascal *Pensées (1670).*

Plus l'histoire d'un pays est ancienne, plus nombreuses et pesantes sont ces couches stratifiées de paresseux et de parasites qui vivent du « patrimoine des ancêtres », de ces retraités de l'histoire économique. 601
Antonio Gramsci (1891-1937) *Notes sur Machiavel.*

Le bourgeois, c'est l'homme qui a maintenant le temps de s'asseoir. Une chaise n'est plus une caste. 602
Victor Hugo *Les Misérables,* quatrième partie.

La notabilité est le deuil douillet du bonheur. 603
François Nourissier *Le Musée de l'homme;* Grasset.

Quel est pour nous l'avantage d'avoir des parents riches ? Nous n'avons pas à subvenir à leurs besoins. 604
Samuel Joseph Agnon[2] *Une histoire toute simple;* Albin Michel.

La faim justifie les classes moyennes. 605
Julien Torma *Euphorismes (1978);* éd. Paul Vermont.

Si on accordait moins d'importance à la propriété privée, il y aurait moins de raisons de la protéger. 606
Bruno Bettelheim *Survivre;* tr. T. Carlier; R. Laffont.

Le goût de l'ancien est caractéristique du désir de transcender la dimension de la réussite économique... L'ancien, c'est, entre 607

---

1 - Georges Hourdin a écrit un ouvrage en collaboration avec Georges Marchais sur le thème : *Communistes et Chrétiens (1976);* Desclée.
2 - Écrivain israélien qui reçut le prix Nobel de littérature en 1966.

autres choses, la réussite sociale qui se cherche comme légitimité, une hérédité, une sanction noble.
Jean Baudrillard *Pour une critique de l'économie politique du signe (1976)*; Gallimard.

608 Chaque bibelot repose sur un napperon. Chaque fleur a son pot, chaque pot son cache-pot... non seulement posséder, mais souligner deux fois, trois fois ce qu'on possède, c'est la hantise du pavillonnaire et du petit possédant.
Jean Baudrillard *Pour une critique de l'économie du signe (1976)*; Gallimard.

Bravoure

Ney[1] :
609 La bravoure procède du sang, le courage vient de la pensée.
Napoléon Ier.

Murat[2] :
610 On voit Murat rester immobile, tournant le dos à l'ennemi, faisant face à son régiment criblé de boulets et disant : « Serrez vos rangs », sans regarder une seule fois derrière lui.
Jean Lucas Dubreton *Soldats de Napoléon (1977)*; Tallandier.

Jourdan[3] :
611 Ce n'est pas la victoire qui rend l'homme beau, c'est le combat.
Madeleine Ferron *Cœur de sucre.*

Oudinot[4] :
612 Si ton épée est trop courte, allonge-la d'un pas.
Proverbe hongrois.

Lannes[5] :
613 Il n'y a point de plus grande gloire pour les hommes que celle d'être brave par les pieds et par les bras.
Homère (IXe s. av. J.-C.) *L'Odyssée.*

Masséna[6] :
614 Il n'est point réellement brave, celui qui redoute de paraître ou d'être, quand il lui convient, un lâche.
Edgar Allan Poe *Marginalia*; tr. V. Orban; Sansot.

---

1 - Le «Brave des braves».
2 - Fils d'un aubergiste du Quercy, Murat avait débuté par le séminaire, et avait été ordonné sous-diacre avant d'être renvoyé.
3 - Le vainqueur de Fleurus connut ensuite de nombreuses défaites (à Vittoria, notamment).
4 - Le «Bayard» de l'armée ne comptait plus ses blessures.
5 - À Essling, un boulet lui fracasse les genoux, et il meurt des suites de l'amputation.
6 - « Commandant la région de Toulon en mars 1815, il s'emploiera à ne jamais chercher Napoléon là où il se trouve, sous prétexte de mieux lui barrer la route. » (Encyclopædia Universalis).

Davout[1] :
Le courage est une chose qui s'organise. 615
André Malraux *L'Espoir (1937);* Gallimard.

Bernadotte[2] :
Les animaux à sang froid sont les seuls qui aient du venin. 616
Arthur Schopenhauer *Pensées et Fragments;* tr. J. Bourdeau ; Alcan.

Brune[3] :
En temps de paix, rien ne sied mieux que le calme, la modestie, 617
l'humilité, mais que vienne la guerre alors prends exemple sur le tigre.
William Shakespeare *Henri V (1599);* tr. F. Victor-Hugo.

Berthier[4] :
Le courage est... un puissant désir de vivre prenant la forme d'un 618
empressement à mourir.
Gilbert Keith Chesterton *Orthodoxie (1908);* tr. Grolleau ; Rouart Watelin.

Soult[5] :
Les récompenses sont toujours un peu insuffisantes. 619
Paul Pavlovitch *L'Homme que l'on croyait (1981);* Fayard.

Bessières[6] :
Faits d'armes. Naissances des légendes : les mouches, bavardes, 620
vont et viennent dans la bouche des morts.
Claude-Michel Cluny *Inconnu passager (1965-1977);* Le chemin, Gallimard.

bureaucratie

Un peu d'embonpoint, un certain avachissement de la chair et 621
de l'esprit, je ne sais quelle descente de la cervelle dans les fesses, ne messiéent pas à un haut fonctionnaire.
Jules Romains *Les Copains (1913);* Gallimard.

---

1 - Il est le seul à maintenir ses troupes dans un ordre parfait pendant la retraite de Russie.

2 - Celui que l'on appelait « Belle Jambe » n'intervenait le plus souvent qu'après la bataille. Ses intrigues lui permirent de monter sur le trône de Suède. À sa mort, en 1844, on comprit pourquoi il refusait de se laisser déshabiller par ses valets de chambre : sa poitrine s'ornait d'un tatouage : « Mort aux rois ! »

3 - Imprimeur à Paris avant la Révolution, il fut un des premiers maréchaux de l'Empire.

4 - Remarquable stratège, «il tombe d'une fenêtre du palais de Bamberg, dix-sept jours avant Waterloo. Quand Napoléon apprendra cette mort, sans aucun doute un suicide, il s'évanouira d'émotion» (Encyclopædia Universalis. Thesaurus).

5 - Le «premier manœuvrier de l'Europe» obtint de Louis-Philippe que soit créée pour lui la dignité de «maréchal-général de France».

6 - Commandant en chef la cavalerie de l'armée, il fut tué d'un boulet de canon en allant reconnaître les positions de l'ennemi (1er mai 1813).

622 Les chaînes de l'humanité torturée sont faites de paperasse.
Franz Kafka dans Gustav Janouch *Conversations avec Kafka;* tr. B. Lortholary : Les Lettres Nouvelles, R. Laffont.

623 Il vaut mieux être cocu que veuf
Il y a moins de formalités.
Alphonse Allais *Les Pensées; Cherche-Midi (éd. 1987).*

fichier :

624 Bureaucratie : le moyen le plus rationnel que l'on connaisse pour exercer un contrôle impératif sur des êtres humains.
Max Weber *Wirtschaft und Gesellschaft (1925) (Économie et Société);* tr. Freund et Chavy.

coupe-papier :

625 Un bourreau, de nos jours, est un honorable fonctionnaire... Par conséquent, pourquoi n'y aurait-il pas un bourreau qui sommeille en tout honorable fonctionnaire ?
Franz Kafka dans Gustav Janouch *Conversations avec Kafka;* tr. B. Lortholary; Les Lettres Nouvelles, R. Laffont.

626 Son père est fonctionnaire, sa mère ne travaille pas non plus.
Charlotte de Turkheim *La fin du monde aura lieu un mardi.*

627 On s'habitue à tout, même à être inutile.
Maria Judite de Carvalho *Paysage sans bateaux;* tr. S. Biberfeld (1988), La Différence.

628 À elle qui gagnait sa vie en tapant à la machine toute la journée, sa joie était de se changer, la nuit, en clavier que son amant manipulait.
Michel Leiris *Le Ruban au cou d'Olympia (1981);* Gallimard.

629 L'idéalisme tend vers le bureaucrate, le bureaucrate vers l'idéalisme.
Emmanuel Berl *Mort de la morale bourgeoise (1929);* Gallimard.

630 Les fonctionnaires qui assurent passer toujours après les autres et être traités par-dessus la jambe; les non-fonctionnaires, qui prétendent que tout le mal vient des fonctionnaires... Le résultat : 42 millions de citoyens sont dressés contre le 43e [1].
Pierre Daninos *Les Carnets du major Thompson (1954);* Hachette.

effaceur :

631 [...] Le microbe de la bureaucratie. Or, on ne parlemente pas avec les microbes. On les tue !
Alphonse Allais *Le Captain Cap (1902).*

---

1 - La proportion de fonctionnaires s'est considérablement accrue, et Daninos devrait dire aujourd'hui que 42 millions de citoyens sont dressés contre les 11 millions qui restent (familles comprises bien sûr !)

C

Cafard

Ce qu'on nomme cafard n'est souvent qu'une éclipse de nos 632
illusions et un éclair de notre lucidité.
Fernand Vanderem *Gens de qualité (1938);* Plon.

La chair est triste, hélas! et j'ai lu tous les livres. 633
Fuir! là-bas fuir! Je sens que des oiseaux sont ivres
D'être parmi l'écume inconnue et les cieux!
Stéphane Mallarmé *Brise marine; Poésies (1898);* Gallimard.

J'ai perdu ma force et ma vie, 634
Et mes amis et ma gaîté
J'ai perdu jusqu'à la fierté
Qui faisait croire à mon génie.
Alfred de Musset *Tristesse, Premières poésies (1838).*

Et même mon lit 635
Se transforme en quai de gare
Quand tu t'en vas.
Alice Dona *Je suis malade;* éd. Philips.

636 Je suis sale sans toi
Je suis laid sans toi
Je suis comme un orphelin dans un dortoir.
Alice Dona *Je suis malade;* éd. Philips.

637 [...] Les factures à payer, et la certitude que rien au monde ne peut me rendre heureux, ni une femme, ni un ami, ni une maison, ni un livre, ni même un vice.
Juan-Carlos Onetti *La Vie brève (1950);* Stock.

638 [...] À peine
Le spleen le prenait-il quatre fois par semaine.
Alfred de Musset *Premières poésies (1838).*

639 Ne me secouez pas, je suis plein de larmes.
Derniers mots d'**Henri Calet** (1904-1956).

640 Ce sont des moments où il faudrait pouvoir porter un bras en écharpe, un plâtre, un pansement au visage, quelque chose qui annonce : « Ne me bousculez pas, je suis cassée... ».
Françoise Giroud *Ce que je crois (1978);* Grasset.

641 La vie, voyez-vous, c'est de changer de café.
Jean-Louis Rabeux *Aragon ou les Métamorphoses (1977);* Gallimard.

642 Quand ça ne va plus, je change de café.
Georges Bernanos *Correspondance (1904-1939);* Plon.

643 Je me laissais griser par le cafard.
André Héléna *La Victime (1988);* Fanval.

Capitalisme

644 Le capitalisme n'existe pas, je ne l'ai pas rencontré.
Vladimir Boukovski *Cette lancinante douleur de la liberté (1981);* tr. N. Krivochéine; R. Laffont.

être et avoir :
645 Dieu disait à Moïse : Je suis celui qui est; le capitaliste dit aujourd'hui : Je suis celui qui a.
Louis-Auguste Commerson *Pensées d'un emballeur (1851).*

646 Qui aura le profit aura l'honneur.
Philippe de Commynes[1] *Mémoires;* éd. J. Calmette.

1 - Philippe de Commynes parlait en connaissance de cause puisque sa trahison de Charles le Téméraire lui valut une somme rondelette et la charge de sénéchal de Poitou (1476).

accumulation :
Le XXe siècle marque le tournant où l'ancien capital fait place au nouveau, où la domination du capital financier se substitue à la domination du capital en général. 647
Lénine *Œuvres, t. 22;* Éditions Sociales.

plus-value :
Tu seras toujours pauvre si tu es pauvre; la fortune n'est donnée qu'aux riches. 648
Martial (40-104) *Épigrammes;* tr. A. Bourgery.

valeur ajoutée :
Je ne peux malheureusement acheter que ce qui est à vendre, sinon il y aurait longtemps que je me serais payé un peu de bonheur. 649
Paul Getty[1].

rentes :
C'est quand même extraordinaire de penser que tous ces gens vivaient uniquement des intérêts de leur capital et que bien souvent ils n'en venaient pas à bout. 650
Paul Chabot *Jean et Yvonne, domestiques en 1900 (1980);* Tema.

management :
Le businessman américain est un monsieur qui, toute la matinée, parle de golf à son bureau et qui, le reste de la journée, discute affaires sur un terrain de golf. 651
Jerry Lewis[2] dans G. Recasens *Jerry Lewis (1970);* Seghers.

division du travail :
Le bien mal acquis profite toujours à quelqu'un. 652
Paul Léautaud *Passe-Temps (1929);* Mercure de France.

lutte des classes :
Il ne faut pas tenter de couler le capital : il est insubmersible; il faut l'arraisonner. 653
Gilbert Cesbron *Mourir étonné (1980);* R. Laffont.

Seul ce que j'ai perdu m'appartient à jamais. 654
Rachel *Poèmes.*

multinationale :
Le sort du riche n'est pas lié au sort du pays. Le riche appartient au monde sans frontières de la puissance. 655
Louis Pauwels *Lettre ouverte aux gens heureux (1973);* Albin Michel.

Le libéralisme voit dans la production de la richesse une fin en soi, et cherche à la réaliser par tous les moyens, même au prix de l'appauvrissement du milieu naturel et humain. 656
Thomas Molnar dans *Études,* octobre 1990.

---

1 - « Empereur » du pétrole, armateur et collectionneur de peintures, l'un des hommes les plus riches du monde. Il finit par ne plus guère sortir de sa propriété.
2 - Dans son autobiographie, *Dr Jerry et Mr Lewis* (Stock, 1983), Joseph Levitch (Jerry Lewis) se souvient : « Je me prenais pour un imbécile, un raté, l'enfant le plus malheureux de la terre. » « T'es fou, Jerry ! ».

nationalisations :

657 L'État est le capitaliste idéal.
Friedrich Engels *Anti-Dühring*[1] *(1878)*; éd. Bracke.

658 La vie est brève, l'âme est vaste :
Posséder, c'est être en retard.
Fernando Pessoa *Message* tr. P. Quillier, M. Chandeigne (1988); Christian Bourgois.

Caresses

659 La caresse est le produit d'un long polissage de la bestialité.
Pierre Reverdy *En vrac (1919)*; éd. du Rocher.

660 Caresser la fange
Jusqu'à ce que toute la boue
Devienne miroir.
Javier Lentini *Museo de mascaras*; tr. V. Binar.

661 Une bonne grosse qui donne de gros baisers comme si elle collait des timbres.
Jules Renard *Journal (1896).*

662 Il n'y a pas de vieux messieurs, il n'y a que des femmes maladroites.
Georges Clemenceau[2] (1841-1929).

663 J'ai joué avec le feu en me servant de tes mains.
Jacques Laurent *Le Miroir aux tiroirs*; Gallimard.

664 Il est dans l'amour de certaines caresses que l'amour nous apprend.
Helvétius *Pensées et Réflexions (1771).*

665 Avec les baisers profonds et les caresses de la langue, nous revenons à notre lointain passé, à la nourriture transmise de bouche à bouche.
Desmond Morris *La Clé des gestes (1978)*; tr. Y. Dubois et Y. Mauvais; Grasset.

666 Entre amants, il n'y a que les coups et les caresses.
André Suarès *Voici l'homme (1948)*; Albin Michel.

667 Car j'eusse avec ferveur baisé ton noble corps,
Et depuis tes pieds frais jusqu'à tes noires tresses
Déroulé le trésor des profondes caresses.
Charles Baudelaire *Les Fleurs du mal XXXI (1869).*

---

1 - Le titre original était : « Monsieur Eugène Dühring bouleverse la science. »
2 - Il avait 82 ans alors que sa compagne Marguerite Baldensperger n'en avait que 40.

L'amour n'est l'amour que s'il est violent. D'où le caractère 668
déplaisant d'un certain pelotage chrétien.
Konrad Lorenz *L'Agression (1977)*; tr. Fritsch; Flammarion.

On prend la truite en la chatouillant. 669
William Shakespeare *Twelfth Night, II, V, 24 (1600) (La Nuit des rois)*; tr. F. Victor-Hugo.

Les caresses sont aussi nécessaires à la vie des sentiments que les 670
feuilles le sont aux arbres. Sans elles, l'amour meurt par la
racine.
Nathaniel Hawthorne *Contes (1837)*; tr. Logé; Stock.

Elle me donna un second baiser dans une frénésie de pétales de 671
langue et de lèvres.
John Updike *Un mois de dimanches (1977)*; tr. M. Rambaud; Gallimard.

Ah! fuis, qui que tu sois, les constantes caresses : 672
Alors qu'elles viendraient à bout des rochers et des chênes,
Que peux-tu espérer, pauvre homme, pauvre souffle ?
Properce (57-15 av. J.-C.) *La Poésie latine*; tr. Gouast; Seghers.

La misère passe toujours par la caresse d'un homme. 673
Jean-Luc Hennig *Griselidis, courtisane (1981)*; Albin Michel.

D'une seule caresse 674
Je te fais briller de tout ton éclat.
Paul Eluard *L'Amour la Poésie : Premièrement (1929)*; Gallimard.

Sa tête éclate de bonheur, pschitt..., ils s'embrassent, schloch! 675
Françoise Dorin *Va voir maman, papa travaille (1976)*; R. Laffont.

Célibat

Extrême cruauté de notre société. On accepte seulement les 676
« couples » comme dans l'arche de Noë. Malheur à qui veut aller
son chemin, solitaire.
Monique Bosco *La Femme de Loth (1970)*; Laffont.

Les curés sont consolés de ne pas être mariés, quand ils 677
entendent les femmes se confesser.
Armand Salacrou *Une femme libre (1931)*; Gallimard.

L'homme idéal à la recherche de la femme idéale! C'est le 678
meilleur moyen de rester célibataire!
Dominique Blondeau *Les Visages de l'enfance (1971)*.

Ce suicide affreux, le célibat. 679
Victor Hugo *La Légende des siècles, les Enterrements civils (1859)*.

680 Si j'étais seul, je me livrerais à la débauche ou j'irais soigner les lépreux.
Jacques de Bourdon-Busset *Tu ne mourras pas;* Gallimard.

681 La solitude est essentielle à la fraternité[1].
Gabriel Marcel *La Dignité humaine (1964);* Aubier.

682 On n'est pas seul dans sa peau.
Henri Michaux *Qui je fus*[2] *(1927);* Gallimard.

683 Dieu créa l'homme et, ne le trouvant pas assez seul, il lui donna une compagne pour lui faire mieux sentir sa solitude.
Paul Valéry *Tel quel (1941 et 1943);* Gallimard.

Cerveau

684 L'« esprit » est un produit de l'organisation du cerveau tout comme la « vie » est un produit de l'organisation des molécules.
François Jacob[3] *Le Jeu des possibles (1981);* Fayard.

685 Le développement intellectuel ne serait pas une acquisition de facultés nouvelles, mais au contraire une perte de capacités présentes à la naissance.
Jacques Mehler *L'Unité dans l'Église (1980);* tr. Lilienfeld.

686 Avoir l'esprit ouvert n'est pas l'avoir béant à toutes les sottises.
Jean Rostand *Inquiétudes d'un biologiste (1967);* Stock.

687 Le cerveau est plus spacieux que le ciel.
Émily Dickinson *Poèmes;* tr. C. Malroux (1989); Belin.

688 Nous avons perdu l'usage d'une rigoureuse harmonie entre la conscience et la réflexion.
Matthieu Galey, dans les *Yeux ouverts (1980),* entretiens avec Marguerite Yourcenar; Le Centurion.

689 C'est une chance que d'avoir devant soi assez de temps pour pouvoir réviser ses jugements ou simplement pour pouvoir les exprimer sans bavures.
Jean Grenier *Entretiens sur le bon usage de la liberté (1982);* Gallimard.

690 L'esprit fait plus de chemin que le cœur, mais va moins loin.
Proverbe chinois, Mai 1968.

---

1 - À l'inverse, une relation peut être une non-communication : « Plus mon interlocuteur est extérieur, plus je suis du même coup et dans la même mesure extérieur à moi-même. » Gabriel Marcel, *Du refus à l'invocation* (1940).
2 - *Qui je fus* était le premier livre de Henri Michaux. Il passa inaperçu.
3 - Prix Nobel de médecine-physiologie, en 1965.

cerveau

Tout persécute nos idées, à commencer par notre cerveau. 691
E.M. Cioran *Syllogismes de l'amertume (1952)*; Gallimard.

Quand on célèbre la « pensée », on célèbre un très petit nombre 692
de produits d'un très petit nombre d'êtres.
Paul Valéry *Œuvres complètes*; La Pléiade, Gallimard.

Une seule pensée de l'homme vaut plus que l'univers tout entier. 693
Ainsi il n'y a que Dieu qui soit digne d'elle.
Saint Jean de la Croix[1] (1542-1591) *Aphorismes*; tr. Baruzi; Alcan.

Les bulles de ma pensée troublent l'eau claire de ma vie. 694
Gabriel Delaunay *Le Miroir d'étain (1967)*; Albin Michel.

La pensée demeure exposée au vent de la chose. 695
Martin Heidegger *Questions (1966-1968)*; Gallimard.

Pense dans le moment. Toute pensée qui dure est contradictoire. 696
Marcel Schwob *Le Livre de Monelle (1894)*; Mercure de France.

Rien n'est libre dans la nature que l'esprit de l'homme. Fût-elle 697
une illusion, cette liberté a fait des princes parmi les hommes.
André Suarès *Prisons*; Le Temps singulier.

La sensualité est la condition mystérieuse, mais nécessaire et 698
créatrice, du développement intellectuel.
Pierre Louÿs préface d'*Aphrodite (1929)*; Fasquelle.

La femme se fout éperdument des haut-parleurs quand ils 699
s'écoutent, des inoccupés de l'entresol, des indifférents-à-leurs-charmes. Pour elle, l'homme qui n'a pas ses couilles dans le cerveau, voire à la rigueur le cerveau dans ses couilles, n'est qu'une impersonnalité.
San Antonio *Buffalo Bide (1990)*; Fleuve noir.

Qui pense peu se trompe beaucoup. 700
Léonard de Vinci (1452-1519) *Carnets*[2].

L'eau de Pleur, de Joye ou de Douleur, 701
Qui fait mouldre le moulin de Pensée[3].
Charles d'Orléans (1394-1465) *Poésies*; Éd. P. Champion.

Nous pensons avec toute la richesse de notre corporéité 702
sensible... avec toute la richesse de notre psychisme intuitif... et, finalement, avec notre pensée plus qu'avec notre réflexion.
Kostas Axelos *Contribution à la logique (1977)*; Éd. de Minuit.

---

1 - Menacé par l'Inquisition, Jean de la Croix fut, hélas ! contraint de brûler l'essentiel de ses écrits spirituels. Ses poèmes et ses traités ne furent édités qu'en 1618.
2 - La publication des manuscrits a été entreprise en 1881 par C. Ravaisson-Millien.
3 - Son père fut assassiné sur l'ordre de Jean sans Peur en 1407, et sa mère en 1408. Fait prisonnier à Azincourt, en 1415, le duc est emmené en Angleterre où il restera en exil jusqu'en 1440. Rêveur et inadapté, le duc resta à l'écart du jeu politique. Il mourut sur l'adieu célèbre : « Salués moy toute la compaignie. »

703 Le cerveau est l'organe le plus surévalué.
Woody Allen *Stardust Memories (1980).*

Charité

704 Une main sur la beauté du monde, l'autre main sur la souffrance des hommes, les deux pieds dans le devoir du moment.
François Varillon *Beauté du monde et Souffrance des hommes (1980);* Le Centurion.

705 Il est bon d'être charitable :
Mais envers qui ? c'est là le point.
Jean de La Fontaine *Fables (1668 à 1694), Le Villageois et le Serpent.*

706 Un homme qui avait souffert toute sa vie dit à Dieu avant de mourir : « Mon Dieu, si tu existes, je te pardonne. »
François Varillon *L'Humilité de Dieu (1974);* Le Centurion.

707 La patience est la moelle de la charité.
Sainte Catherine de Sienne (1347-1380) *Lettre.*

708 La patience est la vertu des mendiants.
Philip Massinger *A New Way to Pay Old Debts, V, 1 (1625).*

709 On ferait beaucoup l'aumône si l'on avait des yeux pour voir le beau geste que fait la main qui reçoit.
Johann Wolfgang Goethe *Maximes et Réflexions;* tr. G. Bianquis; Gallimard.

710 Faites des heureux en commençant par vous-même !
Marcel Jouhandeau *La Mort d'Élise, Journaliers XXV (1977);* Gallimard.

711 Petite aumône, grande joie.
Homère *L'Odyssée.*

Chasteté

ceinture :

712 L'abstinence est une bonne chose, pourvu qu'on la pratique avec modération.
Taureau irlandais, extrait de l'*Anthologie du non-sens* de **Robert Benayoun**; J.-J. Pauvert.

La chasteté est assurément la plus négative des vertus, à moins que ce ne soit le plus secret de tous les vices. 713
Charles Regismanset *Le Livre de mes amis;* Sansot.

À la femme chaste, Dieu suffit. 714
Proverbe espagnol.

L'exemple de la chasteté d'Alexandre n'a pas tant fait de continents que celui de son ivrognerie a fait d'intempérants. 715
Blaise Pascal *Pensées (1670).*

L'amour est source de chasteté. 716
Guilhem de Montanhagol[1] (XIIIe s.) *Le Troubadour G. de Montanhagol; Bibl. mérid.,* 4; éd. J. Coulet.

Les marbres sont nus, et la nudité est chaste. C'est même la bravoure de la chasteté. 717
Jules Barbey d'Aurevilly *Les Diaboliques (1874).*

Que sait-il, celui qui n'a pas été tenté ? 718
L'Ecclésiaste

Châtiment

Le châtiment de ceux qui ont trop aimé les femmes est de les aimer toujours. 719
Joseph Joubert *Pensées, Essais, Maximes (1842).*

Avouez et soyez pendu. 720
Christopher Marlowe *Le Juif de Malte (1589).*

Le dialogue[2] de l'être humain et du supplice est plus profond que celui de l'homme et de la mort. 721
André Malraux *Anti-mémoires (1967);* Gallimard.

mais scie !
Le supplice de l'homme coupé en deux résume, à lui seul, le destin de l'homme industrialisé. 722
Jean-Michel Bessette *Il était une fois... la guillotine (1982);* éd. Alternatives.

à coup sûr :
Le châtiment est fait pour améliorer celui qui châtie. 723
Friedrich Nietzsche *Le Gai Savoir (1882-1887);* tr. A. Vialatte; Gallimard.

---

1 - Originaire de Toulouse où il mourut en 1258, Guilhem de Montanhagol s'éleva vigoureusement contre la violence de la répression anti-albigeoise.
2 - Dialogue malencontreusement interrompu par le départ soudain d'un des deux interlocuteurs...

724 Châtie-toi, en châtiant, et tu sauras châtier les autres.
Juan Ruiz *Le Livre du bon amour (1343);* tr. Campserveux dans A. Castro *Réalité de l'Espagne;* Klincksieck.

725 L'un des plus grands freins opposés aux délits, c'est non pas la rigueur des peines, mais leur infaillibilité.
Cesare Bonesana Beccaria *Des délits et des peines (1764).*

grimace :
726 Dans certains pays, on répugne à la pendaison, parce que le pendu tire la langue.
Tibor Déry *Monsieur G.A. à X (1965);* tr. Fougerousse et Gara; Le Seuil.

Chef

727 Le chef du troupeau est un animal comme les autres.
Ani (antiquité égyptienne), IIe millénaire av. J.-C.

728 Les chefs d'hommes ont en commun ce trait d'accepter plus spontanément que la moyenne de leurs congénères la condition animale.
Anne et **Pierre Rouanet** *Les Trois Derniers Chagrins du général de Gaulle (1980);* Grasset.

729 Quand on n'est pas maître de son troupeau, on l'envoie à l'abattoir.
Michel Besnier *Le Bateau de mariage (1988);* Le Seuil.

730 [...] Ce qu'on appelle aujourd'hui un chef, c'est-à-dire un ambitieux doublé d'un fanatique.
Jean Grenier *Entretiens sur le bon usage de la liberté (1982);* Gallimard.

731 Les phares de l'humanité sont des hommes que l'humanité éclaire en feignant d'en être éblouie.
Raoul Pradeau Avant-propos au catalogue de la Jeune Gravure contemporaine.

732 Les grands hommes sont plus grands que nature dans le souvenir. Ce que nous voyons en eux, c'est à la fois le meilleur d'eux et le meilleur de nous.
Alain *Préliminaire à la mythologie;* Gallimard.

733 Les grands ne sont grands que parce que nous sommes à genoux : levons-nous.
Pierre Victurnien Vergniaud *Discours (1792).*

Certains sont jugés grands, parce que l'on mesure aussi le piédestal[1]. 734
Sénèque (4 av. J.-C.-65 ap. J.-C.) *De tranquillitate animi, X, 5.*; tr. Waltz, Préchac.

satrape :
Plus l'homme au pouvoir est petit, plus il convient à toutes les petitesses. 735
François René de Chateaubriand *Réflexions politiques (1814).*

Il n'y a rien de plus dangereux pour les nations comme pour les individus que les vessies qui se regardent comme des lanternes et que des lanternes qui tiennent absolument à se faire prendre pour des messies ! De même qu'à tous les surhommes, il faut préférer ce spectacle rare entre tous : un homme juste, et juste un homme. 736
Paul Claudel *Œuvres*; Gallimard.

Pour qu'un homme soit au-dessus de l'humanité, il en coûte trop cher à tous les autres. 737
Montesquieu *Dialogue de Sylla et d'Eucrate (1725).*

Les grands hommes meurent deux fois, une fois comme hommes, et une fois comme grands. 738
Paul Valéry *Cahiers (1919)*; Gallimard.

L'ingratitude envers les grands hommes est la marque des peuples forts. 739
Plutarque (v. 46-v. 120) *Vies des hommes illustres*; tr. J. Amyot.

Si les grands hommes n'avaient pas commis d'erreurs, nous ne saurions pas qu'ils ont existé. 740
Louis Scutenaire *Mes inscriptions (1945-1963)*; Brassa.

La difficulté n'est pas de supprimer les chefs, mais de savoir s'en passer. 741
Marcel Aymé *Vogue la galère (1944)*; Grasset.

Chien et chat

Les animaux ne se doutent pas que nous leur avons donné des noms. Ou peut-être que si, et c'est alors pourquoi ils ont peur de nous. 742
Elias Canetti *Le Territoire de l'homme, Réflexions (1942-1972)*; tr. A. Guerne ; Albin Michel.

---

1 - Un ingénieux système hydraulique permettait d'élever le trône au fur et à mesure de l'avancée des courtisans prosternés, dans la grande salle du palais de Byzance.

743 Un chien est un animal qu'un autre chien reconnaît instinctivement comme tel.
Otto Jespersen *La Philosophie de la grammaire (1924)*; tr. A.M. Léonard (1988); éd. de Minuit.

Pollux :
744 Tous les chiens, quand ils sont dans l'embarras, se mettent à bâiller.
Truman Capote *Les chiens aboient (1977)*; Gallimard.

745 Les chiens... j'aime leur liberté d'allure, leur façon de vivre leurs quinze ans en dehors de toute métaphysique.
Jules Stéfan *À la vieille parque (1989)*; Gallimard.

746 Si les chiens avaient une langue plus raide, ils pourraient parler.
Daniel Thibon *Le Crispougne (1975)*; Stock 2.

Rantanplan :
747 Ça compte, même quand c'est un chien, quelqu'un qui vous préfère à tout le reste du monde.
Jules Roy *La Mort de Mao (1969)*; Christian Bourgois.

748 Y'a des gens qui ont des enfants parce qu'ils n'ont pas les moyens de s'offrir un chien.
Coluche.

749 Ne laissez pas votre chien en laisse si vous voulez qu'il vous soit attaché.
André Villemetz *Dans mon rétroviseur (1967)*; la Table Ronde.

Snoopy :
750 À bien dire, ce qu'il y a de meilleur dans l'homme, c'est le chien.
Nicolas Charlet (1792-1845), Légende d'une lithographie[1] (manuscrit).

Snoopy bis :
751 Ce qu'il y a de meilleur dans l'homme, c'est le chien.
Gabrielle Rolin *L'Innocence même (1980)*; Mercure de France.

752 Chien : la terrible chose de voir un chien qui pisse ! La terrible chose de voir un chien nu !
Baudeau de Somaize *Dictionnaire des précieuses (v. 1630).*

753 Je préfère les chats aux chiens parce qu'il n'y a pas de chats policiers.
Jean Cocteau.

chatyre :
754 Moi j'appelle un chat une chatte.
San-Antonio *Si Queue-d'Ane m'était conté (1976)*; Fleuve noir.

---

1 - Avec ses lithographies, Nicolas Charlet, admirateur de Napoléon, contribua à répandre l'image du « Petit Caporal ».

Il s'émerveillait de voir que les chats avaient la peau percée, 755
précisément à la place des yeux.
Georg Christoph Lichtenberg *Aphorismes (1800-1806).*

Une maison sans chat est un aquarium sans poisson. 756
Jean-Louis Hue *Le Chat dans tous ses états (1982);* Grasset.

Christianisme

an 40 :
Les dieux n'étant plus et le Christ n'étant pas encore, il y a eu 757
de Cicéron à Marc Aurèle un moment unique où l'homme seul a été[1].
Gustave Flaubert *Correspondance (1887-1893).*

pères de l'Église :
Le christianisme a été prêché par des ignorants et cru par des 758
savants, et c'est en quoi il ne ressemble à rien de connu.
Joseph de Maistre *Considérations sur la France (1796).*

L'Évangile n'est pas difficile d'accès à cause de ce qu'on ne 759
saurait pas, mais à cause de ce qu'on croit savoir.
Jean Grosjean *Samson (1989);* Gallimard.

saint Antoine :
Le coup d'État du christianisme, c'est d'avoir installé la fatalité 760
dans l'homme... Un Grec... extériorisait ses démons en mythes, et le chrétien intériorise ses mythes en démons.
André Malraux *Les Noyers de l'Altenburg*[2] *(1943);* Gallimard.

Viviane :
La mythologie [...] peuplait l'univers d'élégants fantômes, ôtait à 761
la création sa gravité, sa grandeur et sa solitude. Il a fallu que le christianisme vînt chasser ce peuple de faunes, de satyres et de nymphes, pour rendre aux grottes leur silence, et aux bois leur rêverie.
François René de Chateaubriand *Génie du christianisme (1802).*

Jeanne d'Arc :
Jamais le christianisme, si vous y regardez de près, ne vous 762
paraîtra plus sublime, plus digne de Dieu, et plus fait pour l'homme qu'à la guerre.
Joseph de Maistre *Les Soirées de Saint-Pétersbourg (1821).*

---

1 - Cette période couvre donc deux siècles, du milieu du premier siècle av. J.-C., jusqu'en 161 ap. J.-C.
2 - Le livre fut écrit entre l'évasion du camp de Sens (novembre 1939) et l'engagement dans la Résistance sous le nom de « colonel Berger ».

sainte Chopine[1] :

763 La religion, par son essence, est l'ennemie de la joie et du bien-être des hommes. « Bienheureux sont les pauvres ! Bienheureux sont ceux qui pleurent ! Bienheureux sont ceux qui souffrent ! » Malheur à ceux qui sont dans l'abondance et dans la joie ! Telles sont les rares découvertes que le christianisme annonce !
Paul Thiry d'Holbach *Système de la nature (1770).*

sainte Nitouche :

764 Notre religion n'a point eu de plus assuré fondement humain que le mépris de la vie.
Michel de Montaigne *Essais (1580).*

saint Satyre :

765 Le christianisme a beaucoup fait pour l'amour en en faisant un péché.
Anatole France *Le Jardin d'Épicure (1895).*

saint Boute-en-train :

766 La joie est le grand secret du christianisme.
Gilbert Keith Chesterton *Hérétiques (1912)*; tr. Bradley ; Plon.

saint Va-et-Vient :

767 Chaque fois que le christianisme s'efface un peu, l'idée de bonheur resurgit.
Louis Pauwels *Ce que je crois (1974)*; Grasset.

saint Lâche :

768 La déchristianisation est l'échec d'une volonté de puissance et de la pastorale de la peur.
Jean Delumeau *Un chemin d'histoire (1981)*; Fayard.

Béni oui-oui :

769 La première attitude d'un chrétien, c'est de voir dans le monde, dans les autres, dans notre temps ce à quoi il faut dire oui.
Jean Daniélou cité par le Révérend Père Carré, réception à l'Académie, février 1976.

saint Frusquin :

770 Nous vivons en un temps et dans un milieu saturés d'idées chrétiennes qui ne se souviennent plus de leur origine.
Étienne Gilson *Leçon inaugurale au Collège de France (1943).*

saint Guignol :

771 Le monde moderne est plein d'anciennes vertus chrétiennes devenues folles.
Gilbert Keith Chesterton *Orthodoxie (1908)*; tr. Grolleau ; Rouart-Watelin.

---

1 - Tous les saints qui suivent ont effectivement été révérés en France sous le nom indiqué, et sont des avatars de saints bien réels.

sainte Blandine :
Plutôt dormir avec un cannibale sobre qu'avec un chrétien ivre[1]. 772
Herman Melville *Typée (1846).*

saint Glinglin :
On en pince pour un type qu'est mort il y a deux mille ans. 773
Alain Cavalier *Thérèse (1986).*

Ciel

On est partout au centre du ciel. 774
Pétrone (¿-65 ap. J.-C.) *Le Satiricon.*

Une photo de Saturne donne le mal du pays. 775
Michel Jonasz *V'là le soleil qui se lève;* Éd. WEA Filipacchi Music.

Les étoiles. Il y a de la lumière chez Dieu. 776
Jules Renard *Journal (1899).*

Les étoiles sont au ciel comme les lettres dans un livre. 777
Saint Maxime le Confesseur[2] (mort en 662) *Les Sentences.*

J'habite parmi les moineaux, les pigeons, les avions de passage 778
et, à la belle saison, parmi les hirondelles et les ramoneurs qui se téléphonent de l'un à l'autre par les cheminées : « Hohé ! ».
René Crevel *Babylone (1975);* Pauvert éd.

Quand j'étais jeune, je pensais que les morts nous regardaient du 779
haut du ciel. Je croyais que les étoiles étaient leurs cigarettes allumées. Et quand je voyais filer une étoile, je me disais : « Tiens, il y a un mort qui vient de jeter son mégot avant d'aller dormir. »
Vassilis Alexakis *Talgo (1983);* Le Seuil.

Un parapluie ouvert est un beau ciel fermé. 780
Xavier Forneret *Sans titre, par un homme noir, blanc de visage (1838).*

Retirez l'aigle, le ciel tombe. 781
Pierre Gaspar *L'Homme et l'Animal (1974);* Albin Michel.

---

1 - Melville parlait en connaissance de cause puisqu'il fit la double expérience de la promiscuité sur un navire baleinier, l'*Acushnet,* et de la captivité dans une tribu indigène de Polynésie (1842).
2 - Il eut à lutter contre l'hérésie monophysite. Convoqué à Constantinople en 622, Maxime eut la langue et la main droite coupées, et fut déporté à l'est de la mer Noire.

782 Mesure la sincérité et la piété dans ton cœur et tu sauras les distances dans le ciel.
Attribué à **Rabbi Akiba**[1].

783 Du ciel on aperçoit les cuisines
bien mieux qu'on ne voit les gens insignes.
Mircea Dinescu *Mirage posthume;* tr. A. Paruit (1989) ; Albin Michel.

784 Qui s'assied au fond d'un puits pour contempler le ciel le trouvera petit.
Han-Yu[2] (768-824) *Pensées.*

785 Il faut bien que nous vivions malgré la chute de tant de cieux.
David Herbert Lawrence *L'Amant de Lady Chatterley (1928);* Gallimard.

786 Celui qui va jusqu'au bout de son cœur connaît sa nature d'homme. Connaître sa nature d'homme, c'est alors connaître le ciel.
Mencius[3] en chinois : Mong-Tseu (2e moitié du IVe s. av. J.-C.).

787 Quand j'étais petit, je regardais le ciel, je tendais mon poing vers lui et je disais : « Je suis contre. » Maintenant je regarde le ciel et je me dis : « Comme c'est beau. »
Hervé Guibert *À l'ami qui ne m'a pas sauvé la vie (1990);* Gallimard.

788 Aidez-moi, j'aiderai le ciel.
Jacques Rigaut[4] (1899-1929) *Écrits, Pensées;* Gallimard.

789 Mieux vaut embrasser les croix vives que les croix mortes.
Devise de **saint Joseph de Cupertino.**

790 Le ciel est, par-dessus le toit,
Si bleu, si calme !
Un arbre, par-dessus le toit,
Berce sa palme !
Paul Verlaine *Sagesse (1881).*

791 Pourquoi le bleu du ciel est-il aussi lointain ?
Nicole Martin *Rescapé d'un mythe (1976);* Lattès.

---

1 - Grand maître de la Mishna, père du judaïsme rabbinique, mort martyr vers 132.
2 - Homme politique, poète et penseur chinois sous la dynastie des Tang.
3 - Il développa le confucianisme et n'hésitait pas à soutenir que, si des princes devenaient tyrans, le premier venu avait le droit de les tuer.
4 - Il fut l'un des incitateurs du surréalisme.

Cimetière

Quand je mourrai, soyez-moi secourables 792
[...]
Épaulez-moi, recouvrez-moi de feuilles vives
Que je m'y trompe encore un peu.
Jean Rousselot *Les Moyens d'existence (1934-1974)*; Seghers.

J'ai grande envie de voir mon propre enterrement avant de mourir. 793
Maria Edgeworth *Le Château Rackrent (1800)*; tr. Leyris; Mercure de France.

Voyez ce qu'il reste en mourant, 794
À cet illustre conquérant,
Pour le fruit de tant de batailles :
On lui fit en son jour fatal,
De moins pompeuses funérailles,
Qu'il n'en fit faire à son cheval.
Antoine Furetière (1619-1688) *Épigramme sur la mort d'Alexandre le Grand.*

Il est bien rare qu'un vivant soit à la hauteur du mort qu'il fera[1]. 795
Philippe Bosser *La Chanterelle (1981)*; Calligrammes.

On vante les morts parce qu'on est sûr qu'ils n'en démentiront rien. 796
Michel Campiche *Du haut de la solitude (1980)*; L'Aire.

Les bêtises qu'entend dire un tableau de musée, mais les horreurs qu'entend peut-être un cadavre. 797
Jules Renard *Journal (1902).*

Tous les chemins du monde mènent à des charognes. 798
Georg Trakl[2] *Grodek (1914)*; tr. Lasne; Marabout.

Riche n'est que le cimetière. 799
Salvatore Satta *Le Jour du jugement (1981)*; tr. N. Frank; Gallimard.

Chaque pierre tombale couvre une histoire universelle. 800
Heinrich Heine *Marengo*; tr. Garnier; Seghers.

Les cimetières sont les vestiaires de la résurrection. 801
André Frossard *Il y a un autre monde (1976)*; Fayard.

---

1 - *Cf.* le « Qu'il est grand ! Plus grand encore mort que vivant ! » prononcé par Henri III devant le corps du duc de Guise qu'il a fait assassiner le 23 décembre 1588, au château de Blois.
2 - Infirmier pendant la bataille de Grodek, il s'effondra à la vue des quatre-vingt-dix blessés graves qu'il devait soigner, et mourut à l'hôpital de Cracovie.

802 Les morts ne sont que des vivants amnistiés.
Ingrid Nahour *Les Lèvres mortes (1982)*; Papyrus.

803 Quand on est mort, c'est fini.
Thèse averroïste condamnée en 1270, mentionnée dans le *Catalogue des propositions condamnées,* d'**Eymeric** (XIVe s.).

804 À chaque sépulture, il y a un homme qui reçoit le fardeau de la main de l'homme qui va se reposer.
François René de Chateaubriand *Réflexions politiques (1814).*

805 Les hommes n'aiment pas la mort, parce qu'ils n'aiment pas la paix.
Jacques Mercanton *L'Été des Sept-Dormants (1974)*; Galland.

Cinéma

806 C'est en allant au cinéma voir jouer *Marius* que les Marseillais ont appris à parler avec leur fameux accent.
Boutade de **Jacques Audiberti,** rapportée par **Raymond Castans** *Marcel Pagnol m'a raconté (1975)*; La Table Ronde.

807 La photographie, c'est la vérité, et le cinéma, c'est vingt-quatre fois la vérité par seconde...
Jean-Luc Godard *Le Petit Soldat (1960).*

écran d'arrêt :

808 La nécessité est l'écran mis entre Dieu et nous pour que nous puissions être. C'est à nous de percer l'écran pour cesser d'être.
Simone Weil *La Pesanteur et la Grâce (1948).*

809 – Pourquoi avez-vous laissé tomber le cinéma ?
– J'avais fait assez de grimaces.
Greta Garbo dans David Niven *Étoiles filantes (1977)*; tr. R. Fitzgerald ; Laffont.

cinéphile :

810 Eh bien moi, c'est aux films de Verneuil que je ne comprends rien !
Jean-Luc Godard propos rapportés par Bertrand Poirot-Delpech dans *Le Monde,* 6 août 1976.

811 Certains films sont des tranches de vie, les miens sont des tranches de gâteau.
Alfred Hitchcock.

812 Le cinéma est un anus artificiel.
Louis Scutenaire *Mes inscriptions (1976).*

C'est formidable le cinéma. On voit des filles avec des robes. Le cinéma arrive et on voit leurs culs... 813
Jean-Luc Godard *Le Mépris (1963).*

cinéma muet :
Le film a la capacité de tout exprimer sans rien dire. 814
Marc Ferro *Comment on raconte l'Histoire aux enfants à travers le monde entier (1981);* Payot.

la dernière séance :
Brando n'est plus sur sa moto 815
Il se meurt dans un tango
Retenant, retenant le dernier sanglot
Tous les Indiens sont en V.O.
À l'ouest du rio Bravo.
Jean-Michel Jarre chanté par Christophe, *Señorita;* Éd. Francis Dreyfus.

Les films « d'avant-guerre », qui pourtant me firent courir au Central-Palace de mes quinze ans, je ne peux plus les supporter. Rien que ces pantalons énormes, taillés comme dans des sacs, qui leur donnent l'air d'avoir chié dedans, ces cheveux gominés mandoline, ces gâpettes sur l'œil, ces bonnes femmes platinées en déshabillé bordé de cygne blanc... Et puis, ils jouaient théâtre, ils parlaient du nez... Et puis ce goût du malheur, ce mélo à se flinguer... Tant pis pour *Les Cahiers du cinéma,* j'aime mieux le ciné de maintenant, les vieilleries me foutent le cafard. 816
Cavanna *Les yeux plus grands que le ventre (1983);* Belfond.

Je sais qu'un jour je ferai un beau film. 817
Claude Lelouch interviewé par J.-C. Loiseau dans *Première,* avril 1990.

la belle équipe :
Un travail d'équipe, c'est un ensemble de gens qui font ce que je leur dis. 818
Michael Winner[1] Propos tenus en 1969.

Assimil lieues sous les mers ! :
Liz Taylor is rich, on veut l'être aussi. 819
Michel Jonasz *La Terre et le Père;* Atlantic.

come back :
Le comédien revient toujours rôder autour de son théâtre. 820
Francis Bossus *Beautricourt (1968);* Cercle du Livre de France.

Je voyais tout ce qui existe dans la vie comme une concurrence au cinéma. 821
François Truffaut dans *Aline Desjardins s'entretient avec François Truffaut (1987);* Ramsay Poche Cinéma.

---

1 - Metteur en scène britannique... Metteur en chaîne ¿

822 La mort nous apprend à vivre, et tout film, tout roman, toute œuvre d'art participe de la mort[1].
Gérard Guégan *Beau soleil (1979)*; Grasset.

823 Le monde ne ressemblera plus jamais à l'idée qu'on s'en fait depuis que le cinéma existe.
Federico Fellini dans l'*Officiel Hommes,* avril 1990.

Civils

les résistants :

824 L'épée n'a jamais émoussé la plume, ni la plume l'épée.
Miguel de Cervantès *Don Quichotte (1605-1615)*; tr. Viardot.

825 Le tac-tac de la machine à écrire n'a pas autant de valeur que celui de la mitrailleuse.
Kurt Tucholsky *Apprendre à rire sans pleurer*; tr. E. Philippoff et J. Bréjoux; Aubier.

826 Il est tragique que l'héroïsme suprême auquel cette génération a été appelée ne soit pas l'héroïsme, mais la résistance.
Sándor Márai[2] *Journal (1958).*

827 Tout homme est sensible quand il est spectateur. Tout homme est insensible quand il agit.
Alain *Vigiles de l'esprit (1942)*; Gallimard.

les « neutres » :

828 Pendant la guerre, ce qu'on donne d'amour à l'humanité, on l'enlève à la patrie.
L'Action Française.

829 En temps de guerre, le malheur qui ne doit rien à la guerre, qui n'a pas de référence nationale, est déjà un peu honteux.
Marcel Aymé *Le Chemin des écoliers (1946)*; Gallimard.

les « planqués » :

830 Le maréchal de Villars dit un jour au roi devant toute la cour lorsqu'il prenait congé pour aller commander l'armée : « Sire, je vais combattre les ennemis de Votre Majesté, et je vous laisse au milieu des miens. »
Voltaire *Le Siècle de Louis XIV (1752).*

831 Les abris anti-atomiques ne vous serviront à rien, car ce sont seulement des trous pour les âmes de vos amis et les miens.
Bob Dylan.

1 - Je n'irai plus au cinéma.
2 - Écrivain hongrois.

exode :
Pour beaucoup, l'exode les fait sortir de chez eux pour la première fois et vivre avec de nouveaux voisins et voir autrement. 832
Nicole Ollier *L'Exode sur les routes de l'an 40 (1969);* R. Laffont.

lampistes :
Le glaive de la Justice frappe parfois les innocents, mais le glaive de l'Histoire frappe toujours les faibles. 833
Mustapha Kemal (1880-1938) cité dans Benoist-Méchin *Mustapha Kémal;* Albin Michel.

La guerre n'admet pas d'excuses. 834
Ibycos *Fragments (VIe s. av. J.-C.).*

Climat

éphéméride :
La météorologie, c'est l'art de prévoir ce qui change tout le temps. 835
Pensée du 31 juillet 1981, Almanach de l'*Os à moelle;* Mengès.

hautes pressions :
Il y a de tels climats où la physique a une telle force que la morale n'y peut presque rien. Laissez un homme avec une femme ; les tentations seront des chutes, l'attaque sûre, la résistance nulle. Dans ces pays, au lieu de préceptes, il faut des verrous. 836
Montesquieu *De l'esprit des lois (1748).*

Il n'y a pas de printemps sans péril. 837
Marcel Jullian *Courte supplique au roi pour le bon usage des énarques (1979);* Mazarine.

Tout l'automne à la fin n'est plus qu'une tisane froide. 838
Francis Ponge *Le Parti pris des choses (1942);* Gallimard.

En vérité, je hais l'hiver parce que l'hiver hait la chair... Le froid est une leçon de morale, de l'inspiration la plus janséniste [1]. 839
Michel Tournier *Le Roi des aulnes (1975);* Gallimard.

Le vent est loquace, comme tous les solitaires. 840
Victor Hugo.

L'amour n'est pas le même sous les chaudes régions qu'embrase un vent de feu, qu'aux rives hyperborées d'où le calme descend du ciel avec les frimas. 841
Théophile Gautier *Le Roman de la momie (1856).*

---

1 - Tiffauges est alors en Poméranie.

Albert Simon :

842 [...] Lorsqu'il n'y a pas de nuages à l'horizon, il se trouve toujours quelqu'un pour déclarer que « ça ne peut pas durer »...
Jean Simard *Mon fils pourtant heureux (1956).*

843 Eh ! qu'aimes-tu donc, extraordinaire étranger ?
J'aime les nuages... les nuages qui passent... là-bas... là-bas... les merveilleux nuages !
Charles Baudelaire *Le Spleen de Paris, L'Étranger (1864).*

844 Il pleut doucement sur la ville.
Il pleut doucement sur les morts.
Francis Carco *La Bohème et mon Cœur (1912);* Albin Michel.

845 Pour une femme qui n'est ni hollandaise, ni anglaise, ni belge, ni d'aucun pays marécageux, l'amour est un prétexte à la souffrance, un emploi des forces surabondantes de son imagination et de ses nerfs.
Honoré de Balzac *Petites misères de la vie conjugale (1845-1846).*

846 Au plus fort de l'orage, il y a toujours un oiseau pour nous rassurer.
René Char.

847 Parfois, il n'y a rien de plus dur au monde que de ne pas être Paul Newman. Surtout lorsque le temps est pourri.
Philippe Djian *Maudit manège (1986);* Bernard Barrault.

Cœur

848 Qui a le cœur, il ait le corps !
Chrétien de Troyes *Clygès ou la Fausse Morte (v. 1176).*

849 On est plus près du cœur quand la poitrine est plate.
Louis Bouilhet *Festons et Astragales (1859).*

850 L'oreille est le chemin du cœur.
Voltaire *Œuvres complètes.*

851 Ah ! frappe-toi le cœur, c'est là qu'est le génie.
Alfred de Musset *À mon ami Édouard B.*

852 Le cœur d'un homme d'État doit être dans sa tête.
Napoléon Ier.

claquement :

853 Je ne supporte pas d'entendre le bruit d'une porte ou d'un cœur qui se ferme.
Antoine Blondin.

L'expérience est dans les doigts et dans la tête. Le cœur n'a pas d'expérience [1]. 854
Henry David Thoreau *Journaux (1905)*; tr. Michaud et Déloril; Seghers.

[...] Les êtres heureux sont graves. Ils portent en eux attentivement leur cœur comme un verre plein, que le moindre mouvement peut faire déborder ou briser. 855
Jules Barbey d'Aurevilly *Les Diaboliques (1874).*

Il faut avoir le cœur placé haut pour verser certaines larmes. 856
François René de Chateaubriand *Réflexions politiques (1814).*

Mon cœur ne bat que par ses ailes. 857
Pierre Reverdy *Anthologie* établie par C.M. Cluny (1989); éd. Orphée/La Différence.

sans cœur :
Les gens qui n'ont pas de cœur s'imaginent toujours, pour leur commodité, que les autres en ont un. 858
Pierre Magnan *Le Tombeau d'Hélios (1980)*; Fayard.

Il faut que le cœur se brise ou se bronze. 859
Chamfort *Maximes et Pensées (1795).*

Quand le cœur pleure sur ce qu'il a perdu, l'esprit rit sur ce qu'il a trouvé. 860
Aphorisme anonyme soufi.

Ne cherchez plus mon cœur, les bêtes l'ont mangé. 861
Charles Baudelaire *Les Fleurs du mal (1869).*

Amour tance les cœurs qui sont dormants. 862
Jean Meschinot *Les Lunettes des princes (1493)*; éd. Ch. Martineau-Genieys; Droz.

Pénélope :
[...] Un cœur patient est un cœur triste. 863
Laure Conan *La Sève immortelle (1925)*; bibl. d'*Action française.*

rancœur :
Une autre femme a ravi le cœur de mon bien-aimé! 864
Déjà plus d'une fois il m'a trahie
Comme une porte débâclée
Mon cœur n'enferme plus son cœur.
Tseu Ye Chine, IIIe-IVe siècle.

grand cœur :
L'infini est dans le cœur de l'homme, et non ailleurs. 865
Henry de Montherlant *Tous feux éteints (1975)*; Gallimard.

Il arrive dans la vie un moment où le cœur n'y est plus. 866
Patrick Modiano *Voyage de noces (1990)*; Gallimard.

---

1 - Il existe pourtant des cœurs fatigués, usés... mais il est vrai que le cœur oublie vite.

Commerce

867 Si le commerce était mieux fait, c'est le client qui devrait faire son prix.
Marcel Aymé *Clérambard (1950)*; Grasset.

868 Ciel, si c'est cinq sous ces six ou sept saucissons, c'est cent cinq sous ces cent six ou cent sept saucissons aussi ?
Paul Gravollet *Déclamation, école du mécanisme (1982)*; Albin Michel.

869 La vente commence quand le client dit : Non.
Elmer G. Leterman *The Sale begins when the Customer says no (1954)*; tr. G. Brallion; Hachette.

870 L'amour, c'est donner ce que l'on n'a pas à quelqu'un qui n'en veut pas.
Jacques Lacan, cité dans *Libération,* 1991.

871 Une chose n'a pas une valeur parce qu'elle coûte, comme on le suppose, mais elle coûte parce qu'elle a une valeur.
Étienne de Condillac *Œuvres complètes (1798).*

872 C'est la production qui ouvre des débouchés aux produits[1].
Jean-Baptiste Say *Traité d'économie politique (1803).*

873 Trompe-moi sur le prix, ne me trompe pas sur la marchandise.
Proverbe indien.

874 Je comprends qu'il faut se méfier des gens qui vendent des outils, mais qui ne s'en servent jamais.
Marcel Pagnol *La Fille du puisatier (1940).*

875 Il y a plus de fous acheteurs que de fous vendeurs.
Antoine Loisel[2] (1536-1617) *Institutes coutumières.*

876 On n'a jamais vu de chien faire, de propos délibéré, l'échange d'un os avec un autre chien.
Adam Smith *Recherches sur la nature et les causes de la richesse des nations (1776)*; tr. C. Debyser.

877 On boit deux fois plus de vin de Porto en une année en Angleterre qu'il n'en est vendangé au Portugal.
Georg Christoph Lichtenberg *Aphorismes (1800-1806)*; tr. M. Robert; Club français du Livre.

---

1 - C'est la loi des débouchés, selon laquelle les produits s'échangent contre des produits.
2 - Jurisconsulte, disciple de Cujas.

Le poulet, acheté au plus bas prix, est d'abord rôti et vendu comme tel à midi et le soir. Les trois jours suivants, il est servi froid à la mayonnaise. Les cinquième et sixième jours, il est réchauffé et servi chasseur. Le septième jour, s'il en reste, on le donne au personnel. 878
Gault et **Millau** *Garçon, un brancard! (1980);* Grasset.

Il venait pour la première fois de surprendre le patron qui criait à sa femme depuis le comptoir : « Ginette ! Une omelette trois œufs pour M. René. » Et comme sa femme passait la tête dans le passe-plat, le patron lui montrait sournoisement deux doigts tendus : « Trois œufs, comme d'habitude ! » 879
Gault et **Millau** *Garçon, un brancard! (1980);* Grasset.

fonds de commerce :
Vous pouvez tout apprendre des affaires d'un concurrent en regardant dans ses poubelles[1]. 880
Ray Kroc *L'Empire Mac Donald (1978);* tr. E. Barsamian; Stanké.

Communication

La réponse est oui, mais rappelez-moi donc la question. 881
Woody Allen.

Pourquoi parler ? Pourquoi se mettre en communication avec cet éteignoir de tout enthousiasme et de toute sensibilité : les autres ? 882
Stendhal *Vie de Rossini (1823).*

Un milieu sans rumeurs est un milieu où l'on ne se parle pas. 883
Jean-Noël Kapferer, dans *Société magazine,* octobre 1990.

C'est l'accusé de réception qui est l'essentiel de la communication en tant qu'elle est, non pas significative, mais signifiante. 884
Jacques Lacan *Le Séminaire, III;* Le Seuil.

Pour celui qui n'aime pas, l'amour apparaît comme une langue barbare. 885
Saint Bernard de Clairvaux *Sermon LXXIX,* 1, sur le *Cantique des cantiques.*

Si l'écrivain ne veut pas se retrouver au musée de civilisation antique, il devra se familiariser avec les moyens de communication de masse. 886
Denis Monière *Bulletin de l'Union des écrivains québécois (1981).*

---

1 - C'est ainsi qu'un économiste célèbre put analyser les comptes d'une grande banque nationalisée.

887 Au lieu d'une incapacité quelconque à communiquer, il y a en chacun de nous un mouvement intérieur qui cherche délibérément à esquiver la communication.
Harold Pinter dans Daniel Salem *Harold Pinter, dramaturge de l'ambiguïté (1968);* Denoël.

888 Le seul endroit où la communication résiste, c'est le bistrot.
Alain Peyrefitte *Le Mal français (1976);* Plon.

889 Aujourd'hui, c'est en se promenant dans les couloirs qu'on fait gagner de l'argent à son entreprise.
Michel Klotschkoff, cité par François Lenglet dans *Science et Vie économie,* octobre 1990.

890 Je m'émerveille toujours des pouvoirs de la gifle et du coup de pied au cul. Injustement décriés à notre époque gélatineuse, ces moyens d'expression permettent à ceux qui manquent de vocabulaire d'aller jusqu'au bout de leur pensée, et leur tiennent souvent lieu de raisonnement.
Jacques Languirand *Tout compte fait (1963);* Denoël.

891 La nature nous a donné deux oreilles et seulement une langue afin de pouvoir écouter davantage et parler moins.
Zénon d'Élée (IVe s. av. J.-C.) cité par Diogène Laërce *Phil. ill., VII.*

892 Dans ce pays, on ne parle pas aux gens, on s'en protège.
Christiane Rochefort *Ma vie revue et corrigée par l'auteur (1978);* Stock.

Allo ! Macha :
893 Le bouche à oreille est bien plus important que le radio à oreille.
François de Closets *Le Système EPM (1980);* Grasset.

894 Rien n'est jamais fermé, sinon tes propres yeux.
Farid al-Din Attar ; tr. Lazard dans al-Safa *Anthologie de la poésie persane ;* Gallimard.

logique de guerre :
895 Entre les hommes, il n'existe que deux relations : la logique ou la guerre.
Paul Valéry *Œuvres complètes.*

conclusion :
896 Parler pour ne rien dire, c'est pour les trois quarts et demi des gens exprimer tout ce qu'ils pensent.
Oscar Commettant.

897 Si Jésus-Christ revenait poser la question : « Pierre, m'aimes-tu ? », les évêques n'oseraient pas répondre avant d'avoir consulté Ménie Grégoire !
André Frossard *Les Trente-six Preuves de l'existence du diable (1978);* Albin Michel.

Communisme

Le communisme est l'épopée majeure du vingtième siècle. 898
Dominique Desanti *L'Internationale communiste (1970)*; Payot.

Une égalité d'aigles et de moineaux, de colibris et de chauves- 899
souris, qui consisterait à mettre toutes les envergures dans la même cage et toutes les prunelles dans le même crépuscule, je n'en veux pas.
Victor Hugo *Tas de pierres (1901)*; Éd. Milieu du monde.

L'événement le plus important dans l'histoire récente des idées 900
est la mort du rêve socialiste.
Georges Gilder *Wealth and Poverty* dans *Le Monde,* 31 juillet 1981.

Un spectre hante les partis communistes : le spectre du 901
socialisme.
Maria Antonietta Macciocchi *De la France (1977)*; Le Seuil.

Nous autres communistes, nous avons une position claire, nous 902
n'avons jamais changé, nous ne changerons jamais, nous sommes pour le changement.
Georges Marchais.

Le jour où les communistes français auront fait la révolution, 903
nous leur enverrons des cartes postales.
Nikita Khrouchtchev[1] dans Philippe Alexandre *Le Roman de la gauche*; Plon.

cellules :
Le socialisme à notre époque est le résultat d'un goût maladif 904
pour les sports d'équipe.
John Kenneth Galbraith[2] *Chroniques d'un libéral impénitent (1981)*; tr. Billard et Blanchard; Gallimard.

« Adhérer »,... ce n'est pas admettre une idéologie... C'est entrer 905
dans un être collectif et développer en soi une seconde nature.
Jean Duvignaud *Le Ça perché (1976)*; Stock.

Le communisme, c'est beaucoup plus simple qu'on ne raconte. 906
Ça tient en deux mots : la commune et la communale.
Gaston Bonheur *Le Soleil oblique (1978)*; Julliard.

---

1 - Il dirigea l'Union soviétique de 1953 à 1964. En 1962, le Parti communiste français s'était prononcé pour l'élaboration d'un programme commun de la gauche (accord signé en 1972).
2 - Il fut le principal conseiller économique de J.F. Kennedy.

907 Je suis communiste parce que cela me dispense de réfléchir.
Frédéric Joliot-Curie[1] à André Gillois *Ce siècle avait deux ans (1980)*; Belfond.

908 Le critère du développement du marxisme n'est pas la vérité, mais le pouvoir.
Pavel Tigrid *Amère révolution (1977)*; Albin Michel.

909 Le socialisme apparaît comme l'idéologie que les non-Européens ont adoptée, peut-être par esprit de revanche, mais surtout parce qu'elle constitue la faille dans la pensée européenne qu'il est possible d'exploiter contre elle-même.
Julien Freund *La Fin de la Renaissance (1980)*; P.U.F.

910 Le marxisme ne veut plus rien dire à partir du moment où il désigne en même temps l'invasion de la Tchécoslovaquie et la résistance socialiste à la normalisation.
Pierre Daix *Le Socialisme du silence*[2] *(1976)*; Le Seuil.

911 J'ai dit une fois à Staline : « Savez-vous qu'on vous considère en France comme un tyran qui n'en fait qu'à sa tête, et un tyran sanguinaire par-dessus le marché ? ». Il s'est rejeté en arrière sur sa chaise en proie à un gros et bon rire d'ouvrier travailleur.
Serge Quadruppani *Les Infortunes de la vérité (1981)*; Olivier Orban.

912 Sous Staline, il est décidé de fêter solennellement le centenaire de Pouchkine. Le praesidium décide d'ouvrir un grand concours pour élever une statue à l'illustre écrivain... Après une courte délibération, le verdict est rendu : la statue représentera Staline lisant Pouchkine.
Antoine et **Philippe Meyer** *Le communisme est-il soluble dans l'alcool ? (1978)*; Le Seuil.

913 C'est quand la merde et le pet sont sortis que le ventre est soulagé !
Mao Tsé-Toung *Le Grand Livre rouge : écrits, discours et entretiens (1949-1971)*; tr. J.-M. Gaillard Paquet; Flammarion.

914 Qu'est-ce qu'un déviationniste ?
C'est quelqu'un qui continue d'aller tout droit quand le parti vire à droite ou à gauche.
Viloric Melor *L'Arme du rire (1979)*; Ramsay.

915 Un dissident en essence est un décédant en puissance.
Serge Koster *Une histoire qui ne finira jamais (1978)*; Flammarion.

916 Peut-on assurer le bonheur de tous au détriment de chacun ?
André Gide *Les Cahiers de la petite dame (1929-1937)*; Maria Van Rysselberghe; éd. Gallimard, 1974.

---

1 - Frédéric Joliot-Curie organisa notamment la réunion à Paris, le 20 avril 1949, du Congrès international de la paix, d'obédience communiste.
2 - Le titre porte en supplément : De l'histoire de l'U.R.S.S. comme secret d'État.

Confiance

Quand on est aimé, on ne doute de rien. Quand on aime, on 917
doute de tout.
Colette.

Il y a des jours où l'on est si sûr de soi qu'on ne doute pas de 918
l'existence de Dieu.
Yvan Audouard *Les Pensées (1991)*; Cherche-Midi.

Je savais qu'aucun malheur ne me viendrait jamais par lui, à moins 919
qu'il ne mourût avant moi.
Simone de Beauvoir, dans Olivier Todd *Un fils rebelle (1981)*; Grasset.

Ce qui manque souvent aux sociétés humaines pour aller de 920
l'avant, c'est la confiance en elles-mêmes.
Pierre Jakez Hélias *Lettres de Bretagne*; Galilée.

La confiance est souvent une des forces de la paresse. 921
Fernand Vanderem *Gens de qualité (1938)*; Plon.

Faire confiance est une preuve de courage, être fidèle un signe de 922
force.
Marie von Ebner-Eschenbach (1830-1916) *Aphorismes*; tr. Priou ; Flinker.

La confiance est une des possibilités divines de l'homme. 923
Henry de Montherlant *Service inutile (1935)*; Gallimard.

Se tromper et devoir cependant accorder sa confiance à son être 924
intérieur, c'est cela l'homme.
Gottfried Benn *Vieillir, problème pour les artistes* dans Lombard Benn ; Seghers.

L'humilité naît de la confiance des autres. 925
Dag Hammarskjöld *Jalons*; tr. Bjurström et Dumaine ; Plon.

conclusion :
La confiance, d'accord, mais c'est quand même ce qui fait les 926
cocus.
Jovette Bernier *Non Monsieur (1969)*; Cercle du Livre de France.

Conformisme

927 Qu'est-ce qu'une opinion? Une limite imposée à soi-même.
Mihály Babits *Le Fils de Virgile Timar (1922)*; tr. Sauvageot; Stock.

928 Le lieu commun est une résultante essentielle de l'être social.
Charles Du Bos *Robert et Élisabeth Browning, ou la Plénitude de l'amour humain (1982)*; Klincksieck.

929 Les lieux communs sont assez désagréables; mais les lieux semi-communs sont franchement répugnants.
Eugenio d'Ors *Les Dialogues de la passion méditative (1943)*; Montañer y Simon (Barcelone).

930 Le bon sens est la forme d'aliénation la plus répandue.
N.F. Simpson dans Daniel Salem *La Révolution théâtrale actuelle en Angleterre (1969)*; Denoël.

931 Tout le monde tient le beau pour le beau,
C'est en cela que réside la laideur.
Tout le monde tient le bien pour le bien,
C'est en cela que réside le mal.
Lao Tseu (570-490 av. J.-C.) *Tao Te King*; tr. Ch'u Ta-Kao.

932 Ce qui m'a terrifié, c'est de constater que j'avais en moi une telle propension à l'obéissance... Comme me l'a dit ma femme : « Tu es un véritable Eichmann ! »
Stanley Milgram *Soumission à l'autorité (1979)*; Calmann-Lévy.

933 Quand le superficiel me fatigue, il me fatigue tant que, pour me reposer, j'ai besoin d'un abîme.
Antonio Porchia *Voix (1978)*; tr. R. Munier; Fayard.

934 Il n'y a pas d'opinions, mais des gens qui donnent la leur.
Miguel de Unamuno[1] *Ma religion et d'autres essais (1910)*; tr. Albérès; Éd. Universitaires.

935 Une opinion n'est choquante que lorsqu'elle est une conviction.
Rémy de Gourmont *Promenades philosophiques (1904-1928)*; Mercure de France.

936 Chacun parle de l'opinion publique, entendant par là l'opinion publique moins la sienne.
Gilbert Keith Chesterton *Hérétiques (1912)*; tr. Bradley; Plon.

---

1 - Unamuno avait horreur du conformisme : « Il faut semer chez les hommes des germes de doute, de défiance, d'inquiétude... Je ne veux vivre en paix ni avec les autres ni avec moi-même. J'ai besoin de guerre... »

Il existe des conceptions vulgaires tout à fait suffisantes pour la vie pratique ; elles doivent même être la nourriture des hommes. Elles ne suffisent cependant pas à l'intelligence. 937
Averroès (1126-1198) *Physique VIII, 1.*

Un état bien dangereux ; croire comprendre. 938
Paul Valéry *Choses tues (1930) ;* Gallimard.

Les hommes les plus affirmatifs sont les plus crédules. 939
Jonathan Swift *Pensées sur divers sujets moraux et divertissants ;* tr. Pons ; Gallimard.

Pousser en commun, mais non pas penser en commun. 940
Marc Aurèle[1] *Pensées ;* tr. Trannoy.

Elle voulait me chevaucher à la païenne, alors que j'en pinçais pour le missionnaire, comme mes ancêtres ici même, au début de notre apostolat. Il me semblait que je serais plus efficace avec un sexe pointé vers le bas plutôt qu'effondré vers le haut. 941
Raymond Cousse *La Découverte de l'Afrique (1991) ;* Le Dilettante.

Soyez salés, pas sucrés ! 942
Slogan Mai 68.

Conscience

Le néocortex humain et la conscience sont non seulement le résultat d'une évolution aberrante, mais aussi un châtiment et une malédiction imposés à la vie sur cette terre. 943
Walker Percy *Le Syndrome de Thanatos (1988) ;* tr. B. Chorier ; Rivages.

merci docteur :
Notre conscience, loin d'être le juge implacable dont parlent les moralistes, est, par ses origines, de l'« angoisse sociale » et rien de plus. 944
Sigmund Freud *Essais de psychanalyse (1927) ;* Payot.

[...] La conscience est la conséquence du renoncement aux pulsions. 945
Sigmund Freud *Malaise dans la civilisation (1930).*

Tout ce qui expurge sa part maudite signe sa propre mort. 946
Jean Baudrillard interviewé par J.-P. Enthoven dans *Le Nouvel Observateur,* 1er mars 1990.

---

1 - Marc Aurèle fut empereur de 161 à 180. On le surnomma l'empereur philosophe.

947 Moi, qui ai plus de conscience, j'aurais moins de liberté ?
Pedro Calderón de la Barca *La vie est un songe (1635);* tr. Darmangeat ; Le Seuil.

948 Il y a des consciences comme des bovidés, certains tirent la charrue, d'autres luttent dans les arènes.
Andrée Maillet *Profil de l'original (1974);* Éd. de l'Hexagone.

949 Il faut avoir une parfaite conscience de ses propres limites, surtout si on veut les élargir.
Antonio Gramsci *Lettres de prison (1947);* tr. Albani, Depuyper, Saro ; Gallimard.

950 Tout homme qui aurait conscience de ses actes ne pourrait pour rien au monde presser du doigt la détente d'un fusil.
Henry Miller *Réunion à Brooklyn (1938).*

951 Quiconque hésite est déjà un être moral.
Ferenc Molnár *Voleurs de charbon;* tr. Sauvageot ; Seghers.

confession :

952 Les consciences se soulagent comme des ventres.
Georges Bernanos dans Gilles Perrault *La Longue Traque (1975);* J.-C. Lattès.

953 Une mauvaise conscience peut rendre la vie intéressante.
Sören Kierkegaard *Le Journal du séducteur (1843);* tr. Prior et Guignot ; Gallimard.

Consommation

la grande bouffe :

954 L'homme se vide d'autant plus de lui-même qu'il ingurgite davantage.
J. Brun *Le Retour de Dionysos* (2e éd. 1976).

955 Toute la société est pleine d'avares fastueux. On loue une première loge à l'Opéra et l'on emprunte le livret.
Denis Diderot *Entretiens (1767).*

956 La consommation n'a jamais été que la sommation aux cons.
Jacques Sternberg *Lettre ouverte aux Terriens (1974);* Albin Michel.

consommation

Presque tous les hommes savent gagner de l'argent, mais il n'y en a pas un sur un million qui sache le dépenser. Qui le saurait n'en aurait jamais gagné. 957
Henry David Thoreau[1] *Journal (1906)*; tr. Michaud et Déloril; Seghers.

Le bien, c'est d'avoir les désirs les plus forts possible et de trouver les moyens de les satisfaire. Sur cette perversion fondamentale de l'homme repose aujourd'hui notre système économique de croissance aveugle, de croissance pour la croissance. 958
Roger Garaudy *Appel aux vivants (1979)*; Le Seuil.

caviar :
Tout est trop cher quand on n'en a pas besoin. 959
James Joyce *Ulysse (1922)*; tr. A. Morel, S. Gilbert et V. Larbaud; Gallimard.

foie gras :
Il vaut mieux n'avoir pas tout à fait assez de ce qui est nécessaire que de ne jamais pouvoir avoir trop de ce qui est inutile. 960
Sigrid Undset (1882-1949).

L'homme ne vit pas seulement de pain. 961
Deutéronome.

Il donne seulement le beurre à sentir au pain[2]. 962
Pierre Jakez Hélias *Les Autres et les Miens (1979)*; Plon.

La richesse consiste bien plus dans l'usage que dans la possession. 963
Aristote (384-322 av. J.-C.) *Œuvres*; coll. Universités de France.

fromage et dessert :
C'est déjà bien ennuyeux de ne pas avoir d'argent; s'il fallait encore se priver ! 964
Paul Morand *Lewis et Irène (1924)*; Grasset.

Vices privés, bienfaits publics[3]. 965
Bernard de Mandeville *La Fable des abeilles (1714).*

service compris :
Il y a certainement des tas de choses que l'argent ne peut acheter, mais, c'est amusant : avez-vous déjà essayé de les acheter sans argent ? 966
Ogden Nash *Vers durs (1931).*

Une dépense, c'est-à-dire une richesse manifestée, est une destruction manifeste de la richesse. 967
Jean Baudrillard *Pour une critique de l'économie politique du signe (1976)*; Gallimard.

---

1 - En 1845, Thoreau construisit de ses mains une cabane sur les bords de l'étang de Walden, et entreprit de subsister par ses propres moyens.
2 - Symbole de l'avarice dans la Bretagne traditionnelle.
3 - Adam Smith fut influencé par cette idée d'une société guidée vers la prospérité par la recherche du bien-être individuel.

968 L'usage n'est plus que l'affichage de la vitesse de l'échange.
Jacques Attali *Bruits (1977)*; P.U.F.

969 Il faut faire subir aux poubelles une cure d'amaigrissement.
Jean Gouhier dans *Que choisir,* avril 1990.

Conversation

c'est le plombier!

970 La réponse est le malheur de la question.
Maurice Blanchot *L'Entretien infini (1969)*; Gallimard.

971 (J'aime assez cette idée... que) l'amour n'est qu'une forme de conversation où les mots sont mis en action au lieu d'être parlés.
David Herbert Lawrence *L'Amant de Lady Chatterley (1928)*; tr. Roger Cornaz; Gallimard.

paroles en l'air :

972 J'ai détourné la conversation
Je suis le roi des pirates de l'air conditionné.
Renaud *Buffalo débile*; Éd. Domino Music.

973 Tout homme qui vous blâme de trop parler de vous ne le fait que parce que vous ne lui laissez pas toujours le temps de parler de lui.
Crébillon Fils *Les Égarements du cœur et de l'esprit.*

974 Quand les gens nous parlent des autres, ils sont d'habitude ennuyeux. Quand ils parlent d'eux-mêmes, ils sont presque toujours intéressants.
Oscar Wilde *Intentions (1891)*; Stock.

à bâtons rompus :

975 La vie est dans nos paroles comme les batailles de la Grande Armée dans une conversation d'invalides.
Joë Bousquet *Œuvres romanesques complètes, t. III (1982)*; Albin Michel.

976 Quel curieux début pour une culture de masse que de se contenter d'être la transposition populaire de la culture mondaine, un agrandissement du dîner en ville, dont les deux principes sont qu'il faut traiter superficiellement de sujets importants et qu'une soirée est réussie quand tout le monde parle à la fois.
Jean-François Revel *Écrits de Paris* (revue mensuelle).

977 Presque toujours, nos contradicteurs ne répondent pas aux objections que nous leur avons opposées, mais aux sottises qu'ils nous prêtent.
François Mauriac dans *François Mauriac,* collectif; Hachette.

Contredire, c'est souvent frapper à la porte pour savoir s'il y a quelqu'un à la maison. 978
Attribué à Madame de Girardin (1804-1855).

J'aime la lecture parce que c'est la seule conversation à laquelle on peut couper court à tout instant, et dans l'instant. 979
Pascal Quignard *Le Salon du Wurtemberg (1986)*; Gallimard.

conclusion :
Une heure de conversation vaut mieux que cinquante lettres. 980
Madame de Sévigné *Correspondance (1646-1696).*

Corps

Le corps est le temple de l'esprit. 981
Saint Paul *Épître aux Corinthiens, VI, 19.*

Il n'y a qu'un temple au monde, et c'est le corps humain. 982
Novalis (1772-1801) *Fragments*; tr. Maeterlinck.

Le corps d'une femme est un temple et non une taverne. 983
Vance Thompson (1863-1925) *Woman.*

Je ne suis ni mâle, ni femelle, 984
Mais qu'importe à qui on ressemble,
On en reçoit double plaisir.
Légende d'une gravure du temps de Henri III.

Le corps habite l'âme et il la mortifie. 985
Roger Judrin *Ténèbres d'or*; L'Aire.

Ne savez-vous pas que vous êtes un temple de Dieu et que l'esprit de Dieu habite en vous ? 986
Saint Paul *Épître aux Corinthiens.*

queue :
Il viendra un jour où les hommes découvriront tout d'un coup qu'il leur manque quelque chose et que cela se trouve derrière eux et non point en avant. 987
Ernst Wiechert *Missa sine nomine (1980)*; tr. J. Martin ; Calmann-Lévy.

Le corps, unique lieu de rêve et de raison, 988
Asile du désir, de l'image et des sons.
Anna de Noailles *L'Honneur de souffrir (1927).*

Je ne connais encore personne qui sache parler du corps. On balbutie des vulgarités ou des fadeurs. 989
Kostas Axelos propos recueillis dans *Le Monde,* 22 avril 1977.

990 La vérité la plus tangible : le corps humain.
Alain Bosquet *Jean-Louis Trabart, médecin (1980);* Grasset.

991 Le corps est à la fois notre outil et notre système de références pour atteindre à notre vraie stature qui est divine.
Annick de Souzenelle *De l'arbre de vie au schéma corporel;* Robert Dumas.

992 Il n'y a rien de plus mystérieux que l'épaisseur d'un corps.
E.M. Cioran *Écartèlement (1979);* Gallimard.

993 Ce que peut le corps, personne jusqu'à présent ne l'a déterminé.
Baruch Spinoza *Œuvres complètes;* tr. R. Caillois, M. Francès, R. Misrahi; La Pléiade, Gallimard.

994 De tous les plis du corps, j'ai envie de dire qu'ils sont adorables.
Roland Barthes *Fragments d'un discours amoureux (1977);* Le Seuil.

995 Chaque corps est un port d'amertume.
Pierre Drachline *De l'apprentissage du dégoût (1979);* Plasma.

996 Les corps sont des hiéroglyphes sensibles.
Octavio Paz préface du *Chant des aveugles* de Carlos Fuentès (1964); Gallimard.

corps et biens :
997 Les seuls gens avec qui j'échange des regards d'égalité sont ceux qui veulent mon corps, non mon bien.
Guy Hocquenghem *L'Amour en relief (1981);* Albin Michel.

998 Le mal au dos exprime toutes les amertumes accumulées.
Dorothée Letessier *Le Voyage à Paimpol (1980);* Le Seuil.

999 Pour ce qui est du corps, on ne s'emploie jamais assez à le rendre heureux.
Françoise Giroud *Ce que je crois (1978);* Grasset.

1000 L'amour physique est sans issue,
je vais, je vais et je viens,
comme la vague irrésolue.
Serge Gainsbourg *Je t'aime, moi non plus (1969).*

Coup de foudre

1001 C'est d'un élan tout intuitif que j'ai opté en amour pour la forme passionnelle et exclusive.
André Breton *Arcane 17 (1945).*

1002 J'ai jamais vu personne manger des sardines comme toi.
Jacques Natanson *Le Plaisir (1951)* de Max Ophüls.

On tombe amoureux. Et comme toujours quand on tombe, on se fait mal. 1003
François Weyergans *Berlin mercredi (1979);* Balland.

Pourquoi faut-il que je tombe amoureuse ? Je sais bien ce que valent les hommes. Je sais aussi ce que valent les femmes. Les chocolats, c'est beaucoup mieux. 1004
John Cowper Powys *Comme je l'entends;* tr. R. Pépin (1989); Le Seuil.

un cœur simple :
L'amour fou, seul un chien ou ceux qui possèdent une âme aussi simple peuvent le connaître, par la présence de l'être aimé, s'ils n'attendent rien en retour. 1005
Jules Roy *La Mort de Mao (1969);* Christian Bourgois.

L'homme et la femme ne se rencontrent qu'une fois. 1006
Jacques Audiberti *Le mal court (1947);* Gallimard.

Un homme et une femme... se choisiront parce qu'ils ont les mêmes problèmes à la base. L'un l'aura un peu plus accentué, ce qui permettra à l'autre de masquer le sien. 1007
Gilbert Tordjman, interviewé par F. Tredez, *France Soir,* 18 avril 1991.

Je le vis, je rougis, je pâlis à sa vue; 1008
Un trouble s'éleva dans mon âme éperdue;
Mes yeux ne voyaient plus, je ne pouvais parler;
Je sentis tout mon corps et transir et brûler...
Jean Racine *Phèdre (1677).*

Le premier symptôme de l'amour vrai chez un jeune homme, c'est la timidité, chez une jeune fille, c'est la tendresse. 1009
Victor Hugo *Les Misérables (1862).*

Il lui a déchiré ses gants pour lui baiser la main. 1010
Dancourt (1661-1725) *Les Fonds perdus.*

conclusion :
Qu'on rencontre peu de gens dont on souhaiterait fouiller les valises ! 1011
André Gide *Les Caves du Vatican (1914);* Gallimard.

Couple

Le couple, c'est autrui à bout portant. 1012
Jacques Chardonne *L'amour, c'est beaucoup plus que l'amour (1937);* Albin Michel.

1013 La femme est un danger quand on n'en aime qu'une.
Jean Richepin *Les Caresses (1877)*; Decaux.

1014 Entre deux individus, l'harmonie n'est jamais donnée, elle doit indéfiniment se conquérir.
Simone de Beauvoir.

1015 Chacun de nous n'est-il pas, à chaque moment, celui qui veut s'abstraire et celle qui veut savoir ?
Diane de Margerie *La Femme en pierre (1989)*; Gallimard.

1016 Cette vitesse du bonheur à deux, qui met de l'inattendu dans la banalité et déguise les habitudes en projets.
Pierre Kyria *Pierrot des solitudes (1979)*; Balland.

1017 Je suis amoureux d'Evelyn Cotton depuis 24 ans et 4 mois moins 8 jours. Nous avons fait l'amour deux fois. La première, il y a 23 ans. La seconde, hier.
Frank Ronan *Les hommes qui ont aimé Evelyn Cotton*; tr. F. Gonzalez Battle (1990); éd. La Découverte.

1018 Un couple, à moins d'un très grand amour, cela devient deux fois soi-même, et c'est insupportable.
Renée Massip *Les Torts réciproques (1969)*; Gallimard.

1019 Que dire de ces repas à deux où chacun pense à lui-même ?
Anita Roustan *Panne de cœur (1989)*; Calmann-Lévy.

1020 Le restaurant est un endroit merveilleux pour les amours commençantes, redoutable pour les couples officiels.
François Truffaut *L'homme qui aimait les femmes (1977).*

1021 Il disait que l'époque ne donnait guère envie de mettre au monde des enfants destinés à vivre parmi les fusées, les robots, les armes atomiques, menacés d'un sort certainement effrayant... – elle sentait bien qu'il songeait moins à l'avenir d'un enfant qu'il ne cédait au désir d'éteindre en elle ses virtualités.
Diane de Margerie *Ailleurs et autrement (1980)*; Flammarion.

1022 Dans un couple, il n'y a qu'une chose pire que le mensonge, c'est la franchise.
Michel Berthet *L'Enfant sorcier (1976)*; Gallimard.

1023 L'on veut faire tout le bonheur, ou, si cela ne se peut ainsi, tout le malheur de ce qu'on aime.
La Bruyère *Caractères (1688).*

1024 Tout couple humain vit dans un rapport qui, d'une certaine façon, à un moment ou à un autre, est d'ordre sadomasochiste.
Gilles Perrault *Le Pull-over rouge (1978)*; Ramsay.

1025 Quand je vois un couple dans la rue, je change de trottoir. C'était au début des années 70... Aujourd'hui, on le sait, le trottoir est désert. Ferré a fait des enfants et tout le monde est rentré chez soi.
M. Decoust et **A. Namiand** *Couples* dans *Autrement,* n° 24.

Le vrai couple n'a pas d'amis et se suffit à lui-même. 1026
Félix Leclerc *Carcajou ou le Diable des bois (1972)*; R. Laffont.

À la fin, l'hostilité compte moins que ce qu'on a partagé malgré 1027
soi.
Marcel Jouhandeau *La Mort d'Élise (1970-1971), Journaliers XXV*; Gallimard.

Cette chose plus compliquée et plus confondante que l'harmonie 1028
des sphères : un couple.
Julien Gracq *Un beau ténébreux (1945)*; José Corti.

Présentez-moi un couple sans problèmes, et je vous le soignerai. 1029
Gilbert Tordjman, interviewé par F. Tredez, *France Soir,* 18 avril 1991.

À quoi de mieux peut servir une femme qu'à accueillir au plus 1030
chaud d'elle-même un ancien bébé qui a un peu froid ?
Geneviève Dormann *Le Bateau du courrier (1974)*; Le Seuil.

En mon amant, l'homme n'est pas mon frère. 1031
Séda *Publique (1980)*; Luneau Ascot.

Courage

Beaucoup seraient lâches s'ils en avaient le courage. 1032
Thomas Fuller (1608-1661) *Gnomologia.*

J'ai connu des hommes de grand courage qui avaient peur de 1033
leurs femmes.
Jonathan Swift *Pensées sur divers sujets moraux et divertissants*; tr. Pons; Gallimard.

Il n'y a pas de courage triste. 1034
Marcel Jouhandeau *Journal sous l'Occupation (1980)*; Gallimard.

toréador :
J'aime ceux qui font face. Et le mouvement même de faire face. 1035
Henry de Montherlant *Service inutile (1935)*; Gallimard.

Le courage est un état de calme et de tranquillité en présence 1036
d'un danger, état rigoureusement pareil à celui où l'on se trouve quand il n'y a pas de danger.
Alfred Jarry *La Chandelle verte (1901).*

Le vrai courage, pour moi, c'est la prudence. 1037
Euripide *Les Suppliantes (428 av. J.-C.).*

Fort est qui abat, plus fort est qui se relève. 1038
Manuscrits du XIIIe s., sans titre. Paris, Bib. Sainte-Geneviève.

1039 Quand vient l'heure de l'adversité, tous deviennent courageux contre celui qui tombe.
Lord Byron *Sardanapale (1821).*

Création

1040 L'œuvre est l'exorcisme de l'impuissance.
Hervé Guibert *À l'ami qui ne m'a pas sauvé la vie (1990);* Gallimard.

1041 Créer n'est pas un jeu quelque peu frivole. Le créateur s'est engagé dans une aventure effrayante qui est d'assumer soi-même jusqu'au bout les périls risqués par ses créatures.
Jean Genet *Œuvres complètes (1968);* Gallimard.

1042 La création est l'art de prédire son passé.
Jean Cayrol *Il était une fois Jean Cayrol (1982);* Le Seuil.

1043 Je n'admire que ceux qui persistent à créer tout comme si notre monde avait devant lui un millénaire de paix.
Mircea Eliade *Fragments de journal II (1981);* tr. Grigoresco ; Gallimard.

1044 L'humilité n'est pas la vertu dominante des romanciers. Ils ne craignent pas de prétendre au titre de créateurs. De créateurs ! Les émules de Dieu ! À la vérité, ils en sont les singes.
François Mauriac *Le Romancier et ses Personnages (1933);* Buchet-Chastel.

1045 Le créateur, ce n'est pas parmi les personnages qu'on doit le chercher, ses secrets sont dans sa manière de créer.
Elsa Triolet *La Mise en mots (1969);* Skira.

1046 Tout l'intérêt de l'art se trouve dans le commencement. Après le commencement, c'est déjà la fin.
Pablo Picasso dans *L'Intransigeant,* 15 juin 1932.

Crime

1047 Le crime est une chose admirable, mais l'assassin me dégoûte.
Francis Picabia *Écrits (1975);* Belfond.

Le bonheur n'est que dans ce qui agite, et il n'y a que le crime qui agite. 1048
Donatien Alphonse François, marquis de Sade *La Nouvelle Justine (1795).*

– Aussi le meurtre est un plaisir. 1049
– Je dis plus : il est un devoir ; il est un des moyens dont la nature se sert pour parvenir aux fins qu'elle se propose sur nous.
Donatien Alphonse François, marquis de Sade *La Nouvelle Justine (1795).*

alibi :
Un crime se couvre par un autre crime. 1050
Sénèque.

Les crimes sont un tribut payé à la vie. 1051
Harpocrates dans P.M. Schultz *Dokumente der Gnosis.*

Me Snyder : Pourquoi avez-vous tué Benny Buschnell ? 1052
Gilmore : Eh bien, j'ai eu l'impression qu'il n'y avait aucun moyen de pouvoir éviter ce qui se passait, qu'il n'y avait pas d'autre solution, pas de possibilité pour M. Buschnell. C'était quelque chose, vous comprenez, qu'on ne pouvait pas arrêter.
Norman Mailer *Le Chant du bourreau (1980)* ; tr. Jean Rosenthal ; R. Laffont.

À quoi donc allez-vous assister ? À la transformation de la pénalité [...]. On regardera le crime comme une maladie et cette maladie aura ses médecins qui remplaceront vos juges, ses hôpitaux qui remplaceront vos bagnes. 1053
Victor Hugo *Le Dernier Jour d'un condamné, préface (1829).*

L'ignorance est la mère de tous les crimes. Un crime est, avant tout, un manque de raisonnement. 1054
Honoré de Balzac *La Cousine Bette (1846).*

Quand nous enlevons la vie aux hommes, nous ne savons ni ce que nous leur enlevons, ni ce que nous leur donnons. 1055
Lord Byron *Sardanapale (1821).*

Il n'y a pas de libertin un peu ancré dans le vice qui ne sache combien le meurtre a d'emprise sur les sens. 1056
Vladimir Nabokov *Ada (1969)* ; Gallimard.

Je me suis tant enfoncé dans le sang que, si je cessais d'avancer, le retour en arrière serait aussi dur que de continuer. 1057
William Shakespeare *Macbeth (1605).*

Ce n'est pas tant l'horreur du meurtre qui l'épouvantait : il avait peur du cadavre. 1058
Jean Genet *Notre-Dame des Fleurs (1944)* ; L'Arbalète.

Ce qu'il y a d'ennuyeux dans l'amour, c'est que c'est un crime où l'on ne peut pas se passer d'un complice. 1059
Charles Baudelaire *Essais et Notes, Mon cœur mis à nu, XXXV (1887).*

1060 Le mauvais goût mène au crime.
Charles Augustin Sainte-Beuve *Nouveaux lundis (1862).*

1061 La malheureuse tendance de notre temps à tout chiffrer rend un assassinat d'autant plus frappant que la somme volée est plus considérable.
Honoré de Balzac *Splendeurs et Misères des courtisanes (1839-1847).*

1062 Les crimes qu'on dit parfaits parce qu'ils ressemblent à ceux de Dieu.
Jean Lahougue *Comptine des Height (1980);* Gallimard.

1063 Le crime doit être imparfait afin de permettre le libre jeu de l'adversaire, tout en tentant de le manœuvrer le mieux possible.
Alain Demouzon *Mes crimes imparfaits (1978);* Flammarion.

1064 Dis-moi où tu es pour que je t'y tue.
Jacqueline Harpman *La Fille démantelée;* Stock.

1065 Le récit émouvant d'un bon crime apaise maintes colères et tue dans l'œuf bien des actions que la société redoute.
Georges Darien *Le Voleur (1897).*

1066 La religion du crime nous empoisonne tout autant que celle de la vertu.
Laure *Écrits, Fragments (1977);* J.-J. Pauvert.

1067 Le meurtre est l'ultime échec de la parole.
Jean-Michel Bessette *Sociologie du crime (1982);* P.U.F.

1068 Il paraît qu'on n'apprend pas à mourir en tuant les autres.
François René de Chateaubriand *Mémoires d'outre-tombe (1833).*

1069 Qu'il y ait des crimes, je l'admets volontiers, car il faut bien que tout le monde vive !
Sacha Guitry *Les trois font la paire (1957).*

Criminel

guerre et paix :

1070 Il n'y a que deux espèces d'êtres humains : ceux qui ont tué et ceux qui n'ont pas tué.
Colette *Le Pur et l'Impur (1941);* Calmann-Lévy.

bonnes manières :

1071 Il y a différentes manières d'assassiner un homme : par le pistolet, par l'épée, par le poison ou par l'assassinat moral. C'est

la même chose, au définitif, excepté que ce dernier moyen est le plus cruel.
Napoléon Ier *Correspondance.*

Ce qu'il y a d'admirable, c'est que ça prend toujours avec les étrangleurs. Aussitôt qu'on raidit les jambes, ils vous croient morte, et ils vous lâchent. 1072
Tristan Bernard *Théâtre sans directeur (1930);* Calmann-Lévy.

Oui ! morte ! Elle me résistait... je l'ai assassinée !... 1073
Alexandre Dumas *Antony (1831).*

Pour ne point rougir devant sa victime, l'homme qui a commencé par la blesser la tue. 1074
Honoré de Balzac *Le Médecin de campagne (1833).*

Par le fait de considérer la peine comme partie de son propre droit, on honore le criminel comme être rationnel. 1075
Friedrich Hegel.

On tue un homme, on est un assassin. On en tue des milliers, on est un conquérant. On les tue tous, on est un dieu. 1076
Jean Rostand.

Eurovision :
La victime meurt face à un assassin... L'assassin, lui, meurt face au monde entier. 1077
Victoria Thérame *La Dame au bidule (1976);* Éd. des Femmes.

cran... d'arrêt !
On crache sur un petit filou, mais on ne peut refuser une sorte de considération à un grand criminel : son courage vous étonne, son atrocité vous fait frémir. 1078
Denis Diderot *Le Neveu de Rameau (1821).*

qui tue-je ?
Les criminels aussi cherchent à savoir ce qu'ils sont. 1079
J. Van de Wetering *Mort d'un colporteur (1979);* Éd. des Autres.

C'est très laid les scrupules. C'est ce qui défigure le criminel. 1080
Pierre Drieu La Rochelle *Gilles (1939);* Gallimard.

Le criminel, au moment où il accomplit son crime, est toujours un malade. 1081
Fedor Dostoïevski.

minuit :
Il est plus facile de se rendormir après un rêve où on est assassiné qu'après un rêve où on est assassin : un bon point pour l'assassin ! 1082
Eugène Ionesco extrait du *Journal intime,* dans N. R. F., n° spécial, octobre 1975.

Critique

1083 Ordonner une bibliothèque est une façon silencieuse d'exercer l'art de la critique.
Jorge Luis Borges propos tenu avant la « Leçon » au Collège de France, janvier 1983, rapporté dans *Le Monde,* 28 janvier 1983.

conscience professionnelle :
1084 Je n'ai jamais lu un livre avant d'en faire le compte rendu, cela donne trop de préjugés.
Sydney Smith *(1771-1845) Aphorismes.*

1085 J'ai reçu, monsieur, votre nouveau livre contre le genre humain [...] ; on n'a jamais employé tant d'esprit à vouloir nous rendre bête ; il prend envie de marcher à quatre pattes, quand on lit votre ouvrage.
Voltaire *Correspondance à Jean-Jacques Rousseau.*

1086 La critique devrait, en matière de littérature, être une sorte de pédagogie de l'enthousiasme.
Louis Aragon *J'abats mon jeu (1959);* Éditeurs français réunis.

1087 Le pamphlet est l'arme de ceux qui ont découvert l'erreur, pas encore la vérité.
Gilbert Cesbron *Journal sans date (1964);* R. Laffont.

Lagarde et Michard :
1088 Les morceaux choisis, c'est toujours les morceaux choisis par un autre.
André Bellesort cité par Pierre-Henri Simon dans *Le Monde,* 12 avril 1967.

1089 Interpréter consiste toujours à mettre en équivalence deux textes... : celui de l'auteur, celui de l'interprète.
Tzvetan Todorov *Symbolisme et Interprétation (1978);* Le Seuil.

conclusion :
1090 La meilleure critique d'un livre, c'est un meilleur livre [1].
Pierre Baillargeon *Commerce (1947);* Variétés.

1 - *Madame Bovary* de Flaubert contre *Volupté* de Sainte-Beuve.

Croyance

Credo ut intelligam (Je crois afin de comprendre). 1091
Saint Augustin (354-430).

Je ne cherche pas à comprendre pour croire, mais je crois 1092
pour comprendre[1].
Saint Anselme (1033-1109) *Proslogion, Œuvres philosophiques;* tr. P. Rousseau; Aubier.

Je crois parce que c'est absurde. 1093
Attribué à **Saint Augustin** (354-430).

On croit plus aisément ce que l'on ne comprend pas. 1094
Tacite (55-120) *Histoires, I, XXI;* tr. Goelzer.

Les concepts créent les idoles de Dieu, le saisissement seul 1095
pressent quelque chose ou plutôt quelqu'un.
Saint Grégoire de Nysse (330 env.-395 env.) *Œuvres* dans *Patrologie grecque.*

Croire en Dieu est une attitude qu'on ne peut ni réfuter, ni 1096
discuter, ni approuver, ni blâmer.
Claude Roy *Les Chercheurs de Dieu (1981);* Gallimard.

L'homme affirme en Dieu ce qu'il nie en lui-même. 1097
Ludwig Feuerbach, *L'Essence du christianisme (1841);* tr. Osier; Maspero.

Le grand tournant de l'histoire sera le moment où l'homme 1098
prendra conscience que le seul dieu de l'homme est l'homme lui-même.
Ludwig Feuerbach, *L'Essence du christianisme (1841);* tr. Osier; Maspero.

Bénarès est à l'est, La Mecque à l'ouest; mais explore ton propre 1099
cœur, car il y a là et Rama et Allah.
Kabir[2] (1440-1518).

Le dogmatisme et la foi ont en commun la volonté de miser 1100
tout le poids de la vie sur ce que l'on croit.
Roger Garaudy dans Claude Roy *Les Chercheurs de Dieu (1981);* Gallimard.

Les hommes croient ce qu'ils désirent. 1101
Jules César (101-44 av. J.-C.) *La Guerre civile;* tr. F. Gaffiot.

---

1 - Voir la formule équivalente chez saint Augustin.
2 - Cet « œcuménisme » lui valut d'être revendiqué comme coreligionnaire par les musulmans et par les hindous.

1102 Je crois qu'il n'est ni nécessaire, ni utile, ni sage de croire.
Claude Roy *Les Chercheurs de Dieu (1981);* Gallimard.

1103 C'est une erreur de ne pas croire, et une faute de tout croire.
Fernando de Rojas *La Célestine (1499);* tr. Larrieu; dans *Histoire illustrée de la littérature espagnole;* Didier.

1104 Ma conviction religieuse, en grandissant, a dévoré mes autres convictions; il n'est ici-bas chrétien plus croyant et homme plus incrédule que moi.
François René de Chateaubriand *Mémoires d'outre-tombe (1833).*

1105 Croire n'est point trouver, mais vivre en même temps l'écart et l'alliance.
Jean-Claude Renard *La Lumière du silence (1978);* Éditeurs français réunis.

1106 J'ai honte d'avoir cru en Dieu
Et je souffre de n'y plus croire!
S.A. Essenine *Moscou des cabarets (1923);* tr. J. David.

1107 La question n'est pas : « Croyons-nous en Dieu? », mais plutôt : « Dieu croit-il en nous? ».
Kenneth Patchen *Le Journal d'Albion Moonlight (1961);* tr. G. Guinsbourg; Flammarion.

Cuisine

1108 La grande cuisine est le dernier refuge des civilisations qui doutent d'elles-mêmes.
Hubert Monteilhet *Devoirs de vacances (1977);* Denoël.

à table!

1109 De toutes les qualités du cuisinier, la plus indispensable est l'exactitude.
Anthelme Brillat-Savarin *Physiologie du goût (1825).*

grain de sel :

1110 La cuisine, c'est un art qui, pour ne pas s'abâtardir, a besoin de fantaisie. Je dirai même d'un petit grain de folie.
Yves Courrière *La Toque dans les étoiles (1981);* Plon.

1111 L'espace culinaire est la figure allégorique de l'univers qui n'a que lui pour s'exprimer.
Noëlle Chatelet *Le Corps à corps culinaire (1977);* Le Seuil.

1112 L'homme n'a pas seulement besoin de meurtre. Il a besoin aussi d'un solide repas.
Alfred Hitchcock.

petit creux :
Les femelles sont plus grosses et plus fortes que les mâles et si 1113
elles ne sont pas prêtes à recevoir un mâle, elles le dévorent tout simplement.
Karl von Frisch *Les Insectes maîtres de la terre ¿ (1977);* tr. G. Cornilleau; Flammarion.

La femme est en effet le potage de l'homme; 1114
Et quand un homme voit d'autres hommes parfois
Qui veulent dans sa soupe aller tremper leurs doigts,
Il en montre aussitôt une colère extrême.
Molière *L'École des femmes (1662).*

nouvelle cuisine :
Le poulet, je lui brise le cou et les pattes... les oignons, au fond 1115
de la poêle, ils ont un cri de brûlé vif... les pêches, cette chair blonde et rosée qui s'agrippe au noyau.
Hortense Dufour *La Femme buissonnière (1971);* J.-J. Pauvert.

Quand le corps doit s'occuper chaque jour de merde et de 1116
haricots verts, l'esprit fait de même. Et la seule manière de transcender ça, c'est d'aimer la merde et les haricots verts. Oui, le secret, c'est ça.
Marilyn French *Toilettes pour femmes (1981);* tr. P. Guilhon; R. Laffont.

privilège :
Quand on naît salade, l'huile et le vinaigre vous tombent du ciel. 1117
Elena Poniatowska *Vie de Jesusa (1980);* tr. M. Sarre; Gallimard.

Une histoire à deux, c'est toujours une petite salade mal foutue 1118
mais inépuisable.
Jean-François Fogel *Morand express (1980);* Grasset.

Le fromage fait tout digérer, sauf lui-même. 1119
James Joyce *Ulysse (1922);* tr. A. Morel et St. Gilbert; Gallimard.

Cul

Ceux qui parlent derrière moi, mon cul les contemple. 1120
Francis Picabia.

Le cul des femmes est monotone comme l'esprit des hommes. 1121
Guy de Maupassant *Correspondance à Gustave Flaubert (1928).*

Quand Jules Verne écrira *Vingt mille lieues sous les mers,* allongé 1122
toute la journée à plat ventre sur sa barque, elle s'étonnera :

Comment Jules peut-il écrire toutes ces choses, puisqu'il leur tourne le cul tout le temps ?
Charles Noël Martin *Jules Verne : sa vie, son œuvre (1980);* Michel de l'Ormeraie.

1123 Il n'y a qu'un pas du rectum au tunnel labyrinthique de l'âme[1].
Jean Demélier *Le Sourire de Jonas (1975);* Gallimard.

1124 La psyché grouille par milliards d'êtres dans le royaume de nos anus.
Edgar Morin *La Méthode. La vie de la vie;* Le Seuil.

1125 L'anus est le cœur du crâne.
Jean Demélier *Le Sourire de Jonas (1975);* Gallimard.

1126 Le progrès social commence toujours par l'indépendance des fesses.
Albert Cossery *Le Complot des saltimbanques (1975);* R. Laffont.

1127 Ce soir je me paye un mec. C'est pas parce que je veux vraiment un mec, mais c'est parce que j'ai mis pour la première fois les sous-vêtements noirs en dentelle que j'ai achetés à Paris.
Rosa Liksom *Noirs paradis;* tr. A. Papart (1988); La Découverte.

1128 L'été, les fesses sont pâles.
Benjamin Péret cité dans Hubert Juin *369;* Publications Premières.

1129 On frémit en pensant qu'un caprice de la création aurait pu priver l'homme et la femme de cette double rondeur où vient se réfugier tout ce qu'il y a entre eux de plus tendre, passif, aveuglément confiant, et voué aux coups et aux obscurs dévouements.
Michel Tournier *Vues de dos;* Gallimard.

1130 Les grands fauteuils n'ont plus de postérieurs à leur mesure[2].
Jacques Perret *Bande à part (1951);* Gallimard.

Culpabilité

1131 C'est l'homme seul qui tue. Sans intention homicide, l'arme la plus meurtrière n'est que ferraille inoffensive.
Gaston Bouthoul *Essais de polémologie (1976);* Denoël.

1132 Ça fait du bruit, les innocents.
Marcel Pagnol *Le Temps des amours (1975);* Julliard.

1 - Le passage doit être secret.
2 - Voir récente candidature de Jean-Edern Hallier à l'Académie.

Quiconque est parvenu à discerner le bien et le mal a déjà perdu 1133
son innocence.
Charles Nodier *Lydie ou la Résurrection.*

Rien ne ressemble plus à un innocent qu'un coupable qui ne 1134
risque rien.
Tristan Bernard *L'Enfant prodige du Vésinet (1921);* Flammarion.

Ce n'est pas de tuer l'innocent comme innocent qui perd la 1135
société, c'est de le tuer comme coupable.
François René de Chateaubriand *Mémoires d'outre-tombe (1833).*

Un innocent persécuté prend longtemps pour un pur amour de 1136
la justice l'orgueil de son petit individu.
Jean-Jacques Rousseau *Les Rêveries du promeneur solitaire (1782).*

Peut-on être innocent, lorsqu'on aime un coupable? 1137
Edmond Rostand *Œuvres complètes.*

À défaut d'innocents depuis longtemps péris, les coupables 1138
moururent.
Lucain (39-65) *La Pharsale.*

L'innocence est souvent plus hardie que le vice n'est 1139
entreprenant.
Charles Pinot Duclos *Les Confessions du comte de...*

L'innocence elle-même a parfois besoin d'un masque. 1140
Thomas Fuller *Gnomologia.*

La pierre seule est innocente. 1141
Friedrich Hegel *Phénoménologie de l'esprit (1807).*

Les hommes naissent innocents, mais ça ne dure guère. 1142
Jean-Pierre Melville *Interview.*

Que le péché qui nous dévore laisse à la vie peu de substance! 1143
Georges Bernanos *Sous le soleil de Satan (1926);* Plon.

verdict :
Depuis que le monde existe, c'est toujours et partout des 1144
innocents qu'on s'est le plus foutu.
Jaroslav Hašek *Le Brave Soldat Chveik (1912);* tr. Horejsi; Gallimard.

Culture

Comment savoir tout sans vieillir? 1145
Fernand Crommelynck *Le Cocu magnifique (1920);* Gallimard.

1146 La Renaissance est l'époque où la pensée scientifique de saint Thomas est mise à la portée des épiciers !
Jean Sendy *Nous autres, gens du Moyen Âge (1969)*; Julliard.

1147 Même si le lecteur de la rue ne sait pas qui est Hegel, toute sa vie n'en est pas moins influencée par la dialectique.
Philippe Sollers interview dans *Le Monde,* 29 novembre 1974.

l'homme sans qualités :

1148 Un classique est un livre que tout le monde veut avoir lu, et que personne ne veut lire.
Mark Twain (1835-1910) *Aphorismes.*

1149 Un grand classique, c'est un homme dont on peut faire l'éloge sans l'avoir lu.
Gilbert Keith Chesterton *Almanach des Lettres françaises et étrangères,* 23 mai 1924 ; G. Grès et Cie.

1150 [...] Écarter de nous en toute occasion le vieillissement de l'ignorance.
Braulion *Renotatio librorum Isidori* dans J. Fontaine *Isidore de Séville, t. II.*

1151 *Docta ignorantia* qui ouvre les portes conduisant à l'infini.
Alejo Carpentier *La Harpe et l'Ombre (1979)*; tr. R. Durant ; Gallimard.

1152 L'exil de l'homme, c'est l'ignorance ; sa patrie, c'est la science.
Honorius d'Autun *(Honorius Augustodunensis)* (XIIe s.) dans *Patrologie latine, vol. CLXXII*; éd. Migne.

1153 Le degré d'instruction d'une société ne définit pas son degré intellectuel.
Alexandre Zinoviev *Les Hauteurs béantes (1978)*; tr. W. Berelowitch ; L'Âge d'homme.

comme par exemple...

1154 Que de gens prouvent que l'on peut être médiocre, même avec de l'esprit !
Hérault de Séchelles[1] (1759-1794) *Pensées et Anecdotes*; Ramsay.

1155 Autrefois, seuls ceux qui jouissaient d'une rente agraire pouvaient faire les intellectuels. La culture paie très cher de s'être libérée de sa base économique.
Italo Calvino *La Spéculation immobilière (1957)*; tr. J.P. Manganaro (1990) ; Le Seuil.

1156 L'instruction donne la patience, mon cher Monsieur. Elle donne une patience d'ange aux déshérités.
Georges Darien *Le Voleur (1897)*; J.-J. Pauvert.

---

1 - Il en perdit la tête en compagnie de Danton.

Nul savoir, si étendu qu'il soit, ne permet d'atteindre à la plénitude de la sagesse, sans la connaissance de soi-même. 1157
Saint Bernard de Clairvaux (1090-1153) *Recommandations au pape;* tr. P. Dalloz.

L'étude, en général, la poursuite de la vérité et la beauté sont des domaines dans lesquels il nous est permis de rester enfant toute la vie. 1158
Albert Einstein *Correspondances (1913-1933);* tr. C. André; Inter Éditions.

Il est raisonnable tout compte fait de considérer l'intempérance dans la culture comme plus préjudiciable à l'équilibre de l'homme que la pratique généreuse de la bouteille. 1159
Bernard Pivot *Le Beaujolais (1978);* Le Chêne.

Le filet d'eau douce qui subsistait en moi dès la première minute fut menacé de se perdre dans les eaux mêlées et nombreuses du savoir. 1160
Roger Caillois *Le Fleuve Alphée (1978);* Gallimard.

que sais-je ?
Lorsque vous entendez, ou vous lisez, l'expression « on le sait », ajoutée comme un qualificatif anodin après une proposition que cela dispense de prouver, dites-vous qu'on vous fait à ce moment un mauvais coup... Exemples : « Charlie Christian, on le sait, fut à l'origine du bop » ; « Nietzsche, on le sait, inspira Hitler » ; « Le progrès, on le sait, est irréversible »... ; et le reste à l'avenant... 1161
Alexandre Barivault *Considérations désobligeantes (1966);* Éd. Calender.

danse

1162 L'absence est une valse noire,
et personne avec qui danser.
Anne Bragance *Une valse noire (1983)*; Le Seuil.

1163 Toutes les danseuses qui moururent sont des cygnes.
Ramon Gomez de la Serna *« Greguerias »*; tr. F. Delay, dans *Noir sur Blanc*, n° 5, 1988.

1164 La danse... un minimum d'explications, un minimum d'anecdotes, et un maximum de sensations.
Maurice Béjart *Un instant dans la vie d'autrui (1979)*; Flammarion.

1165 La lambada, c'est le principe du Playmobil, celui du *encastrons-nous mes frères.*
Isabelle Marini-Bosc, dans *VSD,* 19 avril 1990.

1166 Le tango, c'est une pensée triste qui se danse.
Enrique Santos Discpolo dans Horacio Salas *Le Tango,* tr. A. Morvan (1989); Actes sud.

Dans la danse, on retrouve à la fois le cinéma, les bandes 1167
dessinées, le cent mètres olympique, la natation, avec, en plus, la poésie, l'amour, la tendresse. C'est ça le XXe siècle.
Maurice Béjart *Un instant dans la vie d'autrui (1979)*; Flammarion.

La danse, mieux qu'aucun autre des arts, peut nous livrer 1168
l'essentiel des mythes.
Maurice Béjart avant-propos à *Michaël Denard danse l'Oiseau de feu (1979)* de Anne Duvernoy ; Julliard.

Danser est l'unique façon de maîtriser le temps et l'espace. 1169
Johnny Clegg dans *L'Express*, 16 mars 1990.

La danse n'a plus rien à raconter : elle a beaucoup à dire ! 1170
Maurice Béjart *Un instant dans la vie d'autrui (1979)*; Flammarion.

Déclaration

accusateur :
Vous n'êtes pas jolie, vous êtes pire. 1171
Victor Hugo paroles adressées par le poète à Marie Dorval.

amer :
Tu as le mois de mai sur les joues 1172
C'est mai ; et le mois de janvier dans le cœur.
Alfred de Musset *Fantasio (1834).*

définitif :
Ni vous sans moi, ni moi sans vous. 1173
Marie De France *Le Lai du Chèvrefeuille, 78 ;* XIIe s.

pervers :
Si je me suicide avec quelqu'un... Je voudrais beaucoup que ce 1174
soit avec toi.
François Truffaut *Domicile conjugal (1970).*

enthousiaste :
Ah ! je t'aime Julie, tellement que je boufferais ta merde, même 1175
si tu faisais des étrons grands comme ça.
Louis-Ferdinand Céline *Voyage au bout de la nuit (1932)*; Gallimard.

compliqué :
Je t'aime de deux amours, un amour qui vient de moi et un 1176
amour qui te revient de droit. Quant à l'amour qui vient de moi, c'est mon absorption exclusive dans le souvenir de toi. Et

quant à l'amour qui te revient de droit, c'est de ne rien voir que je ne te voie d'abord.
Rabi'A El-Adaviyya (mort en 185 de l'Hégire) dans Farid al-Din Attar *Le Mémorial des saints ;* Le Seuil.

pathétique :

1177 En toi je vis, où que tu sois absente ;
En moi je meurs, où que je sois présent.
Maurice Scève *Délie (1544).*

obsessionnel :

1178 Mario – Je ne saurais empêcher qu'il ne t'aime, belle Lisette ; mais je ne veux pas qu'il te le dise.
Sylvia – Il ne me le dit plus ; il ne fait que me le répéter.
Marivaux *Le Jeu de l'amour et du hasard (1730).*

collant :

1179 Je vous suivrai jusqu'à la fin du monde, puisque le monde est rond.
Proverbe irlandais.

délinquance

1180 Les forfaits n'inspirent d'horreur que dans les sociétés au repos.
François René de Chateaubriand *Mémoires d'outre-tombe (1833).*

dans la hotte :

1181 À qui se fier de nos jours ? Le Père Noël[1] sapé porno par Paco Rabane chourave du whisky au drugstore.
Evane Hanska *La Mauvaise Graine (1978) ;* Olivier Orban.

1182 Il [le vol] fait partie du même corps que la propriété, il est en quelque sorte sa maladie.
Elio Petri dans *Le Monde* du 17 octobre 1974.

1183 Si la société est un corps, il faut considérer les voleurs comme le fiel qui aide aux digestions.
Honoré de Balzac *Code des gens honnêtes ;* Manya.

monsieur Verdoux :

1184 Je ne sais ce qu'est la vie d'un coquin, je ne l'ai jamais été ; mais celle d'un honnête homme est abominable.
Joseph de Maistre *Lettre au chevalier de Saint-Réal.*

1185 Presque tous les désirs du pauvre sont punis de prison.
Louis-Ferdinand Céline *Voyage au bout de la nuit (1952) ;* Gallimard.

---

1 - Le Père Noël est bien une ordure.

Les escarpes et les marlous 1186
Qui traînez sur le macadam
Faites-vous plutôt couper le cou
Que d'en pincer pour une grande dame.
Renaud *Gueule d'aminche;* Éd. Intersong.

bande à part :
La bande est un échec [...] parce qu'elle est refus craintif de prémices d'une société nouvelle. 1187
Philippe Robert *Les Bandes d'adolescents (1974);* Les Éditions Ouvrières.

Les délinquants font moins de mal qu'un mauvais juge. 1188
Francisco de Quevedo *La Politique de Dieu et le Gouvernement du Christ (1626).*

Un délit généralisé devient bientôt un droit. 1189
Constance Le Bon *Aphorismes du temps présent;* Flammarion.

viol :
L'agresseur est d'autant plus difficile à vaincre qu'il se fait plus intime. 1190
Jean Bernard *L'Homme changé par l'homme (1976);* Buchet-Chastel.

Qui vole un bœuf est vachement musclé. 1191
Chaval.

Qui sait si l'homme n'est pas un repris de justice divine ? 1192
Victor Hugo *Les Misérables (1862).*

démocratie

Marianne :
La démocratie est d'abord un état d'esprit. 1193
Pierre Mendès France *La République moderne (1962);* Gallimard.

Il s'agit d'aider chacun à devenir soi, le meilleur « soi ». Ce serait cela la démocratie. 1194
Jean Guéhenno *Ce que je crois (1964);* Grasset.

Ce qui constitue la vraie démocratie, ce n'est pas de reconnaître des égaux, mais d'en faire. 1195
Léon Gambetta (1838-1882) *Discours.*

Une démocratie, c'est d'abord ça... le droit de parler comme des adultes, et non comme des enfants dissimulés. 1196
Jules Romains *Les Hommes de bonne volonté (1932-1946);* Flammarion.

1197 La démocratie n'est pas simplement la loi de la majorité, c'est la loi de la majorité respectant comme il convient le droit des minorités.
Clément Attlee[1] *Discours,* 12 septembre 1945.

je le ferais encore, si j'avais à le faire :
1198 Il est bon, foutre ! que le peuple souverain s'accoutume à juger les rois.
Le Père Duchesne[2] *Les Grandes Journées du Père Duchesne,* prés. Jean-Pierre Faye ; Seghers/Laffont.

1199 La vraie démocratie est le régime où chacun porte dans sa giberne le désir d'être un héros.
Jacques de Bourbon-Busset *Tu ne mourras pas (1977) ;* Gallimard.

1200 La démocratie se doit d'être une création continue.
Georges Clemenceau (1841-1929) cité par Georges Bernanos *La Grande Peur des bien-pensants (1969) ;* Grasset.

1201 La force même de la démocratie est peut-être sa prétendue faiblesse, cette désorganisation qui est telle, parfois, qu'il paraît impossible de mobiliser ne serait-ce que la moitié de la population pour atteindre un but donné.
Orville Schell *Les Chinois (1978) ;* tr. Wiznitzer ; Belfond.

1202 La démocratie, plus qu'aucun autre régime, exige l'exercice de l'autorité.
Saint-John Perse *Discours sur Briand ;* New York University.

à vaincre sans péril...
1203 La démocratie et la liberté sont aussi fragiles que rares : elles sont à la merci du premier viol. Elles ne seront sauvées que s'il se trouve assez de démocrates pour en mesurer le prix et accepter de le payer.
André Fontaine *Le Dernier Quart du siècle (1976) ;* Fayard.

on triomphe sans gloire :
1204 Tant qu'il y aura des dictatures, je n'aurai pas le cœur à critiquer une démocratie.
Jean Rostand *Inquiétudes d'un biologiste (1967) ;* Stock.

urne :
1205 La démocratie coule à pleins bords.
Pierre de Serre à la Chambre des députés, 3 décembre 1821.

c'est un scandale !
1206 L'isoloir, ce n'est jamais qu'une vespasienne.
Vladimir Volkoff *Les Humeurs de la mer (1980) ;* Julliard.

1207 Campagne électorale : des veaux dévots, des votes.
Slogan Mai 1968.

---

1 - C'est lui qui assura la victoire du parti travailliste en juillet 1945.
2 - Journal de Hébert qui tire peut-être son nom d'un marchand de fourneaux, rue Mazarine, qui jurait et sacrait à chaque phrase.

la faiblesse des démocraties : se renier pour survivre !
Le citoyen est une variété de l'homme ; variété dégénérée ou primitive, il est à l'homme ce que le chat de gouttière est au chat sauvage. 1208
Rémy de Gourmont *Épilogues, paradoxe sur le citoyen (1903-1913).*

un vote franc et massif :
Le consensus, c'est l'aliénation joyeuse. 1209
Jean Bothorel *Un prince, essai sur le pouvoir ordinaire (1981) ;* Grasset.

marketing politique :
Je vais vous présenter un film à la gloire d'un politicien. Si, après la projection, vous pensez vouloir voter pour lui, vous levez la main. Dans mon film, je montrais un homme qui jouait avec un très beau chien. À côté de lui, il y avait sa femme ou peut-être son amie. Il caressait son chien, et le commentaire disait que cet homme haïssait la guerre, car il avait été grièvement blessé, qu'il désirait la paix, que le pays était en danger, bref qu'il était le seul à pouvoir unifier et protéger la nation... À la fin du spot, toutes les mains se sont levées. Je leur ai dit : « Gardez vos mains levées, je vous présente votre élu, Adolf Hitler. » 1210
Jacques Séguéla *Ne dites pas à ma mère que je suis dans la publicité, elle me croit pianiste dans un bordel (1979) ;* Flammarion.

élisez-moi :
Je suis le roi de la bêtise et j'en suis fier, parce que la bêtise est très répandue. 1211
Réjean Ducharme *Le Nez qui voque (1967) ;* Gallimard.

en vertu des pouvoirs qui nous sont conférés...
Ceux qui croient agir en fonction de l'intérêt général sont en réalité conduits à favoriser des intérêts particuliers qui ne font pas partie de leurs intentions. 1212
Milton et **Rose Friedman** *La Liberté du choix (1980) ;* tr. G. Casaril ; Belfond.

je vous ai compris :
Tout le rêve de la démocratie est d'élever le prolétaire au niveau de bêtise du bourgeois. Le rêve est en partie accompli. 1213
Gustave Flaubert *Correspondance à George Sand (1871).*

tu causes, tu causes !
Il y a longtemps que ce Palais-Bourbon n'est plus guère qu'un décor vieillot où quelques vedettes entourées des mafiosi des grandes familles et assistées à l'occasion des troisièmes couteaux de la distribution, viennent mimer l'apparence d'un débat dans l'illusion d'une vie publique. 1214
Pierre Viansson-Ponté [1] *Lettre ouverte aux hommes politiques (1975) ;* Albin Michel.

---

1 - Il fut rédacteur en chef adjoint du *Monde*.

piège à cons :

1215 L'élection encourage le charlatanisme.
Ernest Renan *La Réforme intellectuelle et morale de la France*[1] *(1871).*

1216 L'histoire de la plupart des pays a été celle de majorités... piétinant des minorités dix fois plus nombreuses.
Oliver Wendell Holmes *Discours (1860).*

bonnet blanc et blanc bonnet :

1217 Un dilemme, c'est une proposition philosophique dont l'énoncé fait jouir les belles consciences et l'application périr les démocraties.
Jacques Faizant dans *Le Point,* 12 octobre 1981.

bulletin blanc :

1218 Ce n'est pas par des discours et des votes de majorité que les grandes questions de notre époque seront résolues, mais par le fer et par le sang.
Otto von Bismarck dans Henry Valloton *Bismarck (1961);* Fayard.

corps électoral :

1219 Par la mise à mort du roi et de Dieu, l'homme a été installé sur le trône mais aussi sous le couperet de la guillotine.
François George *Deux études sur Sartre (1976);* C. Bourgois.

la chienlit :

1220 Il n'y a jamais eu de démocratie qui ne se soit suicidée.
Samuel Adams *Discours (1776).*

désarmement

1221 Ce serait merveilleux qu'on continue de se tuer à l'ancienne !
Jacques Frémontier *Pied de guerre (1982);* Fayard.

1222 La guerre n'est jamais fatale, mais elle est toujours perdue.
Gertrude Stein *Les guerres que j'ai vues (1945);* tr. Seillière ; C. Bourgois.

1223 Si tu veux la paix, prépare la guerre. *(Si vis pacem, para bellum.)*
Attribué à **Vegetius** (IVe s.).

1224 On en a pas retrouvé « ça » du gars, mon vieux ! c'était plus qu'un souvenir, quoi... Et pourtant, tu sais, il était grand, et bien

---

1 - Renan dénonce le dévoiement des élections par Napoléon III. Il souhaitait en fait une monarchie constitutionnelle.

balancé le gars, et fort, et sportif, mais contre un obus, hein ¿ Pas de résistance.
Louis-Ferdinand Céline *Voyage au bout de la nuit (1932);* Gallimard.

Contente-toi d'obtenir d'un homme son arme, sans lui dire que 1225
c'est pour le tuer avec.
Machiavel (1469-1527) *Œuvres.*

La paix ne corrompt pas moins que la guerre ne dévaste. 1226
John Milton *Le Paradis perdu (1667);* tr. Messian; Aubier.

En péril 1227
est ta paix.
Jean Mambrino *L'Oiseau Cœur (1979);* Stock.

bombe atomique :
L'homme est devenu trop puissant pour se permettre de jouer 1228
avec le mal. L'excès de sa force le condamne à la vertu.
Jean Rostand *Inquiétudes d'un biologiste (1967);* Stock.

Nous vivions dans un monde où il y avait une menace et pas de 1229
risques. Nous entrons dans un monde où il n'y a plus de menace mais des risques.
Alain Minc dans *Libération,* 3 octobre 1990.

Désert

pèlerinage :
La Terre promise est toujours de l'autre côté du désert. 1230
Havelock Ellis *La Danse de la vie (1923).*

Dieu n'est pas dans le Désert. Le Désert, c'est le mystère même 1231
de Dieu.
Dom Henri Le Saux [1] *Initiation à la spiritualité des Upanishads (1979);* éd. Présence.

dépouillement :
Le désert aime qu'on soit nu. 1232
Saint Jérôme (mort en 420) *Lettre XIV.*

Quand on a connu le désert, on lui reste à jamais redevable 1233
d'une épreuve bénéfique, celle qui vous enjoint d'oublier.
Edmond Jabès *Le Seuil, le Sable (1990);* Gallimard.

---

1 - Ce moine bénédictin partit aux Indes pour faire connaître le christianisme. Il fut en fait conquis par la mystique indienne, devint moine errant sous le nom de Abhishiktananda, et se retira dans des grottes de la montagne d'Arunàchala.

1234 Toute la mémoire du monde est dans un grain de sable.
Edmond Jabès *Le Seuil, le Sable (1990)*; Gallimard.

1235 Les états illusoirement successifs du désert sont comme ceux de notre vie, où le désir et l'amour nous sont donnés pour vent et pour lumière.
Marc Cholodenko *Les États du désert (1976)*; Flammarion.

1236 Nous sommes dans un monde à la fois sursocialisé et désocialisé, une sorte de désert surpeuplé.
Cornélius Castoriadis, interviewé par Roger-Pol Droit, dans *Le Monde,* 30 novembre 1990.

1237 Un désert, c'est bien fait pour se rencontrer.
Jean Cayrol *Histoire d'un désert (1972)*; Le Seuil.

1238 Que l'on parle bien quand on parle dans le désert !
André Gide *Les Cahiers de la Petite Dame*; Gallimard.

désir

1239 Le désir est révolutionnaire.
Gilles Deleuze et **Félix Guattari** *Politique et Psychanalyse (1978)*; Bibliothèque des mots perdus.

1240 Le désir est une conduite d'envoûtement.
Jean-Paul Sartre *L'Être et le Néant (1943)*; Gallimard.

1241 Les mille belles, pressées dans la forêt contre l'amant merveilleux, et la vieille aux seins pendants, chevauchant son balai, sont deux expressions à peu près contemporaines du désir.
Marguerite Yourcenar Préface au *Gita Govinda,* de Shri Jayadeva [1] (XIIe s.) ; Émile-Paul.

1242 Tes nobles jambes, sous les volants qu'elles chassent,
Tourmentent les désirs obscurs et les agacent,
Comme deux sorcières qui font
Tourner un philtre noir dans un vase profond.
Charles Baudelaire *Fleurs du mal, Spleen et Idéal (1857).*

1243 La séduction est de l'ordre du rituel, le sexe et le désir de l'ordre du naturel.
Jean Baudrillard *De la séduction (1979)*; Galilée.

---

1 - Le *Gita Govinda* (« célébration du bouvier Krishna ») relate les frasques du jeune prince Krishna, avatar du dieu Vishnu, qui séduit les « vachères » en jouant de la flûte (et pas seulement !).

Un jour vient où vous manque une seule chose et ce n'est pas l'objet de votre désir, c'est le désir. Il ne s'agit plus de boire, mais d'avoir soif. 1244
Marcel Jouhandeau *Réflexions sur la vieillesse et la mort (1956)*; Grasset.

L'homme est une création du désir, non pas une création du besoin. 1245
Gaston Bachelard *La Psychanalyse du feu (1937)*; Gallimard.

Et le désir s'accroît quand l'effet se recule [1]. 1246
Pierre Corneille *Polyeucte (1643)*.

Nous ne faisons rien de notablement humain tant que le désir n'est pas en jeu. 1247
André Leroi-Gourhan *Les Racines du monde (1982)*; Belfond.

À propos de chaque désir, il faut se poser cette question : quel avantage résultera-t-il si je ne le satisfais pas ? 1248
Épicure (341-270 av. J.-C.) *Maximes*; tr. Solovine.

[...] Un désir auquel on se cramponne, un rêve auquel on croit très fort, est déjà une réalité. 1249
Claire France *Les Enfants qui s'aiment (1957)*; Flammarion.

Mon désir est la seule chose dont je n'ai jamais douté et à laquelle j'adhère pleinement, quand partout ailleurs je décolle de la réalité comme un vieux papier peint du mur. 1250
Vaclav Jamek *Traité des courtes merveilles (1989)*; Grasset.

Il n'est pas moins essentiel pour le bonheur de conserver des désirs que de les satisfaire. 1251
Charles Pinot Duclos *Les Confessions du comte de... (XVIIIe s.)*.

Le désir est souvent un manque de mémoire. 1252
Daniel Boulanger *Le Jardin d'Armide (1969)*; Laffont.

Le souvenir des joies perdues vaut mieux que les désirs inassouvis. 1253
Harry Bernard *La Maison vide (1926)*; L'Action Française (Canada).

Le désir est un compliment. On ne va pas s'éterniser à phraser autour. 1254
Jovette Bernier *Non Monsieur (1969)*; Le Cercle du Livre de France.

Ouvre-moi, ma sœur, mon amie. 1255
Cantique des cantiques, V, 2 [2].

---

1 - On n'a pas manqué de traduire : Et le désir s'accroît quand les fesses reculent !
2 - « Car ma tête est pleine de rosée, et mes cheveux des gouttes de la nuit... Mon bien-aimé a avancé sa main par le trou de la porte, et mes entrailles ont été émues à cause de lui. »

1256 Le désir est souvent la passerelle de l'amour... L'essai est marqué, il faudrait alors, comme disent les rugbymen, le transformer.
Pierre Dehaye *Naître est une longue patience (1979)*; Albin Michel.

1257 Le désir est le même quel que soit le sexe.
Moustapha Safouan *La Sexualité féminine dans la doctrine freudienne (1976)*; Le Seuil.

1258 LADY ANNE – Que l'insomnie habite la chambre où tu couches !
GLOUCESTER – Elle y habitera, madame, jusqu'à ce que je couche avec vous.
LADY ANNE – Je l'espère.
William Shakespeare *Richard III (1593).*

1259 Personne ne peut s'intéresser à suivre un homme qui, les yeux fixés au sol, regarde si la fortune ne placera pas un portefeuille sur son chemin.
Pablo Picasso dans Florent Fels *Propos d'artistes,* Bulletin de la vie artistique, juin 1923.

1260 Pourquoi les hommes qu'on désire ne sont pas comme on désire ?
Prononcé par **Lana Turner** dans *Ziegfeld Follies (1945)* de Vincente Minnelli.

1261 Quarante et un ans en avril dernier, 1,77 mètre, 71,6 kilos... Goûts classiques en matière d'habillement. Pénis de taille moyenne. Je m'aime et me déteste plus que d'habitude ne le font les hommes. L'un de ces deux excès attire les femmes, mais lequel ?
John Updike *Un mois de dimanches (1977)*; tr. M. Rambaud ; Gallimard.

destin

4 2 1 :

1262 Les dés des dieux tombent toujours bien [1].
Sophocle (495 ?-405 av. J.-C.) *Fragments*; tr. Dain et Mazon.

1263 Le destin de l'homme, c'est l'homme.
Bertolt Brecht *Me Ti, Livre des retournements (1965)*; tr. B. Lortholary ; L'Arche.

---

1 - Mais l'homme est trop petit pour que son bonheur soit ici en jeu : « Ayant ton sort pour exemple, ton sort à toi, ô malheureux Œdipe, je ne puis plus juger heureux qui que ce soit parmi les hommes. » *Œdipe roi,* tr. Dain et Mazon.

destin

Le destin de la Seine est-il d'arroser Paris ou bien d'aller à l'Océan[1] ? 1264
François Mitterrand *La Paille et le Grain (1975)*; Flammarion.

Le destin, c'est le caractère. 1265
Novalis (1772-1801) *Fragments*; tr. Maeterlinck.

Celui qui cherche l'aventure la rencontrera – à la mesure de son 1266
courage. Celui qui cherche le sacrifice, sera sacrifié – à la mesure de sa pureté.
Dag Hammarskjöld[2] *Jalons (1966)*; tr. Bjurström et Dumaine; Plon.

Quand on se croit destiné à produire de grandes choses, il est 1267
difficile de ne pas les laisser pressentir; le boisseau a toujours des fentes par où passe la lumière.
Honoré de Balzac *Gambara (1837).*

Ce qu'un homme pense de lui-même, voilà ce qui règle ou 1268
plutôt indique son destin.
Henry David Thoreau *Walden (1854)*; tr. Landré Augier; Aubier.

Je connais des gens de toutes sortes. 1269
Ils n'égalent pas leur destin.
Guillaume Apollinaire *Alcools; Marizibill (1920).*

Le destin, c'est toutes vos saloperies de lâche et d'impuissant. 1270
Jean-Daniel Baltassat *La Peau de l'autre (1988)*; Éd. Bernard Barrault.

tiercé :
Qu'est-ce donc que cette chose dont parlent Alexandre lorsqu'il 1271
évoque sa destinée, César sa chance, Napoléon son étoile ? Qu'est-ce donc sinon la confiance qu'ils avaient tous les trois dans leur rôle historique ?
Charles de Gaulle *Œuvres (éd. 1970)*; Plon.

Napoléon, c'est la face de Dieu dans les ténèbres. 1272
Léon Bloy *L'Âme de Napoléon (1983)*; « Tel », Gallimard.

Voyez-vous, le *destin* est une chose étrange. Au début de ma vie 1273
j'ai cru que je serais un homme de guerre et je m'y suis préparé. Or je n'ai pas été un homme de guerre. Et voilà qu'aujourd'hui je suis un homme d'État. Maintenant j'en arrive à me demander si mon vrai destin n'était pas d'être un philosophe.
Charles de Gaulle à Alain Bozel dans Jean Daniel, *L'Être des ruptures (1980)*; Grasset.

---

1 - « Si j'avais le temps, j'écrirais l'histoire des fleuves que j'ai connus. » François Mitterrand, *La Paille et le Grain.*
2 - Dag Hammarskjöld (1905-1961) fut secrétaire général des Nations unies de 1953 à sa mort dans un accident d'avion. Il reçut le prix Nobel de la Paix à titre posthume en 1961.

1274 Chacun de nous porte non seulement ses propres histoires mais également celles de destins qu'il a croisés.
Manès Sperber *Et le buisson devint cendre;* tr. de l'auteur et de B. Gidon revue par O. Mannoni (1990); Odile Jacob.

1275 L'ironie du sort, c'est la face cachée de notre destin.
Paul Guimard *L'Ironie du sort (1974)* (introduction éd. Rombaldi); Denoël.

loterie :

1276 L'occasion manquée est celle-là même qui compte.
Antoine de Saint-Exupéry *Citadelle (1948).*

1277 Il y a ceci de singulier dans la vie qu'elle offre autant de bonnes occasions à ne pas manquer que de fausses à écarter; la grandeur d'un destin se fait de ce qu'on refuse plus que de ce qu'on obtient.
Françoise Chandernagor *L'Allée du Roi (1982);* Julliard.

1278 On ne découvre une saveur aux jours que lorsqu'on se dérobe à l'obligation d'avoir un destin.
E.M. Cioran *Œuvres;* Gallimard.

roulette russe :

1279 Va où tu veux, meurs où tu dois.
Manuscrit du XVe s., sans titre; Bibliothèque du Vatican.

1280 Nous ne finirons ni en explosant ni en pleurnichant. Nous ne finirons pas.
Louis Pauwels *Blumroch l'admirable (1976);* Gallimard.

1281 Tu as vu le destin s'intéresser à des phrases négatives?
Jean Giraudoux *La guerre de Troie n'aura pas lieu (1935);* Grasset.

1282 Le temps même, père de toutes choses, ne saurait faire qu'elles n'aient pas été accomplies.
Pindare [1] *Les Olympiques (480-460 av. J.-C).*

1283 Finalement, je n'ai été bon qu'à gagner de l'argent.
Pierre Rey.

Deuil

1284 Deuil, chagrin de tous les fils d'Adam.
Saint Anselme (1033-1109) *Prosologion;* tr. P. Rousseau.

1 - Pindare fut peut-être initié aux mystères des sectes orphico-pythagoriciennes de Sicile.

C'est seulement quand les gens sont morts que nous pouvons 1285
montrer en toute sécurité combien nous les aimons.
P.D. James *La Proie pour l'ombre;* tr. L. Rosenbaum (1964); Mazarine.

Ce qui nous rend la disparition d'un être plus sensible, ce sont 1286
les mots de passe existant entre lui et nous, et qui soudain deviennent inutiles et vides.
Patrick Modiano *Villa triste (1975);* Gallimard.

Mes morts continuent de souffrir la douleur de la vie, en moi. 1287
Antonio Porchia *Voix (1978);* tr. R. Munier; Fayard.

C'est un peu de nous tous en celui qui s'en va et c'est en celui 1288
qui naît un peu de nous tous qui devient autre.
Gaston Miron *Courtepointes (1975);* Université d'Ottawa.

L'expérience de la mort n'est pas une expérience solitaire. 1289
Aimé Michel émission d'Antenne 2, *L'Invité de l'autre monde,* L. Pauwels et J.-Cl. Guilbert, janvier 1975.

La mort est une réalité singulière, capable de décupler pendant 1290
quelques secondes l'intelligence, la perception, la faculté d'affirmer cette phrase scandaleuse : cette personne est morte. Et non pas évanouie.
Hortense Dufour *La Marie marraine (1978);* Grasset.

Georges est mort. Je demandai : « Quand ?, Comment ? » j'allais 1291
demander : « Pourquoi ? ».
Jean Joubert *Les Sabots rouges (1979);* Grasset.

Billy, qui n'est pas salamandre 1292
Tomba au feu, et fut réduit en cendres.
Bien qu'il fasse froid, aujourd'hui,
Je n'ai pas le cœur de tisonner Billy.
Harry J.-C. Graham *Autres rimes sans loi.*

Les morts pèsent lourdement sur notre vie. 1293
Camillo José Cela *Mazurka pour deux morts;* tr. C. Bourguignon; Julliard.

Dictature

Quiconque rêve d'une liberté sans limites et sans frein porte en 1294
soi le germe du fascisme, même s'il crie son antifascisme à tue-tête.
Maurice Schumann *Angoisse et Certitude (1978);* Flammarion.

1295 Les excès de la liberté mènent au despotisme ; mais les excès de la tyrannie ne mènent qu'à la tyrannie.
François René de Chateaubriand *Mémoires d'outre-tombe (1833).*

1296 Imaginez qu'une autorité tyrannique vous contraigne à marcher à quatre pattes, puis vous autorise ensuite, dans sa bonté, à reprendre votre position normale... Vous feriez alors tout ce qui est en votre pouvoir pour justifier, comme on dit en U. R. S. S., la confiance placée en vous.
Michael Voslensky *La Nomenklatura, les privilégiés en U. R. S. S.. (1980) ;* tr. Ch. Nugue ; Belfond.

1297 Depuis la fin de la guerre, le monde s'efforce d'agir comme les nazis, en éliminant seulement les uniformes SS.
Julian Horwitz *L'Ennemi naturel (1977) ;* tr. A. de Vogüé ; Le Seuil.

Hitler :
1298 On ne peut pas être sans crainte quand on inspire la crainte.
Épicure (341-270 av. J.-C.) *Maximes ;* tr. Solovine.

1299 Pourquoi des militaires armés jusqu'aux dents éprouvent-ils une telle peur des civils sans armes ?
Chinua Achebe *Les Termitières de la savane ;* tr. E. Galle (1990) ; Belfond.

1300 Rien n'est plus rare qu'un tyran qui vieillit.
Thalès de Milet (VIe s. av. J.-C.) dans Diogène Laërce, *Vies des philosophes illustres.*

Goebbels :
1301 La dictature est une perversion du langage.
Jean Poutet *L'Argentine de la peur (1978) ;* Plon.

Landsberg[1] :
1302 Laissez la tyrannie régner sur un mètre carré, elle gagnera bientôt la surface de la terre.
François Mitterrand *L'Abeille et l'Architecte (1980) ;* Flammarion.

1303 Plus nous serons implacables, plus nous attacherons à notre destin ceux que nous aurons contraints à nous suivre.
Yves Amiot *Les Diamants de l'Argonne (1988) ;* Flammarion.

Munich :
1304 Dans les concessions qu'on fait à la force, il entre beaucoup de crainte, mais aussi, hélas ! beaucoup d'estime.
Jean Rostand *Inquiétudes d'un biologiste (1967) ;* Stock.

Nuremberg :
1305 Jugez-moi, c'est vous que vous jugerez.
Propos prêtés à **Hitler** dans Georges Steiner *Le Transport de A. H. (1981) ;* tr. Ch. de Montauzon ; Julliard.

---

1 - C'est dans cette forteresse que Hitler fut enfermé en 1923. Cette captivité, brève et confortable, lui permit d'écrire *Mein Kampf.*

Garcia Lorca [1] :
Toute l'eau de la mer ne suffirait pas à laver une tache de sang intellectuelle. 1306
Lautréamont (1846-1870) *Trente maximes de Lautréamont* dans *Cahier du Sud* n° 275 (1946).

Quand les sauvages de la Louisiane veulent avoir du fruit, ils coupent l'arbre au pied, et cueillent le fruit. Voilà le gouvernement despotique. 1307
Montesquieu *L'Esprit des lois (1748).*

travail – famille – patrie [2] :
La dictature n'est rien d'autre qu'une machine à fabriquer du passé avec de l'avenir. 1308
Pierre Mertens *Terre d'asile (1978);* Grasset.

La nécessité... c'est la raison à laquelle recourent les tyrans, c'est le credo des esclaves. 1309
William Pitt [3] *Discours (1783).*

Il n'y a pas de dictature de transition. 1310
Robert Aron *La Révolution nécessaire (1933);* Grasset.

Les dictatures fomentent l'oppression, les dictatures fomentent la servilité, les dictatures fomentent la cruauté; mais le plus abominable est qu'elles fomentent l'idiotie. 1311
Jorge Luis Borges dans Rodriguez Monegal *Borges par lui-même (1978);* Le Seuil.

La dictature est la forme la plus complète de la jalousie. 1312
Curzio Malaparte *Technique du coup d'État (1931);* tr. J. Bertrand; Grasset.

dictature du « prolétariat » :
Le totalitarisme... découle d'un système spécifique de production et de distribution parfaitement compatible avec un pluralisme de partis, de journaux, avec la séparation des pouvoirs... 1313
Herbert Marcuse *L'Homme unidimensionnel (1964);* tr. M. Wittig; éd. de Minuit.

nomenklatura :
Le despotisme anonyme d'une oligarchie est quelquefois aussi effroyable et plus difficile à renverser que le pouvoir personnel aux mains d'un bandit. 1314
Arthur Arnould *L'État et la Révolution (1981);* Laffont.

procès de Moscou :
Le fascisme, ce n'est pas d'empêcher de dire, c'est d'obliger à dire. 1315
Roland Barthes *Discours au Collège de France (1977).*

---

1 - Arrêté à Grenade dès le début de la guerre civile, et fusillé par la garde franquiste en 1936. Ses dernières paroles : « La douleur de l'homme et l'injustice constante qui sourd du monde, mon propre corps et ma propre pensée m'empêchent de transporter ma maison dans les étoiles. »
2 - Devise du gouvernement de Vichy.
3 - Il s'agit du second Pitt, chancelier de l'Échiquier alors qu'il n'était âgé que de vingt-trois ans.

samyzdat :

1316 En régime de tyrannie, le mot est un acte.
Edouard Kouznetsov *Lettre de Mordovie (1981)*; Gallimard.

mégalomanie :

1317 Je regrette parfois que la France ne connaisse pas une dictature. Je voudrais tellement être le Soljénitsyne français.
Anonyme, dans Georgette Elgey *Anonymes (1980)*; Grasset.

Diététique

1318 Pour manger pauvre, il faut être riche.
VSD, 27 septembre 1990.

1319 Elles encombrent le frigidaire avec leurs pots de yaourt.
Alain Bonnand *Les Mauvaises Rencontres (1988)*; Grasset.

1320 J'admets les régimes, mais pas les manies.
Jean Renoir *La Règle du jeu (1939).*

1321 Bedonnant, je prends plaisir à l'art bedonnant : le baroque me sourit.
Alain Bosquet *La Mémoire ou l'Oubli (1990)*; Grasset.

1322 Y'a plus de bœuf mode
Ni de tarte Tatin
Y'a que des hot dogs
E. 320
Si t'as encore faim.
Gilbert Lafaille *Tango pollué*; Pathé-Marconi.

1323 Les ogres vieux ne deviennent pas végétariens.
Claude Aveline *Moi par un autre (1989)*; Bordas-Lambda Barre.

1324 Un enfant bien portant, bien nourri, constitue, à l'âge d'un an, une nourriture tout à fait délicieuse, substantielle et saine, que ce soit à l'étuvée, ou rôti, au four ou bien bouilli [...]; un enfant vous fera deux plats dans un repas d'amis.
Jonathan Swift *Modeste proposition en vue d'empêcher les enfants des pauvres en Irlande d'être un fardeau pour leurs parents ou leur patrie (1729).*

1325 Je ne lécherais même pas un timbre-poste, on ne sait jamais avec les calories.
Hilde Bruch *L'Énigme de l'anorexie*; P.U.F.

1326 Les destinées d'un peuple dépendent et de sa nourriture et de son régime. Les céréales ont créé les peuples artistes. L'eau-de-vie a tué les races indiennes. J'appelle la Russie une aristocratie soutenue par l'alcool. Qui sait si l'abus de chocolat n'est pas entré pour quelque chose dans l'avilissement de la nation espagnole ?
Honoré de Balzac *Traité des excitants modernes.*

Dieu

Dieu ?
Il semble que Dieu n'existe pas [1]. 1327
Saint Thomas d'Aquin (1224-1274) *Opera Omnia.*

Si Dieu existe, c'est son problème. 1328
Graffiti Mai 1968.

Dieu est Dieu... :
Qui est Dieu ? Je ne puis penser à une réponse meilleure que : 1329
Celui qui est.
Saint Bernard de Clairvaux (1090-1153) *Œuvres ;* tr. M.M. Davy.

Dieu n'est pas parfait, il est vivant, c'est tout autre. 1330
Bruno Ribes *Cherchant qui adorer (1978) ;* Gallimard.

Dieu est un être simple. Comme moi. 1331
Pierre de Boisdeffre *Goethe m'a dit (1981) ;* Luneau Ascot.

Dieu est plein de détails. 1332
Pierre Oster *Requêtes (1977) ;* Fata Morgana.

C'est une sphère infinie, dont le centre est partout, la 1333
circonférence nulle part.
Blaise Pascal *Pensées (1670).*

Où que vous vous tourniez, c'est face à Dieu. 1334
Coran ; tr. Montet ; Payot.

Dieu n'est ni illusion ni réalité, Dieu est un symbole mythique. 1335
Paul Diel *Le Symbolisme dans la Bible (1975) ;* Payot.

composez le 12 :
Dieu ne peut être présent dans la création que sous la forme 1336
de l'absence.
Simone Weil *La Pesanteur et la Grâce (1947) ;* Plon.

Plus Dieu est en toutes choses, plus Il est en dehors d'elles. 1337
Maître Eckhart (v. 1260-v. 1327) *Œuvres ;* tr. P. Petit.

Comprenez que si c'est à la cuisine, le Seigneur circule parmi 1338
les marmites.
Sainte Thérèse d'Avila *Livre des fondations (1577)* (publié en 1610).

---

1 - C'est le début de l'argumentation thomiste.

avec des si...

1339 S'il y a anthropomorphisme à dire que Dieu souffre, il y en a plus encore à penser qu'il ne souffre pas.
Père François Varillon *La Souffrance de Dieu (1975)*; Centurion.

1340 Si Dieu existe, l'homme est néant; si l'homme existe...
Jean-Paul Sartre *Le Diable et le Bon Dieu (1951)*; Gallimard.

1341 Si l'on chasse Dieu de la terre, nous le rencontrerons sous la terre!
Fedor Dostoïevski *Notes d'un souterrain (1864)*; tr. Denis; Aubier.

1342 Dieu seul est grand.
Paul Milliez[1] *Médecin de la liberté (1982)*; (entretiens avec Igor Barrère); Le Seuil.

1343 Dieu est ce qu'il y a de plus terrible au monde.
Odon von Horvath *Jeunesse sans Dieu (1982)*; tr. A. Pierhal; Presses Univers. de Grenoble.

1344 Un Dieu existant – disait mon maître – serait quelque chose de terrible. Que Dieu nous en préserve!
Antonio Machado *Juan de Mairena (1936)*; tr. Léon; Gallimard.

1345 Tout dépend de Dieu, excepté la crainte de Dieu.
Talmud; tr. Schwab; Maisonneuve.

oui, mais...

1346 L'idée que Dieu est amour, dans le sens qu'il est toujours le même, est si abstraite qu'au fond elle équivaut au scepticisme.
Sören Kierkegaard *Journal (1834-1849)*; tr. K. Ferlov et J.-J. Gateau; Gallimard.

1347 Mon plus grand chagrin est qu'il n'existe réellement pas de Dieu et de me voir privée, par là, du plaisir de l'insulter plus positivement.
Donatien Alphonse François, marquis de Sade *L'Histoire de Juliette (1797)*.

diplomatie

diplomate[2]

1348 Quand un diplomate dit oui, cela signifie « peut-être »;
Quand il dit « peut-être », cela veut dire « non »;
Et quand il dit « non », ce n'est pas un diplomate.
Henry Louis Menken *Dictionary of Quotations (1946)*; Éd. Knopf.

---

1 - Après Massillon, dans son oraison funèbre de Louis XIV.
2 - «Vous pouvez rendre la présentation du diplomate encore plus élégante en éparpillant des pralines écrasées sur le dessus. Pour écraser les pralines, enfermez-les simplement dans un torchon et tapez dessus avec un rouleau à pâtisserie.» Françoise Bernard, *Les Recettes faciles;* Hachette.

diplomatie

Le secrétaire d'État à qui les Israéliens dont le Raïs sur qui les Palestiniens que les pétrodollars que les compagnies du cartel à qui l'État américain n'avait rien à refuser payaient rubis sur l'ongle finançaient généreusement faisaient pression n'a pas accepté les propositions refusaient toute concession a échoué dans sa tâche. 1349
Ian Watson *L'Enchâssement;* Calmann-Lévy.

Je me souviens du mot de monsieur de Talleyrand aux jeunes secrétaires d'ambassade : « Ne suivez jamais votre premier mouvement, il est toujours généreux. » 1350
Stendhal *Mémoires d'un touriste (1838).*

Si j'étais président, et si l'ambassadeur russe m'offrait un gâteau magnifique émettant un curieux tic-tac, je ne le plongerais pas dans un seau d'eau... Je prendrais calmement un couteau, le découperais et présenterais la première tranche à l'ambassadeur en lui disant : « J'espère de tout cœur que vous tomberez sur la fève. » 1351
W.C. Fields [1] (1880-1946).

Qu'est-ce que la politique étrangère ? La coopération entre les classes supérieures des différentes nations. 1352
August Strindberg *Petit catéchisme à l'usage de la classe inférieure;* tr. E. Ahistedt et P. Morizet; Actes sud.

bavarois :

Une alliance dont les buts n'englobent pas aussi la perspective d'une guerre est dénuée de sens et de valeur. 1353
Adolf Hitler *Mein Kampf (1925);* tr. Gaudefroy-Demombynes et Calmettes; Sorlot.

L'Histoire enseigne que les batailles furent moins nombreuses que les journées des dupes. 1354
Philippe Guillaume interviewé par J.-C. Maurice dans *Le Journal du Dimanche,* 3 juin 1990.

Les guerres surviennent toujours entre deux états de paix. Alors supprimons la paix et nous n'aurons plus de guerre. 1355
Pensée du 17 octobre 1980, Almanach de l'*Os à moelle;* Mengès.

bombe glacée :

La guerre froide est la première expérience vécue de la paix atomique. 1356
Gaston Bouthoul [2] *La Paix (1974);* P.U.F.

Un prince ou une république qui a quelque ambition ne peut trouver une occasion plus favorable d'envahir une ville ou 1357

---

1 - Il joua notamment dans « Million Dollar Legs », « Les Joies de la famille », « Mines de rien », et « Passez muscade ». Sa haine des enfants est restée célèbre.
2 - Bouthoul a écrit plusieurs ouvrages de polémologie, notamment *Sauver la guerre;* Grasset. Prix international de la paix 1963.

une province que celle où ses armées sont appelées pour la défendre [1].
Machiavel *Discours sur la première décade de Tite Live (1513-1520);* tr. J.V. Peries.

1358 Une capitulation est essentiellement une opération par laquelle on se met à expliquer au lieu d'agir.
Charles Péguy *Les Cahiers de la quinzaine (1905);* Gallimard.

puits d'amour :
1359 En guerre comme en amour, pour en finir il faut se voir de près.
Napoléon Ier.

1360 Un bon diplomate est quelqu'un qui peut égorger son voisin sans que celui-ci le remarque.
Propos de **Trygve Lie** [2].

parfait au café :
1361 Un diplomate est quelqu'un qui peut vous dire d'aller au diable de telle manière qu'il vous tarde de faire le voyage.
Caskie Scinnet *Out of the Red (1960).*

Discours

c'est un scandale!
1362 L'excès du langage est un procédé coutumier à celui qui veut faire diversion.
François Mitterrand *L'Abeille et l'Architecte (1978);* Flammarion.

1363 Nous ne parlons presque jamais de ce dont nous paraissons parler.
Jean Paulhan, entretien avec Robert Mallet (13 juillet 1922) dans *La vie est pleine de choses redoutables;* Seghers.

1364 Les femmes devraient apprendre des hommes cet art de disserter sans conséquence des sujets graves, au lieu de prendre trop à cœur les réalités qui les entourent.
Christiane Collange *Ça va les hommes ? (1981);* Grasset.

impair et manque :
1365 La gaffe [3] est l'administration massive, intempestive et inopportune de ces vérités qu'une posologie civilisée dose en général goutte par goutte.
Vladimir Jankélévitch *Le Je-ne-sais-quoi et le Presque Rien (1980);* Le Seuil.

---

1 - Il n'est pas interdit de songer, entre autres ! à l'Afghanistan.
2 - Secrétaire général des Nations unies.
3 - Voir Ford, Carter, Reagan et... bien d'autres.

débat :

Il y a deux sortes d'hommes politiques : ceux qui usent de la langue pour dissimuler leurs pensées, et ceux qui en usent pour dissimuler leur absence de pensée. 1366
Jan Greshoff *Belladone (1958).*

Des superlatifs se dégage une puissance de destruction. 1367
Elias Canetti *Le Territoire de l'homme (1952-1972);* tr. A. Guerne; Albin Michel.

Les hommes deviendraient des bêtes, s'ils étaient privés de l'éloquence. 1368
Jean de Salisbury *Opera Omnia;* coll. Migne, *Patrologie latine, 199.*

S'appesantir, s'expliquer, démontrer – autant de formes de vulgarité. 1369
E.M. Cioran *Syllogismes de l'amertume (1952);* Gallimard.

Prouver que j'ai raison serait accorder que je puis avoir tort. 1370
Beaumarchais *Le Mariage de Figaro (1780).*

La vraie difficulté est de savoir ce qu'on veut prouver. 1371
Alain *Œuvres complètes.*

Une seule démonstration me frappe plus que cinquante faits. 1372
Denis Diderot *Pensées philosophiques (1746).*

apostrophes :

Les auditoires ne se composent pas de gens qui écoutent, mais de gens qui attendent leur tour pour parler. 1373
Alphonse Karr *Une poignée de vérités.*

Parler, et à plus forte raison discourir, ce n'est pas communiquer... c'est assujettir. 1374
Roland Barthes *Discours au Collège de France (1977).*

élémentaire, mon cher Watson...

Ici et maintenant délimitent l'instance spatiale et temporelle coextensive et contemporaine de la présente instance du discours contenant je. 1375
Émile Benveniste *Problèmes de linguistique générale (1966);* Gallimard.

Les grands mots devraient, en signe d'avertissement, commencer à siffler comme les bouilloires. 1376
Elias Canetti *Le Territoire de l'homme (1952-1972);* tr. A. Guerne; Albin Michel.

conclusion :

Comment faire un discours, un livre, sans y ajouter pour finir : mettons que je n'ai rien dit? 1377
Jean-Jacques Pauvert *Anthologie des lectures érotiques;* Ramsay.

divorce

1378 Même quand on est deux on est seul. Salut!
Janis Joplin dans Maurice Achard *Un amour machinal;* L'Athanor.

cruauté mentale :

1379 Ma première femme était intelligente, mais n'avait aucun sens de l'humour. Elle était convaincue que le plus drôle des Marx Brothers était Zeppo.
Woody Allen *Destins tordus (1981);* tr. M. Lebrun ; R. Laffont.

incompatibilité :

1380 Quand on est deux, il y en a toujours un qui pourrit l'autre.
Georges Clemenceau (1841-1929).

1381 Il y a entre nous tout de même une différence : toi, tu t'ennuies avec moi, et moi, je m'ennuie sans toi.
Ilya Ilf (1897-1937) ; *Calepin.*

constat d'adultère :

1382 [...] Les amants à la longue deviennent des maris.
Catherine Bernard *Riquet à la houppe* [1].

séparation de corps :

1383 Un mot d'adieu sur le buffet.
Me faire ça à moi
D'habitude quand je rentre tout est prêt.
Boris Bergman et **Alain Bashung** *Rebel;* Disques Phonogram.

1384 Si un homme entre dans une banque et tue un employé pour voler l'argent et ainsi se délivrer de l'oppression de la pauvreté, on appelle cela un vol à main armée. Mais si cet homme rentre chez lui et tire sur sa femme pour la tuer et ainsi se libérer de l'oppression du mariage, on appelle cela une crise de démence.
Thomas Szasz *Fabriquer la folie (1976);* tr. M. Manin et J.-P. Cottereau ; Payot.

abandon de famille :

1385 À quatre-vingt-deux ans, les yeux en feu dans une barbe qui lui masquait le visage, Tolstoï a voulu fuir sa femme. Il est mort tout de suite. Les liens entre les êtres ne sont pas à notre disposition.
Jacques Chardonne *Propos comme ça (1966);* Grasset.

---

1 - Catherine Bernard était parente de Corneille et amie de Fontenelle. Voir aussi le conte de Charles Perrault *Riquet à la houppe (1697).*

pension alimentaire :
L'impossibilité fondamentale, quasi organique, de penser à une séparation est pour un couple la véritable ancre de miséricorde et peut-être la seule. 1386
Paul Guimard *L'Ironie du sort (1974);* Denoël.

conciliation :
Un jour, Sarah Bernhardt invita un ménage dont le divorce avait fait scandale : « Il paraît que vous êtes divorcés ? Comme vous devez avoir de choses à vous dire ! Je vous laisse bavarder. » 1387
Philippe Jullian *Sarah Bernhardt (1977);* Balland.

Les hommes et les femmes se sont déjà fait tant de mal qu'ils feraient mieux de se séparer jusqu'à ce qu'ils aient réappris à se montrer généreux les uns envers les autres. 1388
D.H. Lawrence *Femmes en exil;* tr. M. Amfreville et A. Wicke (1989); Minerve.

Douleur

Tous les hommes ont matière à douleur; mais celui-là tout particulièrement éprouve matière à douleur, qui sait et sent qu'il est. 1389
Le Voile de l'Ignorance, édition commentée par A. Baker; intr. McCann.

Il n'y a pas d'erreur romantique plus forte que celle de l'utilité de la douleur. Rien ne sert à rien. 1390
Robert Brasillach *Le Marchand d'oiseaux (1936);* Plon.

On ne devient grand qu'en mesurant la petitesse de sa douleur. 1391
Ernst Wiechert *Missa sine nomine (1950);* tr. Martin; Calmann-Lévy.

Dès ma première enfance, une flèche de la douleur s'est plantée dans mon cœur. Tant qu'elle y reste, je suis ironique – si on l'arrache, je meurs. 1392
Sören Kierkegaard *Journal d'un séducteur (1843);* tr. Ferlov et Gateau; Gallimard.

Désormais je veux supporter la douleur jusqu'à ce qu'elle-même s'écrie : « En voilà assez ! » et expire. 1393
William Shakespeare *Le Roi Lear (1606).*

Les malheurs humains ont des teintes multiples : jamais ne se retrouve même nuance de douleurs. 1394
Eschyle *Les Suppliantes (v. 490 av. J.-C.);* tr. Grosjean; Gallimard.

1395 La douleur déprave ; et ce genre de dépravation est d'autant plus à craindre que celui qui gémit sous son atteinte a un plus vif sentiment de son innocence.
Alphonse Rabbe *Album d'un pessimiste (1979) ;* Plasma.

radioscopie :
1396 Toute douleur veut être contemplée, ou bien elle n'est pas sentie du tout.
Alain *Propos sur le bonheur (1928) ;* Gallimard.

1397 Celui qui se fait bête se débarrasse de la douleur d'être homme.
Hunter S. Thompson *Las Vegas parano (1977) ;*
tr. P. Mikriammos ; Veyrier.

Drogue

1398 On utilisa certains cadavres de soldats pour le transport de sachets d'héroïne destinés à la Californie.
Philippe Franchini *Continental Saigon (1977) ;* Olivier Orban.

spleen :
1399 La pire drogue, c'est l'amertume, elle empoisonne la vie, mais conserve son homme.
Pierre Baillargeon *Commerce (1947) ;* Variétés.

1400 L'échec est un aphrodisiaque.
René-Jean Clot *L'amour épouse sa nuit (1991) ;* Grasset.

1401 L'alcoolique reste un producteur-consommateur ; le drogué se refuse à l'être et à le devenir, et c'est peut-être cela que la société a tendance à vouloir le plus sanctionner.
Claude Olievenstein *La Drogue (1970) ;* Gallimard.

1402 Tout est drogue à qui choisit pour y vivre l'autre côté.
Henri Michaux *Plume (1938) ;* Gallimard.

1403 Les mots sont la plus puissante drogue utilisée par l'humanité.
Rudyard Kipling *Discours (1923).*

overdose :
1404 Tout ça c'est de la merde ; je ne sais plus où j'en suis. Je ne sais pas pourquoi je me drogue, pourquoi je devrais faire autre chose – je ne sais absolument plus rien.
Témoignages recueillis par **Kai Hermann et Horst Rieck** *Moi, Christine F., 13 ans, droguée, prostituée (1981) ;* tr. Léa Marcou ; Mercure de France.

drogue

Frank gagne une partie du fric dont il a besoin pour sa drogue en vendant son sang. 1405
Témoignages recueillis par **Kai Hermann et Horst Rieck** *Moi, Christine F., 13 ans, droguée, prostituée (1981)*; tr. Léa Marcou ; Mercure de France.

Les drogues nous ennuient avec leur paradis. Qu'elles nous donnent plutôt un peu de savoir. Nous ne sommes pas un siècle à paradis. 1406
Henri Michaux *Connaissance par les gouffres (1961)*; Gallimard.

e

école

1407 Oh, baisse un peu ce doigt didactique!
Roque Dalton [1] *Taberna y otros lugares (1969)* dans G. de Cortanze *America libre;* Seghers.

1408 Tout ce que je me rappelle des bancs de l'école, c'est qu'ils sont de sapin et flamberont bien quelque jour.
Ernest Cœurderoy *Hurrah!!! ou la révolution par les cosaques (1977);* Plasma.

1409 Quand une société ne peut pas enseigner, c'est que cette société ne peut pas s'enseigner.
Charles Péguy *Pour la rentrée (11 octobre 1904).*

écoutez-moi bien!

1410 Quand les maîtres cesseront d'enseigner, les élèves pourront enfin apprendre.
Montesquieu.

---

1 - Militant révolutionnaire salvadorien, il fut assassiné en mai 1975.

école

L'éducation :... quelque chose qui avait été préalablement mâché et digéré d'avance plusieurs fois de suite par une foule de gens qui s'en souciaient comme d'une guigne, à seule fin de le servir à d'autres qui ne s'en souciaient pas davantage. 1411
William Morris *Nouvelles de nulle part (1890)*; tr. Dupont; Aubier.

asseyez-vous !
Seuls ceux-là qui ne peuvent voler veulent vous apprendre l'art de ramper. 1412
Aron Kurtz *Tout le monde* dans Charles Dobzynski *Le Miroir d'un peuple*; Gallimard.

taisez-vous !
La discipline consiste en ce qu'un imbécile se fasse obéir de ceux qui sont plus intelligents. 1413
Jacinto Benavente *Annotations.*

prenez vos cahiers !
La discipline est la force principale de ceux qui ne savent pas se faire obéir sans commander. 1414
Pensée du 21 janvier 1981. Almanach de l'*Os à moelle*; Mengès.

na !
Il n'y a de bons professeurs que ceux en qui subsiste la révolte de l'élève. 1415
Edmond Gilliard *L'École contre la vie (1973)*; Bibl. romande, Lausanne.

ne copiez pas !
On dit aussi qu'il fut professeur dans un lycée et qu'on n'a pas pu le garder à cause de cette manie terrible de se branler par sa poche percée derrière son bureau, en pleine classe... que les enfants n'apprenaient plus rien. 1416
Alphonse Boudard *L'Hôpital (1979)*; La Table Ronde.

Pour le Français, tous les professeurs sont bons, sauf ceux qui furent ou sont dévolus à ses enfants. 1417
Lucien Klausner *Où vont les professeurs ? (1979)*; Casterman.

Un bon maître ne doit avoir que des disciples dissidents. 1418
Erwin Chargaff.

La valeur d'un professeur se mesure à la personnalité de ses élèves. 1419
René Leriche [1] *Somme de médecine contemporaine (1955)*; Diane française.

conseil d'établissement :
Un quart pouvoir est né dans les lycées face au non-pouvoir des maîtres, au pouvoir administratif déliquescent, au pouvoir sporadique des élèves : le pouvoir parental. 1420
Lucien Klausner *Où vont les professeurs ? (1979)*; Casterman.

---

1 - Ce chirurgien a consacré de nombreux travaux au problème de la douleur.

conseil de classe :

1421 Très irréfléchi. Ne fait presque jamais une réponse juste du premier coup. Doit s'habituer à penser davantage.
Bulletin scolaire de Jean-Paul Sartre.
Liliane Sendyk-Siegel *Sartre, images d'une vie (1978);* Gallimard.

1422 Le baccalauréat est le certificat que donne l'État et qui atteste à tous que le jeune Untel ne sait absolument rien faire.
Paul Valéry *Cahiers, 29,31;* C. N. R. S.; Imprimerie nationale.

réussite scolaire :

1423 Le système français d'éducation... constitue en fait une remarquable machine à fabriquer des crétins... Il me convenait parfaitement, j'y fis merveille.
Alexandre Minkowski [1] *Un Juif pas très catholique (1980);* Ramsay.

1424 Un pays où le moindre receveur des postes a disserté sur *Phèdre* jusqu'à dix-huit ans.
Bertrand Poirot-Delpech *Finie la comédie (1969);* Gallimard.

1425 Je suis madame la conseillère d'orientation. Elle prend le sexe du garçon dans la main et elle l'oriente.
Christophe Donner *Les Sentiments;* Le Seuil.

ÉNA :

1426 L'énanisme est un vilain défaut.
Jacques Mandrin *L'Énarchie (1967);* La Table Ronde.

1427 C'est drôle cette idée de Rentrée. Même les hommes politiques, même les syndicats « font leur rentrée ». J'y vois le signe d'une scolarisation grandissante de la société française.
Pascal Ory interviewé par D.L. Pelegrin dans *Télérama,* 8 septembre 1990.

peut mieux faire :

1428 Le difficile n'est pas de sortir de l'X, mais de sortir de l'ordinaire [2].
Charles de Gaulle.

écologie

1429 La forêt précède l'homme, le désert le suit.
Slogan Mai 1968.

---

1 - Directeur du Centre de recherches de néonatologie, « Minko » dit lui-même être « une sorte de Mireille Mathieu de la médecine », depuis le succès de son *Mandarin aux pieds nus.*
2 - On se demande bien de qui il voulait parler !

écologie

Le plus grand tueur d'espèces vivantes, végétales et animales, c'est le climat. 1430
Marc Mennessier dans *Science et Vie,* octobre 1990.

À Manchester, l'air est si pollué qu'on se réveille le matin en entendant les oiseaux tousser. 1431
Lettre d'un ami anglais à Michel Tournier, dans *Le Monde,* 6 août 1982.

Avant notre venue, rien ne manquait au monde ; après notre départ, rien ne lui manquera. 1432
Omar Khayyam *Quatrains (XIIe s.).*

Dans la bataille de l'homme et du monde, ce n'est pas le monde qui commence. 1433
Gaston Bachelard *L'Eau et les Rêves (1942) ;* Corti.

L'*Homo sapiens* doit être protégé contre l'*Homo faber.* 1434
Alain Bombard dans *Fac simile,* mars 1990.

Nous n'héritons pas la terre de nos parents, nous l'empruntons à nos enfants. 1435
Proverbe africain.

Nous comprenons la Nature en lui résistant. 1436
Gaston Bachelard *La Formation de l'esprit scientifique (1938) ;* Vrin.

La relation existant entre l'humanité et la nature doit être faite de respect et d'amour, non de domination [1]. 1437
René Dubos *Courtisons la terre (1980) ;* Stock.

L'homme a assez de raisons objectives pour s'attacher à la sauvegarde du monde sauvage. Mais la nature ne sera en définitive sauvée que par notre cœur. Elle ne sera préservée que si l'homme lui manifeste un peu d'amour. 1438
Jean Dorst [2] *L'Univers de la vie (1976) ;* Imprimerie nationale.

Qui apprendra aux squelettes déguisés que nous sommes à respecter la vie, toutes les vies ? 1439
France Lefebvre au 30e Salon de la Jeune Peinture, 1979.

L'homme doit cesser d'être le Gengis Khan de la banlieue solaire pour devenir le berger des existants nucléoprotéinés. 1440
Edgar Morin *La Méthode. La Vie de la vie (1980) ;* Le Seuil.

L'adaptation de l'environnement à l'organisme joue dans l'espèce humaine un rôle plus important que l'adaptation de l'organisme à l'environnement [3]. 1441
François Gros, François Jacob, Pierre Royer *Sciences de la vie et société (1980) ;* Le Seuil.

---

1 - Le professeur Dubos s'inspire du poète Rabindranath Tagore selon lequel les richesses du continent européen sont nées de « l'amour que lui portait son chevaleresque amant, l'homme occidental » et de son « ardeur à courtiser la terre ».
2 - Naturaliste français.
3 - Les auteurs du rapport insistent en conséquence sur deux précautions vitales : « Préserver les équilibres biologiques de la planète... Sauvegarder la diversité biologique. »

Tchernobyl :

1442 Une trace ineffaçable n'est pas une trace.
Jacques Derrida *L'Écriture et la Différence (1979)*; Le Seuil.

1443 Il arriva que le feu prit dans les coulisses d'un théâtre. Le bouffon vint en avertir le public. On pensa qu'il faisait de l'esprit et on applaudit ; il insista ; on rit de plus belle. C'est ainsi, je pense, que périra le monde : dans la joie générale des gens spirituels qui croiront à une farce.
Sören Kierkegaard *Ou bien... ou bien...*; tr. Prior et Guignot ; Gallimard.

1444 Si on entendait crier les plantes, ce serait à se boucher les oreilles.
Robert Soulat *Jardins Fontanges (1967)*; Gallimard.

1445 La nature ne pardonne pas, n'oublie rien... Des coups, elle peut en supporter mille et rendre soudain non pas œil pour œil mais apocalypse pour chiquenaude.
Jérôme Deshusses *Délivrez Prométhée*; Flammarion.

1446 Ce monde que nous avions traité comme un objet redevient sujet, capable de se venger.
Michel Serres, interviewé par Luc Ferry dans *L'Express,* 13 avril 1990.

1447 La sève des arbres seule sait que l'on peut souffrir, et jusqu'au fond des veines.
Viviane Forrester *Le Grand Festin (1971)*; Denoël.

1448 C'est le chant des galets qui enseigne la manière de bâtir un mur... Et quand un galet ne se trouve pas bien dans un mur, le mur ne se trouve pas bien debout.
Pierre Jakez Hélias *Les Autres et les Miens (1979)*; Plon.

1449 Cirer les chaussures avant de les jeter.
Georg Christoph Lichtenberg *Aphorismes*; Balland.

1450 Plus un pays pollue, plus il peut paraître riche.
Michel Batisse dans *Le Courrier de l'Unesco,* janvier 1991.

la fin du monde... :

1451 Dieu se retourne et dit : « J'ai fait un rêve ».
Paul Valéry *Mélange, Divinités*; Gallimard.

économie

1452 Laisser faire, laisser passer.
François Quesnay [1] *Tableau économique (1758).*

---

1 - Cet économiste de renom fut aussi le médecin de Louis XV.

tout compte fait...

Le malheur de l'homme est qu'il a une âme de comptable. 1453
Zoé Oldenbourg *La Joie-Souffrance (1980)*; Gallimard.

Une chose n'est plus illégale si cent hommes d'affaires la pratiquent. 1454
Andrew Young [1] propos tenu en 1976.

Les économistes sont des chirurgiens qui ont un excellent scalpel et un bistouri ébréché, opérant à merveille sur le mort et martyrisant le vif. 1455
Chamfort *Maximes et Pensées (1795).*

Les dinosaures ont survécu 250 millions d'années. Comment vous représentez-vous une croissance économique sur 250 millions d'années ? (répondre en quelques mots clés). 1456
Max Frisch dans la revue *Einspruch.*

Quand un économiste vous répond, on ne comprend plus ce qu'on lui avait demandé. 1457
Charles Gide.

L'économie ne se change pas par décret. 1458
Michel Rocard *Rendre ses chances à la gauche (1979).*

Dieu fait fréquemment avec un plus grand nombre de moyens ce qu'il pourrait faire avec un nombre moindre. 1459
Guillaume d'Ockham [2] (1300-1349) *Œuvres.*

Les dettes que nous avons contractées envers nous-mêmes sont les plus difficiles à payer. 1460
George Meredith *Diane à la croisée des chemins (1885)*; tr. L. Wolf; Gallimard.

Revenu annuel : vingt livres; dépenses annuelles : dix-neuf livres, dix-neuf shillings, six pence; résultat : le bonheur. 1461
Revenu annuel : vingt livres; dépenses annuelles : vingt livres, zéro shilling, six pence; résultat : la misère.
Charles Dickens *David Copperfield (1849-1850)*; tr. Monod; Cercle du Bibliophile.

Vous me devez tout, tout!... je ne l'oublierai jamais. 1462
Eugène Labiche *Le Voyage de M. Perrichon (1860).*

Quelque chose que l'un des amants fasse à l'autre, celui-ci doit lui rendre la pareille : baiser pour baiser, caresse pour caresse, coup pour coup. 1463
Vâtsyayâna *Kāmasūtra*; tr. Lemairesse; Carré.

Pourquoi les économistes, qui connaissent si bien les rouages de l'économie, ne sont-ils pas plus riches que les autres ? 1464
Jack Hirshleifer cité par Bernard Maris, *Des économistes au-dessus de tout soupçon*; Albin Michel.

---

1 - Homme politique américain.
2 - Franciscain anglais né à Ockham (Surrey); accusé d'hérésie par le pape Jean XXII, Guillaume se réfugia en Bavière, auprès de l'empereur Louis IV, et ne se soumit pas.

écrire

1465 Pour écrire, il faut déjà écrire.
Maurice Blanchot[1] *L'Espace littéraire (1968)*; Gallimard.

1466 J'écris pour savoir pourquoi j'écris.
Alberto Moravia interviewé par Frédéric Mitterrand, dans *Paris Match,* 11 octobre 1990.

1467 J'écris pour compliquer la vie.
Jersy Andrzejewski *La Pulpe*; tr. J.Y. Erhel (1989); Gallimard.

Maldoror :
1468 La seule écriture valable, c'est celle qu'on invente... C'est ça qui rend les choses réelles.
Ernest Hemingway *Les Aventures de Nick Adams (1972)*; tr. C. Zins, M. Duhamel (1977); Gallimard.

1469 Pratiquer l'écriture, c'est pratiquer sur sa vie une ouverture par laquelle la vie se fera texte.
Edmond Jabès Colloque de Saint-Hubert; Payot.

1470 Je n'écris pas pour une petite élite dont je n'ai cure, ni pour cette entité platonique adulée qu'on surnomme la Masse... j'écris pour moi, pour mes amis et pour adoucir le cours du temps.
Jorge Luis Borges *Le Livre de sable (1978)*; Gallimard.

1471 Il y a dans l'écriture comme une sorte d'être-là qui déjoue, qui absente l'interprétation.
Alain Robbe-Grillet *Prétexte : Roland Barthes*; Colloque de Cerisy; 10/18.

1472 Écrire, c'est rester sur le qui-vive.
Jean Cayrol *Œuvre poétique (1988)*; Le Seuil.

1473 L'art est plus simple que ne pensent les gens parce qu'il y a si peu de choses à écrire.
William Faulkner *Correspondance avec Cowley*; J. Blotner (New York).

1474 Personne n'attache aujourd'hui autant de valeur à l'écriture que les régimes policiers.
Italo Calvino *Si par une nuit d'hiver un voyageur*; tr. D. Sallenave et F. Wahl (1982); Le Seuil.

1475 L'art d'écrire – facétie que les gens de la chose littéraire dégoisent pour sauver patentes et monopoles.
Adrien Salmieri *La Violence d'un été*; Julliard.

---

1 - Inventeur de l'écriture non automatique !

écrire

Quelle responsabilité que d'écrire ! Donner de l'espoir sans motif, décourager sans raison. 1476
Jacques Chardonne *Œuvres complètes ;* Albin Michel.

Écrire, serait-ce devenir lisible pour chacun et, pour soi-même, indéchiffrable ? 1477
Maurice Blanchot *L'Écriture du désastre ;* Gallimard.

Je tremble toujours de n'avoir écrit qu'un soupir, quand je crois avoir noté une vérité. 1478
Stendhal *De l'amour (1822).*

graffiti :
Dans ce qu'il écrit, chacun défend sa sexualité. 1479
Roland Barthes *Barthes (1975) ;* Le Seuil.

Il me semblait que ce qu'on pouvait écrire dépendait de tout, sauf de soi. 1480
Roger Caillois *Le Fleuve Alphée ;* Gallimard.

Écrire, c'est le bonheur de tourner le dos à la société. 1481
Jean-Pierre Amette *Jeunesse dans une ville normande ;* Le Seuil.

modeste :
Écrire, c'est déjà mettre du noir sur du blanc. 1482
Propos de **Stéphane Mallarmé** cité par A. Peyrefitte, réception à l'Académie, octobre 1977.

Il n'y a rien d'angoissant dans une page blanche ! C'est la page écrite, moi, qui aurait tendance à me faire peur, tous ces feuillets noircis, c'est impressionnant. C'est exactement cela : j'ai l'angoisse devant la page noire. 1483
Gérard Depardieu *Lettres volées (1988) ;* J.-C. Lattès.

Qui écrit pour se sauver est foutu d'avance. 1484
Georges Perros *Échancrures ;* Calligrammes.

Écrire est une façon de veiller. 1485
Georges Henein dans Sarane Alexandrian *Georges Henein ;* Seghers.

On n'écrit que pour être hanté par son propre fantôme. 1486
Pierre Mertens.

Écrire, c'est affronter un visage inconnu. 1487
Edmond Jabès *Les Cahiers du double ;* L'Autobiographie.

dictionnaire :
Il y a des chefs-d'œuvre si fastidieux qu'on admire qu'il se soit trouvé quelqu'un pour les écrire. 1488
Jean Rostand *Pensées d'un biologiste (1967) ;* Stock.

L'écriture n'est qu'une revanche sur le monde de la parole. 1489
Jérôme Charyn *Métropolis (1988) ;* Presses de la Renaissance.

conclusion :
On écrit parce que personne n'écoute. 1490
Georges Perros.

écrivain

1491 Toi par le fait que tu es un écrivain ou un peintre, tu es un mystère social.
Pierre Mac Orlan *Œuvres complètes;* Cercle du Bibliophile.

mission impossible :

1492 La mission de l'écrivain, c'est de troubler les agonies.
Jean Dutourd *L'École des jocrisses;* Flammarion.

1493 L'écrivain écrit pour être aimé. Il est lu sans pouvoir l'être.
Jules Renard *Lettres choisies.*

5 sur 5 :

1494 L'homme qui écrit n'est plus qu'un appareil de transmission.
Joseph Kessel Réponse à une enquête effectuée sur son métier.

1495 L'écrivain est à l'écoute des mots qui tracent son avenir.
Edmond Jabès *Du désert au livre,* entretien avec M. Cohen; Belfond.

1496 Un homme qui écrit est toujours inquiet, préoccupé. Il a laissé le gaz ouvert. Mais où ?
Georges Perros *Notes inédites;* dans *Le Nouveau Commerce,* 39-40, printemps 1978.

1497 Vous pouvez devenir écrivain. Mais il faut être auteur.
Ernst Jünger *L'Auteur et l'Écriture;* tr. H. Plard; C. Bourgois.

1498 Nulle part, aucun régime n'a jamais aimé ses grands écrivains, seulement les petits.
Alexandre Soljénitsyne.

1499 Qu'il choisisse l'imaginaire ou que l'imaginaire le choisisse, c'est toujours contre le réel que l'écrivain travaille et de façon à l'oublier [1].
Yves Berger *Que peut la littérature ?;* U.G.E.

1500 Le plus obscur des écrivains se dit tout de même qu'il a pris un billet à cette loterie de la gloire.
François Mauriac *Mauriac avant Mauriac,* prés. de J. Touzot; Flammarion.

1501 Les écrivains exempts de toute frime mondaine sont ceux qui ne montrent leurs œuvres strictement à personne.
Didier Nordon *Le Débat,* n° 46.

---

1 - Sale boulot !

hors-d'œuvre :
J'ai en méfiance ces écrivains aux rares livres, qui vous forcent à vous attabler un temps abominable devant leur première ligne venue, sous prétexte qu'il y a festin sous roche. 1502
Bernard Frank *La Panoplie littéraire;* Flammarion.

allons, allons :
Je suis écrivain, donc lâche. 1503
Pierre-Jean Rémy *Rêver la vie (1975);* Gallimard.

La plupart des écrivains que je connaissais mettaient un point d'honneur à ne pas savoir planter un clou, à telle enseigne que je me demandais s'il leur arrivait de se torcher le cul ou de se brosser les dents... 1504
Philippe Djian *Maudit manège (1986);* Bernard Barrault.

Le fou et l'écrivain sont des hommes qui voient un abîme, et y tombent. 1505
Honoré de Balzac dans Shoshana Felman *La Folie et la Chose littéraire;* Le Seuil.

George Sand :
Les auteurs il vaut mieux ne jamais les connaître parce que leur personne réelle ne correspond jamais à l'image qu'on se fait en les lisant. 1506
Italo Calvino *Si par une nuit d'hiver un voyageur;* tr. D. Sallenave et F. Wahl; Le Seuil.

Gardons-nous de suivre la pensée d'un auteur, regardons plutôt ce qu'il a derrière la tête. 1507
Henri Michaux *Plume (1938);* Gallimard.

Vers la soixantaine, deux écueils pour l'écrivain : ou bien il ne croit plus en lui et signe n'importe quoi, ou bien il ne croit plus qu'en lui et signe aussi n'importe quoi. 1508
Jacques de Lacretelle *Journal de bord;* Grasset.

Que d'écrivains ne sont immortels qu'avant leur mort! 1509
Roger Judrin *Ténèbres d'or;* L'Aire.

dictée :
Un écrivain devient immortel par les livres de classe. L'élève de seconde est le cobaye de l'immortalité. 1510
Rafaël Pividal *La Maison de l'Écriture (1976);* Le Seuil.

Les meilleurs écrivains qui réussissent à survivre sont aussi ceux qui sont les meilleurs tireurs. 1511
Gilles Masson *Aux dernières nouvelles;* Le Sagittaire.

Je relis, lentement, lucidement, morceau par morceau, tout ce que j'ai écrit. Et je trouve que c'est nul. 1512
Bernardo Soares [1] *Livre de l'intranquillité (1988);* tr. F. Laye; Christian Bourgois.

---

1 - Pseudonyme de Fernando Pessoa.

édition

mode d'emploi :

1513 Faites-vous connaître d'abord et écrivez ensuite ; n'importe quoi !
Pierre Sylvain *Les Espaces brûlés ;* Mercure de France.

à-valoir :

1514 Nul travail ne peut être effectué sans des avances préalables. L'enfant a reçu la nourriture de ses parents avant de la chercher.
François Quesnay (1694-1774) ; *Maximes.*

recette :

1515 Vous prenez un peu de Zola, de Kafka, de Miller, de Sartre, de Breton, vous pimentez le cocktail par quelques insanités dues à vos cogitations personnelles et vous servez le tout sous une étiquette inspirée de *Les blondes préfèrent les Noirs,* ou de *Je crache donc j'essuie.*
Michel Audiard *La Bataille* (21 janvier 1948).

édition :

1516 Un prix littéraire, c'est d'abord une question de connivence, d'amitié entre des écrivains membres de jurys et des directeurs littéraires responsables de grosses maisons.
Françoise Verny citée par C. Verniez Palliez dans *Paris Match,* 4 octobre 1990.

best-seller :

1517 Ce qui fait le succès de quantité d'ouvrages est le rapport qui se trouve entre la médiocrité des idées de l'auteur et la médiocrité des idées du public.
Chamfort *Pensées, Maximes et Anecdotes (1795).*

édition :

1518 On dirait que la société ne porte certains livres au pinacle que pour les utiliser comme alibis culturels et mieux mettre sous coupe les livres secrets.
Roger Vrigny *Le Besoin d'écrire (1990) ;* Grasset.

flair :

1519 Si Marcel Proust, en 1968, m'apportait le manuscrit de *À la recherche du temps perdu,* je le refuserais [1].
Eric Losfeld *Placard publicitaire.*

Les Géorgiques [2] :

1520 Rien n'est plus triste qu'un best-seller qui ne se vend pas.
Props de **Jérôme Lindon** [3], directeur éd. de Minuit.

---

1 - Déjà André Gide...
2 - Best-seller de Claude Simon.
3 - Éditeur du « Club des Cinq » : Beckett, Duras, C. Simon, Pinget et Robbe-Grillet : des anti-« Papillons ».

éducation

édition :

La gloire de Mallarmé, comme on sait, n'a pas eu d'autre 1521
véhicule – cinquante lecteurs qui se seraient fait tuer pour lui.
Julien Gracq *Préférences;* José Corti, éd. 1986.

conclusion :

En choisissant le succès, on ne choisit pas son public. 1522
Natalie Clifford Barney *Pensées d'une Amazone;* Émile-Paul.

éducation

Mieux vaut laisser son enfant morveux que de lui arracher 1523
le nez.
Michel de Montaigne *Essais.*

L'homme est né pour vivre et non pour se préparer à vivre. 1524
Boris Pasternak *Le Docteur Jivago*[1] *(1957);* Gallimard.

Ça ne sert à rien de faire peur aux gosses. À quinze ans, on n'a 1525
pas peur de la mort. Par contre, on a souvent peur de la vie.
Francis Curtet dans *L'Humanité dimanche,* 20 avril 1990.

Connaissez-vous la différence entre l'éducation et l'expérience ? 1526
L'éducation, c'est quand vous lisez tous les alinéas d'un contrat. L'expérience, c'est ce qui vous arrive quand vous ne le faites pas.
Pete Seeger[2] dans *Loose Talk (1980).*

Les braves gens ne savent pas ce qu'il en coûte de temps et de 1527
peine pour apprendre à lire. J'ai travaillé à cela quatre-vingts ans, et je ne peux pas dire encore que j'y sois arrivé.
Johann Wolfgang Goethe *Conversations avec Eckermann;* tr. Clauzeville; Gallimard.

Une école où les écoliers feraient la loi serait une triste école. 1528
Ernest Renan *L'Avenir de la science (1890)*[3]; Michel Lévy.

Nombre d'étudiants quittent le collège sans savoir qu'Henry VIII 1529
était syphilitique, ce qui les empêche de rien comprendre à ses aventures matrimoniales.
Gordon Rattray Taylor *Une interprétation sexuelle de l'Histoire.*

---

1 - Refusé par la revue *Novy Mir,* le *Docteur Jivago* ne parut jamais en U.R.S.S. Sa publication en Occident, suivie de l'attribution du prix Nobel (1958), fit exclure Pasternak de l'Union des Écrivains. Il fut contraint de refuser le prix.
2 - Chanteur américain.
3 - Renan avait écrit cet ouvrage en 1849, mais il ne le publia qu'en 1890, affirmant qu'il n'y avait rien à y remanier puisque lui-même n'avait guère changé.

1530 Tu trouveras bien plus dans les forêts que dans les livres.
Saint Bernard de Clairvaux *Œuvres;* tr. M.M. Davy; Aubier.

1531 T'es éduqué jusqu'à dans tes culottes.
Zacharie Richard *Vent d'été;* disque Polydor.

1532 Elle possédait la douceur polie d'une enseignante qui retrousse sa jupe, cachée derrière la porte.
Francisco Gonzales Ledesma *Soldados;* tr. C. Josse (1990); L'Atalante.

1533 On est tous les jours dans le cas de se laisser enseigner des choses que l'on sait par des gens qui les ignorent.
Jacques Cazotte [1] *Œuvres badines et morales (1776).*

1534 Au collège, ainsi que dans la société, le fort méprise déjà le faible, sans savoir en quoi consiste la véritable force.
Honoré de Balzac *Louis Lambert.*

1535 Personnellement je suis toujours prêt à apprendre, bien que je n'aime pas toujours qu'on me donne des leçons.
Winston Churchill dans *The Observer (1952).*

1536 Toute éducation digne de ce nom est forcément dangereuse.
Professeur **Louis Néel** propos tenu en 1968.

1537 Comment se fait-il que les petits enfants étant si intelligents, la plupart des hommes soient si bêtes ? Ça doit tenir à l'éducation !
Alexandre Dumas fils dans Léon Treich *L'Esprit d'Alexandre Dumas;* Gallimard.

1538 Si tout le monde passe par les mêmes mécanismes éducatifs, les qualités de nombreuses personnes risquent d'être mésestimées.
Théodosius Dobzhansky *Le Droit à l'intelligence (1978);* tr. M. Reisinger; P.U.F.

1539 Nous sommes bien plus ce que nous a faits notre éducation que ce que nous lègue notre héritage biologique.
Jacques Ruffié *De la biologie à la culture (1976);* Flammarion.

1540 On ne parle pas de ce qu'on mange sinon avec l'air de ne pas y toucher.
Michaël Kruger *Pourquoi moi ? Et autres récits;* Le Seuil.

débouchés :

1541 L'essentiel n'est pas ce qu'on fait de l'homme, mais ce qu'il fait de ce que l'on a fait de lui.
Jean-Paul Sartre.

---

1 - Il s'adonna à l'illuminisme et aurait eu en 1788 une prédiction étonnante sur la Révolution et la mort du roi. Arrêté en août 1792, il est sauvé des massacres de septembre par sa fille qui s'interpose, mais il meurt exécuté le 25 septembre sur la place du Carrousel.

Église

L'Église, c'est la mer qui se met à chanter pour toujours dans le 1542
coquillage du monde.
Olivier Clément *L'Autre Soleil (1975);* Stock.

Si la charité est un lait, la dévotion en est la crème. 1543
Saint François de Sales *Introduction à la vie dévote.*

La présence de l'Église à un monde égaré égare l'Église. 1544
Jean Fourastié *Le Long Chemin des hommes (1976);* Laffont.

L'Église... un effort sublime pour contenir et raisonner la folie 1545
chrétienne.
Louis Pauwels *Blumroch l'admirable (1976);* Gallimard.

Si quelqu'un apprend la théologie avant que d'apprendre à être 1546
homme, il ne deviendra jamais homme.
Ludwig Holberg (1684-1754) [1] *Pensées morales* dans Billeskov Jansen *Anthologie de la littérature danoise;* Aubier Montaigne.

Les temples érigés en l'honneur de la religion le sont, en vérité, 1547
en l'honneur de l'architecture [2].
Ludwig Feuerbach *Essence du christianisme (1841);* tr. Althusser; P.U.F.

Les Églises ont besoin de fidèles qui se sentent coupables pour 1548
ne pas se trouver aux prises avec des rebelles qui se découvrent incrédules.
Claude Roy *Les Chercheurs de Dieu (1981);* Gallimard.

Le dieu père est mort. Et l'Église est comme une vieille veuve 1549
qui fait du charme vainement à la jeunesse.
Maurice Ornon *Vézelay, colline éternelle;* 10/18.

Les cloches appellent à l'office et n'y vont jamais. 1550
Martin Luther *Propos de table.*

L'histoire est là pour nous apprendre sinistrement que l'Église 1551
suscita moins de martyrs que de bourreaux.
Henri Guillemin *L'Affaire Jésus (1982);* Le Seuil.

Les chrétiens de ce temps deviennent un peu trop familiers avec 1552
leur créateur. Leur « mon Dieu » tournerait volontiers au « mon vieux ».
Gilbert Cesbron *Journal sans date (1976);* Laffont.

---

1 - Il fit des études de théologie à l'université de Copenhague, mais partit en voyage à travers l'Europe aussitôt après la licence (1704).
2 - C'est ce que Lénine aurait qualifié d'« humanisme athée » !

1553 Si je faisais le catéchisme maintenant, je ferais une leçon sur les soucoupes volantes.
Jean Guitton *Le Temps d'une vie (1980),* propos recueillis par M. Reboul et J. et J. Feller; Retz, Centurion.

1554 Théologie : cette science se pratique principalement aux environs de dix-sept heures, l'heure du thé au logis.
Jean-Pierre Brisset cité dans Guy Bechtel et Jean-Claude Carrière *Le Livre des bizarres (1981);* Laffont.

1555 Confuse époque où les musées deviennent des églises, et les églises des musées.
Jean Cocteau *La Corrida du 1er mai (1957);* Grasset.

1556 L'unique fondement de l'Église n'est pas le Christ, ainsi qu'on le dit communément : c'est la femme.
Samuel Butler *Carnets* (posthumes, *1912*); tr. V. Larbaud; Gallimard.

1557 Le pape est une idole à qui on lie les mains et dont on baise les pieds.
Voltaire *Le Sottisier.*

1558 La religion catholique est la seule à honorer des saintes. Cela dit tout.
Alexandre Barivault *Considérations désobligeantes (1966);* Éd. Calender.

1559 Les murs des vieilles églises finissent par « prendre » la prière comme l'humidité, leurs voûtes ont si longtemps résonné du bruissement des litanies qu'on y attraperait la foi sans même s'en rendre compte.
Paul Guimard *Le Mauvais Temps (1976);* Denoël.

1560 Dans tout pays où les femmes ne seront pas honorées en public, comme des objets sacrés, plus que les prêtres même, il n'y aura pas de mœurs...
Nicolas Restif de la Bretonne *Les Nuits de Paris ou le Spectateur nocturne (1788-1794).*

1561 Cette façon enfin, si remarquable chez un chrétien, de porter sa croix, mais en sautoir.
François Mauriac *Bloc-notes, II* (1958-1960); Flammarion.

1562 Il ne faut pas toucher aux idoles : la dorure en reste aux mains.
Gustave Flaubert *Madame Bovary* (1856. Publié dans *La Revue de Paris*).

1563 La plupart de ceux qui s'intitulent traditionalistes, ou qui, sans en prendre le titre, croient l'être, ne voient pas la tradition éternelle, mais son ombre vaine dans le passé. Ce sont des gens qui veulent fuir le bruit présent qui les étourdit, et qui, incapables de se plonger dans le silence sous-jacent à ce bruit, se délectent à écouter des échos, des résonances de sons morts.
Miguel de Unamuno *L'Essence de l'Espagne;* tr. Bataillon; Plon.

1564 À entendre un théologien exagérer l'action d'un homme que Dieu fit paillard, et qui a couché avec sa voisine, que Dieu fit

complaisante et jolie, ne dirait-on pas que le feu ait été mis aux quatre coins de l'univers ? Eh ! mon ami, écoute Marc Aurèle, et tu verras que tu courrouces ton Dieu par le frottement illicite et voluptueux de deux intestins.
Denis Diderot *Pensées philosophiques.*

Le propre de l'hérétique, c'est-à-dire de celui qui a une opinion 1565
particulière, est de s'attacher à ses propres pensées.
Jacques-Bénigne Bossuet *Histoire des variations des Églises protestantes.*

L'erreur est affaire d'intelligence, l'hérésie dépend de la volonté. 1566
Maître Eckhart *Sermons;* intr. et tr. J. Ancelet Hustache ; Le Seuil.

La chrétienté a aboli le christianisme sans trop le savoir. 1567
Sören Kierkegaard *L'Apprentissage du christianisme.*

égoïsme

L'égoïsme... n'est pas l'amour de soi, mais une passion 1568
désordonnée de soi.
Aristote *Politique.*

Un égoïste... un homme qui ne pense pas à moi. 1569
Eugène Labiche *Œuvres complètes.*

Égoïste : celui qui n'a pas la moindre considération pour 1570
l'égoïsme d'autrui.
Ambrose Bierce *Le Dictionnaire du Diable;* tr. J. Papy ; Les Quatre Jeudis.

Le pire égoïste est celui à qui il n'est jamais venu à l'esprit qu'il 1571
pourrait en être un.
Sigmund Freud dans *Sigmund Freud, lieux, visages, objets;* Complexe ; Gallimard.

Il y a des gens si remplis d'eux-mêmes que, lorsqu'ils sont 1572
amoureux, ils trouvent moyen d'être occupés de leur passion sans l'être de la personne qu'ils aiment.
La Rochefoucauld *Réflexions ou Sentences et maximes morales (1664).*

[...] L'être humain est ainsi fait que les catastrophes demeurent le 1573
meilleur moyen de l'émouvoir.
Gérald Lescarbeault *À ras de terre.*

Quoi que tu fasses, c'est toi que tu espères sauver. C'est toi que 1574
tu perds.
Edmond Jabès *Le Petit Livre de la subversion hors de soupçon;* Gallimard.

conclusion :

1575 Sagesse et bonté aux êtres vils semblent viles ;
L'ordure ne goûte qu'elle-même.
William Shakespeare *Le Roi Lear (1608)* ; tr. Robin ; Club Français du Livre.

éléments

feu :

1576 Comme les hommes aiment avant tout la lumière, ils ont inventé le feu.
Guillaume Apollinaire dans *Chroniques d'art d'Apollinaire* rassemblées par L.C. Breunig ; Gallimard.

1577 Le tonnerre... c'est une affaire entre le diable et le bon Dieu [1].
Pierre Gougaud *L'Œil de la source (1978)* ; Lattès.

1578 L'on ne joue qu'avec le feu.
Camille Goemans dans Bussy *Anthologie du surréalisme en Belgique* ; Gallimard.

1579 Quand on laisse mourir le feu de Noël, il n'y a plus qu'un moyen de le rallumer. C'est d'aller chercher le feu des étoiles [2].
Pierre Jakez Hélias *Les Autres et les Miens (1979)* ; Plon.

air :

1580 Un poisson s'était noyé dans l'air.
Georg Christoph Lichtenberg *Aphorismes.*

eau :

1581 L'eau est une flamme mouillée.
Novalis *Maximes inédites* ; tr. G. Clarétie ; Stock.

1582 L'eau fut toute sa fortune : fille de pêcheur de morue, fille à matelots, puis femme de pêcheur d'huîtres et d'éperlans. Femme de ménage aussi, qui achève sa vie à genoux devant son seau, les mains dans l'eau.
Antonine Maillet *La Sagouine (1972)* ; Léméac, Montréal.

1583 Il se noie plus de gens dans les verres que dans les rivières.
Georg Christoph Lichtenberg *Aphorismes.*

---

1 - Dans la tradition grecque, le tonnerre était d'abord rattaché aux puissances souterraines. Mais il passa aux mains de Zeus, dieu du ciel, après que celui-ci eut détrôné son père Cronos. (Cf. la *Théogonie* d'Hésiode.)

2 - « L'horloge sonna minuit. Alors Jobig se leva, prit la chandelle de suif et sortit... J'ai présenté la chandelle devant la plus grosse étoile. Tout de suite elle s'est allumée... C'est après cette nuit-là qu'on l'appela Jobig des Étoiles. Mais le lendemain, il se coucha sans mot dire et il mourut trois jours après. »

L'eau parle sans cesse et jamais ne se répète. 1584
Octavio Paz.

Une goutte de pluie est l'égale d'une goutte de sang. 1585
Jean Chalon *Les Petites Solitudes;* éd. Le Verbe et l'Empreinte.

terre :
La terre est comme la poitrine d'une femme : utile autant qu'agréable. 1586
Friedrich Nietzsche *Ainsi parlait Zarathoustra (1883-1892).*

Je rends grâce à cette terre qui exagère tant la part du ciel. 1587
Roger Caillois *Circonstancielles 1940-1945 (1946);* Gallimard.

L'eau ainsi est le regard de la terre, son appareil à regarder le temps. 1588
Paul Claudel *L'Oiseau noir dans le soleil levant (1981);* Gallimard.

Toutes les erreurs de l'homme viennent de ce qu'il s'imagine marcher sur une chose inerte alors que ses pas s'impriment dans la chair pleine de grande volonté. 1589
Jean Giono préface de *Colline (1929);* Grasset.

La terre entière, continuellement imbibée de sang, n'est qu'un autel immense où tout ce qui vit doit être immolé sans fin, sans mesure, sans relâche, jusqu'à la consommation des choses, jusqu'à l'extinction du mal, jusqu'à la mort de la mort. 1590
Joseph de Maistre *Les Soirées de Saint-Pétersbourg (1821).*

émancipation

C'est par le travail que la femme a en grande partie franchi la distance qui la séparait du mâle [1]; c'est le travail qui peut seul lui garantir une liberté concrète. 1591
Simone de Beauvoir *Le Deuxième Sexe (1949);* Gallimard.

On sait bien que maintenant les filles 1592
Toutes les filles, même celles de bonne famille
Sont plutôt, plutôt pilule que pastille.
Pierre Grillet (chanté par Patrick Juvet) *Du tac au tac;* Éditions You You Music, Sidonie, April Music et Repère.

revendication :
Je ne veux pas n'être qu'une rose à la boutonnière de mon mari. 1593
Margaret Trudeau en quittant Pierre Trudeau, 1977.

---

1 - Il s'agit du premier sexe.

1594 La femme se libère de l'homme. Mais surtout de l'enfant, sacrifié, saccagé.
Paul Guth *Lettres à votre fils qui en a ras le bol (1976)*; Albin Michel.

1595 Quoi qu'elle fasse, la femme doit le faire deux fois mieux que l'homme afin qu'on en pense autant de bien. Heureusement, ce n'est pas difficile.
Charlotte Whitton dans *Canada Month.*

coup de main :

1596 Pour qu'une femme puisse donner sa main avec dignité, elle doit d'abord pouvoir se passer de soutien.
Margaret Fuller *La Femme au XIXe siècle.*

nouveau roman :

1597 Un romancier scrupuleux... ne pourra plus se contenter d'écrire : « Irrité par cette réflexion de la comtesse, monsieur de Prompignan ne répondit pas et, lui tournant le dos, la planta au bord de la route »... Il écrira : « Irrité par cette réflexion de la comtesse, M. de Prompignan lui flanqua son poing en pleine gueule et la pendit à un arbre de la route. »
Marcel Aymé (1902-1967) *Le Trou de la serrure*; J.-J. Pauvert.

les enfants terribles :

1598 Papa Freud et maman de Beauvoir sont passés par là. Le premier a fourni aux hommes des excuses à leurs faiblesses, la seconde leur a forgé des compagnes différentes.
Christiane Collange *Ça va les hommes ? (1981)*; Grasset.

1599 On sait bien que maintenant les filles
Toutes les filles, mêmes celles de bonne famille
Sont plutôt, plutôt vodka que camomille.
Pierre Grillet *Du tac au tac*; Éditions You You Music, Sidonie, April Music et Repère.

emploi du temps :

1600 Les femmes pèlent les pommes de terre, tous les jours, à midi et le soir; les carottes aussi, les poireaux aussi... Les pommes de terre, c'est le problème de la femme.
Les femmes s'entêtent (1975); Gallimard.

1601 La cause du déluge a été que les femmes, transportées de folie, avaient abusé des hommes.
Méthodius dans J.-L. Flandrin *Le Sexe et l'Occident (1981)*; Le Seuil.

1602 Une femme indépendante économiquement peut se réaliser dans des tas de domaines, y compris en amour d'ailleurs.
Gisèle Halimi interviewée dans *Lui.*

mauvaise humeur :
[...] Égalité pour devoir baiser sans condition d'érection, vous 1603
qui n'avez qu'à ouvrir les jambes et à bramer « ah ! qu'c'est bon ? »[1]. Égalité pour devenir chauve, vous qu'on enterre avec des tignasses de horse-guard ? L'égalité pour marcher au pas, dans les défilés militaires...
San Antonio *Y'a de l'action (1981)* ; Fleuve noir.

Le plus grand, le seul ennemi de l'émancipation de la femme est 1604
la femme.
Otto Weininger *Sexe et Caractère (1975)* ; tr. D. Rénaud ; L'Age d'Homme.

La femme est libérée ? Quelle femme ? L'ouvrière, dites-vous ? 1605
Mais l'ouvrier, l'est-il donc, par hasard ?
Nicole Védrès *Chroniques.*

dépôt de bilan :
Je suis une femme moderne, intelligente, indépendante. En 1606
d'autres termes, une femme qui ne trouve pas d'homme.
Shelley Winters[2] dans *Saturday Evening Post,* 1952.

Être femme est terriblement malaisé, puisque cela consiste 1607
surtout à avoir affaire aux hommes.
Joseph Conrad *Fortune (1933)* ; Gallimard.

emploi et chômage

J'suis bourré, bourré, bourré 1608
De bonn's intentions
J'ai trouvé du boulot.
Claude Nougaro *Je suis sous...* ; Éd. Bagatelle.

Debout les braves, lundi je me rase. 1609
Boris Bergman, Alain Bashung ; Disques Phonogram.

L'emploi qu'un homme finit par obtenir est rarement celui pour 1610
lequel il se croyait préparé et dans lequel il pensait pouvoir être utile.
Marguerite Yourcenar *Archives du Nord (1977)* ; Gallimard.

Personne ne vit complètement sa vie, sauf les toréadors. 1611
Ernest Hemingway *Le soleil se lève aussi (1926).*

---

1 - Plus qu'un simple coup de gueule misogyne, Frédéric Dard exprime là un violent besoin d'être femme et de bramer « ah ! qu'c'est bon ? » (au moins d'avoir des cheveux sur le crâne !).
2 - Actrice américaine.

1612 Il n'existe que trois êtres respectables : le prêtre, le guerrier, le poète. Savoir, tuer et créer.
Charles Baudelaire *Mon cœur mis à nu (1862-1864).*

mirador :

1613 Prenez invariablement la position la plus élevée, c'est généralement la moins encombrée.
Charles de Gaulle propos dans Henri Amouroux *Le Peuple réveillé (1979),* 4e t. de *La Grande Histoire des Français sous l'Occupation ;* Laffont.

O.S.S. 117 :

1614 Les hommes sont comme les chiffres : ils n'acquièrent de valeur que par leur position.
Napoléon Ier *Maximes et Pensées.*

la classe !

1615 Il vaut mieux changer de classe qu'être déclassé. Rencontrant un de ses anciens collègues de la Carrière, un diplomate devenu professeur à l'étranger le supplie de faire croire à leurs amis communs qu'il tient le piano dans un bordel.
Jean Grenier *Cahiers de la Pléiade, XI.*

1616 Qu'est-ce que j'étais, déjà ?
Travailleur immigré, philosophe ?
Résistant caché ? Dissident notoire
Ou bien animal à fourrure ?
Gébé *Casse-têtes ;* Éd. Philips.

1617 Les chômeurs d'aujourd'hui portent jupe ou jeans.
Christiane Collange *Ça va les hommes ? (1981) ;* Grasset.

mon légionnaire :

1618 Cela prend parfois beaucoup d'hommes pour en remplacer un seul.
Claire Martin *Les Morts (1970) ;* Cercle du Livre de France.

travail au noir :

1619 La torture, à elle seule, à engendré les trouvailles mécaniques les plus ingénieuses, dont la production procure de l'ouvrage à une foule d'honnêtes artisans.
Karl Marx *Le Capital (1867) ;* tr. Costes.

1620 Raccommoder, c'est antisocial.
Aldous Huxley *Le Meilleur des mondes (1932) ;* tr. J. Castier ; Plon.

1621 Fourier avait fait annoncer dans la presse qu'il serait à son domicile tous les jours à midi pour recevoir le mécène éventuel. Pendant des années... il ne manqua jamais de se trouver chez lui pour accueillir ce visiteur qui ne vint jamais.
Benoîte Groult *Le Féminisme au masculin (1980) ;* Denoël, Gonthier.

1622 On pourrait se demander jusqu'à quel point la société, ce long rêve collectif, ce cauchemar collectif, vaut ce qu'elle coûte de sang et de larmes.
Gabriel de Tarbe *Les Lois de l'imitation (1895) ;* Ressources.

énergie (crise de l')

Regarde mes mains, mon camarade 1623
Depuis que j'ai plus le droit de bosser
Regarde mes mains, mon camarade
Elles sont cassées.
Francis Lalanne *Des mains de chômeur.*

En ces temps de crise, la barbarie est proche. 1624
Michel Ternisien et **Daniel Bacry** *La Torture, la nouvelle Inquisition (1980)*; Fayard.

énergie (crise de l')

L'ère de l'énergie bon marché est presque morte. Popeye n'arrive 1625
plus à trouver d'épinards pas chers.
Peter Paterson [1] dans *The Observer (1972).*

charbon :
Un mineur qui quitte la mine... et qui change d'emploi est, plus 1626
que tout autre travailleur, et pendant longtemps, un déraciné.
P. Garcette dans *La Vie française,* 15 février 1972.

pétrole :
Il n'est pas plus admis de parler de pétrole en Arabie Saoudite 1627
que de charbon dans les salons anglais sous la reine Victoria.
Linda Blandford *Les Cheiks du pétrole (1978)*; tr. Cl. Yelnick; Buchet-Chastel.

Si Dieu existait, il empêcherait Allah de nous embêter avec son 1628
pétrole.
Pensée du 11 janvier 1981 dans Almanach de l'*Os à moelle*; Mengès.

S'ils ferment le robinet, on sortira les vélos. 1629
Christiane Collange *Ça va les hommes ? (1981)*; Grasset.

Le pétrole me paraît très nettement être l'odeur la plus parfaite 1630
du désespoir humain.
Pierre Mac Orlan.

nucléaire :
Le nucléaire est une énergie de l'avenir qui appartient au passé. 1631
Amory Lovins [2] à la Conférence sur l'avenir du non-nucléaire, 1977.

---

1 - Homme politique américain.
2 - Expert américain sur l'énergie.

énergies nouvelles :

1632 Les énergies de remplacement : ranimons la flemme.
Guy Landneuf (!)[1] *L'Os à moelle (1981);* Mengès.

enfance

1633 J'étais un enfant, ce monstre que les adultes fabriquent avec leurs regrets.
Jean-Paul Sartre *Les Mots (1964);* Gallimard.

1634 Rien n'est autant surprotégé dans le monde actuel, ni autant idéalisé que l'enfance, et rien, sans doute, ne rend l'enfance aussi pénible à vivre.
Des psychanalystes vous parlent de la mort; dir. **Octave Mannoni ;** Tchou.

1635 L'extrême dépendance de l'enfance dont nous programmons impunément l'avenir a des relents de mort.
Hugo Marsan *Le Labyrinthe au coucher du soleil (1990);* Ramsay.

1636 J'ai eu le sentiment de n'être plus un gamin quand j'ai perdu l'habitude de m'accrocher à l'arrière des bagnoles.
Jacques Meunier *Les Gamins de Bogota (1977);* Lattès.

1637 Le Petit Larousse, né en 1906, a dû attendre l'âge de soixante-dix ans (son édition de 1976) pour connaître la masturbation.
Jacqueline Feldman *La Sexualité du Petit Larousse (1981);* Tierce.

1638 L'enfance qui a été mise très tôt au courant des choses de l'amour est grave, ses traits sont durs, sa bouche gonflée par un chagrin rentré qui la fait délicatement palpiter, ses yeux sont de glace.
Jean Genet *Miracle de la rose (1947);* L'Arbalète.

1639 Il y a dans l'attitude de l'enfant envers l'adulte quelque chose que celui-ci ne veut pas voir.
Marguerite Yourcenar, entretien au *Monde,* 1984.

1640 La disposition des enfants à une perversion polymorphe peut être considérée comme la source d'un grand nombre de nos vertus.
Sigmund Freud *Essais de psychanalyse (1906-1923);* tr. Jankélévitch ; Payot.

---

1 - L'auteur propose notamment : « Le jour où chacun portera des lunettes dont les branches transmettront l'énergie de chaque mouvement de paupière à une centrale, le pays aura acquis son indépendance et pourra se flatter d'obtenir son énergie à l'œil. »

L'enfance a ses odeurs. 1641
Jean Cocteau *Portraits-Souvenirs (1900-1914)*; Stock.

Quand j'étais jeune 1642
Je tombais du lit.
Gérard Manset *Fini d'y croire*; Chapell.

livret de famille :
Dans les livres, les enfants cherchent les secrets des adultes. 1643
Réjean Ducharme *Le Nez qui voque (1967)*; Gallimard.

L'enfant aux cheveux blancs 1644
Semble aujourd'hui habitué
À dormir dans le bruit
À courir dans la fumée.
Jean-Michel Jarre chanté par P. Juvet, *L'Enfant aux cheveux blancs*; Éd. Rideau Rouge.

L'enfant est le père de l'homme. 1645
William Wordsworth *My Heart Leaps up.*

L'enfant n'est méchant que parce qu'il est faible; rendez-le fort, 1646
il sera bon.
Jean-Jacques Rousseau *Émile (1762).*

[Olivier] vivait dans la chaleur du magasin de mercerie comme 1647
un mot heureux dans un poème.
Robert Sabatier *Les Allumettes suédoises (1969)*; Albin Michel.

L'enfance, c'est de la poésie qui ment. 1648
William H. Gass *Au cœur du cœur de ce pays*; tr. M. Chénetier et P. Gault (1989); Rivages.

Je jouais en général tout seul. En fait, je jouais peu, je parlais 1649
plutôt au papier peint [1].
Elias Canetti *Histoire d'une jeunesse, la langue sauvée (1980)*; Albin Michel.

L'enfant dicte et l'homme écrit. 1650
Julien Green *Journal (1971)*; Plon.

On ne sait jamais ce qu'il y a dans la tête d'un enfant en dehors 1651
de ce que nous y avons mis.
Jean Pourtalé, à propos de son film *Demain les mômes (1975).*

Il y a toujours dans notre enfance un moment où la porte 1652
s'ouvre et laisse entrer l'avenir.
Graham Green *La Puissance et la Gloire (1975,* éd. définitive*)*; tr. Sibon; Laffont.

On aura peine à me persuader que l'histoire de l'enfant prodigue 1653
ne soit pas la légende de celui qui ne voulait pas être aimé.
Rainer Maria Rilke *Les Cahiers de Malte Laurids Brigge*; tr. Betz (1980); Émile-Paul.

---

1 - La famille Canetti s'était installée à Manchester en 1911. Ce bref séjour (1911-1913) fut marqué par la mort du père d'Élias.

1654 Où s'en vont-ils donc, les enfants qui ne meurent pas ?
Ana Maria Matute *Fête au Nord-Ouest (1961)* ; tr. La Souchère ; Gallimard.

1655 [...] En grandissant, un enfant s'use.
Réjean Ducharme *L'Océantume (1968)* ; Gallimard.

1656 Le malheur muet d'être, parmi les hommes, cet homme sacrifié : l'enfant.
Inès Cagnati *Génie la Folle (1976)* ; Denoël.

1657 Le privilège de l'enfance pour qui la beauté, le luxe, le bonheur sont des choses qui se mangent.
Simone de Beauvoir *Mémoires d'une jeune fille rangée (1958)* ; Gallimard.

1658 L'enfant à qui ses parents n'ont pas souri n'est digne ni de la table d'un dieu ni du lit d'une déesse.
Virgile *Les Bucoliques.*

1659 Non seulement les enfants ont des droits, mais ils étouffent sous eux.
René Schérer *Une érotique puérile (1978)* ; Galilée.

1660 Tous les enfants ont du génie, sauf Minou Drouet.
Propos de Jean Cocteau.

1661 C'est comment pour toi d'être un enfant ?
Je ne sais pas du tout ! On ne m'a jamais expliqué... Attendez, je vais demander à ma mère.
Madeleine Laïk *Fille ou garcon (1976)* ; Denoël/Gontier.

1662 Qui ne reculerait d'horreur et ne choisirait la mort, si on lui offrait le choix entre mourir et redevenir enfant !
Saint Augustin *La Cité de Dieu (420-429).*

1663 Les enfants sont comme la crème : les plus fouettés sont les meilleurs.
Edmond et **Jules de Goncourt** *Journal (1851-1896).*

1664 Un enfant d'aujourd'hui n'a jamais vu ni naître ni mourir. Il a vu quelqu'un partir à l'hôpital et n'en jamais revenir ou bien revenir avec un vivant de plus.
Philippe Ariès préface à Mireille Laget *Naissances. L'accouchement avant l'âge de la clinique (1982).*

1665 À un enfant, quel que soit son âge, on n'a jamais le droit de voler la fin d'une belle histoire.
Maurice Schumann *Le Concerto en ut majeur* ; Plon.

Enfer

Nul n'a jamais écrit ou peint ou sculpté, modelé, construit, 1666
inventé, que pour sortir en fait de l'enfer.
Antonin Artaud *Van Gogh ou le Suicidé de la société (1956);* Gallimard.

L'enfer, cette inclémence, est la première institution chrétienne. 1667
Marcel Jouhandeau *Algèbre des valeurs morales (1935);* Gallimard.

Ne force pas qui veut les portes de l'enfer. 1668
Paul-Jean Toulet *Contrerimes (1921);* Émile-Paul.

L'enfer même a ses lois. 1669
Johann Wolfgang Goethe *Faust (1806).*

L'enfer, je le situe non au moment où l'on voit la mort, mais au 1670
moment où l'on voit sa vie.
Robert Escarpit *Lettre ouverte à Dieu (1980);* Albin Michel.

Il passe un vent de toute beauté sur l'enfer. 1671
Patrice de La Tour du Pin *Une somme de poésie (1967);* Gallimard.

L'enfer a été fait pour les curieux. 1672
Saint Augustin *Confessions,* XI *(Ve s).*

Que la damnation puisse être éternelle suppose en fin de compte 1673
que le péché n'a point de fin.
Simon Vestdijk *Le Serveur et les Vivants.*

Dieu, si je t'adore par crainte de l'enfer, brûle-moi en enfer. 1674
Rabi'A El-Adaviyya.

Au purgatoire, les hommes parlent beaucoup; en enfer, ils se 1675
taisent.
Elias Canetti *Territoire de l'homme – Réflexions 1942-1972;* tr. A. Guerne; Albin Michel.

On a beaucoup ri d'un télégramme que Mauriac a reçu peu de 1676
jours après la mort de Gide et ainsi rédigé : « Il n'y a pas d'enfer. Tu peux te dissiper. Préviens Claudel. André Gide. ».
Julien Green *Le Miroir intérieur (1976);* Plon.

On parle toujours du feu en enfer, mais personne ne l'a vu [...]. 1677
L'enfer, c'est le froid.
Georges Bernanos *Monsieur Ouine (1943);* Plon.

1678 Connaissez-vous les trois grands maux de l'enfer qui sont les enfants du froid ?
L'éternuement, la toux et la diarrhée.
Pierre Jakez Hélias *Les Autres et les Miens* [1] *(1979)*; Plon.

1679 L'enfer est une forme comme une autre d'existence collective.
Louis Chevalier *L'Assassinat de Paris (1977)*; Calmann-Lévy.

1680 Mais la question qui m'tracasse
en te regardant !
Est-ce que tu seras plus dégueulasse
mort que vivant ?
Louis-Ferdinand Céline « Chanson » dans *Cahiers Céline* rassemblés par Pascal Fouché (1988) ; Gallimard.

idiot international :

1681 L'enfer il n'y en a qu'un. Ce n'est pas les autres. C'est moi.
Jean Edern Hallier *Chaque matin qui se lève est une leçon de courage (1978)*; éd. libre Hallier.

envie :

1682 Je voudrais détruire l'enfer et le paradis afin que Dieu fût aimé pour lui-même.
Sainte Thérèse d'Avila (1515-1582).

1683 Dieu aussi a son enfer : c'est son amour des hommes [2].
Friedrich Nietzsche *Ainsi parlait Zarathoustra (1884)*; tr. H. Albert ; Mercure de France.

Engagement

1684 Engage-toi et supporte.
Régis Debray *Critique de la raison politique*; Gallimard.

1685 C'est dans la pratique qu'il faut que l'homme prouve la vérité.
Karl Marx *Thèses sur Feuerbach* [3].

1686 Le passage à l'acte est d'un pessimisme grandiose à l'égard des paroles.
Citation extraite du film de **Jean-Luc Godard,** *Nouvelle Vague* (1990).

1687 Nous ne choisissons pas plus nos convictions que nous n'avons choisi notre sexe.
Marcel Aymé *Œuvres complètes*; Flammarion.

---

1 - L'ouvrage est traduit du breton par l'auteur.
2 - Et « Dieu peut tout, sauf contraindre l'homme à l'aimer » (adage patristique).
3 - Le manuscrit, élaboré vers 1845, n'a été publié qu'après la mort de Marx.

Le principal au point de vue de l'existence dans l'Histoire n'est pas de réussir, ce qui ne dure jamais, mais d'avoir été là, ce qui est ineffaçable. 1688
Jacques Maritain [1] *Pour une philosophie de l'Histoire (1959).*

Tous nous savons que la vérité ne peut être anéantie; mais, sous peine de nous annihiler, nous ne pouvons nous croiser les bras. 1689
Suzanne Voilquin [2] *Mémoires de femmes, mémoire du peuple (1834);* Maspero.

Même si tu es une pierre des champs 1690
L'avalanche change sa course
Selon les pierres sur lesquelles elle roule.
Czeslaw Milosz *Traité moral. Enfant d'Europe et autres poèmes (1981);* tr. M. Eschui et J. Silberstein; L'Âge d'Homme.

Ça tient, les options politiques, l'engagement dans un sens, dans l'autre, parfois du hasard. On était tel jour, tel endroit... On a rencontré celui-là plutôt que celui-ci, et tout est joué. 1691
Alphonse Boudard *Les Combattants du petit bonheur (1977);* La Table Ronde.

Vous êtes du côté de la solution ou du côté du problème. 1692
Eldridge Cleaver slogan Mai 1968.

Un parti pris vaut mieux qu'une équivoque. 1693
Louis Casamayor *Contacts, ou une des 36 manières de voir les choses (1979);* Julliard.

On ne reste parfois fidèle à une cause que parce que ses adversaires ne cessent pas d'être insipides. 1694
Friedrich Nietzsche *Humain, trop humain* [3]; tr. A.M. Desrousseaux; Mercure de France.

Rien ne se fait sans risques ni périls. Si on ne le sait pas, on peut y laisser son assurance et sa joie de vivre. 1695
Patrick Segal *L'Homme qui marchait dans sa tête (1977);* Flammarion.

Si besoin était de recourir à la force, ne restez pas au milieu. 1696
Slogan Mai 1968.

Nous ne devons pas tenter de sauver le monde, mais de subsister; c'est la seule véritable aventure qui s'offre encore à nous, en cette heure tardive de l'histoire. 1697
Friedrich Dürrenmatt *Le Soupçon;* tr. Guerne; Albin Michel.

Je connais ta conduite : tu n'es ni froid ni chaud – que n'es-tu l'un ou l'autre ? Ainsi, puisque te voilà tiède, ni chaud ni froid, je vais te vomir de ma bouche. 1698
Apocalypse III, 15-16.

---

1 - Jacques Maritain participa activement à l'Action française et au mouvement nationaliste qui précéda la guerre de 1914. Mais il rompit avec Maurras après la condamnation pontificale de 1926.
2 - Suzanne Voilquin, saint-simonienne, fut journaliste à la *Femme libre* (1832-1834).
3 - Ce livre marque un changement décisif dans les engagements de Nietzsche. Il rompt peu après (mai 1878) avec son ami Richard Wagner.

1699 Une chose n'est pas nécessairement vraie parce qu'un homme meurt pour elle.
Oscar Wilde dans Léon Treich *L'Esprit d'Oscar Wilde;* Gallimard.

ennui

1700 L'ennui est une sorte de jugement d'avance.
Alain *Minerve ou De la sagesse;* Gallimard.

manifestation :

1701 Les gens qui n'ont rien à faire
Se suivent dans la rue comme
Des wagons de chemin de fer.
Boris Vian *Textes et Chansons, Fugue;* Julliard.

week-end :

1702 Ce qu'il y a de meilleur dans le dimanche, c'est encore le samedi soir.
Gilbert Cesbron *Journal sans date;* Laffont.

1703 La vie est courte, mais l'ennui l'allonge [1].
Jules Renard *Journal,* 5 mars 1906.

1704 C'est une maladie que d'avoir une conscience trop aiguë de ses pensées et de ses actions, une vraie maladie. Une conscience ordinaire, médiocre, suffirait davantage qu'il ne faudrait aux besoins quotidiens de l'humanité. [...] Voilà les résultats obligés de la conscience : l'ennui et l'inertie.
Fedor Dostoïevski *Mémoires écrits dans un souterrain (1864).*

1705 L'ennui... cette convalescence incurable.
E.M. Cioran *Précis de décomposition.*

1706 Il n'y a qu'une espèce d'hommes qui soit totalement responsable de son propre malheur, celle des hommes qui trouvent la vie morne et ennuyeuse.
Herbert George Wells *L'Histoire de M. Polly;* tr. Davray et Kozakiewicz; Mercure de France.

1707 L'ennui est l'expression suprême de l'indifférence.
Ricardo Léon *L'École des sophistes.*

1708 Je m'emmerde solidement, et je le regrette infiniment.
Chaval dans Pierre Ajame *Entretiens avec Chaval;* Le Chêne.

1709 Ne vous emmerdez pas; merdifiez.
Slogan Mai 1968.

---

1 - Il est exact que son *Journal* comporte quelques longueurs.

Le problème n'est pas de chercher le bonheur, mais d'éviter 1710
l'ennui [1]. C'est faisable avec l'entêtement.
Lettre de **Gustave Flaubert** à Louise Colet, 31 août 1846.

Presque tous les hommes vivent inconsciemment dans l'ennui. 1711
L'ennui fait le fond de la vie, c'est l'ennui qui a inventé les jeux, les distractions, les romans et l'amour.
Miguel de Unamuno *Brouillard;* tr. Larthe; Kra.

distraction :
Je m'ennuie tellement ce soir que je suis allé trois fois de suite 1712
dans la salle de bains pour me laver les mains.
Franz Kafka *Journal;* tr. M. Robert; Grasset.

conclusion :
L'ennui porte conseil. 1713
Gilbert Cesbron *Journal sans date;* Laffont.

entreprise

Le problème profond de la société française, ce n'est pas 1714
l'emploi, ce n'est pas la paix sociale, c'est l'abandon de l'esprit rentier. Si nous voulons survivre, il faut jouer l'avenir, c'est-à-dire l'esprit d'entreprise.
Michel Crozier *On ne change pas la société par décret (1979);* Grasset.

coopérative :
Qu'on se souvienne des premières communautés de hippies 1715
établies aux confins des réserves indiennes dans l'Arizona, vivant des surplus abandonnés par les hypermarchés... Au bout de six mois ou d'un an, les communautés bien dirigées évoluaient vers la formule d'un kibboutz prospère.
Henry Chapier *Crée ou crève (1978);* Grasset.

autogestion :
L'employeur met son argent dans les affaires et l'ouvrier y met 1716
sa vie. Le second a tout autant le droit que le premier de diriger ces affaires.
Clarence Darrow *The Railroad Trainman (1909).*

Il faut privilégier dans l'ordre le client, l'employé et l'actionnaire. 1717
François Michelin interviewé par Édouard Seidler dans l'*Action automobile,* mai 1990.

1 - Louise a dû apprécier.

cadres :

1718 Nous oublions souvent qu'au-delà de nos titres et de nos positions hiérarchiques, au-delà même de notre savoir et de notre pouvoir, nous sommes des hommes embarqués ensemble dans une même aventure et sur le même bateau.
Alexandre Minkowski *Un Juif pas très catholique (1980);* Ramsay.

1719 La secrétaire, c'est l'emblème du cadre.
C. Sokolsky dans *Société magazine,* septembre 1990.

3 × 8 :

1720 La société tout entière se dirige vers un fonctionnement ininterrompu vingt-quatre heures sur vingt-quatre [1].
Alvin Toffler *La Troisième Vague (1980);* tr. M. Deutsch; Denoël.

productivité :

1721 Un patron m'a raconté qu'il a fait construire pour ses ouvriers une piscine où ils peuvent se baigner pendant le travail. La productivité a augmenté.
Vladimir Boukovski *Cette lancinante douleur de la liberté (1981);* tr. N. Krivochéine; Laffont.

rendement :

1722 Il fallait trier du courrier, debout toute la journée, de 8 heures du matin à 6 heures du soir, avec une interruption pour déjeuner... On nous cachait les chaises pour qu'on trie plus vite.
Adret *Travailler deux heures par jour (1977);* Le Seuil.

travaux publics :

1723 Quand le bâtiment va, tout va.
Martin Nadaud Déclaration à l'Assemblée législative, 1850.

1724 Bilan : document qui interdit de se raconter des histoires un mois sur douze.
Philippe Bouvard dans le *Figaro magazine,* 1er juin 1990.

1725 Être un bon comptable, ce n'est pas savoir faire une bonne addition, mais trouver un résultat juste.
Bernard Tapie interviewé par P. Mahe et E. Saccomano dans *Paris Match,* 19 avril 1990.

P.-D.G. :

1726 Plus je suis retiré des affaires, plus je me ressens comme infaillible.
Henry Kissinger [2].

---

1 - Par opposition au cadre 9 heures-5 heures, caractéristique, selon Alvin Toffler, de la seconde vague déclinante, celle de la phase industrielle.
2 - L'ancien secrétaire d'État américain n'aurait pas désavoué ce rapprochement de la politique et des affaires !

environnement

le spectacle de la nature est toujours beau[1] :
[...] La nature a fait son temps ; elle a définitivement lassé, par la dégoûtante uniformité de ses paysages et de ses ciels, l'attentive patience des raffinés. Au fond [...] quel monotone magasin de prairies et d'arbres, quel banal agencement de montagnes et de mers ! 1727
Joris-Karl Huysmans *À rebours (1884).*

La plus haute partie de cette montagne est son sommet. 1728
Stephen Leacock cité par Robert Benayoun dans *Anthologie du nonsense (1977) ;* J.-J. Pauvert.

La montagne est bien haute... : 1729
Mais plus d'un se plaint de sa hauteur
Sans tenter d'y monter.
Yang Sa-on ; tr. Hyun et Mine, *Anthologie de la poésie coréenne ;* Saint-Germain-des-Prés.

tout oiseau aime à s'entendre chanter[2] :
Je m'aime bien ici ! 1730
Une habitante de la Croix-Rousse à Lyon dans *Traverses 9.*

À Lyon, la vraie lumière ne vient pas d'en haut, mais d'en bas. 1731
Frédéric Dard et **J.-M. Chourgnoz** *Lyon ville lumière (1979) ;* Stock.

le monde est un beau livre[3] :
Il y a plus de choses dans le ciel et sur la terre, Horatio, que n'en rêve notre philosophie. 1732
William Shakespeare *Hamlet (1601) ;* tr. Bonnefoy ; Club Français du Livre.

La terre se nourrit d'empreintes 1733
Le ciel se nourrit d'ailes.
Miguel Angel Asturias *La Chasse ;* tr. Durand ; Gallimard.

la fontaine elle-même dit qu'elle a soif[4] :
Pour nos grands-parents encore, une maison, une fontaine, une tour familière, voire leur propre habit, leur manteau... presque chaque chose était un récipient dans lequel ils trouvaient quelque chose de l'homme, dans lequel ils épargnaient de l'humain. 1734
Rainer Maria Rilke *Lettres de Muzot ;* tr. Jacottet ; Le Seuil.

Le fleuve le plus large, on le passe à la source. 1735
Publilius Syrus *Sentences ;* tr. Gouast ; Seghers.

---

1 - Aristote, *Problèmes, XXX, 7* (IVe s. av. J.-C.).
2 - Proverbe anglais.
3 - Goldoni, *Pamela nubile, I, XIV (1757).*
4 - Cicéron, *Ad Quintum fratrem, III, 1, 4.*

voir, c'est croire; mais sentir, c'est être sûr[1] :

1736 Je me demande toujours, en lisant les récits des voyageurs, par quelle prodigieuse coïncidence ils découvrent dans un lieu le sens même qu'il eut dans l'Histoire.
Jacques Lacarrière *Promenades dans la Grèce antique (1978);* Hachette.

1737 Parfois, un arbre humanise mieux un paysage que ne le ferait un homme.
Gilbert Cesbron *Journal sans date (1976);* Laffont.

1738 La véritable question éthique n'est pas : « Est-ce que je peux faire ce que je veux ? », mais « Est-ce que je peux vouloir ce que je fais ? » Qui, aujourd'hui, peut vouloir ce que nous faisons du monde sans désespérer aussitôt ?
André Gorz *Métamorphoses du travail, quête du sens (1988);* Galilée.

la cage sans oiseau n'a pas de valeur[2] :

1739 Un paysage quelconque est un état de l'âme.
Henri Frédéric Amiel *Journal intime* octobre 1852.

1740 Un désert, c'est bien fait pour se rencontrer.
Jean Cayrol *Histoire d'un désert (1972);* Le Seuil.

1741 Les états illusoirement successifs du désert sont comme ceux de notre vie, où le désir et l'amour nous sont donnés pour vent et pour lumière.
Marc Cholodenko *Les États du désert (1976);* Flammarion.

on juge l'arbre à l'écorce[3] :

1742 Les hommes qui ressemblent à la terre, les hommes qui sont pareils aux arbres, les hommes qui ont la peau couleur de terre, les femmes qui ont la peau couleur de maïs, ceux qui ne vivent que par le pain et l'eau ne sont jamais vaincus.
J.M.G. Le Clézio *Trois villes saintes*[4] *(1980);* Gallimard.

1743 Un homme sans terre, c'est comme un homme sans jambes.
Ladislas Reymont *Les Paysans;* tr. F.L. Schoell; L'Âge d'Homme.

l'usage seulement fait la possession[5] :

1744 Tout devient patrimoine : l'architecture, les villes, le paysage, les bâtiments industriels, les équilibres écologiques, le code génétique.
Marc Guillaume *La Politique du patrimoine (1980);* Galilée.

1745 La géographie, ça sert d'abord à faire la guerre.
Yves Lacoste *La Géographie... (1976);* Maspero.

---

1 - Proverbe anglais.
2 - Saadi, *Boustan, IX, 4* (XIIIe s.).
3 - C'est l'inversion d'un proverbe italien.
4 - Les trois villes saintes sont trois cités du Yucatan où des Indiens, qui refusent la civilisation, se sont réfugiés.
5 - La Fontaine, *Fables : L'Avare qui a perdu son trésor* (1668).

Il est toujours possible de comprendre la relation d'un homme 1746
au milieu géographie ; il est rarement possible de l'expliquer.
Raymond Aron.

ne déplace pas la borne antique[1] :
Sans un long passé, la ville la plus orgueilleuse ne semble que 1747
baraquements jetés sur le sol.
Roger Ikor *Frères humains (1969) ;* Albin Michel.

La nature colle à l'Histoire comme le passé à l'avenir et 1748
l'inconscient au conscient.
Régis Debray *Critique de la raison politique ;* Gallimard.

érection

hommage :
Est-ce un flingue que tu as dans ta poche, ou est-ce que tu es 1749
content de me voir ?
Mae West *Lady Lou (1950) ;* Latines.

auriez-vous du feu ?
L'amour n'est pas un feu que l'on tient dans la main. 1750
Marguerite de Navarre[2] (1492-1549) *Heptaméron.*

très touché !
C'est, il me semble, dans les bonnes manières de faire sentir aux 1751
jolies mômes la dureté de son affection, toute son ardeur
bandative !
Alphonse Boudard *Les Combattants du petit bonheur (1977) ;* La
Table Ronde.

rigide :
Une érection ne se discute pas. 1752
Jean Cocteau *Poésie critique, I (1959) ;* Gallimard.

droiture :
Le pénis ne ment jamais. 1753
Thomas Szasz *Sexe sur ordonnance (1981) ;* tr. F.M. Watkins ;
Hachette.

couvercle :
L'amour est la réponse, mais en attendant la réponse, le sexe 1754
soulève de bonnes questions.
Woody Allen dans *New York Herald Tribune,* 1975.

---

1 - *Livre des Proverbes, XXIII, 10* (IVe s. av. J.-C.). Brasilia en est la démonstration.
2 - « Corps féminin, cœur d'homme, et tête d'ange », disait d'elle son protégé Clément Marot.

diable !

1755 L'amour est dur et inflexible comme l'enfer.
Sainte Thérèse d'Avila cité par Pierre-Jean Jouve au début de *Paulina 1880 (1972)*; Gallimard.

menace :

1756 Il faut toujours que notre sexe fasse une ombre sur notre ventre.
Francis Picabia *Revue 391.*

vous aurais-je déjà vu quelque part ¿

1757 Cette divination stupéfiante de la femme amoureuse qui comprend tout de l'homme, sauf l'érection.
Julien Gracq cité par Georges Perros *Papiers collés, II* (1979); Gallimard.

honni soit qui mal y pense :

1758 Qui voit le chêne dans le gland voit Dieu dans le chêne.
Joseph Delteil *Le Sacré Corps (1976)*; Grasset.

improvisation :

1759 Un homme, attaquant une femme sans être prêt, lui dit : « Madame, s'il vous était égal d'avoir encore un quart d'heure de vertu ¿ ».
Chamfort *Pensées, Maximes et Anecdotes (1795).*

sens giratoires :

1760 Les sens, va-t-en savoir ce qui leur passe par la tête.
San Antonio *Si Queue d'Âne m'était conté (1976)*; Fleuve Noir.

après l'heure c'est plus l'heure :

1761 À la grande-duchesse femme de Vladimir qui, après dîner, tenant une sorte de cour d'amour, demandait : « Aimez-vous mieux avant, pendant ou après ¿ » [il] osa répondre : « J'aime mieux avant parce que après c'est pendant ».
Maurice Barrès *Mes cahiers (1911)*; Plon.

1762 Si un arc n'est bien raide bandé
Il ne fera pas coup qui vaille.
Sottie nouvelle de l'astrologue (1498)
Émile Picot *Recueil général des sotties.*

à la prochaine !

1763 Un amour ordinaire est la plus faible de toutes les passions. L'espérance du plaisir le soutient, son approche l'affaiblit, son arrivée l'anéantit absolument.
Cardinal de Bernis [1] *Réflexions sur les passions.*

fiasco :

1764 Un couteau sans lame auquel il manque le manche.
Georg Christoph Lichtenberg *Aphorismes.*

1 - Voltaire surnomma ce galant ecclésiastique : *Babet la bouquetière.*

erreur

casier judiciaire :
On ne peut pas se tromper tout le temps. 1765
Raymond Levy *Schwartzenmurtz ou l'Esprit de parti (1977);* Albin Michel.

élémentaire... !
L'erreur est la règle; la vérité est l'accident de l'erreur. 1766
Georges Duhamel *Chronique des Pasquier – Le notaire du Havre (1933);* Mercure de France.

Il n'y a pas de cause d'erreur plus fréquente que la recherche de 1767
la vérité absolue.
Samuel Butler *Carnets* (1912, posthumes); tr. V. Larbaud; Gallimard.

Une erreur est d'autant plus dangereuse qu'elle contient plus 1768
de vérité.
Henri Frédéric Amiel[1] *Journal intime (1839-1856).*

Une erreur vigoureuse et vigoureusement cultivée entretient du 1769
moins les germes de la vérité.
George Eliot[2] *Middlemarch (1872);* tr. H. Hovelaque; Armand Colin.

On ne chasse pas les idées fausses avec un bâton. 1770
Résolution en 16 points, août 1966. Révolution culturelle chinoise.

aveu :
Les plus courtes erreurs sont toujours les meilleures. 1771
Molière *L'Étourdi (1655).*

Si vous fermez la porte à toutes les erreurs, la vérité restera 1772
dehors.
Rabindranâth Tagore *Sadhana;* tr. J. Herbert; Adrien/Maisonneuve.

L'erreur... c'est seulement un défaut. 1773
René Descartes *Méditations métaphysiques,* IV *(1641).*

repris de justice :
Une erreur ne devient une faute que lorsqu'on ne veut pas 1774
en démordre.
Ernst Jünger *Sur les falaises de marbre (1940);* Gallimard.

---

1 - Ses étudiants l'appelaient le « robinet d'eau tiède » !
2 - De son vrai nom Mary Ann Evans.

érudition

bagage :

1775 Apprends tout, et tu verras que rien n'est superflu.
Hugues de Saint-Victor [1] *Didascalicon,* VI, 3 (début XIIe s.).

1776 Qui s'enseigne lui-même pourrait bien avoir un sot pour maître.
Saint Bernard de Clairvaux (1090-1153) ; *Lettres, LXXXIII.*

1777 Méfiez-vous des autodidactes, surtout lorsqu'ils se vantent de l'être !
Antonio Machado *Juan de Mairena (1936) ;* tr. Léon ; Gallimard.

1778 Les consommateurs de culture se recrutent désormais chez les inquiets et les éclopés de tout genre.
Bertrand Poirot-Delpech *Finie la comédie (1969) ;* Gallimard.

trousse de secours :

1779 Une bibliothèque est un hôpital pour l'esprit.
Inscription dans l'ancienne bibliothèque d'Alexandrie.

1780 Mais, comme les musées, les bibliothèques sont un refuge contre le vieillissement, la maladie, la mort.
Jean Grenier *La Vie quotidienne (1968) ;* Gallimard.

1781 Nul lieu n'offre de la vanité des espérances humaines une preuve plus frappante qu'une bibliothèque publique.
Samuel Johnson dans *The Rambler* [2] (1751).

1782 Il y a des gens qui ont une bibliothèque comme les eunuques ont un harem.
Victor Hugo.

1783 La connaissance est toujours un butin.
Maxime Gorki *Ma vie d'enfant (1913) ;* tr. Persky.

1784 La véritable école du commandement est dans la culture générale. [...] Au fond des victoires d'Alexandre, on retrouve toujours Aristote.
Charles de Gaulle *Vers l'armée de métier (1934) ;* Plon.

baise-en-ville :

1785 Il faut s'éprendre pour savoir.
Chahla Toussi dans *Anthologie de la poésie féminine mondiale ;* Saint-Germain-des-Prés.

1786 La culture classique commence à partir d'un million de revenus.
Friedrich Dürrenmatt *Frank V ;* tr. Porret ; L'Avant-Scène.

---

1 - On ne sait rien de sa vie si ce n'est qu'il mourut au monastère Saint-Victor de Paris en 1141.
2 - Samuel Johnson avait fondé ce périodique en 1750.

érudition

L'érudition est dans beaucoup de cas une forme mal déguisée de la paresse spirituelle, ou un opium pour endormir les inquiétudes intimes de l'esprit. 1787
Miguel de Unamuno *Essais;* tr. Albérès; Éd. Universitaires.

Ce que l'on sait, savoir qu'on le sait. Ce que l'on ne sait pas, savoir qu'on ne le sait pas : voilà le véritable savoir. 1788
Confucius *Livre des rites chinois.*

Presque tout ce qui caractérise l'humanité se résume par le mot culture. 1789
François Jacob *Le Jeu des possibles (1981);* Fayard.

cul-de-sac :
En d'aveugles ténèbres entrent 1790
Ceux qui se vouent au non-savoir;
En des ténèbres encore plus noires
Ceux qui du savoir se contentent.
Upanishads *(VIe – IIe s. av. J.-C.) Brihadâranyaka Upanishad;* tr. Daumal; Bharata; Gallimard.

On souffre de ne pas comprendre, on ne souffre pas de ne pas savoir. 1791
Robert Hollier *Marche ou crève, Carignan (1962);* Homme.

Le premier signe de l'ignorance, c'est de présumer que l'on sait. 1792
Baltasar Gracián *L'Honnête Homme.*

sac à dos :
Mon père, un brave homme, me disait : « Ne perds jamais ton ignorance; tu ne pourras pas la remplacer. » 1793
Erich Maria Remarque Interview, 1946.

Votre fils ne sait rien? Que vous êtes heureux, il ne citera pas! 1794
Ninon de Lenclos (1616-1706) *Lettres.*

C'est une bonne chose pour un homme peu cultivé de lire des dictionnaires de citations. 1795
Sir Winston Churchill.

caisse à outils :
Au dernier jour on ne vous demandera pas ce que vous avez su, mais ce que vous avez fait. 1796
Jean Gerson [1] (1363-1429) *L'Imitation de Jésus-Christ.*

1 - Chancelier de l'Université de Paris, il prit une part active au règlement du schisme.

ésotérisme

1797 Tout ce qui est important est ignoré.
Louis Pauwels *Blumroch l'admirable (1976);* Gallimard.

1798 Heureux qui a pu pénétrer les causes secrètes des choses.
Virgile *Les Géorgiques.*

1799 Il n'y a pas de porte et la clé n'est que ta perte.
Maro Markarian *Oublié* dans Ruben Melik *La Poésie arménienne;* tr. Delouze; Éd. Français Réunis.

la lettre volée :
1800 Peut-être le mystère est-il un peu trop clair, dit Dupin [1].
Edgar Allan Poe *Les Histoires extraordinaires;* tr. Ch. Baudelaire (1845).

solution page 25 :
1801 L'énigme vit aussi du vœu d'être percée.
Jean-Claude Renard *La Lumière du silence (1978);* Le Seuil.

1802 « On ne sait pourquoi » est la clef de voûte des systèmes les plus complexes destinés à justifier le monde.
Carlo Emilio Gadda *Saint Georges chez les Brocchi.*

1803 Le monde répond toujours à côté de toute question. Il convient donc de ne lui poser que des questions décalées.
Georges Olivier Chateaureynaud *La Fortune;* Grasset.

c'est cela :
1804 N'est-ce pas précisément cela « comprendre » ? Sentir qu'on saisit l'indéfinissable, l'indispensable.
Anne Lagardère *Molino, l'histoire (1979);* Mercure de France.

1805 Nul lieu n'est impénétrable pour quiconque est animé d'une foi sincère.
Précepte bouddhiste en épigraphe à : Père Huc *L'Empire chinois;* éd. du Rocher.

1806 Celui qui peut se soumettre aux mystères s'adjuge le pouvoir de les créer.
Marc Cholodenko *Cent chants à l'adresse de ses frères (1975);* Flammarion.

1807 On ne doit pas attendre de l'éclair une clarté qui permette la contemplation.
Roger Caillois *Les Impostures de la poésie;* Gallimard.

---

1 - Il s'agit de la *Lettre volée.*

Pour comprendre la prophétie, il faut la même grâce que 1808
pour l'énoncer.
Saint Grégoire le Thaumaturge [1] (mort vers 270).

Il y a un autre monde, mais il est dans celui-ci. 1809
André Comte-Sponville *Vivre (1988);* P.U.F.

espace

À l'origine des découvertes, il y a toujours un Eldorado, une 1810
route des Indes, une pierre philosophale, une question trop grande, un mythe dont seuls des illuminés osent parler sans sourire.
Roland Omnès article : *Conquête de l'espace* dans *Encyclopaedia Universalis.*

L'astronome aujourd'hui ne s'intéresse plus qu'à l'invisible. 1811
Béatrice Commengé *Le Ciel du voyageur (1989);* Gallimard.

Les calculs de mes ingénieurs sont formels : le projet est 1812
irréalisable. Il ne nous reste plus qu'une chose à faire : le réaliser.
Pierre Latécoère [2] cité par Marcel Jullian *Délit de vagabondage (1978);* Grasset.

L'homme de l'espace dont c'est le jour natal sera un milliard de 1813
fois moins lumineux et révélera un milliard de fois moins de choses cachées que l'homme granité, reclus et recouché de Lascaux, au dur membre débourbé de la mort.
René Char, texte affiche rédigé et placardé par le poète en 1959 à l'époque des premiers spoutniks.

Des hommes innombrables dans les airs, sur terre et sur mer, et 1814
tout ce qui se passe réellement, c'est ce qui m'arrive à moi.
Jorge Luis Borges.

E.T. :

La Vierge peut se présenter environnée de robes dorées, elle peut 1815
sourire aux petits enfants ; la technologie qui lui permet de se manifester n'en est pas moins identique à celle des dieux et des déesses d'autres lieux, et identique à la technologie des OVNI.
Jacques Vallée *Le Collège invisible (1975);* Albin Michel.

---

1 - Saint Grégoire le Thaumaturge était célèbre pour ses miracles. Certains sont curieux : rencontrant un jeune homme qui lui demandait de l'argent pour ensevelir son compagnon qui riait sous cape de la comédie et de l'aumône qui pourrait être extorquée, le saint jeta son manteau sur le prétendu mort qui mourut aussitôt pour de bon.
2 - Propos tenu avant de lancer la ligne d'Amérique du Sud.

satellite :

1816 Quand vous déciderez de prendre un bain de soleil, songez qu'un œil invisible vous regarde peut-être [1].
Pierre Kohler *Les Satellites maîtres du monde (1978) ;* Hachette.

la guerre des étoiles :

1817 L'espace extra-terrestre est en passe de devenir une base stratégique de premier plan.
Pierre Kohler *Les Satellites maîtres du monde (1978) ;* Hachette.

1818 L'espace et les corps célestes ne sont pas susceptibles d'appropriation nationale.
Décision de l'Assemblée générale des Nations unies, 20 décembre 1961, précisée le 13 décembre 1963 [2].

rencontres du troisième type :

1819 Les États parties au traité considéreront les astronautes comme les envoyés de l'humanité.
Traité de l'espace, article 5 (1967).

espoir

1820 Ce qui distingue l'homme de la bête, ce n'est pas l'intelligence, c'est la faculté d'espérer.
André Kédros *L'Absence à vif.*

1821 Le besoin d'espérer peut se transformer en une passion contraignante et dangereuse.
Manès Sperber *Au-delà de l'oubli ;* tr. E. Beaujon ; Calmann-Lévy.

1822 Il n'y a que ceux qui rêvent qui peuvent espérer se réveiller.
Seumas O'Kelly *La Tombe du tisserand ;* tr. Ch. Joseph-Trividic et J.-C. Loreau ; Aubier-Montaigne.

1823 C'est seulement à cause de ceux qui sont sans espoir que l'espoir nous est donné.
Walter Benjamin *Correspondance ;* tr. Petitdemange ; Aubier-Montaigne.

1824 L'espoir réside dans la faculté de se tromper.
Lewis Thomas *La Méduse et l'Escargot ;* tr. H. Denès ; Belfond.

1825 L'espérance ne trompe pas.
Père Pedro Arrupe (Général supérieur des jésuites) *Testament spirituel (1983)* [3].

---

1 - L'auteur rappelle que depuis la « petite boule d'aluminium poli de 58 cm de diamètre » dénommée Spoutnik I, environ 5 000 satellites ont été lancés, la plupart prenant aujourd'hui des photos d'une étonnante précision.
2 - Reprise dans *le Traité de l'espace* du 27 janvier 1967.
3 - Le Père Arrupe est mort en 1991.

Dans toutes les larmes s'attarde un espoir. 1826
Simone de Beauvoir *Les Mandarins (1954)*; Gallimard.

Réserver son jugement implique un espoir infini. 1827
Francis Scott Fitzgerald *Gatsby le Magnifique (1925)*; tr. Leona; Kra.

Espérons l'impossible, car c'est peut-être une bassesse que de 1828
mettre son espoir en lieu sûr.
Natalie Clifford Barney *Pensées d'une amazone*; Émile-Paul.

L'espérance ne serait-elle pas la preuve d'un sens occulte de 1829
l'Existence, une chose qui mérite qu'on lutte pour elle ?
Ernesto Sabato *Alejandra*; tr. Villard; Le Seuil.

L'espérance n'est ni réalité ni chimère. Elle est comme les 1830
chemins de la terre : sur la terre, il n'y avait pas de chemins; ils sont faits par le grand nombre de passants.
Lu Xun *Le Pays natal*; Rieder.

Il y a en chacun de nous des calculs que nous nommons 1831
espérance.
Platon.

Tu cesseras de craindre en cessant d'espérer. 1832
Sénèque *Lettre à Lucilius.*

Un homme grognon, grossier, original, silencieux, un homme 1833
mal dressé; voilà de l'espérance.
Henry David Thoreau *Journal*; tr. R. Michaud et S. David; Les Presses d'aujourd'hui.

Est (pays de l')

De quelle nationalité étaient Adam et Eve ? 1834
Soviétiques. Parce qu'ils vivaient nus, n'avaient qu'une pomme à se partager, et qu'ils se croyaient au paradis.
Viloric Melor *L'Arme du rire (1979)*; Ramsay.

Le sentiment national a fait basculer le communisme dans 1835
l'histoire des utopies mortes.
Hélène Carrère d'Encausse *La Gloire des nations (1990)*; Fayard.

1836 Quatre membres du BGPK nous accueillirent... Passeport, visas, tampons, fouille des bagages : tout fut réglé grâce à leur gentillesse en moins de douze heures[1].
Michel Antoine Burnier et **Patrick Rambaud** *Parodies (1977)*; Balland.

boussole :

1837 Un millier de fois, j'ai déjà parcouru Moscou du nord au sud, d'est en ouest... et jamais je n'ai vu le Kremlin.
Venedict Erofeiev *Moscou sur Vodka (1976)*; tr. A. Sabatier et A. Pingaud; Albin Michel.

1838 Venue inévitable d'un Spartacus russe.
Victor Hugo *Tas de pierres.*

1839 La Russie, c'est le Tsar ET le communisme.
Pierre Drieu La Rochelle, dans Pierre Andrieu et Frédéric Grover *Drieu la Rochelle (1979)*; Hachette.

1840 La Russie n'est pas un pays logique.
Lila Lounguina *Les Saisons de Moscou, 1933-1990,* racontées à Claude Kiejman (1991); Plon.

ange gardien :

1841 Au moment de la mort de Staline, due à une congestion cérébrale, son médecin personnel, le Pr Vinogradov, se trouvait à la Loubianka, enchaîné dans une cellule, où, sur ordre de Staline lui-même, on venait périodiquement le rouer de coups.
Michael Voslensky *La Nomenklatura[2], les privilégiés en U. R. S. S. (1980)*; tr. Ch. Nugue; Belfond.

1842 Le régime de l'Union soviétique est en réalité celui de l'État sans le peuple.
Jacques Huntzinger *Europes (1977)*; Ramsay.

1843 Un chef de secteur du Comité central... peut très bien vivre agréablement, travailler, se reposer, sans jamais avoir de contacts avec la population d'U. R. S. S.
Michael Voslensky[3] *La Nomenklatura, les privilégiés en U. R. S. S. (1980)*; tr. Ch. Nugue; Belfond.

1844 Dans tous les avions, dans tous les trains et dans tous les hôtels, un certain contingent de places est bloqué, en prévision de l'arrivée inopinée d'un haut fonctionnaire.
Michael Voslensky *La Nomenklatura, les privilégiés en U. R. S. S. (1980)*; tr. Ch. Nugue; Belfond.

---

1 - Il s'agit de la parodie d'un récit de voyage de Simone de Beauvoir et Jean-Paul Sartre en « Avanie populaire ».
2 - La Nomenklatura, « classe des exploiteurs de la société », compterait trois millions de personnes en incluant les familles (pour une population de plus de 260 millions d'âmes).
3 - Michael Volensky a quitté l'U. R. S. S. en 1972.

Est (pays de l')

Le réalisme socialiste :... Ce serait la façon de couvrir de louanges les membres du gouvernement sous une forme qu'ils sont capables de comprendre. 1845
L.V. Finkelstein dans 37e congrès du P. E. N. en 1970 *L'Humour dans la littérature de l'Orient et de l'Occident.*

Qu'un intellectuel soviétique arrive à placer son fils à l'université tout de suite après l'école, et sans aucun piston, c'est bien plus impressionnant qu'un lieutenant corse qui devient empereur de France. 1846
Alexandre Zinoviev *L'Avenir radieux (1978)*; tr. W. Berelowitch; L'Âge d'Homme.

Ce qu'il y a de meilleur dans la littérature soviétique, c'est le lecteur. 1847
Boutade moscovite.

comme tu dis :
Les grands peuples se reconnaissent à la qualité de leurs dissidents. 1848
Jean Edern Hallier *Bréviaire pour une jeunesse déracinée*; Albin Michel.

purgatoire :
Qu'est-ce que le goulag ? Les lumières moins la tolérance. 1849
Bernard Henri Lévy *La Barbarie à visage humain (1977)*; Grasset.

Je ne crois pas en Dieu, mais à lire le Goulag je crois au Diable. 1850
Maurice Clavel *Deux siècles chez Lucifer (1978)*; Le Seuil.

la lutte des chastes :
La Russie bouillonne de christianisme insatisfait, c'est le seul pays où une révolution chrétienne soit imaginable. 1851
Vladimir Volkoff *Le Retournement (1979)*; Julliard.

Le peuple soviétique a au moins deux composantes : les Soviétiques et les musulmans soviétiques. 1852
Hélène Carrère d'Encausse *L'Empire éclaté (1979)*; Flammarion.

La tragédie russe a ceci de spécifique que d'abord elle suscite le rire, ensuite l'horreur, et enfin une indifférence obtuse. 1853
Alexandre Zinoviev *L'Avenir radieux (1978)*; tr. W. Berelovitch; L'Âge d'Homme.

action de grâces :
Le plan de cinq ans : refusant d'importer les bretelles américaines, les Urssiens soutiennent leur pantalon avec une main. Tous les cinq ans, ils changent de main. 1854
Cavanna *La Grande Encyclopédie bête et méchante*; Albin Michel.

En Russie, la démocratie ouvrirait la porte à la barbarie. 1855
Anatolie Rybakov *Les Enfants de l'Arbat*; tr. A. Robichon-Stretz, L. et J. Cathala (1988); Albin Michel.

Prolétaires de tous les pays, unissez-vous ou je tire ! 1856
Dessin satirique tchèque (1968).

Yougoslavie :

1857 Personnage sans aucun talent, Tito n'eut qu'une seule dimension : la politique.
Milovan Djilas *Tito, mon ami, mon ennemi (1980)*; Fayard.

1858 S'il n'y avait pas de Pologne, il n'y aurait pas de Polonais.
Alfred Jarry *Ubu roi (1888).*

1859 En Russie comme on doit, en Pologne comme on veut.
Proverbe polonais.

1860 On demandait à un ambassadeur polonais comment il conciliait son catholicisme et son communisme : « C'est bien simple, le catholicisme, j'y crois sans le pratiquer et le communisme, je le pratique sans y croire. »
Julien Cheverny *Propos de mauvais goût (1976)*; Ramsay.

1861 Ce qu'il y avait de bien dans le socialisme, c'est que l'on n'y travaillait pas trop : il faudrait essayer de garder cela.
Propos de **Lech Walesa** cité par Guy Sorman *Sortir du socialisme (1990)*; Fayard.

État

1862 L'État est l'organisation spéciale d'un pouvoir : c'est l'organisation de la violence destinée à mater une certaine classe.
Lénine *L'État et la Révolution* [1] *(1917)*; Éd. Sociales.

1863 Tout État se doit de créer une utopie lorsqu'il a perdu le contact avec le mythe.
Ernst Jünger *Héliopolis (tr. 1975)*; Bourgois.

crochets :

1864 L'État, c'est la grande fiction par laquelle tout le monde s'efforce de vivre aux dépens de tout le monde.
Frédéric Bastiat [2] *Harmonies économiques (1850).*

---

1 - Écrite en Finlande dans l'été 1917, la brochure esquisse ce que sera la dictature du prolétariat dès la prise du pouvoir.
2 - Bastiat s'est toujours vigoureusement attaqué au pouvoir de l'État : « L'action gouvernementale est essentiellement bornée à faire régner l'ordre, la sécurité, la justice. En dehors de cette limite, elle est usurpatrice de la conscience, de l'intelligence, du travail, en un mot, de la liberté humaine. » (Pétition des fabricants de chandelle).

État

L'État, c'est la providence des gens sans état. 1865
*Journal d'***Aimée de Coigny,** la « jeune captive » [1], prés. A.M. Grangé ; Lib. acad. Perrin.

Ayez l'armée de votre politique ou la politique de votre armée ! 1866
Paul Reynaud à la Chambre des députés, cité dans Alfred Sauvy *La Vie en plus (1981) ;* Calmann-Lévy.

grimage :
L'État se nomme toujours patrie, quand il prépare un assassinat. 1867
Friedrich Dürrenmatt *Romulus le Grand (1956) ;* tr. Porret ; L'Avant-Scène.

Il y a État tribal quand la notion même de corruption est admise 1868
comme une nécessité.
Philippe de Villiers dans *Valeurs actuelles,* 3 décembre 1990.

mixage :
Si les locomotives étaient conduites comme l'État, le machiniste 1869
aurait une femme sur les genoux.
Alain *Propos de politique (1934) ;* P.U.F.

marionnettes :
L'État ne poursuit jamais qu'un but : limiter, enchaîner, assujettir 1870
l'individu, le subordonner à une généralité quelconque.
Max Stirner [2] *L'Unique et sa propriété (1845).*

La raison d'État, c'est des tas de raisons. 1871
Coluche sur *Europe 1.*

Lorsque, dans une société, la force organisée n'est nulle part, le 1872
despotisme est partout.
Louis Blanc *Organisation du travail* [3] *(1839).*

ombres chinoises :
L'ordre est une tranquillité violente. 1873
Victor Hugo.

J'aime mieux une injustice qu'un désordre. 1874
Johann Wolfgang Goethe *Le Siège de Mayence ;* tr. Schmittlein ; Art et Science.

Le désordre est bien puissant quand il s'organise. 1875
André Suarès *Idées et Visions ;* Émile-Paul.

Un État qui n'a pas les moyens d'effectuer des changements n'a 1876
pas les moyens de se maintenir.
Edmund Burke (1729-1797).

---

1 - La jeune captive idéalisée par André Chénier à la prison Saint-Lazare, en 1794, échappa à la guillotine, en même temps que son amant, M. de Montrond.
2 - Stirner souhaitait que l'on ajoutât au « Connais-toi toi-même » la formule : « Fais-toi valoir toi-même ».
3 - Cette brochure fut d'abord publiée dans la *Revue du progrès.*

1877 L'existence d'un État ne peut jamais être tenue pour acquise.
Emmanuel Terray cité par Claude Tardits *Princes et Serviteurs du royaume (1987);* Coll. Sociétés africaines, n° 7, Société d'ethnographie.

éternité

un... deux... trois :

1878 L'éternité, l'éternité, laissez-moi compter jusqu'à 10.
Louis Aragon *Bulletin Dada n° 6,* matinée du 5 février 1920.

1879 La pendule indique le moment, mais qu'est-ce qui indique l'éternité ?
Walt Whitman *Feuilles d'herbe (1855-1892)*[1]; tr. Bazalgette; Mercure de France.

1880 Les horloges mécaniques, effrayants symboles du temps qui s'écoule,... sont peut-être l'expression la plus gigantesque dont soit capable un sentiment historique de l'univers.
Oswald Spengler *Le Déclin de l'Occident (1923);* tr. Tazerout; Gallimard.

1881 Une petite aiguille mesure notre temps. Elle trottine comme si elle mesurait les secondes alors qu'elle indique Dieu sait quoi chaque fois que, froidement et sans arrêt, elle franchit son point culminant.
Thomas Mann *La Montagne magique (1924);* tr. Betz.

quelle heure est-il ?

1882 C'est toujours maintenant et à chaque heure toujours.
Octavio Paz *Mise au vent;* tr. R. Caillois; Gallimard.

1883 La faim de Dieu, la soif d'éternité et de survie, étouffera toujours cette pauvre joie de vivre qui passe et ne demeure point[2].
Miguel de Unamuno *Du sentiment tragique de la vie (1913);* tr. Faure-Baulieu; Gallimard.

martyrs moins le quart :

1884 Le temps des chrétiens est le prix de l'éternité.
Madame de Lambert *Traité de la vieillesse.*

1885 Immensité dit l'être, éternité dit l'âme.
Victor Hugo *Les Contemplations.*

---

1 - La première édition ne comptait que douze poèmes, publiés à compte d'auteur. La neuvième et dernière comptait plusieurs ouvrages.
2 - Cette « faim d'immortalité » est celle d'Unamuno lui-même : « Soif d'amour éternisant et éternel ! être toujours ! être Dieu ! ».

Toute chose est périssable, hormis sa Face[1]. 1886
Coran, XXVIII, 88.

[...] Captez l'appel des voix lointaines 1887
Votre écho : le premier mot fut dit par vous.
Pierre Seghers *Le Temps des merveilles (1938-1978);* Éd. Seghers, 1978.

qu'est-ce que cent ans ?
Qu'est-ce que mille ans, puisqu'un seul moment les efface ?[2] 1888
Jacques-Bénigne Bossuet *Sermon sur la mort (1662).*

Il vaut mieux ne pas jouer le rôle du temps, il travaille mieux que nous. 1889
Vassili Kandinsky *Lettre* à Herwarth Walden, novembre 1913.

[...] On avait coutume chez nous de le remettre à « demain », cette date favorite de tous les faibles qui se consolent à l'idée que « demain » veut généralement dire « jamais ». 1890
Fritz Zorn *Mars (1979);* Gallimard.

À long terme, la réalisation d'un événement improbable tend vers la certitude. 1891
Jean Largeault *Énigmes et Controverses (1980);* Aubier-Montaigne.

beauté fatale :
Celui dont les yeux ont une fois contemplé la beauté est déjà voué à la mort. 1892
Karl August von Platen *Tristan (1656).*

On ne meurt qu'une fois, et c'est pour si longtemps ! 1893
Molière *Le Dépit amoureux.*

Nous savons que nous sommes provisoires et qu'après nous rien ne viendra qui vaille la peine qu'on en parle. 1894
Bertolt Brecht *Du pauvre B.B.*[3] *(1921)* dans Bernard Dort *Lecture de Brecht;* Le Seuil.

S'il est difficile de vivre, il devient de plus en plus impossible et inefficace de mourir. 1895
Antonin Artaud *Suppôts et Suppliciations (1947);* Gallimard.

L'immortalité peut être bien mesquine. 1896
Roque Dalton *Taberna y otros lugares (1969)* dans G. de Cortanze *America libre (1976);* Seghers.

L'immortalité est inutile : avoir vécu suffit. 1897
Raymond Ruyer *Question de...,* n° 31, 1979.

---

1 - S'agit-il de la Face de Dieu, ou de la Face impérissable de toute chose, ou probablement des deux à la fois ?
2 - Et voici que vous avez fait mes jours mesurables, et ma substance n'est rien devant vous (Ps. XXXVIII, 6).
3 - Le « Pauvre B.B. » clôt le recueil des *Sermons domestiques.*

1898 L'Homme est Éternité... le temps est comme l'Éternité, l'Éternité comme le temps.
Angelus Silesius [1] *Le Pèlerin chérubinique, Mystique de l'intériorité;* tr. et éd. H. Plard.

1899 En vérité, Origine et retour à l'Origine ne sont que l'Être divin.
Lahidji dans D. Shayegan *Hindouisme et soufisme (1979);* Différence.

1900 Il est puéril de se demander où vont les choses et les mondes. Ils ne vont nulle part et ils sont arrivés.
Maurice Maeterlinck *La Vie des abeilles (1901).*

Line Renaud :
1901 Je dis toujours adieu et je reste.
Vicente Huidobro *Altazor (1976);* Champ Libre.

être

à demain :
1902 Exister, c'est insister.
Ben Salem Himmich, poème dans *Littérature de langue française hors de France;* F.I.P.F.

1903 Être ce que nous sommes et devenir ce que nous sommes capables de devenir, tel est le seul but de la vie.
Robert Louis Stevenson (1850-1894), pensée.

1904 Les gens ne devraient pas toujours tant réfléchir à ce qu'ils doivent faire, ils devraient plutôt penser à ce qu'ils doivent être.
Maître Eckhart (1260-1327).

1905 Je pense afin de continuer à être.
Joë Bousquet *Papillon de neige* (journal 1939 à 1942); Verdier.

où suis-je ?
1906 La vie est une chose très compliquée. Et toute la question d'être ou de ne pas être consiste à s'y retrouver dans ce fouillis.
Ivan Olbracht *Gollet dans la vallée (1937).*

1907 Il y a cette immense liberté de l'animal, enfermé certes dans les limites de son espèce, mais vivant sans plus sa réalité d'être, sans tout le faux que nous ajoutons à la sensation d'exister.
Marguerite Yourcenar *Les Yeux ouverts;* Centurion.

---

1 - Ce mystique allemand, mort en 1677, put s'écrier : « Je ne crois pas à la mort. »

malaise :
Si je ne suis pas pour moi, qui le sera ? Et si je suis pour moi, 1908
qui suis-je ?
Talmud *Pirké Aboth.*

Nous venons trop tard pour les dieux et trop tôt pour l'Être. 1909
L'homme est un poème que l'Être a commencé.
Martin Heidegger *Questions ;* Gallimard.

Europe

Beaucoup de sang et de larmes ont été versés en Amérique 1910
latine, mais peut-être moins que dans notre Europe, de l'Ouest comme de l'Est, si fière de sa raison, de sa science et de sa richesse.
Alain Touraine *La Parole et le Sang (1988) ;* éd. Odile Jacob.

Aujourd'hui, en Europe, aucun changement radical ne peut se 1911
produire à moins de cent millions de morts.
Pierre Gaspar *L'Arche (1971) ;* Gallimard.

L'Europe ça n'existe pas, ça n'a jamais existé. 1912
Jacques Attali *Cadmos* (été 1981).

L'Europe des nations piétine, mais celle des virus est faite. 1913
Jérôme Deshusses *Délivrez Prométhée ;* Flammarion.

L'Europe c'est fini, n-i ni. 1914
Mario de Andrade *Macounaíma (1928) ;* tr. J. Thiérot ; Flammarion.

L'Europe deviendra-t-elle ce qu'elle est en réalité, c'est-à-dire : un 1915
petit cap du continent asiatique ?
Paul Valéry *Variété : La crise de l'espoir (1924) ;* Gallimard.

Allemagne :
On m'accuse de ne pas aimer l'Allemagne. Comme c'est injuste ! 1916
Moi qui n'ai jamais été aussi heureux que depuis qu'il y en a deux !
François Mauriac propos rapporté par Jean Egen *Un mur entre deux mondes (1978) ;* Denoël.

Mon enfance a coïncidé avec le règne du Kaiser, mon activité 1917
sportive avec Weimar, mon mariage avec Hitler et ma vieillesse avec la R.D.A. Je ne sais plus où donner de la tête [1].
Einar Schleef *Gertrude (1964)* de Carl Dreyer.

---

1 - Il mourra en Allemagne.

1918 L'Allemagne possède une curiosité anatomique : elle écrit de la main gauche et agit de la main droite.
Kurt Tucholsky *Apprendre à rire sans pleurer (1974)*; tr. E. Philippoff et J. Brejoux; Aubier.

1919 Les Allemands sont des cons; moi aussi; je veux mourir avec eux.
Pierre Drieu La Rochelle [1] dans Dominique Desanti *Drieu La Rochelle ou le Séducteur mystifié (1978)*; Flammarion.

1920 Le Français, si amoureux des femmes, se passe très bien d'elles dans une multitude de soins et de travaux; l'Allemand ne peut vivre sans sa compagne.
François René de Chateaubriand *Mémoires d'outre-tombe (1850).*

Espagne :

1921 L'Espagne n'est pas un jardin, ni l'Espagnol un jardinier. L'Espagne est une planète où les roses sont des ânes pourris.
Salvador Dali *La Vie secrète de Salvador Dali (1979)*; adaptation Michel Déon; Gallimard.

1922 Franco n'a jamais été fasciste... Sa philosophie fut celle de la Castille... où le rire et l'amour étaient proscrits au nom de l'honneur [2].
Michel del Castillo *Le Sortilège espagnol*; Julliard.

1923 Les amants ne sont, à vrai dire, ici à Madrid, que des maris autorisés par l'Église [3].
Prosper Mérimée *Lettres à une inconnue.*

1924 Ils sont les premiers hommes du monde pour mourir de langueur sous la fenêtre de leurs maîtresses, et tout Espagnol qui n'est pas enrhumé ne saurait passer pour galant.
Montesquieu *Lettres persanes (1721).*

Portugal :

1925 N'oublions jamais que, vus de Paris, de Berlin ou de Moscou, nous serons toujours les derniers du continent.
Christian Rudel *La Liberté couleur d'œillet (1980)*; Fayard.

Italie :

1926 Les Italiens sont des Français de bonne humeur.
Jean Cocteau *Maalesh (1950)*; Gallimard.

1927 Ce qu'il y a de singulier dans le caractère des Italiens, c'est que leur conscience morale ne se manifeste qu'en présence du sang, car ils subordonnent tout au respect de la vie.
Curzio Malaparte préface à *Sang (1937)*; tr. R. Novella; Éd. du Rocher.

---

1 - Directeur de la *Nouvelle Revue française* sous l'Occupation, Drieu La Rochelle prévit la ruine du Reich mais il refusa de changer de camp et se suicida à la Libération.
2 - Né en Galice, Francisco Franco entra, à quinze ans, à l'Académie d'infanterie de Tolède, en Nouvelle Castille.
3 - C'est en Espagne, vers 1830, que Mérimée a rencontré, à la sortie de la cigareria de Séville, la jeune Carmen. Et c'est à Madrid qu'il fit la connaissance des Montijo.

Regardant par la fenêtre un bateau de guerre italien, Hitler vit 1928
avec stupéfaction flotter aux mâts, à la place des habituels pavillons, tout un déploiement de chemises et de sous-vêtements de marins.
John Toland *Adolf Hitler (1978);* tr. Léo Dilé ; Pygmalion.

Suisse :
Si l'Égypte est un don du Nil, la Suisse est un don des Suisses à 1929
eux-mêmes.
Louis-Albert Zbinden *La Suisse (1955);* Le Seuil.

Le Suisse naît, vit et meurt dans le voile opaque de la castration. 1930
Claude Jacquillard *Requiem pour une révolution perdue (1978);* L'Aire.

Genève... pas un vit sur les murs, ils sont sans doute dans le con 1931
des femmes, si l'on peut appeler con cette machine à faire des horlogers.
Théophile Gautier *Lettre à la Présidente,* octobre 1850.

Expérience

Je sais bien, mais quand même. 1932
Octave Mannoni *Clefs pour l'imaginaire (1969);* Le Seuil.

L'expérience ressemble aux cure-dents : personne ne veut s'en 1933
servir après vous.
Roland Dorgelès *Le Château des brouillards (1932);* Albin Michel.

Il est possible que tous les faux pas conduisent à un bien 1934
inestimable.
Johann Wolfgang Goethe *Annales (1830);* tr. Richelot ; Hetzel.

rétroviseur :
Vivre, c'est voir toutes les bêtises qu'on a faites la veille. 1935
José Guimaraes-Rosa *Hautes Plaines;* Le Seuil.

[...] L'expérience consiste en intensité, non en durée. 1936
Thomas Hardy *Tess d'Uberville (1891);* tr. Rolland ; Je sers.

renaissances :
Plus souvent on meurt, plus intensément on vit. 1937
Max Beckmann lettre dans Michel Ragon *L'Expressionnisme;* Rencontre.

Qu'on sache donc que les faits furent ce que je les dis, mais 1938
l'interprétation que j'en tire, c'est ce que je suis devenu.
Jean Genet *Journal du voleur (1949);* Gallimard.

f

faim

1939 Je suis très honteux de l'avouer, mais j'ai bêtement faim.
Lettre de **Claude Debussy** à un ami.

1940 J'ai faim, dit Anton à haute voix, et il comprit qu'il avait peur.
Michel Demuth *Les Galaxiales;* J'ai Lu.

1941 Dans les cantines scolaires... j'ai vu des enfants de quatre ans ingurgiter des maquereaux au vin blanc, de la galantine grasse, des saucisses aux lentilles, des steaks hachés douteux, sans parler des légumes, purées grises, haricots secs, riz collé, pâtes nature et en bouillie.
Gault et **Millau** *Garçon, un brancard!;* Grasset.

1942 L'histoire du petit Arabe qui avait appelé son mouton préféré « Méchoui ».
Jacques Meunier *Les Enfants de Bogota;* J.-C. Lattès.

1943 Si un homme mange une fois par jour, c'est un moine; s'il mange deux fois par jour, c'est un homme charnel; et s'il mange

trois fois par jour, c'est une bête.
Pères du Désert (IVe s.) Collectio monastica, 14, 1 ; texte éthiopien ; tr. Régnault.

L'estomac compense le cœur. 1944
Roland Topor *Portrait en pied de Suzanne ;* Balland.

Le véritable chemin pour toucher le cœur d'un homme passe par 1945
son estomac.
Proverbe chinois.

On s'aperçoit qu'on a un estomac bien avant de se douter qu'on 1946
a une âme.
Pierre Reverdy *Le Gant de crin (1927) ;* Plon.

C'est vrai que je suis épais comme un sandwich - S.N.C.F. 1947
Renaud *Marche à l'ombre ;* Domino Music.

Face à la nourriture, le corps ne sait rester neutre ; il est prêt à 1948
toutes les folies, à toutes les fantasmagories, et la mort ne lui fait plus peur.
Noëlle Chatelet *Le Corps à corps culinaire ;* Le Seuil.

famille

La désintégration de l'at home. 1949
Colorado, au 30e Salon de la Jeune Peinture, 1979.

théorème :
L'amour s'est introduit dans la famille à une époque où elle 1950
montrait déjà des signes de décomposition.
Suzanne Brögger *Et délivrez-nous de l'amour (1978) ;* Belfond.

Famille, talon d'Achille. 1951
Nicole Ward Jouve *L'Entremise (1980) ;* Des Femmes.

La première moitié de notre vie est gâchée par nos parents et la 1952
seconde par nos enfants.
Clarence Darrow (1857-1938) *Aphorisme.*

Agamemnon :
La conjonction de deux périls – la famille et l'armée – peut être 1953
redoutable.
Jean d'Ormesson *Dieu, sa vie, son œuvre (1981) ;* Gallimard.

Où le nid commence, finit 1954
Justement l'oiseau.
Rachel Boimwol dans Charles Dobzynski *Le Miroir d'un peuple (1971) ;* Gallimard.

1955 C'est effrayant de vivre avec des gens qui vous connaissent. Ils vous empêchent de changer en ne s'apercevant pas que vous êtes un autre.
Robert Charbonneau *Ils posséderont la terre (1970)*; Fidès.

et moi, et moi, et moi :
1956 Mon plus proche parent, c'est moi-même.
Térence (v. 190-159 av. J.-C.) *Andria, 637*[1].

Œdipe :
1957 Trop de parenté, ça rend parfois orphelin.
Jacques Ferron *Les Roses sauvages.*

poupée russe :
1958 Moi, Antonin Artaud, je suis mon fils, mon père, ma mère et moi.
Antonin Artaud *Suppôts et Suppliciations (achevé en 1947)*; Gallimard.

1959 L'individu devient schizophrène en partie à cause d'un effort continu – largement ou totalement inconscient – de la part des personnes importantes de son entourage pour le rendre fou.
Harold Searles *L'Effort pour rendre l'autre fou (1978)*; Gallimard.

1960 MADAME DE CÉRAN – Une enfant naturelle !
LA DUCHESSE – Naturelle ! Eh bien quoi ? naturelle ! Est-ce que tous les enfants ne sont pas naturels ?
Edouard Pailleron *Le Monde où l'on s'ennuie*; Calmann-Lévy.

1961 La vie était dure pour elle ; et elle ne cessait de s'en plaindre sur un ton nullement plaintif, amusé plutôt : son père était l'ivrogne du village ; sa mère, une dévote hystérique ; son frère aîné Paolo, qu'elle adorait pourtant, la battait toutes les semaines[2].
Truman Capote *Les chiens aboient (1977)*; Gallimard.

Clytemnestre :
1962 La famille, c'est le sang.
Guyette Lyr *La Fuite en douce (1977)*; Mercure de France.

1963 Parfois j'ai la visite d'un prêtre défroqué qui désire se marier avec un séminariste dissident... L'année dernière, j'ai caché deux mois des extrémistes japonais. Ils avaient tué leur mère au cours d'un long rituel qui a pour but la destruction de la cellule familiale... Des types exquis[3].
Pascal Jardin *La Bête à bon Dieu (1980)*; Flammarion.

1964 La famille où, souvent, personne ne parle à personne, où il arrive que n'y règnent ni la loi civile, ni l'amour ou l'affection, mais la force ou le mépris.
Laura Nosmas *Les Partages de minuit (1980)*; Flammarion.

---

1 - *Andria* est la première des six comédies de Térence.
2 - La scène se passe en Sicile.
3 - Les propos sont prêtés à l'actrice Sarah Greenwood, lors d'une visite du Nain jaune.

Caïn :
L'on hait avec excès lorsque l'on hait un frère. 1965
Jean Racine *La Thébaïde*[1] *(1664).*

[...] En vérité, la « lutte » à laquelle pensait Darwin, cette lutte 1966
qui fait progresser l'évolution, est en premier lieu une concurrence entre proches parents.
Konrad Lorenz *L'Agression (1969) ;* Flammarion.

Familles, je vous ai[2]. 1967
Hervé Bazin *Ce que je crois (1977) ;* Grasset.

Quelle chose étrange qu'une famille ! Une réunion fortuite de 1968
gens étrangers, une association absurde.
Alberto Savinio[3] *Toute la vie (1975) ;* tr. N. Frank ; Gallimard.

Que tous les excès de langage soient possibles en famille donne 1969
l'envie de connaître un milieu où tout ne peut pas se dire.
Robert Mallet *Apostilles (1972) ;* Gallimard.

Quand vous n'aurez, chère maman, que des soupers de vieux 1970
paillards à faire, ne me choisissez pas, je vous prie. Il faut être patinée et tracassée par ces vieilles figures, à qui il faut branler pendant un temps infini un priape qui a plutôt l'air d'un parchemin plissé que d'un membre humain. On n'a aucun agrément et une peine extrême... Votre chère enfant.
Correspondance de **Madame Gourdan.**

Qui ne hait son père, sa mère, ses enfants et jusqu'à sa propre 1971
vie ne peut être mon disciple.
Évangile selon **saint Luc.**

Je ne peux m'empêcher de penser à la réunion, chez mon 1972
notaire, de mes différents héritiers et à la bagarre qui s'ensuivra.
Georges Simenon *Dictées autobiographiques (1976).*

fantasme

Les hommes sont ces créatures qui ont deux jambes et huit 1973
mains.
Jayne Mansfield.

---

1 - Première pièce et premier échec de Racine.
2 - Parodie du célèbre « Familles, je vous hais ! foyers clos ; portes refermées » ; d'André Gide, *Les Nourritures terrestres* (Gallimard).
3 - Frère cadet du peintre Giorgio de Chirico.

1974 Si je voulais qu'ils fussent beaux, policiers et voyous, c'est afin que leurs corps éclatants se vengeassent du mépris où vous les tenez.
Jean Genet.

1975 Nos chimères sont ce qui nous ressemble le mieux.
Victor Hugo *Les Misérables (1862).*

tu aimes ?

1976 Ce qu'il y a de terrible chez nous, humains, c'est que nous ne pouvons être que d'un seul sexe et que nous ne pouvons que fabuler les plaisirs et les désirs de l'autre sexe. C'est pour cela que les hommes et les femmes ne se comprennent jamais.
Françoise Dolto *Lorsque l'enfant paraît, t. II (1978);* Le Seuil.

1977 Pour moi, chaque fois qu'il m'arrive de me trouver en face d'un porteur d'armes, je suis un peu surpris qu'il ne me passe pas à travers le ventre le sabre que la République lui a confié, tant l'étude de l'histoire et l'observation du monde me persuadent que ce geste est naturel à l'homme.
Anatole France dans *Le Figaro,* 11 avril 1900.

1978 D'une arme ambiguë soudain ell' me transperce.
Je pousse un cri aigu, elle me berce.
Jean-Loup Dabadie chanté par Patrick Juvet, *Rêves immoraux;* éditions You You Music, Sidonie, April Music et Repère.

encore !...

1979 Les obsédées sexuelles ne font aucun effort pour changer.
Alberto Girri *Casa de la Mente;* Action Poétique.

1980 À voir comment se sont toujours passées les choses entre les femmes et moi, j'en arrive à me demander si je ne leur préfère pas les rêves que souvent elles m'inspirent.
Jean Freustié *Les Collines de l'est (1967);* Grasset.

1981 Les excès dans la vie sexuelle sont un signe de dégénérescence bourgeoise.
Lénine *Lettre à Clara Zetkin* [1]; Éd. Sociales.

1982 Le psychanalyste dit à son patient qu'il n'a aucune raison d'être honteux de ses fantasmes et de ses sentiments... Et pourtant quand ce patient se comporte trop ouvertement dans la société en agissant sur la base de ses fantasmes, il y a beaucoup de chances pour que le psychanalyste juge alors ce comportement comme irresponsable et autodestructif, ce qu'il est presque à coup sûr.
Bruno Bettelheim *Survivre (1979);* tr. T. Carlier; Laffont.

1983 C'est sans doute l'esprit qui souille la chair.
Bernard Noël *Le Château de Cène (1975);* J.-J. Pauvert.

---

1 - On se demande si Clara Zetkin, révolutionnaire et féministe convaincue, amie de longue date de Lénine avait mérité cette lettre !

En amour, il n'y a que les commencements qui soient 1984
charmants ; c'est pourquoi on trouve du plaisir à recommencer souvent.
Prince de Ligne[1] *Mélanges (1811).*

L'amour physique est la clef de presque toutes les vies. On le 1985
sait, on n'ose le dire, de peur de passer pour un obsédé sexuel.
Jacques de Bourbon-Busset *L'Amour durable (1973);* Gallimard.

Parfois ce que je désire et ce que je ne désire pas se font tant de 1986
concessions qu'ils en viennent à se rassembler.
Antonio Porchia *Voix;* tr. Prunier ; Fayard.

Viens, ma chérie, aime-moi comme tu aimerais un nègre. 1987
James Baldwin *Face à l'homme blanc (1968);* Gallimard.

Étant donné l'image sexuelle des Noirs, où trouvent-ils le temps 1988
d'écrire des spirituals ?
Godfrey Cambridge dans *Esquire,* 1964.

J'ai un faible pour les négresses au dos luisant comme un boa. 1989
Claude Nougaro *Des goûts et des couleurs.*

Beautés mûres ou non, novices ou professes, 1990
Et ne vivre plus qu'en vos fentes et vos raies.
Paul Verlaine *Ouvertures, Œuvres libres ;* Baudouin, 1979.

fantôme

L'humanité se compose de plus de morts que de vivants. 1991
Attribué à **Auguste Comte.**

fantômes à vendre :
Croyez-vous aux fantômes ? Non, mais j'en ai peur. 1992
Madame du Deffand[2] (1697-1780) citée par Roger Caillois *Obliques ;* Stock.

Bien sûr, je ne crois pas aux fantômes... Les morts n'en sont pas 1993
moins, bien souvent, bien étranges.
Emmanuel Berl *Présence des morts (1956);* Gallimard.

---

1 - « Prince charmant » des cours européennes, il fut le compagnon de chevauchées (?) de Marie-Antoinette, et l'un des favoris de Catherine II qui voyait en lui « une tête originale qui pense profondément et fait des folies comme un enfant ».
2 - Elle ne se couchait jamais avant minuit : « Dites-moi pourquoi, détestant la vie, je redoute la mort... Y a-t-il un autre monde où nous aurons un rôle à jouer ? Comment croit-on ce que l'on ne comprend pas ? ».

1994 Ceux qui voient les fantômes sont généralement des personnes calmes et terre-à-terre qui n'y croient pas.
Edith Wharton *Grain de grenade,* tr. F. Lévy-Paoloni (1990); Terrain vague.

1995 Un joyeux fantôme fait un triste invité.
Alain Dag Naud.

1996 De nos jours
Y'a des fantômes même en plein jour.
Michel Berger *Les Accidents d'amour;* P. E.-M. Colline.

illusion tragique :

1997 Le seul bruit de mon nom renverse les murailles,
Défait les escadrons, et gagne les batailles.
Pierre Corneille *L'Illusion comique (1635-1636).*

1998 Mieux vaut ne pas s'approcher trop tôt des immobilités éternelles.
Marguerite Yourcenar *L'Œuvre au noir (1968);* Gallimard.

fatalité

1999 Qui dit instant dit instant fatal... il suffit d'un instant pour détruire, pour jouir, pour tuer, pour se faire tuer.
Jean-Paul Sartre.

2000 Comment s'étaient-ils rencontrés ? Par hasard, comme tout le monde. Comment s'appelaient-ils ? Que vous importe ? D'où venaient-ils ? Du lieu le plus prochain. Où allaient-ils ? Est-ce qu'on sait où l'on va ?
Denis Diderot *Jacques le Fataliste (1796).*

2001 Niaiserie d'une époque où chacun cherche les événements dans le journal au lieu de les voir sur sa route.
Joë Bousquet *Lettres à Stéphane et à Jean (1975);* Albin Michel.

2002 J'ai mal vécu les accidents qui ont coûté la vie à mes copains. C'est banal, mais ce sont souvent les plus sympa qui prennent, jamais les enculés.
Jacques Laffite à *Libération,* 1991.

2003 C'est l'événement qui a tort.
Maurice Clavel *Qui est aliéné ? (1979);* Flammarion.

fatalité

M[E] Snyder : Pourquoi avez-vous tué Benny Buschnell ? GILMORE : Eh bien, j'ai eu l'impression qu'il n'y avait aucun moyen de pouvoir éviter ce qui se passait, qu'il n'y avait pas d'autre solution, pas de possibilité pour M. Buschnell. C'était quelque chose, vous comprenez, qu'on ne pouvait pas arrêter [1]. 2004
Norman Mailer *Le Chant du bourreau (1980)*; tr. Jean Rosenthal; Laffont.

Rien ne sert de rien, cependant tout arrive. 2005
Georges Perec *La Vie mode d'emploi.*

Tout arrive par nécessité. 2006
Al-Kindi (IXe s.) [2], Thèse condamnée en 1270, et citée dans le *De erroribus philosophorum.*

Je ne crois pas à la fatalité ni au destin; en tant que technicien j'ai l'habitude de m'en tenir au calcul des probabilités. 2007
Max Frisch *Homo faber (1961)*; tr. Ph. Pilliod; Gallimard.

Le présent serait plein de tous les avenirs si le passé n'y projetait déjà une histoire. 2008
André Gide.

Comme la prière, la splendeur et la beauté sont des moyens prophylactiques pour conjurer le mauvais sort. 2009
Ivan Cloulas *Catherine de Médicis (1979)*; Fayard.

La ciguë n'est pas moins fortuite que le Parthénon. 2010
André Malraux *L'Homme précaire et la Littérature (1977)*; Gallimard.

On ne veut jamais que son destin. 2011
Thomas Mann *La Montagne magique (1924).*

Je crois en un destin qui frappe les hommes s'ils ne font rien. 2012
Gilbert Keith Chesterton.

En fin de compte, j'ai été tout ce qu'il fallait être, mais jamais au bon moment. 2013
Alexandre Wat *Mon siècle. Confession d'un intellectuel européen*; tr. G. Conio et J. Lajarrige (1989); éd. de Fallois/L'Âge d'homme.

Le pire n'est pas toujours certain. 2014
Titre d'une comédie de **Pedro Calderón De La Barca** (1600-1681).

L'histoire du monde est le jugement du monde. 2015
Friedrich von Schiller *Résignation (1784)* [3].

Il faudrait nous comparer à un condamné à mort qui se prépare bravement au dernier supplice, qui met tous ses soins à faire 2016

---

1 - Condamné à mort pour un double meurtre, Gary Gilmore a été fusillé le 17 janvier 1977. Refusant l'incarcération à perpétuité, et adoptant la croyance mormone en une autre vie par-delà la mort, il avait demandé à être exécuté.
2 - Ce savant arabe aurait écrit plus de 270 ouvrages.
3 - Ce pessimisme s'explique par les démêlés de Schiller avec le duc de Wurtemberg. Contraint à l'exil, Schiller se débattait alors avec les soucis financiers et la maladie.

belle figure sur l'échafaud et qui, entre-temps, est enlevé par une épidémie de grippe espagnole.
Jean-Paul Sartre *L'Être et le Néant (1943);* Gallimard.

2017 Tout le monde se comporte comme s'il ne devait jamais s'en aller et, une fois que l'ordre de départ arrive, tout le monde proteste avec véhémence.
Dino Buzzati *Laboratoire secret,* entretiens avec Yves Panafieu ; La Manufacture.

faune

2018 La copulation des insectes est l'actualisation de nos fantasmes sexuels.
Tobie Nathan *La Psychanalyse et son Double (1979);* La Pensée Sauvage.

2019 La société des abeilles est plus parfaite que la société humaine : elle ne peut commettre aucune erreur. Mais elle n'a pas progressé depuis des millions d'années et ne variera sans doute jamais plus.
Jacques Ruffié *De la biologie à la culture (1976);* Flammarion.

2020 Je n'aime pas les poissons : on voit trop chez eux comment le corps ne sert, en fin de compte, qu'à réunir la bouche et le trou du cul.
Jean Rolin *La Frontière belge (1989);* J.-C. Lattès.

2021 S'il fallait tenir compte des services rendus à la science, la grenouille occuperait la première place.
Claude Bernard [1] *Introduction à l'étude de la médecine expérimentale (1865).*

2022 Un hérisson trouve que ses petits ont la peau lisse et douce.
Tony Mayer *Différence entre l'esprit et l'humour,* 37e congrès du P.E.N. en 1970.

2023 Dieu aima les oiseaux et inventa les arbres. L'homme aima les oiseaux et inventa les cages.
Jacques Deval *Afin de vivre bel et bien;* Albin Michel.

2024 Sur la flèche qui l'atteint l'oiseau reconnaît ses plumes.
Ésope (620-560 av. J.-C .) *Fables, l'Aigle et la Flèche.*

---

1 - Claude Bernard fut l'un des maîtres de l'expérimentation physiologique. C'est de Magendie, au Collège de France, qu'il apprit à pratiquer la vivisection animale comme moyen privilégié de recherche médicale.

Même quand l'oiseau marche on sent qu'il a des ailes. 2025
Antoine-Marin Lemierre [1] *Fragments du poème des fastes (1779).*

Les corbeaux sont très malins... Si on leur taille la langue en deux, on peut leur apprendre à parler. 2026
Truman Capote *Les chiens aboient (1977);* Gallimard.

L'homme est un pou pour l'homme. 2027
Michel Serres *Le Parasite (1980);* Grasset.

Les puces se jettent, partout où elles sont, sur les couleurs blanches. Cet instinct leur a été donné afin que nous puissions les attraper plus aisément. 2028
Henri Bernardin de Saint-Pierre [2] *Les Études de la nature (1784).*

N'importe quelle puce, telle qu'elle est en Dieu, est plus noble que le plus élevé des anges, en lui-même. 2029
Maître Eckhart *Œuvres;* tr. P. Petit.

Il n'y a pas de preuve que la puce, qui vit sur la souris, craigne le chat. 2030
Henri Michaux *Tranches de savoir;* Cercle des Arts.

Les rats nous observent dans l'ombre de leurs égouts. Ils se lissent les moustaches de joie car ils n'ignorent pas que notre civilisation fermera bientôt son guichet. 2031
Michel Dansel *Nos frères les rats (1977);* Fayard.

Le renard en sait beaucoup, mais celui qui le prend en sait davantage. 2032
Miguel de Cervantès.

Vous vous êtes peut-être déjà demandé pourquoi les cobras, s'étant dressés dans leur panier, ne se glissaient pas par-dessus bord pour s'enfuir. La réponse est simple : le bout de leur queue est solidement fixé au fond du panier [3]. 2033
Desmond Morris *La Fête zoologique (1980);* tr. Aubert Jannink; Calmann-Lévy.

Si la salamandre entendait, 2034
Si l'orvet voyait,
Personne ne vivrait.
Dicton lyonnais.

Pour tuer une vipère, il faut l'apostropher en ces termes dès qu'on l'aperçoit : « Vipère, dis-moi quand se trouve Pâques, 2035

1 - Dans « La Peinture », Lemierre voyait le poète métamorphosé en aigle, avec pour devise : « Invente, tu vivras. »
2 - La doctrine de Bernardin de Saint-Pierre aurait pu être : *Credo ergo sum!*
3 - Le journaliste de la T.V. britannique raconte que, lors d'une émission en direct, « le cobra sortit lentement du panier, traversa la salle, et se glissa jusqu'au sol. Là, il se dirigea sans hâte vers la caméra numéro deux... Nous étant assuré que le cobra avait été capturé, nous jetâmes un coup d'œil à son panier. Au fond, bien attachée, gisait la dépouille de sa queue. Nous avions simplement oublié que le serpent était sur le point de muer. »

l'Ascension, la Toussaint et Noël ¿ » Incapable de répondre, la vipère reste interdite. On en profite pour la tuer.
Pierre Canavaggio *Dictionnaire des superstitions (1977);* J.-C. Simoen.

2036 Une tortue mérite plus d'estime que certains réactionnaires conservateurs. Au moins elle marche.
Jean Commerson (1802-1879) *Pensées d'un emballeur.*

2037 Je pensais qu'un jour tu m'emmènerais dans un lieu habité par une araignée de la taille d'un homme et que nous passerions le restant de nos jours à la contempler, terrorisés.
Ivy Compton-Burnett *Serviteur et servante* trad. G. Joulié (1988); L'Âge d'Homme.

féminisme

2038 Quoi de plus jusse que la mancipation d'la femme, c'est-y-pas z'honteux d'être sous la dépendance du sesque musculin!
Mam'Bonbec au meeting des femmes, chanson; Archives nationales 1616, 17 octobre 1889.

2039 L'homme est le passé de la femme.
Slogan M. L. F.

curriculum vitæ :

2040 Une brune aux yeux de braise entra un jour dans notre boutique (siège de l'association La Femme nouvelle) et s'offrit de nous aider.
– J'espère que mes références vous paraîtront suffisantes, nous dit-elle. J'ai tué mon mari.
Louise Weiss *Combats pour les femmes;* Albin Michel.

2041 La nouvelle race de femmes, plus savantes, plus énergiques et plus belles que leurs mères, manque de maîtres à leur taille.
Dominique Aujard *La Route des myrtes;* Flammarion.

censœurs :

2042 Puisqu'ils nous la coupent (la parole).
On la leur coupera (la queue).
Refrain féministe anti-mec.

2043 GARCES : Groupe Autonome Révolutionnaire Contre l'Environnement Sexiste.
Nicole-Lise Bernheim et **Mireille Cardot** *Mersonne ne m'aime (1978);* éd. des Autres.

2044 Soraya est plus près d'Arlette Laguiller que Giscard n'est le frère d'un O. S.
Benoîte Groult *Ainsi soit-elle;* Grasset.

L'avance que prennent les femmes changera le vécu de l'amour aujourd'hui plein d'erreurs... en fera une relation qui unisse un être humain à un autre être humain, et non plus un homme à une femme. 2045
Rainer Maria Rilke dans Zilbergeld *La Sexualité masculine aujourd'hui ;* Marabout.

hospitalité :
Les femelles sont plus grosses et plus fortes que les mâles et si elles ne sont pas prêtes à recevoir un mâle, elles le dévorent tout simplement. 2046
Karl von Frisch *Les Insectes maîtres de la terre ¿ ;*
tr. G. Cornilleau ; Flammarion.

Quelle chance que George Sand ne soit pas née au vingtième siècle ! Elle serait sociologue, anthropologue, féministe, tout, sauf un vieux troubadour. 2047
Elvire de Brissac *Une forêt soumise ;* Grasset.

anthropologie :
On ne peut nier que la femme a distancé la guenon plus que l'homme le singe. 2048
Jacques Duval *Afin de vivre bel et bien ;* Albin Michel.

hôtesse :
C'est une femme qui, au paradis, tend à l'homme le fruit de la mort ; c'est une femme qui, au tombeau, annonce la vie aux hommes. 2049
Saint Grégoire le Grand *25e homélie sur l'Évangile, 6.*

Orient d'humain plaisir 2050
Midi d'humaine joie.
Martin Le Franc *Champion des dames*[1] *(éd. 1530).*

L'utopie du non-pouvoir est tout aussi impossible entre femmes qu'entre hommes et femmes. 2051
Madeleine Gagnon propos tenus au Centre culturel canadien, à Paris, le 26 octobre 1977.

Le peuple des hommes invente toutes sortes de divisions à surmonter dans l'universel : nature/esprit, État/Église, droite/gauche... pour ne pas rééquilibrer les droits et devoirs entre hommes et femmes. 2052
Luce Irigaray « Le sexe comme médiation entre la nature et la culture » dans *L'Univers philosophique – Encyclopédie philosophique universelle, vol. 1 (1989) ;* sous la dir. de A. Jacob, P.U.F.

Le féminisme, c'est de ne pas compter sur le Prince Charmant. 2053
Jules Renard *Journal.*

Ne comprenez-vous pas, peuple de pourceaux mâles, que presque toutes nous avons un père à venger ¿ 2054
Seda *Le Fumoir de l'ambassade (1991) ;* Payot.

---

1 - Poème féministe de 24 000 vers écrit par le prévôt de Lausanne.

2055 La femme serait vraiment l'égale de l'homme le jour où, à un poste important, on désignerait une femme incompétente.
Françoise Giroud propos rapporté par Ph. B dans *Le Monde,* 11 mars 1983.

2056 Une femme qui a atteint la sérénité est une femme qui a abandonné le combat.
Anne Sylvestre.

2057 Dans la sphère religieuse, la femme est le sexe fort.
Paul Evdokimov *La Femme et le Salut du monde (1958);* Casterman.

pronostic :

2058 Depuis les viragos comme Marie-Thérèse jusqu'à celles des nuances radoucies comme les Ninon ou les Sévigné, je suis fondé à dire que la femme en état de liberté surpassera l'homme.
Charles Fourier.

2059 J'adore les femmes, mais je ne leur pardonnerai jamais d'aimer les hommes.
Albert Cohen *Belle du Seigneur.*

conclusion :

2060 Il n'y a qu'une manière d'être féministe aujourd'hui pour un homme, c'est de se taire enfin sur la féminité. C'est de laisser parler les femmes.
Benoîte Groult *Le Féminisme au masculin;* Denoël/Gonthier.

féminité

2061 Elle ne devait pas plaire aux hommes mais tout de même c'était une femme, avec de gros seins et des hanches plus larges que les miennes.
Emmanuel Bove *Mes amis;* Flammarion.

gadget :

2062 Le sein. Cet ornement nouveau fait rougir celles qui le portent et n'y sont pas accoutumées.
Joseph Joubert *Pensées (posth. 1842).*

2063 Au brochage il y avait Jeanne... une forte fille roulée au moule... les pare-chocs... les hanches ! Future mamelue aucun doute... sans les restrictions elle aurait peut-être déjà un cul à couver quatorze canards !
Alphonse Boudard *Les Combattants du petit bonheur;* La Table Ronde.

J'adore ces hommes à visage de femme, et ces femmes, s'il est 2064
possible, aux expressions plus féminines encore.
Charles Lamb *Derniers essais d'Elia (1833).*

Les hommes dont la nature ne contient plus rien de féminin ne 2065
sont pas tout à fait humains.
Helge Krog *Aphorismes.*

Il n'y a si petite demoiselle qui ne veuille être priée. 2066
Marguerite de Navarre *Heptaméron.*

Les femmes font de grands efforts pour sortir des images d'elles- 2067
mêmes qu'on leur a imposées. Le problème est qu'il y a dans
ces images suffisamment de vérité pour que les répudier entraîne
aussi la répudiation d'une partie de ce qu'on est réellement.
Marilyn French *Toilettes pour femmes;* tr. Guilhon; Laffont.

Je suis de la nature des femmes, quand l'on me dit quelque 2068
chose en termes obscurs, je veux savoir incontinent ce que c'est.
Louis XI dans *Lettres de Louis XI;* publ. Vaesen et Charavay;
Soc. Histoire de France.

femme

dame :
Distribution Alimentaire Moderne Économique. 2069
M. Dubois *Dictionnaire des sigles nationaux et internationaux;* La
Maison du dictionnaire.

Woman is the Nigger of the World :
La Femme est le Nègre du Monde. 2070
John Lennon et **Yoko Ono,** titre d'une chanson.

La vraie couleur des femmes, c'est le sang. 2071
Catherine Rihoit *Les Abîmes du cœur;* Gallimard.

bon goût :
Les femmes n'aiment ni leurs maris ni leurs enfants ni leurs 2072
amants, elles s'aiment.
Abbé Drouet de Maupertuis *Le Commerce dangereux entre les
deux sexes (1715).*

Le corps de la femme sait rêver. 2073
Jacques de Bourbon-Busset *Journal VIII, Les Choses simples;*
Gallimard.

ambition :
On ne naît pas femme : on le devient. 2074
Simone de Beauvoir [1] *Le Deuxième Sexe;* Gallimard.

---

1 - Elle l'est devenue.

2075 L'humanité masculine se répartit en deux groupes : sable ou falaise. La femme est toujours l'océan.
Claude Aveline *Avec toi-même, etc., Pégomancie ;* Mercure de France.

accablée :
2076 Comme si ce n'était pas assez difficile d'être un homme ! Il faut être une femme en plus. Cette condition humaine aggravée.
Claire de Lamirande *La Baguette magique.*

2077 La femme, ce Martien [1].
Gabriel Matzneff *Les Passions schismatiques ;* Stock.

2078 Elles n'étaient, en fin de compte, que des femmes : celles à qui Dieu avait pensé après coup.
Nancy Zaroulis *Lumière des ténèbres (1980) ;* tr. M.L. Marlière ; Gallimard.

2079 La Femme, enfant malade et douze fois impur.
Alfred de Vigny *Les Destinées, La Colère de Samson.*

grosse Bertha :
2080 La femme est une grande réalité, comme la guerre.
Valery Larbaud *A.O. Barnabooth (prologue) ;* Gallimard.

2081 Les femmes souffrent l'Histoire et ne la font pas.
Ana Maria Araujo *Tupamaros (1980) ;* Des Femmes.

2082 Si une femme a du génie, on dit qu'elle est folle. Si un homme est fou, on dit qu'il a du génie.
Louky Bersianin *L'Euguélionne ;* Hachette.

bonne nouvelle :
2083 La place de la femme est infiniment plus importante au Xᵉ-XIᵉ siècle qu'elle ne le sera au XIXᵉ.
Régine Pernoud *La Femme au temps des cathédrales ;* Stock.

2084 La femme la plus sotte peut mener un homme intelligent ; mais il faut qu'une femme soit bien adroite pour mener un imbécile.
Rudyard Kipling *Simples contes des collines ;* tr. Savine ; Stock.

2085 Ce n'est pas dans les bras des hommes que la femme se sent « objet », c'est devant le médecin.
Roger Fournier *Moi, mon corps, mon âme, Montréal, etc. (1979) ;* Albin Michel.

2086 Être une femme — c'est une douleur.
Quand on devient jeune fille, ça fait mal.
Quand on devient bien-aimée, ça fait mal.
Quand on devient mère, ça fait mal.
Mais la plus intolérable sur la terre,

1 - Chez Matzneff, la femme est un objet non identifié.

c'est la douleur d'être une femme
qui n'a pas connu toutes ces douleurs,
jusqu'à la dernière...
Blaga Dimitrova poème dans Dzivgov *Poètes bulgares contemporains ;* Sofia.

Une femme, c'est le mystère à portée de la main. 2087
André Berthiaume *Contretemps.*

La femme a été tirée d'une côte d'Adam, près de son bras pour être protégée, près de son cœur pour être aimée. 2088
Matthew Henry *Exposition of Genesis, II (1704).*

mode d'emploi :
Elle m'a expliqué... qu'une femme, de temps en temps, il fallait que ça s'achète un truc, une jupe, des chaussures, qu'il fallait que ça se fasse un petit cadeau, sinon ça s'étiolait, ça brillait plus et ça mourait. 2089
Bertrand Blier *Beau-père (1981).*

La grande question restée sans réponse à laquelle moi-même je n'ai jamais pu répondre malgré mes trente ans d'études de l'âme féminine est la suivante : Que veut la femme ? 2090
Sigmund Freud « Propos à Marie Bonaparte » dans *La Femme à Vienne au temps de Freud,* Celia Bertin, Stock, 1989.

fête

Fête : C'est un jeu, mais solennel, mais réglé, mais significatif. 2091
Paul Valéry *Tel quel (1941).*

carnaval :
Les fêtes n'existent que pour colorer les angoisses. 2092
Léonor Fini *L'Oneiropompe ;* La Différence.

Une fête est un excès permis, voire ordonné. 2093
Sigmund Freud *Totem et Tabou (1913).*

L'instinct sexuel, l'ivresse, la cruauté, tous font partie des plus anciennes fêtes de l'humanité. 2094
Friedrich Nietzsche *La Volonté de puissance (1896) ;* tr. Bianquis ; Gallimard.

Sans cruauté, pas de fête [1]. 2095
Friedrich Nietzsche *La Généalogie de la morale, II (1887).*

1 - Traduit par l'expression populaire : « On va lui faire sa fête. »

2096 Le manège est un univers en miniature, chargé de tout ce qu'il y a de mortel, de fatal, de damné dans l'univers.
Julio Cortazar *Le Tour du jour en quatre-vingts mondes;* tr. L. Guille-Bataillon, K. Berriot, J.-C. Lepetit, C. Zins; Gallimard.

bonnes fêtes :

2097 La ripaille est la fête de l'affamé, comme l'évasion est la fête du prisonnier et l'insurrection la fête de l'opprimé.
Robert Escarpit.

2098 Les jours de fête ont été inventés par le diable pour faire croire aux gens que le bonheur peut être conquis en se laissant aller à ses pensées.
Sinclair Lewis *Impossible ici;* tr. R. Queneau; Gallimard.

fidélité

2099 Le lierre meurt où il s'attache.
Proverbes en françois, Manuscrits de 1456; Paris, B.N.

2100 [...] Qu'est-ce que la femme fidèle ? C'est celle qui s'acharne sur un seul homme[1] !
Robert Hollier *Marche ou crève, Carignan (1962);* Homme.

2101 Lorsque je sens naître en moi de l'amour pour une femme, mon premier sentiment est le regret, la pitié pour cette pauvre femme qui rêve de fidélité éternelle et autres impossibilités, et qui se prépare à un douloureux réveil.
Sabina Spielrein *Entre Freud et Jung,* dossier découvert par A. Carotenuto et C. Trobetta; tr. M. Guibal et J. Nobécourt; Aubier/Montaigne.

2102 Pour comprendre qu'être jaloux charnellement est une idiotie, il faut avoir été libertin.
Cesare Pavese *Le Métier de vivre (1937);* tr. M. Arnaud; Gallimard.

2103 Rire est mieux qu'expliquer quand on est certaine d'être aimée.
André Pieyre de Mandiargues *La Marge (1967);* Gallimard.

Obélix :

2104 Qui pouvait faire bouger un menhir de la région de Concarneau était assuré de la fidélité de son épouse[2].
Jean-Claude Perpère *Les Pierres qui parlent;* France-Empire.

---

1 - Serait-ce un fantasme de proxénète ?
2 - Mais la région de Concarneau ne possède aucun menhir d'importance !

fidélité

L'insensé se fait eunuque pour convaincre sa femme d'adultère, au cas où elle deviendrait enceinte. 2105
Proverbe turc.

Le secret du bonheur en amour, ce n'est pas d'être aveugle mais de savoir fermer les yeux quand il le faut. 2106
Simone Signoret.

Seulement y'a la vie 2107
Seulement y'a le temps
Et le moment fatal où le vilain mari
Tue le prince charmant...
Claude Nougaro *Une petite fille;* Bagatelle.

Il y a dans l'adultère une minute exquise : c'est celle où l'on commence à préférer le mari à la femme. 2108
A. Grinon *Remarques.*

L'adultère est en votre cœur non seulement quand vous regardez avec un désir sexuel excessif une autre femme que la vôtre, mais aussi si vous regardez de la même façon votre propre femme. 2109
Jean Paul II [1] (1980).

J'ai regardé beaucoup de femmes avec concupiscence. J'ai commis bien des fois l'adultère dans mon cœur... et Dieu me pardonne. 2110
Jimmy Carter [2] dans *Playboy,* 1976.

Je suis éternellement fidèle aux souvenirs ; je ne le serai jamais aux hommes. 2111
Lou Andréas-Salomé *Ma vie* (éd. posthume 1979) ; P.U.F.

La fidélité est contraire à la nature humaine. 2112
Charles Fourier *Œuvres complètes* [3] ; Anthropos.

La plus cruelle façon de m'oublier, ce serait de ne plus aimer. 2113
Romain Gary *Clair de femme (1977);* Gallimard.

---

1 - Le pape ne fait ici que reprendre une considération déjà ancienne puisque saint Jérôme déclarait adultère l'homme qui chérit trop ardemment sa femme (*Patrologie latine,* 23, 281).
2 - Il préparait alors sa campagne électorale pour les élections de 1977 !
3 - Dans le *Nouveau monde amoureux,* Fourier prévoyait pour les futurs « phalanstères » une organisation en modules d'harmonie permettant le « plein essor » de toutes les passions individuelles sans les traditionnelles barrières sociales.

filles et fils

2114 Nos enfants, c'est notre éternité.
Robert Debré[1] *Ce que je crois (1976)*; Grasset.

2115 Une fille qui souffre, est-ce une mère qui triomphe ?
Ingmar Bergman *Sonate d'automne.*

2116 Avec chaque femme se joue le drame de n'être pas son fils, et avec ma mère de l'avoir été.
Serge Doubrovsky *Fils (1977)*; Galilée.

2117 Chaque enfant singulier ne naît solitaire que pour avoir tué et mangé *in utero* son frère jumeau.
Michel Tournier *Les Météores (1975)*; Gallimard.

2118 Des jumeaux vrais ne sont qu'un seul être dont la monstruosité est d'occuper deux places différentes dans l'espace.
Michel Tournier *Les Météores (1975)*; Gallimard.

2119 C'est alors qu'un sentiment nouveau se fit jour en moi, un sentiment mauvais, un sentiment aigu : je me sentais supérieur à mon père.
Hermann Hesse *Demian, histoire de la jeunesse d'Émile Sinclair (1919)*; Pierre-Jean Oswald.

au nom du fils :
2120 Je vous félicite, cher monsieur Bernanos, d'avoir eu un tel père.
Lettre de **Georges Simenon.**

2121 Le père et la mère doivent tout à l'enfant. L'enfant ne leur doit rien.
Jules Renard *Journal.*

2122 Il se peut qu'un enfant unique soit gâté, non pas tant en cadeaux qu'à cause du temps consacré à ses problèmes, mais, croyez-moi, il y a des moments où il souhaiterait avoir un frère ou une sœur pour essuyer les chocs avec lui[2].
Peter Ustinov *Cher moi (1978)*; tr. C. Musard et J. Schnéour; Stock.

2123 Ne te vante pas d'avoir un fils.
S'il n'a pas eu la rougeole.
Dicton corse.

2124 D'accord, fiston, la société est pourrie, toutes les valeurs se sont

1 - Le père de Michel Debré avait alors (en 1976) 94 ans. Il ajoutait : « C'est à l'espèce et non à l'individu que s'intéresse la nature... notre existence n'est complète que si nous avons une progéniture. »
2 - Le véritable compagnon d'Ustinov enfant était son perroquet.

effondrées, l'avenir est bouché ! Mais c'est pas une raison pour te laisser aller ! Réagis... !
Gérard Lauzier dans *Lire,* été 1979.

Les parents boivent, les enfants trinquent. 2125
Slogan publicitaire contre l'alcoolisme.

flore

écologie :
L'idée qu'on se fait de la nature, en France, c'est qu'elle pousse 2126
et qu'elle est verte.
Roger Nimier *Cahiers Roger Nimier,* n° 1.

Tu te sentiras vieux lorsque les femmes te sembleront appartenir 2127
au règne de la flore plutôt qu'à celui de la faune.
Francisco Gonzales Ledesma *Soldados ;* tr. C. Josse (1990) ; L'Atalante.

Plus la terre contient de formes de vie, plus la vie sous toutes 2128
ses formes est protégée.
Frank Herbert *Le Cerveau vert (1975) ;* Le Masque.

Les arbres échangent des oiseaux comme des paroles. 2129
Saint-Pol Roux *Les Reposoirs de la procession* cité par Jules Renard *Journal (1894).*

Le fruit est aveugle. C'est l'arbre qui voit. 2130
René Char *Fureur et Mystère (1949) ;* Gallimard.

Dans l'immense vasière de la forêt vierge... chacun peut voir que 2131
les grands arbres y sont rares. On les remarque aussitôt par l'ivoire et par le poli de la mort. Ils restent debout, soutenus par les autres.
Roger Caillois *Le Fleuve Alphée (1978) ;* Gallimard.

préméditation :
Les orties ont des yeux, un regard de côté qui médite 2132
l'égratignure.
André Suarès *Temples grecs, maisons des dieux.*

Dites-le avec des fleurs. C'est beaucoup plus cruel ! 2133
Zoé Oldenbourg *Visages d'un autoportrait (1976) ;* Gallimard.

La fleur est aussi utile que l'acier. 2134
Paul Iribe cité par Maximilien Vox, discours à l'occasion de l'Oscar de la Publicité, 1958.

2135 Rose, ô pure contradiction, joie de n'être le sommeil de personne sous tant de paupières.
Gravé sur la tombe de **Rainer Maria Rilke** (1875-1926).

2136 J'ai perdu ma goutte de rosée ! disait en pleurant la fleur au ciel matinal qui avait perdu toutes ses étoiles.
Rabindranāth Tagore (1861-1941).

2137 La rose est sans pourquoi.
Angelus Silesius (1624-1677) *Le Pèlerin chérubinique ;* éd. et tr. H. Plard.

2138 Il y a de l'utopie
dans le brin d'herbe
Et sans cela
il ne pousserait pas.
Art poétique de Guillevic (1989) ; Gallimard.

foi

2139 Le regard par lequel je Le connais est le regard même par lequel Il me connaît.
Maître Eckhart (1260 env.-1327 env.) *Œuvres ;* tr. P. Petit.

2140 Quel est l'enseignement ultime du bouddhisme ?
Vous ne le comprendrez pas, tant que vous ne l'aurez pas.
Shih-T'ou.

2141 La foi n'est pas une opinion.
Henri Guillemin *Sulivan ou la Parole libératrice (1977) ;* Gallimard.

2142 L'homme ne doit pas se contenter d'un Dieu qu'il pense, car lorsque la pensée s'évanouit, Dieu s'évanouit aussi[1].
Maître Eckhart (1260 env.-1327) *Les Traités ;* tr. J. Ancelet-Hustache.

2143 Doutez de tout et surtout de ce que je vais vous dire.
Bouddha (v. 560-v. 480 av. J.-C.).

2144 Le grand acte de foi, c'est lorsque l'homme décide qu'il n'est pas Dieu.
Oliver Wendell Holmes *Lettre à William James (1907).*

2145 L'abandon le plus élevé et le plus total que l'homme puisse faire, l'abandon de Dieu pour Dieu[2].
Maître Eckhart.

---

1 - Adam est déjà tombé dans les pommes !
2 - C'est l'abandon du Dieu recherché en vue de l'abandon à Dieu.

Pour adorer Dieu, il faut devenir Dieu. 2146
Coomaraswamy, au Musée Guimet, novembre 1933.

Le Coran ne cesse jamais de voyager vers le cœur de ceux qui le préservent. 2147
Ibn Arabi dans Claude Addas *Ibn Arabi ou la quête du soufre rouge (1989);* Gallimard.

Dieu... ne l'aimez pas comme j'aimais Héloïse, mais comme Héloïse m'a aimé [1]. 2148
Pierre Abélard (1079-1142) cité par Étienne Gilson *La Théologie mystique de saint Bernard (2e éd. 1947);* Vrin.

Jamais homme n'aimera parfaitement Dieu qu'il n'ait parfaitement aimé quelque créature en ce monde. 2149
Marguerite de Navarre (1492-1549) *Heptaméron.*

C'est une chose d'agir dans la vie conformément aux définitions de la foi qui nous furent enseignées, autre chose de réagir à l'événement quand on a tremblé avec Abraham saisissant son couteau pour immoler son fils. 2150
Flannery O'Connor *Le Mystère et les Mœurs (1975);* tr. A. Simon; Gallimard.

Il est aisé de faire perdre sa foi à un homme, mais il est difficile de le convertir à une autre. 2151
Thomas-Edward Lawrence *Les Sept Piliers de la sagesse (1922).*

Ce jeune Eckermann me trouble. Il me questionne comme si j'étais Dieu, et je lui réponds comme si Dieu n'avait plus la foi. 2152
Pierre de Boisdeffre *Gœthe m'a dit (1981);* Luneau Ascot.

Il y a en amour la grâce d'une certitude. 2153
Iris Murdoch *Le Rêve de Bruno;* trad. J. Queval (1971); Gallimard.

Je ne suis pas encore atteint de Dieu. Mes poèmes, qui ont plus de chance, ne peuvent se passer de lui. 2154
Alain Bosquet *Le Livre du doute et de la grâce (1977);* Gallimard.

La seule foi qui me reste, et encore! c'est la foi dans les dictionnaires. 2155
Paul Léautaud *Journal littéraire (1893-1956);* Mercure de France.

La foi consiste à savoir se résigner au songe. 2156
Miguel de Unamuno *Almanach des Lettres françaises et étrangères;* 22 février 1924; Grès et Cie.

La foi... une aveugle qui donne des yeux à l'espérance. 2157
Roger Judrin *Ténèbres d'or;* L'Aire.

Et je crois que la foi est une espérance tragique. 2158
Françoise Giroud *Ce que je crois (1978);* Grasset.

---

1 - Nous ne rappellerons pas la tragique mésaventure d'Abélard.

2159 Pour moi, il n'y a de vraie foi que celle qui gouverne absolument et despotiquement la raison.
Léon Bloy « Lettre à sa mère » (1869) dans *Cahiers Léon Bloy;* L'Herne, 1988.

2160 Je n'ai peur de rien. Si vous craignez Dieu vous ne craindrez plus rien.
Mohammed Kadhafi discours 1972 [1].

2161 « L'argent, je n'y pense jamais. Il arrive toujours. Le Seigneur en envoie. Nous faisons Son travail... S'il ne nous donne pas les moyens, cela montre qu'Il ne veut pas de ce travail-là. Alors pourquoi s'en faire ? »
Édouard Le Joly *Mère Térésa et les Missionnaires de la charité* [2] *(1979);* tr. J. Pierre-fonds ; Le Seuil.

2162 La foi illumine avec ses ténèbres les ténèbres de l'âme.
Saint Jean de la Croix *Nuit obscure, ch. V* [3]; tr. P. Grégoire de Saint Joseph.

2163 Je ne sais si je crois en Dieu. Mais tout au moins suis-je sûr... de croire en ceux qui, de tout temps et partout, ont cru en Lui.
Robert Aron *Ce que je crois (1955).*

folie

2164 Impossible n'est pas fou !
Joseph Delteil *Jésus II (1947).*

2165 Les organes de la génération [4], par exemple, sont très souvent le siège véritable de la folie.
Pierre-Jean-Georges Cabanis *La Science de l'homme.*

2166 La folie peut très bien commencer par le fait qu'on observe soi-même et que l'on communique ses observations.
Théodor Kallifatides *Les Santons du Péloponnèse;* tr. M. et L. de Gouvenain ; Denoël.

2167 La folie, c'est la mort avec des veines chaudes.
Xavier Forneret dans Jean-Luc Steinmetz *La France frénétique de 1830;* Phébus.

---

1 - Le colonel Kadhafi était alors président du Conseil de la Révolution libyenne depuis deux ans (15 janvier 1970). Son slogan était : « Notre socialisme, c'est l'islam. »
2 - La congrégation fondée par mère Térésa compte près de 2 000 femmes et plus de 300 frères, installés dans 64 filiales.
3 - Son amie Thérèse d'Avila disait de lui : « Pas moyen de parler de Dieu avec mon Père Jean de la Croix. Il entre aussitôt en extase et y fait entrer les autres. »
4 - Parties sexuelles, couilles.

Dieu seul sait comment les fous auraient pu ne pas l'être. 2168
Charles Baudelaire *Le Spleen de Paris (1864).*

La folie existe parce que la mort couve, que tout homme s'y sent voué, qu'il l'abhorre et qu'il se la cache. 2169
Eliane Amado *Fondements de la psychopathologie;* P.U.F.

Le fou n'est pas un papillon, c'est un monomane qui a la terrible suite dans les idées du grand ambitieux. 2170
Jacques de Bourbon-Busset *Les Arbres et les Jours;* Gallimard.

Quelle pitié que les fous ne puissent parler avec sagesse des folies que font les sages! 2171
William Shakespeare *Comme il vous plaira (1623);* tr. J. Supervielle; Gallimard.

Chez quelques-uns la folie pénètre avec le souffle imprégné de sang et ressort avec l'haleine. Chez d'autres elle monte au cerveau. 2172
Norman Mailer *Un rêve américain;* Grasset.

La colère est une courte folie. 2173
Horace *Épîtres.*

Les fous ont progressé, comme tout en ce monde. Maintenant ils réfléchissent et parlent comme les autres hommes. Pour distinguer un fou d'un sain d'esprit, il faut s'adresser à un spécialiste. 2174
Armando Palacio Valdés *Maximina.*

Le fou n'est pas l'homme qui a perdu la raison. Le fou est celui qui a tout perdu, excepté la raison. 2175
Gilbert Keith Chesterton *Textes;* tr. Ch. Grolleau; Revue Européenne, 1924.

Je n'avais pas assez de certitudes pour devenir fou. 2176
Jean-Louis Yaïch et **Gérard Apfeldorfer** *Kilos de plume, kilos de plomb (1988);* Le Seuil.

Les fous font les nœuds et les sages les défont. 2177
John Clarke.

Imite le moins possible les hommes dans leur énigmatique maladie de faire des nœuds. 2178
René Char.

Maint fol a une barbe. 2179
Proverbes que dit li vilains, manuscrit du XIIIe s.; Oxford, Rawlinson.

La folie est souvent la logique d'un esprit juste que l'on opprime. 2180
Sir Oliver Wendell Holmes, discours (1865).

La folie est pour celui qui n'a pas eu accès à la loi, qui n'a pas été séparé. 2181
Pierre Legendre *L'Inestimable Objet de la transmission (1985);* Fayard.

2182 Le peuple ne supporterait pas longtemps son prince, le valet son maître, l'écolier son précepteur, l'ami son ami, la femme son mari [...] s'ils ne se maintenaient l'un l'autre dans l'illusion, s'il n'y avait entre eux tromperie réciproque, flatterie, prudente connivence, enfin le lénifiant échange du miel de la folie.
Érasme *Éloge de la folie (1509-1511).*

2183 Tout le monde a son grain de folie, sauf vous et moi, et parfois je me demande si vous ne l'avez pas vous aussi.
Thomas Fuller *Gnomologia.*

2184 Dans les moments de paroxysme, il faut savoir être fou délibérément pour ne pas mourir sous le choc de la vie.
Michel Bataille *L'Arbre de Noël;* Julliard.

2185 Un fou ne saurait être égalé en perfection sur le point où il déraisonne.
Villiers de l'Isle-Adam *Contes cruels (1883).*

2186 La raison, c'est la folie du plus fort. La raison du moins fort, c'est de la folie.
Eugène Ionesco *Journal en miettes, Chocs;* Mercure de France.

2187 La sagesse a ses excès et n'a pas moins besoin de modération que la folie.
Michel de Montaigne *Essais, III, ch. V.*

2188 Le seul remède à la folie, c'est l'innocence des faits.
Jacques Rivière Lettre à A. Artaud, 1924.

2189 [...] Les folies sont les seules choses qu'on ne regrette jamais.
Oscar Wilde *Le Portrait de Dorian Gray (1891).*

2190 Quelqu'un demandait à un fou de compter tous les fous. Il répondit que c'était un travail difficile, mais, ajouta-t-il, si vous voulez, je peux facilement compter les hommes sains.
D'après **Sheik Bahai** cité dans Z.A. Rahnema *L'Humour dans la littérature persane;* 37e Congrès du P.E.N.

2191 Commettre au moins une folie par an pour ne pas devenir fou.
Vicente Huidobro *Altazor (1931);* Champ Libre.

2192 De l'homme à l'homme vrai, le chemin passe par l'homme fou.
Michel Foucault *Histoire de la folie à l'âge classique;* Plon.

2193 Le sage [...], le fou [...] font la même chose; la différence est que l'un fait à temps, et l'autre à contre-temps.
Baltasar Graciàn *L'Homme de cour, CCLXVIII;* Champ libre.

2194 N'est pas sage qui a peur du fou.
Dicton basque.

2195 Il y a deux sortes de fous : ceux qui se prennent pour Napoléon, ils ont tort; et ceux qui trouvent que la vie est horrible, ils ont raison.
Roger Grenier *Le Miroir des eaux;* Gallimard.

Un fou peut sembler insensible, alors qu'il est peut-être plus 2196
enclin que n'importe qui à souffrir du ridicule et du mépris que suscite son état.
John Th. Perceval *Perceval le Fou;* tr. M. Manin; Payot.

Si quelqu'un doit devenir fou, la seule tactique qu'il faille 2197
apprendre dans notre société est celle de la discrétion.
David Cooper *Psychiatrie et Anti-psychiatrie (1970);* Le Seuil.

diagnostic :
Nous naissons tous fous. Quelques-uns le demeurent. 2198
Samuel Beckett *En attendant Godot (1953);* Éditions de Minuit.

France

Vieille terre, rongée par les âges, rabotée de pluies et de 2199
tempêtes, épuisée de végétation, mais prête, indéfiniment, à produire ce qu'il faut pour que se succèdent les vivants.
Charles de Gaulle *Mémoires de guerre, Le Salut (1944-1946));* Plon.

Il ne faudrait tout de même pas oublier qu'armée des immortels 2200
principes de 1789, cette glorieuse IIIe République a traité ses colonies comme l'URSS de Brejnev n'a jamais osé traiter la Bulgarie.
Jacques Julliard « Qu'est-elle, votre République ? » dans *Le Nouvel Observateur,* 7 décembre 1989.

France défigurée :
Les Français n'ont plus envie de ressembler à la France. 2201
Gilbert Cesbron *Mourir étonné (1980);* Laffont.

Les Français... ne se contentent pas de mépriser le fanatisme, ils 2202
se méprisent eux-mêmes.
Maria Antonietta Macciocchi *De la France (1977);* Le Seuil.

Les Français se perçoivent comme des gens légers, frivoles, et 2203
bon vivants, alors qu'ils sont anxieux, tendus, fragiles, travailleurs.
Emmanuel Todd *Le Fou et le Prolétaire (1979);* Laffont.

la zizanie :
Dans chaque Français, il y a deux Français : celui qui ne veut 2204
pas d'histoires et celui qui a de grandes idées.
Wolinski.

Les Français vont instinctivement au pouvoir; ils n'aiment point 2205
la liberté; l'égalité seule est leur idole.
François René de Chateaubriand *Mémoires d'outre-tombe (1848).*

raccourci :

2206 En amour, être français, c'est la moitié du chemin.
Paul Morand *L'Europe galante (1926)* ; Grasset.

orthographe :

2207 Le français est une langue à cédille.
Valère Novarina *T.X.I n° 12* ; Ch. Bourgois.

2208 Le Français fit ce qu'en toute occasion font les Français, il se mit à rire.
Honoré de Balzac *Massimila Doni (1839).*

pensée politique :

2209 Les Français aiment la bagnole.
Georges Pompidou.

2210 La vanité et la crainte du ridicule sont les traits les plus saillants du caractère français. C'est étrange, à coup sûr, la vanité étant neuf fois sur dix la source du ridicule.
Élie Faure *Découverte de l'archipel (éd. 1978)* ; Livre de Poche.

2211 Nous sommes américains à la puberté. Nous mourons français.
Evelyn Waugh [1] alias Arthurs Saint John (1903-1966) cité dans M. Davie *Agenda.*

2212 Comment définir ces gens (les Français)... qui placent la France dans leur cœur, mais leurs fortunes à l'étranger ¿...
Pierre Daninos *Les Carnets du Major Thompson (1960)* ; Hachette.

tiercé :

2213 Les Français et les Françaises sont d'abord attachés à des valeurs morales comme l'Ordre, la Sécurité et le Franc.
Guy Konopnicki *Les bouches se ferment (1981)* ; Albin Michel.

le combat des chefs [2] :

2214 La France cherche toujours sa voie entre le bonnet phrygien et le béret basque.
Robert Beauvais *Le demi-Juif (1977)* ; Julliard.

2215 La France est divisée en quarante-trois millions de Français.
Pierre Daninos *Les Carnets du Major Thompson (1960)* ; Hachette.

2216 Tous les Français aiment la France, c'est vrai, mais jamais la même.
*Journal d'***Aimée de Coigny** prés. A.M. Grangé ; Lib. Acad. Perrin.

2217 On ne saura indéfiniment préserver la galerie des Glaces ni les tapisseries d'Aubusson... sans provoquer la colère d'une partie des citoyens français auxquels on interdit la moindre aspiration à une forme de culture régionale [3].
Henry Chapier *Crée ou crève (1978)* ; Grasset.

---

1 - Evelyn Waugh est britannique.
2 - Des couvre-chefs !
3 - Allusion à l'attentat d'autonomistes bretons au palais de Versailles.

France

Il était chtimi jusqu'au bout des nuages 2218
Il venait du pays où habite la pluie.
Renaud *Oscar;* Mino Music.

Alsace :
En 1870, mon grand-père qui était français a été fait prisonnier 2219
par les Allemands. En 1918, mon père qui était allemand a été fait prisonnier par les Français. En 1939, j'ai été mobilisé dans l'armée française. En 1940, j'ai été fait prisonnier par les Allemands. En 1942, j'ai été mobilisé dans la Wehrmacht. En mai 45, j'ai été fait prisonnier par les Américains. Nous, on a toujours terminé dans l'uniforme du prisonnier !
Propos d'un mineur, cité par M.-L. Pradelles de Latour « De grand-mère en petite-fille » dans *La Pensée,* n° 276, juillet 1990.

barde :
Les bretonnants savent autant le français que vous... C'est leur 2220
prose. Et le breton, à notre époque, est leur poésie.
Pierre Jakez Hélias *Lettres de Bretagne*[1] *(1978);* Galilée.
à 1978.

Vos gueules les binious. 2221
Jean Ferniot *Vous en avez vraiment assez d'être français ? (1979);* Grasset.

Le breton a prouvé sa force et sa nécessité en durant, c'est tout. 2222
Pierre Jakez Hélias *Lettres de Bretagne (1978);* Galilée.

Quand on est de Marseille, on est condamné à ne plus croire à 2223
rien !
Gaston Leroux *Histoires épouvantables;* Nouvelles Éditions Baudinière (1977).

L'île de Corse... J'ai quelque pressentiment qu'un jour cette 2224
petite île étonnera l'Europe[2].
Jean-Jacques Rousseau *Du Contrat social (1762)*[3].

Eh oui ! un bon petit saint-émilion ne serait pas malvenu, après 2225
toutes ces galipettes à travers des pays sauvages où l'on ne sait même pas ce que c'est qu'une vigne.
Henri Vernes[4] *Un parfum d'ylang-ylang;* Marabout Junior.

---

1 - Ces lettres sont un recueil de chroniques et d'articles parus de 1954
2 - Prémonition étonnante de vérité : Bastia fut finaliste de la coupe de l'U.E.F.A. contre le P.S.V. Eindhoven en 1977.
3 - Napoléon Bonaparte est né en 1769.
4 - Auteur de la série Bob Morane.

gauche

2226 J'ai de la France, moi aussi, une certaine idée.
François Mitterrand.

2227 L'optimiste regarde la rose et ne voit pas les épines ; le pessimiste regarde les épines et ne voit pas la rose.
Maxime populaire arabe dans *Pensées arabes ;* André Kundig.

2228 Ceux qui veulent changer trop vite ou trop de choses et ceux qui ne veulent rien changer se trompent également.
Georges Hourdin *Pour le Concile (1977) ;* Stock.

Guy Mollet :
2229 Dès qu'un homme de gauche reçoit quelques tomates avec le soutien des masses laborieuses, il s'empresse de mener une politique de droite.
Guy Konopnicki [1] *Les bouches se ferment (1981) ;* Albin Michel.

---

1 - À vrai dire, dans son journal *Franc-Tireur,* Konopnicki envoyait des tomates tous azimuts. Le journal a cessé de paraître...

Penser à gauche, vivre à droite : le prurit ravage sec quelques milliers de consciences secondaires entre Cabourg et le Lubéron. 2230
André Bercoff *La Guerre des autres (1977)*; Albin Michel.

Il est évidemment plus facile d'être de gauche sur le Chili que dans son propre lit. 2231
Jean-Louis Servan-Schreiber *À mi-vie (1977)*; Stock.

le miracle de la rose :
MITTERRAND : 2232
« Le croirai-je, Marchais, qu'un reste de tendresse
Pousse votre Parti vers le puissant P.S. ? »
Jean-Michel Royer *À la manière... deux (1978)*; J.-Cl. Simoen.

Je n'ai jamais pu prendre au sérieux le blabla des cocos, parce que ça sonne faux. 2233
Gary Cooper propos tenu en 1947 [1].

Les partis de la liberté vivent de l'impuissance de leurs partisans. 2234
Wilhelm Reich (1897-1957) *Les Hommes et l'État*; tr. M. Attal et C. Sinelnikoff; éd. pirate de C. Sinelnikoff.

[...] Le socialiste chrétien est plus dangereux que le socialiste athée. 2235
Fedor Dostoïevski *Les Frères Karamazov (1877).*

On nous dit que notre politique a échoué : est-ce une raison pour y renoncer ? 2236
Guy Mollet [2] cité par Raymond Aron dans Alain Besançon *Court traité de soviétologie (1976)*; Hachette.

La gauche française, c'est *Caroline chérie* à perpétuité. Chaste et pourtant flétrie, toujours vierge quoique quotidiennement violée, elle ne cesse de perdre son pucelage et de garder ses illusions. 2237
Gabriel Matzneff *La Caracole (1969)*; La Table Ronde.

demandez le programme :
Ce n'est pas le pouvoir du rêve qui manque à la gauche. C'est un rêve neuf. 2238
Françoise Giroud dans *L'Express,* janvier 1975.

Le socialisme reste à inventer. 2239
Charles Tillon [3] *On chantait rouge (1977)*; Laffont.

---

1 - C'était le début du mouvement anticommuniste qui devait conduire au maccarthysme (1950-1954) et à la « chasse aux sorcières ».
2 - Secrétaire général de la S.F.I.O. de 1946 à 1969, il fut président du Conseil en 1956-1957.
3 - Mutin de la mer Noire en juin 1919, militant syndical, ministre en 1947, Tillon fut privé de son mandat de député communiste par les dirigeants du P.C.F. Il a été exclu du Parti en 1970.

Généalogie

là où il y a du gène...

2240 La race ? Cela se passe de mère en fille, de père en fils, comme un secret bien gardé.
Claude Jasmin *Rimbaud, mon beau salaud.*

2241 Il était héréditaire dans sa famille de n'avoir pas d'enfant.
Taureau irlandais extrait de l'*Anthologie du non-sens* de **Robert Benayoun** ; J.-J. Pauvert.

Jésus :

2242 Il était non seulement fils de Dieu mais encore de très bonne famille du côté de sa mère[1].
Un évêque du XIXe s. cité par Emmanuel Leroy-Ladurie dans le *Nouvel Observateur.*

2243 On ne chante juste que dans son arbre généalogique.
Max Jacob cité par Armand Lanoux *Les Châteaux de sable (1979)* ; Grasset.

amnésique :

2244 Mon arbre généalogique à moi, il commence avec moi.
Anne Hébert *Un grand mariage.*

2245 Au duc de Montmorency qui lui disait : « Vous êtes duc, mais vous n'avez pas d'ancêtres », Soult répondit : « C'est vrai ; c'est nous qui sommes des ancêtres[2]. »
Le maréchal **Soult** (1769-1851).

2246 Héritier... C'est un homme qui vous prend le pouls chaque fois qu'il vous serre la main.
Catherine Nay *La Double Méprise (1980)* ; Grasset.

2247 Pour qu'un héritage soit réellement grand, il faut que la main du défunt ne se voie pas.
René Char *Fureur et Mystère (1949)* ; Gallimard.

2248 Je suis né méchant, de parents méchants et, dès le berceau, je décidai de le rester.
F. Vincent, B. Maigrot et **J.-F. Claire** *Croix de ma mère et cœur de Margot* ; FR3, mai 81.

2249 Après sa mort, un homme laisse un nom
Un tigre, sa peau.
Proverbe coréen, dans Tony Mayer *Différence entre l'esprit et l'humour* ; 37e Congrès du P.E.N. en 1970.

---

1 - On attribue à Marie une origine royale en la rattachant à l'une des branches de la maison de David.
2 - Les Montmorency, quant à eux, descendaient de Charlemagne par les femmes. Le chef de famille se titrait premier baron de France depuis le XIVe s.

Qu'y a-t-il dans un nom ? Nous nous le demandons quand nous sommes enfants en écrivant ce nom qu'on nous dit être le nôtre. 2250
James Joyce *Ulysse (1922)*; tr. Morel, Gilbert, Larbaud; Gallimard.

Les bébés-éprouvette renvoient aux poubelles de l'Histoire la triade célèbre « Qui suis-je ? D'où viens-je ? Où vais-je ? » 2251
D. Stive dans *L'Humanité dimanche,* 11 janvier 1991.

générations (conflit des)

Le fossé des générations a privé d'enfants le monde entier. 2252
Margaret Mead [1] *Le Fossé des générations, les années 70 (1979)*; tr. J. Clairevoye et W. Desmond; Denoël/Gonthier.

C'était une jeune fille d'aujourd'hui, c'est-à-dire, à peu près, un jeune homme d'hier. 2253
Paul Morand *L'Europe galante (1963)*; Grasset.

Elle avait grandi à une vitesse folle, pendant que Martine et moi prenions de la bouteille, à grands coups de désillusions, de rêves passés sous silence, de contes de fées qui n'avaient jamais lieu. 2254
Bertrand Blier *Beau-Père (1981)*; Laffont.

À certaines générations, il est beaucoup donné. À d'autres, au contraire, il est beaucoup demandé. 2255
Franklin Delano Roosevelt.

Vous m'aimerez quelque temps, pas toujours, car la destinée ne nous a pas faits contemporains. 2256
Correspondance de **Madame de Staël** et don **Pedro de Souza,** notes de B. d'Andlau; Gallimard.

Cette recrue continuelle du genre humain, je veux dire les enfants qui naissent, à mesure qu'ils croissent et qu'ils s'avancent, semblent nous pousser de l'épaule, et nous dire : Retirez-vous, c'est maintenant notre tour. 2257
Jacques-Bénigne Bossuet *Sermon sur la mort (1662).*

oubliettes :
Les vieux avec les vieux dans les hospices, les jeunes avec les jeunes au travail, et les enfants avec les enfants aux écoles[2]. 2258
Inès Cagnati *Mosé ou le lézard qui pleurait (1979)*; Denoël.

---

1 - Selon Margaret Mead, pour la première fois dans l'histoire de l'humanité une rupture totale s'est opérée entre deux générations, celle d'avant 1940, et celle de ceux nés après la guerre.
2 - Et le vieillard désabusé ajoute : « Les morts sont bien tous ensemble au cimetière, qu'est-ce que je pouvais dire, moi, je ne sais pas. »

2259 La famille ça s'éparpille
Les jeunes s'en vont là où ça brille
Les vieux s'éteignent comme des brindilles
Ce sont les années papier de verre
Qui usent l'endroit et l'envers.
Michel Jonasz *La Famille;* Youlishka Musique/Ketchup Music.

2260 Les jeunes n'ont rien à dire. Les vieux se répètent. L'ennui est réciproque.
Pierre Gaxotte *Les Autres et Moi (1975);* Flammarion.

2261 La civilisation qu'on définit avec raison une guerre du riche contre le pauvre est encore une guerre du vieux contre le jeune.
Charles Fourier *Œuvres complètes;* Anthropos.

James Dean :
2262 Toujours une génération doit sa liberté extérieure à la liberté intérieure d'un seul individu.
Stefan Zweig *Freud.*

2263 Notre jeunesse est décadente et indisciplinée. Les fils n'écoutent plus les conseils des aînés. La fin des temps est proche.
Anonyme chaldéen (environ 2000 av. J.-C.).

2264 C'est se conduire en rékéké que d'étouffer le roukoukou dans sa coquille.
Proverbe congolais, dans **Alexandre Vialatte** *Et c'est ainsi qu'Allah est grand (1979);* Julliard.

2265 Un journal a écrit que ce qui nous manque, aux jeunes, c'est une guerre, ce qui ne nous apprend rien sur les jeunes mais en dit long sur les vieux.
Romain Gary *Adieu Gary Cooper (1969);* Gallimard.

2266 Si les jeunes avaient accepté lâchement la sagesse de leurs anciens, il y a beau temps que l'univers serait invivable.
Jan Greshoff *Bric-à-brac (1957).*

2267 Si la jeunesse n'a pas toujours raison, la société qui la méconnaît et qui la frappe a toujours tort.
François Mitterrand Discours à l'Assemblée nationale 8 mai 1968.

générosité

sein :
2268 Qui tôt me donne, tôt me plaît.
Manuscrit du XIIIe s., sans titre, Paris, Bibliothèque Sainte-Geneviève.

Quand on ne donne pas, on reçoit mal... 2269
Roger Fournier *Journal d'un jeune marié (1967).*

Celui qui prétend donner et ne point recevoir est celui-là même 2270
qui a reçu bien plus qu'il ne mérite.
Mikhail Nuaymah *La Vigne sur le chemin;* tr. Tarabay.

[...] La colère chez les bons cœurs n'est qu'un besoin pressant 2271
de pardonner !
Beaumarchais *La Mère coupable (1791).*

Qui tout me donne, tout me nie. 2272
Henri Estienne *De la précellence du langage français (1579).*

Le refus, c'est un don. 2273
Hervé Bazin *Ce que je crois (1977);* Grasset.

Je lui ai tout pardonné, mais je n'ai rien compris. 2274
Pascal Jardin *La Bête à bon Dieu (1980);* Flammarion.

Les gens ont la rage de vous donner ce dont ils ont eux- 2275
mêmes le plus besoin. C'est ce que j'appellerai l'insondable
abîme de la générosité.
Oscar Wilde *Le Portrait de Dorian Gray (1890).*

Toute générosité se paie, c'est même par là qu'elle vaut. 2276
Natalie Clifford Barney *Pensées d'une Amazone;* Émile-Paul.

Quand on est jeune, on gaspille beaucoup de notes. 2277
Dizzy Gillespie.

Il n'y a pas sur la terre d'homme juste qui fasse le bien sans 2278
jamais pécher.
Ecclésiaste, VII, 20.

Qui a eu la simple pensée de donner et ne donne pas, deviendra 2279
un spectre affamé.
Santideva (VIIe s.), tr. Finot dans *La Marche à la lumière;* Bossard.

Un des plus grands bonheurs est de donner ce qu'on ne possède 2280
ou qu'on ne possédera qu'en le donnant. L'espoir, quand on
désespère. Le courage, quand on n'est que peur. La paix, quand
on n'est que tumulte.
Claude Roy *La Fleur du temps : 1983-1987 (1988);* Gallimard.

Genèse

Au commencement était l'action. 2281
Sigmund Freud *Totem et Tabou (1913);* tr. Jankélévitch; Payot.

2282 Au commencement était le calembour.
Samuel Beckett *Murphy (1947);* Bordas.

2283 On ne peut douter du doigt de Dieu, car il se l'est mis dans l'œil indiscutablement en créant le monde.
Paul Bourget *Cosmopolis (1893);* Plon.

2284 L'homme est imparfait, mais ce n'est pas étonnant si l'on songe à l'époque où il fut créé.
Alphonse Allais *Pensées;* Cherche-Midi.

2285 Dieu peut tout faire, mais l'important c'est qu'il ait fait telle ou telle chose.
Guillaume de Conches (XIIe s.) *Philosophia,* éd. Migne, *Patrologie Latine, 90, 1127.1178* et *172, 41-102.*

2286 Le Dieu qui n'est pas a fait le monde de ce qui n'est pas [1].
Hippolyte *Elenchos, VII, 20 sv.* cité par H. Leisegang *La Gnose* (1971, 2e éd.); tr. J. Gouillard.

2287 L'acte n'est limité et multiplié que s'il est reçu dans une puissance [2].
Saint Thomas d'Aquin *Opera Omnia.*

2288 Il n'y a pas eu de premier homme.
Aristote thèse citée dans le *De erroribus philosophorum* et condamnée.

2289 L'homme a créé des dieux, l'inverse reste à prouver.
Serge Gainsbourg.

2290 Dieu a créé la femme, la femme a créé le foyer.
Proverbe kurde.

2291 Si la vie était un film, l'aventure intra-utérine en serait le générique.
Catherine David dans *Le Nouvel Observateur,* 19 avril 1990.

déluge :

2292 La Bible assure que lorsque Dieu eut fabriqué l'homme et la femme, il en pleura. Comme on le comprend !
Alexandre Vialatte *Dernières nouvelles de l'homme (1978);* Julliard.

progrès :

2293 Chacun est comme Dieu l'a fait, et bien souvent pire.
Miguel de Cervantès *Don Quichotte (1605-1615);* tr. Viardot.

2294 Si Dieu nous a faits à son image, nous le lui avons bien rendu.
Voltaire *Le Sottisier.*

2295 Dieu nous pense. Il ne pense pas à nous.
Jean Cocteau *La Difficulté d'être (1953);* éd. du Rocher.

---

1 - Cette formule gnostique rappelle l'enseignement de Basilide.
2 - C'est l'un des principes de l'univers thomiste.

À la divinité seule appartient de connaître infiniment son infinie 2296
perfection.
Denys l'Aréopagite *Les Noms divins, De la hiérarchie céleste ;* tr. Darboy.

Le dieu est rire 2297
Je l'accepte s'il tue les autres dieux.
Alain Bosquet *Poèmes, un (1945-1967) ;* Gallimard, 1979.

Comment créer Dieu en si peu de terre ? 2298
Charles le Quintrec *La Lumière et l'Argile (1981) ;* Albin Michel.

Quand Dieu efface, c'est qu'il s'apprête à écrire. 2299
Jacques-Bénigne Bossuet dans Jean-Antoine Calvet et Jacques Truchet *Bossuet (1970) ;* Hatier.

Mais que foutait Dieu avant la création ? 2300
Samuel Beckett dans *Le Fou parle, n° 17.*

génie

Le génie réside dans l'instinct. 2301
Friedrich Nietzsche *La Volonté de puissance, II, 258 (1896-1911).*

cocaïne :
Tout mon génie est dans mes narines. 2302
Annick Le Guérer *Les Pouvoirs de l'odeur (1988) ;* éd. François Bourin.

Inventeur, destructeur, conteur prodigieux d'une vie qui n'était 2303
extraordinaire que parce qu'elle était la sienne, et qu'il savait la reprendre au bond et la transfigurer, la faire rebondir et la réinventer, mon père était un génie.
Pascal Jardin *Le Nain jaune (1978) ;* Julliard.

On ne doit pas envier complètement les hommes de génie et 2304
les femmes d'une grande beauté. Ils sont plus désarmés que d'autres. Comme un vaisseau qui a trop de voiles dehors, en pleine tempête.
Charles Morgan *Sparkenbroke (1936).*

Le talent, c'est une question d'amour. 2305
Romy Schneider.

Il faut du courage pour avoir du talent. 2306
Georg Brandes *H.C. Andersen, auteur de contes.*

Le génie, c'est Dieu qui le donne, mais le talent nous regarde. 2307
Gustave Flaubert correspondance à Louise Colet, 1853.

2308 Il y a du bonheur dans toute espèce de talent.
Honoré de Balzac *Le Cabinet des Antiques (1839).*

2309 Les grands artistes ne sont pas les transcripteurs du monde, ils en sont les rivaux.
André Malraux *Les Voix du silence (1951);* Gallimard.

2310 [...] Il ne faut pas oublier avec quelle rapidité les visions du génie deviennent des mets en conserve pour intellectuels.
Saul Bellow *Herzog (1975);* Gallimard.

goût

2311 Tous les goûts sont dans le catalogue.
Pascal Bruckner et **Alain Finkielkraut** *Au coin de la rue, l'aventure (1979);* Le Seuil.

2312 Le sang et l'haleine ont ceci de particulier
Qu'ils donnent à l'homme un certain goût pour la mort.
A.E. Housman cité par P.D. James dans *Un certain goût pour la mort;* tr. L. Rosenbaum (1987); Fayard, Mazarine.

2313 L'Inde, avant d'être pour l'Europe le pays des gourous ou des famines, fut celui des épices, et l'on peut dire que c'est un goût immodéré pour le pain du même nom qui incita l'Occident à bouleverser, autour des années 1500, la carte du monde.
Guy Deleury *Le Modèle hindou (1978);* Hachette.

2314 Dans un silence de l'orchestre on entendit une voix qui disait :
– Oh ! moi, je les préfère au beurre.
Jules Renard *Journal (1892).*

2315 Tu dis que tu n'aimes pas ton yaourt, mais c'est ton yaourt peut-être qui ne t'aime pas.
François Truffaut *La mariée était en noir (1967).*

2316 Je me souviens que je n'aimais pas la choucroute.
Georges Perec *Je me souviens (1978);* Hachette.

2317 Le grand ennemi de l'art, c'est le bon goût.
Marcel Duchamp interview dans *Revista.*

conclusion :

2318 Ne fais pas aux autres ce que tu voudrais qu'ils te fissent. Leurs goûts peuvent différer des tiens.
George Bernard Shaw *Bréviaire du révolutionnaire;* tr. A. et H. Hamon; Aubier.

gouvernement

septennat :
Dans toute magistrature, il faut compenser la grandeur de la puissance par la brièveté de sa durée. 2319
Montesquieu *De l'esprit des lois (1748).*

La différence entre le politicien et l'homme d'État est la suivante : le premier pense à la prochaine élection, le second à la prochaine génération. 2320
James Freeman Clarke (1810-1888) discours.

Les hommes prudents savent se faire toujours un mérite de ce que la nécessité les contraint de faire. 2321
Machiavel discours.

À force d'accepter les honneurs on finit par croire qu'on les mérite. 2322
Gilbert Cesbron *Mourir étonné (1980);* Laffont.

couloirs ministériels :
La Cour est un pays où les joies sont visibles mais fausses, et les chagrins cachés mais réels[1]. 2323
Françoise Chandernagor *L'Allée du Roi (1981);* Julliard.

Vous n'avez ni les qualités ni les défauts d'un vrai politicien; vous ne savez pas dissimuler et vous ne savez pas vous ennuyer[2]. 2324
Jean Monnet cité par Philippe Lamour *Le Cadran solaire (1980);* Laffont.

« Quand on est ministre, on ferme sa gueule ! »[3] 2325
La source désapprouve presque toujours l'itinéraire du fleuve.
Jean Cocteau *Le Rappel à l'ordre (1930);* Stock.

Les gouvernements ne peuvent se maintenir que par ce qui leur a donné naissance. 2326
Heinrich Heine *De la France (1832).*

J'ai réussi, en vingt-cinq ans, à être vingt fois ministre, onze fois président du Conseil, sans rédiger une seule ligne de ma main[4]. 2327
Vercors *Moi, Aristide Briand (1981);* Plon.

1 - Le propos est prêté à Madame de Maintenon.
2 - Jacques Chirac jouait, paraît-il, à la bataille navale avec son voisin et collègue lors des réunions des ministres de l'Agriculture à Bruxelles.
3 - Réponse de Jean-Pierre Chevènement à un journaliste à l'issue d'un Conseil des ministres (1983).
4 - Le « maître de la tribune parlementaire », qui écrivait si peu, fut en tout vingt-trois fois ministre.

chef de l'État :

2328 Dans le gouvernement comme dans le corps humain, les maladies les plus graves viennent de la tête.
Pline le Jeune *Lettres, IV, XXII.*

2329 On déjoue beaucoup de choses en feignant de ne pas les voir.
Napoléon Ier *Maximes et Pensées.*

2330 Parce que le pouvoir est un partage continu
Sa conquête exige un art de désappropriation.
Abdelkébir Khatibi *Le Lutteur de classe à la manière taoïste (1976)*; Sindbad.

2331 M. de Talleyrand n'est devenu si riche que pour avoir toujours vendu ceux qui l'achetaient.
*Journal d'***Aimée de Coigny**; prés. A.M. Grange; Lib. Acad. Perrin.

2332 Gouverner, c'est parler.
François Brune *Mémoires d'un futur président (1975)*; Olivier Orban.

2333 Gouverne le mieux qui gouverne le moins.
Lao-Tseu (570-490 av. J.-C.) *Tao-tö King*; tr. Kaltenmark; Le Seuil.

2334 Puisque la femme n'est qu'une ménagère, selon Proudhon, n'a-t-on pas besoin d'elle dans ce grand ménage mal administré qu'on nomme l'État[1] ?
Maïté Albistur et **Daniel Armogathe** *Histoire du féminisme français du Moyen Âge à nos jours (1978)*; Des Femmes.

2335 Le général de Gaulle... jouait de toutes les séductions quand il le jugeait utile, façon de mépriser, la pire.
François Mitterrand *La Paille et le Grain (1975)*; Flammarion.

2336 Seul est digne de son pouvoir celui qui le justifie jour après jour.
Dag Hammarskjöld *Jalons (1966)*; tr. Bjurström et Dumaine; Plon.

2337 Une bonne règle est de ne pas faire faire par d'autres ce qu'on aurait honte de faire soi-même.
Alain *Définitions (1954)*; Gallimard.

Grammaire

2338 Vous êtes un sot en trois lettres, mon fils.
Molière *Tartuffe (1664).*

Dieu ignore les singuliers. 2339
Averroès thèse condamnée en 1270, et dans le *De erroribus philosophorum.*

La queue, c'est féminin, le con, masculin, question de genre. 2340
Serge Gainsbourg.

Encore eût-il phallus que je la connasse pour que je le susse. 2341
Maurice Roche *Qui n'a pas vu Dieu n'a rien vu;* Le Seuil.

métaphysique :
Demandez à Napoléon Landais ce que c'est que Dieu, il vous 2342
répondra que c'est une diphtongue.
Louis-Auguste Commerson *Pensées d'un emballeur (1851).*

Il y a autant de grammaires que de grammairiens, et même 2343
davantage.
Érasme *Éloge de la folie (1508).*

cultivé :
Il disait qu'il n'y avait qu'une antistrophe entre femme folle à la 2344
messe et femme molle à la fesse.
François Rabelais *Pantagruel (1532).*

Le désespoir de parler naît avec les syllabes. 2345
François Cariès *Aux pieds du vent du Nord (1982);* Gallimard.

Le passé-présent... c'est le temps qui manque à la conjugaison 2346
des verbes.
Martine Vergne *Tentatives (1978);* Flammarion.

Les Français n'osent plus parler leur langue parce que des 2347
générations de grammairiens, professionnels ou amateurs, en ont fait un domaine parsemé d'embûches et d'interdits.
André Martinet.

Grande-Bretagne

L'Angleterre est une ancienne colonie normande qui a mal 2348
tourné.
Alphonse Allais *Pensées;* Cherche-Midi.

n'est-il pas ? 2349
Lors de mon arrivée en Grande-Bretagne, les Anglais étaient grands, minces et taciturnes, tandis qu'aujourd'hui ils sont grands, minces et taciturnes.
George Mikes *Comment peut-on être Anglais ?;* tr. Gruénais (1963); Hachette.

2350 *n'en est-il pas ?*
Les Anglais, c'est drôle quand même comme dégaine, c'est mi-curé, mi-garçonnet.
Louis-Ferdinand Céline *Mort à crédit (1936);* Gallimard.

2351 Non seulement l'Angleterre, mais tout Anglais est une île.
Novalis *Fragments (1798).*

Assimil :
2352 Un Anglais, c'est comme nous, sauf qu'on ne comprend pas ce qu'il dit.
Domitille de Pressensé *Émilie et Gregory le petit Anglais (1978);* G.P.

2353 Les Anglais, à la vérité, ajoutent par-ci, par-là quelques autres mots en conversant ; mais il est bien aisé de voir que God-dam est le fond de la langue.
Beaumarchais *Le Mariage de Figaro (1784).*

2354 Les Anglais n'ont jamais été un peuple religieux ; aussi ont-il inventé le cricket [1] pour se donner une notion de l'éternité.
Lord Mancroft propos tenu en 1963.

ketchup :
2355 Les Anglais ont soixante sectes, mais une seule sauce.
Francesco Caraccioli.

Sunday, bloody sunday :
2356 Il n'est pas interdit de penser que si l'Angleterre n'a pas été envahie depuis 1066, c'est que les étrangers redoutent d'avoir à y passer un dimanche.
Pierre Daninos *Les Carnets du major Thompson (1960);* Hachette.

Big Ben :
2357 Les Anglais ne s'intéressent pas à la musique, mais ils aiment le bruit qu'elle fait.
Sir Thomas Beecham [2] propos tenu en 1961.

Dame de fer :
2358 C'est drôle, vous autres Anglais, quand vous êtes à côté d'une jeune fille, c'est vous qui avez l'air vierge.
Robert de Flers *Les Vignes du Seigneur (1923);* Flammarion.

habeas corpus :
2359 En Angleterre, un homme accusé de bigamie est sauvé par son avocat qui démontre que son client avait trois femmes.
Georg Chritoph Lichtenberg *Aphorismes.*

Irlandais :
2360 Un Irlandais ne se laisserait jamais enterrer dans un cimetière anglais. Il crèverait plutôt.
Boutade irlandaise extraite de l'*Anthologie du non-sens de* **Robert Benayoun ;** J.-J. Pauvert.

---

1 - Une partie de cricket peut durer cinq jours.
2 - Chef d'orchestre.

Grossesse

Choisir de donner ou non la vie est une forme nouvelle de la 2361
liberté.
Jean Cohen *Les Mains de la vie (1981);* Laffont.

rectification :
On ne donne pas la vie. On la transmet[1]. 2362
Françoise Giroud *Ce que je crois (1978);* Grasset.

L'enfant commence en nous bien avant son commencement. Il y 2363
a des grossesses qui durent des années d'espoir, des éternités
de désespoir.
Marina Tsvétaeva *Le Diable et autres récits (1979);* tr. V. Lossky; L'Âge d'Homme.

faux départ :
Je coûtai la vie à ma mère, et ma naissance fut le premier de 2364
mes malheurs.
Jean-Jacques Rousseau *Les Confessions (1782).*

En un sens, le mystère de l'incarnation se répète en chaque 2365
femme : tout enfant qui naît est un dieu qui se fait homme.
Simone de Beauvoir.

pilule :
Sainte mère de Dieu, vous qui avez conçu sans pécher, accordez- 2366
moi la grâce de pécher sans concevoir.
Anatole France *Sur la pierre blanche (1905);* Calmann-Lévy.

Toutes les femmes sont des saintes, 2367
Surtout celles qui sont enceintes.
Germain Nouveau *Valentines, Sphinx (1886).*

À Dieu, rien n'est impossible, et, s'il le voulait, les femmes 2368
auraient dorénavant [...] leurs enfants par l'oreille.
François Rabelais *Gargantua (1534).*

Y a toujours la pilul', le stérilet ou le diaphragme 2369
C'est quand même plus commo-ode
Que d'pratiquer l'exo-ode
En se r'tirant d'un bond
Comme un évêqu' après l'sermon.
Pierre Perret *Papa Maman;* Adèle.

contraception :
On parlait, en s'apitoyant, d'une famille de métayers misérables 2370
qui avaient huit enfants et allaient en avoir un neuvième.

1 - Transmettre au monde !

Madame, sans se douter de rien, s'écrie :
– Il faudrait arrêter ça.
– Eh ! Madame, c'est bien malheureux, dit Angèle, mais que faire ? Vous n'allez pas mettre vos doigts devant.
Jean Grieux *Souvenirs de campagne (1978)*; Flammarion.

2371 Dans l'Amsterdam du XVIIe s... un médecin, Van Loo, tente d'apaiser les souffrances des accouchées entre autres par des fumigations ; sa maison est incendiée à deux reprises.
Jean Cohen *Les Mains de la vie (1981)*; Laffont.

adresse :
2372 Tout l'monde sait qu'un fœtus
C'est l'truc qui crèch' dans l'utérus.
Pierre Perret *Papa Maman*; Adèle.

2373 Autrefois, dans l'Occident chrétien, on pensait que les femmes devaient avoir le plus d'enfants et le moins d'orgasmes possible ; aujourd'hui, on croit le contraire.
Thomas Szasz *Sexe sur ordonnance (1981)*; tr. F.M. Watkins ; Hachette.

2374 Le ventre des femmes recèle toujours un enfant ou une maladie.
Louis-Ferdinand Céline *Voyage au bout de la nuit (1932)*; Gallimard.

escroquerie :
2375 Quand son ventre fut rond
En riant aux éclats
Elle me dit : « Allons, jubile
Ce sera un garçon »
Et te voilà
Cécile, ma fille.
Claude Nougaro *Cécile, ma fille*; Bagatelle.

poète :
2376 Représentez-vous-la quand elle accouche. Est-ce bien la peine de s'enthousiasmer devant un cloaque ? Voyez cette masse informe de chair sortir gluante et empestée du centre où vous croyez trouver le bonheur.
Donatien Alphonse François, marquis de Sade.

agricole :
2377 La femme est la terre qui permet d'espérer toutes les récoltes.
Roger Bésus *La Couleur du gris*; Plon.

contravention :
2378 Je suis pour qu'on sanctionne l'impudeur des femmes enceintes. Qu'on m'épargne ces obésités obscènes.
Louis Calaferte *Paragraphe (1974)*; Denoël.

conclusion :
2379 La grossesse n'est qu'une tuméfaction de l'utérus.
Saint Jérôme.

dernière minute :
Au lieu d'instinct, ne vaudrait-il pas mieux parler d'une fabuleuse pression sociale pour que la femme ne puisse s'accomplir que dans la maternité ? 2380
Elisabeth Badinter *L'Amour en plus (1981);* Flammarion.

Groupe

Ce qui est possédé en commun est négligé en commun *(Communiter neglegitur quod communiter possidetur).* 2381
Proverbe médiéval.

impôt :
[...] Le groupe s'habitue plus vite à son malheur que l'individu à sa peine [...]. 2382
Roger Lemelin *Les Plouffe (1948).*

Un homme vaut un homme. Deux hommes valent la moitié d'un homme. Trois hommes ne valent rien du tout. 2383
Charles Lindbergh *Trente-trois heures pour Paris.*

asile :
Plus les individus sont détruits [...] plus grand est leur désir de se rattacher à une collectivité. 2384
Saul Bellow *Herzog (1975);* Gallimard.

Un vrai collectif est un ensemble de gens décidés à se taire sur la même chose. 2385
Daniel Sibony *Perversions (1987);* Grasset.

Tout revient à prendre une attitude dont on n'est pas dupe mais qui dupe les autres. 2386
André Breton *Œuvres complètes - Inédits;* éd. établie par M. Bonnet; Gallimard.

Être asocial, c'est être. 2387
Émile Ajar alias **Romain Gary** *Pseudo (1976);* Gallimard.

Divisons le plancher en carrés (A, B, C, D, E, F et 1, 2, 3, 4, 5, 6, 7), H étant l'heure où la réunion commence. Trouver les gens qui comptent réellement est alors parfaitement simple. Ce sont ceux qui se trouveront groupés dans le carré E/7 entre H + 75 minutes et H + 90 mn. Les personnes les plus importantes de toutes seront celles qui seront au centre même du groupe. 2388
C. Northcote Parkinson *La Loi de Parkinson.*

conclusion :
Mieux vaut être seul que mal accompagné. 2389
Pierre Gringoire (1475-1538) *Adages et Proverbes.*

Guerre

reconversion :

2390 La conversion de l'appareil génital masculin en arme a conduit l'homme du sexe à la guerre.
Kate Millett *La Politique du mâle (1970);* Le Seuil.

2391 La guerre est toujours la faute de l'autre.
Gaston Bouthoul *Essais de polémologie (1976);* Denoël.

Clochemerle :

2392 Les petites guerres locales font la grande paix mondiale.
Maurice Toesca *Mes pensées et les vôtres (1976);* France-Empire.

cinéphiles :

2393 Les guerres sont faites par des militaires dont l'ambition est de mettre en scène des souvenirs de films de guerre.
Joseph Heller dans *Playboy,* 1975.

2394 Il existe des guerres justes. Mais le propre des guerres justes est de ne pas le demeurer longtemps.
Georges Henein *L'Esprit frappeur, Carnet de notes 1940-1973 (1980);* Encre.

2395 La guerre aggrave les maux qu'elle combat.
Emmanuel Berl.

2396 La guerre est le moyen le plus inefficace de régler les conflits.
Jean-Paul II.

loi martiale :

2397 Le temps des armes n'est pas celui des lois.
Plutarque (v. 46-120) *Vies des hommes illustres.*

prescription :

2398 On ne connaît jamais la vraie raison d'une guerre avant que tous ceux qui l'ont faite soient morts.
Edward Morgan Forster *Abinger Harvest (1936).*

2399 Le propre de toute guerre est de faire appel aux forces de l'irrationnel.
Aït Ahmed dans *Le Nouvel Observateur,* 17 janvier 1991.

dépêche d'Ems [1] :

2400 On ne fait pas de guerres pour des territoires mais pour des mots.
Arthur Koestler *Bricks to Babel (1981).*

---

1 - Le texte écourté par Bismarck était : « Le roi a refusé de voir l'ambassadeur et lui a fait dire par l'aide de camp qu'il n'avait plus rien à lui communiquer. » (13 juillet 1870). Le 19 juillet, la France déclarait la guerre à la Prusse.

guerre

Le monde est conduit par la peur et l'intérêt. Du moins, la guerre a-t-elle le mérite de permettre à l'homme d'y être soi au centre d'une manifestation évidente d'une stupidité latente. 2401
Louis-Ferdinand Céline *Cahiers Céline, t. I;* Gallimard.

À la guerre, on n'invente pas sa vie; il faut crever les yeux à sa destinée. 2402
Joë Bousquet lettre à Luc Decaunes dans *La Sape,* n° 25-26.

À la guerre, il y a des questions qui ne se posent pas. 2403
Oriana Fallaci *Un homme (1981);* tr. B. Granozio et D. Bourgeois; Grasset.

sacrifice :

Aujourd'hui, si le nationalisme est devenu la plus impérieuse des religions, c'est que les anciens cultes adoucis ne remplissent plus leur antique fonction destructrice. 2404
Gaston Bouthoul *Essais de polémologie (1976);* Denoël.

La guerre, seule hygiène du monde. 2405
Filippo Tommaso Marinetti *Manifeste du futurisme. Le Figaro,* 20 février 1909.

La guerre est une lutte qui consiste à sonder les forces morales et physiques au moyen de ces dernières [1]. 2406
Karl von Clausewitz *De la guerre (1831);* tr. Naville; Éd. de Minuit.

L'avantage des guerres civiles sur les guerres étrangères, c'est qu'on peut déjeuner à la maison. 2407
Jean Galtier-Boissière, propos.

allons z'enfants ! [2] :

Toutes les guerres sont populaires les trente premiers jours. 2408
Arthur Schlesinger Jr.

La guerre porte avec elle, et elle étend à tout ce qui la concerne, une prodigieuse force d'illusion. 2409
Gaston Bouthoul *Essais de polémologie (1976);* Denoël.

La guerre est une question de temps. Le temps qu'il fait mais aussi le temps qu'il faut aux commentateurs éclairés, voire allumés, pour nous expliquer tout et le contraire sur l'illogique de guerre. 2410
Les Dossiers du Canard; Le Grand Bêtisier de l'actualité 1990.

Le combat peut être une fête. 2411
Jorge Luis Borges *Evaristo Carriego (1930);* tr. Rosset; Le Seuil.

---

1 - Pour Clausewitz «les forces morales» regroupent les facteurs idéologiques, politiques et sociaux. Cette idée devait avoir une profonde influence sur Lénine, et sur Mao Tsé Toung *(De la guerre prolongée,* 1938*).*
2 - Titre d'un ouvrage d'Yves Gibeau.

2412 La guerre, le seul divertissement des rois... où les peuples aient leur part.
Henri Jeanson *En verve (1971)* présentation Frank et Régent; Pierre Horay.

2413 Vacances de la légalité, de la décence, de l'économie, de la vertu, explosion collective de tous les refoulements, fin des servitudes domestiques et familiales... tout concourt à entretenir le désir inavoué de sauver la guerre.
Gaston Bouthoul *Essais de polémologie (1976);* Denoël.

2414 Chic! bientôt la guerre, les hommes vont nous foutre la paix.
Reiser *Vive les femmes (1978);* Éd. du Square.

2415 Les hommes ont inventé la guerre pour y être sans nous et entre hommes.
Jean Giraudoux *Sodome et Gomorrhe (1943);* Grasset.

2416 Bientôt, le nombre des morts dans un camp ou dans l'autre entrera dans les ratios et figurera, en courbes, sur les écrans des salles de marchés boursiers.
Brigitte de Gastines dans *L'Index SVP,* 26 janvier 1991.

2417 Les amères leçons du passé doivent être réapprises sans cesse.
Albert Einstein dans Lewis S. Ferrer *Einstein et le conflit des générations (1978);* Complexe.

haine

institution :

La haine est une école d'utilité publique réservée aux écorchés 2418
vifs.
Pierre Drachline *Autopsie à vif (1976);* Plasma.

Mieux organisée que l'amour : la haine; elle en possède 2419
l'abnégation, les intuitions, et, en plus, une constance à toute épreuve.
Hortense Dufour *La Dernière Femme de Barbe-Bleue (1976);* Grasset.

Les bienfaits sont agréables tant qu'il semble qu'on peut s'en 2420
acquitter; mais s'ils dépassent de beaucoup cette limite, au lieu de gratitude nous les payons de haine.
Tacite *Annales, IV, XVIII.*

La haine n'est qu'une défaite de l'imagination. 2421
Graham Greene *La Puissance et la Gloire (1940);* tr. M. Sibon; Laffont.

racisme :

2422 Peu importe la chose que nous haïssons, pourvu que nous haïssions quelque chose.
Samuel Butler *Carnets (1912);* tr. V. Larbaud ; Gallimard.

2423 Les haines sont si longues et si opiniâtres que le plus grand signe de mort dans un homme malade, c'est la réconciliation.
La Bruyère *Caractères (1688).*

2424 Lorsque les haines ont éclaté, toutes les réconciliations sont fausses.
Denis Diderot *Principe de politique des souverains.*

2425 Il m'arrive de rester des heures entières assis sur une chaise à détester Bertrand Tavernier.
Olivier Dazat *Le Livre de la haine (1988);* Calman-Lévy.

2426 Il n'est point de haine implacable, sauf en amour.
Properce *Élégies.*

2427 *Je t'haine, moi non plus :*
Probablement, on ne peut vraiment haïr que là où on a aimé et où, en dépit de toutes les dénégations, on aime toujours.
Konrad Lorenz *L'Agression (1969);* Flammarion.

2428 Le propre du génie humain est de haïr ceux qu'on a offensés.
Tacite *Vie d'Agricola;* tr. Laugier ; Le Seuil.

2429 Quand on sent qu'on n'a pas de quoi se faire estimer de quelqu'un, on est bien près de le haïr.
Vauvenargues *Réflexions et Maximes (1746).*

2430 [...] La haine est toujours plus clairvoyante et plus ingénieuse que l'amitié.
Pierre Choderlos de Laclos *Les Liaisons dangereuses (1782).*

2431 Il n'est pire haine que la haine de soi, car elle vous interdit d'aimer les autres.
Jean-Michel Goldberg *Écorché Juif (1980);* Hachette.

hasard

hasardeux :

2432 Il faut systématiquement explorer le hasard.
Slogan Mai 1968.

2433 L'art suprême est celui du hasard.
Miguel de Unamuno *Brouillard;* tr. C. Ballestero ; Librairie Séguier.

roulette :
Si c'était le nombre ce serait le hasard, 2434
Si sept est le nombre cesserait le hasard.
Decio Pignatari[1] *Exercicio findo* dans G. de Cortanze *America libre (1976)*; Seghers.

Je crois que les seules choses qui soient sûres en ce monde, ce sont les coïncidences. 2435
Leonardo Sciascia Propos rapporté par Hector Bianciotti dans *Le Monde,* 24 novembre 1989.

La moindre chose qui se forme au monde est toujours le produit d'une formidable coïncidence[2]. 2436
Pierre Teilhard de Chardin *Le Phénomène humain (1955)*; Le Seuil.

Donnez une chance à la chance, alors elle devient nécessité. 2437
André Régnier *Les Infortunes de la raison (1966)*; Le Seuil.

Il n'y a de hasard que dans les choses dérivées et multiples. 2438
Plotin (205-270) *Ennéades-VI, 7, 38*; tr. E. Béhier.

[...] Le hasard est la liberté des choses, l'impression que nous avons de la pluralité et de l'indifférence des solutions. 2439
Paul Valéry *Tel quel.*

Et qu'aurait donc à craindre un mortel, jouet du destin, qui ne peut rien prévoir de sûr ? Vivre au hasard ; comme on le peut, c'est de beaucoup le mieux encore. 2440
Sophocle (496-406 av. J.-C.) *Œdipe roi.*

La beauté, c'est l'harmonie du hasard et du bien. 2441
Simone Weil *La Pesanteur et la Grâce (1947)*; Plon.

Il semble parfois que les circonstances sont attachées les unes aux autres comme les wagons d'un grand train de marchandises chargés de fleurs, de bêtes, de minéraux, de glace, d'ennuis, de joie et de rêves, et aussi, de loin en loin, parfaitement vides. 2442
André Dhôtel *Le Plateau de Mazagran (1947)*; Marabout.

Si quitter ce monde est une réalité aussi forte que l'aimer, alors il doit y avoir une signification dans les rencontres et les séparations de la vie. 2443
Rabindranâth Tagore *L'Offrande lyrique (1914)*; tr. Gide ; Gallimard.

Toutes les rencontres se font par hasard. 2444
Jean-Louis Bory *Voir les passants (1975)*; Gallimard.

Un soir, vers minuit, je remontais un faubourg où se trouvait ma demeure, lorsque, levant les yeux par hasard, je remarquai le 2445

---

1 - Écrivain brésilien né en 1927. Un des fondateurs du groupe poétique *Noigandres.*
2 - Pour Teilhard de Chardin, « une fois, et une fois seulement, au cours de son existence planétaire, la Terre a pu s'envelopper de vie. Pareillement, une fois, et une fois seulement, la vie s'est trouvée capable de franchir le pas de la Réflexion. »

numéro d'une maison éclairé par un réverbère. Ce nombre était celui de mon âge. Aussitôt, en baissant les yeux, je vis devant moi une femme au teint blême, aux yeux caves, qui me semblait avoir les traits d'Aurélia. Je me dis : « C'est sa mort ou la mienne qui m'est annoncée ! »
Gérard de Nerval *Aurélia ou le Rêve et la Vie (1865).*

lapsus :

2446 [...] Je crois au hasard extérieur (réel) mais je ne crois pas au hasard intérieur (psychique). C'est le contraire du superstitieux.
Sigmund Freud *Psychopathologie de la vie quotidienne (1901);* tr. S. Jankélévitch.

2447 Ce qui est abandonné au hasard n'est que le déterminisme qu'on ignore.
Henri Laborit *L'Homme imaginant;* 10/18.

2448 Le hasard serait la forme de manifestation de la nécessité extérieure qui se fraie un chemin dans l'inconscient humain.
André Breton dans *Dictionnaire abrégé du surréalisme;* Galerie des Beaux-Arts, 1938.

2449 Devenir un héros ou un salaud, c'est parfois juste une affaire de courant d'air.
Michel Serrault interviewé par F. Pascaud dans *Télérama,* 22 septembre 1990.

2450 [...] Partout où le hasard semble jouer à la surface, il est toujours sous l'empire de lois internes cachées, et il ne s'agit que de les découvrir.
Friedrich Engels *Ludwig Feuerbach (1888).*

2451 Le hasard est le maître de l'humour.
Max Ernst dans *Dictionnaire abrégé du surréalisme;* Galerie des Beaux-Arts, 1938.

2452 Le hasard, ce sont les lois que nous ne connaissons pas.
Emile Borel *Œuvres (1972);* C.N.R.S.

2453 Le hasard, c'est peut-être le pseudonyme de Dieu, quand il ne veut pas signer.
Théophile Gautier *La Croix de Berny, Edgar de Meilhan.*

2454 Ce que nous appelons hasard, c'est peut-être la logique de Dieu.
Georges Bernanos *Dialogues des carmélites (1948);* Le Seuil.

2455 Dieu ne joue pas aux dés.
Albert Einstein dans Charles Noël Martin *Einstein (1979);* Hachette.

2456 Un hasard n'est rien pour une âme froide ou distraite; il est un signe divin pour une âme obsédée.
Ernest Renan *Vie de Jésus (1863).*

2457 Le hasard ne favorise que les esprits éclairés
Louis Pasteur.

héros

L'homme sait enfin qu'il est seul dans l'immensité indifférente 2458
de l'univers d'où il a émergé par hasard. Non plus que son destin, son devoir n'est écrit nulle part.
Jacques Monod *Le Hasard et la Nécessité (1970);* Le Seuil.

héros

signalement :
C'est un homme ayant dépassé la trentaine, de haute taille, au 2459
visage énergique et viril, aux cheveux coupés très court... Sa démarche élastique est celle d'un athlète en pleine possession de ses moyens, sûr de soi.
Marc Arno *Un colonel a disparu;* Fleuve noir.

qualités :
Un héros doit réunir en lui toutes les belles qualités, mais sans 2460
en affecter une.
Baltasar Graciàn *Le Héros (1973);* Champ Libre.

standing :
Le héros voyage, tue impunément et vit dans l'exotisme. De son 2461
côté le lecteur ne peut battre sa femme sans encourir de sanctions; il lit dans un train de banlieue alors que le héros se déplace en jet; il passe ses vacances dans un camping alors que le héros descend dans des palaces.
Marcel Jullian interview, *Le Monde* du 30 août 1969.

petit déjeuner :
Votre héros était ce matin-là du plus beau sang-froid du monde; 2462
la quantité de sang qu'il avait perdue l'avait délivré de toute la partie romanesque de son caractère.
Stendhal *La Chartreuse de Parme (1839).*

sexualité :
[...] Les héros, ces amants de l'angoisse. 2463
Francis Bossus *Beautricourt (1968);* Cercle du Livre.

mission impossible :
Il est plus difficile d'être un héros pour son valet que pour son 2464
biographe.
John W. Dafoe *Laurier (1964).*

audimat :
Il n'y a pas de héros sans auditoire. 2465
André Malraux *L'Espoir (1937);* Gallimard.

parade :
Les héros ont réponse à tout. 2466
Max-Pol Fouchet *Histoires pour dire autre chose (1980);* Grasset.

horaires :

2467 Passé huit heures du soir, les héros de roman ne courent pas les rues dans le quartier des Invalides.
Antoine Blondin *L'Europe buissonnière (1961);* La Table Ronde.

longévité :

2468 À quatre-vingt-huit ans, je mange des huîtres tous les matins; je dîne bien; je ne soupe pas mal : on fait des héros pour un moindre mérite que le mien.
Charles de Saint-Évremond *Le Corps et l'Esprit.*

anti-héros :

2469 [...] Pour parler franchement, j'aime mieux avoir été moins heureux que d'être mort jeune.
Roger de Bussy-Rabutin *Correspondance* avec Madame de Sévigné (posth. 1697).

retraite :

2470 Une seule chose me rend optimiste. Les héros sont fatigués et nous en avons tous marre.
André Chouraqui Entretien avec Henri Tincq dans *Le Monde,* 22 décembre 1989.

Histoire

2471 Trois milliards d'années depuis l'apparition de la vie. Mais seulement trois millions d'années depuis la nôtre. À peine six mille ans d'Histoire. C'est l'anthropoïde, en nous, qui s'achève. L'homme commence.
Hervé Bazin *Ce que je crois (1977);* Grasset.

2472 Je me souviens de l'aube des temps : c'était un bel embarras!
Je me souviens de la fin des temps : on n'était pas plus avancé.
Georges-Olivier Châteaureynaud *La Fortune (1988);* Le Castor astral.

révolution permanente :

2473 Avec le monde a commencé une guerre qui doit finir avec le monde, et pas avant; celle de l'homme contre la nature, de l'esprit contre la matière, de la liberté contre la fatalité. L'Histoire n'est pas autre chose que le récit de cette interminable lutte.
Jules Michelet *Introduction à l'histoire universelle (1831).*

2474 Humble, souvent déchirée par les ronces, souillée par la boue... la chaussure est capable de conduire l'esprit jusqu'à l'histoire des peuples et des civilisations.
Jean-Paul Roux *La Chaussure (1980);* Hachette/Massin.

Histoire

L'Histoire ne se répète pas, mais ses rendez-vous se ressemblent. 2475
Gabriel de Broglie *L'Orléanisme, la ressource libérale de la France (1981);* Lib. Acad. Perrin.

L'Histoire se répète. Et les historiens se répètent les uns les 2476
autres.
Philip Guedalla [1] (1889-1944) *Supers and Supermen.*

L'actualité est la même à toutes les dates. 2477
Raul Pompéia *L'Athénée (1980);* tr. F. Duprat et L. Dantas; Pandora.

L'horreur du XXe s. tient à la grandeur des événements et à la 2478
petitesse de leurs répercussions.
Norman Mailer *Of a fire on the Moon (1970).*

La signification véritable de tout événement dépasse toujours 2479
toutes les causes passées qu'on peut lui assigner.
Hannah Arendt *La Nature du totalitarisme;* tr. M-I.B. de Laynay (1953); Payot, éd. 1990.

Cléopâtre :
L'Histoire, lorsqu'on a le nez dessus... dedans, je dirais même, 2480
on n'y voit rien, on ne s'occupe que des détails.
Alphonse Boudard *Les Combattants du petit bonheur (1977);* La Table Ronde.

Le verdict du passé est toujours le verdict d'un oracle. Vous ne 2481
le comprendrez que si vous êtes les architectes de l'avenir, les connaisseurs du présent.
Friedrich Nietzsche *Considérations inactuelles (1873-1876).*

L'Histoire semble se dérégler alors qu'elle s'accomplit. 2482
François Sureau *La Corruption du siècle (1988);* Gallimard.

Camp David :
L'Histoire nous enseigne que les hommes et les nations ne se 2483
conduisent avec sagesse qu'après avoir épuisé toutes les autres solutions.
Abba Eban discours, 1970.

drôle de guerre :
L'Histoire se joue d'abord comme un drame et se répète comme 2484
une comédie.
Jacques Ellul *La Foi au prix du doute (1980);* Hachette.

théâtre aux armées :
Quand l'Histoire se charge de faire du théâtre, elle en fait 2485
du bon.
Mariano José de Larra *De 1830 à 1836;* tr. Mamiac; Éditeurs Français Réunis.

---

1 - Historien britannique.

2486 Chacun fait, à un moment ou à un autre de sa vie, sa rencontre avec l'Histoire.
Pierre Miquel *Lettre ouverte aux bradeurs de l'Histoire (1981)*; Albin Michel.

2487 Mais, au fait, que reste-t-il de De Gaulle ? Des dates !
Henri Jeanson *Soixante-dix ans d'adolescence.*

Charonne :
2488 Les longs souvenirs font les grands peuples. La mémoire du passé ne devient importune que lorsque la conscience du présent est honteuse.
Charles de Montalembert *Mélanges d'art et de littérature.*

2489 On ne veut être maître de l'avenir que pour pouvoir changer le passé.
Milan Kundera *Le Livre du rire et de l'oubli (1979)*; tr. F. Kérel; Gallimard.

2490 Le respect de l'Histoire est inconnu à cet homme, qui ne conçoit le monde que comme contemporain à lui.
Madame de Staël *Dix années d'exil (1818).*

2491 On n'en sait jamais assez sur nos prédécesseurs amoureux.
Georges-Noël Jeandrieu *Les Successions amoureuses (1990)*; Le Seuil.

guerre des Gaules :
2492 L'Histoire est à ceux qui l'écrivent.
André Brochu *Adéodat (1973).*

2493 Les peuples heureux n'ont pas d'Histoire. Ils n'ont donc pas de héros.
Roger-Gérard Schwartzenberg *L'État spectacle (1977)*; Flammarion.

tranchées :
2494 L'Histoire est faite de trous, de fosses... et de fosses communes.
Benjamin Fondane dans la revue *Discontinuité,* 1933.

historiens

2495 L'historien est un prophète qui regarde en arrière.
Heinrich Heine *Œuvres*; tr. Garnier; Seghers.

2496 Les historiens ne prévoient à coup sûr que le passé.
Pierre Chaunu interview au *Quotidien de Paris,* 1982.

historiens

La culture historique est une manière de naître avec les cheveux gris, et ceux qui portent ce signe dès l'enfance en viennent nécessairement à croire à la vieillesse de l'humanité. 2497
Friedrich Nietzsche.

Les deux sciences les plus tristes : la psychiatrie et l'histoire; l'une étudie les faiblesses de l'individu, l'autre les faiblesses de l'humanité. 2498
Michel Campiche *Du haut de la solitude (1980);* L'Aire.

L'histoire est la véritable histoire naturelle de l'homme. 2499
Karl Marx *Contribution à la critique d'économie politique (1859).*

L'histoire est écrite par les vainqueurs. 2500
Robert Brasillach *Les Frères ennemis (1967);* Plon.

Ce qui contribue à donner à l'histoire les plus fausses couleurs, ce sont les mémoires. 2501
Jacques Bainville (1879-1936) [1].

Je donnerais volontiers Thucydide pour des mémoires authentiques d'Aspasie ou d'un esclave de Périclès [2]. 2502
Prosper Mérimée *La Chronique du règne de Charles IX (1830).*

Ce que raconte l'histoire n'est, en effet, que le long rêve, le songe lourd et confus de l'humanité. 2503
Arthur Schopenhauer *Le Monde comme volonté et représentation (1819);* tr. Burdeau; Alcan.

histoire de rire :
L'histoire est faite pour amuser les historiens, c'est tout. 2504
Paul Veyne *Comment on écrit l'histoire (1971);* Le Seuil.

Les archéologues font des maris idéaux. Plus leur femme vieillit, plus ils l'apprécient. 2505
Propos attribué à **Agatha Christie** [3].

---

1 - Jacques Bainville a fait paraître son *Histoire de France* en 1924.
2 - On a parfois attribué à l'égérie de Périclès deux ouvrages, l'un pour reprocher à Socrate son amour pour Alcibiade, l'autre pour donner des recettes de toilette.
3 - Agatha Christie avait épousé un archéologue avec qui elle effectua notamment des fouilles au Proche-Orient, théâtre de plusieurs de ses romans.

homme

niveau :

2506 L'homme : un millimètre au-dessus du singe quand ce n'est pas un centimètre au-dessous du porc.
Pio Baroja *Le Grand Tourbillon du monde (1926).*

2507 Il y a trois catégories d'hommes :
a) ceux qui racontent leur histoire ;
b) ceux qui ne la racontent pas ;
c) ceux qui n'en ont pas.
Max Aub *Contes certains.*

enthousiasme :

2508 Être totalement dans le coup et hors du coup, c'est ça un homme[1] !
Jean-Paul Sartre *La Dernière Chance ;* Gallimard.

2509 Être un homme, c'est diminuer sa part de comédie.
Jean Pérol *Morale provisoire (1978) ;* Gallimard.

2510 Rêve d'une ombre, voilà l'homme !
Pindare *VIIe Pythique.*

2511 À force d'interpréter les désirs de la femme, l'homme risquait de l'en déposséder.
Jean-Louis Flandrin *Le Sexe et l'Occident (1981) ;* Le Seuil.

irremplaçable :

2512 On peut me remplacer dans telle ou telle fonction particulière... mais non en tant qu'homme.
Vladimir Jankélévitch *Le Je-ne-sais-quoi et le Presque rien (1980) ;* Le Seuil.

recensement :

2513 Les hommes ? Il en existe, je crois, six ou sept... Mais on ne sait jamais où les trouver.
Antoine de Saint-Exupéry *Le Petit Prince (1943) ;* Gallimard.

2514 Il était doux, comme les vrais hommes savent l'être ; sans tendresse, un homme ne présente aucun intérêt.
Marlène Dietrich à propos d'Ernest Hemingway dans A.E. Hotchner *Hemingway et son Univers ;* tr. M. Davidovici et E. Ochs (1990) ; Chêne.

2515 Le genre humain vit grâce à quelques hommes.
Lucain *La Pharsale.*

---

1 - Ce fut en tout cas Jean-Paul Sartre.

sonorité :
L'homme, cela sonne fier. 2516
Maxime Gorki *Les Bas-Fonds (1902).*

Au bout de la corde, la tente ; 2517
au bout de l'homme, la trace.
Proverbe touareg.

pauvre homme :
Quelle chimère est-ce donc que l'homme ? Quelle nouveauté, quel monstre, quel chaos, quel sujet de contradiction, quel prodige ! Juge de toutes choses, imbécile ver de terre ; dépositaire du vrai, cloaque d'incertitude et d'erreur ; gloire et rebut de l'univer. 2518
Blaise Pascal *Pensées.*

Quand donc conviendrez-vous que tous les hommes sont des mendiants, des insolvables et des mourants ? 2519
André Suarès *Temples grecs, maisons des dieux (1980) ;* Granit.

Nadar avait pu constater que, quand un couple venait voir ses épreuves, l'homme regardait... sa photographie à lui. 2520
Roger Greaves *Nadar ou le Paradoxe vital (1980) ;* Flammarion.

Être homme, c'est apprendre à tout perdre. 2521
Viviane Forrester *Le Grand Festin (1971) ;* Denoël.

Nous mettons l'infini dans l'amour. Ce n'est pas la faute des femmes. 2522
Anatole France *Le Jardin d'Épicure (1895).*

Sur le chapitre des filles, un homme même insigne peut être insignifiant. 2523
Hervé Bazin *Un feu dévore un autre feu (1980) ;* Le Seuil.

Jean Ferniot [1] :
Mais, au juste, c'est quoi un VRAI homme ? 2524
Christiane Collange *Ça va les hommes ? (1981) ;* Grasset.

pâte à modeler :
D'un homme on peut faire un flic, une brique, un para, et l'on ne pourrait en faire un homme ? 2525
Slogan Mai 1968.

Qui ne meurt pas de n'être qu'un homme ne sera jamais un homme. 2526
Georges Bataille.

Que les hommes sachent bien qu'ils sont des hommes. 2527
Saint Bernard de Clairvaux *Sermons-II, 1.*

Devant sa vérité souvent l'homme recule 2528
Qui donc ose avouer qu'il voudrait qu'on l'encule.
Jean Cocteau *Le Livre Blanc ;* Messine.

---

1 - Époux de l'auteur.

homosexualité

pas de panique :
2529 L'homosexualité n'est pas héréditaire.
Dr. David Reuben.

incontinent :
2530 L'homme est un continent. La femme, c'est la mer. Moi, j'aime mieux la terre ferme.
Abū-Nuwās [1] (mort v. 813) *Poèmes, Le vin, le vent, la vie ;* tr. V. Monteil ; Sindbad.

ben voyons !
2531 Un homme est un homme, une femme est une femme ; les hommes vont aux femmes et les femmes aux hommes.
Roger Bésus *Comprenne qui pourra* [2] *(1969) ;* Plon.

2532 *Plus on est de fols... !*
Vray Dieu, comment en va le monde
Tout joyeuseté [3] abonde
Maintenant en ceste cité.
La farce et sottie de Estourdi et Coquillart (XVe s.) ; recueil Trepperel ; Droz.

2533 Quelque chose que l'on en dye
Tousjours seray mignon et gay.
Sottie ; recueil Trepperel ; Droz.

amical :
2534 Pour l'amour du chevalier baise la dame l'écuyer.
Godefroy de Paris *Chronique métrique, 378 ;* manuscrits de 1313 ; B.N. Paris.

2535 La chair, même la chair de la femme, proclame
le cul, le vit, le torse et l'œil du fier Puceau ;
Et c'est pourquoi, d'après le conseil à Rousseau
Il faut parfois, poète, un peu « quitter la dame ».
Paul Verlaine *Hombres, Œuvres érotiques (1891) ;* Baudouin.

2536 Les homosexuels ont du temps pour tout le monde.
Quentin Crisp *Fonctionnaire du nu (1968).*

2537 Il n'est de vie que de Bobance [4].
La Folle Bobance, Recueil général des sotties ; coll. E. Picot.

---

1 - Compagnon du calife de Bagdad Al Amin, grand amateur de vin et de garçons, l'illustre poète Abū-Nuwās a été présenté dans les *Mille et une Nuits* sous les traits d'un bouffon de cour.
2 - Effectivement !
3- Homosexualité.
4 - Au XVe s., Bob désignait le pénis, et ances les testicules. Faire bobance ou bombance avait donc un sens plus précis que l'expression prude aujourd'hui en usage. Elle traduisait les excès sexuels, et plus précisément homosexuels.

homosexualité

La vie homosexuelle n'est qu'un tour d'autos tamponneuses. 2538
Andrew Holleran *Le Danseur de Manhattan (1980)*; tr. P. Mikriammos; Presses de la Renaissance.

lest :
Si tôt que les pois [1] sont levés 2539
les fols commencent à monter.
Sottie citée par **Ida Nelson** *La Sottie sans souci.*

Les femelles de ces espèces de punaises ont des conduits et des orifices génitaux normaux dans lesquels on s'attendrait à voir pénétrer des pénis normaux. En fait, cela n'arrive jamais; le pénis des mâles correspondants est transformé en une sorte de dard, doublé d'un dispositif à injection rappelant une seringue à injection hypodermique et parfois qualifié de canon à sperme! Les mêmes mâles manquent quelque peu de discernement et sont incapables de distinguer les femelles des autres mâles. Aussi le mâle en rut, dès qu'il voit un congénère, lui saute sur le dos et le transperce. Le sperme est injecté brutalement et se répand dans le corps de la victime, dans les tubes respiratoires et les organes, cerveau compris... S'il s'agit d'un mâle, il peut arriver que le sperme injecté soit recyclé en gagnant le canon à sperme de la victime; dès lors, si celle-ci insémine à son tour une femelle, il peut arriver, cas sans doute unique dans la nature, que des rapports homosexuels soient biologiquement féconds! 2540
André Langaney *Le Sexe et l'Innovation (1979)*; Le Seuil.

Un mâle qui en baise un autre est un double mâle [2]. 2541
Jean Genet *Notre-Dame des Fleurs (1976)*; L'Arbalète.

Là-dedans, il cachait, notre camarade, des cigarettes, et une brosse à dents, même qu'on en rigolait tous, de ce soin peu commun, alors, qu'il prenait de ses dents, et que nous on le traitait, à cause de ce raffinement insolite, « d'homosexuel ». 2542
Louis-Ferdinand Céline *Voyage au bout de la nuit (1932)*; Gallimard.

Verlaine et Rimbaud :
Dans ce café bondé d'imbéciles, nous deux 2543
Seuls, nous représentions le soi-disant hideux
Vice d'être « pour homme » et sans qu'ils s'en doutassent
Nous encagnions ces cons avec leur air bonasse,
Leurs normales amours et leur morale en toc.
Paul Verlaine *Œuvres érotiques (1891)*; Baudouin.

C'est peut-être cela, être homosexuel encore aujourd'hui : savoir qu'on est lié à un génocide pour lequel nulle réparation n'est prévue [3]. 2544
Guy Hocquenghem préf. à H. Heger *Les Hommes au triangle rose (1981)*; tr. A. Chouchan; Personna.

---

1 - En argot du XVe s., les pois désignent les culs.
2 - Un homme inverti en vaut deux.
3 - Hitler entreprit l'extermination des homosexuels qui durent porter une étoile rose et périrent par milliers dans les camps de concentration.

machorité :

2545 Je dédie ce souvenir aux salauds qui me prêchent aujourd'hui le « respect » du mineur. Moralistes borgnes, j'ai été ce mineur et je l'ai subi, ce respect.
Tony Duvert *L'Enfant au masculin (1980);* Éd. de Minuit.

vaudeville :

2546 L'amour transformant l'amant dans l'aimé fait entrer l'amant à l'intérieur de l'aimé et vice versa.
Saint Thomas d'Aquin (1224/25-1274) commentaire du IIIe *Livre des Sentences.*

2547 Je suis lesbien [1].
François Coupry *Je suis lesbien (1978);* Balland.

2548 « L'homosexualité, disait Bismarck, constitue un très grave péril pour l'État, parce qu'elle supprime les barrières sociales. » Cette abolition des différences de classe et de race à quoi le communisme en vain s'efforce, l'homosexualité l'a pacifiquement accomplie.
Jacques de Ricaumont.

transports en commun :

2549 Prolétaires de tous les pays, caressez-vous !
Devise du bimensuel *L'Antinorm;* dir. publication Guy Maes (1973).

honneur

2550 L'honneur, c'est la vérité.
Brigitte Friang *Comme un verger avant l'hiver (1978);* Julliard.

2551 Nous devons cesser de nous soucier d'être aimés ou pas et déclarer : nous voulons de nouveau être respectés [2] !
Ronald Reagan dans Hedrick Smith *Reagan et Nous (1981);* tr. F.M. Watkins ; Balland.

2552 Les beaux militaires, depuis un siècle, remplissent merveilleusement leurs culottes, mais ils ne remplissent pas leurs destins.
Georges Bernanos *La Grande Peur des bien-pensants (1931);* Grasset.

2553 La gloire se donne seulement à ceux qui l'ont toujours rêvée.
Charles de Gaulle *Vers l'armée de métier (1934);* Plon.

---

1 - Et vous ?
2 - Ronald Reagan a conservé la nostalgie de ces dialogues de série B.

Il y a un honneur chrétien : il est la fusion mystérieuse de l'honneur humain et de la charité du Christ. 2554
Georges Bernanos.

Un jour, un lieutenant bondit sabre au clair sur le parapet de la tranchée qu'il tenait en hurlant : « Avanti, avanti ! » Ses hommes, sans esquisser le moindre mouvement pour le suivre, applaudirent en criant : « Bravo, bravissimo ! » 2555
Yvonne Sadoul *Tels qu'en mon souvenir (1978);* Grasset.

Une imprudence qui réussit compromet l'intelligence du courage. 2556
Robert Mallet *Apostilles (1972);* Gallimard.

Le culte des héros c'est le culte de la veine. 2557
Louis-Ferdinand Céline *Bagatelles pour un massacre (1937);* Denoël.

Gamelin [1] :
Nos généraux vaincus ne se tuent pas, ils écrivent. 2558
*Journal d'***Aimée de Coigny** ; prés. A.M. Grangé ; Lib. acad. Perrin.

On ne peut haïr un adversaire quand il se bat. 2559
Francis Bossus *La Seconde Mort.*

Autant qu'un carnage, la guerre est une invitation à la saloperie. 2560
Roger Ikor *Pour une fois, écoute, mon enfant (1975);* Albin Michel.

Des militaires bourreaux ce n'était pas une nouveauté, mais ce qu'on n'avait encore jamais vu dans une armée, c'étaient des médecins assassins. 2561
André Lacaze [2] *Le Tunnel (1978);* Julliard.

décorations :
Les récompenses sont toujours un peu insuffisantes. 2562
Paul Pavlovitch *L'homme que l'on croyait (1981);* Fayard.

Sur le chemin de la dignité, on ne rencontre bien souvent que la misère. 2563
Frédéric Mitterrand *Lettres d'amour en Somalie (1985);* Regard.

Les hommes couverts de croix font penser à un cimetière. 2564
Francis Picabia *Écrits complets (1975);* Belfond.

Douaumont :
[...] La gloire posthume [...] ne réchauffe pas les cercueils. 2565
Jean-Charles Harvey *L'Homme qui va... (1967);* Homme.

Une fois sahib, toujours sahib. 2566
Rudyard Kipling *Kim (1901).*

---

1 - Gamelin n'avait pas prévu une guerre éclair qui bloqua l'essentiel des troupes françaises en Belgique. A la libération, Gamelin se consacra à la rédaction de ses mémoires, publiés sous le titre *Servir.*
2 - André Lacaze, déporté au camp de Mauthausen, parle ici d'un certain docteur Ramsauer. Ce n'est, hélas ! « pas un cas unique », et « l'inquiétante gueule de Ramsauer » hante aujourd'hui bien des prisons d'État.

2567 J'y crois, moi, à l'honneur, c'est pour ça que je n'ai pas réussi.
Gilles Archambault *Parlons de moi (1970)*; Cercle du Livre de France.

2568 Quand on est né le plus pauvre parmi les pauvres, il est bon d'avoir quelque hautesse dans le cœur.
Pierre Jakez Hélias *Les Autres et les Miens*; Plon.

2569 Commence par te considérer toi-même, bien plus, finis par là... Tu es le premier, tu es aussi le dernier.
Saint Bernard de Clairvaux *De Consideratione, II*, 3.

2570 Je suis trop fier pour croire qu'un homme m'aime. Cela supposerait qu'il sache qui je suis.
Friedrich Nietzsche *Lettres choisies*; tr. Vialatte; Gallimard.

moralité :
2571 L'honneur, c'est comme les allumettes, ça ne sert qu'une fois.
Marcel Pagnol *Marius (1931)*; Fasquelle.

Hospitalité

2572 La vie est un hébergement.
Tao Yuan-Ming *Œuvres complètes*; tr. P. Jacob (1990); Gallimard.

2573 À l'hôte que doit-on ? Bon accueil s'il demeure, congé s'il veut partir.
Homère *Odyssée*; tr. Bérard; Gallimard.

2574 Pourquoi ne pas ôter ce manteau humide et vous enfiler un Martini sec ?
Charles Brackett *The Major and the Minor (1942)* de Billy Wilder.

2575 L'hospitalité du lit, j'laisse ça à d'plus grandes dames que moi, qui n'y reçoivent qu'les gens bien portants.
Victorien Sardou *Madame Sans-Gêne (1893)*.

2576 Une aubergiste d'Helvoet demanda à George II deux guinées pour deux œufs.
George lui dit : « Est-ce que les œufs sont si rares ici ?
– Non, lui répondit-elle, mais les rois. »
Denis Diderot *Voyage en Hollande (1774)*.

2577 L'arbre ne retire pas son ombre, même au bûcheron.
Nârâyana *Hitopadeça, l'Instruction profitable*.

Le christianisme... c'est une porte de lumière avec une serrure de 2578
nuit. La clef est devant la porte, le passant ouvre et se croit chez Dieu, mais le passant se trompe. Dieu est l'absent de la maison. Dieu est l'éternel envolé.
Jésus-Christ, lors de la séance de spiritisme du 11 février 1855 chez Victor Hugo. *Les Tables tournantes de Jersey (1980);* Stock.

Dieu habite chez celui en qui rien d'étranger ne pénètre. 2579
Pères du Désert (IVe s.) *Bu I 147* dans E.A. Wallis Budge *The Paradise of the Holy Fathers;* tr. Régnault.

Dieu veut toujours se faire homme en ceux qui en sont dignes. 2580
Saint Maxime le Confesseur (mort en 662) *Les Sentences.*

Je vous dérange ? 2581
Non, vous m'arrangez. Un visiteur est toujours le Christ.
Serge Bonnet et **Bernard Gouley** *Les Ermites (1980);* Fayard.

Ce privilège d'être partout chez soi n'appartient qu'aux rois, aux 2582
filles et aux voleurs [1].
Honoré de Balzac *Splendeurs et Misères des courtisanes (1838-1847).*

L'ouvrir et l'entrer ne sont qu'une seule chose [2]. 2583
Maître Eckhart *De la naissance éternelle.*

Il n'y a que deux endroits 2584
Où l'on n'a pas à se gêner :
Chez soi et chez les autres.
Dicton du Centre.

humanité

Je suis homme, et rien de ce qui est humain ne m'est étranger. 2585
Térence (v. 190-159 av. J.-C.) *Héautontimoroumenos, 77.*

Rien de ce qui est humain n'est simple. 2586
Jean Dorst *La Force du vivant (1979);* Flammarion.

Rien et personne, les deux piliers de la grande famille humaine. 2587
Jérôme Deshusses *Délivrez Prométhée;* Flammarion.

Destins différents et pourtant solidaires des deux partenaires de 2588
l'aventure humaine : l'élément maternel représente la nature et l'élément paternel, l'histoire.
Jean Delumeau *La Peur en Occident, XVe-XVIIIe s. (1980);* Fayard.

1 - Ce fut également celui de Giscard d'Estaing lors de ses dîners en ville de 1974 à 1981.
2 - Ce qu'on cherche est à la porte du cœur, il suffit de l'ouvrir.

2589 Il n'y a pas de commencement, j'ai été engendré, chacun son tour et depuis, c'est l'appartenance.
Émile Ajar alias **Romain Gary** *Pseudo (1976);* Mercure de France.

2590 Que l'humanité vienne à disparaître, elle tuera ses morts pour de bon.
Jean-Paul Sartre *Les Mots (1964);* Gallimard.

théorie :

2591 Le sort de l'humanité en général sera celui qu'elle méritera.
Albert Einstein *Comment je vois le monde;* tr. colonel Cros; Flammarion.

2592 L'humanité est un concept pour onanistes.
Roque Dalton *Taberna y otros lugares,* cité dans G. de Cortanze *America libre (1976);* Seghers.

idéalisme :

2593 [...] Plus j'aime l'humanité en général, moins j'aime les gens en particulier, comme individus.
Fedor Dostoïevski *Les Frères Karamazov (1877).*

2594 Tout se passe comme si l'humanité se savait immortelle.
François-Xavier Emmanuelli *Ballade pour un père (1980);* Ramsay.

2595 L'humanité n'est même plus une légende, elle est un mythe.
Émile Ajar alias **Romain Gary** Manuscrit inédit de *Pseudo* dans *Lire,* septembre 1981.

Humour

2596 Les enchaînés voient s'ouvrir devant eux... un monde imaginaire mais souverain : l'humour.
Hermann Hesse *Le Loup des steppes;* tr. Pary; Calmann-Lévy.

2597 L'essence de l'humour est la sensibilité.
Samuel Taylor Coleridge Essais : *Wit and Humour.*

2598 L'humour est un phénomène produit par une précipitation soudaine de la culture dans la barbarie.
Wyndham Lewis *Blasting and Bombardiering (1937).*

2599 L'humour, c'est aussi une façon de résister.
Guy Bedos préf. à Saladin *Les Migrations de Djeha;* La Pensée sauvage.

2600 L'humour est toujours contre le pouvoir.
Coluche cité par Philippe Boggio dans *Coluche;* Flammarion.

clown :

L'humour est un déguisement sous lequel l'émotion peut 2601
affronter le monde extérieur.
Tony Mayer *Différence entre l'esprit et l'humour,* 37e congrès du P.E.N. 1970.

L'humour est le meilleur détecteur de mensonges. 2602
Konrad Lorenz *L'Agression (1969);* Flammarion.

M. Max Beerbohm essaya un jour d'analyser les plaisanteries qui 2603
font rire la foule. Il les répartit en trois catégories : les plaisanteries portant sur une humiliation corporelle; les plaisanteries sur les étrangers, et les plaisanteries sur les fromages avancés.
Gilbert Keith Chesterton *Les Enfants de Londres et leurs plaisanteries.*

Ma première femme était intelligente, mais n'avait aucun sens de 2604
l'humour. Elle était convaincue que le plus drôle des Marx Brothers était Zeppo.
Woody Allen *Destins tordus;* tr. M. Lebrun; Laffont.

Je ne plaisante jamais avec l'humour. 2605
Frigyes Karinthy *Voyage autour de mon crâne (1912).*

L'humoriste se place derrière sa victime. 2606
George Meredith *L'Égoïste (1879);* tr. Cauque; Gallimard.

L'humoriste est un homme qui est rarement bienveillant et n'est 2607
jamais heureux.
Hippolyte Taine *Notes sur l'Angleterre (1872).*

Les humoristes sont comme des enfants qui, en traversant les 2608
chambres obscures, chantent pour se donner du courage.
Pitigrilli *L'Homme qui cherche l'amour;* tr. G. de Lautrec; Albin Michel.

L'humour, cela ne s'acquiert qu'avec le temps, avec l'âge. 2609
Jorge Amado *Conversations avec Alice Raillard.*

hygiène

aérobic :

Mens sana in corpore sano. (Une âme saine dans un corps sain). 2610
Juvénal *Satires.*

C'est une question de propreté : il faut changer d'amis, comme 2611
de chemise.
Jules Renard *Journal (1887-1910);* Gallimard.

clean :

2612 L'homme est un être culturel par nature parce qu'il est un être naturel par culture.
Edgar Morin *Le Paradigme perdu : la nature humaine (1973);* Le Seuil.

2613 Nos temps d'hygiène et de prophylaxie en sont venus à se méfier de tout ce qui est complet, c'est-à-dire vivant.
Charles Ferdinand Ramuz *La pensée remonte les fleuves (1979);* Plon.

2614 Le slogan « Veuillez laisser cet endroit aussi propre en partant que vous l'avez trouvé en entrant » est une logique de mort.
Sophie Jacquin dans *Partenaires,* octobre 1990.

2615 Il fallait maintenir la serviette serrée autour de nos jambes et nous laver aussi haut que possible. Nous usions de la même méthode en sens inverse, nous lavant les épaules et le buste, sous la chemise, en descendant aussi bas que possible. De sorte que possible n'était jamais lavé.
Hélène Tournaire *Jules empaillé (1975);* Balland.

musculation :

2616 Il n'y a pas d'efforts inutiles, Sisyphe se faisait les muscles.
Roger Caillois *Circonstancielles (1946);* Gallimard.

2617 En mars 1976, à Pretoria, l'ambassadeur des États-Unis refusa d'assister à un concert de la télévision sud-africaine parce que cette manifestation culturelle était réservée aux Blancs... Un porte-parole officiel de la télévision déclara que l'affaire était ridicule... En effet, il n'y avait aucune discrimination contre les Noirs puisque le même concert devait être donné une seconde fois pour le public non blanc. « On pourrait difficilement envisager un public mélangé pour une raison pratique très simple : la salle de concert ne comporte pas de toilettes séparées. »
Jean Kestergat *25 millions de Sud-Africains;* Elsevier.

2618 De la plante des pieds jusqu'au sommet de notre tête, rien n'est sain en nous.
Saint Bernard *Œuvres;* tr. M.M. Davy; Aubier.

2619 La salle de bain, c'est notre petit Gange à nous... On s'y débarrasse de souillures appelées stress, mauvais poil, sale gueule, confusion d'identité.
Hélène Delpuech dans *Votre beauté,* février 1991.

2620 Par nature, l'homme est un animal propre et délicat.
Sénèque *Épîtres, XCII.*

2621 – Ça fait du bien... C'est du thé à la menthe ?
– Non, c'est du thé... mais dans mon verre à dents...
Colette *Lac aux dames (1934)* de Marc Allégret.

Hypocrisie

Hypocrite : celui qui, professant des vertus pour lesquelles il n'a 2622
aucun respect, en retire l'avantage d'avoir l'air d'être ce qu'il méprise.
Ambrose Bierce *Le Dictionnaire du Diable (1955);* tr. J. Papy; Les Quatre Jeudis.

[Ils] rencontrèrent une vieille femme qui tenait à la main un des 2623
plus gros chapelets qu'ait fabriqués l'hypocrisie.
Alain-René Lesage *Histoire de Gil Blas de Santillane (1724).*

L'hypocrisie est un hommage que le vice rend à la vertu. 2624
La Rochefoucauld *Maximes (1664).*

Mon hypocrisie est un raffinement d'outrage à la vertu. 2625
Valery Larbaud Prologue de *A. O. Barnabooth (1913);* Gallimard.

Les explications relèvent toujours d'une mauvaise conscience. 2626
Yolande Chéné *Peur et Amour.*

Pour tromper le monde, ressemblez au monde. 2627
William Shakespeare *Macbeth (1606).*

Il est d'innombrables civilisés qui reculeraient, épouvantés, à 2628
l'idée du meurtre ou de l'inceste, mais qui ne se refusent pas la satisfaction de leur cupidité, de leur agressivité, de leurs convoitises sexuelles, qui n'hésitent pas à nuire à leur prochain par le mensonge, la tromperie, la calomnie, s'ils peuvent le faire avec impunité.
Sigmund Freud *L'Avenir d'une illusion;* tr. Marie Bonaparte; Denoël.

Il faut vous dire qu'à la suite d'une chute de cheval j'ai perdu 2629
tout sens moral.
Alphonse Allais *Les Pensées;* Cherche-Midi; éd. 1987.

Idéal

2630 Pourquoi employer toujours ce grand mot d'« idéal » ? Dites donc : « mensonge ». C'est plus direct et plus clair.
Henrik Ibsen *Le Canard sauvage (1884)*; tr. Sigaux; Gallimard.

2631 L'idéal est une manière de bouder.
Paul Valéry *Œuvres complètes*; Gallimard.

2632 Tout idéal, dès qu'il est formulé, prend un aspect désagréablement scolaire.
Valery Larbaud *Jaune, bleu, blanc (1927)*; Gallimard.

2633 Inconnu, loin des lèvres et perdu, ce qu'on n'a pas cherché.
Geoffrey Chaucher *Troïlus et Cressida (1383-1385).*

2634 Depuis que l'homme existe, l'idéal n'a pas plus de pouvoir que le pouvoir n'a d'idéal.
Jérôme Deshusses *Délivrez Prométhée*; Flammarion.

2635 C'est bon pour les hommes de croire aux idées et de mourir pour elles.
Jean Anouilh *Antigone (1942)*; La Table Ronde.

idée

Mourons pour des idées, d'accord, mais de mort lente. 2636
Georges Brassens *Mourir pour des idées.*

Il y a quelque chose de plus triste que de rater ses idéaux : c'est 2637
de les avoir réalisés.
Cesare Pavese *Le Métier de vivre (1958);* Gallimard.

stabilité :
Naître, vivre et mourir dans la même maison. 2638
Charles-Augustin Sainte-Beuve *Les Consolations (1830).*

égalité :
La revendication d'égalité est devenue institutionnelle. 2639
Jean Fourastié et **Béatrice Bazil** *Le Jardin du voisin (1981);*
Pluriel.

L'égalité, cette marotte de jongleur. 2640
Louis XVI dans *Journal d'***Aimée de Coigny**; prés.
A.M. Grangé; Lib. acad. Perrin.

fraternité :
Un rien de cigale sur un fond de fourmi. 2641
Hervé Bazin *Le Matrimoine (1967);* Le Seuil.

Un idéal n'est pas un objet d'échange. 2642
Moshe Sharett *Journal politique,* 1936.

La bonté, cela existe, et la preuve est qu'on en rit. 2643
Jacques de Bourbon-Busset *Tu ne mourras pas;* Gallimard.

Idée

perle :
Contrairement à ce que dit le commun, une idée, c'est rare. 2644
Pascal Jardin *La Bête à Bon Dieu (1980);* Flammarion.

pavé :
Quand une idée se saisit trop de moi au milieu de la rue, je 2645
tombe.
Stendhal *Vie de Henri Brulard (1835-1838).*

Une idée est un jouet incassable, gratuit, et quelquefois mortel. 2646
Georges Henein dans Sarane Alexandrian *Georges Henein;*
Seghers.

solitaire :
Il est inutile de se battre pour une idée. Quand une idée est 2647
bonne, elle fait son chemin toute seule...
Roger Fournier *La Voix (1968);* Cercle du Livre de France.

2648 Une idée que j'ai, il faut que je la nie; c'est ma manière de l'essayer.
Alain *Histoire de mes pensées (1936)*; Gallimard.

2649 Le mot le plus péjoratif, cogitation... pour ce qu'il évoque à la fois de mécanique, de stérile et d'inachevé. Elle me parut dans l'univers mental l'équivalent de la multiplication cancéreuse des cellules.
Roger Caillois *Le Fleuve Alphée (1978)*; Gallimard.

sanguine :
2650 Les choses de l'esprit qui ne sont pas passées par les sens sont vaines.
Léonard de Vinci *Miroir de l'art.*

pierre brute :
2651 Une idée sans exécution est un songe.
Saint-Simon *Mémoires (1829).*

2652 Je me demande qui a commencé à traiter les gens comme des prochains. C'est voué à l'échec... c'était une idée originale.
Ivy Compton-Burnett *La Chute des puissants (1968)*; Gallimard.

l'idée internationale :
2653 Toutes les idées qui triomphent courent à leur perte, et les autres ne valent que par ce que l'on y aura mis soi-même de fièvre et d'espérance [1].
Jean-Edern Hallier *Chaque matin qui se lève est une leçon de courage (1978)*; Éd. libres Hallier.

perle de culture :
2654 Toute idée féconde tourne en pseudo-idée, dégénère en croyance. Il n'est guère qu'une idée stérile qui conserve son statut d'idée.
E.-M. Cioran *Le Mauvais Démiurge (1970)*; Gallimard.

2655 J'ai des idées politiques bien établies, mais mes idées littéraires changent selon ma digestion.
Gabriel García Márquez *Portraits et Propos*; L. Hans et B. Dohman; Gallimard.

perle de rosée :
2656 L'idée est dans les choses... Il n'y a que le monde qui parle.
Pierre Gascar *Les Sources (1975)*; Gallimard.

2657 Plus vous serez fanatiques, plus vous serez éclairés [2] !
Louis Pauwels *Comment devient-on ce que l'on est ¿ (1978)*; Stock.

2658 Il suivait son idée. C'était une idée fixe, et il était surpris de ne pas avancer.
Jacques Prévert.

---

1 - « Les idées de 1789, pour transformer l'essai, trouvèrent Napoléon. Celles de Mai (1968) n'eurent qu'un Ledru-Rollin, Mitterrand, pour affadir les exigences du peuple », ajoute J.-E. Hallier.
2 - Pauwels s'appuie sur la parole de saint Paul : « Puisque le monde, par le moyen de la sagesse, n'a pas reconnu Dieu, c'est par la folie de la prédication que Dieu a jugé bon de sauver ceux qui croient. »

identité

Quand on met le pied dans les idées générales, on glisse. 2659
François Nourissier *Le Musée de l'homme (1980)*; Grasset.

Les idées vraiment claires n'oublient pas l'ombre dont elles 2660
viennent.
Claude Roy *La Fleur du temps (1983-1987)*; Gallimard.

Identité

Pour être moi, j'écris : 2661
C'est aux mots de comprendre.
Alain Bosquet *Poèmes, un (1979)*; Gallimard.

Tu n'as pas à te répandre, mais à t'approfondir. 2662
Aelred de Rievaulx *La Vie de recluse*; tr. Ch. Dumont (1976); Cerf.

Ne plus oser citer « Mme Bovary c'est moi », mais s'interroger 2663
avec prudence sur le thème du trouble de l'identité sexuelle chez l'écrivain.
Danièle Sallenave *Petit Dictionnaire des idées chic,* dans revue des *Sciences Humaines,* 1981.

Je m'appelle Erik Satie comme tout le monde. 2664
Erik Satie dans Ornella Volta *Erik Satie (1977)*; Seghers.

Les choses seraient tellement différentes si les gens voyaient à 2665
quel point nous sommes tous pareils.
Gavin Young *C'est encore loin la Chine (1989)*; tr. G. Piloquet.

Toute comparaison est odieuse. 2666
Proverbes ruraux et vulgaux, manuscrits de 1317, B.N., Paris.

déménagements :
Si l'on change intérieurement, on ne doit pas continuer à vivre 2667
avec les mêmes objets.
Anaïs Nin *Journal (1979)*; tr. Van der Elst; Stock.

Toute destinée, si longue et si compliquée soit-elle, compte en 2668
réalité un seul moment : celui où l'homme sait une fois pour toutes qui il est.
Jorge Luis Borges dans *Suere, Borges (1971)*; Seghers.

Si je doute de mon existence, je ne conteste pas l'existence, 2669
mais seulement qu'elle soit mienne. L'usage du possessif m'est interdit.
Jacques Rigaut *Écrits (1970)*; Gallimard.

2670 Regardez comme ils sont bien dans l'eau, ces poissons !
Comment le savez-vous, répond l'autre, vous n'êtes pas poisson.
Mais comment le savez-vous, vous n'êtes pas moi !
Roland Jaccard *Les Chemins de la désillusion (1979) ;* Grasset[1].

2671 L'homme n'est rien d'autre que la série de ses actes.
Friedrich Hegel *Encyclopédie des sciences philosophiques ;* tr. Gibelin (1970) ; Vrin.

2672 Sois donc ce que tu es et deviens ce que tu peux.
Johann Kaspar Lavater dans François Dagognet *Faces, surfaces, interfaces (1982) ;* Vrin.

2673 Soyez ce que vous êtes réellement : multiple... Ce que vous perdrez en reconnaissance sociale, vous le gagnerez mille fois en trouvant un lieu, en vous, avec l'immensité des possibles cosmiques.
François Coupry *Éloge du gros dans un monde sans consistance (1989) ;* R. Laffont.

fraude :

2674 Chacun de nous est la somme de ce qu'il n'a pas calculé.
Tom Wolfe *L'Ange exilé ;* tr. J. Michelet ; L'Âge d'Homme.

un double :

2675 Un alcoolique est quelqu'un que tu n'aimes pas et qui boit autant que toi.
Dylan Thomas (1878-1917).

2676 L'homme vit dont le nom est prononcé.
Mythe de Rê et d'Isis (Égypte ancienne).

2677 Un surnom est le plus irréfutable des arguments.
William Hazlitt (1778-1830) *On Nicknames.*

2678 Un nom ne vaut que pour l'ancêtre qui l'a mérité en son temps.
Pierre Jakez Hélias *Les Autres et les Miens (1977) ;* Plon.

2679 On meurt toujours de trop d'identité.
Pierre Drachline *Nationale 7 (1988) ;* photographies de Christian Louis ; éd. Marval.

Idéologie

2680 L'idéologie est une pensée chargée d'affectivité où chacun de ces deux éléments corrompt l'autre.
Jules Monnerot *Sociologie du communisme (1949).*

1 - R. Jaccard rapporte les propos de deux philosophes chinois.

idéologie

L'idéologie est l'expression intellectuelle historiquement déterminée d'une situation d'intérêts. 2681
Mennicke cité par H. Schmidt et J. Streller; Philos. Wörtebuch.

L'homme a été obstinément trompé et divisé. 2682
Roberto Juarroz *Poésie et Réalité* tr. J.-C. Masson (1988); Lettres vives.

Le monde moderne est plein d'hommes qui s'en tiennent aux dogmes si fermement qu'ils ignorent même que ce sont des dogmes. 2683
Gilbert Keith Chesterton *Hérétiques (1912);* tr. Bradley; Plon.

Tant que l'on se réfère à une autorité, on ne sait rien. 2684
Antoine Sylvère *Le Légionnaire Flutsch;* Plon.

replâtrage :
Devant les lézardes, ils ont tendu les grandes idées. 2685
Louis Scutenaire *Mes inscriptions* dans Bussy *Anthologie du surréalisme en Belgique;* Gallimard.

Toute conviction est une maladie. 2686
Francis Picabia *Écrits (1921-1953), et posthumes (1978);* Belfond.

La production des idées, des représentations et de la conscience, est d'abord directement et intimement mêlée à l'activité matérielle et au commerce matériel des hommes : elle est le langage de la vie réelle. 2687
Karl Marx *L'Idéologie allemande (1845-1846).*

Dans toute idée il faut chercher à qui elle va et de qui elle vient; alors seulement on comprend son efficacité [1]. 2688
Bertolt Brecht *Me Ti, Livre des retournements (1968);* L'Arche.

Tous les dogmes finissent dans l'embarras. 2689
Roland Topor *Interlude, Le Monde,* 11 octobre 1981.

Il suffit de prendre au sérieux cette prétention qu'ont toutes les idéologies à être rationnelles et de leur demander jusqu'à quel point elles la respectent. 2690
Olivier Reboul *Langage et Idéologie (1980);* P.U.F.

Les seuls tyrans de l'humanité ont toujours été les ombres des morts ou les illusions qu'elle s'est créées. 2691
Gustave Le Bon *Psychologie des foules (1895);* rééd. P.U.F., 1963.

Toute chose, pour être vraie, doit devenir une religion. 2692
Oscar Wilde *De Profundis (1905).*

Si la loi du matérialisme était la vraie loi, tout serait éclairci [...]. Le « pourquoi » du phénomène serait ramené au « comment ». 2693
Arthur Schopenhauer *Le Monde comme volonté et comme représentation (1818).*

---

1 - Avant de répondre à une question, demandez donc pourquoi on vous la pose.

2694 C'est surtout contre une tendance à l'idéologie patheuse que j'ai inventé mon parti pris.
Francis Ponge [1] *Poèmes (1966);* Gallimard.

2695 Il n'y a pas une idée qui ne passe par la politique ; bien heureux si elle ne s'y arrête pas.
Jean Paulhan dans *Deux cent vingt-six lettres inédites de J. Paulhan (1933-1967);* rassemblées par J. Kohn Étiemble ; Klincksieck.

2696 Une doctrine, quelle qu'elle soit, politique, religieuse ou sociale, ne se produit jamais sans trouver plus de contradicteurs que d'adeptes, et ne recrute quelques soldats qu'après avoir fait beaucoup de martyrs.
Louis Blanc *Organisation du travail (1839).*

2697 Un combat idéologique livré contre un nationalisme a toutes les chances d'apparaître pour ce qu'il est, une tentation impériale [2].
Jean Daniel *L'Ère des ruptures (1979);* Grasset.

2698 Obsession pour obsession, l'érotique vaut mieux que l'idéologique, elle est autrement sérieuse.
Konrad Lorenz *L'Agression (1977);* tr. Fritsch ; Gallimard.

2699 Les classes privilégiées trouvent dans l'idéologie que l'on pourrait appeler charismatique (puisqu'elle valorise la « grâce » ou le « don ») une légitimation de leurs privilèges culturels, qui sont ainsi transmués d'héritage social en grâce individuelle ou en mérite personnel.
Pierre Bourdieu et **Jean-Claude Passeron** *Les Héritiers (1964);* éd. de Minuit.

2700 Rien ne ressemble plus à la pensée mythique que l'idéologie politique.
Claude Lévi-Strauss *Anthropologie structurale (1958);* Plon.

2701 Dans la lutte des idées, ce sont toujours les hommes qui périssent.
Stanislas Jerzy Lec *Pensées échevelées ;* tr. A. et Z. Kosimor (1988) ; éd. Aldine.

Illusion

2702 Je me déteste, mais sans illusion.
Philippe Bosser *La Chanterelle, Drôle de trame (1981);* Calligrammes.

---

1 - Francis Ponge adhéra au Parti communiste, et écrivit le *Parti pris des choses,* parti qui fut pris, reconnut-il, à la légère. (R. Étiemble, Francis Ponge).
2 - Jean Daniel commente ici la conversation que le général de Gaulle a eue en 1960 avec John F. Kennedy, et rapportée dans les *Mémoires d'Espoir.* Le général mit en garde les États-Unis contre un engagement en Indochine au nom de la résistance au communisme.

illusion

Qui sème l'illusion récolte la souffrance. 2703
Élie Ben Gal *Dans mon pays;* tr. Milbauer.

Les illusions tombent les unes après les autres, comme les 2704
écorces d'un fruit, et le fruit, c'est l'expérience. Sa saveur est amère; elle a pourtant quelque chose d'âcre qui fortifie.
Gérard de Nerval *Sylvie (1853).*

Il n'y a pas de menteurs, mais des gens avides d'illusion. 2705
Serge Rezvani *Le Testament amoureux (1981);* Stock.

10/10 :
Heureux les yeux qui n'ont pas besoin d'illusion pour voir que 2706
le spectacle est grand.
Maurice Maeterlinck (1862-1949).

Le front des hommes est fait pour se cogner à des murs derrière 2707
lesquels il ne se passe rien.
Jean Rostand *Inquiétudes d'un biologiste (1967); Stock.*

Ce que nous voyons est le moins essentiel – nous vivons sur la 2708
foi d'autrui.
Baltasar Gracián *L'Homme de cour, LXXX (1972);* Champ libre.

boulevard :
Tant d'hommes qu'on croit heureux parce qu'on ne les voit que 2709
passer.
Astolphe de Custine *Aloys (1829).*

désillusion :
J'ai longtemps cru qu'il fallait coucher avec une femme pour la 2710
bien connaître; mais si elle couche, c'est qu'elle vous aime; or, l'amour, c'est le pire des déguisements.
Paul Morand *Lettres à des amis et à quelques autres (1949);* La Table Ronde.

lévitation :
Si tu vois un jeune homme monter au ciel par sa volonté 2711
propre, attrape-le par les pieds et rejette-le à terre.
Les Sentences des **Pères du Désert** intr. dom Regnault; tr. dom Dion, dom Oury; Solesmes.

Le dictionnaire est une machine à rêver. 2712
Roland Barthes préf. du *Dictionnaire Hachette.*

media :
Le plus grand succès de notre civilisation moderne est d'avoir su 2713
mettre au service de ses dirigeants une incomparable puissance d'illusion.
Gianfranco Censor *Véridique rapport sur les dernières chances de sauver le capitalisme en Italie (1976);* Champ Libre.

Il n'y a de communautaire que l'illusion d'être ensemble. 2714
Raoul Vaneigem.

2715 Il n'y a pas de grandes amours... Il n'y a que des amants qui meurent jeunes, sans avoir eu le temps de rompre ! La mort leur fait une fausse réputation !
Henri Jeanson, cité par Pierre Serval (préface de *Soixante-dix ans d'adolescence*).

illusions perdues :
2716 Le jour où disparaît l'illusion
Ce jour-là vous avez renoncé.
Jâbâla Upanishad, 4.

2717 Que d'histoires d'enfance, d'amour, de coït, de mariage et de mort, dont aucune n'est vraie ! Les contes, les belles phrases, moi ça me fatigue.
Sadeq Hedayat *La Chouette aveugle (1936) ;* José Corti.

Image

2718 Les images au sourire amer s'en retournent les mains vides.
Maurice Blanchard *C'est la fête et vous n'en savez rien (1979) ;* Plasma.

2719 Nous vivons sur la récupération d'images endeuillées dont nous n'évaluerons jamais le nombre. La plus ancienne est, sans conteste, celle de Dieu, dont Dieu lui-même ne se souvient plus. Image du premier jour. Image de la mort qui nous sera refusée jusqu'à la mort.
Edmond Jabès *Le Petit Livre de la subversion hors de soupçon ;* Gallimard.

2720 Les auteurs, il vaut mieux ne jamais les connaître parce que leur personne réelle ne correspond jamais à l'image qu'on se fait en les lisant.
Italo Calvino *Si par une nuit d'hiver un voyageur (1981) ;* tr. D. Sallenave et F. Wahl ; Le Seuil.

2721 Les créateurs devraient rester invisibles, n'exister qu'à peine ; on ne gagne jamais à s'interposer entre un public et le génie qu'il veut bien vous reconnaître.
François-Olivier Rousseau *Sébastien Doré (1989) ;* Gallimard.

2722 J'avais déjà le pressentiment que ce monde était formé à l'ignoble image des équarrissoirs.
Léon Bloy *Histoires désobligeantes (1894).*

2723 Vivant depuis longtemps sous le règne de l'imitation, nous avons sans doute exigé d'être imités pour nous venger.
Élie Faure *D'autres terres en vue ;* Le Livre de Poche.

imagination

L'homme, animal iconolâtre, devient agressif lorsqu'il est déçu par l'image que les autres lui renvoient ou par celle qu'il se fait de lui-même. 2724
Jacques Van Rillaer *L'Agressivité humaine (1975);* Dessart et Mardaga.

Il y a des gens qui n'ont que la façade... L'entrée sent le palais, et le logement la cabane. 2725
Baltasar Gracián *L'Homme de cour (1972);* tr. Amelot de la Houssaye; Champ Libre.

Nous ne sommes pas autre chose que l'image que nous donnons de nous-mêmes; alors mieux vaut y regarder à deux fois avant de choisir son image. 2726
Kurt Vonnegut Jr *Nuit noire;* tr. M. Pétris; Le Sagittaire.

Imagination

Connais-toi, mais réserve-toi des surprises. 2727
Jacques Deval *Afin de vivre bel et bien (1970);* Albin Michel.

c'est toi ?
Dans l'imagination, il y a une révélation du Moi à lui-même. 2728
A.E. Russell *Le Flambeau de la vision (1918);* tr. Gros; Cahiers du Sud.

Un verre d'eau. L'un s'y noie, l'autre y trouve l'Amérique. 2729
Georges-Olivier Chateaureynaud *La Fortune;* Grasset.

voyage :
L'imagination est la meilleure compagnie de transport au monde. 2730
Roger Fournier *À nous deux (1965).*

L'homme ne rêve pas de la femme parce qu'il la trouve mystérieuse; il la décrète mystérieuse pour justifier son rêve d'elle. 2731
Henry de Montherlant.

Là où il n'y a pas d'imagination, il n'y a pas d'horreur. 2732
Arthur Conan Doyle *Étude en rouge (1887);* tr. Baillargeon; Laffont.

pressentiment :
Une forte imagination produit l'événement. 2733
Michel de Montaigne *Essais.*

Le réel et l'imaginaire forment un tout indissociable. 2734
Georges Duby dans *Vendredi,* n° 6, 4 janvier 1980.

déclin :

2735 L'homme tient pour intelligence l'usure de ses facultés d'imagination.
Louis Scutenaire *Mes inscriptions* dans Bussy *Anthologie du surréalisme en Belgique ;* Gallimard.

club privé :

2736 Le fou, l'amoureux et le poète sont tous faits d'imagination.
William Shakespeare *La Tempête (1611).*

2737 L'imagination est plus importante que le savoir.
Albert Einstein *Sur la science.*

2738 L'imagination... c'est cette partie décevante dans l'homme, cette maîtresse d'erreur et de fausseté, et d'autant plus fourbe qu'elle ne l'est pas toujours.
Blaise Pascal *Pensées, 82.*

2739 L'imagination n'est rien d'autre qu'une mémoire dilatée et composée.
Giambattista Vico *La Science nouvelle (1725).*

2740 Imaginer, c'est hausser le réel d'un ton.
Gaston Bachelard *L'Air et les Songes (1934) ;* Corti.

2741 Dans les ténèbres, l'imagination travaille plus activement qu'en pleine lumière.
Emmanuel Kant *La Fin de toutes choses.*

2742 Manquer d'imagination, c'est ne pas imaginer le manque.
Slogan Mai 1968.

2743 Je voyais donc l'imagination à sa naissance, l'imagination qui n'est que naissance, car elle n'est que le premier état de toutes nos idées. C'est pourquoi tous les dieux sont au passé.
Alain *Histoire de mes pensées (1936) ;* Gallimard.

2744 Presque tout est, presque toujours, autre que ce que presque tous les hommes s'imaginent.
Ludwig Hohl *Tous les hommes presque s'imaginent ;* tr. W. Weideli ; L'Aire.

2745 Que d'histoire pour deux petits seins et un bouquet de poils au bas du ventre.
Pierre Della Faille *Mise à feu.*

Immigré

2746 Les mouettes naquirent des mouchoirs qui disent adieu dans les ports.
Ramon Gomez de la Serna *Greguerias* tr. F. Delay dans *Noir sur Blanc,* n° 5, 1988.

L'étrangeté de l'immigration, c'est l'étrangeté dans l'histoire. 2747
Nabile Farès dans la revue *Esprit,* juin 1985.

Dans certains pays, l'exil est la peine la plus douloureuse ; dans 2748
d'autres, il est des citoyens qui doivent lutter pour l'obtenir.
Stanislas Jersy Lec *Pensées échevelées ;* tr. A et Z. Kosimor (1988) ; éd. Aldine.

Ce qui constitue la singularité des exilés, c'est leur refus de 2749
s'enraciner ailleurs... Ils préfèrent les garnis ou les chambres d'hôtel.
Mary McCarthy *Le Roman et les Idées et Autres Essais,* tr. A. Lévi (1988) ; Fayard.

L'exil, c'est la nudité du droit. 2750
Victor Hugo *Correspondance avec P. J. Hetzel,* t. I ; prés. Gaudon ; Klincksieck.

L'exilé est un mort sans tombeau. 2751
Publilius Syrus (85-43 av. J.-C.) *Sentences.*

L'exilé doit être capable de pénétrer le sens caché de ses errances 2752
et de les comprendre comme autant d'épreuves initiatiques qui le ramènent vers le centre.
Mircea Eliade *Fragments d'un journal (1973) ;* Gallimard.

Il n'est pas utile de voyager beaucoup pour trouver l'exil. 2753
François Clément *Les Procédures champêtres (1981) ;* Laffont.

Impôts

Je me souviens de la feuille d'impôts de Chaban-Delmas. 2754
Georges Pérec *Je me souviens (1978) ;* Hachette.

Ce n'est pas par les revenus de chacun, mais par son train de 2755
vie qu'il faut évaluer sa fortune.
Cicéron *Paradoxes.*

on n'en est pas revenu ! 2756
C'est nous les pauvres gens
Les pauvres contribuables
Obligés de subir jusqu'à la fin des temps
Le sort auquel imper
Auquel imperturbable
Nous condamnent nos gou
Tous nos gouvernements.
Boris Vian *Textes et Chansons.*

2757 On ne peut tout de même pas tout leur prendre, aux pauvres !
Jacques Prévert *Les Enfants du paradis (1943-1945)* de Marcel Carné.

2758 L'on part un jour pour la croisade ¿
Impôt !... On en revient ¿ Impôt !... Le temps malade
Fait tout sécher ¿ Impôts !... Fait tout moisir ¿ Impôts !...
Guerre, inondation, grand trouble, grand repos ¿...
Impôts ! Impôts ! Impôts !
Ernest Legouvé.

on se taille par là !
2759 Quand on pense aux immenses services que rendent les fenêtres aux amoureux, il semble assez naturel d'en faire l'objet d'une contribution.
Honoré de Balzac *Ursule Mirouet (1842).*

2760 Tout le monde vole l'État, et il reste toujours quelque chose à voler.
Hedrik Smith *Les Russes (1976)* ; tr. M. Sussing, F.-M. Watkins, J.-M. Witta ; Belfond.

quelle corvée !
2761 De tous les impôts, le vol est celui que les civilisés payent le plus douloureusement, mais le plus consciemment.
Georges Darien *Le Voleur (1897).*

allez roulez... !
2762 Lorsque je donne quatre coups de pédale, il y en a trois pour le fisc.
Bernard Hinault interviewé dans *Vélo,* 1982.

Inconscient

2763 J'ai l'impression d'être un gouffre qui déborde de petits riens.
Alain Bosquet *La Mémoire ou l'Oubli (1990)* ; Grasset.

2764 L'inconscient est ce chapitre de mon histoire qui est marqué par un blanc ou occupé par un mensonge : c'est le chapitre censuré.
Jacques Lacan *Écrits (1966).*

lapsus :
2765 « Inconscient » signifie ce qui s'énonce à l'insu du sujet.
Vincent Descombes *L'Inconscient malgré lui (1977)* ; éd. de Minuit.

sens interdit :
2766 La découverte de l'inconscient [...] c'est que la portée du sens déborde infiniment les signes manipulés par l'individu.
Jacques Lacan *Le Séminaire,* II.

Les hommes sont ainsi faits qu'ils croient plus volontiers ce qui 2767
leur semble obscur.
Tacite *Histoires, I, XXII.*

L'inconscient s'exprime à l'infinitif. 2768
Sigmund Freud *Œuvres complètes;* J. Strachley.

L'inconscient est le discours de l'autre. 2769
Jacques Lacan *Écrits (1966).*

obscurité :
Avec la civilisation, on passe du problème de l'homme des 2770
cavernes au problème des cavernes de l'homme.
Edgar Morin *Le Vif du sujet (1962);* Le Seuil.

La réalité de l'Inconscient, c'est – vérité insoutenable – la réalité 2771
sexuelle.
Jacques Lacan *Le Séminaire, XI.*

Mais, monsieur le Juge, il est faux que j'aie emprunté cette 2772
théière à mon voisin; d'ailleurs elle était déjà trouée lorsqu'il me l'a prêtée, et, en fin de compte, elle était en parfait état lorsque je la lui ai rendue.
Cité par **Sigmund Freud** *Le Mot d'esprit et ses Rapports avec l'inconscient;* Gallimard.

Ce qui est gardé secret, c'est souvent les véritables sentiments 2773
qu'éprouve un individu sur un comportement qu'il affiche ouvertement.
Bruno Bettelheim *Survivre (1979);* tr. T. Carlier; Laffont.

[...] Ce qui, le plus violemment, nous révolte, est en nous. 2774
Georges Bataille *L'Érotisme (1965).*

Au fond, on ne veut pas changer les choses, on veut qu'elles 2775
éclosent.
Clarice Lispector *Liens de famille;* tr. J et T. Thériot (1989); Des Femmes.

Ne sommes-nous pas, comme le fond des mers, peuplés de 2776
monstres insolites ?
Henri Bosco *Le Récif (1971);* Gallimard.

Indifférence

Je m'en fous. 2777
Devise de **Courteline.**

2778 On imagine mal la somme de catastrophes que chacun peut supporter dans l'indifférence, pour peu qu'elles s'abattent sur autrui.
Georges Elgozy *Nos mécontemporains;* Hachette.

2779 Quand les nazis ont pris les juifs, je n'ai rien dit. Quand ils ont pris les communistes, je n'ai rien dit. Quand ils ont pris les démocrates, je n'ai rien dit. Et quand ils sont venus me prendre, il n'y avait plus personne pour me défendre.
Pasteur Niemöller.

2780 L'indifférence morale est la maladie des gens très cultivés.
Henri-Frédéric Amiel *Journal intime,* 26 octobre 1870.

2781 La tragédie de l'homme moderne n'est pas qu'il en sache de moins en moins sur le sens de la vie, mais que cela ne le dérange presque plus.
Vaclav Havel cité dans *Points de vue Images du monde,* 10 janvier 1991.

2782 La philosophie devrait toujours savoir que l'indifférence est une chose militante.
Stephen Crane *Impressions de Londres (1893).*

2783 Si nous sommes sans colère quand nous voyons les autres bafoués, exploités, humiliés, il est clair que nous ne les aimons pas.
Abbé Pierre et **Bernard Chevalier** *Emmaüs ou venger l'homme (1979);* Centurion.

2784 Il en est peu d'entre nous qui n'aient été tentés à un moment donné de prendre pour la paix de leur conscience le confort et la sécurité de leur derrière.
Georges Bernanos *Le lendemain, c'est vous (1969);* Plon.

2785 Nous ne sentons les maux publics qu'autant qu'ils s'étendent à nos intérêts particuliers.
Tite-Live, *XXX, XLV.*

2786 Lui, c'était celui qui était marrant. Après l'amour, il soupirait, ouvrait les yeux et lui disait : *Tiens, c'était toi.*
Lorrie Moore *Vies cruelles;* tr. E. Soonckindt (1990); Rivages.

Industrielle (civilisation)

la Roue de la fortune :

2787 La civilisation fait rage.
Alexandre Vialatte *L'éléphant est irréfutable (1980);* Julliard.

industrielle (civilisation)

Amérique :

Les mondes nouveaux doivent être vécus avant d'être expliqués. 2788
Alejo Carpentier *Le Partage des eaux (1953)*; tr. Durand; Gallimard.

décharge :

Notre civilisation, ce n'est pas par une bonne femme à poil, l'air 2789
inspiré, qu'il faut la symboliser. Ni par une faucille avec un marteau, ni par une croix, ni par un livre ou je ne sais quoi encore. Non. Ce qui la résume le mieux, c'est un désert semé de papiers gras, de cadavres de bagnoles et d'étrons secs. Et comme devise : un rot.
Cavanna *Je l'ai pas lu, je l'ai pas vu (1975)*; Cavanna et U.G.E.

[...] Le vieux, très vieux malaise qui ronge le cœur de toute 2790
civilisation : le snobisme, le désir des richesses et d'accessoires honorés; c'est pour échapper à cela plutôt qu'aux aiguillons de la chair que les saints se retirent dans les Himalayas.
Edward Morgan Forster[1] *Route des Indes (1924)*; tr. C. Mauron.

La société de consommation a privilégié l'avoir au détriment de 2791
l'être. Et, le jour où l'avoir ne progresse plus, le roi se sent tout nu.
Jacques Delors *Le Bonheur, la Vie, la Mort, Dieu...*; Cerf.

pantoufles :

Le confort est partout. L'oisiveté n'est plus nulle part. 2792
Emmanuel Todd *Le Fou et le Prolétaire (1979)*; Laffont.

La société consommatrice... ne peut donner à la fois la sécurité 2793
et le risque, elle retire l'aventure en donnant les pantoufles. Elle retire la chair en donnant l'image.
Edgar Morin *L'Esprit du temps (1976)*; Gallimard.

fiabilité :

C'est en plein été que maman mourut brusquement. C'est moi 2794
qui l'ai trouvée couchée près du fourneau camping-gaz qui fonctionne toujours et sur lequel, désormais, je fais chauffer la gamelle de Lucien, mon mari.
Hortense Dufour *La Marie-Marraine (1980)*; Grasset.

Nous sommes une civilisation qui ne sait plus faire la paix. 2795
Guglielmo Ferrero *Discours aux sourds*; Le Sagittaire.

La vamp, le héros national, le beatnik, la ménagère névrosée, le 2796
gangster, la star... ne représentent plus des possibilités de vie nouvelle, mais seulement des variantes sur un même style, le style de vie de la société industrielle avancée.
Jean-Michel Palmier *Herbert Marcuse et la nouvelle gauche (1973)*; Belfond.

1 - Forster fit lui-même deux voyages aux Indes, en 1912 et en 1921.

lampe de chevet :

2797 Avec les machines à vapeur et avec l'électricité, l'insomnie du monde a commencé.
Guglielmo Ferrero *Discours aux sourds;* Le Sagittaire.

2798 La dépravation suit le progrès des lumières. Chose très naturelle, que les hommes ne puissent s'éclairer sans se corrompre.
Nicolas Restif de la Bretonne *Le Pornographe*[1] *(1769).*

2799 La décadence d'une société commence quand l'homme se demande : « Que va-t-il arriver ? » au lieu de se demander : « Que puis-je faire ? »
Denis de Rougemont *L'avenir est notre affaire (1977);* Stock.

savonnette :

2800 Ce qui nous a changés, à vrai dire... enfin, dans les signes extérieurs, les coutumes, la morale, c'est plutôt le train, l'automobile, l'électricité, le butagaz... la brosse à dents... la publicité de savon pur odor qui nous a poussés à nous laver le fion.
Alphonse Boudard *Les Combattants du petit bonheur (1977);* La Table Ronde.

désodorisant :

2801 Les lois d'une société irrespirable dispensent à tous la consolation équitable de ne pouvoir se sentir.
Raoul Vaneigem *Le Livre des plaisirs (1979);* Encre.

2802 Aucune culture, aucune religion, aucune civilisation n'est à l'abri de la destruction[2].
Jacques Ruffié *De la biologie à la culture (1976);* Flammarion.

2803 La civilisation est une lutte contre la peur.
Gaston Bouthoul *La Paix (1974);* P.U.F.

2804 Nous vivons une époque épique et nous n'avons plus rien d'épique.
Léo Ferré *Poète... vos papiers! (1971);* La Table Ronde.

publicité :

2805 Dans une société où les gens ont plus ou moins ce qu'ils veulent sexuellement il devient difficile de les motiver à acheter des réfrigérateurs et des voitures[3].
William S. Burroughs dans *The Guardian,* 1969.

2806 Manquer de possible signifie que tout nous est devenu nécessité et banalité.
Sören Kierkegaard *Le Concept du désespoir (1849).*

2807 Dans tout l'univers de la civilisation industrielle, la domination de l'homme sur l'homme croît en étendue et en efficacité.
Herbert Marcuse *Le Marxisme soviétique (1963);* Gallimard.

---

1 - Restif de la Bretonne proposait une réglementation étatique de la prostitution.
2 - Les recherches militaires « avouées » coûtaient (en 1976) dans le monde quatre fois plus que les recherches médicales.
3 - On peut être optimiste, non ?

aspirine :
Métro boulot bistrots mégots dodo zéro. 2808
Pierre Béarn *Couleurs d'usine (1950);* Seghers.

Infirmité

Qui cache son infirmité 2809
A peine à recouvrer santé.
Marie de France *Lais, v. 481-2.*

indulgence :
Si vous adorez vraiment les femmes elles vous pardonneront tout, même si vos couilles sont à plat. 2810
Lawrence Durrell propos tenu en 1973 [1], cité par Julien Green *A Dictionary of Contemporary Quotations.*

donation :
Un blessé de guerre n'est jamais un infirme. Il n'a pas perdu son bras – il l'a donné. 2811
Sacha Guitry *Mémoires d'un tricheur (1935);* Gallimard.

De quel droit nous traiter comme des prisonniers, alors que nous n'avons rien fait qu'avoir un peu moins de chance que les autres. 2812
Patrick Segal *L'Homme qui marchait dans sa tête (1977);* Flammarion.

Ne plaignez pas les malades ni les infirmes. Vous blesseriez votre âme avec des blessures qui n'ont entamé que leurs illusions. 2813
Joë Bousquet *Les Cahiers du double* (62, r. de Montreuil, 75011 Paris).

mise en boîte :
D'où vient qu'un boiteux ne nous irrite pas et qu'un esprit boiteux nous irrite ? 2814
À cause qu'un boiteux reconnaît que nous allons droit, et qu'un esprit boiteux dit que c'est nous qui boitons...
Blaise Pascal *Pensées.*

contre-emploi :
Pas de gens qui aiment à parler plus que les bègues, pas de gens qui aiment plus à marcher que les boiteux. 2815
Denis Diderot *Jacques le Fataliste et son maître (1773).*

---

1 - Souhaitons que dix ans plus tard, les femmes n'aient pas varié de sentiment à cet égard.

2816 Un pas
En défaut
Produit l'abrupt.
André du Bouchet *Laissés;* Hachette.

2817 Pourtant, pensez à ceux qui sont muets et sourds,
Car ils sont morts assassinés au petit jour.
Robert Desnos cité par Pierre Seghers dans *La Résistance et ses Poètes;* Seghers.

2818 Au royaume des sourds, il y a beaucoup de bruit pour rien.
Pensée du 16 novembre 1981, Almanach de l'*Os à moelle;* Mengès.

restriction :

2819 Un borgne, c'est un infirme qui n'a droit qu'à un demi-chien.
Jules Renard *Journal,* 1896.

2820 L'aveugle garde le regard comme le muet la parole – l'un et l'autre dépositaires de l'invisible, de l'indicible... gardiens infirmes du rien.
Edmond Jabès *Le Petit Livre de la subversion hors de soupçon (1982);* Gallimard.

handicap :

2821 Ce qui apparaît comme un défaut de notre nature est en fait un encouragement à dominer ce qui nous entoure.
Saint Grégoire de Nysse *De la création de l'homme, Patrologie grecque, t. XLIV.*

2822 Une déficience est souvent un don.
Graham Greene *L'Autre et son Double (1981),* entretiens avec Marie-Françoise Allain; Belfond.

Informatique

2823 Notre monde est passé sous le contrôle de l'ordre du deux.
Dany-Robert Dufour *Les Mystères de la Trinité (1990);* Gallimard.

2824 L'homme transfère au technique les questions qu'il se pose sur lui-même.
Daniel Sibony *Entre dire et faire (1990);* Grasset.

2825 Puisque nous ne savons pas à l'heure actuelle comment rendre les ordinateurs sages, nous ne devons pas leur confier de tâches demandant de la sagesse.
Joseph Weizenbaum *Puissance de l'ordinateur et raison de l'homme (1981);* tr. M.-Th. Margulici; éd. L'Informatique.

initiation

L'homme est sujet à l'erreur. Mais s'il veut vraiment commettre 2826
la gaffe absolue, alors là, il lui faut un ordinateur.
Dan Rather.

Plus il est possible d'accéder aux savoirs, plus l'homme est isolé. 2827
Brigitte de Gastine dans *L'index SVP,* 2 juin 1990.

Les luttes de classement sont aujourd'hui plus importantes que 2828
les luttes de classes.
Serge Milano *La Pauvreté absolue (1988);* Hachette.

Nos ordinateurs rationalisent à leur façon l'imaginaire. 2829
Gilbert Durand *Les Cahiers de l'imaginaire* n° 1.

Initiation

le Graal :
L'objet se trouve blotti entre un repli caché et un flux déployé. 2830
Mohyiddin Ibn Arabi[1] *L'Alchimie du bonheur parfait;* tr.
S. Ruspoli; Berg International.

Dire le Graal est vain, 2831
Vers lui ne s'ouvre aucun sentier,
Et nul ne peut trouver la route
Qu'il n'ait lui-même dirigé son chemin.
Richard Wagner *Parsifal, acte I.*

Tout ce qui vit est conçu dans la brume et non dans le cristal. 2832
Et qui sait si le cristal n'est pas une brume en déclin ?
Khalîl Gibrān *Le Prophète;* tr. Aboussouan 1972; Castermann.

Cherchez et vous trouverez... autre chose. 2833
Jean Jacques *Les Confessions d'un chimiste ordinaire (1981);* Le Seuil.

vitriol :
Visita interiorem terrae, rectificando invenies occultam lapidem. (Visite 2834
l'intérieur de la terre, et par la purification tu trouveras la pierre occulte.)
Inscription maçonnique sur les murs du cabinet de réflexion.

---

1 - Né à Murcie en Espagne, le « Docteur Maximus » de la pensée islamique est mort à Damas le 16 novembre 1241. La mosquée-mausolée qui lui fut édifiée par le sultan Sélim Ier en 1517 est toujours un lieu de pèlerinage.

2835 Vendez votre habileté et achetez l'ahurissement;
L'habileté est simplement l'opinion, l'ahurissement est l'intuition.
Djalal-Eddine Roumi [1] *Masnavi;* tr. E. de Vitray-Meyerovitch.

2836 Il faut rendre manifeste ce qui est caché, et occulte ce qui est manifeste. En cela seul consiste l'œuvre des sages.
Bernard le Trévisan [2] Le Texte d'alchimie.

2837 On ne doit pas s'accorder le droit de parler d'une connaissance qui ne serait pas communicable.
Gaston Bachelard *La Dialectique de la durée (1936);* P.U.F.

2838 Seul celui qui méprise le bonheur aura la connaissance.
Georg Trakl *Aphorismes;* tr. Lasne; Marabout.

2839 La connaissance est en elle-même puissance.
Francis Bacon *Méditations religieuses (1597).*

2840 Le folklore n'est jamais, nulle part, une création du peuple : il est partout de source théocratique et initiatique.
Pierre Gordon *Les Racines sacrées de Paris;* Arma Artis.

la Longue Marche [3] :

2841 Il n'y a pas de routes droites dans le monde.
Mao Tsé-Toung *Le Petit Livre rouge (1967);* Le Seuil.

2842 Le premier pas est le dernier pas.
Krishnamurti *L'Éveil de l'intelligence;* Stock.

2843 Hier encore, je marchais au hasard sur la terre, et des milliers de chemins fuyaient sous mes pas, car ils appartenaient à d'autres... Aujourd'hui, il n'y en a plus qu'un, et Dieu sait où il mène : mais c'est mon chemin.
Jean-Paul Sartre *Les Mouches (1943);* Gallimard.

2844 Le rien est le mot de reconnaissance des Nobles Voyageurs.
C'est l'entrée et c'est l'issue du labyrinthe.
Oscar Vladislas de Lubicz Milosz *Les Arcanes (1927).*

2845 Lorsqu'un homme élevé entend la Voie
Il l'embrasse avec zèle.
Lorsqu'un homme médiocre entend la Voie
Il l'écoute et l'oublie.
Lorsqu'un homme grossier entend la Voie
Il éclate de rire.
La Voie s'il ne riait pas ne serait plus la Voie.
Lao-Tseu *La Voie et sa Vertu;* tr. P. Leyris.

---

1 - « Ma vie tient en ces trois mots : j'étais cru, j'ai été cuit, je suis consumé. » Après la mort du maître Shams, qui l'avait initié, il institua le Samã, qui accompagne la célèbre danse des derviches tourneurs. Le Masnavi compte plus de vingt-cinq mille vers. « Notre Masnair, dit-il, est la boutique de l'Unité, et quoi que tu voies là, sauf l'Unique, n'est qu'une idole. » C'est un fondements de la mystique de l'Islam.
2 - Alchimiste du XVe s.
3 - C'est le Labyrinthe. Le dessin s'en trouve reproduit sur le pavement de nombre de nos cathédrales.

Un bon archer atteint la cible avant même d'avoir tiré. 2846
Tch'ao Pou-Tche (1053-1110) dans Demiéville *Anthologie de la poésie chinoise classique;* Gallimard.

Tout ce qui est vitesse 2847
Ne sera que déjà passé;
Car c'est ce qui séjourne
Qui seul nous initie.
Rainer Maria Rilke *Sonnets à Orphée (1923);* tr. Jacottet; Le Seuil.

Il y a beaucoup de demeures dans la maison du Père. 2848
Saint Jean.

Les isolés entreront dans la chambre nuptiale [1]. 2849
Évangile selon **saint Thomas,** texte copte tr. par Guillaumont, Puech (1959); P.U.F.

Quand elle disait ou faisait les choses les plus... osées, elle avait 2850
d'adorables manières de dire : « J'ai honte ! ».
Jules A. Barbey d'Aurevilly *Les Diaboliques (1874);* G.F., éd. 1967.

Vivre, c'est un hasard du temps; mourir, c'est se conformer à la 2851
loi de la nature. Je jouis de ce hasard et j'obéis à cette loi; aucune joie ni tristesse ne peuvent pénétrer dans mon cœur.
Tchouang-Tseu [2] (v. 369-286 av. J.-C.) dans Sung-Nien Hsu *Anthologie de la littérature chinoise;* Delagrave.

La sagesse du monde est folie devant Dieu. 2852
Saint Paul Première épître aux *Corinthiens, III, 19.*

Tout homme a une mission et, si minime que soit la mienne, je 2853
ne pense pas qu'il soit sage de l'annuler.
Clément Lockquell *Les Élus que vous êtes (1972);* Fidès.

Tout homme est une histoire sacrée. 2854
Patrice de La Tour du Pin *Somme de poésie (1967);* Gallimard.

Plaise à Celui qui est peut-être de dilater le cœur de l'homme à 2855
la mesure de toute la vie [3].
Marguerite Yourcenar *L'Œuvre au noir (1968);* Gallimard.

---

1 - C'est l'idée mystique que seul l'esseulement permet de parvenir à la découverte.
2 - Chuang-Tzu aurait refusé un poste de ministre, et serait resté employé dans un parc d'arbres à laque. « Vêtu de toile rapiécée et chaussé de loques » il aurait mené l'existence d'un tranquille père de famille.
3 - Le propos est de Zénon, le médecin alchimiste flamand héros de l'*Œuvre au noir.*

Injure

2856 Celui qui dit des injures est bien près de pardonner.
Miguel de Cervantès *Don Quichotte (1605-1615)*; tr. Viardot.

2857 Oui, oui, j'ai pris plaisir toute ma vie aux offenses, pour l'esthétique, car être offensé, non seulement ça fait plaisir, mais parfois c'est beau !
Fedor Dostoïevski *Les Frères Karamazov (1877).*

2858 Réponse à une injure sanglante :
Oh ! vous dites ça pour me taquiner.
Jules Renard *Journal*; 1896.

vaisselle :
2859 L'affront est plus grave que l'injure, pourtant on lave l'injure, mais on se contente d'essuyer l'affront...
Robert Hollier *Marche ou crève, Carignan (1962).*

2860 Une bande de femmes furieuses rencontrèrent Danton dans la rue... Quoiqu'il sentît tout autour de lui les ongles, il se retourna brusquement. Il monta sur une borne, et, pour les consoler, il commença par les injurier dans leur langue.
Jules Michelet *Histoire de la Révolution française (1848-1853).*

2861 Si vous offensez votre prochain, il vaut mieux ne pas le faire à demi.
George Bernard Shaw *Bréviaire du révolutionnaire*; tr. A. et H. Hamon ; Aubier.

2862 Celui qui ne veut pas se payer de mots, on le paie d'injures.
Louis Scutenaire *Les Lèvres nues (1978)*; Plasma.

2863 Le pardon spontané des offenses n'est pas dans mes moyens.
Françoise Giroud *Ce que je crois (1978)*; Grasset.

2864 Chaque concession ne peut qu'affaiblir un peu celui qui la fait et offenser davantage celui qui l'obtient.
Gustave Thibon *Diagnostics (1940).*

Innovation

2865 Un innovateur est un emmerdeur.
Thierry Gaudin dans *Actuel*, n° 2, février 1991.

Je suis un homme qui pense à autre chose. 2866
Victor Hugo *Tas de pierres (1901).*

refus d'obtempérer :
L'originalité de l'esprit aussi bien que de la sensibilité, c'est d'esquiver l'évidence pour être sensible à ce qui risque de n'être pas remarqué. 2867
Marcel Jouhandeau *Jeux de miroirs (1965-1966);* Gallimard.

Les petits faits inexpliqués contiennent toujours de quoi renverser toutes les explications des grands faits. 2868
Paul Valéry *Tel quel (1941-1942).*

détournement de fonds :
Il est plus aisé de dire des choses nouvelles que de concilier celles qui ont été dites. 2869
Vauvenargues *Réflexions (1746).*

La vraie difficulté est de savoir ce qu'on veut prouver. 2870
Alain.

Un homme ne comprend pas un livre profond avant d'avoir vu et vécu au moins une partie de ce qu'il contient. 2871
Ezra Pound *L'ABC de la lecture (1934);* Herne.

À nous de savoir, à personne d'autre. 2872
Pierre Jakez Hélias *Les Autres et les Miens (1979);* Plon.

crime passionnel :
On se lasse de tout, sauf de comprendre. 2873
Attribué par Servius à **Virgile.**

Comprendre; toujours comprendre. Moi, je ne veux pas comprendre. 2874
Jean Anouilh *Antigone (1942);* La Table Ronde.

Comprendre est le commencement d'approuver. 2875
Spinoza *Tractatus theologico politicus*[1] *(1670);* tr. Appuhn; Garnier.

Sans un peu de fanatisme, on ne fait pas de miracles en philosophie ni dans aucune autre science humaine[2]. 2876
Marcelino Menendez y Pelayo (1856-1912) *Des origines du criticisme et du scepticisme.*

attentat à la pudeur :
Les principes sont faits pour être violés. Être humain est aussi un devoir. 2877
Graham Greene *Le Troisième Homme (1950);* tr. Sibon; Laffont.

Ce qu'il y a de vraiment commode avec les principes, c'est qu'on peut toujours les sacrifier quand c'est nécessaire. 2878
Somerset Maugham *Le Cercle (1940);* tr. Carbuccia; Éditions de France.

1 - Cet ouvrage eut le privilège d'être condamné par les protestants comme par les catholiques, et Leibnitz demanda l'incarcération de Spinoza.
2 - Reprise de Flaubert : « On ne fait rien de grand sans le fanatisme. » Correspondance à Louise Colet (1853).

2879 C'est au moment où l'on rejette tous les principes qu'il convient de se munir de scrupules.
Marguerite Yourcenar *Alexis ou le Traité du vain combat (1929)*; Plon.

Inquiétude

2880 L'inquiétude est toujours vanité.
Saint Jean de la Croix.

2881 Où cesserons-nous d'être de passage ? Trois fois nulle part, je le crains.
Georges Henein *L'Esprit frappeur, Carnet de notes 1940-1973*; Encre.

2882 L'attention ne suffit pas, il faut l'inquiétude.
Casamayor *Les Juges (1973)*; Le Seuil.

2883 Les mêmes craintes, les mêmes calamités ramènent les mêmes terreurs.
Jules Michelet *Histoire de la Révolution française (1848-1853).*

2884 L'audace cache de grandes craintes.
Lucain *La Pharsale, IV, 702.*

2885 La crainte du danger est mille fois plus terrifiante que le danger présent.
Daniel Defoe *Robinson Crusoé (1719).*

2886 Rien ne rend si complètement misérable qu'une crainte continuelle.
Pierre Leulliette *Les Enfants martyrs (1978)*; Le Seuil.

Instinct

2887 Qu'un homme se fixe fermement sur ses instincts, et le monde entier viendra à lui.
Ralph Waldo Emerson (1803-1882).

2888 [...] L'instinct, c'est la façon dont un organisme a à se dépêtrer aux meilleures fins avec un organe.
Jacques Lacan *Le Séminaire, XI (1973).*

Le tort qu'on a, question sexe je crois, c'est de vouloir à tout prix que ça s'harmonise avec la beauté [...]. L'instinct souvent n'a pas le choix, ça calce alors tordus, torves, abominables dans la sanie, au fond de la fosse. 2889
Alphonse Boudard *L'Hôpital (1974);* La Table Ronde.

Jamais mon cœur ni mes sens n'ont su voir une femme dans quelqu'un qui n'eût pas de tétons. 2890
Jean-Jacques Rousseau *Confessions (1788).*

L'instinct est accordé au devenir, il assure la durée. L'intelligence consciente, le néocéphale humain connaît à la fois trop et trop peu du réel. 2891
Jean Fourastié *Ce que je crois (1981);* Grasset.

Ainsi, ce ne sont pas les idées qui sauvent le monde, ni l'intelligence, ni la raison, mais leur contraire radical, ces actes insensés, dépourvus de toute logique, cette persistance enragée des hommes à vouloir survivre, leur ardent désir de respirer tant que ce sera possible, leur petit héroïsme de tous les jours, tenace et ridicule, face au malheur. 2892
Ernesto Sábato *Alejandra (1911);* tr. Villard; Le Seuil.

Si l'instinct de conservation conserve, c'est comme dans une boîte, à l'instar du cassoulet et des sardines à l'huile. 2893
Éric Deschodt *Saint-Exupéry (1980);* Lattès.

Intellectuels

Nous classifions trop et ne jouissons pas assez. 2894
Okakura Kazuko *Le Livre du thé (1976);* Derain.

atomisme :
C'était un de ces penseurs attentifs qui voient un grain de sable avant une maison. 2895
Georg Christoph Lichtenberg *Aphorismes;* tr. 1947; Balland.

curisme :
Je mesure la lâcheté des hommes dans leur besoin de faire de la pensée un remède aux maux terrestres. 2896
René Crevel *Révolution, Surréalisme, Spontanéité (1978);* Plasma.

nihilisme :
Intellectuels : ils sont plutôt le déchet de la société. Le déchet au sens strict, c'est-à-dire ce qui ne sert à rien, à moins qu'on ne les récupère. 2897
Roland Barthes *Le Grain de la voix (1981);* entretiens 1962-1980; Le Seuil.

volontarisme :

2898 Un con qui marche vaut dix intellectuels assis.
Jacques Audiberti (1899-1965).

apolitisme :

2899 Il ne peut y avoir qu'un court instant, une fois par siècle, cinq minutes par siècle où un intellectuel se trouve d'accord avec un mouvement politique. Dans le premier beau jour d'une révolution.
Pierre Drieu La Rochelle dans Pierre Andreu et Frédéric Grover *Drieu La Rochelle (1979)*; Hachette.

infantilisme :

2900 L'effervescence spéculative se développe sans l'amorce d'une responsabilité ni la crainte de la moindre sanction.
Roger Caillois *Le Fleuve Alphée (1978)*; Gallimard.

gargarisme :

2901 Misérables ilotes qui vous gargarisez de grands mots, vous aurez beau vous enrouer à force de parler de charité et de justice, vous n'en serez pas moins méprisables.
La Dispute sur le sel et le fer (81 av. J.-C.), prés. Georges Walter; tr. D. Baudry Weulersse, J. Lévi; P. Baudry (1978); Lanzmann/Seghers.

expressionnisme :

2902 Ils craignent qu'une page qui se lit sans fatigue ne soit pas toujours l'expression de la vérité.
Jean Henri Fabre *Souvenirs entomologiques (1870-1889).*

évolutionnisme :

2903 Il y eut d'abord les forêts, puis les huttes, ensuite les villages, après les villes, enfin les académies.
Giambattista Vico *La Science nouvelle (1725-1730).*

terrorisme :

2904 L'homme qui s'adjuge, en vertu de sa supériorité intellectuelle, une plus large part des biens terrestres, perd le droit de maudire l'homme fort qui, aux époques de barbarie, asservissait le faible en vertu de sa supériorité physique.
Louis Blanc *Organisation du travail (1839).*

naturisme [1] :

2905 Il n'est rien de tel que les disciples pour purifier les maîtres en leur mettant le feu au derrière.
Léon Bloy *Œuvres (1949)*; Mercure de France.

gâtisme :

2906 Un doyen qui n'avait plus toutes ses facultés.
Raymond Devos *Olympia, 1968.*

gaullisme :

2907 Une thèse, c'est comme de Gaulle, dix ans c'est trop.
Affiche murale (1968), à l'occasion d'une soutenance de thèse.

1 - Doctrine selon laquelle le feu serait à l'origine des religions.

intelligence

stoïcisme :
Un intellectuel, c'est quelqu'un qui entre dans une bibliothèque 2908
même quand il ne pleut pas.
André Roussin.

famélisme :
Imaginaire d'intellectuel : maigrir est l'acte naïf de vouloir être 2909
intelligent.
Roland Barthes (1915-1980).

esthétisme :
L'artiste contient l'intellectuel. La réciproque est rarement vraie. 2910
Léon-Paul Fargue *Sous la lampe (1929);* Gallimard.

hédonisme :
J'ai composé cette histoire – simple, simple, simple, 2911
Pour mettre en fureur les gens – graves, graves, graves,
Et amuser les enfants – petits, petits, petits.
Charles Cros *Le Coffret de santal (1873).*

uniformisme [1] :
Les intellectuels sont comme les femmes, les militaires les font 2912
rêver.
André Malraux *Les Noyers de l'Altenburg (1943);* Gallimard.

La manie cartésienne de morceler et de progresser par degrés 2913
garantit toujours l'inaccompli et le boiteux. Les armées de l'ordre
ne recrutent que des mutilés.
Raoul Vaneigem *Traité de savoir-vivre à l'usage des jeunes générations (1967);* Gallimard.

Intelligence

Ces deux crétins semblaient vivre en parfaite intelligence. 2914
Maurice Roche *Qui n'a pas vu Dieu n'a rien vu;* Le Seuil.

L'être humain tel qu'il a été biologiquement programmé devrait 2915
vivre cent vingt ou cent trente ans. Mais il est le seul des êtres
vivants à ne pas accomplir son cycle. Pourquoi ? Parce qu'il est
intelligent.
Pierre Vellas [2] *Le Troisième Souffle (1977);* Grasset/Opéra Mundi.

surdoué :
Pour être intelligent plus tôt que les autres, on n'est pas 2916
nécessairement plus intelligent qu'eux.
Pierre Baillargeon *Les Médisances de Claude Perrin.*

---

1 - Barbarisme ou néologisme.
2 - Pierre Vellas a créé les universités du troisième âge.

2917 Je plains ceux qui ont l'air intelligent ; c'est une promesse qu'on ne peut tenir.
Alain *Propos sur l'esthétique (1923)* ; P.U.F.

Q.I. :

2918 Il n'est de test que bourgeois.
Michel Tort *Le Quotient intellectuel (1977)* ; Maspero.

2919 L'intelligence, c'est ce qui se passe quand rien n'empêche l'intelligence de fonctionner.
Louis Pauwels *Blumroch l'admirable (1976)* ; Gallimard.

2920 Le défi de l'intelligence l'humilie et préfigure sa défaite.
Simon Leys [1] *Images brisées (1976)* ; Laffont.

2921 La compréhension n'a pas besoin d'ailes.
Francis Bacon [2] *Novum Organum (1620).*

2922 Ce chien d'Averroès a dit : l'intelligence met l'universalité dans les choses.
Lefèvre d'Étaples *Œuvres (1504)* [3].

2923 L'intelligence est un effort pour savoir de quoi l'on parle.
Yvon Belaval *Recherche de la poésie (1964)* ; Gallimard.

2924 Dans le domaine de l'intelligence, la vertu d'humilité n'est pas autre chose que le pouvoir d'attention.
Simone Weil *La Pesanteur et la Grâce (1947)* ; Plon.

2925 L'intelligence de la vie... ce mélange si particulier de respect des convenances et de largeur d'esprit, cette faculté de comprendre avant de savoir.
Jean Dutourd *Mémoires de Mary Watson (1980)* ; Flammarion.

2926 Quand la pensée constate qu'elle est incapable de comprendre ce que c'est que la liberté, c'est l'intelligence : je ne peux pas.
Krishnamurti *L'Éveil de l'intelligence* ; Stock.

2927 [...] L'intelligence, sa fonction est moins de comprendre que de « ne pas trop comprendre ».
Ramón José Sender-Garcés *La Sphère (1972)* ; tr. Reumaux ; Laffont.

2928 Si on ne suppose pas que les hommes ont tous la même intelligence, et l'ont toute, il n'y a plus ni vérité ni erreur.
Alain *Cahiers de Lorient (1964)* ; Gallimard.

2929 Le crétin diffère moins de l'homme ordinaire que celui-ci ne diffère de l'homme de génie.
Gustave Flaubert *Carnets.*

---

1 - Le sinologue Simon Leys s'attaque en particulier à l'obscurantisme et à « l'incroyable degré de grossièreté atteint dans le mensonge par la propagande officielle » en Chine, ainsi qu'aux « intellectuels » maoïstes en France.
2 - Bacon, après avoir critiqué les « fantômes » de la compréhension, expose les règles de la méthode expérimentale et inductive.
3 - Au même moment, en Italie, l'averroïsme interprété par Siger de Brabant au XIIIe s., est repris par Alessandro Achillini qui identifie l'intellect à Dieu.

Les moyens de développer l'intelligence ont augmenté le nombre 2930
des imbéciles.
Francis Picabia *Écrits;* Belfond.

On se refuse de croire aux sottises des hommes intelligents; 2931
quelle entorse aux droits de l'homme!
Friedrich Nietzsche cité par Louis Corman *Nietzsche, psychologie des profondeurs;* P.U.F.

Les hommes seraient plus intelligents s'ils étaient plus moraux. 2932
Ludwig Börne *L'Art de devenir un écrivain original en trois jours,* revue *Littoral,* octobre 1981; Érès.

Il y a deux catégories d'êtres intelligents : ceux dont l'esprit 2933
rayonne et ceux qui brillent : les premiers éclairent leur entourage, les seconds le plongent dans les ténèbres.
Marie von Ebner-Eschenbach *Aphorismes;* tr. Priou; Flinker.

Il y a trois sortes d'intelligence : l'intelligence humaine, 2934
l'intelligence animale et l'intelligence militaire.
Aldous Huxley.

L'intelligence, c'est d'abord la destruction de la comédie. 2935
André Malraux dans Roger Stéphane *Toutes choses ont leur saison (1979);* Fayard.

Ne rien trouver ridicule est le signe de l'intelligence complète. 2936
Valery Larbaud *A.O. Barnabooth (1913);* Gallimard.

conclusion :
L'intelligence? une question de chimie organique, rien de plus. 2937
On n'est pas plus responsable d'être intelligent que d'être bête.
Paul Léautaud *Théâtre de Maurice Boissard (1926);* Gallimard.

Internement

cellule :
L'internement est en partie l'un des symptômes de la lutte 2938
des classes.
Thomas Szasz *La Loi, la Liberté et la Psychiatrie (1977);* tr. M. Manin; Payot.

itou :
Tu es dans un asile de fous, tra la la... si tu n'y es pas, tu y 2939
es quand même, tra la la.
John Th. Perceval *Perceval le Fou;* tr. M. Manin 1975; Payot.

grave :
Les asiles de déments comportent dans leur personnel des 2940
internes et des internés.

J'ai beaucoup fréquenté ces deux classes de gens, et la vérité me contraint à déclarer qu'entre ceux-ci et ceux-là ne se dresse que l'épaisseur de l'accent aigu.
Alphonse Allais *Loufoc-House.*

1 million de chômeurs :
2941 L'asile d'aliénés est l'endroit où fleurit le plus d'optimisme.
Havelock Ellis *La Danse de vie (1923);* tr. Keller.

2942 Dans ce monde de fous furieux, il y a aussi des mous sérieux.
Jacques Sternberg *Lettre ouverte aux Terriens (1974);* Albin Michel.

hospitalisation :
2943 Dresser ce qui vous plaît contre ce qui ne vous plaît pas. C'est là la maladie de l'esprit.
Le Troisième patriarche du **Zen.**

2944 C'est l'une de nos grandes tragédies actuelles que des centaines de milliers de personnes passent leur vie entière dans de gigantesques hôpitaux psychiatriques... parce que, derrière notre fuite méprisante, nous sentons, sans le formuler, que n'importe laquelle de ces personnes, si nous la laissions faire, deviendrait partie de nous-même, plus que nous n'osons le permettre.
Harold Searles *Le Contre-transfert (1981);* tr. B. Bost; Gallimard.

Lacan ?
2945 [Des êtres] s'installent dans l'inadaptation mentale et sociologique et, finalement, finissent par devenir des persécuteurs.
Pierre, pour mémoire (1980); texte établi par Anne-Marie Roy sur la parole de Pierre P.; Actes Sud.

conclusion :
2946 Dans la mesure où l'idéologie qui menace aujourd'hui les libertés individuelles n'est pas religieuse mais médicale, l'individu doit être protégé non des prêtres, mais des médecins.
Thomas Szasz *The Second Sin;* Anchor Books.

Intimité

occupé :
2947 De nos jours, la dégradation de la vie intérieure est symbolisée par le fait que le seul endroit à l'abri de toute intrusion est le cabinet d'aisance.
Lewis Mumford *La Cité à travers l'Histoire (1972);* Le Seuil.

toujours occupé :
2948 L'architecture moderne, c'est quand il faut allonger la jambe gauche pour maintenir fermée la porte des waters.
Nancy Banks Smith dans *The Guardian,* 1979.

pantoufle :
L'intimité est funeste à toute grandeur. 2949
Plutarque (v. 50-125) *Vies des hommes illustres.*

Il semble que les montagnards, au-delà d'une certaine altitude, passent du vous au tu. 2950
Roger Brown et **Albert Gilman** *Les Pronoms du pouvoir et de la solidarité (1960).*

crise de l'immobilier :
Vivre dans un trou 2951
Dans le luxe ou la boue
Mais avec vous.
Étienne Roda Gil chanté par Julien Clerc *Vivre dans un trou ;* Veranda et You You Music.

inondation :
Tant que l'amour inondera mes matins 2952
Tant que mon corps frémira sous tes mains
Peu m'importent les problèmes
Mon amour, puisque tu m'aimes.
Edith Piaf *L'Hymne à l'amour ;* Raoul Breton.

C'est parce qu'il ne s'est rien passé entre nous qu'il m'obsède. 2953
Rien n'est plus néfaste à l'amour que la moindre intimité.
Marcel Jouhandeau *Que l'amour est un (1967) ;* Gallimard.

Les problèmes qu'a un individu avec sa petite amie ne sont pas tous nécessairement dus au mode de production capitaliste. 2954
Herbert Marcuse dans *The Listener,* 1978.

T'en mêle pas 2955
Quand je me mêle
De c'qui me regarde pas.
Françoise Hardy *Ça va comme ça ;* W. E. A.

en retard :
Le front aux vitres comme font les veilleurs de chagrin 2956
Je te cherche par-delà l'attente
Par-delà moi-même
Et je ne sais plus tant je t'aime
Lequel de nous deux est absent.
Paul Eluard *L'Amour, la Poésie (1929) ;* Gallimard.

Car, vois-tu, chaque jour je t'aime davantage. 2957
Aujourd'hui plus qu'hier et bien moins que demain.
Rosemonde Gérard *Les Pipeaux, l'Éternelle Chanson (1899) ;* Lemerre.

L'intimité est un droit irréfragable. 2958
Bruno Bettelheim *Survivre (1979) ;* tr. T. Carlier ; Laffont.

La seule chose sur laquelle il ne faut jamais transiger ou reculer : le droit à l'intériorité... Écoutez couler le temps. 2959
Olivier Revault d'Allonnes *Musiques-Variations sur la pensée juive (1979) ;* Bourgois.

transparence :

2960 Si chacun savait combien de personnes l'ont percé à jour.
Elias Canetti *Le Territoire de l'homme (1978)*; tr. A. Guerne; Albin Michel.

intrus :

2961 On ne résiste à rien plus difficilement qu'à la tentation de pénétrer dans l'espace intérieur d'un être.
Elias Canetti *Histoire d'une vie. Le Flambeau dans l'oreille (1982)*; tr. M.F. Demet; Albin Michel.

2962 On ne peut aimer en même temps les gens et les personnes.
François Cariès *Aux pieds du vent du Nord (1982)*; Gallimard.

2963 C'était l'heure où le chagrin s'ouvre quelque part, comme un pétunia, pour l'insomnie.
Léon-Paul Fargue *Sous la lampe, Suite familière (1930)*; Gallimard.

2964 J'avais un jardin sans feuillage.
Trop de ciel l'a perdu.
Claude Esteban *Terres, travaux du cœur (1979)*; Flammarion.

Invention

Lépine [1] :

2965 Gutenberg inventa la machine à écrire, Christophe Colomb inventa l'Amérique, François Ier inventa la syphilis et Mayonnaise inventa la sauce. Hélas, tout cela en pure perte, car Lépine n'inventa le concours que quatre siècles plus tard.
Cavanna *La Grande Encyclopédie bête et méchante*; Albin Michel.

Lebon [2] :

2966 Que la lumière soit ! Et la lumière fut.
Genèse ; tr. Dhorme ; Gallimard.

Drais [3] :

2967 Exagérer, c'est commencer d'inventer.
Slogan Mai 1968.

Gestetner :

2968 Inventer en toute chose, c'est vouloir mourir à petit feu ; copier, c'est vivre.
Honoré de Balzac *Pierre Grassou.*

---

1 - Louis Lépine, créateur du concours d'inventions en 1901, était préfet de police. Il créa les brigades cyclistes.
2 - Philippe Lebon fut le premier à utiliser le gaz pour l'éclairage, et tout Paris vint contempler les illuminations de l'hôtel Seignelay (1799).
3 - Lorsque le baron Charles de Drais descendit en 1813 les rues de Mannheim juché sur un extravagant véhicule à deux roues, il ne récolta que des quolibets.

Newton[1] :
L'homme inventa le vice et la femme le versa.
Emmanuel Coctre *Va voir au ciel si j'y suis.* 2969

Bell[2] :
Il y a mille inventions pour faire parler les femmes, mais pas 2970
une seule pour les faire taire.
Guillaume Bouchet *Les Sérées (1873-1882).*

Léonard de Vinci :
L'esprit humain suit, dans le développement des sciences et des 2971
arts, une marche déterminée, supérieure aux plus grandes forces intellectuelles, qui n'apparaissent, pour ainsi dire, que comme des instruments destinés à produire à temps nommé les découvertes successives.
Auguste Comte *Plan des travaux scientifiques nécessaires pour réorganiser la société.*

Stephenson[3] :
Tout part de l'homme. C'est toujours un homme seul qui fait 2972
tout, qui commence tout.
Marguerite Yourcenar *Les Yeux ouverts (1980);* Centurion.

Ader[4] :
L'invention technique... procède de l'homme seul et non de ses 2973
besoins vitaux, mais de ses rêves, c'est-à-dire de ses vrais désirs.
Denis de Rougemont *L'avenir est notre affaire (1977);* Stock.

Turri[5] :
Le progrès en sciences provient toujours d'une combinaison de 2974
pensées décousues et de pensées rigoureuses... cette combinaison est notre outil le plus précieux.
Grégory Bateson *Vers une écologie de l'esprit (1980);* tr. F. Drosso, Lot, Simion ; Le Seuil.

Simsom[6] :
Le difficile demande du temps, l'impossible un peu plus. 2975
Chaïm Weizmann (1874-1952) dans Vera Weizmann *L'impossible prend plus longtemps.*

Carlton Magee[7] :
Le difficile, c'est ce qui peut être fait tout de suite ; l'impossible, 2976
ce qui prend un peu plus de temps.
George Santayana cité par Julien Besançon *Les murs ont la parole (1968);* Tchou.

---

1 - L'attraction universelle fut exposée dans les *Principes mathématiques de philosophie naturelle,* en 1687.
2 - C'est en 1875 que Graham Bell mit au point son téléphone à membrane.
3 - D'abord berger puis ouvrier agricole, George Stephenson entra à 14 ans comme aide-chauffeur à la mine où il se consacra à l'étude de la locomotion.
4 - En 1896, à Satory, Clément Ader réussit à faire décoller un avion et à lui faire parcourir 300 m en vol.
5 - En 1808, le sieur Turri, de Castelnuovo, avait imaginé une machine imprimant en relief pour une dame aveugle : ce fut l'origine de la découverte de Braille et de celle des machines à écrire.
6 - Inventeur de l'hibernation artificielle en 1905.
7 - Inventeur du parcmètre en 1935.

Zworykin [1] :

2977 À mesure que la nécessité se trouve socialement rêvée, le rêve devient nécessaire.
Guy Debord *La Société du spectacle (1971)*; Champ Libre.

Norman Barbie [2] :

2978 Seuls les brevets idiots enrichissent leurs auteurs !
Eugène Freyssinet (1879-1962).

Israël

2979 Toute action humaine a commencé par être un rêve et a fini par devenir un rêve.
Théodore Herzl [3] (1895).

2980 Tant que dans le plus profond du cœur
Une âme juive palpite,
Et vers les contrées de l'Orient
Un œil vers Sion regarde
Nous n'avons pas perdu l'espoir,
L'espoir de deux mille ans,
D'être un peuple libre dans notre pays,
Terre de Sion et de Jérusalem.
La Hatikvah.

2981 Nous devons, nous aussi, devenir majoritaires dans un pays unique au monde... Alors seulement, le reste de notre peuple, malgré sa dispersion dans tous les pays, pourra espérer que notre foyer national... lui donnera la force de vivre.
Ahad Haam [4] *Ce n'est pas la bonne direction (1889).*

2982 La France peut se permettre de perdre vingt-cinq guerres. Israël n'a pas le droit d'en perdre... une.
André Chouraqui entretien avec Henri Tincq dans *Le Monde* 22 décembre 1989.

2983 Seule une tâche commune, qui tiendrait à cœur à tous les Juifs du monde, pourrait rendre la santé à ce peuple. La grandeur de Herzl consiste à avoir été le premier à le reconnaître... [C'est] un nationalisme qui ne cherche pas la puissance, mais la dignité et la santé.
Albert Einstein *Lettre au professeur Hellpach (1930).*

---

1 - Cet Américain perfectionna le système de télévision en inventant l'iconoscope.
2 - Il déposa le brevet de la planche à voile en 1964.
3 - Il eut trois enfants. Une de ses filles est morte au camp de déportation de Theresienstadt, les deux autres se sont suicidées à Bordeaux peu avant la guerre de 1939.
4 - C'est le pseudonyme d'A. Ginsberg (1856-1927).

Israël

On ne saurait séparer arbitrairement les deux aspirations fondamentales de l'âme juive : nationalisme et universalisme. 2984
Josué Jehouda *Les Cinq Étapes du judaïsme émancipé;* revue juive de Genève, n° 59.

Un sioniste, c'est un Juif d'Europe ou d'Amérique qui donne de l'argent à un autre Juif pour qu'il en envoie un troisième en Palestine. 2985
C. Aboussuan *L'humour aide-t-il les peuples à mieux se comprendre ¿ :* 37e congrès du P. E. N., 1970.

Le sionisme est une forme de racisme et de discrimination raciale. 2986
Résolution de l'assemblée générale de l'O. N. U., 11 novembre 1975.

L'État juif est ce personnage mythique qui conjoint les deux rôles de la victime et du héros. 2987
Alain Finkielkraut *Le Juif imaginaire (1980);* Le Seuil.

bonne étoile :
Israël est toujours le fils aîné de la promesse, comme il est aujourd'hui le fils aîné de la douleur. 2988
Paul Claudel Lettre au grand rabbin de France (24-12-1941)[1].

Le Reich a engendré Israël. 2989
Georges Steiner *Le Transport de A. H. (1981);* Julliard.

assimilation :
Il n'y avait de bon Juif qu'un Juif invisible[2]. 2990
Alain Finkielkraut *Le Juif imaginaire (1980);* Le Seuil.

Nous sommes tous des Juifs allemands[3]. 2991
Slogan Mai 1968.

kibboutz :
Ceux qui élevaient les murs, ceux qui portaient les fardeaux, ceux qui puisaient l'eau n'avaient qu'une main à l'ouvrage et tenaient une arme de l'autre. 2992
Néhémie, IV, 17.

Quelquefois, il me semble que le désert ne se trouve pas aux confins de notre pays, mais qu'il s'étend au seuil de notre âme ! 2993
Nathan Bistritsky *Cette nuit-là;* tr. H. Gamzou.

---

1 - Pendant qu'en zone nord les Juifs devaient porter l'étoile jaune et se voyaient imposer un couvre-feu spécial, en zone sud un décret de Vichy, en date du 9 décembre 1941, permettait de grouper en compagnies de travailleurs ou en camps de concentration les Juifs entrés en France depuis le 1er janvier 1936. (Robert Aron. *Histoire de Vichy, t. 2.*)
2 - Finkielkraut dénonce la volonté d'assimilation des juifs de France dans l'entre-deux-guerres, et leur passivité face aux tortionnaires de l'époque nazie.
3 - Allusion à la campagne de presse contre Daniel Cohn-Bendit, l'étudiant contestataire dénoncé, dans un article de Georges Marchais dans l'*Humanité,* comme « juif » et comme « allemand ».

2994 Nous avons réussi des choses impossibles. Nous avons moins bien réussi les choses possibles.
Itzhak Rabin cité par François Mitterrand *L'Abeille et l'Architecte (1980)*; Flammarion.

2995 Israël a fait de l'hébreu la langue de la haine... Le judaïsme ne méritait pas un tel sort.
Michel Rachline *Un Juif libre (1976)*; Guy Authier.

2996 – Tu es juif ou tu es arabe ?
– Les deux.
– Moitié-moitié ?
– Non, tout l'un et tout l'autre.
– Et quand ils se font la guerre, de quel côté tu es ?
– Du côté du mur des Lamentations.
Guy Sitbon *Gagou (1980)*; Grasset.

2997 Allah a favorisé les fils d'Israël plus que tous les univers.
Le Coran ; tr. André Chouraqui (1990) ; R. Laffont.

Jalousie

armoire :
Un jaloux trouve toujours plus qu'il ne cherche. 2998
Madeleine de Scudéry *Choix de pensées.*

inventaire :
Comme jaloux, je souffre quatre fois : parce que je suis jaloux, 2999
parce que je me reproche de l'être, parce que je crains que ma jalousie ne blesse l'autre, parce que je me laisse assujettir à une banalité : je souffre d'être exclu, d'être agressif, d'être fou et d'être commun.
Roland Barthes *Fragments d'un discours amoureux (1977);* Le Seuil.

démocratie :
La jalousie est la même pour un cultivateur de la Gironde que 3000
pour un intellectuel parisien.
Françoise Sagan *Réponses (1974);* J.-J. Pauvert.

méfiant :
Mais je me sens jaloux de tout ce qui te touche, 3001
De l'air qui si souvent entre et sort par ta bouche.
Théophile de Viau *Pyrame et Thisbé (1621).*

3002 La jalousie n'est souvent qu'un inquiet besoin de tyrannie.
Marcel Proust *À la recherche du temps perdu (1918)*; Gallimard.

3003 Non seulement on est jaloux dès qu'on aime, mais on est jaloux avant d'aimer.
Madeleine Chapsal *La Jalousie*; Fayard.

3004 [...] Je ne la possédai jamais tout entière : elle ressemblait à la vie.
Marcel Proust *À l'ombre des jeunes filles en fleurs (1918).*

3005 Il est moins fâcheux de voir posséder la personne qu'on aime par un mari, que de la voir seulement aimée par un rival [1].
Madeleine de Scudéry *Choix de pensées.*

3006 Ou il m'aime, ou il ne m'aime pas : s'il m'aime, qu'il ait confiance; s'il ne m'aime pas, qu'il s'en aille!
Carlo Goldoni *La Manie de la villégiature.*

Jésus-Christ

Bethléem :

3007 Il a abaissé les cieux et il est descendu.
Nicolas Cabasilas *Vie en Jésus-Christ.*

3008 Dieu s'est fait homme pour que l'homme se fasse Dieu.
Saint Irénée *Contre les hérésies* [2] *(v. 180).*

3009 Il ne fait aucun doute que Jésus-Christ était gallois.
Richard Burton [3] Propos tenu en 1970.

3010 Marie est la représentation chez une femme de la totale réceptivité à Dieu, à l'état de veille; Joseph est la représentation de la totale réceptivité à la parole de Dieu à l'état de sommeil.
Françoise Dolto *Les Évangiles au risque de la psychanalyse (1979)*; Delarge.

3011 L'homme né dans une étable est un cheval.
Michael Scott *Tom Cringle's Log, IV.*

3012 Et le Christ?
C'est un anarchiste qui a réussi. C'est le seul.
André Malraux *L'Espoir (1937)*; Gallimard.

---

1 - Décodage « psy » : cela signifie que l'on préfère voir sa mère être possédée par son père que par son frère.
2 - Le vrai titre du *De adversus haereses* est : « Exposé et réfutation de la prétendue Gnose ». Irénée y critique les doctrines de Valentin et appelle à nous en remettre au Christ, « ressuscité pour qu'un jour les hommes aussi ressuscitent » (démonstration de la prédication évangélique).
3 - Richard Burton est d'origine galloise!

jésus-Christ

Jésus a perfectionné l'esclave. 3013
Saint Augustin (354-430) *Œuvres complètes;* tr. J.M. Péronne et P.F. Ecalle.

Est-ce qu'il allait aux cabinets devant tout le monde Jésus-Christ ? J'ai l'idée que ça n'aurait pas duré longtemps son truc s'il avait fait caca en public. 3014
Louis-Ferdinand Céline *Voyage au bout de la nuit (1932);* Gallimard.

Les mystères de Jésus-Christ sont une chute continuelle ; et tant qu'il a vu devant soi quelque nouvelle bassesse, il n'a jamais cessé de descendre. 3015
Jacques-Bénigne Bossuet *Panégyrique de saint Bernard (1653).*

L'impossibilité de la communication directe est le secret de la souffrance du Christ. 3016
Sören Kierkegaard *L'École du christianisme (1850).*

Rien dans le message du Christ n'était en contradiction avec les découvertes freudiennes. 3017
Françoise Dolto *L'Évangile au risque de la psychanalyse (1979);* Delarge.

L'habitude de se rajeunir est si ancrée, même chez les messieurs, que je me demande si Jésus-Christ est mort à trente-quatre ans[1]. 3018
Henry de Montherlant *Carnets (1957);* Gallimard.

Quand je vois le Christ en croix, les bras m'en tombent. 3019
Paul Claudel *Journal,* 1968-1969 ; Gallimard.

Jésus-Christ vous redemandera le prix de son sang. 3020
Jean-Baptiste Massillon (1663-1742) *Sermons*[2].

Depuis deux mille ans, Jésus se venge sur nous de n'être pas mort sur un canapé. 3021
E.M. Cioran *Syllogismes de l'amertume (1952);* Gallimard.

Jésus est ressuscité aussi dans l'animalité de l'homme. 3022
Françoise Dolto *L'Évangile au risque de la psychanalyse (1979);* Delarge.

La science du Christ n'a pas besoin d'une âme dialectique, mais d'une âme voyante. 3023
Évagre le Pontique[3] (346-399) *Centuries, IV, 90;* éd. du texte syriaque par A. Guillaumont.

C'est pour que nous restions libres que le Christ nous a libérés. 3024
Saint Paul *Épître aux Galates, V, 1.*

---

1 - Je me demande si Jésus-Christ ne serait pas mort à trente-trois ans.
2 - Massillon prêcha plusieurs fois à Versailles devant Louis XIV. Il prononça l'oraison funèbre du roi en commençant par ces mots : « Dieu seul est grand, mes frères... ».
3 - Évagre quitta Constantinople « pour le salut de son âme » et se retira dans un désert égyptien pour y mener la vie monastique.

3025 Ôtez-moi le Christ, et il ne me restera plus rien.
Jean Scot Erigène (v. 810-878) dans *Patrologie latine.*

3026 Aujourd'hui, Dieu n'est pas mort, il change. Le Fils a supplanté le Père. L'heure du Saint-Esprit approche.
Christian de Bartillat *Christophe ou la Traversée (1979);* Julliard.

3027 Si le Christ voyait les chrétiens qu'on trouve ici à Harlem, il n'aurait plus qu'à remonter sur la croix et tout recommencer.
Chester B. Himes *La Reine des pommes (1979);* tr. et adapt. Van Peebles ; Gallimard.

3028 Le Messie ne viendra que lorsqu'il ne sera plus nécessaire, il ne viendra qu'un jour après son arrivée, il ne viendra pas au dernier, mais au tout dernier jour.
Franz Kafka *Préparatifs de noce à la campagne (1908);* tr. M. Robert ; Gallimard.

Jeu

3029 Tout jeu est d'abord et avant tout une action libre
Johan Huizinga *Homo ludens;* tr. C. Seresia (1951) ; Gallimard.

règle :

3030 Si on ne peut plus tricher avec les amis, ce n'est plus la peine de jouer aux cartes !
Marcel Pagnol *Marius (1929);* Fasquelle.

3031 C'est dans le jeu qu'on voit les plus grands coups du sort.
Molière *Les Fâcheux (1661).*

3032 Dans le jeu, quelque chose se décide sans arrêt, quelque chose comme un destin toujours imminent.
Eduard von Keyserling *Maison du soir;* tr. J. Chambon (1988) ; éd. Jacqueline Chambon.

pari :

3033 Pesons le gain et la perte, en prenant choix que Dieu est. Estimons ces deux cas : si vous gagnez, vous gagnez tout ; si vous perdez, vous ne perdez rien. Gagez donc qu'il est, sans hésiter.
Blaise Pascal *Pensées.*

bluff :

3034 Le jeu tient d'abord au jeu qu'il y a entre le joueur et son jeu.
Jacques Henriot *Les Jeux et les Hommes;* Gallimard.

3035 Si la vie s'endort, risque-la.
Jean Malrieu *Poème (1988);* éd. Sud.

gagne-petit :
Mets tes cent balles 3036
Dans le juke-box
Mets ton argent ton inox dans la fente en nickel.
Michel Jonasz *Juke-box;* Rideau rouge.

chance :
C'est le prince de Monaco, le seul qui gagne à la roulette. 3037
Maurice Donnay.

Dallas :
Les grands assassinats sont devenus le jeu silencieux des sages. 3038
Michel Foucault *Surveiller et Punir (1975);* Gallimard.

Quand on n'a rien à perdre et tout à gagner, on s'arrange 3039
toujours pour y perdre quand même quelque chose.
Pensée du 27 avril 1980, Almanach de l'*Os à Moelle;* Mengès.

Je devins très vite un flambeur, c'est ainsi que l'on appelle ceux 3040
qui s'embrasent instantanément, ceux qui ne savent pas s'arrêter, ceux qui ne font pas Charlemagne, ceux qui ne conservent pas une poire pour la soif, ceux qui n'y vont pas avec le dos de la cuiller, ceux qui veulent la lune, ceux qui misent le tout sur le tout.
Henri Calet *Le Tout sur le tout;* Gallimard.

Monopoly :
Nous sommes de vieux gosses égoïstes et fatigués, qui jouons 3041
avec nos petits désirs en croyant décrire le monde.
Pierre-Jean Rémy *Rêver la vie.*

cache-cache :
Les aveugles jouent ce qu'ils voient, aux dés avec leurs 3042
fantasmes.
Ingrid Nahour *Les Lèvres mortes;* Papyrus.

théologie :
La preuve que Dieu est ami des joueurs de boules, c'est que les 3043
feuilles des platanes sont proportionnées à la force du soleil.
Marcel Pagnol *Le Temps des amours (1975);* Julliard.

Le tricheur est celui qui corrige le sort, donc le réel : c'est un 3044
mystique en son genre.
Antonin Artaud *Lettre à Steve Passeur;* Gallimard.

Jouer, c'est aussi se mettre en représentation, simuler parfois, 3045
tenter d'attirer, de plaire, de transformer l'adversaire en partenaire.
Olivier Todd *La Marelle de Giscard, 1926-1974 (1977);* Laffont.

jeu-nesse :
Une passion chasse l'autre, et celle du jeu est la première de 3046
toutes : l'amour et l'ambition s'émoussent en vieillissant, le jeu reverdit quand tout le reste se passe.
Abbé de Choisy *Mémoires de l'Abbé de Choisy habillé en femme (1721).*

3047 Les hommes qui ne savent pas jouer me font peur.
Attila Jozsef *Poèmes;* Éditeurs français réunis.

3048 C'est toujours comme ça... On n'a jamais le temps d'apprendre. On vous pousse dans le jeu. On vous apprend les règles et, à la première faute, on vous tue.
Ernest Hemingway *L'Adieu aux armes (1929);* tr. Coindreau; Gallimard.

révélation :
3049 Comment le jeu pourrait-il être un péché quand on peut gagner autant ?
Père James Curtin [1].

3050 Si vous avez perdu au tiercé, vengez-vous. Mangez du cheval.
Slogan sur une boucherie.

Jeunesse

3051 Ce sont mes colères qui me gardent jeune.
Barbara.

fleurs de cimetière :
3052 Ce n'est peut-être que cela sa jeunesse, de l'entrain à vieillir.
Louis-Ferdinand Céline *Voyage au bout de la nuit (1932).*

fleur de l'âge :
3053 L'adolescence est l'apparition des premiers poils.
Salvador Dali *La Vie secrète de Salvador Dali (1952);* adaptation française, Michel Déon; Gallimard.

3054 Seigneur, si je suis jeune, ne m'ayez en dépit
Car on a vu souvent grand cœur en corps petit [2].
Jean Bodel *Le Jeu de saint Nicolas.*

3055 À l'âge où le cœur est riche, on n'a pas les lèvres avares.
Alfred de Musset *Le Chandelier (1835).*

3056 Les soupçons ne sont autre chose que des rides; la première jeunesse n'en a pas.
Victor Hugo *Les Misérables (1862).*

---

1 - Ce prêtre venait de gagner plus de deux millions de francs à la loterie en 1970.
2 - Corneille reprendra la formule avec le célèbre : « La valeur n'attend point le nombre des années » (Le Cid).
Jean Bodel mourut de la lèpre au début du XIVe s.
« Congé je prends, de cœur marri,
De ceux qui doucement m'aidèrent...
Moitié sain et moitié pourri. »

jeunesse

Pour le jeune homme, dont la vieillesse ne marque pas le visage, la jeunesse est sans valeur. 3057
Abū Shakour (Xᵉ s.) dans *Les Premiers Poètes persans;* tr. Lazard; Librairie d'Amérique et d'Orient.

autant en emporte le vent :
Le destin déplorable des jeunes gens dans le vent est de finir dans la peau de vieillards enrhumés. 3058
Jean Dutourd *Les Matinées de Chaillot*[1] *(1978);* Société de production littéraire.

J'avais demandé à Picasso quel était le secret de sa jeunesse. Sans hésitation, il m'avait répondu : « Je pisse dehors. » 3059
Yvan Audouard *Les Pensées* (1991); Cherche midi.

Il faut mener un homme, tout homme, jusqu'à lui-même et lui apprendre à se construire. 3060
Jean Guéhenno *Ce que je crois (1964);* Grasset.

Les sentiments empruntés aident les jeunes gens à franchir le terrain psychique si dangereusement mouvant de ces années où l'on voudrait tant être quelqu'un alors qu'on n'en a pas encore les moyens. 3061
Robert Musil[2] *Les Désarrois de l'élève Toerless (1906);* tr. Jacottet; Le Seuil.

La maladie de l'adolescence... est de ne pas savoir ce que l'on veut et de le vouloir cependant à tout prix. 3062
Philippe Sollers *Le Défi;* Le Seuil.

Je ne veux pas, tel Van Gogh, être un modèle où des adolescents boutonneux projetteraient leurs angoisses en quêtant une excuse à leur instabilité. 3063
Victor Vasarely *Le Musée imaginaire de Vasarely (1978);* Duculot.

Le seul moyen de savoir qu'on existe est de se rendre grotesque. 3064
Frédéric Beigbeder *Mémoires d'un jeune homme dérangé (1990);* La Table ronde.

Les jeunes sont tellement puritains! Ils veulent se laver de la souillure du bien-être et ils en reviendraient volontiers à l'arc, aux flèches, et à l'empereur Barberousse. 3065
John Le Carré *Une petite ville en Allemagne (1969);* Laffont.

Aujourd'hui, il y a une armée d'occupation : c'est la jeunesse. 3066
André Gillois[3] *Ce siècle avait deux ans (1980);* Belfond.

La jeunesse est une belle chose, une force puissante – aussi longtemps qu'on n'y pense pas. 3067
Joseph Conrad *La Ligne d'ombre (1929);* tr. H. et H. Hoppenot; Gallimard.

---

1 - Recueil d'articles parus dans les journaux de 1967 à 1974.
2 - C'est le premier roman de Musil. Jeune assistant à l'École des hautes études techniques de Stuttgart, Musil s'ennuyait tellement, dira-t-il plus tard, qu'il entreprit ce roman (1901). Il y évoque ses souvenirs de l'école militaire qu'il fréquenta de douze à dix-sept ans.
3 - En 1943-1944, André Gillois fut la voix de la France sur les ondes de la BBC.

3068 Une longue jeunesse est devant les choses.
Roger Bordier *La Grande Vie (1981);* Albin Michel.

3069 La jeunesse a une patience infinie, et d'autant plus méritoire que le temps, pour elle, se traîne avec une lenteur désespérante.
Jean Dutourd *Les Horreurs de l'amour (1963);* Gallimard.

ceinture :

3070 D'abord, il m'avait fallu être un enfant qui n'avait le droit de rien savoir sur la sexualité, et aussitôt qu'on eut lieu de croire que j'en savais quelque chose, je fus censé être tout à fait au-dessus de ces choses-là.
Fritz Zorn *Mars (1979);* tr. G. Lambrichs ; Gallimard.

3071 J'étais parvenue ainsi à ma quinzième année ; j'étais grande fille, et tous mes défauts avaient crû avec l'âge. Il s'en développa bientôt de nouveaux ; je devins lascive singulièrement.
Confession de Mademoiselle Sapho (anonyme).

3072 La jeune fille, ce qu'elle est en réalité. Une petite sotte et une petite salope ; la plus grande imbécillité unie à la plus grande dépravation. Il y a dans la jeune fille toute l'abjection du voyou et du collégien [1].
Charles Baudelaire *Mon cœur mis à nu (1866).*

3073 On a dit que je cours après ma jeunesse. Il est vrai. Et pas seulement après la mienne.
André Gide *Journal,* Gallimard.

3074 On découvre dans tout son passé ridicule tellement de ridicule, de tromperie, de crédulité qu'on voudrait peut-être s'arrêter tout net d'être jeune, attendre la jeunesse qu'elle se détache, attendre qu'elle vous dépasse, la voir s'en aller, s'éloigner, regarder toute sa vanité, porter la main dans son vide, la voir repasser encore devant soi, et puis soi partir, être sûr qu'elle s'en est bien allée sa jeunesse et tranquillement alors, de son côté, bien à soi, repasser tout doucement de l'autre côté du Temps, pour regarder vraiment comment qu'ils sont les gens et les choses.
Louis-Ferdinand Céline *Voyage au bout de la nuit (1932).*

3075 Ce que nous cherchons, c'est de ne pas faire honte à l'adolescent que nous avons été.
Edgar Morin dans la revue *Arguments* 1959.

3076 Les jeunes veulent tout ! Rimbaud et Rambo !
Patrick Grainville dans *Le Figaro,* 13 novembre 1990.

1 - Baudelaire était coutumier de ce genre de jugement théologique. Yves Florenne note à ce propos : « Ne faut-il pas voir dans cette fureur d'insulte et de souillure le besoin de profaner ce qui ne lui a jamais été donné ? »

Joie

Ce n'est pas facile de reconnaître la joie après avoir retenu ses 3077
larmes longtemps.
Roberto Sosa *Les Élus de la violence (1977);* tr. Medina Oviedo; dans *Un monde divisé pour tous;* Seghers.

La joie ne se mesure pas. 3078
Jacques Meunier *Les Gamins de Bogota (1977);* Lattès.

[...] L'enthousiasme a toujours engendré la certitude. 3079
Alfred-Victor Espinas *La Philosophie sociale au XVIIIe siècle (1898).*

Notre enthousiasme, c'est le fanatisme d'en face. 3080
André Siegfried *Quelques maximes;* Haumont.

On est toujours prisonnier de son dernier mouvement 3081
d'enthousiasme.
Achille Chavée dans *Littérature de langue française hors de France;* F.I.P.F.

Dans nos mondes où la joie est devenue plus que triste, 3082
honteuse, je me donne le droit d'avoir l'air heureux, de refuser toutes les leçons de morale.
Jacques Chancel *Tant qu'il y aura des îles (1980);* Hachette.

Journal

La Presse [1] :
La presse a succédé au catéchisme dans le gouvernement du 3083
monde. Après le pape, le papier.
Victor Hugo *Tas de pierres.*

Point de vue :
Le journal a tué le salon, le public a succédé à la société. 3084
Edmond et Jules de Goncourt *Journal (1887-1896).*

Le Quotidien de Paris :
La presse a quelque ressemblance avec ce coq qui croyait que 3085
sans son cocorico le soleil ne se lèverait pas.
François Mauriac *Journal, V;* Grasset.

---

1 - Premier journal politique : *La Presse* fut créé par Émile de Girardin en 1836.

3086 *Le Monde,* délices de l'intelligentsia et des nègres à lunettes d'or, affiche une objectivité mensongère, une gravité prudhommesque, des noms doubles, des idées simples, une politique à bascule, entre son empyrée où ne clignote plus une étoile et son rez-de-chaussée où somnole toujours un académicien.
Roger Peyrefitte *Des Français (1970);* Flammarion.

3087 Moins un journal a d'abonnés, plus il est libre.
Guy Hocquenghem *Minigraphie de la presse parisienne;* Hallier/Albin Michel.

Libération :
3088 Les petites annonces contiennent toute la vérité que l'on puisse trouver dans un journal.
Thomas Jefferson *Discours.*

3089 *L'Humanité* coûte plus cher que la *Pravda,* à cause des frais de traduction.
Jean Kéhayan *Le Tabouret de Piotr (1980);* Le Seuil.

3090 Des vendeurs de journaux de tendances politiques opposées : *l'Humanité, la Vérité, Combat...* Mais ils s'accordaient pour annoncer leur titre à tour de rôle.
Henri Calet *Le Tout sur le tout;* Gallimard.

Ici Paris :
3091 Oh! Toute la ville en parle
Les actualités le journal
Coupures de presse le scandale [...]
Tes après-midi ne sont plus un secret
Toute la ville le sait.
J. Alanski chanté par Alain Chamfort, *Toute la ville en parle;* C.B.S.

3092 Qui a dit que la télé tuait la presse ? Ce sont les journaux de télévision qui marchent le mieux.
Serge Guérin dans *L'Écho de la presse,* janvier 1990.

La Liberté [1] :
3093 Je ne lis jamais les journaux français, ils n'impriment que ce que je veux.
Napoléon III.

3094 Quand une grande signature quitte bruyamment un journal, celui-ci ne perd qu'un seul acheteur.
Guy Hocquenghem *Minigraphie de la presse parisienne;* Hallier/Albin Michel.

3095 Sans relever les yeux de son journal, d'un doigt distrait il vérifia sa braguette et ses lèvres remuèrent avec une concentration accrue.
Vladimir Nabokov *L'Extermination des tyrans (1977);* tr. G.H. Durand; Julliard.

---

1 - *La Liberté* (1866) : journal avec lequel Émile de Girardin soutint l'Empire libéral.

Un journal fait par des gens qui ne savent pas écrire pour des 3096
gens qui ne savent pas lire.
Léon Arega *Le Débarras (1967)*; Gallimard.

Dans une semaine, les journaux ne parleront plus de lui, dans 3097
six mois, nous l'aurons oublié et, dans un an, il nous agacera parce qu'il ne voudra pas se faire oublier.
Leonardo Sciascia *Noir sur noir (1981)*; Papyrus/Maurice Nadeau.

Les événements sèchent très vite. 3098
V.S. Naipaul *Une journée dans le Sud*; tr. B. Vierne (1989); Christian Bourgois.

Reader's Digest :
On peut pas être gentil tout le temps 3099
On peut pas aimer tous les gens
Y a une sélection c'est normal
On lit pas tous le même journal.
Alain Souchon *Poulailler's song*; Disque RCA.

Journalisme

Les deux mamelles du journalisme moderne sont l'information et 3100
le démenti.
Pierre Lazareff.

Aujourd'hui, le journaliste a vaincu l'instituteur; et les hommes 3101
de pouvoir, les hommes d'autorité.
Régis Debray *Les Préaux de la République (1991)*; Minerve.

La névrose du scoop. 3102
Pierre Assouline et **Philippe Dampenon** *De nos envoyés spéciaux (1977)*; Simoën.

La perpétuelle quête à la dernière image, à la dernière info, a 3103
pour effet de briser toute réflexion un peu sérieuse.
Marc Ferro interviewé par N. du Roy dans *Télérama,* 20 avril 1991.

La différence entre littérature et journalisme, c'est que le 3104
journalisme est illisible et que la littérature n'est pas lue.
Oscar Wilde *The Critic as an Artist.*

Un journaliste est d'abord un homme qui réussit à se faire lire. 3105
François Mauriac dans *François Mauriac,* collectif; Hachette.

compte rendu :
L'amertume inconsolable des vies passées à parler d'autrui [...] 3106
car on ne vit pas impunément des exploits des autres.
Bertrand Poirot-Delpech *Finie la comédie (1969)*; Gallimard.

nécrologie :

3107 Le journalisme consiste pour une large part à dire : « Lord Jones est mort », à des gens qui n'ont jamais su que Lord Jones existait.
Gilbert Keith Chesterton *La Sagesse du père Brown (1956);* tr. André; Gallimard.

faire-part :

3108 Tout honnête que ce soit, il n'est jamais bon
D'apporter de fâcheuses nouvelles...
Les mauvaises nouvelles, laissez-les
S'annoncer elles-mêmes, à l'instant qu'elles nous touchent.
William Shakespeare *Antoine et Cléopâtre (1606);* tr. Thomas; Club Français du Livre.

3109 Les journalistes ne disent jamais la vérité, même quand ils la disent.
Wolinski *Série bête et méchante;* Folio.

3110 Un journaliste, c'est quelqu'un qui a manqué sa vocation.
Otto von Bismarck.

3111 On voit nettement plus de journalistes présenter leurs romans que de romanciers présenter le journal télévisé.
Jean-Luc Bénoziglio *Tableaux d'une ex (1989);* Le Seuil.

3112 Un reporter ne connaît qu'une ligne : celle du chemin de fer.
Albert Londres prés. Francis Lacassin; 10/18.

3113 Une multitude est sans doute plus facile à leurrer qu'un seul homme.
Hérodote *Histoires.*

le poids des mots...

3114 Je peux convaincre n'importe qui de n'importe quoi si je le répète assez souvent et si le sujet n'a aucune autre source d'information.
Charles Manson dans Claude Roy *Les Chercheurs de Dieu (1981);* Gallimard.

...le choc des photos :

3115 Une jeune femme gisait à terre, dans un village, morte. Son crâne n'était plus qu'une bouillie. Devant, un soldat américain cherchait à en faire une photo. Vingt ans. Père de deux enfants. Au moment d'appuyer sur le déclencheur, il a prié un camarade de relever la jupe, toute déchirée et poussiéreuse, de la malheureuse. Pour que l'image soit plus sexy.
François Chalais *Une année pas comme les autres (1978);* Stock.

Judaïsme

Abraham [1] :
À l'âge déclaré d'un juif, il faut toujours ajouter cinq mille ans. 3116
Edmond Jabès *Le Livre des ressemblances, t. III; L'Ineffaçable, l'Inaperçu (1980);* Gallimard.

Les juifs ont eu trop d'histoire et pas assez de géographie. 3117
Isaiah Berlin.

Dieu n'a dispersé les Israélites que pour répandre leur croyance 3118
au milieu des nations.
Talmud *Pesachim, 87 b.*

exode :
Oui, je suis juif et quand les ancêtres de mon très honorable 3119
adversaire étaient des brutes sauvages dans une île inconnue, les miens étaient prêtres au temple de Salomon.
Benjamin Disraeli [2] Réponse à l'Irlandais O'Connell, 1835.

Le christianisme est une circoncision pratiquée par l'Esprit sur le 3120
corps du judaïsme.
Michel Rachline *Un Juif libre (1976);* Guy Authier.

La religion juive, mère du christianisme, grand-mère du 3121
mahométisme, battue par son fils et par son petit-fils.
Voltaire *Le Sottisier.*

Ne cherchons pas le secret du juif dans sa religion, mais le *3122*
secret de la religion dans le Juif réel.
Karl Marx *Œuvres complètes; vol. I,* Costes.

Nous n'avons pas traité les juifs injustement, ils ont été injustes 3123
envers eux-mêmes.
Coran, XVI, 119 (VIIᵉ s.).

Le peuple d'Israël est le premier, le seul peut-être de tous, qui ait 3124
cherché en soi-même la coupable origine de ses malheurs dans le monde. Au plus profond de chaque âme juive se cache ce même penchant à concevoir toute infortune comme un châtiment.
Theodor Lessing *Le Juif et la Haine de soi;* tr. E. Fleg.

Les juifs ? Ils ont crucifié Jésus. Mais Jésus était juif... 3125
Yvette Raymond *Souvenirs in extremis,* texte établi par A. Vellay-Dalsace (1982) ; Plon.

---

1 - On date Abraham du XXᵉ ou du XVIIIᵉ s. av. J.-C. Ce qui devrait ne faire « que » quatre mille ans !
2 - Disraeli descendait d'une famille israélite chassée d'Espagne par l'Inquisition, vers la fin du XVᵉ s., et qui s'était réfugiée à Venise. Le grand-père de Benjamin s'était établi en Angleterre sous le règne de George II.

3126 Et si Dieu était juif ça t'inquiéterait petite ?
Sais-tu que le Nazaréen
N'avait rien d'un aryen
Et s'il est fils de Dieu comme vous dites
Alors
Dieu est juif
Juif et dieu
Serge Gainsbourg *Juif et Dieu.*

3127 Le judaïsme n'est pas qu'une affaire de foi, c'est avant tout une affaire de pratique sociale.
Franz Kafka dans Gustav Janouch[1] *Conversations avec Kafka (1978);* tr. B. Lortholary; Lettres Nouvelles/Maurice Nadeau.

3128 Un juif qui ne saurait pas qu'il est juif, personne ne saurait qu'il est juif.
Jean d'Ormesson *Histoire du Juif errant (1990);* Gallimard.

3129 Ce qui m'attachait au judaïsme n'était pas la foi... mais... la claire conscience d'une identité intérieure, le sentiment intime d'une même construction psychique.
Sigmund Freud *Discours devant une association juive (1926);* tr. Marthe Robert.

3130 Je suis juif, parce que, né d'Israël, et l'ayant perdu, je l'ai senti revivre en moi, plus vivant que moi-même.
Edmond Fleg *Pourquoi je suis juif (1972).*

Livre[2] :

3131 Je vous ai parlé de la difficulté d'être juif qui se confond avec la difficulté d'écrire, car le judaïsme et l'écriture ne sont qu'une même attente, un même espoir, une même norme.
Edmond Jabès *Livre des Questions (1963-1965);* Gallimard.

3132 Pour les juifs, le Mot est la seule patrie.
Georges Steiner interviewé par Hubert Juin, *Le Monde,* 18 septembre 1981.

3133 L'injure est un acte de baptême.
Alain Finkielkraut *Le Juif imaginaire (1980);* Le Seuil.

3134 L'antisémitisme croit poser la question juive sur le terrain politique et social; en réalité, et sans le savoir, il pose la question juive sur son vrai plan métaphysique de l'élection du peuple juif.
Georges Zerapha *La Conscience des juifs, XXXIX,* 4ᵉ année, nº 5.

3135 Monsieur le Maréchal,
J'ai lu le décret qui déclare que tous les Israélites ne peuvent plus être officiers; même ceux d'ascendance strictement française.

---

1 - Janouch eut ces conversations avec Kafka en 1920 à Prague.
2 - La Bible contient le Livre du Juste, le Livre des guerres de l'Éternel, le Livre des actes de Salomon.

Je vous serais obligé de me faire dire si je dois aller retirer leurs galons à mon frère, sous-lieutenant au 36e régiment d'infanterie, tué à Douaumont en avril 1916 ; à mon gendre, sous-lieutenant au 14e régiment de dragons portés, tué en Belgique en mai 1940 ; à mon neveu, J.-F. Masse, lieutenant au 23e colonial, tué à Rethel, en mai 1940.
Lettre du bâtonnier **Pierre Masse** au maréchal Pétain, dans *Hommage à Pierre Masse ;* Calmann-Lévy.

Il y a des juifs qui mourront avec le sentiment d'avoir échappé à la mort. 3136
Romain Gary *La Danse de Gengis Cohn (1965) ;* Gallimard.

Avec le judaïsme, j'avais reçu le plus beau cadeau dont puisse rêver un enfant de l'après-génocide. J'héritais d'une souffrance que je ne subissais pas. 3137
Alain Finkielkraut *Le Juif imaginaire (1980) ;* Le Seuil.

De quoi les juifs sont-ils coupables ? D'Auschwitz... 3138
Alain Finkielkraut *L'Avenir d'une négation (1982) ;* Le Seuil.

Le chrétien crucifie le juif tout au long de l'Histoire et le juif devient le Christ même au nom duquel on le crucifie. 3139
Edgar Morin *Le Vif du sujet (1969) ;* Le Seuil.

On dit souvent que nous sommes le peuple élu. À mon avis, il y a ballottage. 3140
Tristan Bernard au camp de Drancy, cité par Jean Galtier-Boissière *Journal.*

Justice

procédure [1] :
Il faut trois jours à la justice pour décider de la mort d'un homme, et des années pour décider d'un héritage. 3141
Jacques Deval *Afin de vivre bel et bien (1970) ;* Albin Michel.

Plus le banc reste vide, plus le casier se remplit. 3142
Paul Lombard *Quand la justice se trompe (1981) ;* Laffont.

Le fait divers et sa suite judiciaire donnent l'occasion de haïr un être qui existe. Il faut le déformer pour qu'il continue d'exister en chose de haine et de mépris. 3143
Thierry Lévy *L'Animal judiciaire (1975) ;* Grasset.

---

1 - Procès dure.

3144 La peine permet de réparer. Bonne chose... Mais il s'agit de savoir ce qu'on doit réparer et quel sera le bénéficiaire de la réparation.
Robert Boyer *La Justice dans la balance (1976)*; Denoël.

drague :

3145 On croise plus de beaux mâles dans les couloirs du palais de justice que dans les studios de cinéma.
Julien Vartet *Le Déjeuner interrompu (1978)*; Fayard.

3146 « Il y a pourtant une justice en ce monde », murmurait Renzo. Ce qui prouve qu'un homme accablé par la douleur ne sait plus ce qu'il dit.
Alessandro Manzoni *Les Fiancés (1825)*; Chemin Vert.

3147 Je n'aime pas les juges qui se penchent amoureusement du côté des voleurs.
Jean Genet propos rapporté par Jean Cocteau.

3148 La vénalité des hommes, c'est comme la charité du bon Dieu. C'est notre seule sauvegarde. Tant qu'elle existera, il y aura des jugements cléments et les innocents eux-mêmes auront des chances de s'en tirer au tribunal.
Bertolt Brecht *Mère Courage (1938)*; tr. Serreau; L'Arche.

3149 La justice écoute aux portes de la beauté.
Aimé Césaire *Moi, laminaire... (1982)*; Le Seuil.

3150 La fonction juridique ne va pas sans fonction poétique.
Pierre Legendre *L'Inestimable Objet de la transmission (1985)*; Fayard.

3151 Ne vous défendez pas avant d'être accusé.
Charles Ier Lettre à Lord Wentworth, 3 septembre 1936.

3152 La justice... pétrifie le cœur de tous ceux qui se sont nourris de ses maximes.
William Godwin *Les Aventures de Caleb Williams ou Les choses comme elles sont (1979)*; préf. F. Rivière; Veyrier.

3153 Où commence le mystère finit la justice.
Edmund Burke.

3154 La justice dépend du climat où elle pousse.
Casamayor *La Justice pour tous (1969)*; Flammarion.

3155 Si la pierre tombe sur la cruche, malheur à la cruche! Si la cruche tombe sur la pierre, malheur à la cruche! De toute manière, c'est toujours la cruche qui souffre.
Talmud; tr. Schwab; Maisonneuve.

3156 Les injustices sont souvent issues d'une interprétation du droit habile à l'excès.
Vincent de Beauvais *Speculum majus (1254), Miroir doctrinal, ch. 66.*

justice

Sévir contre certains crimes fort rares, c'est toujours en faire naître l'idée. 3157
Marat.

sentence :
Justice extrême est extrême injustice. 3158
Térence (190 ¿-159 av. J.-C.) *Héautontimoroumenos* (Le Bourreau de soi-même), 796.

verdict :
Il n'y a aucune pensée pour les condamnés. Ils ne sont que l'objet d'un exercice, un exercice de curiosité, un exercice de pouvoir. 3159
James Mac London *Les Travailleurs de la mort;* tr. A. Abihssira; Laffont.

L'État devient peu à peu le banquier de l'avocat. 3160
Philippe Boucher *Le Ghetto judiciaire (1978);* Grasset.

Laideur

3161 Aucun miroir n'a jamais reflété une femme laide.
Proverbe espagnol.

3162 Mère Ubu, tu es bien laide aujourd'hui. Est-ce parce que nous avons du monde ?
Alfred Jarry *Ubu roi (1896).*

3163 Guilleragues disait hier que Pellisson abusait de la permission qu'ont les hommes d'être laids.
Madame de Sévigné à Madame de Grignan, 5 janvier 1674.

punk :

3164 Cet amour du laid, qui nous a saisis, cette horreur de l'idéal, cette passion pour les bancroches, les culs-de-jatte, les borgnes, les moricauds, les édentés, cette tendresse pour les verrues, les rides, les escarres, les formes triviales, sales, communes, sont une dépravation de l'esprit ; elle ne nous est pas donnée par cette nature dont on parle tant. Lors même que nous aimons une certaine laideur, c'est que nous y trouvons une certaine beauté.
Chateaubriand *Essai sur la littérature anglaise (1836).*

gerçures :
Quarante berges sans un baiser. À quoi ça m'a servi d'avoir des lèvres ? 3165
Patrick Cauvin *Pourquoi pas nous ? (1978);* J.-C. Lattès.

soins :
Après tout, pourquoi n'y a-t-il pas autant d'art possible dans la laideur que dans la beauté ? C'est un genre à cultiver voilà tout. 3166
Louis-Ferdinand Céline *Voyage au bout de la nuit (1932);* Gallimard.

Tous ceux qui se sentent laids ont des yeux de lynx. 3167
Nicole Avril *La Disgrâce (1981);* Albin Michel.

Si une laide se fait aimer, ce ne peut être qu'éperdument. 3168
La Bruyère *Les Caractères (1688).*

Heureux les hommes qui aiment les femmes laides, car ils ne peuvent pas douter de la qualité de l'amour qu'ils leur donnent. 3169
Eugène Cloutier *Les Témoins (1968);* Cercle du Livre de France.

vécu :
La laideur a ceci de supérieur à la beauté qu'elle ne disparaît pas avec le temps. 3170
Serge Gainsbourg.

Langage

Le langage est la grande musique de l'homme. 3171
Alfred Tomatis.

Le langage est aux postes de commande de l'imagination. 3172
Gaston Bachelard *La Terre et les Rêveries de la volonté (1948);* José Corti.

baratin :
L'artifice du langage représente à mes yeux un symptôme majeur du mal dont souffre l'Occident. 3173
François Mitterrand *L'Abeille et l'Architecte (1978);* Flammarion.

Tout être vivant est un cri qui demande une autre lecture. 3174
Peter Handke *L'Histoire du crayon;* tr. G.A. Goldschmidt *(1988);* Gallimard.

Par le langage, l'homme s'est fait le plus solitaire des êtres du monde, puisqu'il s'est exclu du silence. 3175
J.M.G. Le Clézio *L'Inconnu sur les terres (1978);* Gallimard.

3176 On parle tant du langage, alors qu'il n'y a personne pour entendre.
William Carlos Williams *Paterson (1981);* tr. Y. di Manno; Flammarion.

3177 Le langage de la servitude volontaire s'emploie tous les jours à recouvrir ou à disqualifier l'autre langage, indocile, inconvenant : celui de la solitude qui s'avoue, du déchirement qui a cessé de se mentir.
François Bott *Traité de la désillusion (1977);* P.U.F.

3178 Le langage, comme le désir, n'existe qu'en fonction du néant.
Dominique de Roux *Immédiatement (1980);* L'Âge d'Homme.

linguistique :

3179 Un langage quelconque ne peut jamais avoir plus de signes que ceux qui l'instituent n'ont d'idées.
Claude Destutt Detracy *Éléments d'idéologie (1804).*

3180 Le vrai et le faux sont des attributs du langage, non des choses. Et là où il n'y a pas de langage, il n'y a ni vérité, ni fausseté.
Thomas Hobbes *Léviathan (1651).*

3181 Dans la perspective freudienne, l'homme, c'est le sujet pris et torturé par le langage [1].
Jacques Lacan *Le Séminaire,* III.

3182 C'est l'esprit qui est une écurie d'Augias, pas le langage.
David Herbert Lawrence *La Peur des mots;* C. Bourgois.

3183 On ne devient pas grossier comme ça, faut s'entraîner.
Coluche *Jeu de la vérité* de Patrick Sabatier.

3184 Il y a un langage pour la mort comme il y a un langage pour la vie.
Edmond Jabès *Du désert au livre (1981)* Entretiens avec M. Cohen; Belfond.

3185 L'avenir du langage, c'est moi!
San-Antonio *En long, en large et en travers (1958);* Fleuve noir.

3186 Le nombre de choses qu'il n'y a pas lieu de dire augmente chaque jour.
André Gide *Journal (1904).*

3187 L'imprécision avec laquelle le langage use du terme « amour » est justifiée du point de vue génétique.
Sigmund Freud *Malaise dans la civilisation (1971).*

3188 Il n'existe guère de l'étymologie au calembour... qu'une différence morale.
Jean Paulhan *La Preuve par l'étymologie (1953);* rééd. Le Temps qu'il fait, 1988.

---

1 - L'inconscient, dans la perspective lacanienne, est structuré comme un langage.

Je suis né peuple, j'avais le peuple dans le cœur [...]. Mais sa langue, sa langue, elle m'était inaccessible. Je n'ai pas pu le faire parler. 3189
Jules Michelet *Nos fils (1869).*

argot :
La langue est une prison. La posséder, c'est l'agrandir un peu. 3190
Pierre Baillargeon *Commerce.*

Ô stress ! ô break-down ! ô sénescence aliénante ! N'ai-je donc tant vécu que pour cette perturbation culpabilisante ! Et n'ai-je donc perduré dans une escalade promotionnelle à vocation martiale, que pour déboucher sur l'instantanéité de ce retour au degré zéro de l'investiture ! 3191
Robert Beauvais *L'Hexagonal tel qu'on le parle (1970) ;* Hachette.

J'aime tous les accents. C'est le sel de la parole et la seule différence qui la sépare de l'écriture. Non seulement l'accent révèle un être humain, mais je me plais à croire qu'il traduit un peu le pays où il vit. 3192
Pierre Jakez Hélias *Lettres de Bretagne ;* Galilée.

La langue, comme performance de tout langage, n'est ni réactionnaire, ni progressiste ; elle est tout simplement fasciste ; car le fascisme, ce n'est pas d'empêcher de dire, c'est d'obliger à dire... 3193
Roland Barthes Colloque de Cerisy : *Prétexte.*

Si le langage était parfait, l'homme cesserait de penser. 3194
Kyrios Valéry.

Langues

Le don des langues n'est pas tant l'aptitude de les parler que celle de les entendre. 3195
Alfred Tomatis.

Je rêve d'une langue dont les mots, comme les poings, fracasseraient les mâchoires. 3196
E.M. Cioran *Le Mauvais Démiurge (1970) ;* Gallimard.

Une langue qui vous fait rire cesse d'être une langue étrangère. 3197
Vassilis Alexakis *Paris-Athènes (1989) ;* Le Seuil.

Pour celui qui n'aime pas, l'amour apparaît comme une langue barbare. 3198
Saint Bernard de Clairvaux *Sermon* LXXIX, 1.

3199 Le tchèque est ma langue maternelle, le français est ma langue personnelle.
Vaclav Jamek.

3200 Il n'existe pas de forme plus haute d'appartenance à un peuple que d'écrire dans sa langue.
Heinrich Boll *Une mémoire allemande (1978)*; tr. Wintzen; Le Seuil.

3201 L'argot est tout ensemble un phénomène littéraire et un résultat social [...]. La misère a inventé une langue de combat qui est l'argot.
Victor Hugo *Les Misérables (1862).*

3202 S'il y avait des synonymes parfaits, il y aurait deux langues dans une même langue.
César Chesneau *Des tropes.*

3203 Le perroquet ne parlait plus que sa langue maternelle.
Georg Christoph Lichtenberg *Aphorismes.*

larmes

3204 Les larmes sont l'extrême sourire.
Stendhal *De l'amour (1822).*

liquidité :

3205 Ces humeurs bouleversantes, le sang, le sperme et les larmes.
Jean Genet *Querelle de Brest (1947)*; Gallimard.

3206 Les larmes méprisent leur confident.
René Char *Commune présence (1964)*; Gallimard.

3207 Mais j'aimais le goût[1] des larmes retenues, de celles qui semblent tomber des yeux dans le cœur, derrière le masque du visage.
Valery Larbaud *Enfantines (1918)*; Gallimard.

vague à larmes :

3208 Celui qui verse des larmes sème des larmes qui repoussent facilement.
Friedrich Hegel *Esthétique (1932).*

3209 L'âme n'aurait pas d'arc-en-ciel, si les yeux n'avaient pas de larmes.
John Vance Cheney *Tears.*

---

1 - Salé !

caprice :
Je sais pourquoi il pleure, c'est parce qu'il veut un vagin. 3210
Rapporté par **Bruno Bettelheim** *Les Blessures symboliques;* Gallimard.

L'alcool me rend sentimental. D'ailleurs, j'ai toujours versé mes 3211
plus grosses larmes avec un verre à la main.
Philippe Djian *Maudit manège (1986);* Bernard Barrault.

mouchoir :
Je ne crois pas qu'il nous faille approuver sans réserve nos 3212
larmes.
Propos de **Jean Paulhan** sur Chagall, dans Bertrand Poirot-Delpech, art. *Le Monde,* 18 septembre 1981.

Si tu pleures de joie, ne sèche pas tes larmes : tu les voles à 3213
la douleur.
Paul-Jean Toulet *Les Trois Impostures (1985).*

légitime défense

Le vieux rêve des gens honnêtes : pouvoir tuer quelqu'un en état 3214
de légitime défense.
Pierre Magnan *Le Secret des Andrônes (1980);* Fayard.

La vengeance est une justice sauvage. 3215
Francis Bacon *Essais de politique et de morale (1597).*

Les hommes ne sont jamais aussi dangereux que quand ils se 3216
vengent des crimes qu'ils ont commis eux-mêmes.
Sandor Marai *Journal (1953-1956).*

La vengeance déguisée en justice, c'est notre plus affreuse 3217
grimace...
François Mauriac dans *L'Express,* 28 novembre 1957.

Quand je mords dans un steak, j'aime qu'il se défende. 3218
Jonathan Latimer *The Glass Key (1943)* de Stuart Heisler.

Liberté

individualisme :

3219 Je suis un Peau-Rouge qui ne marchera jamais dans une file indienne.
Propos d'**Achille Chavée.**

3220 Quand je vois deux types marcher au pas, à mon pas, je change le mien et je trébuche.
Lucien Feuillade *Une vie comme ça (1988);* Quai Voltaire.

brevet :

3221 C'est l'Occident, et lui tout seul, qui a inventé l'idée de liberté.
Pascal Jardin *La Bête à bon Dieu (1980);* Flammarion.

école buissonnière :

3222 Ça ne s'apprend jamais trop tôt, la liberté.
Hervé Bazin *Ce que je crois (1977);* Grasset.

3223 La liberté, c'est la liberté de dire que deux et deux font quatre. Lorsque cela est accordé, le reste suit.
George Orwell *1984 (1949);* tr. Amélie Audiberti ; Gallimard.

3224 Je ne suis pas d'accord avec ce que vous dites, mais je me battrai jusqu'au bout pour que vous puissiez le dire.
Voltaire.

3225 La liberté, c'est lorsque les autres ne peuvent plus rien pour vous.
Marcel Jullian *Délit de vagabondage (1978);* Grasset.

3226 La liberté s'allume dans les ténèbres.
Nicolas Berdiaev *Esprit et Réalité (1950);* Aubier/Montaigne.

3227 La liberté ne fait pas le bonheur... Je n'ai jamais été si heureux que sous la contrainte.
André Gide *Les Cahiers de la Petite Dame;* Gallimard.

3228 Là encore, tu te faisais une trop haute idée des hommes, car ce sont des esclaves, bien qu'ils aient été créés rebelles.
Fedor Dostoïevski *Les Frères Karamazov (1877);* tr. Mongault ; Gallimard.

3229 Ils ne sont pas tous libres, ceux qui se moquent de leurs chaînes.
Gotthold Ephraim Lessing *Nathan le Sage (1779).*

3230 Si tu t'attaches à un rocher, j'ai bien peur que tu doives voler avec le rocher et la chaîne.
Carlos Castaneda *L'Herbe du diable (1972);* Soleil Noir.

luxe :

La liberté coûte très cher et il faut, ou se résigner à vivre sans elle, ou se décider à la payer son prix. 3231
José Marti[1] discours, 1880.

[...] L'excès de liberté apporte aux hommes des Césars... 3232
Et aux femmes des Jules [...].
Robert Hollier *Marche ou crève, Carignan (1962);* Homme.

L'exigence de liberté est une exigence de pouvoir. 3233
John Dewey *Liberté et Culture (1939).*

Le seul mot de liberté est tout ce qui m'exalte encore. Je le crois propre à entretenir, indéfiniment, le vieux fanatisme humain. 3234
André Breton *Œuvres complètes,* t. I ; éd. établie par M. Bonnet ; Gallimard, 1988.

La liberté a parfois les mains rouges de sang. 3235
Michel Cazenave *Les Fusils de l'I.R.A. (1977);* L'Herne.

Car le sang des hommes libres est la semence des libertés, et, j'en ai peur, la seule féconde. 3236
Etiemble Lettre au journal *Le Monde,* 14 février 1970.

La liberté n'est que la femelle de l'honneur. 3237
Paul Raynal *Au soleil de l'instinct;* Stock.

orientation :

L'homme né pour la liberté, sentant qu'on cherche à l'asservir, aime souvent mieux se fait corsaire que de devenir esclave. 3238
Beaumarchais.

Quand une société abolit l'aventure, 3239
Sa destruction est la seule aventure possible.
Graffiti dans les toilettes d'un café du Quartier latin.

À l'instant où l'esclave décide qu'il ne sera plus esclave, ses chaînes tombent. 3240
Mahātmā Gandhi *Non-violence* dans *Peace and War (1948).*

Il suffit à un homme enchaîné de fermer les yeux pour qu'il ait le pouvoir de faire éclater le monde. 3241
Octavio Paz.

Le pire état pour un homme, c'est celui d'être un esclave cultivé[2]. 3242
Jean Kestergat *25 millions de Sud-Africains;* Elsevier.

instruction civique :

Il n'y a d'éthique que lorsqu'il y a liberté. 3243
Jacques Ruffié *De la biologie à la culture (1976);* Flammarion.

---

1 - Marti avait seize ans lorsqu'il fut condamné à six ans de travaux forcés pour avoir insulté le drapeau espagnol. Il lutta toute sa vie pour la libération de Cuba, et mourut dans une embuscade en 1895. Fidel Castro dit de lui : « Il vit, il n'est pas mort, son peuple est rebelle, son peuple est digne... » (*L'Histoire m'acquittera,* 1953).
2 - Le propos est ici prêté à un pasteur noir d'Afrique du Sud.

3244 Les libertés ne se donnent pas, elles se prennent.
Pierre Kropotkine [1] *Paroles d'un révolté (1885);* Marpon/Flammarion.

3245 Les libertés sont toujours grignotées sournoisement avant d'être spectaculairement détruites, et les râleurs sont souvent ceux qui sont sensibles les premiers à ce danger.
Norbert Bensaïd [2] *La Lumière médicale;* Le Seuil.

3246 Avec Berthe, l'auteur a passé une nuit épatante et, malgré la guerre, ils n'ont pensé à rien qu'à eux-mêmes. Pour cette femme, l'auteur est en train d'écrire un poème : sur les cahiers d'écoliers/sur les arbres/sur les nuages/sur le miroir de ta chambre et sur chaque bouffée d'aurore/j'écris ton nom Berthe sur le front des enfants, sur les murs de mon ennui j'écris ton nom/je recommence ma vie/je suis né pour te connaître/pour te nommer/Berthe.
Un camarade arrive en courant, il faut donner pour un journal clandestin un poème, vite, ça roule ce soir ! L'auteur prend le poème, il raye Berthe et écrit à sa place : liberté. Sur les arbres/sur les nuages/sur le front des enfants...
Jean-François Bory *Un auteur sous influence (1986);* Flammarion.

libido

réflexe :
3247 Quand j'entends parler d'amour, je sors mon sexe [3].
Le Magazine littéraire, n° 163, juillet-août 1980.

3248 Un cheval passa, les poules suivirent, pleines d'espoir.
Jean Giraudoux *Provinciales et autres nouvelles (1909);* Mercure de France.

3249 Je peux résister à tout, sauf à la tentation.
Oscar Wilde dans Léon Treich *L'Esprit d'O. Wilde (1931);* Gallimard.

3250 Chaque instant de la vie d'un homme participe du désir sexuel.
Mori Ogai *Vita sexualis (1981);* tr. A. Okada ; Gallimard.

---

1 - Cet ancien page de la cour du tsar, anarchiste convaincu, écrivait dans *Le Révolté,* en 1880 : « La révolte permanente par la parole, par l'écrit, par le poignard, le fusil, la dynamite... tout est bon pour nous, qui n'est pas la légalité. »
2 - Le docteur Bensaïd prend ici l'exemple de la ceinture de sécurité.
3 - C'est la reprise de la formule de Gœbbels : « Quand j'entends le mot culture, je sors mon revolver. »

L'amour charnel est celui par lequel l'homme s'aime lui-même, pour lui-même, et avant toutes choses. 3251
Saint Bernard de Clairvaux *De Diligendo Deo, VIII, 23* (1090-1153).

La patrie d'un cochon se trouve partout où il y a un gland. 3252
Fénelon *Dialogues des morts (1699).*

Décidément nous sommes des animaux curieux... nous n'avons pas d'heure ni de saison. 3253
Hubert Juin *369*[1].

Homme aime quand il veut, et femme quand elle peut. 3254
Bonum Spatium manuscrits du XIVe s., Paris, B.N.

Chute des reins, chute du rêve enfantin d'être sage. 3255
Paul Verlaine (1844-1896) *Partie carrée, œuvres libres;* Baudouin.

Le printemps, c'est la saison où les imbéciles se fendent la bouche à sourire sans savoir pourquoi [...]. 3256
François Moreau *Les Carnivores (1972);* Actuelle.

lendemain :
Les femmes extrêmement belles étonnent moins le second jour. 3257
Stendhal *De l'amour (1822).*

Quand une fille commence à trouver un crétin intelligent, faut se méfier, y a du sexe dans l'air. 3258
Jacques Hébert *Les Écœurants (1966).*

Pour les femmes du monde, un jardinier est un jardinier, et un maçon est un maçon; pour quelques autres plus retirées, un maçon est un homme, un jardinier est un homme. 3259
La Bruyère *Les Caractères (1688).*

Plus le bouc sent, plus la chèvre l'aime. 3260
Dicton franc-comtois.

Éros : « Équipement Respiratoire à Oxygène de Secours ». 3261
Michel Dubois *Dictionnaire des sigles nationaux et internationaux (1977);* La Maison du Dictionnaire.

L'Éros, ce sont les filles et les théories, des planches que l'on jette sur le gouffre... Le relatif se gonfle d'absolu et devient monstrueux. 3262
Olivier Clément *L'Autre Soleil (1975);* Stock.

L'appétit vient en faisant la queue. 3263
Ilya Ilf *Calepin (1939).*

Si la vache n'est pas tirée ordinairement, elle se tarit. 3264
Noël Du Fail[2] *Contes et discours d'Eutrapel (1585).*

---

1 - Ce livre, « à la mémoire bicéphale du chevalier de Percefleur », porte en sous-titre : « Édition (très) spéciale », et offre « le catalogue d'une "Samaritaine" du sexe où l'on préfère à la vendeuse le mannequin d'osier ».
2 - Noël Du Fail, seigneur de La Hérissaye, prônait le retour aux joies saines de la nature !

3265 La tête du poireau est blanche, mais la tige n'en est pas moins verte.
Boccace *Décaméron (1350-1353).*

encore... :

3266 L'amour est un acte sans importance, puisqu'on peut le faire indéfiniment.
Alfred Jarry *Le Surmâle (1902);* Fasquelle.

3267 Plus on connaît, plus on aime.
Léonard de Vinci *Carnets.*

3268 L'esprit est prompt mais la chair est faible.
Saint Matthieu.

3269 Le désir de l'homme trouve son sens dans le désir de l'autre [...] parce que son premier objet est d'être reconnu par l'autre.
Jacques Lacan *Écrits (1966-1971);* Le Seuil.

3270 La libre satisfaction des besoins instinctuels de l'homme est incompatible avec la société civilisée...
Herbert Marcuse *Éros et Civilisation (1955);* tr. J.-C. Nény et B. Fraenkel; Éd. de Minuit.

3271 On demandait à un homme qui faisait profession d'estimer beaucoup les femmes s'il en avait eu beaucoup. Il répondit : « Pas autant que si je les méprisais. »
Chamfort *Caractères et Anecdotes (1795).*

3272 Et quand je dis je t'aime
C'est que je te condamne
À me livrer ton corps
Je ne veux pas ton âme.
Serge Patient *Maîtresse solitude* dans Corzani *Littérature antillaise (1971);* Desormeaux.

3273 On ne prend plus ses désirs sexuels pour des réalités idéologiques.
Emmanuel Todd *Le Fou et le Prolétaire (1979);* Laffont.

3274 Nous sommes au point de tangence de deux civilisations où saint Paul et Karl Marx se donnent la main pour châtrer l'Occident. Le désir sera bientôt en conflit avec l'Univers entier.
Françoise Parturier *La Prudence de la chair (1965);* Julliard.

libre arbitre

gâchis :

3275 Dieu existe... Qu'en faites-vous ?
Christian Chabanis *Dieu existe ? Oui (1979);* Stock.

L'homme propose et Dieu dispose. 3276
L'Imitation de Jésus-Christ[1] *(XVe s.).*

Aucun effort ne peut aboutir si la divinité en a décidé autrement 3277
mais l'inverse n'est pas vrai : aucune victoire ne peut être obtenue, quand les dieux lui sont favorables, si l'homme ne va pas, le tout premier, au-devant de leurs désirs.
Jacques Lacarrière *Promenades dans la Grèce antique (1978);* Hachette.

Dieu voyait pour moi plus grand que moi. Il ne m'a pas permis 3278
de « m'installer » sur terre. Il m'a forcée à avoir besoin du Ciel.
Marie Noël *Notes intimes (1978);* Stock.

Les dieux qui rassurent occupent moins les hommes que les 3279
dieux qui inquiètent.
Georges Dumézil *Les Dieux des Germains;* P.U.F.

Dieu n'a pas prévu le bonheur pour ses créatures : il n'a prévu 3280
que des compensations.
Jean Giraudoux *Intermezzo (1933);* Grasset.

Dieu fit la fille, et l'homme l'a faite femme. 3281
Béroalde de Verville (1558-1612) *Le Moyen de parvenir*[2].

Le libre arbitre est la condition de la certitude. 3282
Maurice Schumann *Angoisse et Certitude (1978);* Flammarion.

L'esprit sonde tout, même les profondeurs de Dieu. 3283
Saint Paul *Corinthiens II, 10.*

Ce qui se passe dans les profondeurs de l'homme se passe 3284
également dans celles de Dieu.
Nicolas Berdiaev *Dialectique existentielle du divin et de l'humain (1947).*

Le cœur d'un homme est son propre dieu. 3285
Le Livre des Morts[3] cité par François Daumas *La Civilisation de l'Égypte pharaonique (1965);* Arthaud.

Apprenez que l'homme passe infiniment l'homme, et entendez 3286
de votre maître votre condition véritable que vous ignorez.
Écoutez Dieu.
Blaise Pascal *Pensées.*

---

1 - Le traité ne porte pas de nom d'auteur, mais il est attribué à Thomas Hemerken a Kempis (1379-1471), un Rhénan entré à vingt ans au monastère de Mont-Sainte-Agnès, à Zwolle.
2 - Le livre étant tombé sous les yeux de la reine Christine de Suède, elle appela sa favorite : « Tiens, lis-moi cette page tout haut. » La belle demoiselle n'eut pas lu trois lignes, qu'arrêtée par les gros mots, elle se tut en rougissant ; mais la reine, qui se tenait les côtes de rire, lui ayant ordonné de continuer, il n'y eut pudeur qui tînt, il fallut que la pauvre fille lût tout (B. de La Monnoye.)
3 - *Le Livre des Morts* égyptiens a été retrouvé dans de nombreux cercueils en bon état, à partir du Nouvel empire. Il était destiné à servir au défunt pour toutes les éventualités de l'autre monde.

3287 Quiconque connaîtra l'homme verra que c'est un ouvrage de grand dessein, qui ne pouvait être conçu ni exécuté que par une profonde sagesse.
Jacques-Bénigne Bossuet *De la connaissance de Dieu et de soi-même (1670).*

3288 Dieu perfectionne l'homme en se conformant à la mesure de l'homme.
Saint Jean de la Croix (1542-1591) *Aphorismes;* tr. Baruzi; Alcan.

3289 Les dieux ont enseigné aux hommes à se contempler eux-mêmes dans le spectacle comme les dieux se contemplent eux-mêmes dans l'imagination des hommes.
Pierre Klossowski *Le Bain de Diane (1972);* J.-J. Pauvert.

3290 Il y a dans tout homme, à toute heure, deux postulations simultanées, l'une vers Dieu, l'autre vers Satan. L'invocation à Dieu, ou spiritualité, est un désir de monter en grade; celle de Satan, ou animalité, est une joie de descendre.
Charles Baudelaire *Mon cœur mis à nu (1862-1864).*

3291 Le Dieu, combien j'aurais aimé lui obéir en tout s'il ne m'avait rien défendu.
Luc Estang *Le Jour de Caïn (1967);* Le Seuil.

protocole :
3292 Le nom de Dieu ne sera jamais prononcé qu'accompagné d'invectives et d'imprécations, et on le répétera le plus souvent possible.
Donatien Alphonse François, marquis de Sade *Les Cent Vingt Journées de Sodome (1931-1935).*

3293 Nous avons remplacé Dieu... par la respectabilité et l'air conditionné.
Le Roi Jones (Imamu Amiri Baraka) *Home (1966).*

littérature

3294 La carrière des lettres et des arts est plus que décevante; le moment où l'on arrive est souvent celui où on ferait bien mieux de s'en aller.
Pierre Reverdy *Le Gant de crin (1927);* Plon.

3295 Le métier des lettres est tout de même le seul où l'on puisse sans ridicule ne pas gagner d'argent.
Jules Renard.

Pour ce qui est des homophiles, sache, ô lecteur, qu'une multitude parmi les gens du milieu littéraire s'y rattache. 3296
Ahmed El-Tifâchi (1184-1253) *Délices des cœurs arabes;* Jérôme Martineau.

La littérature crée des mœurs aux sociétés qui veulent sembler vivre. 3297
Charles Lassailly *Les Roueries de Trialph;* Plasma.

Le monde peut fort bien se passer de la littérature. Mais il peut se passer de l'homme encore mieux. 3298
Jean-Paul Sartre *Qu'est-ce que la littérature? (1947).*

Si les écrivains ne lisaient pas et si les lecteurs n'écrivaient pas, les affaires de la littérature iraient extraordinairement mieux. 3299
Giovanni Papini *Visages découverts;* tr. G. Petit; Bessart.

Jamais je n'ai connu la tour d'ivoire de la littérature. 3300
Comment un homme pourrait-il vivre dans des tours
Quand quatre-vingt-dix-neuf pour cent des hommes vivent dans des rez-de-chaussée de boue?
Salâmah Mûssa *L'Éducation* dans Abdel-Malek *Anthologie de la littérature arabe contemporaine;* Le Seuil.

Faire de la peinture, ou de la littérature, ce serait donc bien apprendre à mourir, trouver le moyen de ne pas mourir dans la sottise de cette mort que les autres avaient en réserve pour nous et qui ne nous convient nullement. 3301
Michel Butor *Répertoire V (1982);* Éditions de Minuit.

Est littéraire une œuvre qui possède une aptitude à la trahison. 3302
Robert Escarpit *Le Littéraire et le Social (1978);* P.U.F.

Malheur aux faiseurs de traductions littérales, qui en traduisant chaque parole énervent le sens! C'est bien là qu'on peut dire que la lettre tue, et que l'esprit vivifie. 3303
Voltaire *Lettres philosophiques (1734).*

Traduire, c'est avoir l'honnêteté de s'en tenir à une imperfection allusive. 3304
Pierre Leyris interview dans *Le Monde,* 12 juillet 1974.

Privée aujourd'hui de la volupté des aveux indicibles, l'autobiographie contemporaine oscille entre les souvenirs d'anciens combattants et la psychanalyse. 3305
Roger Stéphane *Toutes choses ont leur saison (1979);* Fayard.

Un homme habitué à écrire écrit aussi sans idées, comme un vieux médecin nommé Bouvard, qui tâtait le pouls à son fauteuil en mourant. 3306
Rivarol *Rivaroliana.*

Écrire c'est aussi inspirer autrui, le pousser vers sa ressemblance, vers sa préférence. 3307
Jean Cayrol *Écrire 1;* Le Seuil.

3308 Écrire, c'est mettre en ordre ses obsessions.
Jean Grenier *Albert Camus;* Gallimard.

3309 Dommage que pour écrire il faille écrire.
Jean-Louis Faivre d'Arcier *Un roman ne fait pas le printemps;* Le Seuil.

3310 En composant la *Chartreuse,* pour prendre le ton, je lisais chaque matin deux ou trois pages du Code civil, afin d'être toujours naturel; je ne veux pas, par des moyens factices, fasciner l'âme du lecteur.
Stendhal Lettre à M. de Balzac, 30 octobre 1840.

3311 Deviens ce que tu es, écrit Nietzsche. Et il devint fou!
Guermantes (Gérard Bauer).

3312 Considérer les artistes sans tenir compte de leur art n'a pas de sens. Anatole France en pantoufles n'est pas Anatole France, mais seulement des pantoufles.
Jacob Paludan (1896-1975) *Les Artistes du style.*

3313 La littérature mène à tout... à condition d'en sortir.
Abel-François Villemain d'après M. Cuvillier-Fleury, recevant M. Marmier à l'Académie française, décembre 1871.

thérapie :

3314 La littérature est parfaitement inutile : sa seule utilité est qu'elle aide à vivre.
Claude Roy *Défense de la littérature (1968).*

livre

3315 Un livre est toujours l'approche ou le prolongement d'un livre entrevu.
Edmond Jabès *Le Soupçon, le Désert;* Gallimard.

3316 On écrit souvent son premier livre comme un testament.
Eric Neuhoff *Précautions d'usage (1982);* La Table Ronde.

3317 Nous qui écrivons des livres sommes redevables non à des livres mais aux choses qui incitent les hommes à en écrire : à la terre, à l'air, au feu et à l'eau. S'il n'existait pas une source commune à laquelle remontent auteurs et lecteurs, il n'y aurait pas de livres.
Henry Miller *Lire ou ne pas lire (1976);* Stock.

3318 À force d'aimer un livre, on finit par se dire qu'il vous aime.
Nicole Vedrès *Paris, 6e (1965);* Mercure de France.

Les livres ont leur volonté propre... Ils savent se placer entre nos mains à point nommé ou se refuser avec obstination. 3319
Louis Calaferte *Le Spectateur immobile (1990)*; L'Arpenteur; Gallimard.

Il faut autant de travail pour écrire un mauvais livre qu'un bon. 3320
Aldous Huxley *Contrepoint (1928)*; tr. Castier; Plon.

Les lettres ont besoin de mûrir... Pauvre missive, en vérité, qu'une missive lue le lendemain du jour où elle a été écrite. Imagine-t-on les télégrammes de la Religieuse portugaise, les télex de Mlle de Lespinasse ? 3321
Gilles Lapouge *Équinoxiales (1977)*; Flammarion.

Certains livres ressemblent à la cuisine italienne : ils bourrent mais ne remplissent pas. 3322
Edmond et Jules de Goncourt *Journal (1887-1896).*

Comment lire un livre dans sa longue continuité quand on est un zappeur invétéré ? Quel zapping pour *Guerre et Paix* ? 3323
Bernard Pivot *Le Métier de lire (1990)*; Le Débat/Gallimard.

et ils eurent beaucoup d'enfants :
Une seule phrase compte dans un livre, et il n'est pas donné à celui qui écrit de savoir laquelle. 3324
Françoise Lefèvre *L'Or des chambres (1976)*; J.-J. Pauvert.

intimité :
Je me suis toujours étonné que les écrivains les plus sincères, les plus cyniques, qui vous racontent impudemment leurs aventures sexuelles ou leurs bassesses, ne publient jamais leurs livres de compte. 3325
Roland Cailleux *Saint-Genès ou la Vie brève (1943)*; Gallimard.

À quoi servent les livres s'ils ne nous ramènent pas vers la vie, s'ils ne parviennent pas à nous y faire boire avec plus d'avidité ? 3326
Henry Miller *Lire ou ne pas lire (1976)*; Stock.

Très tôt dans ma jeunesse, je ne pouvais comprendre comment on s'y prenait pour écrire un livre, ce que je saisis très bien à présent; par contre, je ne conçois pas maintenant qu'on puisse en avoir envie. 3327
Sören Kierkegaard *Journal (1834-1846)*; Gallimard.

Pour se faire porter à la première borne, 3328
Il demande son heure aux livres. L'œil frotté
Lui fait mal ? Horoscope ! Et le collyre ensuite !
Juvénal *Satires, VI, 576-578.*

loi

défense d'afficher :

3329 La loi est implacable, mais la loi est imprévisible. Nul n'est censé l'ignorer, mais nul ne peut la connaître.
Georges Perec *W. ou le Souvenir d'enfance (1975)*; Denoël.

3330 Tu vois ça, Willen, dit-il, il reconnaît qu'il ignore la loi, et il affirme en même temps qu'il n'est pas coupable !
Franz Kafka *Le Procès (1933)*; Gallimard.

3331 C'est de l'ignorance de nos droits que l'arbitraire tire sa plus grande force.
Denis Langlois *Guide du citoyen face à la police (1980)*; Le Seuil.

3332 S'il fallait étudier toutes les lois, on n'aurait pas le temps de les transgresser.
Johann Wolfgang Goethe *Maximes et Réflexions*; tr. G. Bianquis.

3333 L'homme ne saurait connaître la loi, mesurer ses limites, qu'en passant outre.
Arthur Adamov *L'Aveu (1946)*; Le Sagittaire.

3334 Celui qui obéit à la loi ne se sent pas juste pour autant. Au contraire, il se sent coupable, il est d'avance coupable, et d'autant plus coupable qu'il obéit plus strictement.
Gilles Deleuze *Présentation de Sacher-Masoch (1967).*

citation à comparaître :

3335 Si le Soleil cessait de parcourir sa carrière, les Erinyes, huissiers de la Justice, sauraient bien le découvrir.
Héraclite.

chasse gardée :

3336 Le droit des autres est une concession faite par notre sentiment de puissance au sentiment de puissance de ces autres.
Friedrich Nietzsche *Aurore (1880-1881).*

3337 Quand le droit n'est pas la force, il est le mal.
Oscar Wilde *Intentions (1971)*; Stock.

3338 Les lois sont les rapports nécessaires qui dérivent de la nature des choses.
Montesquieu *L'Esprit des lois (1748).*

3339 Le droit n'a pas davantage que la religion une histoire qui lui soit propre.
Karl Marx *L'Idéologie allemande (1845-1846)*; tr. Molitor; Costes.

Il faut dans les lois une certaine candeur. Faites pour punir la 3340
méchanceté des hommes, elles doivent avoir elles-mêmes la plus grande innocence.
Montesquieu *De l'esprit des lois (1748).*

Pourvu que le législateur se charge lui-même d'enlever aux 3341
hommes leur indépendance, ils sont à peu près contents.
Alexis de Tocqueville *De la démocratie en Amérique (1835-1840).*

Les juristes ont été aux premières loges, toujours, des grandes 3342
manœuvres pour socialiser l'inconscient, c'est-à-dire pour instituer le corps humain.
Pierre Legendre « Les Maîtres de la loi » dans *Annales E. S. C.* n° 531.

On défend bien plus férocement sa chance que son droit. 3343
Jean Guéhenno *Changer sa vie (1970);* Grasset.

L'essentiel est d'imprimer aux institutions nouvelles ce caractère 3344
de permanence et de stabilité, qui puisse leur garantir le droit de devenir anciennes.
Discours préliminaire du *Code civil.*

Il y a trois sortes de lois : les lois divines, les lois humaines et 3345
les lois sur les sociétés.
Paul Laffitte *Jéroboam ou la Finance sans méningite;* La Sirène.

Les lois sont semblables aux toiles d'araignée, qui attrapent les 3346
petites mouches, mais laissent passer guêpes et frelons.
Jonathan Swift *Essai critique sur les facultés de l'esprit.*

Il est plus facile de légaliser certaines choses que de les légitimer. 3347
Chamfort *Pensées, Maximes et Anecdotes (1795).*

La loi doit protéger la liberté publique et individuelle contre 3348
l'oppression de ceux qui gouvernent.
Déclaration des droits de l'homme de 1793, article 9.

Je ne connais pas de meilleure méthode pour faire annuler les 3349
mauvaises lois que de les mettre rigoureusement à exécution.
Ulysses S. Grant discours inaugural, 1869.

loisir

Le plaisir supérieur que l'on prend aux choses vulgaires. 3350
Ernst Jünger *Journal,* t. II *(1942);* Julliard.

passe-temps :
Je travaille, et m'applique à vieillir aux heures de loisir. 3351
Stéphane Mallarmé *Correspondance (1964).*

3352 Dans une civilisation, la nôtre, où le métier, l'argent, la politique ont pris le dessus, quelle place reste-t-il pour les longs loisirs sans lesquels point d'amour ?
Étiemble préface à *Égarement du cœur et de l'esprit* de Crébillon Fils ; Gallimard, éd. 1977.

3353 Je plains l'homme accablé du poids de son loisir.
Voltaire.

3354 Toute ma vie t'écoute et je ne peux détruire
Les terribles loisirs que ton amour me crée.
Paul Eluard *Capitale de la douleur (1926) ;* Gallimard.

3355 Mais qu'est-ce que je ferais d'un jour de libre ? Moi, je ne sais pas aller au cinéma toute seule.
Adret *Travailler deux heures par jour (1979) ;* Le Seuil.

3356 La guerre de 14, c'était pas des vacances ! Heureusement, dans un sens, parce qu'il a pas fait beau.
Coluche *L'Ancien Combattant.*

3357 Langlois avait tout pour ne m'être pas sympathique. Il avait en effet le goût du classement, adorait les archives et collectionnait avec délices photographies et souvenirs... Mais on m'a dit qu'il plaçait ses trésors dans sa baignoire. Du coup, j'ai commencé à le comprendre...
Federico Fellini dans François Challais *Une année pas comme les autres (1978) ;* Stock.

3358 Le collectionneur est un créateur essayant (comme l'a si bien dit F. Lugt) de bâtir un tout cohérent et par là capable de faire œuvre originale.
Michel Melot *Revue de l'Art,* n° 21.

3359 Les petites choses n'ont l'air de rien, mais elles donnent la paix.
Georges Bernanos *Journal d'un curé de campagne (1936) ;* Plon.

3360 Celui qui a visité dix fois une cathédrale a vu quelque chose ; celui qui a visité une seule fois dix cathédrales n'a pas vu grand-chose.
Sinclair Lewis.

3361 Les seules vacances de l'homme sont les neufs mois qu'il passe dans le sein maternel.
San-Antonio *Je le jure (1975) ;* Stock.

3362 Quand le salarié substitue des plaisirs dégradants à des travaux dégradants, qu'il s'évade de ses obligations pour se jeter à corps perdu dans la vitesse, le bruit, les distractions grossières, il dépose trop volontiers son bilan d'homme.
Georges Elgozy *Les Damnés de l'opulence (1970).*

3363 Les fusils se sont transformés en appareils photographiques... On tire quand on a peur, mais, quand on est d'humeur nostalgique, on prend des photos.
Susan Sontag *La Photographie (1979) ;* tr. G.H. Durand et G. Durand ; Le Seuil.

Montrez vos photos à quelqu'un, il sortira aussitôt les siennes. 3364
Roland Barthes.

Je n'aime pas pêcher en eau trouble, parce que je n'aime pas du tout la pêche. 3365
Gertrude Stein *Les Guerres que j'ai vues (1980)*; C. Bourgois.

La vie serait supportable sans les plaisirs. 3366
Lord Palmerston.

Incertain et dépravé, je ne me retiens pas assez du plaisir comme chrétien, je m'y laisse aller comme homme, mais je ne m'y laisse pas tromper comme bête. 3367
Théophile de Viau *Au lecteur (1641).*

Le plus clair de mon temps, je le passe à l'obscurcir. 3368
Boris Vian *L'Écume des jours (1947)*; J.-J. Pauvert.

Mon passe-temps favori, c'est laisser passer le temps, avoir du temps, prendre mon temps [1], perdre mon temps, vivre à contretemps. 3369
Françoise Sagan *Réponses (1974)*; J.-J. Pauvert.

ISABELLE 3370
Eh Monsieur ! peut-on voir souffrir des malheureux !
DANDIN
Bon ! Cela fait toujours passer une heure ou deux.
Jean Racine *Les Plaideurs (1668).*

Il y a des gens qui vont à la pêche, à la chasse, à la guerre ; d'autres qui font de petits crimes passionnels. Il y en a quelquefois qui se suicident. Faut bien tuer quelqu'un... 3371
Jacques Prévert *Quai des Brumes (1938)* de Marcel Carné.

week-end :

Les petits projets dévorent les grands. 3372
Jacques Duval *Afin de vivre bel et bien*; Albin Michel.

Tout, chez tout le monde, n'est que divertissement, dérivatif à la mort. 3373
Thomas Bernhard *Oui (1980)*; Gallimard.

dimanche :

Un jour de loisir, c'est un jour d'immortalité. 3374
Proverbe chinois.

---

1 - Voir certains démêlés avec son éditeur.

lucidité

3375 Pourquoi voyez-vous une paille dans l'œil de votre frère, tandis que vous ne voyez pas une poutre qui est dans votre œil ?
Saint Matthieu, VII, 3.

3376 La lucidité est le lieu de rencontre de la conscience et de la sensualité.
Norman Mailer Interview, 1965.

3377 L'intuition fondamentale de la moralité consiste peut-être à s'apercevoir que je ne suis pas l'égal d'autrui.
Emmanuel Lévinas *Difficile liberté (1963) ;* Albin Michel.

3378 Nous, les obèses, savons que nous sommes mortels.
Raoul Mille *La Ballade du dinosaure (1975) ;* Albin Michel.

3379 Le plus difficile au monde est de dire en y pensant ce que tout le monde dit sans y penser.
Alain *Histoire de mes pensées (1936) ;* Gallimard.

3380 La clairvoyance est une terrible maladie. Elle nous est donnée pour nous embarrasser, jamais pour nous renforcer.
Jean-Edern Hallier *Chaque matin qui se lève est une leçon de courage (1978) ;* éd. Libres Hallier.

3381 Le pressentiment de la folie se double de la peur de la lucidité dans la folie.
E.M. Cioran[1] *Sur les cimes du désespoir ;* tr. A. Vornic et C. Frémont *(1990) ;* L'Herme.

3382 C'est à trop voir les êtres sous leur vraie lumière qu'un jour ou l'autre nous prend l'envie de les larguer. La lucidité est un exil construit, une porte de secours, le vestiaire de l'intelligence. C'en est aussi une maladie qui nous mène à la solitude.
Léo Ferré *Testament phonographe ;* Plasma.

3383 Se voir comme les autres nous voient est un don fort salutaire. Voir les autres comme ils se voient est tout aussi précieux.
Aldous Huxley *The Doors of Perception (1954).*

3384 La lucidité est contagieuse.
Dominique Aury Préface à *Souvenirs pieux* de Marguerite Yourcenar ; Gallimard « Biblos », éd. 1990.

---

1 - Cioran a écrit cet ouvrage à 22 ans.

Lune

Je sais que les morts en coït muent et réapprennent à souffrir. 3385
Quand la lune sort sa verge aux yeux de pluie.
Joyce Mansour *Cris (1953);* J. Mansour/Seghers.

Quand le doigt montre la lune, l'imbécile regarde le doigt. 3386
Proverbe chinois, slogan Mai 1968.

Qui est le plus utile, le soleil ou la lune ? La lune, bien entendu, 3387
elle brille quand il fait noir, alors que le soleil brille uniquement quand il fait clair.
Georg Christoph Lichtenberg, cité par Einstein, dans Joe Schwartz *Einstein pour débutants;* Maspero.

La lune ressemblait ce jour-là à un eunuque dégoûté du genre 3388
humain.
Christine Arnothy *Aviva (1968);* Flammarion.

Apollo :
J'aimais la lune, elle me ressemblait et ils l'ont salie. 3389
Simone de Beauvoir *La Femme rompue (1968);* Flammarion.

C'était, dans la nuit brune 3390
Sur le clocher jauni,
La lune
Comme un point sur un i.
Alfred de Musset *Premières poésies.*

La lune est le soleil des statues. 3391
Jean Cocteau *Essai de critique indirecte (1932);* Grasset.

Lutte des classes

[...] Toute classe qui aspire à la domination [...] doit conquérir 3392
d'abord le pouvoir politique pour représenter à son tour son intérêt propre comme étant l'intérêt général.
Karl Marx *L'Idéologie allemande (1845-1846).*

Rien à faire pour encaisser le mot masse ; on s'est toujours 3393
bouffé le nez dans ma famille, dans le quartier ; ça ne fait pas très masse, à mon idée.
Annie Ernaux *Ce qu'ils disent ou rien (1977);* Gallimard.

t'as pas cent balles ?

3394 Quand un nanti rencontre un déshérité, que voulez-vous qu'ils se disent ?
Jacques Meunier *Les Gamins de Bogota ((1977);* Lattès.

3395 Du pauvre au riche, deux mains ; du riche au pauvre, deux doigts.
John Collins *Dictionary of spanish Proverbs (1823).*

loto :

3396 [...] Cette fiction de la fortune qu'on n'a inventée [...] que pour les infirmes et les paresseux.
Charles Nodier *La Fée aux miettes (1832).*

3397 Il y a les pauvres de Dieu et ceux du diable.
Thomas Adams *Sermons (1629).*

3398 Le riche commet une injustice, et il frémit d'indignation ; le pauvre est maltraité, et il demande pardon.
L'ecclésiaste, XIII, 3.

les damnés de la terre :

3399 Travailler durement, vivre durement, mourir durement et aller en enfer après, ce serait vraiment trop dur.
Richard Henry Dana *Une voix du gaillard d'avant (1840)* [1] ; tr. Dupuy ; Seghers.

3401 Une nation dans laquelle une classe est opprimée ressemble à un homme qui a une blessure à la jambe : la jambe malade interdit tout exercice à la jambe saine.
Louis Blanc *L'Organisation du travail (1839).*

3402 Il faut prendre à César tout ce qui ne lui appartient pas.
Paul Eluard en coll. avec André Breton, *Notes sur la poésie (1936) ;* Gallimard.

3403 Rien de plus terrible qu'une classe servile et barbare qui en est venue à considérer son mode d'existence comme une injustice et qui se dispose à venger son droit, non seulement pour son compte, mais pour celui de toutes les générations [2].
Friedrich Nietzsche dans Marc Sautet *Nietzsche et la Commune (1981) ;* Le Sycomore.

3404 Plus sa vie est infâme, plus l'homme y tient ; elle est alors une protestation, une vengeance de tous les instants.
Honoré de Balzac *Splendeurs et Misères des courtisanes (1838).*

3405 Le mobile essentiel du mouvement ouvrier est [...] une question de dignité au moins autant qu'une question d'intérêt.
Henri de Man *Au-delà du marxisme (1974) ;* Le Seuil.

---

1 - Dana, qui s'était embarqué comme simple matelot en 1834, parle ici plus particulièrement de la vie des matelots du cap Horn.
2 - Nietzsche disait également : « On a toujours à défendre les forts contre les faibles » (notes, 1888) !

lutte des classes

candide :

J'ai été de ces braves gens qui ont cru dur comme fer qu'il suffisait de changer le système de distribution des biens pour que disparaissent les vols, les assassinats, les malheurs de l'amour. 3406

Louis Aragon dans *Le Monde,* 13 septembre 1967.

Au fond, le prétendu progrès a consisté à faire croire aux gens qu'ils ne sont plus esclaves. Les gogos ne se comptent plus. 3407

Alexandre Barivault *Considérations désobligeantes (1966);* Calender.

Le déclenchement d'une grève procure chez les militants et parfois chez les travailleurs qui y participent des joies comparables à celles provoquées par des rites religieux ou sexuels ou même par la création intellectuelle et artistique. 3408

Daniel Mothé *Le Métier de militant (1973);* Le Seuil.

les patrons dans la rue :

Le droit à l'insurrection n'appartient à personne, ou il appartient à tous. 3409

Aucune classe ne peut faire de l'insurrection un monopole.

Benjamin Constant Discours du 23 février 1825 [1].

1 - Benjamin Constant avait été nommé député de la Sarthe en 1819. Il était l'un des tribuns de l'opposition libérale.

Machine et outil

3410 Les hommes demanderont de plus en plus aux machines de leur faire oublier les machines.
Philippe Sollers *Logiques (1968);* Le Seuil.

3411 Le couteau de poche, le plus sûr artisan de la culture populaire[1].
Henri Vincenot *La Billebaude (1978);* Denoël.

3412 Quel est l'heureux époux qui n'ait pas un adjoint ?
Je suis cocu, dit-on, cela peut fort bien être,
Peu m'importe, pourvu que je ne trouve point
L'outil du compagnon dans l'atelier du maître.
Jean-François Guichard *A un cocu qui ne s'embarrassait point de l'être.*

1 - « Chien sans museau, femme sans fuseau, homme sans couteau font triste monde et peux moégneaux (vilains moineaux). »

retour de manivelle :
Les machines semblent avoir été inventées pour nous éviter les fatigues, mais tous les travailleurs travaillent beaucoup plus depuis qu'ils s'en servent. 3413
Jean Paulhan *Les Incertitudes du langage*[1] *(1970)*; Gallimard.

On a senti le diable dans la machine et on n'a pas tort. 3414
Oswald Spengler *Le Déclin de l'Occident*; tr. M. Tazerout; Gallimard.

Tout sur terre est baroque. Le bateau n'est pas plus fait pour la mer que pour le ciel. 3415
Robert Desnos *Nouvelles-Hébrides et autres textes (1922-1930)*; Gallimard.

Dans le domaine considérable de toutes les activités industrielles qui vont être sans exception toutes informatisées, dans ce domaine du logiciel qui devra nourrir les microprocesseurs et les robots, si nous embauchions les cinq milliards d'habitants de la planète, il y aurait encore manque de personnel. 3416
Dr Uenohara[2] dans Jean-Jacques Servan-Schreiber, *Le Défi mondial (1980)*; Fayard.

Les machines sont bien plus que les hommes coutumières des jeux de mots. 3417
Alberto Savinio *Encyclopédie nouvelle (1891-1952)*; tr. Nino Frank (1980); Gallimard.

La machine conduit ainsi l'homme à se spécialiser dans l'humain. 3418
Jean Fourastié *Le Grand Espoir du XXe siècle (1971)*; Gallimard.

Peut-être fabriquerons-nous ce qui nous comprendra. 3419
Jean Rostand *Pensées d'un biologiste*; Stock.

Le progrès : trop robot pour être vrai. 3420
Jacques Prévert.

Machisme

L'existence d'une très jolie femme ressemble à celle d'un lièvre, le jour de l'ouverture. 3421
Paul Morand *Le Réveille-Matin (1937)*.

Une femme, c'est une partie de plaisir ! Ne pourrait-on pas dire, quand on en rencontre une : voilà une belle nuit qui passe ? 3422
Alfred de Musset *Les Caprices de Marianne (1833)*.

---

1 - Entretiens à la radio avec Robert Mallet.
2 - Le docteur Uenohara est directeur des recherches de la société Nippon Electric, la première du Japon en télécommunications et télématique.

3423 Il y a deux manières de prendre une femme : par la taille et par le sentiment.
Henry Bataille *Poliche (1914)*; Fasquelle.

3424 Les trois ivresses : se sentir homme sur une femme, plante sous le ciel, néant dans la musique.
Claude Aveline *Avec toi-même, etc., Pégomancie (1963)*; Mercure de France.

3425 Il faut être rigoureux avec les femmes, sinon elles n'apprécient pas ce qu'elles donnent aux hommes.
Michel Déon *Les Vingt Ans du jeune homme vert (1977)*; Gallimard.

3426 Le royaume de France est si noble qu'il ne peut aller à femelle.
Chroniques de **Jean Froissart.** Mot prononcé aux états généraux du 2 février 1317, invoquant la loi salique.

attendrissant :

3427 La larme qui s'échappe de l'homme vraiment homme nous touche plus que tous les pleurs d'une femme.
Denis Diderot *Paradoxe sur le comédien (1773-1780).*

3428 Le coq est roi sur son fumier.
Sénèque *L'Apocolokyntose, 4-65.*

garçon, l'addition ! :

3429 Rugby + guerre + femmes = homme.
Jean-Louis Curtis *Le Roseau pensant (1971)*; Julliard.

3430 On voit bien, à la façon dont il nous a traitées, que Dieu est un homme.
Marquise de Tencin *Mémoires (1786).*

3431 J'ai toujours pensé que les grands prophètes, les conquérants, les idéologues, les généraux, les bienfaiteurs de l'humanité devaient être d'abominables machos et des compagnons impossibles.
Christiane Collange *Ça va les hommes ? (1981)*; Grasset.

délicat :

3432 Si vous battez une femme avec une fleur, prenez plutôt une rose. Sa tige a des épines.
Henri de Régnier *Donc... (1921-1931)*; Kra.

par qui ?

3433 Une vraie femme sait qu'elle doit être dominée.
André Suarès *Variables*; Emile-Paul.

3434 C'est à se demander à quel âge il faut les prendre (les femmes) si on veut s'assurer la priorité. Je crois que le mieux c'est de les adopter à l'âge de deux mois et d'aller les élever au sommet de l'Everest. Et encore, je vous parie une place assise dans le métro contre une place de ministre des Finances que l'abominable homme des neiges vous fera cornard.
San-Antonio *Le Gala des emplumés (1963)*; Fleuve noir.

3435 Partout où l'homme a dégradé la femme, il s'est dégradé lui-même.
Joseph Fourier *Œuvres complètes*; Anthropos.

main

Mes mains aiment les chaussures. C'est en vérité qu'elles se 3436
consolent mal de n'être pas des pieds, comme ces filles trop grandes qui regrettent toute leur vie de n'être pas des garçons.
Michel Tournier *Le Roi des Aulnes (1971);* Gallimard.

Caresser entre dans la catégorie de l'attentat aux mœurs. Battre, 3437
non... La main ne doit pas enseigner le plaisir. La souffrance seulement.
Kate Millett *La Cave. Méditation sur un sacrifice humain (1980);* Stock.

principe d'incertitude :

Parfois une sage-femme, en inspectant de la main la virginité 3438
d'une jeune fille, par malice ou maladresse ou malheur, la lui fait perdre.
Saint Augustin *La Cité de Dieu, I, XVIII.*

Aimez, louez souvent 3439
Le geste saugrenu
Qui fait honneur à toutes.
André Pieyre de Mandiargues *Le Point où j'en suis, Lulu (1965);* Gallimard.

main heureuse :

Seins, fins régals des mains qu'ils gorgent de délices. 3440
Seins lourds, puissants, un brin fiers et moqueurs,
Dandinés, balancés, et, se sentant forts et vainqueurs,
Vers nos prosternements comme regardant en coulisse.
Paul Verlaine *Partie carrée; Œuvres libres;* Baudouin.

Baise la main que tu ne peux couper. 3441
Abū Shakour dans *Les Premiers Poètes persans;* tr. Lazard; Librairie d'Amérique et d'Orient.

Ah! baiser la main d'une femme du monde 3442
Et m'écorcher les lèvres à ses diamants.
Serge Gainsbourg *Maxim's;* Serge Gainsbourg.

S'il suffisait 3443
De tendre la main
Comme on tend l'oreille.
Eugène Guillevic *Mon domaine (1977);* Gallimard.

Comme mes mains sont petites, par rapport à tout ce que la vie 3444
a voulu me donner!
Ramon José Sender-Garcés *La Sphère (1972);* tr. Reumaux; Laffont.

poignant :
3445 On meurt dans l'état précis où on est né : avec des mains faites pour saisir et incapables de serrer.
Italo Svevo *Une vie (1973);* Gallimard.

Maison et foyer

3446 La maison n'est pas fondée sur le sol, mais sur la femme.
Chrestomathie chkipre (albanaise).

vampirisme :
3447 Plus elle fleurissait et prospérait, puis il déclinait et languissait. Tandis qu'elle vivait pour lui, il mourait pour elle.
Henry James *La Maison natale (1896);* Denoël.

3448 C'est plein de disputes, un bonheur.
Jean Anouilh *Antigone (1944);* La Table Ronde.

prélude :
3449 Lorsqu'on s'apprête à tuer sa femme le soir, on peut bien cogner un peu sur elle le matin.
Jean-Louis Curtis *L'Horizon dérobé (1979);* Flammarion.

bigamie :
3450 Nul ne peut servir deux maîtres.
Saint Matthieu VI, 24.

formule :
3451 Pour être heureux en ménage, il faut être ou homme de génie marié à une femme tendre et spirituelle, ou se trouver, par l'effet d'un hasard qui n'est pas aussi commun qu'on pourrait le penser, tous les deux excessivement bêtes.
Honoré de Balzac *Petites Misères de la vie conjugale (1830).*

3452 L'idéal de la maîtresse de maison experte s'est substitué à celui de l'amoureuse experte.
Françoise Giroud *Une femme honorable (1981);* Fayard.

3453 Etre un homme marié est une occupation à temps complet. Voilà pourquoi tant de maris échouent.
Arnold Bennett (1867-1931) *Le Titre.*

3454 Mes parents avaient vécu quarante ans ensemble, mais par pure animosité.
Woody Allen *Destins tordus (1981);* tr. M. Lebrun; Laffont.

3455 Le ménage correct n'est plus possible du moment que la maison s'effondre chaque jour.
Jean-Henri Fabre *Souvenirs entomologiques (1870-1889).*

maison et foyer

Dans un couple il n'y a qu'une chose pire que le mensonge, c'est la franchise. 3456
Michel Berthet *L'Enfant sorcier (1976)*; Gallimard.

C'est cela une honnête femme : une dinde qui marche, fascinée par l'idée qu'elle se fait de son honneur. 3457
Anne Hébert *Kamouraska (1970)*; Le Seuil.

L'amour ne laisse pas de pâtir des lâchetés qu'il suggère. Sa seule chance de persister dans le mariage est que l'on soit l'un envers l'autre comme si on ne s'aimait pas. 3458
Edmond Rostand (1868-1918) *Notes et Maximes sur le mariage.*

Si Eve avait eu à recoudre les feuilles de vigne de son mari, elle n'aurait pas écouté si longtemps le serpent! 3459
Otto von Bismarck.

Quelle joie y a-t-il pour l'époux quand il vit avec son épouse comme avec une esclave et non comme une femme libre? 3460
Saint Jean Chrysostome 20e homélie sur l'*Épître aux Ephésiens, 2.*

La peinture des murs se détache 3461
tu vois on pourrait s'détacher aussi
du doux foyer qui nous rattache
et du plafond qui noircit.
Michel Jonasz *La Nouvelle Vie*; Atlantic.

CHARLOT : Dis-moi, où habites-tu? 3462
LA GAMINE : nulle part, ici, là, n'importe où.
CHARLOT : n'importe où? C'est très près de là où je vis.
Charlie Chaplin Essais de dialogues pour *Les Modernes* cités par David Robinson dans *Charles Chaplin. Sa vie, son art*; Ramsay.

Tu l'auras ta maison avec des tuiles bleues, des croisées d'hortensias, des palmiers plein les cieux, des hivers crépitant près du chat angora. 3463
Claude Nougaro *Tu verras*; Éditions du Chiffre Neuf.

Les familles unies, certes, ne manquent pas; mais quand on songe à la quantité de ménages où deux êtres s'exaspèrent, se dégoûtent autour de la même table, du même lavabo, sous la même couverture, c'est extraordinaire comme on divorce peu. 3464
François Mauriac *Le Nœud de vipères (1932)*; Grasset.

Après quatre babies qu'est-ce que je vois 3465
Un mot d'adieu sur le buffet
Me fair'ça à moi; d'habitude quand
J'rentre... tout est prêt.
Boris Bergman *Rebel,* chanté par Bashung; Philips.

Mal

mal mené :

3466 Mené par le désir on commet le mal.
Mené par la colère on commet le mal.
Mené par l'ignorance on commet le mal.
Mené par la peur on commet le mal.
Digha-Nikaya [1] (VIe-IIIe s. av. J.-C.) ; tr. Rahula in l'*Enseignement du Bouddha ;* Le Seuil.

3467 Moi, je dis : la volupté unique et suprême de l'amour gît dans la certitude de faire le mal.
Charles Baudelaire *Essais et Notes.*

3468 Quand, une fois, on a accueilli le Mal chez soi, il ne demande plus qu'on lui fasse confiance.
Franz Kafka *Journal intime (1948) ;* tr. M. Robert et A. Vialatte ; Cercle du Livre précieux.

mal à droit :

3469 Le seul moyen de délivrer les hommes du mal c'est de les délivrer de la liberté.
Simon Leys *Images brisées (1976) ;* Laffont.

3470 On oublie quelquefois le mal que l'on a souffert, jamais celui que l'on a fait.
Avâdanas (contes et apologues indiens).

3471 Le plus grand forfait n'est point de faire le Mal, mais de le manifester.
Jean-Paul Sartre *Saint Genet, comédien et martyr (1952) ;* Gallimard.

3472 C'est le mal qui va le plus vite.
Henriette Jelinek *Le Porteur de Dieu (1979) ;* Julliard.

3473 Le mal se fait sans effort, naturellement, par fatalité ; le bien est toujours le produit d'un art.
Charles Baudelaire *Curiosités esthétiques (1868).*

3474 Le bien est voulu, il est le résultat d'un acte, le mal est permanent.
Antonin Artaud *Lettre à Jean Paulhan ;* Gallimard.

3475 La fausse vertu est à la portée de tout le monde. Un beau vice, non.
André Suarès *Ce monde doux-amer (1981) ;* Le Temps singulier.

---

1 - La « Collection des longs » (Digha-Nikaya) est l'un des cinq « corpus » du Suttapitaka.

Il y a souvent plus de vice à effleurer le mal qu'à le pratiquer franchement. 3476
Michel Campiche *Du haut de la solitude (1981)*; L'Aire.

Le premier pas vers le vice est de mettre du mystère aux actions innocentes; et quiconque aime à se cacher a tôt ou tard raison de se cacher. 3477
Jean-Jacques Rousseau *La Nouvelle Héloïse (1761).*

Si vous voulez un conseil, je vous recommanderais plutôt les vices. Ils sont plus fidèles que les amis [1]. 3478
Armand Salacrou *Sens interdit (1951)*; Gallimard.

Ce que vous faites de bien et de mal, vous le faites à vous-même. 3479
Coran; tr. Montet.

Il avait fermé les yeux pour ne pas voir le mal sur cette terre, et c'était ainsi que le mal l'avait trouvé, sans défense. 3480
Ernst Wiechert *Missa sine nomine*; tr. Martin; Calmann-Lévy.

Le mal, c'est la désertion de ce qui est meilleur. 3481
Saint Augustin (354-430) cité par le révérend père Bruckberger *Ce que je crois (1981)*; Grasset.

Ce ne sont pas du tout les « méchants » qui font le plus de mal en ce monde. Ce sont les maladroits. 3482
Paul Valéry *Mélange (1941).*

La méchanceté ne consiste pas à faire le mal mais à mal faire. 3483
Jean Grenier *L'Existence malheureuse (1957)*; Gallimard.

Faire du bien aux méchants, c'est le même que faire du mal aux bons. 3484
Saadi [2] (1193 ¿-1291) cité par Henri Massé *Essai sur le poète Saadi (1919).*

Maladie

Dieu a dû chier le monde un jour pour se guérir d'une colique. 3485
Octave Mannoni *Fictions freudiennes (1978)*; Le Seuil.

L'homme est une énigme sacrée. Quand il est malade, elle est plus sacrée encore. 3486
Michel Torga *Propos.*

---

1 - Alfred de Musset fait dire à Lorenzaccio : « Le vice a été pour moi un vêtement, maintenant il est collé à ma peau. »
2 - Voyageur infatigable, né à Chiraz, il mena une existence mouvementée : surpris à ridiculiser les idoles d'un temple, il aurait précipité le gardien dans un puits et l'aurait abattu à coup de pierres. Prisonnier des Croisés en Syrie, il fut racheté par un commerçant d'Alep. Il se mit à écrire à un âge très avancé.

trac :

3487 Seule une crise cardiaque pouvait désormais sauver Schwartz. Il se livra à une ultime tentative dans ce sens en essayant de respirer à l'envers et de saigner des oreilles, mais il devenait évident qu'il aurait à commencer la conférence avant de s'effondrer victime de ses manœuvres internes.
Raymond Lévy *Schwartzenmurtz ou l'Esprit du parti (1977)*; Albin Michel.

3488 Les maladies dont je m'occupe sont psychiques à 100 % et à 100 % organiques.
François-Bernard Michel *Le Souffle coupé (1984)* [1]; Gallimard.

3489 Le cancer vient de la folie réprimée.
Norman Mailer *Un rêve américain (1967)*; Grasset.

3490 Il y en a qui croient à une origine nettement psychosomatique du cancer. Chez moi il s'agit clairement de ce cas, et je dois dire que je suis au fond heureux que la maladie ait enfin éclaté.
Fritz Zorn *Mars (1979)*; Gallimard.

3491 On n'a rien compris à la maladie, tant qu'on n'a pas reconnu son étrange ressemblance avec la guerre et l'amour : ses compromis, ses feintes, ses exigences, ce bizarre et unique amalgame produit par le mélange d'un tempérament et d'un mal.
Marguerite Yourcenar *Mémoires d'Hadrien (1951)*; Plon.

3492 Le sida, par ses liens avec le sang, le sperme, la drogue, l'informatique et la sophistication de son évolution et de sa stratégie, exprime notre époque.
Mirko Grmek *Histoire du sida (1989)*; Payot.

3493 Tout semble jaune à qui de jaunisse est atteint.
Lucrèce *De la nature, IV, 330.*

3494 Un malade est un coupable [2] qui s'ignore.
Patrick Segal *L'Homme qui marchait dans sa tête (1977)*; Flammarion.

3495 La petite vérole l'avait éborgné, mais la fortune l'avait aveuglé.
Saint-Simon à propos de Pontchartrain.

progrès :

3496 Sans la pilule ça serait encore un gros péché de tringler hors des liens conjugaux... sans papa Fleming, sa pénicilline, certaines maladies seraient encore honteuses, ô combien !
Alphonse Boudard *Les Combattants du petit bonheur (1977)*; La Table Ronde.

coup de peau :

3497 La dermatologie est la meilleure des spécialités : le malade ne meurt jamais et ne guérit pas.
Henry Louis Mencken (1880-1956) *Dictionary of Quotations.*

---

1 - F.-B. Michel est pneumologue.
2 - Certains se condamnent à mort...

Avec l'amour et la pénicilline, on peut guérir le monde entier. 3498
Eugène Cloutier *Les Inutiles (1982).*

Les effets contraires des médicaments causent plus de victimes 3499
mortelles que ne le fait le cancer des poumons, et se classent maintenant parmi les dix premières causes d'hospitalisation.
Agata Mendel *Les Manipulations génétiques (1980);* Le Seuil.

Le malade ne guérit pas seulement de soins. 3500
Patrick Segal *L'Homme qui marchait dans sa tête (1977);* Flammarion.

Le remède au mal consiste parfois à oublier le mal et à oublier 3501
le remède.
Baltasar Gracián *L'Homme de cour (1647);* tr. Amelot de La Houssaye.

Aux maux désespérés, il faut des remèdes désespérés, ou il n'en 3502
faut pas du tout.
William Shakespeare *Hamlet, IV, 3 (1600).*

La maladie ne se guérit point en prononçant le nom du 3503
médicament, mais en prenant le médicament[1].
Sankara *Viveka Chudamani (Le Joyau principal de la sagesse).*

incurable :

Mais tu ne meurs pas de ce que tu es malade ; tu meurs de ce 3504
que tu es vivant.
Michel de Montaigne *Essais, III, 13.*

Les maladies sont des questions posées. Ce sont aussi des tâches 3505
à remplir, et même des distinctions. Le fait décisif, c'est la manière dont on les supporte.
Ernst Jünger *Visite à Godenholm (1980);* tr. Plard ; Bourgois.

[...] C'est toujours de ses maladies qu'on se vante. 3506
Fedor Dostoïevski *Mémoires écrits dans un souterrain (1864).*

Malheur

Les gens sont vraiment malheureux dans notre société. Mais tout 3507
contribue à faire qu'ils ne le savent pas.
Gérard Mendel *Quand plus rien ne va de soi (1979);* Laffont.

D'abord, les gens sont beaucoup plus malheureux qu'on ne 3508
croit... Et puis le fond de tout, c'est qu'il n'y a pas de grandes personnes.
André Malraux *Antimémoires (1972);* Gallimard.

---

1 - La libération ne peut s'obtenir par les rites ou le savoir, mais par l'expérience.

3509 Les malheurs qui ne nous tuent pas nous grandissent[1].
Louis Pauwels *L'Apprentissage de la sérénité;* Retz.

3510 Quoique le malheur passe pour développer les vertus, il ne les développe que chez les gens vertueux.
Honoré de Balzac *Modeste Mignon (1844).*

3511 [...] Ce qui nous chagrine, dans un malheur, ce n'est pas tant le malheur que la pensée de telle ou telle circonstance qui, changée, eût pu nous l'épargner.
Arthur Schopenhauer *Le Monde comme volonté et comme représentation, IV, 55 (1818).*

3512 Quand un malheur frappe un enfant, il pense toujours que c'est sa faute.
P.-D. James *Un certain goût pour la mort;* tr. L. Rosenbaum *(1987);* Mazarine.

3513 Même le malheur est un péché, le plus grave de tous peut-être.
Renato Serra *Examen de conscience d'un homme de lettres (1973).*

3514 Le malheur a habituellement deux effets : souvent il éteint toute affection envers les malheureux, et, non moins souvent, il éteint chez les malheureux toute affection envers les autres.
Antonio Gramsci *Lettres de prison;* tr. Albani, Depuyper, Saro (1971); Gallimard.

3515 Le malheur, comme la piété, peut devenir une habitude.
Graham Greene *La Puissance et la Gloire (1940);* tr. Sibon; Laffont.

3516 En temps de guerre, le malheur qui ne doit rien à la guerre, qui n'a pas de référence nationale, est déjà un peu honteux.
Marcel Aymé *Le Chemin des écoliers (1946);* Gallimard.

3517 Tout malheur qui ne m'atteint pas est un rêve.
Jules Renard *Journal (1899);* Gallimard.

3518 L'absence est là où le malheur prend forme.
Graffiti Mai 68.

3519 [...] Il n'y a point de contagion plus dangereuse que celle des malheureux.
Baltasar Gracián *L'Homme de cour, XXXI (1647).*

3520 Les hommes qui sont malheureux, comme ceux qui dorment mal, en sont toujours fiers.
Bertrand Russell *La Conquête du bonheur (1930).*

---

1 - Allusion au 10 mai 1981!

Mammifères

L'âne qui essaie de pleurer, et qui ne peut que braire. 3521
Jules Renard *Journal (1899).*

Bientôt, le cheval sera sur la terre quelque chose d'aussi étrange que la girafe. 3522
Jules Renard *Journal (1899).*

Je crois à la vertu de l'homme à cheval, mais il faut qu'il reste muet. S'il prononce un mot, c'est comme s'il mettait pied à terre. 3523
Jean Giono *Les Récits de la demi-brigade (1972);* Gallimard.

Le cheval-vapeur est le meilleur ami de l'homme. 3524
Vahé Godel *Signes particuliers La machine suppute - La machine tricote (1970);* Grasset.

Quel admirable animal que le cochon. Il ne lui manque que de savoir faire lui-même son boudin. 3525
Jules Renard *Journal (1899).*

Tout cochon a dans son cœur un homme qui sommeille. 3526
Rochette et **Veyron** *Edmond le cochon va en Afrique (1980);* Fromage.

Une vache, ça quoi ? Ça bouffe, ça chie, ça fait des veaux et ça donne du lait. Un point, that's all ! Ah ! si : ça rumine. Mais pas des souvenirs, pas des pensées, pas des projets : de l'herbe ! Ce qui revient à dire qu'elle bouffe deux fois au lieu de réfléchir. On devrait prendre exemple, les hommes. 3527
San-Antonio *Remets ton slip, gondolier ! (1981);* Fleuve noir.

Broute en train : vache espiègle qui, pour amuser ses compagnes, se fait la tête d'un passager de chemin de fer, l'œil fixé sur un troupeau. 3528
Alain Finkielkraut *Le Petit Fictionnaire illustré;* Le Seuil.

Si les corridas devaient être supprimées, le toro n'existerait plus, sauf peut-être dans les champs concentrationnaires que sont les zoos où l'on serait obligé de le castrer. 3529
Roger Dumont *La Passion taurine;* éd. de l'Auteur à Orthez.

Je n'aime pas les veaux gras primés de concours agricoles ; j'aime les vieux loups intraitables. 3530
Jean Dubuffet.

pour mémoire :
Ce qui est plus fort que l'éléphant, c'est la brousse. 3531
Proverbe peul.

Mari et femme

métamorphoses :

3532 Les épouses sont pour les jeunes hommes des maîtresses, pour les hommes d'âge mûr des compagnes, et pour les vieillards des gouvernantes.
Francis Bacon *Essais de politique et de morale (1597).*

cycles :

3533 On s'étudie trois semaines, on s'aime trois mois, on se dispute trois ans, on se tolère trente ans — et les enfants recommencent.
Hippolyte Taine *Vie et Opinions de M. Frédéric-Thomas Graindorge (1867).*

chéri :

3534 Terme de tendresse employé par les époux pour marquer la permanence d'un lien plutôt que la vivacité d'une affection.
Julien Cheverny *Propos de mauvais goût (1976);* Ramsay.

3535 Mon mignon mari, je te prie de ne plus m'humilier... Ce n'est pas très gentil envers n'importe qui, mais surtout envers sa femme.
Catherine II de Russie à Potemkine dans Henri Troyat *Catherine la Grande;* Flammarion.

3536 Nous disons et soutenons que l'amour ne peut étendre ses droits entre mari et femme.
Comtesse de Champagne Jugement donné l'an 1174, la troisième des calendes de mai.

3537 Il y a une solitude, même entre mari et femme, un gouffre; et cela, on doit le respecter.
Virginia Woolf *Mrs. Dallovay (1925);* tr. David; Stock.

3538 Tous les hommes sont menteurs, inconstants, faux, bavards, hypocrites, orgueilleux et lâches, méprisables et sensuels; toutes les femmes sont perfides, artificieuses, vaniteuses, curieuses et dépravées; le monde n'est qu'un égout sans fond où les phoques les plus informes rampent et se tordent sur des montagnes de fange; mais il y a au monde une chose sainte et sublime, c'est l'union de deux êtres si imparfaits et si affreux.
Alfred de Musset *On ne badine pas avec l'amour (1834).*

3539 En tout pays, avant de juger un homme, le monde écoute ce qu'en pense sa femme [...].
Honoré de Balzac *Les Employés.*

3540 En vérité, en vérité, je vous le dis, l'épouse qui presse le furoncle du mari pour en faire tendrement sortir le pus, c'est autrement

plus grave et plus beau que les coups de reins et sauts de carpe de la Karénine.
Albert Cohen *Belle du seigneur (1970);* Gallimard.

Les femmes fidèles sont toutes les mêmes, elles ne pensent qu'à leur fidélité et jamais à leur mari. 3541
Jean Giraudoux *Amphitryon 38 (1949);* Grasset.

attention :
Si ta femme est petite, penche-toi vers elle. 3542
Talmud *Baba Metzia.*

Il fut si beau de vivre 3543
quand tu vivais!
Pablo Neruda *La Rose détachée et autres poèmes;* tr. C. Couffon; Gallimard.

veuve :
On ne jette pas le coffre au feu parce que la clef en est perdue. 3544
Auguste Brizeux *Proverbes bretons (1850).*

Louis XVI aima une femme un peu trop, et malheureusement la sienne. 3545
*Journal d'***Aimée de Coigny;** présenté par A.M. Grangé; Perrin.

Les mots « devoir conjugal » disent bien ce qu'ils veulent dire. 3546
Claude Dulong *Anne d'Autriche, mère de Louis XIV (1980);* Hachette.

Nous avons fini par nous identifier l'un à l'autre au point que lorsque l'un de nous ouvre la bouche, il la referme aussitôt, sentant bien que l'autre allait prononcer les mots qu'il avait aux lèvres. 3547
Georges Simenon *À l'abri de notre arbre (1977);* Presses de la Cité.

Je n'ai jamais cessé d'éprouver une curiosité passionnée pour celle qui est ma femme. Je ne me lasserai jamais, je crois, de chercher à comprendre... C'est peut-être cela que l'on appelle l'amour. 3548
Barbara et Claude Yelnick *Deux et la Folie (1979);* Plon.

Que d'époux ne sont séparés que par le mariage! 3549
Alfred Capus (1858-1922).

Honni soit de Sainte Marie 3550
Qui empire quand se marie!
Chrétien de Troyes *Yvain ou le Chevalier au lion (1172).*

Tu peux m'enlacer, m'embrasser 3551
Me passer
Un diamant à chaque doigt c'est
Pas assez.
Hagen Dierks *J'obtiens toujours tout ce que je veux,* chanté par Lio; Arabella.

3552 Aimer toujours le même homme
C'est des histoires à la gomme
L'amour mon vieux c'est tout comme
Du bubble bubble gum.
Serge Gainsbourg *Bubble Gum ;* Éditions Bagatelle.

3553 Sur le couple. Des espèces de frère et sœur légalement et mollement incestueux, entre le frigidaire et la télé.
Paul Guth *Lettres à votre fils qui en a ras le bol (1976) ;* Albin Michel.

3554 Aimeriez-vous être votre femme ?
Max Frisch *Journal (1964) ;* Gallimard.

Mariage

3555 Les bêtes s'accouplent. L'homme seul se marie.
Dr. J. Carnot *Au service de l'amour (1956).*

3556 Le mariage est une oasis de certitude dans le désert des équivoques.
Denis Tillinac dans *Madame Figaro,* 5 mai 1990.

3557 Le mariage est et restera le voyage de découverte le plus important que l'homme puisse entreprendre.
Sören Kierkegaard *Propos sur le mariage (1845) ;* Gallimard.

3558 La décision essentielle que prend un être humain au cours de sa vie est le mariage. On dira qu'on épouse un inconnu. Il ne s'agit pas de faire le meilleur choix possible, cela n'a aucun sens, il s'agit de donner sa parole à quelqu'un qui, comme vous, y engage tout.
Jacques Chardonne *L'Épithalame (1921) ;* Albin Michel.

3559 Ayez vos yeux bien ouverts avant de vous marier, et mi-clos quand vous serez mariés.
Benjamin Franklin *Poor Richard's Almanac (1783).*

3560 D'abord sous le gui, ensuite sur le houx.
Paul Morand *Fermé la nuit (1923) ;* Gallimard.

3561 Aujourd'hui, il n'y a plus que les prêtres qui veulent se marier.
Louise de Vilmorin à la princesse Bibesco.

3562 Le mariage, ce sont les parents qui en rêvent.
Slogan du 5e Salon du mariage, à Paris, 1991.

Ne vous mariez pas pour l'argent, vous pouvez emprunter à meilleur marché. 3563
J. Kelly *Scottish Proverbs.*

Madame, je suis assez bien de ma personne, et membre de plusieurs sociétés savantes. Je suis un mobile qui cherche à se fixer. Voulez-vous être le cercle dont je serai le centre, l'hyperbole dont je serai le foyer, le tétraèdre dont je serai le sommet, la strophoïde dont je serai l'asymptote ? En un mot, voulez-vous de moi pour époux ? 3564
Christophe *L'Idée fixe du savant Cosinus (1900).*

Monte d'un degré pour choisir ton ami ; descends d'un degré pour choisir ta femme. 3565
Talmud, *Jebamoth.*

Puisque les hommes veulent qu'on interdise la jouissance à toute fille, pour réserver ses prémices au premier malotru qui viendra la marchander, ne doit-on pas assigner un (tirage au) sort à celles qui définitivement ne trouvent pas d'acquéreur ? 3566
Charles Fourier *Œuvres complètes ;* Anthropos.

Le mariage simplifie la vie, mais complique la journée. 3567
Edmond Rostand *Notes et Maximes sur le mariage.*

Se marier : donner dans l'amour permis. 3568
Baudeau de Somaize *Le Dictionnaire des précieuses (v. 1630).*

confidence :
Mariage de jadis... l'amour venait sur l'oreiller. 3569
Hervé Bazin *Ce que je crois (1977) ;* Grasset.

dialectique :
Pourquoi les femmes charmantes épousent-elles toujours des hommes insignifiants ? 3570
Parce que les hommes intelligents n'épousent pas les femmes charmantes.
Somerset Maugham *L'Envoûté (1919) ;* tr. Blanchet ; éd. de France.

Moi, l'épouser ! Je t'assure que non ; c'est bien assez qu'il m'épouse. 3571
Marivaux *Le Triomphe de l'Amour (1732).*

poétique :
Tout escouvillon trouve son brayon. 3572
(Tout balai trouve son torchon).
Antonine Maillet *Pélagie la Charrette (1979) ;* Grasset.

L'amour se sert de tout pour durer. 3573
Bertrand Poirot-Delpech *Traversées (1989) ;* Flammarion.

dites non :
Le mariage est le tombeau de la femme, le principe de toute servitude féminine. 3574
Charles Fourier (1772-1837) *Œuvres complètes ;* Anthropos.

3575 Le mariage est le tombeau de l'amour sauvage.
Benedetto Croce *Etica e Politica (1931).*

3576 Si je fus ta femme pendant des années, c'est parce que tu fus pour moi la première réalité.
Lou Andréas-Salomé *Ma vie (1979)*; tr. D. Miermont et B. Vergne; P.U.F.

3577 Il n'y a pas d'amour conjugal, mais il y a un amour nuptial et c'est le plus grand.
Jacques de Bourbon-Busset dans *Jacques Paugam questionne Bourbon-Busset*; Gallimard.

3578 Tout mariage est une rencontre dramatique entre la nature et la culture, entre l'alliance et la parenté.
Claude Lévi-Strauss *Les Structures élémentaires de la parenté (1949)*; Plon.

3579 Le remariage est le triomphe de l'espérance sur l'expérience.
Samuel Johnson *The Rambler (1750).*

3580 Je vais demander
Trois jours de congé
Et on se marie
On vivra tranquille
C'est pas difficile
Suffira de faire des économies.
Daniel Tardieu et **Alain Bashung** *Roman-photos*; Apalouza Music.

3581 Quand une femme se remarie, c'est qu'elle détestait son premier mari; quand un homme se remarie, c'est qu'il adorait sa première femme.
Oscar Wilde (1854-1900).

3582 Si vous craignez la solitude, ne vous mariez pas.
Anton Tchekhov *Carnets de notes*; tr. G. Cannac; Calmann-Lévy.

3583 La seule joie des gens mariés, c'est d'assister au mariage des autres... une joie diabolique!
Ramón Gómez de la Serna *Greguerias (1917).*

couple :

3584 Quand un homme et une femme sont mariés, ils ne deviennent plus qu'un; la première difficulté est de décider lequel.
Henry Louis Mencken *Dictionary of Quotations.*

cellule :

3585 Un bon mariage est une parabiose réussie.
Jean Rostand *Inquiétudes d'un biologiste (1967)*; Stock.

3586 Le mariage... un échange de mauvaises humeurs pendant le jour et de mauvaises odeurs pendant la nuit.
Guy de Maupassant.

Le mariage est un lien détestable... Nature nous a faits... toutes 3587
pour tous et tous pour toutes.
Jean de Meung *Roman de la Rose, IIe partie;* coll E. Langlois; Société des Anciens Textes français.

[...] Tous nos parfaits amours réduits en un amour 3588
Comme nos plus beaux jours réduits en un beau jour.
Agrippa d'Aubigné *Les Tragiques (1616).*

nuit blanche :
La couche nuptiale... c'est le lit où l'on dort le moins. 3589
Juvénal *Satires, VI, 268-9.*

contresens :
Les jeunes filles de Barbezieux étaient amoureuses du mariage. 3590
Elles aimaient tant le mariage que tout de suite elles croyaient aimer leur mari, et beaucoup ont conservé cette idée durant leur vie.
Jacques Chardonne *Le Bonheur de Barbezieux (1938);* Stock.

Où règne l'éternité, point n'est besoin du mariage. 3591
Origène *39e homélie sur Luc, 2.*

Le mariage multiplie par deux les obligations familiales et toutes 3592
les corvées sociales.
Simone de Beauvoir *La Force de l'âge (1960);* Gallimard.

Oui et Non sont bien courts à dire; mais, avant que de les dire, 3593
il y faut penser longtemps.
Baltasar Gracián *L'Homme de cour (1647);* tr. Amelot de La Houssaye.

divorce :
Les hommes se marient parce qu'ils sont fatigués, les femmes 3594
parce qu'elles sont curieuses; tous deux sont déçus.
Oscar Wilde *Le Portrait de Dorian Gray (1890);* tr. Jaloux et Frapereau; Stock.

La bigamie consiste à avoir une femme en trop. La monogamie 3595
aussi d'ailleurs.
Henry Louis Mencken (1880-1956) *Œuvres.*

Marxisme

Le marxisme est l'ensemble des contresens qui ont été faits 3596
sur Marx.
Michel Henry *Marx (1976);* Gallimard.

3597 Nous n'allons pas au monde en doctrinaires pour lui apporter un principe nouveau. Nous ne lui disons pas : « Voici la vérité. Tombez à genoux ! »
Karl Marx *Lettre à Ruge,* septembre 1843.

accumulation :

3598 Tout, je voudrais le conquérir
Toutes les faveurs des dieux
Et posséder le savoir
Etreindre l'art entier.
Karl Marx[1] poème composé en 1836.

valeur d'usage :

3599 La propriété privée nous a rendus si stupides et si bornés qu'un objet n'est nôtre que lorsque nous le possédons.
Karl Marx Manuscrits de 1844.

valeur d'échange :

3600 L'échange commence là où les communautés finissent, à leur point de contact avec des communautés étrangères... Dès que les choses sont une fois devenues des marchandises dans la vie commune avec l'étranger, elles le deviennent, et par contrecoup, dans la vie intérieure.
Karl Marx *Le Capital (1867-1894).*

3601 Une marchandise paraît au premier coup d'œil quelque chose de trivial et qui se comprend de soi-même. Notre analyse a montré au contraire que c'est une chose très complexe, pleine de subtilité métaphysique et d'arguties théologiques.
Karl Marx *Le Capital (1867-1894).*

force de travail :

3602 Le défaut principal de tout le matérialisme est que l'objet, la réalité, la matérialité n'y sont considérés que sous la forme de l'objet ou de l'intuition, mais non comme activité sensible de l'homme, comme praxis, non subjectivement.
Karl Marx *Thèses sur Feuerbach (1845).*

matérialisme historique :

3603 Un homme du Néanderthal se trouve devant un rocher sur lequel il grave à la hache ce slogan : « Vive l'esclavage, brillant avenir de toute l'humanité. »
L. V. Finkelstein *L'Humour dans la littérature de l'Orient et de l'Occident ;* 37e congrès du P. E. N., 1970.

3604 Vive le matérialisme hystérique !
Slogan M. L. F. à la semaine de la pensée marxiste, février 1974.

3605 Aucun progrès ne peut être acquis par une société sans passer par la souffrance, et c'est là que le matérialiste est désarmé.
Rabindranâth Tagore *Vers l'homme universel (1961) ;* tr. Johnson ; Gallimard.

---

1 - Karl Marx avait alors dix-huit ans.

plus-value :
On ne peut comprendre Marx sans se souvenir de ses anthrax. 3606
Emmanuel Todd *Le Fou et le Prolétaire (1979);* Laffont.

Marx vit dans un grand isolement... Lorsqu'on lui rend visite, on 3607
est accueilli non par des salutations, mais par des catégories économiques.
Lettre de **Pieper** à Engels, janvier 1851[1].

taux de profit :
Le Capital ne me rapportera jamais ce que m'ont coûté les 3608
cigares que j'ai fumés en l'écrivant.
Karl Marx Lettre à Lafargue[2] dans J. Delperrié de Bayac *La Vie de Karl Marx (1979);* Lattès.

rapports de production :
Le travail est, semble-t-il, une catégorie toute simple et l'idée du 3609
travail en général est vieille comme le monde. Conçu sous l'angle économique, dans toute sa simplicité, le travail est cependant une catégorie aussi moderne que les rapports qui engendrent cette catégorie pure et simple.
Karl Marx *Fondements de la critique de l'économie politique (1857).*

Les ouvriers... doivent inscrire sur leur drapeau le mot d'ordre 3610
révolutionnaire : « Abolition du salariat », qui est leur objectif final.
Karl Marx *Salaire, Prix et Profit,* rapport de 1865 à l'Internationale.

Une véritable révolution n'est possible que dans les périodes où 3611
ces deux facteurs – les forces productives modernes et les formes de production bourgeoises – entrent en conflit les unes avec les autres.
Karl Marx *Les Luttes de classes en France (1850).*

aliénation :
L'État politique est vis-à-vis de la société civile dans un rapport 3612
aussi spiritualiste que le ciel par rapport à la terre.
Karl Marx *La Question juive;* tr. H. Lefebvre.

dialectique :
Sans destruction pas de construction; sans barrière pas de 3613
courant; sans arrêt pas d'avance.
Mao Tsé-Toung.

La calomnie ne peut être une force que si elle correspond à un 3614
besoin historique.
Trotski *Ma vie (1929);* tr. M. Parijanine.

marxisme-léninisme :
Lénine ne sait pas qu'il croit. Il croit qu'il sait. 3615
Alain Besançon *Les Origines intellectuelles du léninisme (1977);* Calmann-Lévy.

---

1 - Marx préparait alors *Le Capital.*
2 - Paul Lafargue épousa Laura Marx le 2 avril 1868. Engels fut son témoin. Le gendre et la fille de Marx se suicidèrent le 26 novembre 1911.

3616 Le marxisme : une réduction de l'Apocalypse aux dimensions de l'Europe du XIXᵉ s., industrielle, embourgeoisée, rationaliste, matérialiste, naïve et dure.
Denis de Rougemont *L'avenir est notre affaire (1977);* Stock.

3617 Le marxisme est la vieillesse du monde[1].
Gabriel Matzneff *La Caracole (1969);* La Table Ronde.

3618 Le marxisme est le soupir de la créature accablée, l'âme d'un monde sans âme, de même qu'il est l'esprit d'un monde sans esprit. Il est l'opium du peuple[2].
Bernard-Henri Lévy *La Barbarie à visage humain (1977);* Grasset.

3619 Comment sortir du marxisme ? À reculons !
Sarane Alexandrian *Le Socialisme romantique (1979);* Le Seuil.

Masturbation

3620 C'est une absolue perfection, et comme divine, de savoir jouir loyalement de son être.
Montaigne *Essais.*

3621 Les habitudes de jeunesse sont celles qu'on perd le plus difficilement.
Patrick Besson *Nostalgie de la princesse (1981);* Le Seuil.

poignet mousquetaire :
3622 Ma main se prêta doucement à certain mouvement qui la remplissait et fit ainsi de plein gré d'elle-même ce dont on eût été trop délicat pour la prier. « Pardon, me dit avec une confusion le chevalier plus calme et s'empressant de purifier cette main bienfaisante ; pardon, tu viens de me sauver la vie. » Je ne pus m'empêcher de rire de l'importance que je voyais attacher à un service qui m'avait si peu coûté.
Andréa de Nerciat *Félicia ou mes fredaines*[3] *(1778);* Euredif.

---

1 - C'est la reprise du *Gauchisme, remède à la maladie sénile du communisme* de Daniel Cohn Bendit, qui lui-même parodiait le titre du célèbre pamphlet de Lénine : « Gauchisme, la maladie infantile du communisme ».
2 - C'est bien sûr la parodie du célèbre : « La religion est le soupir de la créature accablée, ... Elle est l'opium du peuple », de Marx. *Contribution à la critique de la philosophie du droit de Hegel,* 1841.
3 - Grimm résume ainsi l'ouvrage : « C'est l'histoire d'une jeune personne qui depuis l'âge de quatorze ans se livre sans scrupule à tous ses goûts, a longtemps sans le savoir le bonheur d'être la maîtresse entretenue de son père, de donner à son frère, sans le connaître, les premières leçons de plaisir, etc. » (Correspondance).

coup de main :
De temps en temps une femme est un substitut convenable à la masturbation. 3623
Mais bien sûr il faut beaucoup d'imagination.
Karl Kraus (1874-1936) cité par Harry Zohn *Karl Kraus.*

Ce qui manque le plus chez les femmes d'aujourd'hui, c'est le doigté. Et quand je dis le doigté, c'est bien le doigté que je veux dire. 3624
Ange Bastiani *Polka dans le champ de tir (1973);* Gallimard.

ordonnance :
Je suis d'avis que les parties génitales de votre très sainte Majesté doivent, avant le coït, être assez longtemps titillées [1]. 3625
Docteur **Van Swieten,** ordonnance à Marie-Thérèse d'Autriche dans Th. Van de Velde *Le Mariage parfait (1974);* Muller.

main-d'œuvre :
La main qui, samedi, tient un balai est celle qui, dimanche, caresse le mieux. 3626
Johann Wolfgang Goethe *Faust (1806) (1re partie);* tr. Lichtenberger.

jeu de paume :
La frêle couture 3627
Qui pourtant l'obture
Me lit l'aventure
Au creux de la main.
Pierre Perret *Celui d'Alice;* Adèle.

la main passe :
La masturbation est la sexualité du désespoir. 3628
Liam O'Cusegan *Les Pensées d'un homard; Les Cahiers de l'Imaginaire, n° 2.*

Il n'y a rien de plus diabolique que de vivre seul une grande joie. 3629
Jean-Daniel Fabre *Paroles attestées par le cristal (1981);* Mai hors saison.

Dans le plaisir à deux on peut échanger ses pensées. Dans la masturbation on sait jamais à qui causer. 3630
Pierre Perret *Papa-Maman;* Adèle.

mains libres :
Lorsque la femme avait été frustrée de plaisir, pouvait-elle, après le retrait de l'homme, s'exciter tactilement pour émettre elle aussi sa semence ? Sur dix-sept auteurs qui ont soulevé cette question, quatorze le lui permettaient et trois seulement le lui ont interdit. 3631
Jean-Louis Flandrin *Le Sexe et l'Occident (1981);* Le Seuil.

mise à l'index :
Pendant plus de deux cents ans les sommités de la science et de la pensée occidentale ont affirmé que la masturbation causait 3632

1 - De telles ordonnances seraient-elles remboursées par la Sécurité sociale ?

une foule de maladies et en était une en soi. Aujourd'hui, ces mêmes gens assurent qu'elle guérit une foule de maladies et qu'au contraire s'en abstenir en est une.
Thomas Szasz *Sexe sur ordonnance (1981);* tr. F.M. Watkins.

3633 Ne te moque pas de la masturbation ! C'est faire l'amour avec quelqu'un que j'aime.
Woody Allen *Annie Hall (1977).*

Maternité

3634 Il arrive que la mère célibataire, en cessant d'être célibataire, cesse d'être mère.
Pierre Leulliette *Les Enfants martyrs (1978);* Le Seuil.

bonne éducation :
3635 Une jolie fille ne doit s'occuper que de foutre et jamais d'engendrer.
Donatien Alphonse François, marquis de Sade *La Philosophie dans le boudoir (1795).*

3636 Avoir des enfants, c'est une calamité ; ne pas en avoir, c'est une malédiction.
Anémone interview dans *Elle,* mars 1982.

3637 La femme pouvant être mère, on en a déduit qu'elle devait l'être... et ne trouver son bonheur que dans la maternité.
Élisabeth Badinter *L'Amour en plus (1980);* Flammarion.

pas de veine !
3638 Chaque femme a du sang pour quatre ou cinq enfants et lorsqu'elle n'en a pas, il se change en poison.
Federico Garcia Lorca *Yerma (1934);* tr. Auclair.

enfantillage :
3639 Le dauphin et la dauphine appelaient Madame de Pompadour « notre maman putain ».
Jean Orieux *Voltaire (1978);* Flammarion.

3640 Puisqu'elle avait envie de se sacrifier exclusivement à un « petit être », je jouais donc de malchance, moi. Je n'avais à lui offrir que mon gros être qu'elle trouvait absolument dégoûtant.
Louis-Ferdinand Céline *Voyage au bout de la nuit (1932);* Gallimard.

3641 Tous les ouvrages de puériculture elle les avait lus et surtout ceux qui lyrisent à en pâmer les maternités, ces livres qui vous libèrent, si vous les assimilez entièrement, de l'envie de copuler.
Louis-Ferdinand Céline *Voyage au bout de la nuit (1932);* Gallimard.

Elle (Catherine de Médicis) recommande à son fils Henri III et à Louise de Lorraine la joie comme remède pour avoir des enfants. 3642
Ivan Cloulas *Catherine de Médicis (1979);* Fayard.

mixtion :
Afin de ménager la sensibilité de l'époux, certains (inséminateurs) lui proposent de mêler sa semence à celle du donneur au cas où, motivés par la compétition, ses spermatozoïdes réussiraient à triompher de ceux du donneur. 3643
Sylvie Crossman et **Edouard Fenwick** *Le Nouvel Âge (1981);* Le Seuil.

La femme est donnée à l'homme pour qu'elle fasse des enfants. Elle est donc sa propriété comme l'arbre à fruits est celle du jardinier. 3644
Code Napoléon, préambule de l'article 1124.

Je crois qu'il faut être sa propre mère. 3645
Jean Guitton *Le Temps d'une vie;* propos recueillis par Reboul et Feller; Retz/Centurion.

étourderie :
L'idéal serait que j'attrape un môme sans le faire exprès. 3646
Claire Brétécher *Les Frustrés II;* Éd. de l'Auteur.

Ayez des enfants pour mettre votre conscience en règle. 3647
Gérard Miller *Les Pousse-au-jouir du maréchal Pétain (1975);* Le Seuil.

Virgini parturienti creditur (On croit la vierge qui accouche.) 3648
Adage juridique pour les recherches de paternité.

Le lien de la maternité n'aurait servi de rien à Marie, si elle n'avait porté le Christ plus bienheureusement dans son cœur que dans sa chair. 3649
Saint Augustin *Sur la sainte virginité, III.*

La fécondité n'est pas seulement une contrainte, mais aussi un privilège, qui peut devenir un pouvoir. 3650
Évelyne Sullerot *Le Fait féminin (1978);* Fayard.

Mathématique

Le temps du nombre succède à celui des noms. 3651
Marc Guillaume *La Contagion des passions (1989);* Plon.

La mathématique universelle... est une logique de l'imagination. 3652
Gottfried Wilhelm Leibniz (1646-1716) Lettre.

bosse :

3653 Les mathématiques ne peuvent effacer aucun préjugé.
Johann Wolfgang Goethe (1749-1832) *Pensées.*

3654 Les mathématiques sont comme la logique de la physique.
Gottfried Wilhelm Leibniz Lettre à F. Schruder (1681).

3655 Est-ce possible de tout ramener à des formules et à des nombres ? Tout, si l'on veut bien.
Alexandre Zinoviev *Les Hauteurs béantes (1977) :* tr. W. Berelowitch ; L'Âge d'Homme.

3656 Un homme en vaut cent, et cent n'en valent pas un.
Blaise de Monluc *Mémoires (1570).*

3657 Celui qui dit que deux et deux font quatre a-t-il une connaissance de plus que celui qui se contenterait de dire que deux et deux font deux et deux ?
D'Alembert *Discours préliminaire de l'Encyclopédie.*

3658 Le nombre parfait est celui qui exclut toute idée de compter.
Anonyme chinois, cité par Paul Claudel.

3659 Un nombre peut en cacher un autre.
Agnès Rosenstiehl *Images et Magie des nombres (1980) ;* Larousse.

3660 L'amour, cette passion si visionnaire, exige dans son langage une exactitude mathématique.
Stendhal *Racine et Shakespeare (1823 et 1825).*

dérivée :

3661 Les mathématiques sont une science dans laquelle on ne sait jamais de quoi on parle, et où l'on ne sait jamais si ce que l'on dit est vrai.
Bertrand Russell (1872-1970).

3662 Le chemin le plus court d'un point à un autre est la ligne droite, à condition que les deux points soient bien en face l'un de l'autre.
Pensée du 11 novembre 1980, Almanach de l'*Os à moelle ;* Mengès.

3663 Les mathématiques constituent un devenir, c'est-à-dire une réalité irréductible à autre chose qu'elle-même [1].
Jean Cavaillès (1903-1944) *Bulletin de la société française de philosophie.*

3664 Dans toute statistique, l'inexactitude du nombre entier est compensée par la précision des décimales.
Georges Elgozy *L'Esprit des mots, ou l'Antidictionnaire (1981) ;* Denoël.

1 - Cavaillès disait aussi : « Il n'y a rien de si peu historique... que l'histoire des mathématiques. »

Même erronés, les chiffres [...] sont signe d'exactitude [...]. 3665
Jean-Claude Clari *Le Mot chimère à deux sens (1973)*; Cercle du livre de France.

La mort d'un homme, c'est une tragédie ; la disparition de millions de gens, c'est de la statistique. 3666
Attribué à **Staline.**

Par la statistique, je pourrais prouver l'existence de Dieu. 3667
George Gallup[1].

Maturité

délivrance :

Elle commence, la vie, quand on est grand, sans parents pour la former. 3668
Anaïs Nin *Journal d'enfance (1914-1919)* (écrit en français par l'auteur) ; Stock.

À moins de naître d'en haut nul ne peut voir le Royaume de Dieu. 3669
Saint Jean, *III, 4 sv.* cité par Isaac de Ninive (VIIe s.).

La croissance de l'homme ne s'effectue pas de bas en haut, mais de l'intérieur vers l'extérieur. 3670
Franz Kafka dans Gustav Janouch *Conversations avec Kafka ;* tr. B. Lortholary (1978) ; Les Lettres Nouvelles / Laffont.

Venant de soi, on peut venir de loin. 3671
Roger Judrin *Ténèbres d'or ;* L'Aire.

accouchement sans douleur :

On ferme les yeux des morts avec douceur ; c'est aussi avec douceur qu'il faut ouvrir les yeux des vivants. 3672
Jean Cocteau *Le Coq et l'Arlequin (1918) ;* Stock.

Seul 3673
Face au ciel indifférent
Personne n'aura su ma force à devenir un homme.
Yves P. Boulongne *Devenir un homme* dans *Anthologie de la poésie concentrationnaire ;* Seghers.

Aucun mortel ne traverse intact sa vie sans payer. 3674
Eschyle *Les Choéphores (458 av. J.-C.) ;* tr. Grosjean ; Gallimard.

---

1 - Fondateur de l'Institut statistique Gallup.

3675 Plus souvent on meurt, plus intensément on vit.
Max Beckmann[1] Lettre dans Michel Ragon *L'Expressionnisme;* Rencontre.

3676 Nous compterons à l'avenir le temps à partir du jour où est mort l'enfant-homme.
George Jackson[2] *Les Frères de Soledad (lettre du 9 août 1970);* tr. C. Roux; Gallimard.

3677 L'enfant que j'étais est mort et moi j'existe.
Saint Augustin (354-430) *Œuvres complètes;* tr. Péronne, Ecalle, Vincent (1869-1878).

3678 Il faut guérir de l'enfance ou se décider à mourir.
Gérard Pussey *L'Amour tombé du lit (1982);* Denoël.

3679 Il n'est de vie qu'au prix du meurtre de l'image première, étrange, dans laquelle s'inscrit l'image de chacun.
Serge Leclaire *On tue un enfant (1975);* Le Seuil.

3680 Pour être grand, il faut avoir été petit.
La Chanson de **Guillaume**[3].

3681 Ce qu'on appelait autrefois l'âge mûr tend à disparaître. On reste jeune très longtemps, puis on devient gâteux.
Alfred Capus (1858-1922).

3682 Il faut être l'homme de la pluie et l'enfant du beau temps.
René Char *Le Marteau sans maître (1934);* José Corti.

3683 J'ai mis plus de trente ans
À redevenir l'enfant
Qui caressait les orties
Pour épater la galerie
En riant.
Catherine Lara *Les Orties;* C.B.S.

3684 La maturité de l'homme, c'est d'avoir retrouvé le sérieux qu'on avait au jeu quand on était enfant.
Friedrich Nietzsche *Par-delà le bien et le mal (1886).*

3685 L'homme arrive novice à chaque âge de la vie.
Chamfort *Pensées, maximes et anecdotes (1803).*

---

1 - Le peintre Beckmann (1884-1950) voyait l'homme comme « un monstre d'une vitalité convulsive ».
2 - George Jackson fut condamné en 1960 à « un minimum un an — maximum à vie » pour complicité d'un vol de 70 dollars. Il avait 18 ans. Il a été abattu le 21 août 1971 pour une prétendue « tentative d'évasion ». Ses luttes pour sa dignité d'homme noir commençaient à déranger.
3 - Dite aussi « Geste de Garin de Monglane ». Le prototype historique du héros est un Franc du Nord, Guillaume, comte de Toulouse, qui mourut en 812 après de multiples aventures guerrières. Il a laissé son nom à Saint-Guilhem-du-Désert, où il avait fondé un couvent.

Si tu ne brises pas tes liens pendant la vie 3686
Quel espoir de délivrance auras-tu dans la mort ?
Kabir[1] *Bijak (1570)* ; tr. Mirabaud-Thorens (1959) ; Mazenod.

[...] Évoluer, c'est céder à la fatalité. 3687
Thomas Mann *La Mort à Venise (1912)* ; tr. Jacottet.

Heureux ceux qui ignorent que mûrir c'est assister à 3688
l'aggravation de ses incohérences et que c'est là le seul progrès dont il devrait être permis de se vanter.
E. M. Cioran *Écartèlement (1979)* ; Gallimard.

Que chacun devienne conjugal au-dedans de lui-même. 3689
Saint Augustin *De Genesi contra Manichaeos, 2, 12, 16.*

L'esprit mûri ignore la comparaison, la mesure. 3690
Krishnamurti *L'Éveil de l'intelligence* ; Stock.

Mûrir, c'est trouver sa place dans le monde. 3691
Emmanuel Mounier *Traité du caractère (1946)* ; Le Seuil.

cri primal :
La maturité parfaite n'exclut pas le naturel. 3692
Kou Ning Yuan au Musée Guimet, nov. 1933.

Médecine

L'histoire de la médecine, c'est l'histoire de la peur. 3693
Germain Galérant *Médecine de campagne (1989)* ; Plon.

La médecine est une science des pannes, celles de l'organisme 3694
humain... Mais si le médecin est un dépanneur – rien de plus, rien de moins –, il est le dépanneur d'une machine dont il ne possède pas les plans.
Lucien Israël *La Décision médicale (1980).*

progrès :
GÉRONTE : 3695
Il me semble que vous les placez autrement qu'ils ne sont ; que le cœur est du côté gauche, et le foie du côté droit.
SGANARELLE :
Oui, cela était autrefois ainsi ; mais nous avons changé tout cela.
Molière *Le Médecin malgré lui (1666).*

La médecine est une opinion. 3696
Massimo Bontempelli *La Femme du Nadir (1924).*

---

1 - Le grand poète indien disait aussi :
« Mort après mort, le monde meurt – mais nul ne sait mourir ;
Kabir, nul ne sait mourir de telle façon qu'il ne meure plus ! »

3697 La médecine est inscrite dans les circuits de consommation.
Jean-Paul Escande dans Jean-Louis Servan-Schreiber *Questionnaire pour demain (1977)*; Ramsay.

3698 Le corps, lancé dans les circuits médicaux, perd toute identité, ne reste plus qu'un paquet de chair involontaire, brinquebalé par-ci par-là, à peine un matricule, un nom passé dans la moulinette administrative, exsangue de son histoire et de sa dignité.
Hervé Guibert *À l'ami qui ne m'a pas sauvé la vie (1990)*; Gallimard.

3699 Après avoir appris la médecine sans malades, comment voulez-vous qu'ensuite on ait envie de les soigner?
Jean-Paul Escande dans Jean-Louis Servan-Schreiber *Questionnaire pour demain (1977)*; Ramsay.

3700 Le malade est plus reconnaissant à la médecine qui le guérit qu'au conseil qui le préserve.
Vicente Espinel *Vie de l'écuyer Marcos de Obregon (1618).*

3701 Les certitudes de la science médicale ne sont jamais que des certitudes.
Norbert Bensaïd *La Lumière médicale (1981)*; Le Seuil.

3702 À désinfecter de la vie ce qu'elle abrite de mort, c'est la vie même qui est frappée.
Gilles Lapouge *L'Hygiène et l'Utopie, Cadmos* n° 9, 1980; L'Âge d'Homme.

3703 La guerre est la seule véritable école du chirurgien.
Hippocrate *Aphorismes.*

3704 Auschwitz ressemblait à une opération médicale, le programme d'extermination était dirigé du début jusqu'à la fin par des médecins.
Robert Jay Lifton *Les Médecins nazis*; tr. B. Pouget (1989); Robert Laffont.

3705 Au XVIIIe siècle, on se plaignait que les jeunes chirurgiens ne parvinssent pas à trouver assez de corps, à cause de la concurrence des dissections particulières.
Philippe Ariès *L'Homme devant la mort (1977)*; Le Seuil.

3706 Les poisons sont quelquefois des remèdes, mais certains poisons ne sont pourtant que des poisons.
Léon Blum (1872-1950) *À l'échelle humaine*; Albin Michel.

3707 Le médicament reste le principal symbole de la puissance du médecin.
Denis Jaffe *La guérison est en soi (1981)*; Laffont.

3708 Soigner ses blessures et celles des autres sans les dévoiler ni les rendre publiques.
Règle de **Saint Benoît,** XLIV, 6.

contre-indication :

N'allez jamais chez un docteur dont les plantes de la salle d'attente sont mortes. 3709

Erma Bombeck cité en 1978 par P. Dickson *The Official Rules.*

Un craquement s'était fait entendre, la molaire se cassait, en venant; il lui avait alors semblé qu'on lui arrachait la tête, qu'on lui fracassait le crâne; il avait perdu la raison, avait hurlé de toutes ses forces, s'était furieusement défendu contre l'homme qui se ruait de nouveau sur lui comme s'il voulait lui entrer son bras jusqu'au fond du ventre, s'était brusquement reculé d'un pas, et, levant le corps attaché à la mâchoire, l'avait laissé brutalement retomber sur le derrière, dans le fauteuil, tandis que, debout, emplissant la fenêtre, il soufflait, brandissant au bout de son davier une dent bleue où pendait du rouge! 3710

Joris-Karl Huysmans *À rebours (1884).*

diagnostic :

Je vous apprends que votre fille est muette [...]; cela vient de ce qu'elle a perdu la parole. 3711

Molière *Le Médecin malgré lui (1666).*

auscultation :

Bien et mal sont tout un. Les médecins taillent, brûlent, torturent de toute façon. 3712

Héraclite *Fragments.*

C'est tout de même curieux l'acharnement des hommes à vouloir vous soigner. 3713

Christiane Dupuy *Miserere Seigneur (1990);* François Bourin.

autopsie :

Elle est morte de quatre médecins et de deux apothicaires. 3714

Molière *L'Amour médecin (1665).*

anesthésie :

Il réconforte le patient avec toutes sortes de bons mots, caresses chirurgicales qui sont comme l'huile dont on graisse les bistouris. 3715

Gustave Flaubert *Madame Bovary (1857).*

Le médecin, à l'époque, c'est le mire, et n'est-il pas curieux de voir que le terme existe au féminin au XIIIe siècle (des miresses), et non au XXe siècle? 3716

Régine Pernoud *La Femme au temps des cathédrales (1980);* Stock.

Le médecin fait souvent plus de bien en arrivant qu'il n'en a fait en sortant. 3717

Jacques Deval *Afin de vivre bel et bien;* Albin Michel.

Nous cherchons plus à durer que nous n'essayons de vivre. 3718

Andy Warhol propos rapportés par P. H. Moinet dans *Stratégies,* 5 mars 1990.

Mémoire

3719 Je me souviens quand j'allais chercher du lait dans un bidon en fer-blanc tout cabossé.
Georges Perec *Je me souviens (1978);* Hachette.

consigne :
3720 La mémoire, c'est comme une valise. On met toujours dedans des choses qui ne servent à rien.
Walter Prévost *Luc-sur-Mer (1980);* Grasset.

3721 La mémoire est la peur de la mort.
Gilbert Toulouse *Mont Perdu (1977);* Belfond.

3722 La mémoire est toujours déjà imagination.
Sarah Kofman *L'Enfance de l'art (1970);* Payot.

scène primitive :
3723 Car la mémoire nous représente non pas ce que nous choisissons, mais ce qui lui plaist. Voire il n'est rien qui imprime si vivement quelque chose en nostre souvenance que le désir de l'oublier.
Michel de Montaigne *Essais, III, 12.*

3724 La mémoire est le désir satisfait.
Carlos Fuentes *La Mort d'Artemio Cruz (1962);* tr. Marrast; Gallimard.

3725 Les plaisirs de notre jeunesse reproduits par notre mémoire ressemblent à des ruines vues au flambeau.
François René de Chateaubriand *Mélanges politiques (1826).*

3726 J'ai parfois trouvé des morceaux de village dans certaines personnes.
Sebastiano Addamo *Les Habitudes et l'Absence (1989);* éd. Jacqueline Chambon.

3727 La mémoire ne lit pas les lettres des autres.
Wilhelm Ekelund *Aphorismes (1934).*

3728 La mémoire la plus profonde est une mémoire de toute notre destinée.
Jean Guitton *Le Temps d'une vie,* propos recueillis par Reboul et Feller; Retz/Centurion.

3729 On se demande parfois pourquoi la mémoire s'acharne à retenir certaines histoires aussi anodines que banales.
Daniel Karlin et **Tony Lainé** *Le Petit Donneur d'offrandes (1981);* Éd. Sociales.

3730 Seul ce qui ne cesse de nous faire souffrir reste dans la mémoire.
Friedrich Nietzsche *La Généalogie de la morale (1887).*

déjà vu :
La mémoire croit avant que la connaissance ne se rappelle. 3731
William Faulkner *Lumière d'août (1932).*

La mémoire est un poète, n'en fais pas un historien. 3732
Paul Géraldy.

objet trouvé :
J'ai perdu la mémoire 3733
Je cherche quelqu'un qui connaît mon histoire.
Paroles originales : John Kougos, paroles françaises : **Pierre Grillet** *Alibi (I'm Dreaming) ;* You You Music, Sidonie April Music et Repère.

Il reste des hommes qui ne veulent pas nous rendre notre passé, car ils espèrent que notre avenir sera identique. 3734
Kamil Ikramov « Pas d'autorisation, pourquoi ? » dans *Les Nouvelles de Moscou,* 1er mai 1988.

J'ai d'la fuite dans les idées. 3735
Daniel Boublil *Fuite et Fin ;* chanté par Catherine Lara ; CBS.

manège :
[...] La mémoire est quelque chose qui tourne en rond. 3736
Jacques Lacan *Le Séminaire, III* (1973).

C'est les jeunes qui se souviennent. Les vieux, ils oublient tout. 3737
Boris Vian *Les Bâtisseurs d'empire (1959) ;* L'Arche.

L'intelligence des vieux hommes vient de la qualité de leur mémoire. 3738
Pascal Jardin *La Bête à bon Dieu (1980) ;* Flammarion.

L'amour, cette absence de mémoire, ne retient de nous que notre éternité. 3739
Henri Petit *Ordonne ton amour ;* Grasset.

On n'oublie rien de rien, on s'habitue, c'est tout. 3740
Jacques Brel.

Chaque fois que tu oublies, c'est la mort que tu te rappelles en oubliant. 3741
Maurice Blanchot *L'Attente, l'Oubli (1962) ;* Gallimard.

Chaque mot détruit le souvenir qu'il décrit. 3742
Philippe Blasband *De cendre et de fumée (1990) ;* Gallimard.

Oublier est le grand secret des existences fortes et créatrices. 3743
Honoré de Balzac *César Birotteau (1838).*

Il n'y a point de plus haute vengeance que l'oubli. 3744
Baltasar Gracián *L'Homme de cour (1647).*

Tout acte exige l'oubli. 3745
Friedrich Nietzsche *Considérations inactuelles (1873-1876).*

3746 Elle voulait qu'on l'emmène
Avant qu'on ne l'oublie.
David Mac Neil *La Fille au pull-over;* RCA.

3747 Les gens oubliés dans la foule sont semblables à des chiens perdus qui mendient les coups pour se faire adopter.
Jean Poutet *L'Argentine de la peur (1978);* Plon.

3748 Qui n'a été terrifié par cette idée qu'il allait un jour oublier sa vie ?
Antonin Artaud préf. à Jean de Boschère *Marthe et l'Enragé (1927);* Granit.

3749 Il n'y aura jamais assez d'heures pour venir à bout de la mémoire.
Edmond Jabès *Récit;* Fata Morgana.

3750 L'oubli est la faculté la plus précieuse de la mémoire.
J.L. Borges.

3751 Je n'oublie jamais un visage, surtout si j'ai été assise dessus.
Barry Sandler *Crimes of Passion* de Ken Russel.

Ménagerie

3752 Un grand prince que je sais disait qu'il voudrait ressembler au lion, qui, pour vieillir, ne blanchit jamais ; au singe, qui, tant plus il le fait, tant plus il veut le faire ; au chien, tant plus il vieillit, son cas se grossit ; et au cerf qui, tant plus il est vieux, tant mieux il le fait, et les biches vont plutôt à lui qu'aux jeunes.
Pierre de Brantôme *Vies des dames galantes (1666).*

autruche :

3753 Le nombre des êtres humains qui traversent l'existence sans jamais rien voir ou rien entendre est prodigieux.
George Darien *L'Ennemi du peuple (1903).*

3754 Les faits ne cessent pas d'exister parce qu'on les ignore.
Aldous Huxley *Note sur le dogme.*

3755 N'importe quel imbécile peut fermer l'œil, mais qui sait ce que voit l'autruche dans le sable.
Samuel Beckett *Murphy (1938);* Éditions de Minuit.

girafe :

3756 La girafe est l'hiéroglyphe de la vérité dans le monde animal.
Charles Fourier dans Pascal Bruckner *Charles Fourier (1975);* Le Seuil.

C'est très pénible de peigner la girafe. Surtout sans échelle. 3757
Chaval dans Pierre Ajame *Entretiens avec Chaval (1976)*; Chêne.

lion :
La lionne n'a qu'un petit, mais c'est un lion. 3758
Ésope (VIe s. av. J.-C.) *Fables : la Lionne et le Renard.*

singeries :
Si l'homme descend du singe, il peut aussi y remonter. 3759
Buster Keaton[1].

Si ce n'est pas l'homme qui descend du singe, c'est la femme. 3760
Hubert Monteilhet *Les Queues de Kallinaos (1981)*; Ramsay.

Les singes sont bien trop bons pour que l'homme puisse 3761
descendre d'eux.
Friedrich Nietzsche *Œuvres posthumes*; tr. H.J. Bolle; Mercure de France.

Si les singes savaient s'ennuyer, ils pourraient devenir des 3762
hommes.
Johann Wolfgang Goethe *Annales, notes quotidiennes et annuelles de 1822 à 1825 (1830)*; tr. G. Bianquis; Gallimard.

Le jour où le dernier des imbéciles deviendra supérieur au 3763
premier des singes, la civilisation aura fait un grand pas.
Pensée du 30 janvier 1980, Almanach de l'*Os à moelle*; Mengès.

Mensonge

Le mensonge [...] est un beau crépuscule, qui met chaque objet 3764
en valeur.
Albert Camus *L'Été (1954)*; Gallimard.

Le mensonge nécessite une bonne organisation. C'est une science 3765
exacte.
Fr. Rivaud dans *Prima,* novembre 1990.

Tout gros mensonge a besoin d'un détail bien circonstancié, 3766
moyennant quoi il passe[2].
Prosper Mérimée *Portraits historiques et littéraires.*

---

1 - Buster Keaton reprend ici la formule de Wagner : « Il importe peu de descendre du singe : le tout est de ne pas y remonter. »
2 - A ce sujet, les mensonges d'Odette dans *Un amour de Swann.*

3767 Ce que l'on déracine le plus difficilement chez un peuple, ce ne sont pas les fictions qui le conservent, ce sont les mensonges qui l'amusent.
Charles Nodier *Rêveries.*

3768 [...] Il y a toujours quelqu'un à qui vous pouvez faire plaisir en mentant[1]...
Jean-Marie Poupart *Que le Diable emporte le titre;* Éditions de Montréal.

3769 On n'efface pas la vérité, ni d'ailleurs le mensonge.
Slogan Mai 1968.

3770 Moins je mens, plus je rougis.
Georges Perros *Papiers collés (1973);* Gallimard.

3771 Et après tout, qu'est-ce qu'un mensonge? La vérité sous le masque.
Lord Byron *Le Pèlerinage du chevalier Harold (1812);* tr. Martin; Mazenod.

3772 Le mensonge n'est pas haïssable en lui-même, mais parce qu'on finit par y croire.
Marcel Arland *La Route obscure (1924);* Gallimard.

3773 [...] L'inattention, c'est une forme de mensonge aussi.
Claire Martin *Les Morts (1970);* Cercle du Livre.

3774 Il faut mentir par nombre impair.
François Rabelais.

3775 La crédulité des femmes est sans bornes, parce qu'elles se croient seules à savoir bien mentir.
Jacques Natanson *L'Enfant truqué (1922);* Mornay.

3776 Les femmes mentent par le chemin des écoliers.
Alfred Jarry *L'Amour absolu (1899);* Mercure de France.

3777 Nos mensonges nous engagent mieux qu'aucune vérité.
Camille Goemans dans Bussy *Anthologie du surréalisme en Belgique (1973);* Gallimard.

authenticité :

3778 Mentir à sa façon à soi, c'est presque mieux que de dire la vérité à la façon des autres.
Fedor Dostoïevski *Crime et Châtiment (1866).*

3779 Comment le mensonge ne serait-il pas une tentation quand l'homme faible et puéril est si vite ébloui.
Vladimir Jankélévitch *Le Je-ne-sais-quoi et le Presque-rien (1981).*

Père-Noël[2] :

3780 Au plus menteur des enfants, le mensonge des adultes [...] semble scandaleux.
Claire Martin *La Joue droite (1966);* Cercle du Livre.

---

1 - Soi-même, hélas!
2 - La cigogne et les choux sont également très mal vus.

naturisme :
Savez-vous que le meilleur moyen de dissimuler, c'est de dévoiler 3781
jusqu'au bout ?
Serge Mikhaïlovitch Eisenstein *Mémoires (1978) ;*
tr. J. Aumont ; 10/18.

Je ne mens jamais parce que c'est trop difficile. 3782
Joseph Delteil dans Gabrielle Rolin *L'Innocence même (1980) ;*
Mercure de France.

mépris

Le mépris tourne vite à l'éloquence. 3783
Georges Bernanos *La Vocation spirituelle de la France (1975) ;*
Plon.

Le mépris est plus quotidien que le pain. 3784
Noureddine Aba *Chant perdu au pays retrouvé (1979) ;* Cerf.

« Tu aimeras ton prochain... » Et pourquoi ne mépriserais-tu pas 3785
ton prochain comme toi-même ?
José Revueltas *Le Deuil humain (1943).*

La seule vraie dignité de l'homme est sa faculté de se mépriser. 3786
George Santayana *Dialogues dans les limbes (1926) ;* tr. Keller.

conclusion :
Mépriser le monde, c'est facile et le plus souvent un signe de 3787
mauvaise digestion.
Kurt Tucholsky *L'Exposition de tableaux d'un humoriste ;*
tr. Philipoff ; Aubier.

mer

T'extasie pas sur la mer : elle a toujours été là. 3788
Michel Audiard *Mélodie en sous-sol (1963)* d'Henri Verneuil. Jean
Gabin s'adresse à Alain Delon.

3789 La mer, c'est la disponibilité perpétuelle.
Gérard Janichon *Damien : l'Antarctique à la voile (1975);* Arthaud.

3790 La mer, c'est une chose d'une monotonie formidable, une chose qui efface tout.
Jean-Pierre Amette *Jeunesse dans une ville normande (1981);* Le Seuil.

3791 Vous ne jouirez jamais convenablement du monde, tant que la mer elle-même ne coulera dans vos veines[1].
Thomas Traherne *Centuries of Meditation (1908).*

3792 Nous qui sommes nés et qui avons passé notre adolescence au milieu des terres, nous nous sommes fait une idée de la mer à la seule vue d'un peu d'eau dans une petite coupe.
Saint Augustin Lettre à Nébride dans *Anthologie maghrébine;* Hachette.

3793 La mer est aussi profonde dans le calme que dans la tempête.
John Donne (1573-1631) *Sermons.*

3794 Sans les rochers, on sait bien que les vagues ne monteraient jamais aussi haut.
Roger Nimier *Le Hussard bleu (1950);* Gallimard.

3795 Si vous voulez aller sur la mer, sans aucun risque de chavirer, alors n'achetez pas un bateau : achetez une île.
Marcel Pagnol *Fanny (1931);* Fasquelle.

3796 Si toutes les îles sont belles, même les plus dépouillées, leur existence à la surface des eaux – on l'oublie facilement – tient du sortilège. N'est pas insulaire qui le désire.
Michel Déon *Mes Arches de Noé (1978);* La Table Ronde.

3797 La mer ne prend que les cités qui s'abandonnent.
Thierry Maulnier *La Ville au fond de la mer (1968);* Gallimard.

Mère

3798 Mammifères (n.) : Famille d'animaux vertébrés dont les femelles, à l'état de nature, allaitent leurs petits, mais, une fois civilisées et éclairées, les confient à une nourrice ou utilisent un biberon.
Ambrose Bierce *Le Dictionnaire du Diable;* tr. J. Papy *(1955);* Les Quatre Jeudis.

---

1 - Le poète disait aussi : « Je suis moins dans le monde que le monde n'est en moi. »

Moi, je n'ai jamais eu de patrie, mais une matrie. 3799
Costas Taktsis *La Petite Monnaie (1972)*; Gallimard 1988.

castratrice :
Pourquoi a-t-il fallu que le premier flic, le premier adjudant, le premier curé que j'aie rencontrés dans ma vie soient ma mère ? Vous pouvez me le dire, vous ? 3800
Jean Streff *Vincent Plantier (1979)*; Le Signe.

Le monde peut faire pire que de vous donner une ennemie en la personne de votre mère, mais guère. 3801
Pat Conroy *Le Prince des marées (1988)* tr. F. Cartano ; Presses de la Renaissance.

Le moteur essentiel qui a poussé les femmes à reprendre en charge leurs enfants, c'est tout simplement leur volonté de puissance. 3802
Élisabeth Badinter *L'Amour en plus (1978)*; Flammarion.

Je vis qu'une bonne partie de mon passé pouvait bien avoir été confectionné par ma mère. 3803
A.S. Byatt *Le Sucre*; tr. J. L. Chevalier *(1989)*; Des Cendres.

Chaque femme vit avec un saboteur en elle qui a la voix de sa mère. 3804
Ingmar Bergman.

Comme cette mère dont le fils est tombé à l'eau. Il ne sait pas nager, on se précipite. Un homme plonge, ramène l'enfant, et la mère demande : « Et son béret ? » 3805
San-Antonio *Je le jure (1975)*; Stock.

D'habitude, il y a une forte femme derrière chaque idiot. 3806
John Lennon.

abusive :
Toutes les mères aiment que leur grand garçon aille s'embourber la fille du voisin. Elles y trouvent comme une espèce de supériorité sur le reste de l'humanité. 3807
San-Antonio *À tue... et à toi (1956)*; Fleuve Noir.

Après avoir pleuré pendant dix-sept ou dix-huit ans parce que sa fille était anormale, toute une nuit parce qu'elle était enceinte d'un nègre inconnu, deux jours et deux nuits parce qu'elle avait disparu, voilà qu'elle se mettait à pleurer à chaudes larmes parce qu'on voulait la tuer. 3808
Jean d'Ormesson *Dieu, sa vie, son œuvre (1981)*; Gallimard.

Les mères se suicident très peu. 3809
Mireille Best *Camille en octobre (1988)*; Gallimard.

Cette pauvre chère maman, elle veut toujours que je sorte, que j'aille chez des amis et dans des soirées, mais j'ai à peine le dos tourné qu'elle fait une crise cardiaque, aussi je préfère rester à la maison. 3810
Somerset Maugham *Les Trois Grosses Dames d'Antibes (1981)*; Julliard.

3811 À force d'être dans les jupes de sa mère, il s'était fait des relations.
Charlotte de Turkheim *La fin du monde aura lieu un mardi.*

3812 La mère qui laisse voir toute sa tendresse à ses enfants crée en eux l'ingratitude ; l'ingratitude vient peut-être de l'impossibilité où l'on est de s'acquitter.
Honoré de Balzac *Physiologie du Mariage (1830).*

3813 Peut-être même dans le fameux amour maternel y a-t-il une bonne part de curiosité.
Friedrich Nietzsche *Humain, trop humain (1878) ;*
tr. A.M. Desrousseaux ; Mercure de France.

3814 « C'est à quel sujet ? » me demande la mère de Vincent ; envie de lui répondre : c'est au sujet de sa bite, madame, j'aurai besoin de la sucer dans les meilleurs délais.
Hervé Guibert *Fou de Vincent (1989) ;* éd. de Minuit.

3815 Les enfants sont un prétexte pour qu'il y ait de la mère.
Viviane Forrester *La Violence du calme (1980) ;* Le Seuil.

3816 Nos mères sont nos enfants et nous voulons que nos enfants soient nos mères.
Michèle Manceaux *Grand reportage (1980) ;* Le Seuil.

3817 Un truc que j'ai jamais su faire
C'est lâcher la main de ma mère
Pour tenir celle du temps qui passe.
Michel Jonasz *Un chausson aux pommes ;* Youlishka Music, Ketchup Music.

3818 Heureusement que, quoi qu'il arrive, on ne peut avoir qu'une mère.
Christian Coffinet *La Danse du cobaye (1976) ;* Lattès.

Merveilleux

3819 La terre est bleue comme une orange.
Paul Eluard.

3820 Ma génération a connu une enfance pleine d'interdits, d'obligations, de tabous... Ainsi, la curiosité et la fascination de l'inconnu étaient intactes. Nous avions le sens du merveilleux.
Federico Fellini interviewé par E. Rizzolo dans *Elle,* 21 mai 1990.

L'enfance est une période fascinante : on voit apparaître des gens, on ignore qui ils sont. 3821
Philippe Labro dans *Paris Match,* 13 septembre 1990.

Les contes de fées sont les romans érotiques des enfants. 3822
Jean Paulhan préface à *Histoire d'O (1972)* de Pauline Réage ; J.-J. Pauvert.

Charlot est toujours libre d'entrer dans un autre film. 3823
André Bazin *Charlie Chaplin* écrit avec Éric Rohmer ; Ramsay.

L'idéal politique serait de combiner le capitalisme avec la sécurité sociale. 3824
J.-C. Casanova dans *L'Express,* 30 mars 1990.

Il n'a peut-être jamais été aussi urgent de croire au père Noël. 3825
Paule Feuillet dans *Avantages,* décembre 1990.

Je viens de comprendre que les extra-terrestres n'étaient que le père Noël des adultes. 3826
Jacques Lacarrière *Ce bel aujourd'hui (1989) ;* J.-C. Lattès.

La déception n'est peut-être qu'une catégorie du merveilleux. 3827
Pascal Bruckner *Nostalgie express (1978) ;* Éd. des Autres.

Message

Les Dix Commandements de Dieu s'énoncent en 68 mots, la Déclaration d'indépendance américaine tient sur un feuillet, mais pour formuler l'ordonnance de la Communauté européenne sur les importations de caramels, il n'a pas fallu moins de 25 911 mots. 3828
Revue protestante *Idea,* Wetzlar, Allemagne.

refrain :
Quand, dans ce monde, un homme a quelque chose à dire, la difficulté n'est pas de le lui faire dire, mais de l'empêcher de le dire trop souvent. 3829
George Bernard Shaw *César et Cléopâtre (1879) ;* tr. A. et H. Hamon ; Aubier.

Quand on n'a rien à dire, comment le dire simplement ? 3830
Étiemble à propos de Julien Gracq dans *L'Hygiène des lettres (1952-1967) ;* Gallimard.

radio libre :
J'oublie le nom, tant mieux pour lui, du grand savant qui 3831

avait trouvé pourquoi la radio n'avait aucun avenir : c'est que n'importe qui pourrait capter ses messages !
Denis de Rougemont *L'avenir est notre affaire (1977);* Stock.

3832 Je n'imagine pas de pire malheur pour un homme qui a quelque chose à dire que de vivre parmi des sourds.
Françoise Loranger *Mathieu (1949);* Cercle du Livre de France.

indice d'écoute :
3833 Le vrai pauvre, le grand déshérité, c'est celui que personne n'écoute.
Jacques Chancel *Le Temps d'un regard (1978);* Hachette.

3834 Personne n'écoute jamais personne. Essayez, vous comprendrez pourquoi.
Mignon Mac Laughlin *Journal d'un névrosé.*

3835 On ne trace pas de message sur une vitre propre.
Robert Mallet *Apostilles (1972);* Gallimard.

3836 L'artiste est l'interprète des secrets de l'âme de son temps, sans le vouloir comme tout vrai prophète, parfois inconsciemment à la manière d'un somnambule.
C.G.Jung *L'Âme et la Vie;* Buchet-Chastel.

télégraphique :
3837 Moi, quand j'ai un message à expédier, je n'écris pas un livre : je vais à la poste.
Frédéric Dard interview *Le Monde,* 18 décembre 1970.

Métaphysique

3838 Il y a des impossibles... même pour les dieux.
Pierre Thillet *Un traité inconnu d'Alexandre d'Aphrodise*[1] (fin IIe s.-début IIIe s.), actes du premier congrès international de philosophie médiévale (1958); Nauwelaerts.

lieu de Dieu !
3839 Le lieu de Dieu est le monde, mais le monde n'est pas le lieu de Dieu.
Formule rabbinique dans Zev Ben Shimon Halevi *La Cabbale, tradition de connaissance cachée (1980);* Le Seuil.

3840 Tout est dans tout.
Anaxagore (500-428 av. J.-C.) *Fragments;* tr. Voilquin; Garnier.

1 - Péripatéticien grec, commentateur d'Aristote.

Il faut savoir que tout rime. 3841
Wols[1] *En personne (1963)*; Delpire.

Je suis la vérité. 3842
Al-Halladj[2] cité dans Martin Lings *Qu'est-ce que le soufisme ? (1977)*; Le Seuil.

Ce qui est incompréhensible, c'est que tout soit compréhensible. 3843
Albert Einstein *Comment je vois le monde (1934)*; tr. Cros; Flammarion.

On ne peut croire ce qui ne se comprend pas. 3844
Pierre Abélard *Dialectica (1121)*; éd. L.M. de Ryk.

Il faut vouloir saisir plus qu'on ne peut étreindre. 3845
Sinon, pourquoi le Ciel ?
Robert Browning *Hommes et Femmes (1855)*; tr. Cazamian; Aubier.

Le plus noble bonheur de l'homme qui pense, c'est d'avoir 3846
exploré le concevable et de révérer en paix l'inconnaissable.
Johann Wolfgang Goethe *Sentences en prose (1870)*; tr. Lichtenberger; La Renaissance du Livre.

Qu'est-ce que la capacité d'apprendre, sinon un aspect de 3847
l'éternité ?
Mircea Eliade[3] *Fragmentarium (1973)*; tr. L. Badesco; Gallimard.

J'ai en quelque façon premièrement en moi la notion de l'infini, 3848
que du fini, c'est-à-dire de Dieu, que de moi-même.
René Descartes *Méditations (1641)*.

L'infini n'a pas d'accent. 3849
Slogan Mai 1968.

En réponse à cette question pressante : N'y a-t-il vraiment rien 3850
qui soit immobile ? Zénon dit : Si ! la flèche en plein vol est immobile[4].
Franz Kafka *Journal (1910-1920)*; tr. M. Robert; Grasset.

L'immortalité peut être bien mesquine. 3851
Roque Dalton *Taberna y otros lugares* dans G. de Cortanze *America Libre (1976)*; Seghers.

La métaphysique est de fond en comble platonique. 3852
Martin Heidegger *Introduction à la métaphysique (1953)*.

---

1 - Sartre disait que les tracés des œuvres de Wols « semblent appartenir simultanément aux trois règnes de la nature et peut-être à un quatrième ignoré jusqu'ici ».
2 - L'auteur fut exécuté en 922 pour cette pensée.
3 - D'origine roumaine, Mircea Eliade avait appris l'italien, l'anglais, l'hébreu, le persan, le sanskrit, le français, le portugais, et quelques autres...
4 - Cet argument de Zénon d'Élée (Ve s. av. J.-C.) a été rapporté par Aristote *(Physique, VI)*. L'explication en serait que « tout corps est soit en mouvement soit en repos, et il est en repos quand il se trouve dans un espace égal à son volume; or la flèche se trouve, à chaque instant, dans un espace égal à son volume ».

3853 La métaphysique n'est pas le fait que le monde existe, mais qu'il soit si plein d'amertume.
Salvatore Satta *Le Jour du jugement*[1] *(1979)*; tr. N. Frank; Gallimard.

militaire

3854 Le service militaire fait de vous, espèces d'andouilles, des membres de la société humaine[2] !
Jaroslav Hašek *Le Brave Soldat Chveik (1920)*; tr. Horejsi; Gallimard.

3855 Non, l'armée ce n'est pas l'école du crime ; l'armée ce n'est pas l'école de la débauche, ou si elle est tout cela, c'est bien le moindre de ses défauts.
Albert Libertad *Le Culte de la charogne (1976)*; Galilée.

3856 La dépersonnalisation est la méthode utilisée par les marines pour ramener à l'ordre les soldats... Ils doivent s'adresser aux gardes d'une voix forte et impersonnelle selon un rituel précis : « Caporal, le prisonnier numéro tant demande la permission de parler, caporal. »
Jean-Michel Palmier *Herbert Marcuse et la nouvelle gauche (1973)*; Belfond.

3857 La pire des institutions grégaires se prénomme l'armée. Je la hais. Si un homme peut éprouver quelque plaisir à défiler en rang aux sons d'une musique, je méprise cet homme.
Albert Einstein *Comment je vois le monde (1934)*; tr. Cros; Flammarion.

3858 Je n'ai jamais entendu sans étonnement une marche militaire. Cette musique-là a l'air persuadée qu'il y a un intérêt quelconque à aller quelque part.
Jules Tellier *Reliques (1925)*.

3859 La justice militaire est à la justice ce que la musique militaire est à la musique.
Georges Clemenceau.

---

1 - À la fin du livre Salvatore Satta écrit : « Je sens bien que je me prépare une fin triste car je n'ai point voulu accepter la première condition d'une bonne mort qui est l'oubli. »
2 - « Chveik, je vous ai déjà dit de la fermer, vous entendez ?
— Je vous déclare avec obéissance que j'ai entendu que je devais la fermer. »

en joue ! :
L'armée n'est pas dressée en face de l'ennemi de l'extérieur; l'armée n'est pas dressée en face de l'ennemi de l'intérieur; l'armée est dressée en face de nous-mêmes, en face de notre volonté, de notre moi. 3860
Albert Libertad *Le Culte de la charogne (1976);* Galilée.

Au sommet de l'uniforme se situe la tête, afin d'indiquer au soldat la hauteur à laquelle son salut doit être porté. 3861
Bruno Paul dans le journal satirique allemand illustré *Simplicissimus* en 1904.

complicité :
Bêtes et soldats sont faits pour s'entendre. 3862
Les Carnets de guerre de **Louis Barthas**[1], *tonnelier, 1914-1918;* intr. R. Cazols (1978); Maspero.

Et nous, les petits, les obscurs, les sans-grades, 3863
Nous qui marchions fourbus, blessés, crottés, malades,
Sans espoir de duchés ni de dotation.
Edmond Rostand *L'Aiglon (1900).*

Quand les riches se font la guerre, ce sont les pauvres qui meurent. 3864
Jean-Paul Sartre *Le Diable et le Bon Dieu (1951);* Gallimard.

une grande famille :
Ce doit être réconfortant pour un soldat de savoir que des deux côtés les atrocités sont les mêmes : personne n'est jamais seul. 3865
Graham Greene *La Puissance et la Gloire (1940);* tr. Sibon; Laffont.

Un homme bon, un homme sain, un homme raisonnable ne doit pas saluer les drapeaux. 3866
Henri Barbusse *La Lueur dans l'abîme (1920);* Henri Barbusse.

l'adieu aux armes :
Ma décision est prise. 3867
Je m'en vais déserter.
[...]
Si vous me poursuivez
Prévenez vos gendarmes
Que je n'aurai pas d'armes
Et qu'ils pourront tirer.
Boris Vian *Textes et chansons; « Le Déserteur »;* Julliard.

Pourquoi il ne faut pas déserter : parce que c'est choquant, indécent, culotté, effronté, pas beau, irresponsable, irrespectueux, dégradant et puis surtout ça fait des trous dans les rangs. 3868
Siné dans *L'Express,* 1960.

---

1 - Dès 1919, Louis Barthas avait noté ses souvenirs du « casse-pipe » dans dix-neuf cahiers d'écolier. Il entendait ainsi « lutter sans trêve ni merci jusqu'à son dernier souffle pour l'idée de paix et de fraternité ».

surplus :

3869 Les petits mecs (qui) crachent sur l'armée et courent aux Puces se déguiser en troufions avec les habits qui restent des vieilles guerres.
Geneviève Dormann *Mickey l'Ange (1977);* Le Seuil.

Militantisme

c'est la lutte finale[1] :

3870 [...] Il convient de laisser croire à ceux qui agissent qu'ils changent quelque chose.
Pierre Klossowski *Un si funeste désir (1963);* Gallimard.

groupons-nous :

3871 Quand on veut faire la révolution... la première chose à faire est d'entrer en contact avec les révolutionnaires.
Lu Xun *La Véridique Histoire d'A.Q.*[2] *(1921);* tr. Vallette-Hémery; Centre de publication Asie orientale.

et demain :

3872 Le sens révolutionnaire est un sens moral.
Victor Hugo *Les Misérables (1862).*

l'Internationale :

3873 Une certaine sentimentalité peut, au même titre qu'un certain romantisme, être considérée comme un excellent matériau révolutionnaire.
Marcel Aymé *Uranus (1948);* Gallimard.

sera le genre humain :

3874 M. de Robespierre aimait peut-être le peuple, l'humanité, etc., mais guère les hommes et pas du tout les femmes.
*Journal d'***Aimée de Coigny** présenté par A.M. Grangé; Lib. Acad. Perrin.

debout! les damnés de la terre!

3875 Le meneur apparaît comme une réponse à la misère psychique des masses.
Serge Moscovici *L'Âge des foules (1981);* Fayard.

---

1 - Les « accroches » sont « empruntées » à l'*Internationale,* composée en juin 1871 par Eugène Pottier, mise en musique en 1888 par Pierre Degeyter.
2 - Cette nouvelle fut écrite pour les étudiants de Pékin. Elle s'efforce de faire connaître en Chine les mouvements marxistes et révolutionnaires qui permettront de secouer « la passivité et l'obscurantisme des masses. »

debout ! les forçats de la faim !
La révolution n'est pas un dîner entre amis. La littérature non plus. L'inquiétude sera ton pain. 3876
Mao Tsé-Toung.

la raison tonne en son cratère :
Autrefois, quand on était las et dégoûté du monde, on entrait au couvent ; et lorsqu'on avait du bon sens, on y restait. Aujourd'hui, quand on est las et dégoûté du monde, on entre dans la révolution, et lorsqu'on est intelligent, on en sort. 3877
Georges Darien *Le Voleur (1897) ;* Pauvert.

du passé faisons table rase :
Il existe un passé qui n'est qu'un cimetière de l'Histoire. Il en existe un autre d'où jaillit, dans sa profondeur vivante, la source du futur. Le révolutionnaire commet l'erreur de les confondre et de les abominer à la fois. 3878
Gregorio Marañón y Posadilla *Éloge et Nostalgie de Tolède (1941).*

foule esclave ! debout ! debout !
Il n'y aura plus désormais que deux catégories d'hommes : les veaux et les révolutionnaires. 3879
En cas de mariage, ça fera des réveaulutionnaires.
Slogan Mai 1968.

le monde va changer de base :
Celui qui sert une révolution laboure la mer. 3880
Simon Bolivar en 1830 dans Jean Descola *Les Libertadors (1978) ;* Fayard.

nous ne sommes rien, soyons tout !
Le meilleur métier du monde, c'est quand même révolutionnaire ! 3881
Dominique de Roux *Le Cinquième Empire (1977) ;* Belfond.

ni Dieu, ni César, ni tribun :
La vérité souffre souvent davantage de l'emportement de ses partisans que des arguments de ses opposants. 3882
William Penn *Fruits de la solitude (1693).*

soufflons nous-mêmes notre forge :
Il ne pouvait pas se moucher sans discourir sur les conditions de travail dans l'industrie du mouchoir. 3883
Cyril Connolly *The Evening Colonnade*[1] *(1973).*

battons le fer quand il est chaud :
La simple passion pour la justice sociale ne suffit pas à faire une révolutionnaire. 3884
Angelica Balabanoff[2] *Ma vie de rebelle (1938) ;* tr. Ph. Bonnet ; Balland.

---

1 - Connolly parlait de George Orwell. L'auteur de *La Vache enragée* (1933) avait fait longuement l'expérience de la misère (il avait été entre autres plongeur dans un restaurant parisien).
2 - Née en 1878 dans une famille de la grande bourgeoisie ukrainienne, Angelica Balabanoff a tout abandonné pour mener à travers l'Europe son combat révolutionnaire. Lénine la nomma secrétaire de la IIIe Internationale. Mais vite dégoûtée, elle quitta définitivement l'U.R.S.S.

les rois nous soûlaient de fumées :

3885 Mao Tsé-toung n'avait pas affaire à des gens qui passaient sept heures par jour à regarder la télévision.
Elaine Brown[1].

le grand parti des travailleurs :

3886 Un militant sans cœur est un être dangereux ; un militant sans sexe, un malade.
Conrad Detrez[2] *Les Noms de la tribu (1981) ;* Le Seuil.

l'oisif ira loger ailleurs :

3887 Je veux bien monter sur les barricades pour réclamer la grasse matinée, mais pas avant midi.
Maurice Roche *Opéra bouffe, entretien minute (1975) ;* Le Seuil.

3888 Ai-je milité si longtemps, à coups de tracts, de collages d'affiches, de meetings, pour me retrouver à grignoter du homard entre un conservateur anglais et un libéral hollandais ?
Huguette Bouchardeau *Choses dites de profil (1988) ;* Ramsay.

Militarisme

3889 Si toutes les mères coupent l'index droit de leur fils, les armées de l'univers se feront la guerre sans index... Et si elles lui coupent la jambe droite, les armées seront unijambistes... Et si elles lui crèvent les yeux, les armées seront aveugles, mais il y aura des armées, et dans la mêlée elles se chercheront le défaut de l'aine, ou la gorge, à tâtons...
Jean Giraudoux *La guerre de Troie n'aura pas lieu (1935) ;* Grasset.

l'étendard sanglant :

3890 Si on veut faire un geste symbolique, il ne faut pas brûler le drapeau, mais le laver.
Norman Thomas[3].

3891 Chaque fois que le temps a fait croître un bâton,
Au haut du bâton, l'homme a mis une lance[4].
Al-Mutanabbī[5] (915-965) dans René R. Khawam *Propos des Arabes sur la vie en société ;* Albin Michel.

---

1 - Leader des Panthères noires, expliquant les difficultés de la lutte aux U.S.A.
2 - Élève d'un séminaire de Louvain, Conrad Detrez est parti au Brésil lutter dans la guérilla. Arrêté et torturé, il a été expulsé manu militari vers l'Europe.
3 - Socialiste américain.
4 - Au bout de la lance, une flamme !
5 - Jeune chef d'une tribu bédouine insurgée, rallié au pouvoir dont il devint l'un des poètes officiels, il fut tué dans une embuscade tendue par des Bédouins.

Tout le monde, y compris les culs-de-jatte, était sans cesse sur le pied de guerre. 3892
Jacques Prévert *Lettre des îles Baladar (1952);* Gallimard.

marchons, marchons !
L'amour, comme la guerre, on le fait avec des chansons. 3893
José Hernández[1] *Martin Fierro (1872);* tr. P. Verdevoye.

un sang impur :
Faut qu'ça saigne 3894
Appuie sur la baïonnette
Faut qu'ça rentre ou bien qu'ça pète
Sinon t'auras une grosse tête
Faut qu'ça saigne.
Boris Vian *Textes et Chansons; « Les Joyeux Bouchers »;* Julliard.

La guerre préserve la santé morale des peuples. 3895
Friedrich Hegel *Sur l'étude scientifique du droit naturel (1905).*

Vous ne me dégoûterez pas de la guerre. On dit qu'elle anéantit les faibles, mais la paix en fait autant. 3896
Bertolt Brecht *Mère Courage (1937-1938);* tr. Serreau; L'Arche.

invalidité :
La guerre n'exprime plus l'instinct sexuel normal, ni même la passion qui l'utilise et le transcende, mais seulement cette perversion de la passion qu'est le complexe de castration. 3897
Denis de Rougemont *L'Amour et l'Occident (1938);* Plon.

Au commencement était la haine et l'amour, dit Empédocle : make love et make war font un couple terrible. En chacun. 3898
André Glucksmann *Les Discours de la guerre (1979);* Grasset.

Un Russe est descendu de son char pour arracher les bijoux d'une femme. Elle l'a poignardé. Aussitôt un autre Russe lui a tiré un coup de fusil. Alors, le mari l'a tué avant de se faire abattre par un troisième soldat. 3899
Patrice Franceschi *Ils ont choisi la liberté; la guerre d'Afghanistan (1981);* Arthaud.

Il y a eu dans l'Histoire la Terreur rouge et la Terreur blanche; on pourra y ajouter la Terreur militariste; la première employait pour inculquer ses idées la guillotine, la deuxième le couteau pour apprendre aux gens à vivre, et la troisième les compagnies de discipline et le peloton d'exécution pour ceux qui n'avaient pas le feu sacré. 3900
Les carnets de guerre de **Louis Barthas,** *tonnelier, 1914-1918;* intr. R. Cazols (1978); Maspero.

humaniste :
Il devint nécessaire de détruire la ville pour la sauver. 3901
Un major de l'armée américaine, cité par l'*Associated Press* à propos de la ville de Ben Tre, au Viêt-nam (1968).

---

1 - José Hernández fut de toutes les guerres civiles argentines, et de tous les complots et soulèvements contre les gouvernements de Buenos Aires.

Miracle

appétit :

3902 J'ai eu peine à en croire mes yeux. J'ai vu des limaçons à qui j'avais coupé le cou manger au bout de trois semaines. Saint-Denis porta sa tête, comme vous savez, mais il ne mangea pas.
Voltaire *Correspondance à Madame la marquise du Deffand.*

3903 L'âge des miracles passé ? C'est à jamais l'âge des miracles ici-bas.
Thomas Carlyle *Les Héros (1841);* tr. J.B.J. Izoulet-Loubatières.

commerce extérieur :

3904 Le miracle est, avec la vigne, l'une des principales cultures de la France.
Pierre Daninos *Les Carnets du major Thompson (1960);* Hachette.

3905 De par le Roi, défense à Dieu
De faire miracle en ce lieu.
Anonyme du XVIIIe siècle[1].

3906 Mieux vaut souffrir Dieu que faire des miracles.
Saint Jean de la Croix (1542-1591) *Œuvres complètes,* nouvelle édition établie et présentée par Lucien Marie de Saint Joseph.

3907 Le miracle est l'enfant chéri de la foi.
Johann Wolfgang Goethe.

3908 Dieu a fait le monde, le Diable a fait le miracle.
Alberto Moravia Propos rapporté par Jean-Noël Schifano dans *Le Monde,* 28 septembre 1990.

3909 Pourquoi me harceler par des prodiges, quand tu n'as besoin, pour me terrasser, que d'un syllogisme ? Quoi donc ! te serait-il plus facile de redresser un boiteux que de m'éclairer ?
Denis Diderot *Pensées philosophiques (1746).*

3910 Ce qui me paraît miraculeux, ce ne sont pas les miracles, mais les instants où Dieu n'en fait pas.
Didier Decoin[2] *Il fait Dieu (1976);* Julliard.

---

1 - Ces vers furent inscrits sur la porte du cimetière Saint-Médard, fermé en 1732 par ordre du roi à la suite des « désordres » provoqués par les convulsionnaires rassemblés autour de la tombe du diacre Pâris. Les pèlerins se glissaient sous la dalle de marbre noir, et mangeaient de la terre « sacrée ». Des crises de nerfs, des spasmes convulsifs s'ensuivaient, avec des guérisons, des visions, et des dons de prophétie.
2 - Didier Decoin obtint le prix Goncourt pour *John l'Enfer :* miracle ?

Le vrai miracle n'est pas de marcher sur les eaux, de voler dans les airs, il est de marcher sur la terre en rejoignant le ciel. 3911
Houeï Neng (638-713)[1] aphorisme cité par Marie-Madeleine Davy *Un itinéraire (1977);* Épi.

Ne tournez pas la tête : un miracle est derrière. 3912
Jules Supervielle *Gravitations (1925);* Gallimard.

Les miracles, cela arrive, ou presque. 3913
Edmonde Charles-Roux *Une enfance sicilienne (1982);* Grasset.

Quoi de neuf ? 3914
– Lazare est mort.
– Ah ! encore...
Coluche *Thérèse est triste.* Café-théâtre.

Miroir

Est miroir, tout ce qui est digne de contemplation. 3915
Vincent de Beauvais *Speculum Majus (v. 1254).*

Je déteste les miroirs, la procréation et les romans, qui encombrent l'univers d'êtres redondants qui nous émeuvent en vain. 3916
Roger Caillois *Le Fleuve Alphée (1978);* Gallimard.

Je suis né un peu à côté, 3917
La vie ne m'a rien précisé,
Même les miroirs ne me donnent que l'image
D'un physique indéterminé.
Jean-Michel Jarre *Le Chanteur du Grand Café,* chanté par P. Juvet; Éd. Rideau Rouge.

Confondant féminin et les femmes, les hommes demandent beaucoup de ce qui revient à leur féminin. 3918
Manz'ie *Souvenirs de la maison des femmes (1989);* Imprimerie nationale.

Les miroirs sont comme la conscience. On s'y voit comme on est, et comme on n'est pas. 3919
Miguel Angel Asturias *Hommes de maïs (1967);* tr. Miomandre; Albin Michel.

---

1 - Véritable fondateur du tch'an (le zen japonais), il fut, selon la tradition, ramasseur de bois mort et pileur de riz avant de devenir le sixième patriarche de l'école bouddhique du Dhyana.

3920 Quand l'homme se regarde beaucoup lui-même, il en arrive à ne plus savoir quel est son visage et quel est son masque.
Pio Baroja *Jeunesse et Égotisme (1917).*

3921 N'ayant pas de tombeau et se voulant en vie... il vola la famine et s'en fit une assiette qui devint son miroir et sa propre déroute.
René Char *Le Masque funèbre.*

Misanthropie

3922 C'est l'homme que je suis qui me rend misanthrope[1].
Jules Renard *Journal (1887-1910);* Gallimard.

boudeur :

3923 Et parfois il me prend des mouvements soudains
De fuir dans un désert l'approche des humains.
Molière *Le Misanthrope, I, 1 (1666).*

3924 Mon doux espoir, mon obscure nostalgie : me réconcilier avec l'humanité par l'entremise de la femme.
August Strindberg *Le Chemin de Damas (1898).*

3925 L'homme ne se fréquente pas pour vivre.
Paul Eluard *La nuit est à une dimension* in *Cahiers d'Art,* n°s 5-6, 1935.

3926 Le sens du grotesque m'a retenu sur la pente des désordres. Je maintiens que le cynisme confine à la chasteté.
Gustave Flaubert *Correspondance* à George Sand, 1866.

3927 Nul n'est plus misanthrope qu'un adolescent déçu.
Herman Melville *Redburn (1849);* tr. Guerne ; Marin.

3928 Camarades ! Il n'y a pas de camarades. Je ne vous aime pas. Vous pouvez vivre et vous amuser, ça m'est égal.
Jacques Rigaut *Pensées* (158) dans *Écrits (1970);* Gallimard.

3929 Je m'intéresse à n'importe qui sauf aux autres.
E.M. Cioran *Écartèlement (1979);* Gallimard.

3930 Les hommes m'ont raillé, ils m'ont rasé, enfants ils m'ont poussé dans la merde des cabinets... Sur la fin de ma vie courte, je n'aimais plus que chier, tranquille, sifflotant.
Jude Stefan *La Crevaison;* Gallimard.

3931 Le jardinage est un refuge pour les timides.
Françoise Tournier dans *Elle,* 12 novembre 1990.

---

1 - Et qui l'a rendu misogyne ?

Misère

joindre les deux bouts :
Le cri du pauvre monte jusqu'à Dieu, mais il n'arrive pas à 3932
l'oreille de l'homme.
Lamennais *Paroles d'un croyant (1834)*[1].

panade :
Une croûte de pain, ce n'est pas grand-chose, et c'est tout, 3933
cependant, pour le vagabond qui meurt de faim.
George Meredith *Les Comédiens tragiques (1880)*; tr. P. Neel.

Les artichauts, c'est un vrai plat de pauvre. C'est le seul plat 3934
que, quand t'as fini de manger, t'en as plus dans ton assiette
que quand t'as commencé.
Coluche.

Ensuite, ils mangèrent un plat de gravier où il y avait quelques 3935
lentilles.
Jules Renard *Journal,* 1894.

Quand ma mère n'avait rien, pas un gramme de beurre, elle 3936
nous tartinait de l'humour sur le pain.
B. Brecht *Dialogues d'exilés*; Arche, 1972.

Les factures s'entassent 3937
Et les bébés vont pieds nus
Et je suis fauché.
Norman Mailer *Le Chant du bourreau (1979)*; tr. J. Rosenthal; Laffont.

Elle avait toujours 3938
Dans son porte-monnaie
L'île au trésor
Et des pièces de un franc usées.
Frank Thomas *Dites-moi,* chanté par Michel Jonasz; Atlantic.

À sa grande surprise, des formes se détachèrent plusieurs fois de 3939
la foule et posèrent une pièce de monnaie dans le creux de sa
main. Il garda l'argent dans sa paume et remercia à chaque fois;
mais les formes fuyaient sans rien dire et se perdaient au loin.
J.M.G. Le Clézio *Le Déluge (1966)*; Gallimard.

Il n'y a que les mendiants qui puissent compter leurs richesses. 3940
William Shakespeare *Roméo et Juliette (1594-1595).*

---

1 - La même année, Charles de Montalembert parlait de Lamennais à son frère : « S'il avait voulu embrasser le parti des rois et des puissants, il y a longtemps qu'il eût été cardinal, comblé d'or et d'honneur. Ayant la cause des pauvres et des opprimés, il s'est lui-même condamné à la misère et à l'abandon général. »

va-nu-pieds :

3941 Il y a dans la vie du vagabond un besoin essentiel qui vient immédiatement après la faim, c'est celui des chaussures.
Eugène Brieux *La Robe rouge (1900).*

3942 L'homme nécessiteux ne marche pas comme un autre, il saute, il rampe, il se tortille, il se traîne, il passe sa vie à prendre et à exécuter des positions.
Denis Diderot *Le Neveu de Rameau (1762).*

3943 Le bonheur effectif paraît toujours assez sordide en comparaison des larges compensations qu'on trouve à la misère.
Aldous Huxley *Le Meilleur des mondes (1932)*; tr. J. Castier; Plon.

traîne-misère :

3944 Il y a deux misères, celle des haillons et celle de la grandeur.
Agustin Gomez-Arcos *Ana non (1977)*; Stock.

le diable par la queue :

3945 À voir tant de misère partout, je soupçonne que Dieu n'est pas riche. Il a des apparences, c'est vrai, mais je sens la gêne.
Victor Hugo *Les Misérables (1862).*

3946 Malheur à celui qui n'a pas mendié ! Il n'y a rien de plus grand que de mendier. Dieu mendie. Les anges mendient. Les rois, les prophètes et les saints mendient.
Léon Bloy *Le Mendiant ingrat, 1892-1895 (1898).*

3947 Ressemblons en quelque sorte à notre Roi qui n'eut pour maison que l'étable de Bethléem où il naquit et la croix où il mourut.
Sainte Thérèse d'Avila *Le Chemin de perfection (1565-1570)*; tr. Groult.

3948 Le monde souffre de ne pas avoir assez de mendiants pour rappeler aux hommes la douceur d'un geste fraternel.
Marcel Aymé *Clérambard (1950).*

3949 Nous sommes des mendiants, c'est bien vrai.
Dernières paroles de **Martin Luther.**

3950 C'est toujours comme ça, bon Dieu ! ragea Tintin. Quand on nous donne des sous, c'est jamais pour nous ! Faut absolument que les vieux posent le grappin dessus. Ils disent qu'ils font de grands sacrifices pour nous élever, qu'ils en ont bien besoin pour nous acheter des chemises, des habits, des sabots, j'sais ti quoi ! moi ; mais je m'en fous de leurs nippes, je voudrais qu'on me les donne, mes ronds, pour que je puisse acheter quelque chose d'utile, ce que je voudrais : du chocolat, des billes, du lastique pour une fronde, voilà !
Louis Pergaud *La Guerre des boutons (1912).*

3951 Il est malheureux pour les hommes, heureux peut-être pour les tyrans, que les pauvres, les malheureux, n'aient pas l'instinct ou la fierté de l'éléphant qui ne se reproduit point dans la servitude.
Chamfort *Œuvres complètes, I, 441-442*; intr. P.-R. Auguis.

Il est notoire que la famine rend rauques les voix les plus riches, 3952
les mieux timbrées.
Agustin Gomez-Arcos *Ana non (1977)*; Stock.

Le plus affreux chez les hommes qui meurent de faim, c'est leur 3953
comportement. Il ressemble tout à fait à celui des hommes sains, et, en même temps, c'est une semi-folie.
Varlam Chalamov[1]; tr. C. Fournier (1980); Maspero.

La carrière du pauvre débouche plus ou moins inévitablement un 3954
jour sur l'errance.
Jean-Michel Belorgey *La Gauche et les Pauvres (1988)*; Syros.

Misogynie

carrefour :
La femme est un être occasionnel et accidentel. 3955
Saint Thomas d'Aquin.

pauvre type :
Voici le meilleur conseil pour un homme raisonnable : ne crois 3956
pas une femme même si elle te dit la vérité.
Euripide Fragments; tr. R. Flacelière.

Donner à une femme du raisonnement, des idées, de l'esprit, 3957
c'est mettre un couteau dans la main d'un enfant.
Hippolyte Taine *Vie et Opinions de M. Frédéric Thomas Graindorge (1867).*

maquereau :
Toutes, vous autres femmes 3958
[...]
Vous êtes, vous serez, vous fûtes
De fait, ou de volonté, putes.
Jean de Meung *Le Roman de la Rose.*

Toute femme devrait être accablée de honte à la pensée qu'elle 3959
est femme.
Saint Clément d'Alexandrie cité par Jean Eugène Havel *La Condition de la femme (1961)*; Colin.

sorcière :
La méchanceté d'un homme fait de lui un démon, la méchanceté 3960
d'une femme fait d'elle un enfer.
Proverbe danois.

---

1 - Chalamov fut arrêté à 22 ans, en 1929, pour activité antisoviétique trotskiste, et déporté au goulag de Kolyma où il resta jusqu'en 1953.

mégère :

3961 Il y a moins de méchantes que de méchants, mais elles le sont davantage.
Jacques Duval *Afin de vivre bel et bien;* Albin Michel.

3962 Les femmes regardent dans votre poche et non dans votre cœur.
John Dos Passos *Manhattan Transfer (1925);*
tr. M.-E. Coindreau; Gallimard.

mauvaise vue :

3963 Les femmes notamment existent si peu pour moi que je parviens difficilement à les distinguer les unes des autres, comme les nègres, comme les moutons d'un troupeau.
Michel Tournier *Les Météores (1975);* Gallimard.

3964 Un homme sur deux est une femme.
Slogan M.L.F.

restes :

3965 La femme est le produit d'un os surnuméraire.
Jacques-Bénigne Bossuet *Élévations sur les mystères.*

3966 Ces dames. De beaucoup la plus désagréable moitié du genre humain.
André Lichtenberger *La Petite Sœur de Trott (1898).*

pantin :

3967 Les femmes seraient charmantes si on pouvait tomber dans leurs bras sans tomber dans leurs mains.
Ambrose Bierce *Collected Works, VIII.*

3968 Dès qu'on dit à une femme qu'elle est jolie, elle se croit de l'esprit.
Jules Renard (1864-1910) *Journal.*

3969 Dieu à la rescousse pour mieux garantir la différence des sexes, ce Dieu que les misogynes mettent toujours dans leur camp.
Benoîte Groult *Le Féminisme au masculin (1980);* Denoël Gonthier.

règlement de compte :

3970 Ce sexe (les femmes) est fait pour être assujetti; et je prédis aux peuples de l'Europe qu'ils n'auront des mœurs et de la tranquillité que lorsqu'ils l'auront remis à sa place.
Nicolas Restif de la Bretonne *La Paysanne pervertie (1784).*

pouah!

3971 L'homme de qualité se détourne de la femme comme le gastronome répugne aux viandes molles.
Stéphen Hecquet *Faut-il réduire les femmes en esclavage?*

lapin :

3972 Lorsqu'elles sont à l'heure, elles se sont trompées d'heure.
Sacha Guitry.

génie :
J'ai souvent envie de demander aux femmes par quoi elles remplacent l'intelligence. 3973
Alain au professeur Mondor.

Une fois qu'une femme vous a donné son cœur, on ne peut plus se débarrasser du reste. 3974
John Vanbrugh *The Relaps, II.*

Les femmes sont des poêles à dessus de marbre. 3975
Honoré de Balzac *Autre étude de femme.*

vacherie :
La plus grande saleté qu'on puisse faire à un homme qui vous a pris votre femme, c'est de la lui laisser. 3976
Sacha Guitry *La Pèlerine écossaise (1950);* Fayard.

promotion :
Toute femme qui se fera mâle entrera dans le Royaume des Cieux[1]. 3977
Réponse de **Jésus-Christ** à Simon Pierre. Évangile selon saint Thomas (Log. 114, 18).

éclaircissement :
L'infériorisation de la femme n'est due ni au hasard, ni à l'impérialisme masculin, ni à une infériorité réelle; elle est due uniquement à une confusion entre la femme et la phantasmère. 3978
Gabrielle Rubin *Les Sources inconscientes de la misogynie (1977);* Laffont.

Toutes des menteuses, même les saintes. 3979
Abbé O. Englebert[2] cité dans Julien Green *L'Arc-en-ciel, journal 1981-1984;* Le Seuil, 1988.

Mode

On juge une chemise à son col et un homme à sa chemise. 3980
Madeleine Ferron *Le Baron écarlate (1971);* Hurtubise H.M.H.

Je voulais que tout fût contradiction : le pantalon exagérément large, l'habit étroit, le chapeau trop petit et les chaussures énormes. 3981
Charlie Chaplin *Histoire de ma vie;* Robert Laffont, 1981.

---

1 - Le passage de l'âme au pneuma, à l'esprit, qui est au-delà de la distinction sexuelle.
2 - L'abbé Englebert est un hagiographe réputé.

3982 Si l'on savait comment Mahler nouait sa cravate, on apprendrait plus qu'en trois années de contrepoint au Conservatoire.
Arnold Schönberg propos rapporté par Henry-Louis de La Grange *Gustav Mahler (1979)*; Fayard.

3983 La mode étant l'imitation de qui veut se distinguer par celui qui ne veut pas être distingué, il en résulte qu'elle change automatiquement.
Paul Valéry *Tel quel (1943)*; Gallimard.

3984 Les gens vraiment dangereux portent en général le smoking.
Georges Simenon *À la découverte de la France*; Presses de la Cité.

3985 La mode, c'est quelque chose au bord du suicide.
Coco Chanel dans Jacques Laurent *Le Nu vêtu et dévêtu (1979)*; Gallimard.

3986 Pourquoi même les femmes pieuses portent-elles des jupes si courtes ?
Bruce Marshall *L'Évêque (1971)*; Le Seuil.

3987 La robe est parfois plus humaine que le corps.
Jean Follain *Usage du temps (1983)*; Gallimard.

3988 Le jeans, c'est un comportement, pas un vêtement.
Ulrich Plenzdorf *Les Nouvelles Souffrances du jeune W. (1975)*; tr. M.-L. Ponty/Audiberti; Le Seuil.

3989 N'importe qui peut être plein d'allant et de bonne humeur quand il est bien habillé. Y a pas grand mérite à ça.
Charles Dickens *Martin Chuzzlewit (1843-1844)*; tr. Castier; Stock.

3990 Chez certaines gens, un habit neuf, c'est presque un beau visage.
Marivaux *La Vie de Marianne (1731-1745)*[1].

3991 C'est entre la naissance de la religion et de l'art qu'il faut placer celle du vêtement.
Jacques Laurent *Le Nu vêtu et dévêtu (1979)*; Gallimard.

3992 Mademoiselle de Chevreuse traitait bientôt (ceux qu'elle aimait) comme ses jupes : elle les mettait dans son lit quand elles lui plaisaient; elle les brûlait, par pure aversion, deux jours après.
Cardinal de Retz *Mémoires (1717)*.

3993 On a dit que je changeais d'homme comme on change de bottines. Passez-moi le luxe, par charité; je ne puis porter éternellement la même paire.
André Breton *Littérature,* nouvelle série, n° 2, 1er avril 1922.

---

1 - Récit achevé seulement en 1761 par Mme Riccoboni.

Moi

moi à toi :
J'ai une bonne nouvelle pour toi, ça va bien pour moi. 3994
Bertrand Poirot-Delpech *Et moi, et moi, et moi* dans *Le Monde,* 18 septembre 1981.

Ça va ¿ – Ça va.– Toi, ça va ¿ – Ça va sans moi. 3995
Eugène Guillevic *Autres (1980);* Gallimard.

je interdit :
L'anarchie c'est Je. 3996
Slogan Mai 1968 dans Julien Besançon *Les murs ont la parole;* Tchou.

Rien ne brûle, en enfer, que le moi. 3997
Theologia Germanica; tr. Winkworth.

Notre refuge le plus sûr est de ne pas nous méconnaître nous- 3998
mêmes... Aucune chose instable n'est nous.
Saint Grégoire de Nysse dans *Cant. 2;* Éd. W. Jaeger; P.G. XV-XLVI.

Tu es ce qui n'est pas. Je suis ce que je suis[1]. 3999
Sainte Catherine de Sienne.

moi-m'aime :
Mon sujet favori, moi-même. 4000
James Boswell *Lettre à Temple (1857);* tr. Keller.

Il y a des moi plus moi que d'autres. 4001
Hector Bianciotti À propos des *Cahiers de Valéry* dans *Le Monde,* 29 avril 1988.

Je revenais des autres chaque fois guéri de moi. 4002
Andrée Chédid *Visage Premier (1972).*

psychanalyste :
J'avais un moi, mais je me le suis fait enlever par un chirurgien. 4003
Peter Sellers dans *Times,* 1980.

à moi !
[...] Le plus brave de nous a peur de son moi. 4004
Oscar Wilde *Le Portrait de Dorian Gray (1890).*

L'exception, c'est moi. 4005
Jacques Laffite interviewé par J.F. Jacquier dans *L'Express,* 9 octobre 1981.

---

1 - « Tu » désigne l'Être humain.

4006 Dire je est incomparablement plus modeste que dire nous. Cela devrait aller de soi. Mais non, disent-ils.
Georges Perros *Échancrures (1977)*; Calligrammes.

et moi, et moi, et moi...

4007 Tous les changements ont beau se produire – sociaux, politiques, religieux, planétaires –, chacun de nous n'en est pas moins rempli de sa vie privée.
Philippe Hériat *Duel (1974)*; Gallimard.

4008 L'environnement, c'est tout ce qui n'est pas moi.
Albert Einstein.

4009 Si un homme a une grande idée de lui-même, on peut être sûr que c'est la seule grande idée qu'il ait jamais eue dans sa vie.
Alphonse Esquiros *L'Esprit des Anglais (1870).*

où suis-je ?

4010 Le soi est à une distance nulle et infinie des choses.
Edmund Husserl.

4011 Je me suis rarement perdu de vue ; je me suis détesté, je me suis adoré ; puis nous avons vieilli ensemble.
Paul Valéry *Monsieur Teste (1896)*; Gallimard.

4012 Lorsque Dieu veut instruire de leur néant les idolâtres d'eux-mêmes, il se contente d'éterniser les adieux qu'ils disent à leur moi.
Roger Judrin *Ténèbres d'or*; L'Aire.

4013 On n'est jamais mieux déçu que par soi-même.
Jean-Marie Poupart *C'est pas donné à tout le monde d'avoir une belle mort*; Éditions de Montréal.

4014 Tout est si relatif, et moi je suis tellement subjectif.
Petar Šegedin *Sourire noir (1969)*; Calmann-Lévy.

4015 [...] Quand on se replie sur soi-même, on risque fort de ne plus voir où l'on va.
Jean-Marie Poirier *Le Prix du souvenir.*

4016 Si je ne suis pas pour moi, qui est pour moi ? Et lorsque je m'occupe de moi-même, que suis-je ? Et si ce n'est maintenant, quand ?
Chapitres des pères (IIe s.).

4017 Le plus intime en nous, ce sont les autres.
Jean-François Bory *Pas tout le même jour*; Flammarion.

Monde

Qu'est-ce qui nous retient à ce globe en dehors de la pesanteur ? 4018
Stanislas Jerzy Lec *Pensées échevelées (1988)*; tr. A. et Z. Kosimor ; Éd. Aldine.

Je suis d'un monde inique, et qui se croit unique. 4019
Jean Cayrol *Poésie journal (1977)*; Le Seuil.

Le monde est un crime parfait, sans mobile et sans auteur. 4020
Jean Baudrillard *Cool Memories 2 (1987)*; Galilée.

Le seul monde véritable est celui que nous créons en nous, le 4021
seul monde sincère est celui que nous créons contre les autres.
Georges Henein dans Sarane Alexandrian *Georges Henein*; Seghers.

Le monde... a toujours fait tous les « crimes », je dis les crimes, 4022
pour n'avoir pas à entrer dans l'affre.
Antonin Artaud *Suppôts et Suppliciations (1978)*; Gallimard.

Le monde ne sera sauvé, s'il peut l'être, que par des insoumis. 4023
André Gide *Journal, Feuilles de route,* 24 février 1946 ; Gallimard.

Le monde appartient aux optimistes, les pessimistes ne sont que 4024
des spectateurs.
François Guizot.

Je chante ceux qui ont compris que, tel un rêve, le monde n'est 4025
que pensée.
Inscription de Vatt Sathor (au Cambodge).

Le monde n'est grand qu'à la clarté des lampes. 4026
Suzanne Prou *Le Rapide Paris-Vintimille (1977)*; Mercure de France.

Une fois que tes yeux seront ouverts, le monde t'apparaîtra 4027
un rêve.
Éva de Vitray-Meyerovitch *Anthologie du soufisme (1978)*; Sindbad.

Monstre

4028 Chacun en lui a son petit monstre à nourrir.
Madeleine Ferron *La Fin des loups-garous (1966);* Hurtubise H.M.H.

4029 Le personnage de Pinocchio est le fantasme des biologistes : un assemblage d'éléments articulés plus une « âme ».
Michel Bounan *Le Temps du sida;* Allia.

4030 L'homme n'est peut-être que le monstre de la femme, ou la femme le monstre de l'homme.
Denis Diderot *Le Rêve de d'Alembert (1769).*

4031 Fricophage, le dossier, ce monstre, grossit et se repaît de la souffrance des autres.
Colette Piat *Une robe noire accuse (1976);* Presses de la Cité.

4032 Il arrive à chacun de se croire un surhomme tant qu'il ne s'est pas aperçu qu'il est en même temps mesquin, impur et perfide.
Ernesto Sábato *Le Tunnel (1978);* tr. Sangrador; Gallimard.

4033 Une femme sans homme, horreur, c'est une espèce de grand kangourou qui va partout avec une poche vide.
Violette Leduc *La Folie en tête (1970);* Gallimard.

4034 On est toujours le monstre de quelqu'un.
Solo-Télévisions; Éditions Focus.

Mort

4035 La mort, selon les sauvages, est une grande femme fort belle, à laquelle il ne manque que le cœur.
François René de Chateaubriand *Pensées, réflexions et maximes;* Le Temps singulier.

incognito :
4036 Jeune à jamais la mort pour qui la reçoit
Vierge quand elle se nomme
Sans nom quand elle se donne
Quelle promise, et que de nuits devant toi !
Robert Mallet *Silex éclaté (1976);* Gallimard.

La mort 4037
Belle à jamais
D'être l'avenir de Dieu.
Michel Levanti Les poètes de la revue *Fontaine.*

Ô Mort le seul baiser aux bouches taciturnes ! 4038
Stéphane Mallarmé *Poésies ; Le Guignon.*

La mort est belle, elle est notre amie ; néanmoins, nous ne la reconnaissons pas, parce qu'elle se présente à nous masquée et que son masque nous épouvante. 4039
François René de Chateaubriand *Mémoires d'outre-tombe (1848).*

Nous sommes comme des chouettes devant le soleil de la mort. 4040
André Miquel *Voix arabes* dans *Le Monde,* 9 mai 1980.

Je suis persuadé qu'on rencontre sa mort durant sa vie. Mais on ne la reconnaît pas. A peine risque-t-on d'en sentir le frisson. Souvent dans le regard d'autrui. 4041
Georges Perros *Échancrures (1977) ;* Calligrammes.

Savoir questionner la mort, et lors même de son agonie douter de sa fin. 4042
Nathalie Clifford-Barney *Un panier de framboises (1979) ;* Mercure de France.

abonné absent :
Ce n'est pas que j'aie peur de la mort. Je veux seulement ne pas être là quand elle arrivera. 4043
Woody Allen dans *Newsweek,* 1975.

diminution :
La mort ne survient pas au milieu d'un tricot. 4044
Jean-Claude Pirotte *Journal moche (1981) ; Nota Bene,* n° 1 ; Luneau Ascot.

Le décor de la mort : quelques meubles conventionnels et quatre murs. 4045
Vladimir Nabokov *Terra incognita.*

La mort attrape d'abord ceux qui courent. 4046
Jean Giono *L'Iris de Suse (1970) ;* Gallimard.

On ne meurt pas d'être né, ni d'avoir vécu, ni de vieillesse. On meurt de quelque chose. 4047
Simone de Beauvoir *Une mort très douce (1965) ;* Gallimard.

prête-nom :
Les gens ne croient plus à la mort. Ils croient à l'usure. 4048
Françoise Sagan *Réponses (1974) ;* J.-J. Pauvert.

La mort n'est pas un grand voyage, elle n'est pas semblable au sommeil. Elle n'est pas une maladie. C'est la maladie des maladies. 4049
Vladimir Jankélévitch interviewé dans *Le Monde* du 10 décembre 1971.

4050 La mort, quel déshonneur ! Devenir soudain objet...
E.M. Cioran *Écartèlement (1979)* ; Gallimard.

4051 La mort est une loi, non pas un châtiment.
François Maynard (1582-1646) [1].

4052 Dieu ne fit la mort que pour des raisons de commodité.
Avicenne (980-1037) *Traité sur la délivrance de la crainte de la mort* transcrit dans **M.M. Gorce** *L'Essor de la pensée au Moyen Âge.*

4053 La mort de tout homme m'amoindrit parce que je fais partie de l'humanité ; c'est pourquoi ne demande jamais pour qui sonne le glas, il sonne pour toi.
John Donne (1573-1631) *Devotions.*

4054 Nous croyons être affligés de la mort d'une personne, quand c'est la mort seule qui fait impression sur nous.
Gabriel Sénac de Meilhan (1736-1803) *Histoire de la vicomtesse de Vassy.*

4055 La mort est le plus profond souvenir.
Ernst Jünger dans *La Délirante,* n° 7, automne 1979.

4056 La mort est le regret de la vie.
Joë Bousquet *Les Cahiers du double.*

4057 On entre, on crie,
Et c'est la vie.
On crie, on sort,
Et c'est la mort.
Ausone de Chancel *(1808-1878).*

4058 Mais mourir
Ce peut être une grande fatigue
Un soir
Un aveu.
Serge Moati interviewé par Guillevic ; *TF1,* 28 avril 1978.

4059 Merci, et la Mort s'étonne ;
Merci ; la Mort n'insiste pas ;
Merci, c'est le jour qui s'en va ;
Merci simplement à un homme
S'il tient en échec le glas.
René Char *Les Matinaux (1950)* ; Gallimard.

4060 Épitaphe (n.) : inscription sur une tombe, montrant que les vertus acquises grâce à la mort ont un effet rétroactif.
Ambrose Bierce *Dictionnaire du diable (1911).*

---

1 - Vers la fin de sa vie, Maynard perdit un fils, une fille et sa femme !

Mortalité

Dieu s'aigrit, il envie à l'homme sa mortalité. 4061
Jacques Rigaut *Écrits (1970);* Gallimard.

attention au départ :
La mort n'est, en définitive, que le résultat d'un défaut 4062
d'éducation puisqu'elle est la conséquence d'un manque de savoir-vivre.
Pierre Dac *Pensées (1972);* Presses Pocket.

Devant la mort, il n'y a pas d'égalité ni d'équité [1]. 4063
Léon Schwartzenberg et **Pierre Viansson-Ponté** *Changer la mort (1979);* Albin Michel.

Une maison, un costume, la nourriture d'un jour suffisent à celui 4064
qui mourra demain; plus d'un meurt au milieu de la journée, et la moitié de la nourriture est perdue.
Ali Ibn Abu Taleb [2] (603-661) *Le Chemin de l'éloquence;* tr. Dermenghem dans *Les Plus Beaux Textes arabes (1951);* Vieux Colombier.

attachez vos ceintures :
La différence entre le sexe et la mort, c'est que mourir, vous 4065
pouvez le faire seul, et personne ne se moquera de vous.
Woody Allen dans *New York Herald Tribune,* 1975.

Le désir d'avoir une mort bien à soi devient de plus en plus 4066
rare... Jadis, l'on savait que l'on contenait sa mort comme le fruit son noyau. Et cette conscience vous donnait une singulière dignité, une silencieuse fierté [3].
Rainer Maria Rilke *Cahiers de Malte Laurids Brigge (1910);* tr. Jacottet; Le Seuil.

traction avant :
Y a-t-il une vie avant la mort ? 4067
Stanley Elkin *Au commencement était la fin (1981);* tr. J.-P. Carasso; Laffont.

Issu de la Mort, lentement 4068
T'efface la Vie.
Gunnar Ekelöf *Diwan sur le prince d'Emgion (1965);* tr. Bjurström et Mathieu; Gallimard.

---

1 - En novembre 1972, dans le journal *La Suisse*, l'historien Pierre Chaunu écrivait : « L'égalité devant la mort est un mythe. L'échéance avance ou retarde au gré d'horloges qui s'appellent conditions sociales, économiques et politiques. »
2 - Cousin de Mahomet, il fut l'un des premiers convertis à l'Islam. En 623 ou 624, il épousa Fatima, fille du Prophète et de Khadidja, et fut élu calife en 656.
3 - C'est le thème de la prière du Livre d'heures :
« Seigneur, donne à chacun sa propre mort,
Qui soit vraiment issue de cette vie. »

4069 La mort lui apparaissait comme un sacre dont seuls les plus purs sont dignes : beaucoup d'hommes se défont, peu d'hommes meurent.
Marguerite Yourcenar *Feux (1973);* Gallimard.

4070 Le plus semblable aux morts meurt le plus à regret.
Jean de La Fontaine *Fables, La Mort et le mourant.*

bon voyage !

4071 On ne se prépare pas plus à mourir qu'on ne s'était préparé à vivre.
Roger Judrin *Ténèbres d'or;* L'Aire.

4072 L'acheminement vers la mort est une fuite inconsciente pour échapper à la douleur et à la pénurie.
Herbert Marcuse *Éros et civilisation (1963);* tr. J.-C. Nény et B. Fraenkel ; Éd. de Minuit.

4073 Ce serait un moindre mal de mourir si l'on pouvait tenir pour assuré qu'on a du moins vécu.
Clément Rosset *Le Réel et son double (1976);* Gallimard.

4074 Le beau jour se prouve au soir.
Li respit del curteis e del vilain.
Manuscrit du XIVe s. ; Oxford.

4075 Mourir, c'est fermer une parenthèse.
Pierre Baillargeon *Commerce.*

4076 [...] La mort suit de près ce qui a osé être.
Gilbert Choquette *La Défaillance.*

4077 Qui aime la mort aime la vie.
François Mitterrand interview dans *Lire* n° 37, 1978.

4078 On n'est pas d'accord avec la vie tant qu'on n'est pas d'accord avec la mort.
Alexandre Vialatte cité par Ferny Besson *A. Vialatte ou la complainte d'un enfant frivole;* Lattès.

4079 Si tu veux pouvoir supporter la vie, sois prêt à accepter la mort.
Sigmund Freud *Essais de psychanalyse (1905);* tr. Jankélévitch ; Payot.

4080 Chaque chose cherche sa perfection dans la mort.
Augusto Roa Bastos *Moriencia (1969);* tr. M. Bibard ; Flammarion.

4081 Et puis, mourir n'est rien, c'est achever de naître !
Cyrano de Bergerac *La Mort d'Agrippine (1654).*

4082 La vie est une grande surprise. Pourquoi la mort n'en serait-elle pas une plus grande ?
Vladimir Nabokov dans *Time,* 1981.

terminus :
Un enfant lisant les épitaphes sur les tombes d'un cimetière 4083
demanda à son père dans quel coin du cimetière on enterrait les méchants.
Robert Sabatier *Dictionnaire de la mort (1967);* Albin Michel.

Mot

Les mots sont des pistolets chargés. 4084
Brice Parain [1].

On a peur de tout, et d'abord des mots... Bientôt le mort sera 4085
un non-vivant et le paralytique un non-marchant... Demain, les abbés, flics, cuistots et péripatéticiennes seront priants, verbalisants, cuisinants et baisantes.
François Nourissier dans *Madame Figaro,* 8 septembre 1990.

Je n'écoute pas les mots, mais le mutisme qui parle en eux. 4086
Paul La Cour *Fragments d'un journal (1948).*

mot à mot :
La conscience des mots amène à la conscience de soi : à se 4087
connaître, à se reconnaître.
Octavio Paz *À propos de López Velarde (1965); Léa;* Seghers.

C'est au-delà des mots que se font les vraies adhésions. 4088
Patrick Segal *L'Homme qui marchait dans sa tête (1977);* Flammarion.

Les mots sont les passants mystérieux de l'âme. 4089
Victor Hugo *Les Contemplations (1856).*

En nous, il y a des mots qui rêvent. 4090
Gaston Bachelard *Fragments d'une poétique du feu (1988);* P.U.F.

Les mots ne veulent pas dire les sentiments, les passions ou les 4091
obsessions. Cela ne les intéresse pas. Ils vibrent et tremblent comme des oiseaux avant de crier.
J.-M.G. Le Clézio *L'Inconnu sur la Terre (1978);* Gallimard.

Stupéfiant cœur humain qu'une syllabe peut faire trembler 4092
comme un arbre secoué.
Émily Dickinson *Autoportrait au roitelet;* tr. P. Reumaux *(1988);* Hatier.

---

1 - Brice Parain est l'auteur des *Recherches sur la nature et les fonctions du langage* (Gallimard).

4093 – Il est mort, papa ?
– Mais non, il est décédé.
– Ah ! bon, il n'est pas mort.
Coluche cité par Philippe Boggio dans *Coluche;* Flammarion.

4094 Les mots possèdent... ce prodigieux pouvoir de rapprocher et de confronter ce qui sans eux resterait épars... Une épingle, un cortège, une ligne d'autobus, un complot, un clown, un chat.
Claude Simon *Les Corps conducteurs (1971);* Éd. de Minuit.

4095 [...] Le mot pour rire, le mot qui ne vient jamais quand on l'appelle.
Jean Tétreau *Volupté de l'amour et de la mort.*

4096 [...] Seuls les mots de trop signifient quelque chose.
Jean-Marie Poupart *Angoisse play.*

4097 Les paroles sont des femmes, les actes sont des mâles, et quand une parole se laisse engrosser, il ne naît jamais que des mots, mais ce sont des mots qu'aucun acte n'arrêtera.
Joë Bousquet *Le Roi du sel (1977);* Albin Michel.

4098 Désirant attirer les aveugles,
Le Bouddha laissa plaisamment s'échapper les mots de sa bouche d'or ;
Le ciel et la terre sont remplis, depuis lors, de ronces qui enchevêtrent tout.
Dai-O-Kokushi.

4099 On attache trop d'importance au mot amour, au verbe aimer. C'est un mot qui marche sur sa réputation. On a beau vouloir le remettre à sa place, rétablir les faits, il reste plus beau que les autres. Plus patiné.
Claire de Lamirande *Jeu de clefs.*

4100 Ceux qui ont créé les mots croyaient au délire.
Platon dans Shoshana Felman, *La Folie et la Chose littéraire (1978);* Le Seuil.

4101 Il faut enfoncer les mots dans la réalité jusqu'à les faire délirer comme elle.
José Galvan cité par Juan Gelman *Le Silence des yeux (1981);* tr. M. Goldstein ; Cerf.

4102 Les mots finissent toujours par construire le contraire d'eux-mêmes.
Carlos Fuentes *La Tête de l'hydre (1978);* tr. J.-F. Reille ; Gallimard.

4103 Les mots savent ce que nous ignorons d'eux.
René Char *Chants de la Balandrane (1977);* Gallimard.

mot de trop :

4104 Que suis-je pour moi-même ? Un mot qui me corrige.
Alain Bosquet *Poèmes, un (1945-1967);* Gallimard.

J'ai rarement connu un être profond qui ait un mot à adresser au monde, sauf pour bégayer de force quelque chose afin de gagner sa vie. 4105
Herman Melville *Moby Dick (1851).*

Dans le ferraillement verbal du prestige et de l'intérêt, avoir le dernier mot ne dissimule même plus qu'on a la dernière des vies. 4106
Raoul Vaneigem *Le Livre des plaisirs (1979);* Encre.

La chair contre la chair produit un parfum, mais le frottement des mots n'engendre que souffrance et division. 4107
Anaïs Nin *Journal (1933);* tr. Van der Elst; Stock.

mot clef :
Définir, c'est entourer d'un mur de mots un terrain vague d'idées. 4108
Samuel Butler *Carnets (1912);* tr. V. Larbaud; Gallimard.

Les mots, parfois, sont des errants. 4109
Pierre Oster Soussouev *Requêtes (1977);* Fata Morgana.

La liberté, c'est un mot qui a fait le tour du monde et qui n'en est pas revenu. 4110
Coluche cité par Philippe Boggio dans *Coluche;* Flammarion.

gros mot :
Quant au mot, qui plus que sa bravoure a fait sa renommée, Cambronne s'est toujours défendu de l'avoir prononcé... Interrogé vers 1830 par le général Bachelu sur sa réponse aux Anglais, Cambronne, agacé, s'écria : « Comment ! Toi aussi ! Ça devient emmerdant. » 4111
Jean-Lucas Dubreton *Soldats de Napoléon (1977);* Tallandier.

Je ne crois pas que quoi que ce soit d'important puisse s'exprimer en mots de plus de quatre syllabes. 4112
Roger Caillois *Approches de l'imaginaire (1974);* Gallimard.

Qu'est-ce que Dieu ? C'est une diphtongue. 4113
Henri Michaux.

grands mots :
Les expressions peu compromettantes, comme religion, famille, patrimoine de nos aïeux ou unité de l'Europe, doivent toujours être prononcées la bouche froide et une main sur le diaphragme. Inutile de se dépenser. 4114
Camilo José Cela *Mrs. Caldwell parle à son fils (1968);* tr. Moreau-Arrabal; Denoël.

mot d'ordre :
« Emmène-moi dans ta chambre, et baise-moi... 4115
– Il y a dans ton vocabulaire quelque chose d'indéfinissable et qui laisse à désirer. »
Philip K. Dick *Le Bal des schizos (1975);* Champ Libre.

4116 L'amour des mots est en quelque façon nécessaire à la jouissance des choses.
Francis Ponge *Le Grand Recueil (1961)*; Gallimard.

mots de tête :
4117 Les mots que je prononçais moi-même me faisaient l'effet d'un bourdonnement d'insecte.
Samuel Beckett *Molloy (1951)*; Éditions de Minuit.

dernier mot :
4118 Quand quelqu'un dit : je me tue à vous le dire ! Laissez-le mourir !
Jacques Prévert *Spectacle (1951)*; Gallimard.

Musée

4119 Le musée, c'est l'équivalent de la retraite des vieux pour les œuvres d'art.
Louis Pons *Le Dessin*; Robert Morel.

4120 L'art est la présence dans la vie de ce qui devrait appartenir à la mort ; le musée est le seul lieu du monde qui échappe à la mort .
André Malraux *La Tête d'obsidienne (1974)*; Gallimard.

4121 Une œuvre d'art existe en tant que telle à partir du moment où elle est regardée.
Nicos Hadjinicolaou *Histoire et critique des arts.*

4122 Ce à quoi une cinémathèque ressemble le plus, c'est certes par un côté à une bibliothèque, mais par un autre à un musée de l'automobile. Dans un tel musée, on admire çà et là de merveilleux modèles, dont les formes et les techniques semblent même parfois enjamber les années et pressentir l'avenir, mais l'admiration qu'on leur accorde reste serve de la chronologie ; ce qui est venu ensuite, même moins réussi, les déclasse formellement ; s'installer à leur volant ne peut relever que du travestissement et de la parodie.
Julien Gracq *En lisant, en écrivant (1981)*; José Corti.

4123 Ce qui entend le plus de bêtises dans le monde est peut-être un tableau de musée.
Edmond et **Jules de Goncourt** *Journal, mémoires de la vie littéraire (1887-1896).*

Musique

La musique est l'âme de la géométrie. 4124
Paul Claudel *Journal (1904-1955);* Gallimard.

musique de chambre :
La musique est l'aliment de l'amour. 4125
William Shakespeare *La Nuit des rois (1599).*

Swann tenait les motifs musicaux pour de véritables idées, 4126
d'un autre monde, d'un autre ordre, idées voilées de ténèbres, inconnues, impénétrables à l'intelligence.
Marcel Proust *Du côté de chez Swann (1913).*

chorale :
La musique, ce refuge des âmes ulcérées par le bonheur. 4127
E.M. Cioran *Syllogismes de l'amertume;* Gallimard.

Le vase donne une forme au vide et la musique au silence. 4128
Georges Braque dans *De la palette à l'écritoire;* anthologie de A. Lhote; Corréa.

La musique, le plus cher et le plus ennuyeux des bruits. 4129
Attribué à **Théophile Gautier.**

jazz :
Traversée directement par les désirs et les pulsions, la musique 4130
n'a jamais eu d'autre sujet que le corps.
Jacques Attali *Bruits (1978);* P.U.F.

Une femme ressemble à une flûte : à chaque trou sa note. Mais 4131
les hommes jouent toujours le même air. Ils sont dessus et nous dessous. Ils foutent, nous sommes foutues. C'est toute la différence.
Félix Salten. *Histoire d'une fille de Vienne racontée par elle-même.*

Tôt ou tard, nous devrons répondre à cet appel des ténèbres, 4132
aller voir ce qu'il y a derrière cette impérieuse mélancolie qui sort des saxophones.
Paul Morand *Magie noire (1928);* Gallimard.

pacte atlantique :
Les Français sont faits pour composer de la musique d'opéra, les 4133
Italiens pour la chanter, les Allemands pour la jouer, les Anglais pour l'entendre et les Américains pour la payer.
Enrico Caruso (1873-1921).

Je n'ai jamais compris pourquoi dans les théâtres d'opéra on 4134
laissait entrer les spectateurs des trois premiers rangs avec des instruments de musique.
Alfred Jarry cité par Jean-Claude Carrière; éd. 1900.

4135 Le vrai pacifisme est la plus belle forme d'humanité. Mais si un homme vous coupe une main, vous n'allez pas lui tendre l'autre. Du moins pas si vous voulez continuer à jouer du piano.
Sam Peckinpah dans *Playboy,* 1972.

blues :

4136 Je me suis réveillée ce matin, les idées molles,
Je me mets au piano mais j'accroche trop de bémols.
Jean-Michel Jarre *Les Idées molles,* chanté par P. Juvet ;
Éd. Rideau Rouge.

4137 Elle passe ses nuits sans dormir
À gâcher son bel avenir
La groupie du pianiste
Dieu que cette fille a l'air triste
Amoureuse d'un égoïste.
Michel Berger *Beauséjour ;* Éd. Musicales.

4138 Il n'arrive à personne d'entendre pour la première fois un chant étranger, quel qu'il soit, sans avoir envie d'en rire.
Charles de Brosses *Lettres italiennes à M. de Maleteste (1739).*

4139 Le jour du quatorze juillet
Je reste dans mon lit douillet
La musique qui marche au pas
Cela ne me regarde pas.
Georges Brassens *La Mauvaise Réputation ;* éd. Ray Ventura.

4140 [...] Là où est la musique, il n'y a pas de place pour le mal.
Miguel de Cervantès *Don Quichotte (1605).*

4141 Un célèbre abbé de mes amis, métaphysicien de la première force, croyait que tous les hommes étaient musiciens nés ; parce qu'il ne se souvenait pas d'avoir appris les airs avec lesquels sa nourrice l'endormait.
Julien Offroy de La Mettrie *Traité de l'âme (1745).*

4142 Les mille clairons du désir, les mille tam-tams du sang résonnèrent dans mes veines, et les mille violons du plaisir attaquèrent leur valse pour nous.
Françoise Sagan *Un profil perdu (1974) ;* Flammarion.

petite annonce :

4143 Musicien échangerait pull-over usagé mais en parfait état contre boléro de Ravel.
Jacques Pessis *L'Os à moelle,* almanach 1978 ; Mengès.

4144 Ma tête et mes mains sont tellement prises par le troisième acte qu'il n'y aurait rien de miraculeux si j'étais moi-même transformé en un troisième acte.
Wolfgang-Amadeus Mozart Lettre à son père, 1781.

4145 Autant de sons nés du même instrument, autant de champignons nés d'une même humidité.
Tchouang-Tseu (v. 350-275 av. J.-C.) *Œuvres ;* tr. Wieger, II, A.

La musique d'ambiance... n'est pas innocente. Elle n'est pas 4146
qu'une façon de dominer les bruits pénibles du travail. Elle peut être l'annonce du silence général des hommes.
Jacques Attali *Bruits (1978);* P. U. F.

Mystère

d'où viens-je ?

Le premier homme devait voir des présages partout, il devait 4147
frissonner à chaque pas.
Giorgio de Chirico dans André Breton *Le Surréalisme et la Peinture (1928);* Gallimard.

Un mouton dans le pré me fixe les yeux ronds. 4148
Il a peur ; il croit voir le premier homme.
[...] Je crois voir le premier mouton.
Christian Morgenstern *Naissance de la philosophie;* tr. Lasne.

La plus belle chose que nous puissions éprouver, c'est le mystère 4149
des choses.
Albert Einstein *Comment je vois le monde (1934);* tr. Cros ; Flammarion.

où suis-je ?

Le monde est empli de merveilles et plein de mystères 4150
splendides et redoutables. Et la petite main de l'homme se pose sur ses yeux pour voiler la frémissante lumière[1].
Baal Chem Tov *Israël de Medzyboz* cité dans G. Scholem *Les Grands Courants de la mystique juive;* tr. M.-M. Davy (1977) ; Payot.

Toute chose est un geste. 4151
Matta interview par F.C. Toussaint dans *Les Lettres françaises,* 16 juin 1966.

La plus humble chose a sa vérité silencieuse. 4152
Oscar Vladislas de Lubicz Milosz *Poèmes (1930);* J.-O. Fourcade éd.

La rose est un jardin où se cachent des arbres[2]. 4153
Djalal-Eddine Roumi dans Salah Stétié *La Unième Nuit;* Stock.

---

1 - Dans son itinéraire spirituel, l'homme peut choisir librement son guide, le sadiq (le « juste »). En se dégageant ainsi de la tutelle rabbinique, le hassidisme du Baal Chem Tov (le « Maître du Bon Nom ») se heurta violemment au judaïsme officiel.
2 - Cette pensée passe pour l'une des plus belles de la littérature orientale.

4154 Les mystères les plus profonds résident dans les objets naturels les plus simples.
Ludwig Feuerbach *Critique de l'anti-Hegel (1844)* dans *Manifestes philosophiques;* tr. Althusser; P. U. F.

4155 Quand les mystères sont très malins, ils se cachent dans la lumière.
Jean Giono *Ennemonde (1968);* Gallimard.

4156 La clarté, c'est une juste répartition d'ombres et de lumières.
Johann Wolfgang Goethe *Maximes et Réflexions;* tr. G. Bianquis; Gallimard.

4157 Et pourquoi les couleurs ne seraient-elles pas sœurs des douleurs, puisque les unes et les autres nous attirent dans l'éternel ?
Hugo von Hofmannsthal *Lettre d'un voyageur rentré dans son pays (1907)* dans Coche de La Ferté *Hofmannsthal;* Seghers.

4158 La beauté n'est qu'une équation de nombres.
Saint Bonaventure (1221-1274) cité dans Édouard Jeauneau *La Philosophie médiévale;* P. U. F.

que sais-je ?

4159 On dit : « Tout se sait. » Non, tout ne se sait pas puisque, par définition, ce qui ne se sait pas ne se sait pas.
Alfred de Musset.

4160 Quand nous disons qu'une chose est infinie, nous voulons seulement dire que nous ne sommes pas capables d'en concevoir les termes et les bornes : ce n'est pas de la chose que nous avons une conception, mais de notre incapacité.
Thomas Hobbes *Léviathan (1651).*

4161 Toutes les choses ont leur mystère, et la poésie, c'est le mystère de toutes les choses.
Federico Garcia Lorca 1936, *Causerie sur le théâtre;* tr. Belamich; Gallimard.

4162 L'objet, c'est la poétique.
Propos de **Georges Braque.**

4163 Le monde existe pour la langue et l'offrande.
Albert Béguin *La Réalité du rêve (1974);* Le Seuil.

4164 Une femme, c'est le mystère à portée de la main.
André Berthiaume *Contretemps (1971);* Cercle du livre de France.

qui suis-je ?

4165 Nous agissons toujours comme si quelque chose dépassait en valeur la vie humaine... Mais quoi ?
Antoine de Saint-Exupéry *Vol de nuit;* Gallimard.

4166 Chaque âme est à elle seule une société secrète.
Marcel Jouhandeau *Algèbre des valeurs morales (1935);* Gallimard.

Je plains ceux pour qui il n'y a pas de mystère : ils n'ont de 4167
mystère pour personne.
André Suarès *Le Voyage du condottiere (1910-1932).*

Mystères sacrés

surprise-partie :
Les pensées de Dieu sont des fêtes oubliées. 4168
André Frossard *L'Art de croire (1979)*; Grasset.

La vie est une sorte de mystère triste dont la foi seule a le 4169
secret.
Lamennais *Paroles d'un croyant (1834).*

Dieu dit... : je me cache, mais personne ne veut me chercher. 4170
Rabbi Baruch[1] cité dans l'*Encyclopédie des mystiques*; dir. M.-M. Davy; Seghers.

La lumière des mystères pénètre mieux chez ceux qui ne s'y 4171
attendent pas.
Saint Ambroise de Milan (mort en 397)[2] *Des Mystères.*

scrabble :
La révélation est au genre humain ce que l'éducation est à 4172
l'individu.
Gotthold Ephraim Lessing *L'Éducation du genre humain (1780)*; tr. Grappin; Aubier.

D'abord spontanée, puis inspirée, et ensuite révélée, la religion 4173
devient enfin démontrée.
Auguste Comte *Système de politique positive (1852-1854).*

Les diverses combinaisons abstraites ne font que substituer aux 4174
mystères chrétiens des mystères encore plus incompréhensibles.
François René de Chateaubriand *Mémoires d'outre-tombe (1850).*

L'homme ne paraît sûr de lui qu'en ces activités qui ne le 4175
concernent pas à fond : le jeu, la conquête, les laborieux échafaudages historiques à bases éthiques, ou lorsqu'il règle son compte au mystère central par le truchement d'une quelconque révélation.
Julio Cortázar *Marelle (1963)*; tr. Guille et Rosset; Gallimard.

---

1 - Maître hassidique du XIXe s.
2 - Nommé consul de la province de Milan, Ambroise fut choisi par la population pour succéder à l'évêque Auxence. Effrayé, Ambroise sortit de l'église et se rendit au tribunal où il fit illico torturer un prévenu. La foule ayant éventé la ruse, il se précipita chez lui et fit venir des prostituées. Mais le peuple s'écria : « Nous prenons tes péchés sur nous », et Ambroise fut baptisé puis consacré sur le siège épiscopal (374).

4176 [...] Tout l'art humain s'est développé au service des rites.
Konrad Lorenz *L'Agression (1969)*; Flammarion.

4177 Les prêtres fuient dans la liturgie de la messe les spasmes du Crucifié.
Antonin Artaud *Suppôts et Suppliciations*; Gallimard.

4178 Les dieux sacrifièrent le sacrifice par le sacrifice.
Telles furent les premières institutions[1].
Rigveda (XVIe-Xe s. av. J.-C.); tr. Varenne, dans *Le Veda*; Planète.

4179 Si je mordais l'hostie j'aurais la bouche pleine de votre sang.
Béatrix Beck *Cou coupé court toujours (1967)*; Gallimard.

4180 L'étreinte n'est-elle pas analogue à la communion ? Seul comprend le mystère du pain et du vin celui qui a bu sur des lèvres chaudes et aimées l'haleine de la vie.
Novalis *Hymnes et Cantiques (1802)*; tr. Camus; Aubier.

grand écart :
4181 La grandeur du sacrement, c'est de s'agenouiller, de s'accuser, de recevoir l'absolution et d'apprendre en même temps, dans ce petit claquement sec du guichet, qu'on n'est jamais absous.
François-Régis Bastide *Les Adieux (1956)*; Gallimard.

Mystique

4182 Les Occidentaux voient toujours la mystique comme une fleur, mais ils oublient que la fleur a des racines. Moi, ce qui m'intéresse d'abord, ce sont ces racines parce que sans racines il n'y a pas de fleurs.
Taisem Deshimaru *Zazen, la pratique du zen (1977)*; Seghers.

4183 Les fondements mêmes de toute vie spirituelle sont, primo : discerner le réel et l'illusoire; et secundo : se concentrer sur le réel.
Frithjof Schuon[2] entretien avec Jean Bies dans *Question de spiritualité*; 1975.

4184 Un mystique, c'est toujours un homme qui veut oublier quelque chose.
Jean-Paul Sartre *Situations (1947-1949)*; Gallimard.

4185 Si un contemplatif se jette à l'eau, il n'essaiera pas de nager, il essaiera d'abord de comprendre l'eau. Et il se noiera.
Henri Michaux *Plume (1938)*; Gallimard.

---

1 - Rappelons que le Rigveda est « non humain », et fut révélé aux hommes de façon surnaturelle.
2 - D'origine alsacienne, Frithjof Schuon est devenu un maître spirituel soufi.

Les ordres contemplatifs sont les paratonnerres de la société. 4186
Joris-Karl Huysmans *En route (1895)*[1].

Qu'est-ce donc qu'un moine, sinon un homme seul ? 4187
Marie-Madeleine Davy *Initiation médiévale (1980)*; Albin Michel.

Les ermites ne sont pas des isolés, mais une communion de solitaires. 4188
Guillaume de Saint-Thierry[2] dans Serge Bonnet et Bernard Gouley *Les Ermites (1980)*; Fayard.

Le travail du moine, c'est de voir venir de loin ses pensées. 4189
Pères du Désert (IVe s.) dans Martin de Dumio *Aegyptiorum Patrum Sententiae*; tr. Regnault.

Plus que les femmes, les enfants sont chez les moines le piège du diable. 4190
Pères du Désert (IVe s.) dans Paul Evergetinos *Recueil de paroles et d'enseignements des Pères.*

La bonne religieuse est celle qui apporte dans le cloître quelque grande faute à expier. 4191
Denis Diderot *La Religieuse* (publié en *1796*).

Une épouse de Jésus-Christ ne lui apporte pour dot que son néant. 4192
Jacques-Bénigne Bossuet Lettre à Mme de Luynes.

Dieu ne s'unit qu'à des dieux. 4193
Saint Syméon le théologien[3] (949-1022) cité dans l'*Encyclopédie des mystiques*; dir. M.-M. Davy; Seghers.

Par le silence on atteint ses demeures. Mais celui qui prend, celui qui donne perd ses demeures[4]. 4194
Lie Tseu cité par Marie-Madeleine Davy, préface du t. 3 de l'*Encyclopédie des mystiques*; Seghers.

Il faut user de l'infini comme de tout, avec mesure. 4195
Jean Sarment *Cavalcadour (1977)*; Simoën.

Les Templiers avaient fini par mêler dans leurs rites d'initiation, sans s'en rendre bien compte, la profanation religieuse et le bizuthage. 4196
Jean Favier *Philippe le Bel (1978)*; Fayard.

---

1 - Huysmans disait avoir le choix entre « la bouche du pistolet » et « les pieds de la croix ».
2 - En renonçant à l'abbatiat de Saint-Thierry en 1135 pour se faire simple moine cistercien à Signy, Guillaume a choisi de vivre totalement cette communion.
3 - « J'ai été meurtrier, adultère dans mon cœur, et sodomite en œuvre et en désir », mais le Christ « le tire par les cheveux » et le transfigure par la communion : « Je sais que je ne mourrai pas puisque je suis au-dedans de la vie et que je l'ai sentie tout entière qui jaillit au-dedans de moi ».
4 - C'est l'un des principes taoïstes.

Mythes et symboles

4197 Que serions-nous donc sans le secours de ce qui n'existe pas ¿[1]
Paul Valéry *Petite lettre sur les mythes (1928)*; Gallimard.

4198 Toute pratique rituelle, toute signification mythique, a son origine dans un meurtre réel.
René Girard *La Violence et le Sacré (1972)*; Grasset.

4199 La vérité réside dans la possibilité de considérer comme une métaphore ce que l'on avait l'habitude de prendre de façon concrète.
Henry Corbin *Pour une charte de l'imaginal, Corps spirituel et terre céleste (1979)*; Buchet-Chastel.

4200 Si on me dit ce qu'est un mythe, je verrai si je rentre dans le costume.
Jean-Claude Killy *Ski français.*

4201 La nature est un temple où de vivants piliers
Laissent parfois sortir de confuses paroles;
L'homme y passe à travers des forêts de symboles
Qui l'observent avec des regards familiers.
Charles Baudelaire *Les Fleurs du mal, Correspondance (1857).*

4202 Le monde est un interminable défilé de symboles.
John Gardner *L'Homme soleil (1974)*; tr. C. et A. Mourthé; Denoël.

4203 [...] J'appelle symbole tout ce qui paraît.
André Gide *Traité du Narcisse (1892)*; Gallimard.

4204 Le symbole peut être comparé à un cristal restituant différemment la lumière selon la facette qui la reçoit.
Raymond de Becker *Les Machinations de la nuit (1965)*; Planète.

4205 Je suis un mythe à mi-chemin entre le bon Dieu, le général de Gaulle et la tireuse de cartes.
Ménie Grégoire[2] interview dans *Le Monde* du 23 octobre 1970.

4206 Le mythe nous enseigne que le rationnel est miraculeux.
Vincent Descombes *Le Même et l'Autre (1979)*; Éd. de Minuit.

---

1 - Valéry ajoute un peu plus loin : « Nous ne pouvons agir qu'en nous mouvant vers un fantôme. Nous ne pouvons aimer que ce que nous créons. »
2 - Après s'être confiée aux soins de Françoise Dolto, Ménie Grégoire est devenue la « psychanalyste des ondes » sur RTL (cf. Ménie Grégoire — *Telle que je suis :* R. Laffont, 1976).

mythes et symboles

Le comportement concret des hommes et le comportement historique répètent avec timidité... les décors et les situations dramatiques des grands mythes. 4207
Gilbert Durand *Figures mythiques et Visages de l'œuvre (1979);* Berg International.

Une civilisation débute par le mythe et finit par le doute. 4208
E.M. Cioran.

Quelques mythes d'abord suffisaient. Puis on a voulu expliquer. 4209
André Gide *Traité du Narcisse (1892);* Gallimard.

Au lieu de Dionysos, nous parlons d'alcoolisme. 4210
José Ortega y Gasset *Le Spectateur (1916-1928);* tr. Boussagol.

Narcisse

4211 Le naturel aussi est une pose.
Oscar Wilde *Le Portrait de Dorian Gray (1890).*

4212 Vous ne sauriez croire combien la douleur l'embellit ! Pour peu qu'elle prenne de coquetterie, je vous garantis qu'elle pleurera souvent.
Pierre Choderlos de Laclos *Les Liaisons dangereuses (1782).*

4213 Notre âme, c'est cet homme amoureux de lui-même.
Jean de La Fontaine *L'Homme et son image.*

4214 Moi, j'aimais mon corps, par le Christ, non celui des femmes !
Giordano Bruno cité par Serge Filippini *L'Homme incendié (1988)*; Phébus.

4215 Nous sommes les dandys de l'an 2000, grands chevelus glacés, pâles et frileux... dormant nus sous nos capes, à plusieurs souvent, mais le tuyau de gaz toujours à portée de la bouche.
D. Ezalies, M. Guérin, N. Noilhan *Dandys de l'an 2000 (1977)*; Hallier.

Le dandy doit aspirer à être sublime, sans interruption. Il doit vivre et dormir devant un miroir. 4216
Charles Baudelaire *Essais et Notes.*

L'Empereur envoya un jour à Mme Duchâtel son portrait enrichi de diamants ; elle garda le portrait et renvoya les diamants. 4217
Hortense de Beauharnais *Mémoires, I, 207 (1922-1926).*

Je ne saurais mourir quand je suis regardé... 4218
Molière *Le Dépit amoureux (1656).*

Nationalisme

Où l'on est bien, là est la patrie. 4219
Aristophane *Ploutos (388 av. J.-C.)*; tr. Van Daële ; Belles Lettres.

La patrie est aussi là où l'on est très mal. 4220
Ilya Ehrenbourg [1] *Un écrivain dans la révolution (1963)*; Gallimard.

L'amour de la patrie, vertu dominante des grandes âmes, me saisit toujours à l'aspect d'une bouteille de vin de Bourgogne [2]. 4221
Charles de Brosses *Lettres italiennes à MM. de Tournay et de Neuilly (1739-1740).*

À la limite, ça me serait égal que disparaissent le folklore, les coiffes et les gavottes, pourvu que demeure le comportement des hommes. 4222
Pierre Jakez Hélias, interview dans *Lire,* octobre 1977.

Terrible esclavage que celui des peuples qui se laissent guider par leur mesquine image dans l'histoire, cette histoire qui n'est tout au plus que la surface de la vie. 4223
Miguel de Unamuno *Sur ceci et sur cela (1912)*; tr. Albérès ; Éd. Universitaires.

Une nation se sauve, elle ne se venge pas. 4224
Danton textes choisis par Pierre-Jean Jouve et F. Ditisheim (1944).

Le nationalisme moderne est une réaction de défense contre l'emprise brutale de la civilisation. 4225
Franz Kafka dans Gustav Janouch *Conversations avec Kafka (1978)*; tr. B. Lortholary ; Lettres Nouvelles / M. Nadeau.

---

1 - Révolutionnaire de la première heure, ce journaliste et écrivain russe retrouva son franc-parler dès la mort de Staline.
2 - Il faut dire que le président de Brosses était né à Dijon !

édredon :

4226 Les pays qui n'ont plus de légendes sont condamnés à mourir de froid.
Patrice de La Tour du Pin *Une somme de poésie (1946);* Gallimard.

4227 À celui qui me dit : « Je suis de tel pays », je réponds : « De quel arbre ? Et de quelle fontaine ? »
Gilles Vigneault.

école de Paris :

4228 Le Paris artistique d'aujourd'hui n'est fait que de métèques, c'est une longue tradition qui l'honore, n'est-ce pas ?
Lise Bloch-Morhange et **David Alper** *Artiste et métèque à Paris (1980);* Buchet-Chastel.

4229 Les Chinois ne deviendront pas les Russes si les Japonais ne deviennent pas américains.
Alain Touraine *Un désir d'histoire (1977);* Stock.

4230 Maintenant, depuis que je suis en France, je me sens bien argentin.
Julio Cortázar [1] interview dans *Le Monde,* 5 avril 1967.

4231 En quittant ton pays, détourne les yeux de la frontière.
Pythagore [2] (VIe s. av. J.-C.) dans Paul Faure *La Vie quotidienne des colons grecs au siècle de Pythagore (1978);* Hachette.

4232 Rien n'est plus naturel que d'aimer son pays, mais pourquoi notre amour connaît-il des frontières ?
Pablo Casals (1876-1973).

4233 Le soleil passe les frontières
Sans que les soldats tirent dessus.
Salim Jabran *Réfugié* dans Laâbi *La Poésie palestinienne de combat (1970);* Oswald.

sur la paille :

4234 Les ouvriers n'ont pas de patrie.
Karl Marx et **Friedrich Engels** *Manifeste du Parti communiste (1848).*

4235 Je me demande si toute guerre civile sérieuse se termine jamais.
T.S. Eliot *Essais choisis (1917-1932);* tr. Fluchère; Le Seuil.

4236 La supériorité de la guerre civile sur l'autre, c'est qu'on connaît ceux qu'on tue.
Maurice Maindron.

4237 Dans les guerres civiles, le difficile n'est pas de faire son devoir, mais de savoir où il est.
Jean Delay *Avant-mémoires, D'une minute à l'autre (1979);* Gallimard.

---

1 - Cortázar s'est installé à Paris en 1952.
2 - Vers l'âge de quarante ans il quitta Samos pour émigrer à Crotone, en Italie méridionale.

Nature

Le comportement borné des hommes en face de la nature 4238
conditionne leur comportement borné entre eux.
Karl Marx *L'Idéologie allemande (1846).*

L'homme avait, jusqu'ici, le sentiment qu'il logeait dans une 4239
nature immense, inépuisable, hors de mesure avec lui-même. L'idée ne pouvait lui venir qu'il aurait, un jour, à épargner cette géante, qu'il lui faudrait apprendre à n'en pas gaspiller les ressources, à ne pas la souiller en y déposant les excréments de ses techniques.
Jean Rostand *Inquiétudes d'un biologiste (1967);* Stock.

Tout ce qui est selon la nature est digne d'estime. 4240
Cicéron *De Finibus.*

La nature n'est pas naturelle, et c'est assez naturel. 4241
Gertrude Stein *Autobiographie de tout le monde (1978);* tr. M.-F. de Palomera; Le Seuil.

La femme est naturelle, c'est-à-dire abominable. 4242
Charles Baudelaire *Mon cœur mis à nu (1887).*

La Nature obstinément manifeste la même idée. 4243
Antonin Artaud *D'un voyage au pays des Tarahumaras (1945);* Éd. de la Revue Fontaine.

hôtel de passe :
Le monde... c'est un endroit charmant à visiter, mais je ne 4244
voudrais pas y vivre.
Arlo Guthrie [1].

La nature aime à se cacher [2]. 4245
Attribué à **Héraclite.**

claque :
Le monde entier n'est-il pas une vaste maison close dont on a 4246
perdu les registres ?
Quentin Crisp [3] *The Naked Civil Servant (1968)* (Le Fonctionnaire nu).

Je crains la nature : elle est trop pleine du lait de la tendresse 4247
humaine pour prendre le chemin le plus court.
William Shakespeare *Macbeth (1606);* tr. Jouve; Club Français du Livre.

---

1 - Fils du chanteur folk américain Woody Guthrie, et chanteur lui-même.
2 - L'idée a été reprise par la science contemporaine avec la théorie de la non-substance.
3 - Ce fonctionnaire flamboyant cachait sous son melon des cheveux teints en violet.

4248 Quand tu crois questionner la nature, c'est la nature qui questionne Dieu, ou Dieu qui se questionne sur Lui-même.
Ramón José Sender-Garcés *La Sphère (1951)*; tr. Reumaux; Laffont.

maison de tolérance :
4249 Il n'existe pas de problèmes dans la nature, mais seulement des solutions, car l'état naturel est un état adaptatif donnant naissance à un système cohérent [1].
René Dubos *Courtisons la terre (1980)*; Stock.

4250 La première et la plus belle des qualités de la Nature est le mouvement qui l'agite en tout temps; mais ce mouvement est simplement la conséquence perpétuelle des crimes, et il ne s'entretient que par le seul moyen des crimes.
Donatien Alphonse François, marquis de Sade *Justine ou les Malheurs de la vertu (1791).*

4251 Comment comprendre la nature, ses rigueurs, ses cruautés, si on n'a jamais dépecé un animal, accompli le rite que les anciens avaient transformé en sacrifice pour en souligner le sens et l'importance ?
Pierre Perrault *La Bête lumineuse (1982)*; Éd. Nouvelle Optique.

4252 L'homme veut la concorde, mais la nature sait mieux que lui ce qui est bon pour son espèce : elle veut la discorde.
Emmanuel Kant *Idée d'une histoire universelle (1755).*

4253 L'injustice est le principe même de la marche de cet univers.
Ernest Renan *Dialogues et Fragments philosophiques (1876)*; Lévy.

4254 La sélection naturelle opère à la manière non d'un ingénieur, mais d'un bricoleur; un bricoleur qui ne sait pas encore ce qu'il va produire, mais récupère tout ce qui lui tombe sous la main.
François Jacob *Le Jeu des possibles (1981)*; Fayard.

4255 Le monde vivant aujourd'hui, tel que nous le voyons autour de nous, n'est qu'un parmi de nombreux possibles. Il aurait très bien pu être différent. Il aurait même pu ne pas exister du tout [2].
François Jacob *Le Jeu des possibles (1981)*; Fayard.

4256 Tous les êtres de l'univers ont le même privilège : tant qu'il en subsistera un exemplaire, leur espèce vivra en lui, et jamais la Mort ne l'atteindra.
Jean de Meung [3] *Roman de la Rose (1275-1280)*; Éd. E. Langlois; Société des Anciens Textes français.

4257 J'ai peur de couver quelque chose, disait la terre
À l'archange du Père éternel
On m'a mis des hommes sur le dos et ça m'démange, disait la terre
Michel Jonasz *La Terre et le Père*; Atlantic.

---

1 - Mais le professeur Dubos ajoute : « Cela ne prouve en rien, cependant, que cet état soit le seul possible ni le meilleur. »
2 - Il existe aujourd'hui plusieurs millions d'espèces animales. Environ cinq cents millions auraient disparu.
3 - Jean Chopinel était né à Meung-sur-Loire.

Nous sommes superflus. 4258
Franco Cordelli *Les Forces en jeu.*

Chassez le naturiste, il ne revient pas. Chassez le naturel [1], il 4259
revient au goulot. Étonnant, non ?
Pierre Desproges *La Minute nécessaire de Monsieur Cyclopède;* émission de FR3, 1983.

La nature ne veut pas le bonheur. 4260
Maurice Maeterlinck *La Vie des termites (1926);* Fasquelle.

La nature a horreur des trop longs miracles [2]. 4261
Albert Camus *Journaux de voyage (1949);* Gallimard.

La nature donne toujours la mort. 4262
Thèse dite averroïste, mentionnée dans le catalogue des propositions condamnées par l'inquisiteur **Eymeric** (XIVe s.).

Dans la lutte entre toi et le monde, parie sur le monde. 4263
Frank Zappa [3].

Névrose

Le névrosé est celui qui prend le risque de croire, contre toute 4264
probabilité, qu'on pourra un jouer créer une relation humaine.
Lucien Israël *Boiter n'est pas pécher (1989);* Denoël.

[...] Si Dieu n'existe pas, alors rien n'est plus permis du tout. Les 4265
névrosés nous le démontrent tous les jours.
Jacques Lacan *Le Séminaire, II (1978);* Le Seuil.

J'ai perdu au contact des hommes toute la fraîcheur de mes 4266
névroses.
E.M. Cioran *Syllogismes de l'amertume (1952);* Gallimard.

L'orgueil de la névrose ne fait qu'un avec l'orgueil d'être 4267
homme.
Ferdinando Camon *La Maladie humaine (1984);* Gallimard.

L'étroite voie de notre ciel propre passe toujours par la volupté 4268
de notre propre enfer.
Friedrich Nietzsche.

---

1 - Indigène.
2 - Cette remarque est datée du 15 juillet 1949, lors d'une « traversée » vers l'Amérique du Sud. Camus était alors en pleine gloire grâce au succès de *La Peste,* mais il surmontait mal sa rupture avec le journal *Combat.*
3 - Zappa est un musicien de rock italo-américain.

4269 Les hommes qui portent moustache sont généralement névrosés, psychopathes, impuissants, ou ont des problèmes sexuels.
Propos tenu par **N. Parker** [1] en 1969.

4270 La grande force de Bergman, c'est qu'il aime ses névroses.
Henrik Stangerup *L'Homme qui veut être coupable (1975)*; tr. R. Albeck; Le Sagittaire.

4271 Je n'ose pas écrire, peut-être simplement parce que je veux plaire.
Michèle Manceaux *Grand reportage (1980)*; Le Seuil.

4272 Je connais une femme qui marche assez bien, mais qui boite dès qu'on la regarde.
Montesquieu *Lettres persanes (1721)*.

4273 Il était plus intelligent que moi, plus riche que moi, plus généreux que moi, plus grand que moi, plus beau que moi, plus malin que moi... J'ai longtemps pensé à la manière de me débarrasser de lui, mais j'ai mal fait en l'empoisonnant : il a trop souffert.
Max Aub *Crimes exemplaires (1981)*; tr. D. Guibbert; Pandora.

4274 Fou n'y puis, sain n'y daigne, névrosé je suis.
Roland Barthes.

4275 La recrudescence des psychoses et des névroses n'a peut-être pas d'autre origine que le refus de mettre les morts à leur place.
Louis-Vincent Thomas *Anthropologie de la mort (1980)*; Payot.

Normalité

4276 Un sujet normal est essentiellement quelqu'un qui se met dans la position de ne pas prendre au sérieux la plus grande part de son discours intérieur.
Jacques Lacan *Les Psychoses, Séminaire III (1981)*; Le Seuil.

4277 C'est sur la figure que l'on porte aujourd'hui l'uniforme.
Henri Gougaud *Souvenirs invivables (1977)*; Éd. Ipomée.

4278 Bientôt, il n'y aura plus de criminels, rien que des malades; plus d'opposants, rien que des délinquants; plus de déviants, rien que des tordus.
Roger Gentis *N'être (1977)*; Flammarion.

---

1 - Psychiatre australien (imberbe ¿).

Nous ne savons que caresser une peau, embrasser une bouche, aller et venir avec nos corps, jouir et, avec des kleenex à la main, dire : ce soir c'était super ! 4279
Yves Simon *Jours ordinaires (1988);* Grasset.

Heureux les normaux, ces êtres étranges. 4280
[...]
Mais qu'ils laissent la place à ceux qui font les mondes et les rêves.
Roberto Fernandez Retamar *Heureux les normaux* dans *Voix;* tr. Gonzalez Battle ; Maspero.

Personne n'est sain d'esprit s'il ne sait être fou à l'occasion. 4281
Henry Ward Beecher *Norwood.*

Il n'est pas absurde de dire que c'est bien souvent quand les gens commencent à devenir sains qu'ils entrent en hôpital psychiatrique. 4282
D. Cooper *Psychiatrie et Antipsychiatrie (1970);* Le Seuil.

Il est des fous qui se prennent pour Alexandre le Grand ou Napoléon. Combien d'hommes s'identifient aux modèles que les conventions sociales leur proposent ! 4283
Manuel de Diéguez *Le Mythe rationnel de l'Occident (1980);* P.U.F.

La banalité n'est durablement supportable que jouée. 4284
Roger-Gérard Schwartzenberg *L'État spectacle (1977);* Flammarion.

L'esprit sain pue la connerie. 4285
Milan Kundera *La Plaisanterie (1975);* tr. M. Aymonin ; Gallimard.

La plupart de nous font ce que la majorité des autres attend que nous fassions. Et c'est ainsi que nous devenons honnêtes ou criminels, ou les deux. 4286
Sinclair Lewis *Les Parents prodigues (1938);* tr. Sorin ; Gallimard.

L'homme ordinaire, c'est le bonheur du conformisme. 4287
Roger-Gérard Schwartzenberg *L'État spectacle (1977);* Flammarion.

On n'a plus guère de chance de rencontrer, à des milliers d'exemplaires, que Marie-Chantal et Gaétan promenant leurs chiens. Encore heureux qu'il y ait diverses espèces de chiens ! 4288
Louis Chevalier *L'Assassinat de Paris (1977);* Calmann-Lévy.

Moi, quand je suis avec un homme, je ne peux m'empêcher de mettre en balance mon désir de devenir femme et la peur que j'en ai, et tout ce que je récolte n'est que tristesse et désolation du cœur. 4289
Yasunari Kawabata *Chronique d'Asakusa;* tr. S. Rosset, 1988 ; Albin Michel.

Tout se confirme. Je suis victime de ma totale banalité. 4290
Walter Lewino *Notre-Dame des ordinateurs (1979);* Balland.

4291 Les dégénérés sont le sel de la terre.
Otto Gross *Révolution sur le divan,* tr. J. Etoré, 1988 ; Solin.

Nucléaire

4292 Ceux qui avaient des yeux
À Hiroshima
Virent un cheval aveugle,
Croupe roussie par le feu,
Queue et crinière consumées,
Traverser en courant
Les ruines de la ville
Et la Mort elle-même
N'osa pas
Le monter.
Jón ú Vör *Cheval aveugle ;* tr. Boyer ; Lettres Nouvelles.

maladresse :

4293 Mon Dieu, qu'avons-nous fait ?
Capitaine **Robert Lewis,** pilote de l'*Enola Gay,* après avoir lâché la première bombe atomique sur Hiroshima (6 août 1945).

4294 Dormez en paix, cette faute ne se renouvellera plus.
Mémorial d'Hiroshima.

bombe à neutrons :

4295 Qu'est-ce que ça veut dire la bombe atomique ? Qu'il n'y aura plus personne à mon enterrement.
Bernard Groethuysen.

4296 La connaissance est pour l'humanité un magnifique moyen de s'anéantir elle-même.
Friedrich Nietzsche *Œuvres posthumes ;* tr. H.J. Bolle ; Mercure de France.

4297 Le caractère apocalyptique de notre époque ne m'impressionne pas plus que mon indifférence n'impressionne notre temps.
John Barth *Muse, épargne-moi* dans *New York Herald Tribune,* 1965.

4298 Je n'ai jamais considéré comme une catastrophe de sombrer avec mon temps.
Paul Morand *Papiers d'identité (1934) ;* Grasset.

quanta soi :

4299 L'idée qu'un électron exposé à un rayonnement choisit en toute liberté la manière ou la direction où il doit sauter m'est insupportable. S'il en était ainsi, j'aimerais mieux être cordonnier ou même employé dans un bistrot que physicien.
Albert Einstein lors d'un débat sur les quanta.

Un pays qui développe son industrie atomique choisit de par là 4300
même un État fort, et cela de façon permanente.
Robert Jungk [1] *L'État atomique (1979);* tr. F. Straschitz ; Laffont.

Futures victimes nucléaires de tous les pays, unissez-vous ! 4301
Pierre Sudreau *La Stratégie de l'absurde (1981);* Plon.

Nudité

La nudité est antérieure au corps, et le corps quelquefois s'en 4302
souvient.
Roberto Juarroz *Tercera Poesia Vertical;* tr. F. Verhesen ; Rencontre.

Le nombre de nus que peint un peuple indique le niveau de 4303
répression qu'il a atteint.
Luis Martín Santos *Les Demeures du silence (1963);* tr. Rouquié ; Le Seuil.

Comment font les nudistes, n'ont-ils rien à cacher ? 4304
Charlélie Couture *Je suis dans mes poches;* Blue Mountain / Panache.

Il était tout nu et il n'avait rien dans les mains. Il n'avait pas de 4305
rides.
François Coupry *Les Autocoincés (1971);* Gallimard.

Être nu, c'est être sans parole. 4306
Ogotemmeli in *Encyclopaedia Universalis,* art. dans *Afrique Noire.*

Quand la nudité rend au corps un culte pur, c'est la chair qui 4307
est humiliée.
Eugenio d'Ors *Les Idées et les Formes.*

Il la voulait épilée parce que seulement ainsi elle était tout à fait 4308
nue.
Pauline Réage *Histoire d'O;* J.-J. Pauvert.

La seconde moitié du vingtième siècle a inventé un nouveau 4309
vêtement : le dévêtu.
Jacques Laurent *Le Nu vêtu et dévêtu (1979);* Gallimard.

L'homme de bien est un athlète qui se plaît à combattre nu. 4310
Jean-Jacques Rousseau *Discours sur les sciences et les arts (1750).*

Je ne déteste pas les femmes mûres : quand elles sont dévêtues, 4311
elles ont l'air plus nues que les autres.
Jean-Paul Sartre *Le Mur (1939);* Gallimard.

1 - Robert Jungk a créé les « Laboratoires du futur ».

4312 La première fois que j'ai vu une femme nue, j'ai cru que c'était une erreur.
Woody Allen dans Walter Lewino *Une femme par jour;* Albin Michel.

4313 Si l'amour éprouvait de la honte, on ne le peindrait pas tout nu.
Tirso de Molina *El vergonzoso en palacio, III, 4 (1609).*

4314 Mme d'Anville se faisait plonger dans son bain par son valet de chambre, mais au moins prenait-elle soin au préalable de se faire coudre dans un sac.
Jean Orieux *Voltaire (1978);* Flammarion.

Nuit

nuit de Chine :

4315 Puis parler, vite, des mots, comme l'enfant qui se met en plusieurs, deux, trois, pour être ensemble, dans la nuit.
Samuel Beckett *Fin de partie (1957);* Éd. de Minuit.

4316 La nuit, nous avons bien plus peur que les enfants.
Jules Renard *Journal (1894).*

4317 Quand revient la nuit
J'ai toujours peur comme un enfant
Qui n'aurait pas appris à s'endormir.
Jean-Michel Jarre *Quand revient la nuit,* chanté par Patrick Juvet; Barclay.

nuit câline :

4318 On a besoin dans la nuit de croire au soleil.
Jean-Yves Boulic *Questions sur l'essentiel (1979);* Cerf.

4319 C'est la nuit qu'il est beau de croire à la lumière.
Edmond Rostand *Chantecler (1910).*

4320 Parfois, la nuit, j'allume une lumière pour ne pas voir.
Antonio Porchia *Voix (1979);* tr. R. Munier; Fayard.

nuit d'amour :

4321 Nuptiale est toute nuit pour la femme raffinée.
I.V. Sieverianine (1887-1943) *Poème;* tr. David.

4322 Je n'ai jamais vécu qu'après neuf heures du soir [1].
Antoine de Saint-Exupéry dans Éric Deschodt *Saint-Exupéry (1980);* Lattès.

---

1 - Saint-Exupéry écrit ici à sa mère à propos de *Vol de nuit,* présenté comme un « livre sur la nuit ».

Qu'avez-vous entendu après minuit qui vaille la peine de rester éveiller pour l'écouter ? Personnellement, rien ne m'amuse plus après minuit. 4323
Coco Chanel interviewée par Djuna Barnes ; Christian Bourgois.

La nuit... laisse partout de ses traces. Le noir n'est pas sa couleur, mais celle du soleil qui trahit. 4324
Rachid El-Daif *L'Été au tranchant de l'épée ;* tr. J. E. Bencheikh ; Sycomore.

nuit d'ivresse :
MACBETH — Où en est la nuit ? 4325
LADY MACBETH — Elle commence à lutter avec le matin.
William Shakespeare *Macbeth (1606) ;* tr. Jouve.

L'insomnie est une amante au sexe carnassier... Les draps sont des suaires de solitude. 4326
Pierre Drachline *Autopsie à vif (1976) ;* Plasma.

...de tendresse :
La nuit, c'est le salut de l'âme. 4327
Les Mille et Une Nuits (Xe-XIIIe s.), Histoire de Douce Amie ; tr. Mardrus ; Roissard.

L'homme n'est pas toujours un lieu triste. 4328
Il y a des nuits où le sourire
des anges
le rend habitable et léger.
Eugenio de Andrade *L'Autre Nom de la Terre ;* tr. M. Chandeigne et N. Siganos *(1990) ;* La Différence.

La nuit jalouse n'étreint pas les flancs du jour. La nuit n'est pas stupide : lorsqu'elle disparaît sous la perfidie du soleil, elle laisse partout de ses traces. C'est dire qu'elle reviendra. 4329
Rachid El-Daif dans André Miquel *Sept contes des Mille et Une Nuits (1981) ;* Sindbad.

O

Objectivité

point de vue :

4330 L'art de voir est la seule vérité.
Krishnamurti *L'Éveil de l'intelligence (1975)*; Stock.

4331 Le plus grand dérèglement de l'esprit, c'est de croire les choses parce qu'on veut qu'elles soient.
Jacques-Bénigne Bossuet *Traité de la connaissance de Dieu et de soi-même (1670).*

double foyer :

4332 Douter de tout ou tout croire, ce sont deux solutions également commodes qui l'une et l'autre nous dispensent de réfléchir.
Henri Poincaré *La Science et l'Hypothèse*; Flammarion.

4333 La lucidité est le lieu de rencontre de la conscience et de la sensualité.
Norman Mailer interview 1965.

4334 Si nous étions lucides, instantanément l'horreur de ce qui nous entoure nous laisserait stupides.
Henry Miller *Le Monde du sexe (1940)*; Corréa.

Ce que les hommes veulent en fait, ce n'est pas la connaissance, c'est la certitude. 4335
Bertrand Russell *The Listener (1964)*; tr. Berveiller, Stock.

La certitude et le mystère sont pour le sentiment; la clarté et l'incertitude pour le raisonnement. 4336
Rivarol (1753-1801).

Dallmeyer[1] :
Personne ne rend à sa génération un service plus grand que celui qui, soit par son art, soit par son existence, lui apporte le don d'une certitude. 4337
James Joyce *Le Nouveau Drame d'Ibsen (1900)*; dans Jean Paris *Joyce par lui-même (1957)*; Le Seuil.

La pensée est, ou devrait être, impassible et sereine, et nos pauvres cœurs sont trop palpitants, et nos pauvres cerveaux trop inquiets, pour lui donner une place. 4338
Herman Melville *Moby Dick (1851)*; tr. Guerne; Club Français du Livre.

Nous reconnaissons les choses, nous ne les connaissons pas. 4339
Gilles Deleuze *Proust et les signes (5e éd. 1979)*; P.U.F.

Voilà la grande erreur de toujours : s'imaginer que les êtres pensent ce qu'ils disent. 4340
Jacques Lacan *Le Séminaire, I (1975)*; Le Seuil.

Objectivité ne signifie pas impartialité mais universalité. 4341
Raymond Aron *Introduction à la philosophie de l'Histoire (1981)*; Gallimard.

spectre :
Plus on pense de façon objective, moins on existe. 4342
Sören Kierkegaard.

Si vous êtes sûr de comprendre tout ce qui se passe, vous êtes irrémédiablement à côté de vos pompes. 4343
Walter Mondale propos tenu en 1978.

Une question est une réponse. 4344
Paul Claudel *Cinq grandes odes (1901-1908).*

ça passe l'entendement :
Les murs ont des oreilles, vos oreilles ont des murs. 4345
Slogan Mai 1968.

---

1 - Inventeur du téléobjectif dont il déposa le brevet en 1891.

Occident

4346 L'écueil majeur de l'Occidental, c'est moins la raison que la personne.
Marie-Madeleine Davy *Un itinéraire à la découverte de l'intériorité (1977);* Épi.

4347 Le sentiment de honte est à la base de notre civilisation occidentale.
Bruno Bettelheim *Survivre (1979);* tr. T. Carlier ; R. Laffont.

4348 Il revient souvent au même de se penser occidental et de s'admettre cynique.
André Glucksmann *Cynisme et Passion (1981);* Grasset.

4349 La plus grande caractéristique de la civilisation orientale est de connaître le contentement ; alors que celle de l'Occident est de ne le pas connaître.
Hu-Shih [1] (1891-1962) *Pensées.*

4350 En Occident, l'on vit exaspéré et l'on meurt désespéré.
Gilbert Cesbron *Mourir étonné (1980);* R. Laffont.

bookmaker :

4351 L'Amérique n'a jamais été vaincue... et nous ne serons pas vaincus au Viêt-nam.
Richard Nixon propos tenu en 1970 [2].

4352 Les États-Unis sont malheureusement responsables de plus de vies perdues et de terres ravagées que les autres pays depuis la Seconde Guerre mondiale.
Arnold Toynbee propos tenu en 1970.

4353 Les grandes nations ont toujours agi comme des gangsters, et les petites comme des prostituées.
Stanley Kubrick propos tenu en 1963.

4354 Une partie du monde se moque de l'autre, et l'une et l'autre rient de leur folie commune.
Baltasar Gracián *L'Homme de cour (1647);* tr. Amelot de La Houssaye.

4355 Trop loin à l'est, c'est l'ouest.
Cité dans les *Lao-Tseu-Tsi-Kiai.*

---

1 - Hu-Shih fit des études « occidentales » à Chang-hai avant de partir comme « boursier » aux États-Unis. Universitaire et diplomate, il quitta la Chine à l'arrivée des communistes.

2 - Les États-Unis étaient au Viêt-nam depuis 1963. Nixon venait d'intervenir dans l'est du Cambodge pour y déloger les soldats du FNL.

Odeurs

À mesure qu'on reste dans un endroit, les choses et les gens se 4356
débraillent, pourrissent et se mettent à puer tout exprès pour vous.
Louis-Ferdinand Céline *Voyage au bout de la nuit (1932);* Gallimard.

parfumerie :
J'ai déjà dit comme j'aime les odeurs. Les fortes odeurs de la 4357
terre, des latrines, des hanches d'Arabes et surtout l'odeur de mes pets.
Jean Genet *Notre-Dame des Fleurs (1944);* L'Arbalète.

proverbe :
Femme qui pète n'est pas morte. 4358
Blaise Cendrars cité dans Hubert Juin *369 :* Publications Premières.

Il est bon de voir les hommes et les femmes... s'habituer aux 4359
odeurs les plus fortes les uns des autres; cela empêche de perdre les récoltes de vue.
Lawrence Durrell Lettre de 1957 dans *L'Esprit des lieux;* Gallimard.

Et nous réclamons le droit d'une légèreté et d'une incompétence 4360
radicale, celui d'entrer dans le cabinet de l'analyste et de dire : ça sent mauvais chez vous.
Gilles Deleuze et **Félix Guattari** *L'Anti-Œdipe (1973);* Éd. de Minuit.

L'obscénité n'apparaît que si l'esprit méprise et craint le corps, si 4361
le corps hait l'esprit et lui résiste.
David Herbert Lawrence *L'Amant de Lady Chatterley (1946);* tr. Roger-Cornaz; Gallimard.

Il n'y a guère que les gens malsains qui se sentent exister. 4362
Maine de Biran *Rapports du physique et du moral (1814).*

vide-ordures :
Le monde ne changera que quand tous on assumera nos saletés, 4363
nos poubelles.
Adret *Travailler deux heures par jour (1979);* Le Seuil.

Œdipe

4364 Œdipeux : individu nourri au sein maternel jusqu'à l'âge de sa majorité, et qui garde de ce régime une saine corpulence et un visage joufflu.
Alain Finkielkraut *Petit Fictionnaire illustré (1981)*; Le Seuil.

4365 How deep is your love.
Bee Gees.

4366 Tu te couches avec ta femme, tu te réveilles avec ta mère.
Proverbe occitan.

4367 L'inceste, ce n'est pas une histoire de coucheries.
Pierre Legendre *L'Inestimable Objet de la transmission (1985)*; Fayard.

4368 Garçonnière : pied-à-terre bleu ou rose que certains privilégiés possèdent au cœur des grandes villes pour redevenir... de tout petits garçons.
Alain Finkielkraut *Le Petit Fictionnaire illustré (1981)*; Le Seuil.

j'habite chez ma mère :

4369 Il en est tant qui ne sont pas
– femmes, hommes –
Complètement sortis
De l'utérus de leur mère.
Voudraient forcer les autres
À s'y fourrer aussi.
Jeanne Chardon *Piquants, duvets et graines folles (1976)*; Éd. Saint-Germain-des-Prés.

4370 – Comment vont les enfants ? dit Sarah à Myriam.
– Je suis inquiète, le médecin dit qu'il fait un complexe d'Œdipe.
– Tout ça c'est pas grave, du moment qu'il est sage et qu'il aime bien sa maman.
Tony Mayer *Différence entre l'esprit et l'humour*; 37e congrès du P.E.N., 1970.

impatient :

4371 Gilles, d'un ton très calme, m'a demandé hier en auto :
– Selon toi, papa, combien d'années as-tu encore à vivre ?
Claude Mauriac *La Terrasse de Malagar (1977)*; Grasset.

4372 Des galopins qui sentent encore le lait n'ont pas à se blottir dans les bras des dames qui sentent le scotch.
Françoise Sagan *La Garde du cœur (1972)*; Julliard.

Œdipe

Un fils ne voit pas sa mère avec les yeux de tout le monde, il est même souvent le seul à voir sa beauté. 4373
Friedrich Dürrenmatt[1] *Notes personnelles sur un problème de langage;* tr. Jotterand et Tauxe; L'Age d'homme.

fête des mères :
Il me serait si doux avant de mourir de faire quelque chose qui aurait plu à maman[2]. 4374
Marcel Proust *Correspondance 1906;* Éd. Ph. Kolb; Plon.

Les grands écrivains sont toujours très attachés à leur mère : voyez Proust, Barthes. Pardon! les hommes seulement. 4375
Danièle Sallenave *Petit dictionnaire des idées chic; Revue des Sciences Humaines,* 1981.

dernière volonté :
Tout simplement que l'on m'enterre, 4376
En faisant un trou... dans ma Mère.
Germain Nouveau *Dernier madrigal.*

sans complexe :
Si le petit sauvage était abandonné à lui-même, il tordrait le cou à son père et coucherait avec sa mère. 4377
Denis Diderot *Le Neveu de Rameau (1762).*

– Je n'ai pas tué mon papa. Il a tellement bu qu'il en est mort, un an après que l'assistance publique m'a enlevée de chez lui... Moi, tout ce que j'avais fait, c'est de souhaiter sa mort de toutes mes forces de temps en temps. 4378
Kaye Gibbons *Ellen Foster;* tr. M.C. Pasquier (1988); Rivages.

L'enfant qui a mué et perdu l'usage de la mère ne connaîtra point de repos qu'il n'ait trouvé la chaleur de la femme. Seule, de nouveau, elle l'assemblera. 4379
Antoine de Saint-Exupéry *Citadelle (posthume 1948).*

solution du problème :
La solution de l'œdipe est que les parents aiment l'enfant ensemble, et non pas séparément, et si possible s'aiment entre eux. 4380
Docteur Berge interview dans *Le Monde,* 20 mars 1968.

Tous les peuples ont leurs devinettes. 4381
J.M.G. et **J. Le Clézio** *Sirandanes (1990);* Seghers.

---

1 - Auteur dramatique et romancier suisse de langue allemande né en 1921 à Berne.
2 - Voilà un problème de génétique littéraire résolu.

Optimisme

4382 Quelle résignation chez l'optimiste !
Louis Scutenaire *Les Lèvres nues (1978);* Plasma.

4383 Quand on est dans la merde jusqu'au cou, il ne reste plus qu'à chanter.
Samuel Beckett *Œuvres;* Éd. de Minuit.

4384 L'optimiste est celui qui croit que le mariage est moins onéreux que les fiançailles.
Anonyme *Poor Richard Junior's Almanac.*

4385 Je n'ai jamais été heureux mais j'ai toujours été gai.
Jean Dutourd *Les Choses comme elles sont (1978)* racontées à Jacques Paugam ; Stock.

4386 Je suis pessimiste par l'intelligence, mais optimiste par la volonté.
Antonio Gramsci *Lettres de prison;* tr. Albani, Depuyper, Saro ; Gallimard.

4387 L'optimisme est l'opium du genre humain ! L'esprit sain pue la connerie.
Milan Kundera *La Plaisanterie (1975);* tr. M. Aymonin ; Gallimard.

4388 J'aime ça la vie, j'en suis fou. Et d'autant plus que nous n'avons rien d'autre.
Henri Calet propos rapporté par François Bott *Le Monde,* 20 février 1981.

Orgasme

4389 Je t'aime, tu m'aimes, on sème.
Maurice Chapelan *Amours Amour (1967);* Grasset.

4390 L'amour physique, cette énergique conclusion des plus chastes impressions de l'âme.
Alexandre Dumas fils *La Dame aux camélias (1848).*

4391 L'acte est vierge, même répété.
René Char *Feuillets d'Hypnos (1946);* Gallimard.

4392 Quand l'amour tarde, il monte au nez.
Pierre Dudan *Dieu et Dieu font quatre.*

Quand il n'y a plus dans le noir qu'un sexe ouvert, l'odeur du naufrage arrive : catastrophe liquide, rumeur définitive, dure comme une porte claquée, où l'espoir, enfin, démord et disparaît. 4393
Sarah Stein *Thérèse ou le Journal d'une strip-teaseuse aveugle (1979);* Hachette.

Tout à l'heure tu as crié que tu m'aimais, tu as même failli me le dire. 4394
Michel Audiard dialogues d'*Est-ce bien raisonnable ?* de Georges Lautner.

Les hommes cherchent ce qui les fera le mieux résonner. 4395
Han Yu (768-824) [1].

La plus belle fille du monde ne peut me donner que ce que j'ai. 4396
Jacques Rigaut *Écrits (1970);* Gallimard.

Un mouvement collectif à deux. 4397
Francesco Alberoni *Le Choc amoureux (1981);* Ramsay.

Tout acte sexuel où la femme n'atteint pas à l'orgasme est un acte incomplet et devrait être condamné par les moralistes chrétiens. 4398
Jean-Louis Flandrin *Le Sexe et l'Occident (1981);* Le Seuil.

L'extase de l'amoureux est comblée quand son Unique est, en Soi, tout esseulé. 4399
Al-Halladj (v. 858-922); tr. et cité par Louis Massignon dans *Les Écrivains célèbres;* Mazenod.

La jouissance sans contrepartie est l'arme absolue de l'émancipation individuelle. 4400
Raoul Vaneigem *Le Livre des plaisirs (1979);* Encre.

On n'aime que les femmes qu'on rend heureuses. 4401
Marcel Achard *Auprès de ma blonde (1960);* La Table Ronde.

ambition :
[...] La seule satisfaction « réelle » de l'homme, c'est de provoquer la jouissance de la femme. 4402
San-Antonio *Mets ton doigt où j'ai mon doigt;* Fleuve Noir.

L'amour meurt d'indigestion. 4403
Jean-Paul Richter *La Vie de Quintus Fixlein (1796)* [2].

La bêtise consiste à vouloir conclure. 4404
Gustave Flaubert *Correspondance.*

Aimons donc, aimons donc! De l'heure fugitive 4405
Hâtons-nous, jouissons [3] !
Alphonse de Lamartine *Méditations poétiques (1820).*

1 - Poète chinois.
2 - Jean-Paul a créé en 1790 l'Académie érotique!
3 - Il faisait cela, paraît-il, au bord d'un lac, contre un rocher.

espoir :

4406 Une fois, alors que nous faisions l'amour, elle eut presque l'air de bouger.
Woody Allen *Destins tordus (1981)*; tr. M. Lebrun; Laffont.

4407 [...] Et les hommes chantaient
On a mangé des tonnes de viande
Picolé des tonnes de tonneaux
Combien d'orgasmes on se l'demande a-t-on atteint.
Michel Jonasz *La Terre et le Père*; Atlantic.

4408 Comment peut-on faire l'amour avec quelqu'un qu'on aime, et faire chavirer dans l'anéantissement du plaisir cette merveilleuse conscience de la personne aimée qui vous tient tout entier à fleur de votre regard ?
Pierre Bettencourt *Le Bal des Ardents*; Lettres Vives.

4409 Il faudra que j'en parle, des jouissances de mon sexe, non, pas des jouissances de mon âme, de ma vertu ou de ma sensibilité féminine, des jouissances de mon ventre de femme, de mon vagin de femme, de mes seins de femme, des jouissances fastueuses dont vous (l'homme) n'avez nulle idée.
Annie Leclerc *Parole de femme (1974)*; Grasset.

bête et méchant :

4410 Je rends une femme tellement heureuse que parfois je lui flanque une gifle, tant son bonheur m'énerve.
Wolinski *Les Pensées (1981)*; Le Cherche Midi.

4411 La réelle beauté de l'amour, c'est ce cri qu'elles poussent en jouissant, les frangines.
San-Antonio *Fais-moi des choses*; Fleuve Noir.

jamais content :

4412 Au moment le plus intense du plaisir, je ressens violemment le manque d'une intensité plus grande encore. À ce manque, je sais que j'aime.
Jean-Pierre Burgart *Le Bracelet de verre (1981)*; Mercure de France.

4413 J'adore baiser, et j'arrive à jouir pendant trois minutes. Trois minutes, et après il me faut huit heures de sommeil et un grand bol de Banania.
Richard Pryor dans le film *Richard Pryor en concert (1980)*.

4414 Tenons-nous donc pour bien assuré qu'il est aussi simple de jouir d'une femme d'une manière que de l'autre, qu'il est absolument indifférent de jouir d'une fille ou d'un garçon.
Sade *La Philosophie dans un boudoir (1795)*.

4415 Il n'y a que la volupté qui ne trompe pas.
Henry de Montherlant *Tous feux éteints (1975)*; Gallimard.

septième ciel :

4416 Une fois qu'on a passé les bornes, il n'y a plus de limites.
Alphonse Allais.

Et la volupté n'est, peut-être, je le crois, 4417
Que l'essai de mourir ensemble.
Anna de Noailles (1876-1933) *Choix de poésies, La douleur est pressée ;* Fasquelle.

Je me demande ce que faisaient les gens après l'amour, avant 4418
l'invention de la cigarette[1].
Vassilis Alexakis *Aller-retour.*

Pauvre petite femme ! Ça bâille après l'amour, comme une carpe 4419
après l'eau sur une table de cuisine.
Gustave Flaubert *Correspondance* (à propos de Madame Bovary).

Orgueil

Dieu a redressé le front de l'homme et lui a ordonné de 4420
contempler les étoiles.
Ovide.

L'orgueil a le visage ambigu de Janus. S'il adoucit l'échec, s'il le 4421
voile, il escamote le triomphe. Il n'y a pas de triomphe, il n'y a rien que du prévu. La vie de l'orgueilleux ressemble à de monstrueuses et interminables funérailles.
Bernard Frank *La Panoplie littéraire (1958) ;* Flammarion.

On peut désirer par amour-propre d'être délivré de l'amour- 4422
propre, comme l'on peut souhaiter l'humilité par orgueil.
Pierre Nicole *Essais de morale (1671-1714).*

Nous aimons quelquefois jusqu'aux louanges que nous ne 4423
croyons pas sincères.
Vauvenargues *Réflexions (1746).*

L'homme ne devient orgueilleux que parce qu'il trouve en lui- 4424
même quelque défaut qui le met au-dessous de ses semblables.
Al-Ahnaf Ibn Qays dans René R. Khawam *Propos des Arabes sur la vie en société ;* Albin Michel.

Entre la mouche et l'homme, il n'y a que la distance d'un 4425
orgueil démesuré, sacrilège, finalement illusoire et sans doute catastrophique.
André Bay *Des mouches et des hommes (1980) ;* Denoël.

Un certain orgueil nous dit bien que les remords des autres, 4426
nous ne les éprouverons pas.
Roger Nimier *Cahiers Roger Nimier* n° 1 *(1980).*

1 - Ils recommençaient.

4427 La fierté, c'est une question d'avenir en réserve, et tout le monde en a un peu, même si le passé n'a pas fait ses preuves.
Guyette Lyr *Adèle Ripois ou le Portrait (1979)*; Mercure de France.

4428 Il y a des moments où ça doit être merveilleux d'être domestique et de pouvoir claquer les portes.
Claire Martin *Dans un gant de fer (1965)*; Cercle du Livre de France.

4429 On sacrifie souvent les plus grands plaisirs de la vie à l'orgueil de les sacrifier.
Helvétius *Le Bonheur (1773)*.

Orient

4430 Comme me l'a dit un jour confidentiellement M. de Bülow, quand j'étais premier secrétaire à Berlin : « L'Orient, c'est l'Orient. » Eh bien ! au fond, c'est rudement vrai.
Robert de Flers et **G.A. de Caillavet** *L'Âne de Buridan (1909)*.

4431 Une poudrière entourée de puits de pétrole, avec des allumettes qui traînent un peu partout : voilà le Proche-Orient d'aujourd'hui.
André Fontaine dans *Le Monde,* 10 octobre 1990.

4432 Les seules industries rentables au Liban sont la politique, la religion et la contrebande.
Réponse d'un ingénieur français au président Sami Solh, cité par H. et P. Willemart *Dossier du Moyen-Orient arabe (1969)*; Marabout.

quand la Chine s'éveillera :

4433 [...] Il faut être gentil avec la Chine. C'est très dangereux de faire peur à ceux que l'on craint.
Jacques Chardonne *Propos comme ça (1966)*; Grasset.

4434 Un peuple n'existe que par le sentiment qu'il a de son existence. Il y a trois cents millions de Chinois ; mais ils ne le savent pas. Tant qu'ils ne se seront pas comptés, ils ne compteront pas.
Anatole France *Sur la pierre blanche (1925)*.

4435 La Chine est un modèle d'univers, et non de pays, et c'est là ce qui la rend unique. Où beaucoup d'hommes vivent, la place manque, la politesse est un devoir.
Albert Caraco *Le Galant Homme (1979)*; L'Âge d'Homme.

4436 Les Chinois qui construisaient les chemins de fer étaient sobres, industrieux, habiles, stables, dociles. Lorsque la machine à vapeur

atteignit l'Océan, ils devinrent soudain fourbes, mystérieux, opiomanes, prostitués, pédérastes et repoussants.
Jacques Decornoy *Péril jaune, Peau blanche (1971);* Grasset.

un continent :
L'Inde n'est nulle part. 4437
Olivier Germain-Thomas *La Tentation des Indes (1981);* Plon.

L'histoire de l'Europe occidentale est un destin voulu, celle de l'Inde un destin fortuit [1]. 4438
Oswald Spengler *Le Déclin de l'Occident (1918);* tr. Tazerout; Gallimard.

Les Indiens ont tant de choses à se faire pardonner : la misère, la famine, les castes et leurs intouchables, leur bombe atomique scandaleuse et leur non-violence, leur spiritualité, leur yoga, leurs vaches et cette inconscience qu'ils eurent si longtemps à tolérer une femme pour gouverner leur grouillante multitude. 4439
Guy Deleury *Le Modèle hindou (1978);* Hachette.

Japon :
Un peuple qui sait manger avec des baguettes est forcément très doué pour la technique. 4440
François Michelin interviewé par Édouard Seidler dans l'*Action automobile (mai 1990).*

La beauté est la fleur du bonheur. 4441
Le Dit de Heiji [2] (XIIIe s.); tr. Sieffert; P. O. F.

On affirme, en Orient, que le meilleur moyen pour traverser un carré est d'en parcourir trois côtés. 4442
Thomas-Edward Lawrence *Les Sept Piliers de la sagesse (1921).*

effusion de thé :
Il faut avoir assisté à l'une de ces cérémonies du thé, qui s'étirent sur plusieurs heures, et constaté à quel point le remplacement, après une pause, du tableau accroché au mur par un autre tableau, et le remplacement d'une fleur par une autre, peuvent transformer l'atmosphère, pour savoir quelle force en émane. 4443
Eugen Herrigel *La Voie du* Zen *(2e éd. 1976);* G.P. Maisonneuve.

Par le thé, l'Orient pénètre dans les salons bourgeois; par le café, il pénètre dans les cerveaux. 4444
Paul Morand *La Route des Indes (1989);* Arléa.

multiples splendeurs :
La peinture japonaise a toujours voulu être dans le tableau, attraper les papillons, manger les fleurs et baiser les danseuses. 4445
Un ami japonais cité par André Malraux dans *La Tête d'obsidienne (1968);* Gallimard.

---

1 - La culture de l'Inde est ici opposée à l'« âme faustienne » de l'Occident.
2 - La formule est d'autant plus remarquable que le Heiji était récité, et souvent improvisé, par les biwahoshi, rhapsodes aveugles.

4446 Ce cher corps des femmes qui devait être, je l'avoue, l'Orient de ma vie.
José Cabanis *Des jardins en Espagne (1969);* Gallimard.

Originalité

4447 Être original, c'est, en un sens, mettre en valeur la médiocrité des autres, ce qui me paraît d'un goût très douteux.
Ernesto Sábato *Le Tunnel (1978);* tr. Sangrador ; Gallimard.

4448 La fantaisie est un perpétuel printemps.
Friedrich von Schiller *Lied an die Freude.*

4449 L'excentricité et la force de caractère marchent toujours de pair... Ce qui marque bien le principal danger de notre époque, c'est de voir si peu d'hommes oser être excentriques.
John Stuart Mill *La Liberté (1859);* tr. Dupont-White ; Guillaumin.

4450 L'originalité, c'est la vision nouvelle d'un thème éternel.
Michel Ciry dans *Le Figaro littéraire.*

4451 La stratégie, la sainteté, l'amour et l'écriture sont dans la même obligation de toujours surprendre.
Jean Grosjean *Clausewitz (1972);* Gallimard.

4452 Il n'y a pas d'exemple à suivre, et certainement pas le mien... Nous avons chacun nos propres folies, nos propres parcours.
David Cooper *Le Langage de la folie (1978);* tr. N. Frey et B. de Fréminville ; Le Seuil.

4453 Ce qui donne à un individu sa valeur génétique, ce n'est pas la qualité propre de ses gènes. C'est qu'il n'a pas la même collection de gènes que les autres.
François Gros et **François Jacob** *Sciences de la vie et Société (1980);* Le Seuil.

4454 À mesure qu'on a plus d'esprit, on trouve qu'il y a plus d'hommes originaux. Les gens du commun ne trouvent pas de différence entre les hommes.
Blaise Pascal *Pensées (1669).*

4455 La perfectibilité est la faculté qui marque la différence entre les hommes.
Madame Necker *Mélanges.*

faire suivre :
4456 J'ai vu une boîte aux lettres sur un cimetière.
Xavier Forneret (1809-1884).

Orthographe

L'orthographe n'est pas une nature, encore moins un objet sacré, 4457
c'est une histoire.
Pierre Encrève dans *Le Nouvel Observateur,* 27 septembre 1990.

Le français est une langue à cédille. 4458
Valère Novarina *T. X. I. n° 12;* Ch. Bourgois.

Pourquoi « trait d'union » ne prend-il pas de trait d'union ? 4459
Syndicat des correcteurs *Trait d'union, anomalies, et cætera (1991);*
Climats.

Pourquoi écrivez-vous : « Monsieur Stirn perdit son sang-froid », 4460
s. a. n. g, et « Don Quichotte perdit son Sancho » s. a. n. ?
Alphonse Allais *Deux et deux font cinq (1895);* éd. François
Caradec, 1989.

Il et son féminin ile. 4461
Edmond Jabès

Dans une lettre d'amour, les fautes d'orthographe sont un 4462
charme coquin de plus.
Gabriel Matzneff dans *Madame Figaro,* 5 janvier 1991.

Nous entrons dans l'époque où faire des fautes d'orthographe et 4463
fumer du haschisch seront considérés non seulement comme des
déviances, mais comme des maladies.
Christian Delacampagne *Figures de l'oppression (1977);* P. U. F.

P

Pacifisme

non-violence :

4464 Avec violettes et narcisses je façonne
Le nouveau poignard qui convient aux héros.
Odysseas Élytis dans Constantin Dimoros *Histoire de la littérature néo-hellénique ;* Institut français d'Athènes.

4465 Il y a quand même des limites à la non-violence !
Luise Rinser *Au-delà des frontières (1975) ;* tr. S. et G. de Lalène ; Le Seuil.

4466 Art. I : L'objecteur de conscience est un homme comme les autres.
Art. II : Il ne faut tout de même pas exagérer.
Cavanna *Humour secret (1968) ;* Julliard.

pacifisme

Le premier objecteur de conscience dont l'histoire nous a transmis l'exemple est une femme. C'est Antigone [1]. 4467
Marilène Clément, Henri Fronsac et **Pie-Raymond Régamey** *Non-violence et Objection de conscience (1962);* Castermann.

La non-violence sous sa forme active consiste en une bienveillance envers tout ce qui existe, c'est l'Amour pur. 4468
Mahātmā Gandhi *La Jeune Inde (1924);* tr. Hart; Stock.

Chère postérité, si tu n'es pas devenue plus juste, plus pacifique et de façon générale plus rationnelle que nous ne le sommes, alors que le diable t'emporte. Après avoir exprimé ce vœu pieux avec tout mon respect, je suis, ou j'étais, votre A.E. 4469
Albert Einstein *Correspondance (1903-1955);* Inter Édition.

Aucune paix n'est éternelle. Mais toute journée qui prolonge la paix est une bénédiction acquise. 4470
Kaj Munk *Avant Cannes (1943)* dans Billeskov Jansen *Anthologie de la littérature danoise;* Aubier/Montaigne.

La plaie de la paix, c'est la sécurité, la sécurité sûre d'elle-même. 4471
William Shakespeare *Troïlus et Cressida (1601).*

guerre froide :
Nous ne pouvons assurer la paix qu'en préparant la guerre. 4472
John F. Kennedy Discours électoral, 1960.

On ne fait pas la guerre pour se débarrasser de la guerre. 4473
Jean Jaurès.

La paix est rarement refusée aux pacifiques. 4474
Friedrich von Schiller *Guillaume Tell (1804);* tr. Ehrhard.

À une juste guerre, préférons une injuste paix. 4475
Samuel Butler (1602-1680) discours.

L'amour de la paix n'a ni sens ni profondeur pour qui ignore l'épouvante de la guerre. 4476
La guerre vue par Life; Time/Life.

Je n'ai jamais rencontré personne qui ne fût contre la guerre. Même Hitler et Mussolini étaient contre, d'après eux. 4477
David Low [2] propos tenu en 1946.

Les amis de la paix ne sont pas les meilleurs ennemis de la guerre. 4478
Claude Cheysson [3] discours d'avril 1983.

---

1 - Sophocle lui fait dire à Créon : « Mon cœur est fait pour aimer, non pour haïr. »
2 - Caricaturiste anglais.
3 - Ministre des Affaires étrangères. On se souvient du libellé de René Crevel : « La mobilisation contre la guerre n'est pas la paix. » (1932).

Paradis

4479 Quand on ne croit plus au Paradis, on commence à croire au spiritisme.
Mircea Eliade *Fragmentarium.*

4480 Le purgatoire surpasse en poésie le ciel et l'enfer, en ce qu'il représente un avenir qui manque aux deux premiers.
François René de Chateaubriand cité par Jacques Le Goff *La Naissance du Purgatoire (1981)*; Gallimard.

4481 Le ciel est pour ceux qui y pensent.
Joseph Joubert *Pensées (1774-1824).*

4482 Le paradis, à n'en pas douter, n'est qu'une immense bibliothèque [1].
Gaston Bachelard colloque de Cerisy, U.G.E. ; 10/18.

4483 Dans le Royaume des Cieux, tout est dans tout, tout est un, et tout est à nous.
Maître Eckhart (1260 env.-1327 env.) *Œuvres*; tr. P. Petit.

4484 Qui veut faire un paradis de son pain fait un enfer de sa faim.
Antonio Porchia *Aphorismes*; tr. Verhesen dans *Poésie vivante en Argentine (1962)*; Le Cormier.

4485 On arrive plus vite au Ciel en partant d'une masure que d'un palais.
Saint François d'Assise (1182-1226).

4486 Nul n'arrive au paradis les yeux secs.
Thomas Adams *Sermons.*

m'as-tu vu :

4487 Peut-on vivre, œuvrer, sans être un tout petit peu regardé ? Le paradis c'est les autres.
Léon Aréga *Le Débarras (1967)*; Gallimard.

4488 Pour moi, le plus grand supplice serait d'être seul en paradis.
Johann Wolfgang Goethe *Pensées (1815-1832)*; tr. J. Porchat.

4489 La terre est le probable paradis perdu.
Federico Garcia Lorca *Mer (1936).*

4490 Nous avons été chassés du Paradis, mais le Paradis n'a pas été détruit pour cela. Cette expulsion en quelque sorte est une chance, car si nous n'en avions pas été chassés, le Paradis aurait dû être détruit.
Franz Kafka *Journal intime*; tr. Kossovski ; Grasset.

---

1 - Une bibliothèque qui a son enfer ?

Il n'y a de paradis que pour les anges. 4491
Jacques Chardonne dans J.-P. Caracalla *Voyages;* Orban.

Le royaume des Cieux est la patrie des eunuques[1]. 4492
Tertullien (155 env.-225 env.) *De monogamia.*

avis aux amateurs :
La femme sera toujours le danger de tous les paradis. 4493
Paul Claudel *Conversations dans le Loir-et-Cher;* Gallimard.

Si on croit au paradis, les bêtes y auraient droit. 4494
J. Pommery et **O. Bailly** *Entre bêtes et hommes (1977);* Calmann-Lévy.

Le paradis est une chasse réservée. 4495
Gabriel Matzneff *Ivre du vin perdu (1981);* La Table Ronde.

De quel droit les Dieux immortels abaissaient-ils un homme vertueux jusqu'à le récompenser ? 4496
Anatole France *Sur la pierre blanche (1905).*

Vous irez au Paradis malgré vous 4497
Ah, répondit Léautaud, toujours la violence !
Jacques Brenner *Histoire de la littérature française de 1940 à nos jours (1978);* Fayard.

Le ciel se gagne, l'épée vaincue à la main. 4498
Roger Nimier *L'Élève d'Aristote;* Gallimard.

Parapsychologie

La frontière avec l'au-delà est une passoire. 4499
Gilles Lapouge *Équinoxiales (1977);* Flammarion.

la nuit des morts vivants :
Les morts, m'affirmait sereinement une voyante, sont pareils aux vivants, sauf qu'ils sont morts, et voilà tout. 4500
Colette *En pays connu;* Ferenczi.

Les spirites prétendent entrer en contact avec les morts. C'est une illusion. Il vaut mieux qu'ils ignorent qui sont ceux qui viennent à eux de la sorte, ils auraient peur. 4501
Gustav Meyrink *Le Visage vert (1980);* La Colombe.

La vie des morts consiste à survivre dans l'esprit des vivants. 4502
Cicéron.

---

1 - Le texte évangélique disait : « Il y a des eunuques qui se sont rendus tels eux-mêmes pour le royaume des Cieux. » Le grand philosophe Origène se serait castré par fidélité à ce précepte.

dans les griffes de la momie :

4503 Il faut toujours être du côté du mort.
Gabriel Garcia Marquez *Chronique d'une mort annoncée (1982);* tr. Cl. Couffon; Grasset.

4504 Le monde des ombres ne nous instruit pas de ses visées.
Louis Nucera *Avenue des Diables bleus (1979);* Grasset.

4505 Qui court après les ombres se prendra aux ombres.
Jean-Noël Vuarnet *Tanger (1975);* Bourgois.

4506 Celui qui regarde longtemps les songes devient semblable à son ombre.
Maxime indienne, en épigraphe à André Malraux *La Voie royale (1933);* Gallimard.

aura :

4507 C'est dans votre propre lumière que vous vous tenez.
John Heywood *Proverbs in the English Tongue (1546).*

4508 Le surnaturel n'étant pas d'un usage pratique ni régulier, il est sage et décent de n'en pas tenir compte.
Marcel Aymé *La Vouivre (1942);* Gallimard.

il était une voix :

4509 Tout bruit écouté longtemps devient une voix.
Victor Hugo *Fragments.*

4510 Toute magie se multiplie quasiment à l'infini par la retransmission orale. Les monuments des dieux se sont bâtis avec la langue.
Serge Rezvani [1] *Le Testament amoureux (1981);* Stock.

4511 En sorcellerie, l'acte, c'est le verbe.
Jeanne Favret-Saada [2] *Les Mots, la Mort, les Sorts (1977);* Gallimard.

4512 Le charme, c'est réussir à transmettre ce qu'on ne dit pas.
Claude Lelouch dans *Le Figaro,* 7 avril 1990.

4513 La sorcellerie est la maîtresse de l'apparence.
Marie-Madeleine Davy *Le Désert intérieur (1983);* Albin Michel.

comment l'esprit vient aux femmes :

4514 Je voudrais être la petite fille qui saute à la corde : elle invente la voûte à la juste mesure du corps qui fait la cabriole, et s'envoûte elle-même.
Robert Mallet *Apostilles (1972);* Gallimard.

4515 Chaque fois qu'un enfant dit : « Je ne crois pas aux fées », il y a quelque part une petite fée qui meurt.
Sir James Barrie *Peter Pan (1904).*

---

1 - Le père de Rezvani était un magicien persan. Il se livrait notamment à des expériences de transmission de pensée et d'action à distance.
2 - Ses recherches de sorcellerie dans le bocage normand lui valurent d'être surnommée « la sorcière du CNRS ».

Accrochez-vous ferme à la rampe de la sexualité sinon vous 4516
tomberiez dans l'ordure de l'occultisme.
Sigmund Freud *Lettres à Jung.*

(Il est sage) de ne pas admettre aveuglément les mystérieuses 4517
influences lointaines et de ne pas non plus les rejeter sous prétexte qu'elles seraient contraires à toute vraisemblance.
Francis Bacon *Sylva Sylvarum or a Natural History (1627).*

L'homme n'a d'autre être que son être surnaturel – qui l'attend 4518
de l'autre côté du rideau.
Simone Weil *Œuvres complètes, Cahier II (1988);* Gallimard.

Parents

Papa s'pique, maman s'shoote. 4519
Jean-Michel Jarre *Papa s'pique, maman s'shoote,* chanté par P. Juvet; Rideau Rouge.

Comme la plupart des hommes, j'étais né de gens inexpliqués, 4520
inexplicables.
Angelo Rinaldi *La Confession dans les collines (1990);* Gallimard.

On ne comprend pas comment des gens aussi étrangers peuvent 4521
être ses parents.
Jean Myrdal *Enfance en Suède* tr. M. de Gouvenain et L. Grumbach *(1988);* Actes Sud.

L'amour parental qui est si émouvant et dans son fond si puéril 4522
n'est rien d'autre que le narcissisme des parents ressuscité...
Sigmund Freud *Le Narcissisme* dans Octave Mannoni *Freud (1977);* Le Seuil.

On peut devenir parent d'enfant un soir de cuite, on ne 4523
s'improvise en rien parent d'élève.
Alain Schifres dans *Elle,* 17 septembre 1990.

L'orgueil que nous inspirent les enfants ne vient jamais du cœur, 4524
et se paie souvent cher.
Hervé Bazin *Ce que je crois (1977);* Grasset.

(Mes parents) étaient plongés dans une de ces conversations à 4525
voix basse qui séparent plus qu'un fleuve le monde des enfants et celui des adultes.
Pablo Neruda *J'avoue que j'ai vécu (1975);* tr. Cl. Couffon; Gallimard.

4526 Ce qui fait que les parents préfèrent en général les enfants maladifs, c'est que leur vue ne cesse de solliciter la pitié.
Arthur Schopenhauer (1788-1860) *Pensées et Fragments;* tr. J. Bourdeau; Alcan.

4527 La dictature parentale – comme toutes les dictatures – a une prédilection pour les plus désarmés.
Pierre Leulliette *Les Enfants martyrs (1978);* Le Seuil.

4528 Les enfants commencent par aimer leurs parents; devenus grands, ils les jugent; quelquefois, ils leur pardonnent.
Oscar Wilde *Le Portrait de Dorian Gray (1890);* tr. E. Jaloux et F. Frapereau; Stock.

4529 Vos enfants ne sont pas vos enfants,
Ils sont les fils et les filles de l'appel de la vie à elle-même.
Khalil Gibrán *Le Prophète;* tr. Aboussouan; Castermann.

4530 Les parents qui attendent de la reconnaissance de leurs enfants (il y en a même qui l'exigent) sont comme ces usuriers qui risquent volontiers le capital pour toucher les intérêts.
Franz Kafka *Journal;* tr. M. Robert; Grasset.

4531 Les parents, il ne suffit pas qu'ils aient ce titre, il faut qu'ils soient agréés, légitimés par leurs enfants.
Hervé Bazin *Ce que je crois (1977);* Grasset.

4532 Ce que je propose, c'est que nous acceptions de mourir en nos enfants.
Cheikh H. Kane *L'Aventure ambiguë (1971);* Julliard.

4533 Comme ce serait étrange si les enfants connaissaient leurs parents tels qu'ils étaient avant leur naissance, quand ils n'étaient pas encore des parents mais tout simplement eux-mêmes.
Patrick Modiano *Une jeunesse (1981);* Gallimard.

4534 Vous serez livrés par vos parents, et ils vous mettront à mort.
Saint Luc, XXI, 16.

4535 Ne donnez à vos enfants aucune instruction morale ou religieuse, à moins que vous ne soyez tout à fait sûr qu'ils ne la prendront pas trop au sérieux. Il vaut mieux être la mère de Louis XV ou de la Du Barry que d'être celle de Robespierre ou de Marie Tudor.
George Bernard Shaw *Bréviaire du révolutionnaire;* Cahiers Libres.

4536 Un enfant élevé par sa mère ne peut plus s'appeler un enfant.
Roger Nimier *L'Élève d'Aristote;* Gallimard.

4537 Jadis, élever et éduquer un ou plusieurs enfants constituait une suite d'entreprises téméraires menées par essais/erreurs avec les conseils de nos mères ou la possibilité de copier sur les voisines. Aujourd'hui, puéricultrices, pédiatres, pédagogues, psychologues, sociologues et psychanalystes se relaient pour nous dispenser avis autorisés et conseils éclairés... C'est tout simple, y a qu'à

suivre le mode d'emploi. Celles qui parviennent encore à se planter, forcément, c'est qu'elles n'ont pas bien suivi. Tenez, moi, par exemple...
Anne Debarède *Les Enfants, oui ! L'eau ferrugineuse, non ! (1990) ;* Le Seuil.

Les parents d'aujourd'hui veulent être aimés de leurs enfants. Cette erreur les entraîne à toutes sortes de faiblesses et de facilités. 4538
Jean Dutourd *Le Fond et la Forme (1958) ;* Gallimard.

J'aime à vous écrire. C'est donc signe que j'aime votre absence, ma fille. 4539
Madame de Sévigné *Lettres.*

On reste avec ses parents comme plus tard avec une femme. Les habitudes tournent parfois en passions. 4540
Pierre Drieu La Rochelle *État civil (1921) ;* Gallimard.

Pour faire un mot drôle, je tuerais père et mère. Heureusement que je suis orphelin. 4541
Marcel Achard *Patate (1957) ;* La Table Ronde.

Plante qui veut, élève qui peut. 4542
Dicton populaire.

Paresse

Fainéhantise : peur obsédante de la paresse. 4543
Alain Finkielkraut *Petit Fictionnaire illustré (1981) ;* Le Seuil.

Un paresseux est un homme qui ne fait pas semblant de travailler. 4544
Alphonse Allais *Œuvres anthumes, Œuvres posthumes ;* La Table Ronde.

Ah ! me répandre par terre comme une bouse et ne plus bouger ! 4545
Samuel Beckett *Tous ceux qui tombent (1957) ;* tr. Pinget ; Éd. de Minuit.

dormir :
Les paresseux ont toujours envie de faire quelque chose. 4546
Vauvenargues *Réflexions et Maximes (1746).*

Accablé de paresse et de mélancolie, 4547
Je rêve dans un lit où je suis fagoté,
Comme un lièvre sans os qui dort dans un pâté
Ou comme un Don Quichotte en sa morne folie.
Saint-Amant *Le Paresseux, Œuvres complètes (1627).*

4548 J'aime recevoir des lettres anonymes parce que je n'ai pas à répondre.
Jean Dutourd dans *Télé 7 Jours,* 1982.

4549 De toutes les calomnies, la pire est celle qui vise notre paresse, qui en conteste l'authenticité.
E. M. Cioran.

retraite anticipée :
4550 Jéhovah... donna à ses adorateurs le suprême exemple de la paresse idéale ; après six jours de travail, il se reposa pour l'éternité.
Paul Lafargue *Le Droit à la paresse (1883) ;* Maspero.

4551 Il faut en France beaucoup de fermeté et une grande étendue d'esprit pour se passer des charges et des emplois, et consentir ainsi à demeurer chez soi et à ne rien faire.
La Bruyère *Les Caractères (1688).*

4552 Où finit la paresse, où commence la contemplation ?
Jean Dutourd *Doucin (1955) ;* Gallimard.

4553 Son manque de compréhension avait quelque chose de reposant.
Barbara Pym *Les Ingratitudes de l'amour ;* tr. A. Neuhon (1988) ; Christian Bourgois.

4554 Vous n'avez pas besoin d'essuyer votre couteau pour couper le pain de la table, parce qu'après avoir coupé une ou deux tranches il se trouvera essuyé de lui-même.
Jonathan Swift *Instructions aux domestiques ;* tr. L. de Wailly.

4555 L'oisiveté est la rouille de l'âme.
Duc de Lévis *Maximes et Réflexions sur divers sujets (1808).*

4556 La société populaire de Mayenne demande que les célibataires, les prêtres et tous les individus dont l'oisiveté atteste les sentiments antirépublicains soient exclus de toute fonction publique.
Procès-verbal de la Convention nationale, 15 floréal, an II ; cité dans Jean Borie *Le Célibataire français (1976) ;* Le Sagittaire.

4557 L'oisiveté est la mère de la philosophie.
Thomas Hobbes *Léviathan (1651).*

épitaphe :
4558 La paresse nous l'avait ravi avant la mort.
Rivarol (1753-1801).

Paris

Je rêvais de m'installer marchand de bonheur en plein Paris. 4559
Alphonse Daudet *Soutien de famille,* Prélude.

Tour Eiffel 4560
Guitare du ciel.
Vicente Huidobro[1] *Tour Eiffel (1918),* dans Noulet *Anthologie de la poésie ibéro-américaine ;* Nagel.

Ajoutez deux lettres à Paris : c'est le Paradis. 4561
Jules Renard *Journal (1895).*

Être parisien, ce n'est pas être né à Paris, c'est y renaître. 4562
Sacha Guitry (1885-1957)[2].

Habiter entre Vincennes et Neuilly, vivre dans cet « enfer », passe 4563
encore : tout le monde ne peut pas avoir la chance de résider à Saint-Avold, à Mortagne-au-Perche, à La Souterraine et autres lieux où toute vie privée est publique.
Jean Ferniot *Vous en avez vraiment assez d'être Français ¿ (1979) ;* Grasset.

L'évolution, ça nous surprend... À Paris, pour pisser, il faut payer 4564
vingt-cinq centimes, le prix d'un kilo de blé[3].
Jacques Maho *L'Image des autres chez les paysans (1974) ;* Le Champ du possible.

J'ai vécu à Sarcelles, je crève aux Champs-Élysées. 4565
Renaud *Les Charognards ;* Allo Music.

Mrs. Mackay avait fait construire un hôtel à l'angle de l'avenue 4566
des Champs-Élysées, puis avait trouvé que l'Arc de Triomphe de l'Étoile lui faisait de l'ombre. Elle proposa tout simplement aux pouvoirs publics de l'acheter : elle avait imaginé de le raser pour agrandir la perspective que l'on avait du haut de sa terrasse.
Hubert Juin *Le Livre de Paris 1900 ;* Belfond.

Il est des emplacements à Paris qui, pour avoir été un jour 4567
victimes ou témoins d'une mauvaise action, d'un sacrilège parfois oublié, une église détruite, un palais saccagé... sont devenus des lieux maudits où désormais tout échoue.
Louis Chevalier *L'Assassinat de Paris (1977) ;* Calmann-Lévy.

Plus rien à voir aux Halles, c'est-à-dire à Paris[4]. 4568
Louis Chevalier *L'Assassinat de Paris (1977) ;* Calmann-Lévy.

---

1 - Lors de son séjour à Paris, Huidobro fréquenta Picasso et Juan Gris. On pense ici à certains tableaux de Delaunay.
2 - Sacha Guitry est né à Saint-Pétersbourg.
3 - Aujourd'hui, 2 F.
4 - Pour l'auteur, historien de Paris, les Halles étaient le cœur et les poumons de la capitale, « capables du plus grand bien comme du plus grand mal, de causer l'abondance ou la famine, l'ordre ou le désordre, la joie de vivre ou le choléra ».

4569 La culture se fait dans les bistrots, pas à Beaubourg.
Louis Chevalier *L'Assassinat de Paris (1977)*; Calmann-Lévy.

4570 Les Parisiens qui sont allés jusqu'à Tourcoing donnent des conférences à Pleyel.
Alain Schifres *Les Parisiens (1990)*; J.-C. Lattès.

4571 Si m'excuse de mon langage
Rude, malotru et sauvage,
Car né ne suis pas de Paris.
Jean de Meung *Le Roman de la Rose.*

4572 Les idées, à Paris, sont dans l'air, elles vous sourient au coin d'une rue, elles s'élancent sous une roue de cabriolet avec un jet de boue!
Honoré de Balzac *La Muse du département.*

4573 La ville dont le prince est un étudiant.
Les murs ont la parole (1968); Tchou.

4574 Le casque des pavés ne bouge plus d'un cil
La Seine de nouveau ruisselle d'eau bénite
Le vent a dispersé les cendres de Bendit
Et chacun est rentré chez son automobile.
Claude Nougaro *Paris-Mai*; Éd. Champs-Élysées.

4575 Le flâneur parisien est aussi souvent un homme au désespoir qu'un oisif.
Honoré de Balzac *César Birotteau (1837).*

4576 Paris est le centre de la dissipation, et les gens les plus oisifs par goût et par état y sont peut-être les plus occupés.
Charles Pinot Duclos[1] *Les Confessions du comte de... (1742).*

4577 Je ne comprends plus ces populations de trains de banlieue, ces hommes qui se croient des hommes, et qui cependant sont réduits, par une pression qu'ils ne sentent pas, comme les fourmis à l'usage qui en est fait. De quoi remplissent-ils, quand ils sont libres, leurs absurdes petits dimanches?
Antoine de Saint-Exupéry *Terre des hommes (1939)*; Gallimard.

4578 Le métro est un endroit éminemment sartrien où, « à huis clos », chaque voyageur devient la proie de tous les autres.
François Mauriac *Journal, V*; Flammarion.

4579 Paris et le désert français[2].
Jean-François Gravier *Paris et le Désert français (1972)*; Flammarion.

---

1 - Pinot Duclos passait pour n'avoir jamais vécu que dans les cafés, notamment au Procope.
2 - La formule est restée célèbre pour qualifier l'excessive centralisation de la France.

Parole

Quand tu parles, parle en homme libre et non en esclave. 4580
Pères du Désert (IVe s.) M. 95 dans Martin de Dumio *Aegyptiorum Patrum Sententiae;* tr. Regnault.

métallurgie :
C'est la parole qui est d'or ; le silence est de plomb. 4581
Hervé Bazin *Ce que je crois (1977);* Grasset.

Il y a des bavards ridicules. Il y a aussi des taciturnes ridicules. 4582
Élias Canetti *Territoire de l'homme (1952-1972);* tr. A. Guerne ; Albin Michel.

C'est notre grande maladie de parler pour ne rien voir. 4583
René Daumal *Poésie noire, Poésie blanche (1954);* Gallimard.

Les paroles sont toujours plus audacieuses que les actes. 4584
Friedrich von Schiller *Die Piccolomini, I (1794-1799).*

La parole dépasse en action l'acte lui-même. 4585
Gérald Lescarbeault *À ras de terre (1971);* Cercle du Livre de France.

La parole n'a pas été donnée à l'homme : il l'a prise. 4586
Louis Aragon *Le Libertinage (1977);* Gallimard.

Parler, c'est marcher devant soi. 4587
Raymond Queneau *Les Œuvres complètes de Sally Mara (1979);* Gallimard.

Par la parole, l'homme est une métaphore de lui-même. 4588
Octavio Paz *L'Arc et la Lyre (1956).*

blabla :
Parler juste, c'est comme chanter juste, c'est un don. Mais ça 4589
étonne moins.
Jean Piat *Les Plumes des paons (1980);* Plon.

speaker :
Un chien n'est pas considéré comme bon chien parce qu'il 4590
est bon aboyeur. Un homme n'est pas considéré comme bon homme parce qu'il est bon parleur.
Tchouang-Tseu.

Les vraies paroles ne sont point belles, 4591
Les belles paroles ne sont point vraies.
Lao-Tseu (VIe ou Ve siècle av. J.-C.) *La Voie et sa vertu;* tr. Houang Kia Tcheng et P. Leyris ; Le Seuil.

Si l'homme est essentiellement un animal parlant,... celui qui 4592
parle le mieux est aussi le plus pleinement homme.
Marc Fumaroli *L'Âge de l'éloquence (1981);* Droz.

4593 Une femme s'est faite rempart ; elle a le sein complice des mères. Elle aiguise ma parole avec le miel doux des comptines.
Michel Monnereau *Monologue pour un seul abri (1982) ;* Imprimerie de Cheyne.

4594 La parole dit quoi, mais non comment.
Alan Watts *Être Dieu, au-delà de l'au-delà (1977) ;* tr. W. Desmond ; Denoël/Gonthier.

4595 La voix vieillit plus vite que la parole.
Philippe Lejeune *Je est un autre (1980) ;* Le Seuil.

4596 En parlant, l'homme danse par-dessus toutes choses.
Friedrich Nietzsche dans Shoshana Felman *La Folie et la Chose littéraire ;* Le Seuil.

4597 Ce n'est pas d'hier qu'on abuse de la parole ou de l'écriture pour l'extermination de la pensée.
Léon Bloy *Œuvres ;* Mercure de France.

drague :

4598 Il est des circonstances où, très littéralement, il faut parler pour ne rien dire.
Gilles Perrault *La Longue Traque (1975) ;* Lattès.

sermon :

4599 Il joint l'extrémité de ses doigts, doigt à doigt, signe qui ne trompe pas : il aime s'entendre parler.
Cavanna *Bête et méchant (1981) ;* Belfond.

4600 Ils ont une certaine manière de parler les gens distingués qui vous intimide et moi qui m'effraie tout simplement, surtout leurs femmes, c'est cependant rien que des phrases mal foutues et prétentieuses, mais astiquées alors comme de vieux meubles.
Louis-Ferdinand Céline *Voyage au bout de la nuit (1932) ;* Gallimard.

mauvaise langue :

4601 Dans les bouches d'or, il y a quelquefois des langues de bois.
Jean-Yves Guérin au colloque Albert Camus de Cerisy (juin 1982).

4602 [...] Les paroles sont toujours une force que l'on cherche hors de soi.
Stendhal *Chroniques italiennes (1837-1839).*

haut-parleur :

4603 Deux qualités sont demandées à un porte-parole. Il faut que « ça parle » comme chez Lacan et que, comme la chienne de Malebranche, ça ne pense pas.
Julien Cheverny *Propos de mauvais goût (1976) ;* Ramsay.

4604 Il faut seulement dire quelque chose qui puisse se murmurer à l'oreille d'un ivrogne ou d'un mourant.
E.M. Cioran *Syllogismes de l'amertume (1952) ;* Gallimard.

4605 Aucune parole ne précède les vrais départs.
Edmond Jabès *Récit ;* Fata Morgana.

Partis politiques

Conservateur (n.) : homme d'État féru des maux déjà existants, à 4606
la différence du libéral qui désire les remplacer par d'autres.
Ambrose Bierce *Dictionnaire du diable.*

Les partis actuels se définissent beaucoup moins par leur 4607
programme ou la classe de leurs adhérents que par la nature de leur organisation : un parti est une communauté d'une structure particulière. Les partis modernes se caractérisent avant tout par leur anatomie.
Maurice Duverger *Les Partis politiques (1951).*

safari :
Tout chef politique doit avoir l'instinct du tueur ! 4608
Françoise Giroud[1] *La Comédie du pouvoir (1977);* Fayard.

La démence, chez l'individu, est quelque chose de rare – chez 4609
les groupes, les partis, les peuples, les époques, c'est la règle.
Friedrich Nietzsche *Par-delà le bien et le mal (1886).*

Les partis concourent à la formation de la volonté politique 4610
du peuple.
Article 21 de la Constitution de la République fédérale d'Allemagne.

Les hommes politiques finissent toujours par se convaincre plus 4611
ou moins de ce qu'ils veulent faire croire à leurs électeurs.
François de Closets *Le Système EPM (1980);* Grasset.

Les résolutions prises lors des campagnes électorales ne sont rien 4612
d'autre que l'agrandissement de celles que l'on prend au Nouvel An.
W.C. Fields *Votez pour moi (1973).*

Ce qui effraie le plus dans les partis, ce n'est pas ce qu'ils 4613
disent, c'est ce qu'ils négligent ou refusent de dire.
Louis Blanc *Organisation du travail (1849).*

Si vous ne voulez pas de pépins, évitez le noyautage. 4614
Slogan Mai 1968.

Je ne suis pas à droite... mais je suis encore moins à gauche ! 4615
Coluche.

Je sais à merveille à quoi s'expose un homme qui ne se range ni 4616
à droite ni à gauche. On le traite d'opportuniste.
Jean Cocteau *Démarche d'un poète;* Bruckmann.

---

1 - Françoise Giroud fut secrétaire d'État à la Condition féminine de 1974 à 1976, puis secrétaire d'État à la Culture jusqu'en mars 1977.

4617 Conservateur, voilà un mot qui commence bien mal.
Thierry Maulnier cité dans *Le Monde,* 14 janvier 1983.

4618 J'ai adhéré au parti conservateur, ce qui est une façon d'être sceptique.
Jorge Luis Borges *Rapport de Brodie (1972);* Gallimard.

4619 Toute la droite est enfin au centre, merci mon Dieu !
Wolinski *Giscard n'est pas drôle (1976);* Éd. du Square.

hallali :

4620 La forme supérieure de l'opposition, c'est la création.
Lev Kopelev *Moscou sans Zakharov;* dans *Alternative,* n⁰ 3; Maspero.

4621 Si j'ai soutenu Giscard ce n'était certainement pas pour lui faire plaisir. Je n'ai jamais eu d'atomes crochus avec lui... En politique comme dans la vie, il en va souvent ainsi : quand on n'a pas ce que l'on aime, il faut aimer ce que l'on a.
Jacques Chirac dans Catherine Nay *La Double Méprise (1980);* Grasset.

curée :

4622 Les grandes trahisons sont toujours effacées par l'histoire[1].
Alexandre Sanguinetti dans Catherine Nay *La Double Méprise (1980);* Grasset.

4623 L'union fait la force. Oui. Mais la force de qui ?
Alain.

4624 Les lendemains sont faits de ce qu'a vu la majorité et de ce qu'a vu la minorité.
Pierre Drieu La Rochelle (1893-1945) dans Pierre Andreu et Frédéric Grover *Drieu La Rochelle (1979);* Hachette.

tableau de chasse :

4625 Le XXᵉ siècle ne finira pas sans avoir vu d'étranges réconciliations.
Pierre Drieu La Rochelle (1893-1945) dans Pierre Andreu et Frédéric Grover *Drieu La Rochelle (1979);* Hachette.

passé

4626 Les temps du passé ont des noms de défaillance : imparfait, passé composé.
Pascal Bonafoux *Signes particuliers (1980);* Ramsay.

1 - Sanguinetti parle ici de la « trahison » de Jacques Chaban-Delmas par Jacques Chirac en 1974, et du ralliement de ce dernier à Valéry Giscard d'Estaing.

Nos cœurs et nos greniers sont des cimetières d'objets. 4627
Monique Corriveau *Le Témoin (1969)*; Cercle du Livre de France.

Un jour une actrice fameuse 4628
Me contait les fureurs de son premier amant ;
Moitié riant, moitié rêveuse,
Elle ajouta ce mot charmant ;
« Oh ! c'était le bon temps, j'étais bien malheureuse ! ».
Claude de Rulhière[1] (1735-1791) *Épître à monsieur de la Cha... sur le renversement de ma fortune.*

Celui qui n'eut point à souffrir d'un passé... 4629
Qui pourrait l'enflammer à désirer du neuf ?
Lucrèce (98-55 av. J.-C.) *Les Dieux et le Monde ;* tr. Gouast ; La Poésie latine ; Seghers.

transit :
On supporte tout, la guerre, la souffrance, l'exil, etc. C'est le passage d'un état à un autre qui est terrible. Le temps de s'installer. 4630
Georges Perros *Notes inédites* dans *Le Nouveau Commerce* n°s 39-40, printemps 1978.

Chacun transporte tous ceux qu'il a été, intacts, et qui attendent de se manifester dans les moments de douleur, de peur, de danger. 4631
Anita Brookner *La Porte de Brandebourg ;* tr. F. Gonzalez Battle (1989) ; Éd. La Découverte.

Il ne faut pas toujours tourner la page, il faut parfois la déchirer. 4632
Aphorisme de **Achille Chavée** (1906-1969) dans *Littérature de langue française hors de France ;* F.I.P.F.

Qu'est-ce qu'il attend pour parler ? Peut-être 4633
Sa coupe n'est-elle pas pleine ?
Les coupes fuient-elles avec le temps ?
Cuarteto Cedron *Ballade de l'homme qui se tait ;* tr. Mellac, dans *Chants libres d'Amérique latine ;* Le Cerf.

Une amnésie romancée prend la place des occasions perdues. 4634
Georges Henein *L'Esprit frappeur, Carnet de notes 1940-1973 ;* Encre.

Aucun événement ne revient. 4635
Bertrand Russell *Human Knowledge (1948).*

Le passé est un prologue. 4636
William Shakespeare *La Tempête, I (1611).*

Vivre, c'est s'obstiner à achever un souvenir. 4637
René Char cité par Patrick Modiano *Livret de famille (1977) ;* Gallimard.

---

1 - Voltaire n'hésitait pas à comparer Rulhière à Boileau, Molière et La Fontaine.

4638 Quand on aime la vie, on aime le passé parce que c'est le présent tel qu'il a survécu dans la mémoire humaine.
Marguerite Yourcenar *Mishima ou la Vision du vide (1981)*; Gallimard.

4639 Des images dernières on en garde toujours trop.
Jean Freustié *L'Héritage du vent (1979)*; Stock.

4640 Aimer le passé, c'est douteux. Je n'aimerais pas ressembler à mes souvenirs.
Gérard Depardieu *Lettres volées (1988)*; J.-C. Lattès.

4641 Se pencher vers son passé, c'est risquer de tomber dans l'oubli.
Coluche cité par Philippe Boggio dans *Coluche*; Flammarion.

Passion

4642 Toutes nos passions reflètent les étoiles.
Victor Hugo *La Légende des siècles, Le Groupe des idylles (1877).*

4643 Nous avons besoin d'un mythe pour exprimer le fait obscur et inavouable que la passion est liée à la mort.
Denis de Rougemont *L'Amour et l'Occident (1939)*; Plon.

4644 Faut-il vraiment tant de simagrées, de contorsions, de grimaces pour exprimer la passion ?
Junichiro Tanizaki *Le Goût des orties (1980)*; tr. Regnault-Gatier, Anzai; Gallimard.

hypnose :

4645 C'est une erreur de croire que la passion, quand elle est heureuse et pure, conduit l'homme à un état de perfection; elle le conduit simplement à un état d'oubli.
Victor Hugo *Chansons des rues et des bois (1826).*

4646 Il faut mener les hommes passionnés comme des enfants et des malades, par des espérances vaines.
Jacques-Bénigne Bossuet *Discours sur l'histoire universelle (1681).*

4647 Tout amour qui dure est haine.
Marcel Schwob *Le Livre de Monelle (1894)*; Allia.

4648 J'ai entretenu des relations fort différentes avec mes maîtresses : la plupart d'entre elles m'étaient indifférentes, quoique certaines me fussent antipathiques. Je n'en ai haï qu'une seule, ce fut la grande passion de ma vie.
Arthur Schnitzler *Relations et Solitudes*; tr. P. Deshusses (1988); Rivages.

4649 La passion détruite se transforme en passion de détruire.
Raoul Vaneigem *Le Livre des plaisirs (1979)*; Encre.

passion

L'amour passion fut réellement au douzième siècle, date de son apparition, une religion dans toute la force de ce terme, et spécialement une hérésie chrétienne. 4650
Denis de Rougemont *L'Amour et l'Occident (1939);* Plon.

éducation sentimentale :
C'est un livre d'amour, de passion, mais de passion telle qu'elle peut exister maintenant, c'est-à-dire inactive. 4651
Gustave Flaubert *Correspondance à Mlle Leroyer de Chantepie,* 6 octobre 1864.

La passion est cette forme de l'amour qui refuse l'immédiat, fuit le prochain, veut la distance et l'invente au besoin, pour mieux se ressentir et s'exalter. 4652
Denis de Rougemont *Les Mythes de l'amour (1967);* Gallimard.

Il y a du supplice dans la passion, le mot l'indique. 4653
Alain *Les Arts et les Dieux (1958);* Gallimard.

[...] Nous ne connaissons jamais que les passions des autres, et [...] ce que nous arrivons à savoir des nôtres, ce n'est que d'eux que nous avons pu l'apprendre. 4654
Marcel Proust *Du côté de chez Swann (1913).*

L'égoïsme... n'est pas l'amour de soi, mais une passion désordonnée de soi. 4655
Aristote *Politique;* tr. Prélot; P.U.F.

Le plus parfait mot d'amour que j'aie entendu, c'est celui de Blaise Cendrars qui, parlant de sa femme, s'écria : « Raymone... c'est le ciel ! » 4656
Bernard Privat *L'Itinéraire;* Gallimard.

Il n'est pas de passion de femme qui ne renferme des ferments de crime. 4657
Eugène Cloutier *Les Inutiles (1982);* Fidès.

Il y a des femmes qui se tuent par amour. Mais ce sont toujours les mêmes. 4658
Henri de Régnier *Lui ou les Femmes et l'Amour (1903).*

[...] Ce qu'on nomme passion n'est autre chose qu'un désir irrité par la contradiction. 4659
Beaumarchais lettre sur *Le Barbier de Séville.*

Phèdre :
Nous tendons à croire aujourd'hui que l'intensité de la passion est forcément perverse. 4660
Saul Bellow *Retour de Jérusalem (1977);* Flammarion.

La passion de la création, la passion de l'amour, et la passion du jeu sont à la vie ce que le besoin de se nourrir et le besoin de se protéger sont à la survie. 4661
Raoul Vaneigem *Traité de savoir-vivre à l'usage des jeunes générations (1967);* Gallimard.

Les passions sobres font les hommes communs. 4662
Denis Diderot *Pensées philosophiques (1746).*

4663 Il manque quelque chose à l'homme qui ne s'est jamais senti éperdu.
Roger Caillois *Le Fleuve Alphée (1978);* Gallimard.

4664 La seule différence entre un caprice et une passion éternelle est que le caprice peut durer.
Oscar Wilde dans Léon Treich *L'Esprit d'Oscar Wilde (1931);* Gallimard.

4665 Puisque nous durons si peu, il n'est pas raisonnable que nos passions soient immortelles [...].
Jean-Louis Guez de Balzac *Lettres au révérend père Garasse (1625).*

4666 Il y aura toujours une statistique pour contempler une passion.
Roger Nimier à propos de Paul Morand.

Pathologie

4667 Quand j'affirme que la maladie mentale est un mythe, je dis simplement que ces problèmes ne sont ni médicaux ni mentaux.
Thomas Szasz *Le Mythe de la maladie mentale (1977);* tr. D. Berger; Payot.

paranoïa :

4668 L'activité paranoïaque critique est une force organisatrice et productrice de hasard objectif.
Salvador Dali *La Conquête de l'irrationnel (1935);* Éd. Surréalistes.

4669 Le délire c'est la théorie d'un seul, tandis que la théorie est le délire de plusieurs.
François Roustang *Un destin si funeste (1976);* Éd. de Minuit.

schizophrénie :

4670 Si ça continue, j'vais m'découper
Suivant les points, les pointillés yeah.
Boris Bergman *Vertige de l'amour,* chanté par Bashung; Philips.

4671 Si quelqu'un parle à Dieu, il prie; si Dieu parle à quelqu'un, c'est un schizophrène.
Thomas Szasz *Fabriquer la folie (1976);* tr. M. Manin et J.-P. Cottereau; Payot.

4672 Le dernier refuge de la pensée gnostique, ce sont les fantasmes de la schizophrénie.
Susan Sontag *À la rencontre d'Artaud (1976);* Bourgois.

4673 Je pense que nous ne découvrirons les causes chimiques de la schizophrénie que lorsque nous découvrirons les causes

chimiques du judaïsme, du christianisme et du communisme.
Thomas Szasz *Fabriquer la folie (1976);* tr. M. Manin et J.-P. Cottereau ; Payot.

La plupart des femmes oscillaient entre le remords et l'hystérie, 4674
elles ne pouvaient être que coupables ou hors de leur corps.
Françoise Giroud *Une femme honorable (1981);* Fayard.

La fumigation, même aromatique, du vagin des hystériques a été 4675
d'une efficacité douteuse.
Claude Quetel et **Pierre Morel** *Les Fous et leurs Médecines (1979);* Hachette.

La partie est presque gagnée si l'on arrive à transformer les 4676
misères de l'hystérie en malheurs ordinaires.
Sigmund Freud dans Lucy Freeman *L'Histoire d'Anna O;* tr. W. et B. Ashes ; P.U.F.

Tant que la méchanceté n'a pas mûri, elle est prête à tout 4677
moment à se transformer en hystérie.
Alexandre Blok *Calepin (1918).*

La mégalomanie est la silicose de l'artiste. 4678
Guy Bedos.

Psychopathologie est bien le mot le plus obscène qui soit. 4679
David Cooper *Une grammaire à l'usage des vivants (1976);* tr. M. Braudeau ; Le Seuil.

Tous les esthétismes ont leur pathologie. Celui des vieilles 4680
demeures tient dans le fait qu'il y a plus de plaisir à ne les voir qu'une fois qu'à les aimer toute une vie.
Claude Arthaud *Les Maisons du génie;* Arthaud.

Les obsessions sont des fontaines de jouvence. Elles épouvantent 4681
la Mort.
Louise Weiss *Dernières voluptés (1979);* Albin Michel.

On ne devient pas pervers, on le demeure. 4682
Sigmund Freud.

Si la notion de maladie mentale n'existait pas, il faudrait 4683
l'inventer.
Erving Goffman *Les Criminels de paix;* sous la dir. de F. et F. Basaglia ; P.U.F.

Patience

La patience était la plus grande des vertus des initiés antiques. 4684
Gérard de Nerval *Voyage en Orient (1851).*

4685 Un instant de patience est déjà une victoire.
Abi Taleb dans *Pensées arabes;* André Kundig.

4686 Soyez patient avec tout le monde, mais surtout avec vous-même.
Saint François de Sales parole rapportée par J.-P. Camus *L'Esprit de saint François de Sales.*

4687 Tout finit par trouver sa place... Il faut savoir attendre.
Birgitta Trotzig propos rapporté dans *Le Monde* (J. N. Pancrazi), 5 août 1988.

4688 La patience a des limites. Attendez trop et c'est de la lâcheté.
George Jackson propos tenu en 1970.

4689 Ce soir, ma petite Cécile, il ne s'agit pas de jouir, il s'agit d'observer.
Remarque de **Cécile Sorel** citée par Jean Galtier-Boissière *Journal.*

Patronat

business :

4690 Les affaires sont les affaires[1].
George Colman *The Heir at Law (1797).*

4691 Diriger, c'est obtenir un résultat par d'autres que soi et c'est aussi être responsable de ce que d'autres ont fait.
Octave Gélinier *Fonctions et Tâches de direction générale (1967).*

4692 Il ne suffit plus de diriger son entreprise, il faut aussi l'expliquer.
Pierre Moussa interviewé par N. Koubi et A. Tezenas dans *Fortune,* avril 1990.

4693 Il n'est pas besoin d'espérer pour entreprendre, ni de réussir pour persévérer.
Attribué à **Guillaume d'Orange.**

entreprise :

4694 *Audentes fortuna juvat.*
(La fortune sourit aux audacieux.)
Virgile *L'Énéide.*

4695 Je crois qu'il faut presque toujours un coup de folie pour bâtir un destin.
Marguerite Yourcenar *Les Yeux ouverts (1980),* entretiens avec Mathieu Galey; Le Centurion.

1 - C'est aussi le titre d'une comédie d'Octave Mirbeau (1903).

Entreprenez l'impossible, l'impossible fera le reste. 4696
François Cariès *Osiris ou du fragment, Le Monde,* 25 juillet 1980.

Si nous réussissons, nous sommes des exploiteurs ; si nous 4697
échouons, des salauds doublés d'incapables.
André Harris et **Alain de Sédouy** *Les Patrons (1977);* Le Seuil.

On ne sait pas la jouissance que l'on a à multiplier les 4698
entreprises... à s'imaginer débordé de travail.
Bernard Frank *La Panoplie littéraire (1980);* Flammarion.

lest :
On voit bien déjà que le néo-capitalisme est prêt à partager plus 4699
équitablement les richesses, mais non le pouvoir.
C. Bruclain *Le Socialisme et l'Europe (1965).*

Les directeurs qui gouvernent l'entreprise... se soumettent le 4700
moins possible aux suffrages des porteurs de titres... Ainsi
survivent beaucoup d'affaires mal gérées dont les dirigeants, bien
nantis, sont invulnérables.
François Bloch-Lainé *Pour une doctrine de l'entreprise (1963).*

De nos jours, un patron doit être révolutionnaire pour pouvoir 4701
survivre.
Vladimir Boukovski *Cette lancinante douleur de la liberté (1981);*
tr. N. Krivochéine ; Laffont.

[...] La fortune ne change que pour ceux qui ne savent pas se 4702
conformer au temps.
Machiavel *Le Prince (1513).*

Ne changeons pas d'employeurs, changeons l'emploi de la vie. 4703
Slogan Mai 1968.

Le capitalisme n'existe pas, je ne l'ai pas renconré. 4704
Vladimir Boukovski *Cette lancinante douleur de la liberté (1981);*
tr. N. Krivochéine ; Laffont.

Pauvreté

La pauvreté est un refus de partager la grande fraternité de la 4705
merde.
Émile Ajar alias **Romain Gary** manuscrit inédit de *Pseudo* dans
Lire, septembre 1981.

Les pauvres sont si malheureux que quand ça sera la mode de 4706
chier de l'argent, eh bien, eux, ils seront constipés.
Jorge Amado[1] *Bahia de tous les saints (1938);* Gallimard.

1 - Jorge Amado fut élu député communiste de São Paulo en 1945.

4707 L'éternuement, c'est l'orgasme du pauvre.
Pensée du jour, Almanach de l'*Os à moelle,* 1980 ; Mengès.

4708 Les pauvres ont un penchant à donner à de plus pauvres qu'eux... Quand on vit au jour le jour, ce n'est pas changer son état que se démunir... Donner quand on possède, voilà qui est difficile.
Anatole France, *Le Figaro,* 17 janvier 1900.

4709 Homme chiche jamais riche.
Proverbe dans Randle Cotgrave, *Premier dictionnaire français à l'usage des Anglais (1611).*

4710 [...] Passer de l'appauvrissement à la pauvreté, comme on va de l'humiliation à l'humilité.
Jacqueline Pascal Lettre à Blaise Pascal [1].

4711 Que me font les honneurs si j'ai compris que le plus grand honneur d'un pauvre, c'est d'être vraiment pauvre ?
Sainte Thérèse d'Avila *Le Chemin de perfection (1565-1570)* ; tr. Groult.

4712 Mais sans argent l'honneur n'est qu'une maladie.
Jean Racine *Les Plaideurs (1668).*

4713 Les bijoux des pauvres valent toujours très peu.
José Joaquim Fernandez de Lizardi [2] *Nuits tristes et Jours joyeux (1818).*

4714 Le sang du pauvre, c'est l'argent.
Léon Bloy *Le Sang du pauvre (1909).*

4715 L'homme est bête sans argent.
Cardinal de Mazarin [3] (1602-1661).

4716 Ils punissent de mort celui qui est convaincu d'avoir fait un crime pour cesser d'être pauvre et punissent de mépris celui qui a le courage de rester pauvre.
Marivaux *Le Cabinet du philosophe (1734).*

4717 Il n'y a aucune honte à être pauvre, mais c'est bigrement incommode.
Sydney Smith (1771-1845) [4] *Aphorisme.*

4718 Les pauvres sont aussi nécessaires dans un État que les ombres dans un tableau.
François d'O [5]. (1535-1594) dans Gaston Bonheur *Henri IV (1977)* ; Ramsay.

---

1 - La sœur de Blaise Pascal avait fait ses vœux à Port-Royal sous le nom de sœur Sainte Euphémie (1652).
2 - Le « penseur mexicain », tel qu'il se nommait lui-même, fut tour à tour emprisonné et excommunié.
3 - Mazarin mourut en laissant une fortune colossale et une inestimable collection d'objets d'art.
4 - Théologien britannique, fondateur de la *Revue d'Édimbourg.* Il fut chapelain de l'hospice des Enfants trouvés, à Londres.
5 - Surintendant des Finances sous Henri III, il mourut dans un complet dénuement.

La propreté est le luxe du pauvre : soyez sale. 4719
Francis Picabia *Écrits (1913-1920);* Belfond.

Je hais le peuple. Il pue dans le métro, il pue sur le trottoir. 4720
Pierre Boudot *Le Cochon sauvage (1968);* Gallimard.

Ce qui rend la pauvreté si dure, ce ne sont pas les privations, 4721
c'est la promiscuité.
Marguerite Yourcenar *Alexis ou le Traité du vain combat (1929);* Plon.

Maintenant que j'y pense, je me dis que j'ai toujours vécu sans 4722
tellement me rendre compte qu'on est des pauvres. Je veux dire : sans me mettre à ma place en tant qu'un pauvre par rapport à des qui sont riches.
Cavanna[1] *Les Ritals (1978);* Belfond.

Quand on est né pauvre, ça vous marque le visage et les yeux 4723
comme certaines maladies, tout le monde peut le voir, tout le monde vous regarde sans peur, en plein dans le visage.
Inès Cagnati *Mosé ou le Lézard qui pleurait (1979);* Denoël.

Péché

Je suis convaincu que le péché est un aussi grand mystère que la 4724
vertu.
Charlie Chaplin *Monsieur Verdoux* (1944-1946).

un point d'acquis!
– De quoi a parlé le pasteur dans son sermon? 4725
– Du péché.
– Et qu'en a-t-il dit?
– Il était contre.
Conversation entre **Gladstone** et sa femme dans *L'Humour;* Laffont/Grammont.

Il y a une vieille légende à propos d'un saint qui devait choisir 4726
un des sept péchés capitaux; il choisit celui qui lui parut le moins grave, l'ivrognerie, et avec celui-là il commit les six autres péchés.
Hans Christian Andersen *Olé, veilleur de la tour (1835)* dans *Contes;* tr. La Chesnais; Mercure de France.

Sans le péché, point de sexualité, et sans sexualité, point 4727
d'histoire.
Sören Kierkegaard *Le Concept de l'angoisse (1844);* tr. Ferlov et Gateau; Gallimard.

---

1 - Le père de Cavanna était l'un de ces « étrangers mal piffés », maçon de son état, émigré en France, installé à Nogent-sur-Marne.

4728 [...] Toutes les dévotes [...] se dédommagent des péchés qu'elles ne font pas par le plaisir de savoir les péchés des autres ; c'est toujours autant de pris...
Marivaux *Le Paysan parvenu (1736).*

4729 Beaucoup de biens ne se produiraient pas s'il n'y avait pas de mal dans les êtres.
Saint Thomas d'Aquin (1225-1274) *Somme contre les Gentils, III, 71.*

4730 Nos bonnes actions sont souvent plus troubles que nos péchés.
Marcel Aymé *Vogue la galère (1947).*

4731 Où le péché abonde, la grâce surabonde.
Saint Paul *Épître aux Romains, 5, 20.*

4732 Le péché originel nous déculpabilise.
Maurice Clavel *La suite appartient à d'autres (1979) ;* Stock.

4733 Quiconque commet un péché le commet contre lui-même.
Coran ; tr. Montet ; Payot.

4734 La faute est grande comme celui qui la commet.
César Oudin[1] (mort en 1625).

4735 Si tu es orgueilleux, tu es le diable ; si tu es triste, tu es son fils.
Pères du Désert (IVe s.) *Collectio monastica, 14, 51,* texte éthiopien ; tr. Régnault.

Pétain :
4736 Tout péché est le résultat d'une collaboration.
Stephen Crane[2] (1871-1900) *La Mort et l'Enfant.*

tope-là !
4737 Le péché pénètre entre la vente et l'achat.
Ecclésiaste.

ectoplasme :
4738 Le péché n'est pas une substance puisqu'il consiste dans une absence plutôt que dans une présence.
Pierre Abélard (1079-1142) *Dialectica ;* Éd. L.M. de Rijk.

4739 Pécher n'est pas faire le mal
Le vrai péché, c'est de ne pas faire le bien.
Pier Paolo Pasolini *À un pape* dans *La Religion de mon temps (1958) ;* tr. Monjo ; Seghers.

4740 L'important n'est pas que nous soyons pécheurs à tout prix, mais que Dieu soit tel que Jésus le désigne.
Jean-Pierre Jossua *L'Écoute et l'Attente (1978) ;* Cerf.

4741 S'il y a un Dieu, il se branle à la lecture de *Lui.*
Al Goldstein[3] dans *Playboy,* 1974.

---

1 - Il fut l'interprète de Henri IV pour les langues étrangères.
2 - Crane était le quatorzième et dernier enfant d'un pasteur méthodiste du New Jersey.
3 - Éditeur américain de revues pornographiques.

Le seul péché est de ne pas se risquer pour vivre son désir. 4742
Françoise Dolto *L'Évangile au risque de la psychanalyse, t. II (1977);* J.P. Delarge.

Tout ce qui n'est pas le produit d'une conviction est péché. 4743
Saint Paul.

Je suis juste. Et cependant je dors mal ! 4744
Gustave Thibon *Le Pain de chaque jour (1945);* Éd. du Rocher.

Pédagogie

redoublement :
Celui qui a foi en la pédagogie ne peut être qu'optimiste. 4745
Laszlo Németh *La Foi de l'enseignant (1965);* tr. Aranyossi ; dans *Milliaire;* Corvina, Budapest.

Toute éducation tient dans ces deux principes : d'abord 4746
repousser le fougueux assaut à la Vérité des enfants ignorants, et ensuite initier les enfants humiliés au mensonge de façon insensible et progressive.
Franz Kafka *Recherches d'un chien;* tr. Robert et Vialatte ; Cercle du Livre Précieux.

Porter en soi et avec soi cette indulgence qui fait fleurir les 4747
pensées d'autrui.
Joseph Joubert (1754-1824).

Vous ne parviendrez jamais à faire des sages si vous ne faites 4748
d'abord des polissons.
Jean-Jacques Rousseau *Émile (1762).*

Moi, ceux que j'aime, je les prouve coupables et je les forme. 4749
Saint Jean *Apocalypse.*

Je crois que l'éducation est un processus de vie, et non une 4750
préparation à la vie.
John Dewey *Credo pédagogique (1897).*

Nombre d'enfants manifestant de l'attirance pour la saleté, on 4751
les réunira en petites hordes chargées du nettoyage des ordures et autres travaux répugnants[1].
Charles Fourier cité par Benoîte Groult *Le Féminisme au masculin (1977);* Denoël/Gonthier.

---

1 - « Avec plus d'un siècle d'avance, on découvre ici les théories des pédagogues modernes sur l'éducation idéale, telle que nous n'avons pas encore réussi à la mettre en pratique. » Benoîte Groult.

4752 Toute propagande efficace doit se limiter à des points fort peu nombreux et les faire valoir à coups de formules stéréotypées aussi longtemps qu'il le faudra, pour que le dernier des auditeurs soit à même de saisir l'idée.
Adolf Hitler *Mein Kampf (1924).*

4753 Interroger, c'est enseigner.
Xénophon (426 ? - 354 av. J.-C.) *Économique.*

problème :
4754 Étant donné deux voyageurs, dont l'un est né en 1903 et l'autre en 1890, comment feront-ils pour se rencontrer en 1944 ?
Jean Tardieu cité par Robert Bénayoun dans *Anthologie du non-sens ;* J.-J. Pauvert.

4755 Quand se déshabituera-t-on de l'habitude de tout expliquer ?
Francis Picabia sur la partition de *Relâche* (musique de Erik Satie).

consigne :
4756 Le type qui a dit qu'on avait toujours tort de donner des explications avait cent fois raison !
Agatha Christie *N ou M (1947) ;* tr. M. Le Houbie ; Librairie des Champs-Élysées.

tableau noir :
4757 On n'élucide rien par des explications.
Michèle Manceaux *Grand reportage (1980) ;* Le Seuil.

bonnet d'âne :
4758 Expliquer ne sert à rien. On ne peut que voir, constater et montrer.
Jacques-Pierre Amette *Jeunesse dans une ville normande (1981) ;* Le Seuil.

4759 Il ne faut rien expliquer à un enfant, il faut l'ensorceler.
Marina Tsvétaeva *Le Diable et autres récits* (1979) ; tr. V. Lossky ; L'Âge d'Homme.

4760 La violence, le sadisme, la fringale charnelle s'exerçant sur un être désarmé sont atroces... Il n'est pas sûr, au contraire, qu'une initiation à certains aspects du jeu sensuel soit toujours néfaste ; c'est parfois du temps de gagné.
Marguerite Yourcenar *Quoi ? L'éternité ;* Gallimard, 1988.

peine de mort

4761 On ne devrait jamais condamner un homme à mort parce que nous ne savons pas ce que c'est que la mort.
Julien Green *Julien Green en liberté avec Marcel Jullian (1980) ;* Atelier Marcel Jullian.

peine de mort

Punir de mort les scorpions et les guêpes ne fera pas disparaître le venin du corps de ceux qu'ils ont déjà piqués. 4762
La Dispute sur le sel et le fer. Prés. Georges Walter; tr. D. Baudry Weulersse, J. Lévi, P. Baudry; Lanzmann/Seghers.

poésie :
Une sentence de mort est une chose superbe à lire à haute voix. 4763
Alfred de Musset *Les Caprices de Marianne (1833).*

philanthrope :
[...] Il est philanthropique d'utiliser le condamné à mort au lieu de le guillotiner brutalement. Que les condamnés soient donc livrés aux savants au lieu d'être livrés au bourreau. 4764
Honoré de Balzac *Traité des excitants modernes.*

Les sociétés qui s'affolent... deviennent des sociétés chirurgicales, y compris dans la volonté du retour à la guillotine. 4765
Philippe Boucher *Le Ghetto judiciaire (1978);* Grasset.

Donner la mort est bien la seule preuve. 4766
Pierre Emmanuel *Duel (1979);* Le Seuil.

pas la peine :
On dit que le roi d'Angleterre a demandé la tête de l'évêque de Montauban. On lui a répondu qu'il n'en avait point; au moyen de quoi le roi ne demande plus rien. 4767
Frédéric-Melchior Grimm *Correspondance (1754-1773).*

Le bourreau ne lit que la presse du cœur. 4768
Patrick Reumaux *Largeur des tempes (1982);* Gallimard.

Les amateurs de paradoxes médiocres ont remarqué la sentimentalité des bourreaux... le trottoir devant une boucherie est toujours humide. 4769
Vladimir Nabokov *Feu pâle (1965);* Gallimard.

Deux choses me remplissent d'horreur : le bourreau en moi et la hache au-dessus de moi. 4770
Stig Dagerman *L'Île des condamnés (1946);* tr. Gauffin; Denoël.

ÉCHAFAUD. — S'arranger quand on y monte pour prononcer quelques mots éloquents avant de mourir. 4771
Gustave Flaubert *Dictionnaire des idées reçues (1913).*

imparfait du subjonctif :
Ô monsieur le bourreau, je voudrais que vous me guillotinassiez. 4772
Pétrus Borel *Champavert, Contes immoraux (1833).*

Le comte Altamira me racontait que, la veille de sa mort, Danton disait avec sa grosse voix : c'est singulier, le verbe guillotiner ne peut pas se conjuguer dans tous ses temps; on peut bien dire : je serai guillotiné, tu seras guillotiné, mais on ne dit pas : j'ai été guillotiné. 4773
Stendhal *Le Rouge et le Noir (1830).*

raccourci :

4774 J'arrive à la mort par une mauvaise route, j'y monte par un escalier.
Pierre-François Lacenaire *Mémoires;* Albin Michel.

l'ai-je bien descendu ?

4775 Aidez-moi à monter : pour descendre, je me débrouillerai seul.
Thomas More montant sur l'échafaud, dans Tony Mayer *Différence entre l'esprit et l'humour;* 37e congrès du P.E.N.

4776 Vous pouvez me diminuer, non me réduire.
Thomas More (1478-1535) réponse à Henri VIII.

4777 L'assassinat sur l'échafaud est la forme la plus exécrable d'assassinat parce qu'il est investi de l'approbation de la société.
George Bernard Shaw.

4778 Le bourreau Sanson a raconté que le duc de Charost lisait un livre dans la charrette qui le conduisait à l'échafaud. Avant de monter les gradins, il corna la page[1].
Guy Bechtel et **Jean-Claude Carrière** *Le Livre des bizarres (1981);* Laffont.

sans rancune :

4779 Tu montreras ma tête au peuple, elle en vaut bien la peine[2].
Danton au bourreau, en montant à la guillotine.

4780 L'échafaud même serait pour moi le trône de mes voluptés, j'y braverais la mort en jouissant du plaisir d'expirer victime de mes forfaits.
Donatien Alphonse François, marquis de Sade *L'Histoire de Juliette (1797).*

4781 Les gens parlent du courage d'un condamné à mort qui marche vers le lieu de l'exécution. Il faut parfois autant de courage pour garder une façade acceptable en allant au-devant de la souffrance quotidienne d'un autre être[3].
Graham Greene *Le Fond du problème (1948);* tr. M. Sibon; Laffont.

4782 Ma vie a dégoûté mon âme parmi ces ruines croulantes,
Tuez-moi donc, et brûlez-moi, dans ces os périssables;
Ensuite, quand vous passerez près de mes restes, parmi les tombes abandonnées,
Vous trouverez le secret de mon Ami, dans les replis des âmes survivantes.
Al-Halladj (858 env.-922)[4]; tr. et éd. L. Massignon.

---

1 - Il s'agissait d'un roman d'Agatha Christie.
2 - ... de mort ?
3 - Phrase aussi malheureuse que la peine de mort.
4 - Mystique musulman qui fut flagellé, mutilé, accroché à un gibet, puis décapité à Badgad le 27 mars 922 pour avoir chanté l'amour de Dieu en termes jugés blasphématoires par l'islam officiel. Son corps fut brûlé et ses cendres jetées dans le Tigre.

La peine de mort n'a rien à voir avec la loi : c'est une façon de se consacrer au crime, de consacrer le crime. 4783
Leonardo Sciascia *Le Chevalier et la Mort;* tr. M. Orcel et M. Fusco (1989); Fayard.

Peinture

[...] Moi qui fais profession des choses muettes. 4784
Nicolas Poussin Lettre à monsieur de Noyers, 20 février 1636.

auto-portrait :
Les deux plus grandes chances que peut avoir un peintre, c'est premièrement d'être espagnol, et deuxièmement de s'appeler Dali. Moi, j'ai ces deux chances. 4785
Salvador Dali[1].

réalisme :
Un peintre abstrait marche dans les rues de Moscou. Il est suivi par deux figuratifs en civil. 4786
Antoine et **Philippe Meyer** *Le communisme est-il soluble dans l'alcool ? (1979);* Le Seuil.

Pour faire une colombe, il faut d'abord lui tordre le cou. 4787
Pablo Picasso cité dans *Hommage à Picasso.*

malédiction :
La Joconde sourit parce que tous ceux qui lui ont posé des moustaches sont morts. 4788
André Malraux *La Tête d'obsidienne (1968);* Gallimard.

Des 1 500 toiles que j'ai peintes, il s'en trouve 3 000 en Amérique. 4789
Jean-Baptiste Corot cité par Alfred Sauvy dans *Le Monde* du 12 fév. 1974.

Les peintres ne doivent méditer que les brosses à la main. 4790
Honoré de Balzac *Le Chef-d'œuvre inconnu (1832).*

déformation professionnelle :
Un vrai peintre regarde avec plaisir un bras bien attaché et des muscles vigoureux, quand même ils seraient employés à assommer un homme. 4791
Hippolyte Taine *Histoire de la littérature anglaise (1864).*

Delacroix disait une fois à un jeune homme de ma connaissance : « Si vous n'êtes pas assez habile pour faire le 4792

1 - Grand peintre surréaliste, brillant comédien et fin littérateur, inventeur de la méthode paranoïacritique. Était également, grand amateur de chocolat Lanvin.

croquis d'un homme qui se jette par la fenêtre, pendant le temps qu'il met à tomber du quatrième étage sur le sol, vous ne pourrez jamais produire de grandes machines. »
Charles Baudelaire *Curiosités esthétiques (1868).*

4793 Le nu en peinture est aussi nauséeux et assommant que l'adultère en littérature.
Manifeste des peintres futuristes, Boccioni, Carra... Milan, 11 avril 1910.

4794 Quand je n'ai pas de bleu, je mets du rouge.
Pablo Picasso cité par Paul Eluard *Donner à voir (1939);* Gallimard.

4795 Un matin, l'un de nous, manquant de noir, se servit de bleu[1] : l'impressionnisme était né.
Auguste Renoir propos rapportés par G. Coquiot.

4796 Les données de la vie ne comptent pas pour l'artiste, elles ne sont pour lui qu'une occasion de mettre à nu son génie. On sent bien, à voir les uns à côté des autres dix portraits de personnes différentes peintes par Elstir, que ce sont avant tout des Elstir.
Marcel Proust *À l'ombre des jeunes filles en fleurs (1919).*

4797 Le portrait, c'est dangereux. Il faut faire semblant de songer à son modèle.
Braque

4798 Le dessin n'est pas la forme, il est la manière de voir la forme.
Edgar Degas (1834-1917).

père

4799 Les juges, commissaires, bureaucrates, etc., ne sont pas des substituts du père, c'est plutôt le père qui est un substitut de toutes ces forces.
Gilles Deleuze et **Félix Guattari** *Kafka, pour une littérature mineure (1975);* Éd. de Minuit.

4800 Comme fils, nous apprenons à vénérer nos supérieurs, et comme frères à chérir nos égaux. Mais c'est la paternité qui nous enseigne directement à aimer nos inférieurs.
Auguste Comte *Système de politique positive (1851-1854).*

je deux maux :

4801 Les non dupes errent.
Jacques Lacan dans un des séminaires.

1 - S'il n'a pas de bleu, il met du rouge : le cubisme est né !

[...] Autres a mal, honte et vitupère. 4802
Mais par raison jamais ne vis-tu père...
Guillaume Cretin[1] dans Kathleen Chesney *Œuvres poétiques de Guillaume Cretin;* Slatkine.

De mémoire de rose, il n'y a qu'un jardinier au monde[2]. 4803
Fontenelle *Entretiens sur la pluralité des mondes (1686).*

Chez les Thraces comme chez les Scythes, lorsqu'une femme mettait au monde un enfant, le père, abandonnant aussitôt toute activité, se jetait sur sa couche et y demeurait plusieurs semaines, dans un état confinant à la prostration. Dès le lendemain de l'accouchement, la mère vaquait à ses occupations habituelles, tandis que les visites affluaient au chevet du père. 4804
René de Obaldia *Fugue à Waterloo (1976);* Grasset.

papa poule :
Je torche, je lange, je baigne, je douche, je nidinase, je bananiase, je lactacyde, je mustelase, je mitosyle, je fredonne et je trois-petits-cochonne. Bref, je suis un père admirable. 4805
Guy Bedos *En attendant la bombe (1980);* Calmann-Lévy.

Mon père ne m'aimait pas. Je ne sais pourquoi, car nous ne nous connaissions pas. Ce n'était pas la mode d'être alors bon père ni bon mari. 4806
Prince de Ligne *Mélanges militaires, littéraires et sentimentaires (1795-1811).*

Le discours d'ouverture du *Roi Lear* était le summum de l'idiotie. Vous imaginez un père demandant à ses trois enfants : laquelle de vous les petites m'aime le plus ? Et déshéritant ensuite la plus jeune — la douce, honnête Cornelia parce qu'au contraire de sa perverse sœur elle n'avait pas pu se résoudre à prononcer des flatteries mensongères. Et Cornelia, attention, avait été la préférée de son père ! 4807
Groucho Marx *Correspondance* Champs libre Lebovici 1971.

étourdi :
Comme il était à prévoir, il délaissa complètement l'enfant qu'il avait eu d'Adélaïde Ivanovna, non par animosité ou par rancune conjugale, mais simplement parce qu'il l'avait tout à fait oublié. 4808
Fedor Dostoïevski *Les Frères Karamazov (1877).*

Tous les pères sont les mêmes ! Vient toujours un moment où ils ne voudraient pas être regardés par leurs fils avec les yeux qu'ils leur ont faits. 4809
Carlo Collodi *Les Aventures de Pinocchio (1883).*

---

1 - Poète et chroniqueur qui mourut vers 1522. Rabelais s'est moqué des jeux de mots faciles du poète qu'il a mis en scène sous le nom de Raminagrobis.
2 - La citation réelle est : « Si les roses, qui ne durent qu'un jour, faisaient des histoires, et se laissaient des mémoires les unes aux autres, les premières auraient fait le portrait de leur jardinier d'une certaine façon [...]; les autres, qui l'auraient encore laissé à celles qui devaient suivre, n'y auraient rien changé. Sur cela elles diraient : « Nous avons toujours vu le même jardinier; de mémoire de rose on n'a vu que lui [..]; assurément, il ne meurt point comme nous; il ne change seulement pas. »

tomber de haut :

4810 C'est fou ce que les bonshommes sont fiers de leurs chiares. Et Dieu sait qu'il n'y a pas de quoi, souvent ! Utopistes ! vous remarquerez que les descendants sont vraiment descendants.
San-Antonio *On t'enverra du monde ;* Fleuve Noir.

4811 Quand on est père de famille, on veut de l'avancement.
Charles Nodier *Souvenirs et Portraits de la Révolution et de l'Empire (1988) ;* Tallandier.

4812 Quand mon fils touche le sol, c'est seulement par fraternité avec les autres danseurs.
Gaétan Vestris (1729-1808) *Lettres sur la danse et sur les ballets.*

4813 Il est plus aisé de tuer un homme que de ricaner sur la photo de son enfant.
Gilles Perrault *Les Gens d'ici (1981) ;* Ramsay.

4814 Mort depuis un an, mon père est une jeune cadavre que je regarde grandir en moi.
Christian Giudicelli *Une affaire de famille (1981) ;* Le Seuil.

4815 [...] Tout le monde est à la recherche d'un père. Pour l'adorer ou pour le tuer.
Jacques Poulin *Le Cœur de la baleine bleue ;* Éd. du Jour.

Personnalité

4816 Chacun de nous possède une musique d'accompagnement intérieure. Et si les autres l'entendent aussi, cela s'appelle la personnalité.
Gilbert Cesbron *Journal sans date : Bonheur de rien (1979) ;* Laffont.

je :

4817 Le seul courage est de parler à la première personne.
Arthur Adamov *Ce qu'il y a ;* Le Sagittaire.

4818 Rien, dit Emerson, n'est plus rare dans un homme qu'un acte qui soit de lui.
Oscar Wilde *De profundis (1905).*

inventaire :

4819 Chacun sait que le Barbouilleur est un ivrogne, un drogué, un coureur, un homosexuel, un lesbien, un trafiquant, un spéculateur, un combinard, un requin.
Alexandre Zinoviev *Les Hauteurs béantes ;* tr. W. Berelowitch (1982) ; L'Age d'Homme.

ingrédient :
Vous êtes le sel de la terre ; mais si le sel perd sa saveur, avec quoi la lui rendra-t-on ? 4820
Saint Matthieu.

oraison :
Rien ne résume un homme, pas même ses idées. 4821
Mourad Bourboune *Le Mont des genêts ;* Julliard.

sédentaire :
Les autres nous semblent toujours plus heureux que nous, et pourtant, ce qu'il y a d'étrange, c'est que l'homme qui changerait volontiers sa position ne consentirait presque jamais à changer sa personne. 4822
François René de Chateaubriand *Pensées, Réflexions et Maximes (1848) ;* Le Temps singulier.

Je suis armé d'une cuirasse qui n'est faite que de défauts. 4823
Pierre Reverdy *Le Livre de mon bord* (notes 1930-1936) ; Mercure de France.

Un homme sans défauts a au moins une qualité : celle d'être bien défini. 4824
Maxime Gorki *Les Barbares (1898) ;* tr. Daniel.

Je ne suis qu'un homme moyen, plus une exigence. 4825
Albert Camus *Journal* cité dans H.R. Lottman *Albert Camus (1978) ;* Le Seuil.

Rien ne trahit autant le caractère des gens que les choses dont ils se moquent. 4826
Johann Wolfgang Goethe dans *Maximes et Pensées ;* Silvaire.

[...] Tous les gens irrésolus prennent toujours avec facilité et même avec joie toutes les ouvertures qui les mènent à deux chemins, et qui par conséquent ne les pressent pas d'opter. 4827
Cardinal de Retz *Mémoires (1717).*

six personnages :
Le drame est tout entier là-dedans, monsieur, dans la conscience que j'ai, qu'a chacun de nous d'être « un », alors qu'il est « cent », qu'il est « mille », qu'il est « autant de fois un » qu'il y a de possibilités en lui. 4828
Luigi Pirandello *Six personnages en quête d'auteur (1921) ;* tr. B. Crémieux ; Gallimard.

Les gens devraient penser moins à ce qu'ils devraient faire, et davantage à ce qu'ils devraient être. 4829
Maître Eckhart ((1260 ?-1327 ?) *Œuvres ;* tr. P. Petit (1978) ; Le Seuil.

Devine, si tu peux, et choisis, si tu l'oses. 4830
Pierre Corneille *Héraclius (1647).*

On ne fait pas ce qu'on veut et cependant on est responsable de ce qu'on est. 4831
Jean-Paul Sartre *Situations, I (1947) ;* Gallimard.

4832 Les raisons d'agir sont comme les rouages d'une machine. Plus il y en a, plus la machine est fragile.
Gotthold Ephraim Lessing *Dialogues maçonniques (1779);* tr. Grappin ; Aubier.

4833 L'homme doué... sait se servir de son obscurité.
Jacques de Voragine *La Légende dorée (v. 1266).*

4834 Être vilaine, noiraude, maigre ou pataude, hommasse ou malgracieuse, n'a pas empêché Rachel ou George Sand d'avoir le monde et les hommes à leurs pieds. Il suffit d'avoir du talent.
Jacqueline Wilmes dans *Cosmopolitan,* octobre 1990.

4835 En vérité, si un homme abandonnait un royaume et le monde entier et qu'il se garde lui-même, il n'aurait rien abandonné.
Maître Eckhart (1260 ¿-1327 ¿) *Les Traités;* tr. J. Ancelet-Hustache (1971) ; Le Seuil.

4836 L'audace est une royauté sans couronne.
Talmud *Sanhédrin.*

4837 Le regard, la voix, la respiration, la démarche sont identiques ; mais, comme il n'a pas été donné à l'homme de pouvoir veiller à la fois sur ces quatre expressions diverses et simultanées de sa pensée, cherchez celle qui dit vrai : vous connaîtrez l'homme tout entier.
Honoré de Balzac *Théorie de la démarche (1833);* Pandora.

4838 Le temps n'existe pas. La personnalité n'existe pas. Ma vie aurait pu être vécue par une autre personne, sans que je me sente changé pour autant.
Alberto Moravia propos à Dacia Maraini dans *Le Petit Alberto;* Michel de Maule, 1988.

Perversion

4839 Contre une société qui utilise la sexualité comme moyen pour réaliser une fin socialement utile, les perversions maintiennent la sexualité comme fin en soi.
Herbert Marcuse *Éros et Civilisation (1955);* tr. J.-C. Nény et B. Fraenkel ; Éd. de Minuit.

4840 La perversité commence là où s'achève le plaisir.
Jean-Claude Carrière et **Pierre Etaix** *Les Petits Mots inconvenants (1981);* Balland.

4841 Le pouvoir de jouissance d'une perversion est toujours sous-estimé.
Roland Barthes.

Nous sommes tous des pervers sexuels persécutés. 4842
Dr Michel Meignant *Nous sommes tous des pervers sexuels persécutés (1980)*; Laffont.

Moi, je ne suis pas le Misanthrope, mais l'Enfilanthrope. 4843
Jean Lorrain (1855-1906). Propos.

Nobody is perfect. 4844
Dernière réplique de *Certains l'aiment chaud (1959).*

Prenez un cercle, caressez-le, il deviendra vicieux. 4845
Eugène Ionesco *La Cantatrice chauve (1950)*; Gallimard.

Un peu de vice vaccine. 4846
Roger Gouze *Les Miroirs parallèles (1982)*; Calmann-Lévy.

Tous les jours, en fait d'amour, on fait très délicatement des choses fort grossières. 4847
Marivaux *La Vie de Marianne (1731-1745).*

Aimer, c'est permettre d'abuser. 4848
Pierre Reverdy *En vrac (1956)*; Éd. du Rocher.

J'ai une terrible tendance à demander de l'argent à quiconque me dit du bien de moi. 4849
Tony Duvert *Abécédaire malveillant (1989)*; Éd. de Minuit.

[...] Il n'y a pas d'amour sans agression. 4850
Konrad Lorenz *L'Agression (1969)*; Flammarion.

Ils ont violé ma bouche pour en faire un portique. 4851
Jeanne Hyvrard *Les Prunes de Cythère (1976)*; Éd. de Minuit.

Qui viole un œuf, viole un bœuf. 4852
Marcel Aymé *Œuvres complètes*; Flammarion.

Super cool, les mecs, je m'ai éclaté comme une bête! 4853
Jean-Louis Curtis *L'Étage noble (1976)*; Flammarion.

La dame a des bontés pour Michel[1] mais je ne sais quoi de dur et de tendu inquiète le jeune homme chez cette demi-maîtresse. 4854
Marguerite Yourcenar *Archives du Nord (1982)*; Gallimard.

voyeurisme :
Ce que Dieu, qui voit tout, doit s'amuser! 4855
Jules Renard *Journal (1925)*; Gallimard.

Le voyeur est toujours captif du réel. Et c'est sans doute pourquoi l'onanisme est sa liberté. 4856
Michel Bernard *Anthologie de l'érotisme contemporain (1979)*; Orban.

L'homme prend ses curiosités pour de l'amour. 4857
Henri-René Lenormand *Terre de Satan (1942)*; Albin Michel.

---

1 - Michel de Crayencour est le père de Marguerite Yourcenar.

exhibitionnisme :

4858 La pigeonne refuse de pondre si un autre pigeon ne la regarde pas faire.
Jean Pommery *Entre bêtes et hommes (1977);* Calmann-Lévy.

plage :

4859 C'est en public que les femmes se déshabillent le plus volontiers.
Paul Morand *Bouddha vivant (1927);* Grasset.

4860 Je suis sorti nu du sein de ma mère et j'y retournerai nu.
Livre de Job.

4861 Inventez de nouvelles perversions sexuelles!
Je peux plus!
Slogan Mai 1968 et sa réponse.

Pessimisme

4862 Un nageur pour moi, c'est déjà un noyé.
Jacques Prévert *Quai des brumes (1938);* de Marcel Carné.

4863 Le véritable pessimiste devient encore plus triste d'avoir toujours raison.
Jacob Paludan.

4864 La vie est courte, l'art est long, l'occasion fugitive, l'expérience trompeuse, le jugement difficile.
Hippocrate.

4865 Quand le ressort secret des volontés s'est détendu, il ne sert à rien de remonter les mécanismes.
Patrick Segal *L'Homme qui marchait dans sa tête (1977);* Flammarion.

4866 Le désespoir compose, avec l'avidité, un assez beau lyrisme.
Michel Dard *Le Rayon vert (1979);* Le Seuil.

4867 Souviens-toi de faire le bien avec désespoir;
Avec satisfaction, qui ne ferait le bien?
Piero Jahier *Poésies (1919).*

4868 Tous les désespoirs sont permis.
Pierre Leulliette *Les Enfants martyrs (1978);* Le Seuil.

4869 Le désespoir a ceci de commun avec l'espérance qu'il est aussi une illusion.
Lu Hsün cité par Simon Leys *Images brisées (1976);* Laffont.

résignation :
C'est ce qu'il y avait de terrible ; la tranquillité dans l'absence d'espoir. 4870
Elio Vittorini *Conversation en Sicile ;* tr. Arnaud (1969) ; Gallimard.

Il y a peu de la résignation à l'hypocrisie. 4871
Francisco de Quevedo (1580-1645).

Peuple

Dans l'équation sociale l'individu figure à la fois le zéro et l'infini. 4872
Arthur Koestler *Le Yogi et le Commissaire (1945) ;* tr. Aury et Terracini ; Charlot.

Il y a deux vérités qu'il ne faut jamais séparer en ce monde : 4873
1° Que la souveraineté réside dans le peuple ;
2° Que le peuple ne doit jamais l'exercer.
Rivarol (1753-1801) dans *Journal politique national.*

L'État, c'est nous. 4874
Lénine au XIe congrès du Parti communiste, 1922.

Le peuple n'a pas besoin de liberté, car la liberté est une des formes de la dictature bourgeoise... 4875
Le peuple veut exercer le pouvoir. La liberté ! Que voulez-vous qu'il en fasse ?
Lénine cité par André Castelot *Au fil de l'Histoire (1981) ;* Perrin.

Le génie a une idée fixe, il s'imagine qu'il nous matera, nous les bourriques. Il n'y arrive jamais, c'est ce qui le perd. 4876
Kaj Munk *Avant Cannes (1943) ;* dans Billeskov Jansen *Anthologie de la littérature danoise ;* Aubier/Montaigne.

Le génie politique d'une foule n'est que la confiance dans le commandement. 4877
Oswald Spengler *Le Déclin de l'Occident (1918) ;* tr. Tazerout ; Gallimard.

Le peuple a besoin qu'on l'éblouisse et non pas qu'on l'éclaire. 4878
Charles Fourier *Théorie des quatre mouvements (1808).*

audimat :
Le peuple n'aime ni le vrai ni le simple. Il aime le roman et le charlatan. 4879
Edmond et **Jules de Goncourt** *Journal, mémoires de la vie littéraire.*

Le public est le plus grand des lâches, car il a peur de lui-même. 4880
William Hazlitt *Propos de table (1822).*

4881 Qui rassemble un peuple, l'émeut.
Cardinal de Retz *Maximes et Réflexions.*

4882 La foule est la mère des tyrans.
Denys d'Halicarnasse (Ier s. av. J.-C.) *Antiquités romaines.*

c.q.f.d. :
4883 Que le peuple ne voie jamais couler le sang royal pour quelque cause que ce soit. Le supplice public d'un roi change l'esprit d'une nation pour jamais.
Denis Diderot *Principes de politique des souverains.*

4884 Je suis du peuple, je n'ai jamais été que de là, je ne veux être que cela ; je méprise quiconque a la prétention d'être quelque chose de plus.
Maximilien de Robespierre, discours aux Jacobins, 2 janvier 1792.

4885 Comme si l'égalité n'avait pas été inventée précisément parce que les êtres humains ne sont pas identiques.
François Jacob *Le Jeu des possibles (1982) ;* Fayard.

4886 Les cinq doigts de la main ne sont pas égaux.
Zamakhari.

élitisme :
4887 Ce qu'il y a de consolant dans la société, c'est que les infortunés sont en même temps les médiocres.
André Beucler *De Saint-Pétersbourg à Saint-Germain-des-Prés (1980)* propos de Léon-Paul Fargue ; Gallimard.

4888 Tous les gens de l'élite, majorité comme opposition... sont convaincus au fond d'eux-mêmes que la France de Guy Lux est incapable de discernement.
François de Closets *Le Système EPM (1980) ;* Grasset.

4889 La majorité... se compose d'un petit nombre de meneurs énergiques, de coquins qui s'accommodent, de faibles qui s'assimilent et de la masse qui suit cahin-caha, sans savoir le moins du monde ce qu'elle veut.
Johann Wolfgang Goethe *Sentences en prose (1870) ;* tr. Lichtenberger ; La Renaissance du Livre.

4890 Le vrai peuple est compris entre les combinards d'en haut qui le mènent, et les aminches d'en bas qui le desservent.
Henry de Montherlant *Service inutile (1935) ;* Gallimard.

4891 Je ne peux m'empêcher d'être inquiet quand j'entends parler des masses. D'abord on leur ôte tout visage, en les appelant les masses, puis on les accuse de ne pas en avoir.
J.B. Priestley *Saturne sur les eaux.*

4892 Un grand peuple sans âme est une vaste foule !
Alphonse de Lamartine *Ressouvenir du lac Léman.*

lynchage :
4893 Foule qui brûle la pensée,

Un quart d'heure avant sa mort,
Pour forcer la justice.
Pierre-Jean Jouve *Poème contre le grand crime (1916)*; Édition de la revue *Demain.*

C'est une erreur de croire que le salut public puisse commander une injustice. 4894
Condorcet le 25 octobre 1791.

N'est pas petites gens qui veut. Être hanté par le besoin de bien faire, d'être approuvé par les autres, c'est très dur, très pénible ! 4895
Georges Simenon dans *Portrait souvenir de Georges Simenon (1989)* de Roger Stéphane ; Quai Voltaire.

Peur

La peur a de grands yeux. 4896
Miguel de Cervantes (1547-1616).

La peur et l'ennui 4897
En tuent plus que la maladie.
Dicton d'Ile-de-France.

Pour regarder le monde en face 4898
Et pour ne pas montrer
Comme il me glace,
Je cache mes yeux derrière
Des lunettes noires.
Jean-Michel Jarre *Les Lunettes noires*; chanté par P. Juvet ; Rideau Rouge.

[...] Une forme inférieure du respect, la peur. C'est tout le respect qu'on peut inspirer à la bête. 4899
Pierre Baillargeon *Les Médisances de Claude Perrin.*

Qui a peur de son ombre attend midi pour se lever. 4900
François Mitterrand *L'Abeille et l'Architecte (1978)*; Flammarion.

Un homme avait peur de l'ombre de son corps et avait en horreur les traces de ses pas. Pour y échapper, il se mit à courir... À bout de forces, il mourut. Il ne savait pas que, pour supprimer son ombre, il lui aurait suffi de se mettre à l'ombre et pour arrêter ses traces il lui aurait suffi de se tenir tranquille. 4901
Tchouang-Tseu cité par Éric Édelmann *L'Homme et sa Réalisation (1980)*; Beauchesne.

Je suis assez susceptible d'être effrayé par une chose inattendue qui agit sur mes nerfs. Mais dès que j'ai un quart d'heure de réflexion, je deviens, sur le danger, d'une indifférence complète. 4902
Benjamin Constant *Le Cahier rouge (1907).*

4903 Au-dessous de la ceinture elles sont centauresses bien que femmes au-dessus ; en haut règnent les dieux mais en bas tous les démons : là, c'est l'enfer, ténèbres, abîmes sulfureux, brûlure, bouillonnement, puanteur, consomption.
William Shakespeare *Le Roi Lear (1606).*

4904 Le doute ?... C'est peut-être de la peur distillée !
Francis Bossus *La Seconde Mort.*

4905 Notre crainte des autres vient de ce qu'ils cherchent à nous transformer en objets pour assurer leur propre liberté.
André Maurois *Ce que je crois (1952) ;* Grasset.

4906 L'ennui avec les gens lâches, c'est leur manie du prosélytisme.
François Maspero *Le Figuier (1988) ;* Le Seuil.

4907 Tout ce qui menaçait l'homme du dehors, les grands périls, les ténèbres nocturnes, la faim, la soif, les fantômes, les génies, les démons, tout ce qui le maintenait dans une insécurité fondamentale, tout cela passe à l'intérieur et nous menace du dedans.
Edgar Morin *Le Vif du sujet (1962) ;* Le Seuil.

4908 L'homme tremble devant les maux qui ne l'atteindront pas et pleure continuellement les biens qu'il n'a pas perdus.
Johann Wolfgang Goethe *Faust (1808).*

4909 Peur, curieux comme ce mot revient souvent dans les confidences des hommes quand ils se racontent au lieu de plastronner.
Christiane Collange *Ça va les hommes ? (1981) ;* Grasset.

4910 Ne serait-ce pas l'instinct de la crainte qui nous incite à connaître ?
Friedrich Nietzsche *Le Gai Savoir (1887).*

4911 Le danger le plus grand est celui de la peur.
Don Juan Manuel *Le Comte Lucanor (1575) ;* tr. Puibusque ; Champion.

4912 Là où est le danger croît aussi ce qui sauve.
Friedrich Hölderlin (1770-1843) *Œuvres ;* tr. Jacottet ; Gallimard.

4913 Seul le danger mortel est incolore.
Vladimir Nabokov *Regarde, regarde, les Arlequins ! ;* tr. J.B. Blandenier (1978) ; Fayard.

4914 L'humiliation de la peur, c'est ce qu'il y a de plus difficile à pardonner.
Claire Martin *La Joue droite (1966).*

4915 Dieu a peur de l'homme.
Marcel Mariën dans Bussy *Anthologie du surréalisme en Belgique ;* Gallimard.

4916 Généralement, quand nous sommes traversés d'une évidence, elle est terrible et meurtrière.
Pascal Jardin *La Bête à Bon Dieu (1980) ;* Flammarion.

Un mois de mai viendra peut-être où... les hommes se 4917
demanderont : comment ai-je pu avoir si peur ?
Vladimir Jankélévitch *Le Je-ne-sais-quoi et le Presque-rien, t. II (1980)*; Le Seuil.

Philosophie

Je pense, donc Descartes est. 4918
Saul Steinberg dessins : *Cogito.*

La philosophie est à l'étude du monde réel ce que l'onanisme est 4919
à l'amour sexuel.
Karl Marx et **Friedrich Engels** *L'Idéologie allemande (1845-1846)*; tr. Molitor.

et d'un !
Qu'il soit donc dit : il semble bien que l'Un, étant ou n'étant 4920
pas, lui et le multiple, pris en eux-mêmes ou en leurs rapports mutuels, tout cela, sous tous les rapports, est et n'est pas, paraît et ne paraît pas[1].
Platon (v. 428-v. 347 av. J.-C.) *Parménide.*

Il existe trois sortes de choses : le débris, la sentence et 4921
Nietzsche.
François Cariès dans *Le Monde,* 25 juillet 1980.

L'aphorisme est, par excellence, la forme artistique de la 4922
philosophie.
Luc Ferry *Homo estheticus.*

(Philosopher) c'est chercher simplement ce qu'ont pensé les 4923
philosophes.
Siger de Brabant[2] (v. 1240-v.1281/84) cité par F. Van Steenberghen *Siger de Brabant d'après ses œuvres inédites;* coll. Les Philosophes belges.

Le but de la philosophie n'est pas de savoir ce que les hommes 4924
ont pensé, mais bien quelle est la vérité des choses.
Saint Thomas d'Aquin (1225-1274).

La mort de Socrate est à peu près la seule victoire que la 4925
philosophie ait remportée.
Manès Sperber *Les Visages de l'Histoire;* tr. O. Mannoni (1990); Odile Jacob.

---

1 - Le dialogue s'ouvre heureusement sur ce conseil : « Essaie tes forces et exerce-toi, tandis que tu es jeune encore, à ce qui semble inutile et paraît au vulgaire un pur verbiage, sans quoi la vérité t'échappera. »
2 - Suspect d'hérésie, Siger de Brabant fut cité devant le tribunal de l'Inquisition en 1276. On le retrouve en résidence forcée à Orvieto où il meurt.

4926 Il n'en est pas des reliques d'un philosophe comme de celles d'un saint ; on les garde sans profit[1].
Frédéric-Melchior Grimm dans *Gazette littéraire,* mai 1774.

4927 Si un philosophe n'est pas un homme, c'est tout ce qu'on veut, sauf un philosophe.
Miguel de Unamuno *Du sentiment tragique de la vie (1913) ;* tr. Faure-Beaulieu ; Gallimard.

4928 Ceux qui, au sens droit du terme, se mêlent de philosopher, s'exercent à mourir[2].
Platon *Phédon* (v. 390 env.).

4929 Toute philosophie est, d'une certaine façon, la fin de l'histoire.
Paul Ricœur *Histoire et Vérité (1955) ;* Le Seuil.

4930 Depuis la création du monde, il existe deux philosophies : la philosophie de l'homme qui a envie pour une raison quelconque de donner le fouet à quelqu'un et la philosophie de l'homme fouetté[3].
Vassili Rozanov (1856-1919) dans Louri Dombrovski *La Faculté de l'inutile (1979) ;* tr. Seseman et Cathala ; Albin Michel.

4931 Hâtons-nous de rendre la philosophie populaire. Si nous voulons que les philosophes marchent en avant, approchons le peuple du point où en sont les philosophes.
Denis Diderot *De l'interprétation de la nature.*

4932 Chaque homme sait une quantité prodigieuse de choses qu'il ignore qu'il sait. Savoir tout ce que nous savons ? Cette simple recherche épuise la philosophie.
Paul Valéry *Mauvaises pensées et autres (1942) ;* Gallimard.

4933 L'effort des philosophes tend à comprendre ce que les contemporains se contentent de vivre.
Friedrich Nietzsche *La Naissance de la philosophie à l'époque de la tragédie grecque ;* tr. fr. 1939 ; Gallimard.

4934 La philosophie n'est autre chose que l'effort de l'esprit pour se rendre compte de l'évidence.
Jules Lagneau[4] dans *Revue philosophique,* 1880.

4935 Ne croire que ce qui est possible, ce n'est pas foi, mais simple philosophie.
Sir Thomas Browne *Religio medici (La Religion du médecin) (1642) ;* tr. N. Lefevre.

4936 C'est la vraie marque d'un philosophe que le sentiment d'étonnement.
Platon *Théétète (369-367).*

---

1 - Quelques cerveaux de savants illustres sont ainsi conservés dans le formol au Muséum d'histoire naturelle de Paris.
2 - Socrate s'apprête à boire la ciguë.
3 - Rozanov s'est violemment attaqué au christianisme, inspirateur de la souffrance, zélateur de l'ascétisme, adorateur de la mort.
4 - Lagneau fut le professeur d'Alain.

structuralisme :

L'information sur une différence est [...] l'atome indivisible de 4937
la pensée.
Gregory Bateson *Vers une écologie de l'esprit (1980)*; tr. F. Drosso, Lot, Simion; Le Seuil.

Dans le jargon actuel, « structure » est le mot chic, le mot pédant 4938
pour signifier machin, truc, chose, c'est-à-dire rien[1].
Alexandre Barivault *Considérations désobligeantes (1966)*; Calender.

La philosophie... est un combat contre l'ensorcellement de notre 4939
entendement par le moyen de notre langue.
Wittgenstein cité par Paul-Laurent Assoun dans *Freud et Wittgenstein (1988)*; P.U.F.

Les structures ne descendent pas dans la rue. 4940
Lucien Goldmann (1913-1972).

Tous les livres des philosophes modernes mis ensemble ne feront 4941
jamais dans le monde autant de bruit seulement qu'en a fait autrefois la dispute des cordeliers sur la forme de leur manche et de leur capuchon.
Voltaire *Lettres philosophiques (1729).*

Le nombre des philosophes professionnels du XXe siècle dépasse 4942
celui de tous les philosophes connus depuis la nuit des temps.
Joseph Bochenski.

Prenez n'importe quel livre de philosophie et lisez-le, un oignon 4943
frais à la main, vous verrez la différence.
Clément Lépidis *Mille Miller (1981)*; Ramsay.

Si vous me demandez quel est le dernier mot des recherches 4944
philosophiques, je vous répondrai que c'est le chant du pêcheur qui aborde sur la rive.
Wang Wei[2] (v. 699-759) dans *La Sagesse chinoise selon le Tao*; Plon.

Pied

L'homme a commencé par les pieds. 4945
André Leroi-Gourhan *Les Racines du monde (1982)*; Belfond.

---

1 - Jean-François Revel, dans la *Cabale des dévots,* a critiqué l'emploi du mot « structure » dans des termes voisins.
2 - Ce penseur et poète chinois était aussi musicien et peintre. « Ses peintures sont des poèmes ; ses poèmes, des peintures », disait Su Shi.

pied tendre :

4946 Je crois qu'il faut poser le pied assez légèrement sur terre.
Jacques Chardonne *Œuvres complètes ;* Albin Michel.

piéton :

4947 Mon pied droit est jaloux de mon pied gauche. Quand l'un avance, l'autre veut le dépasser. Et moi, pauvre imbécile, je marche.
Raymond Devos.

4948 La phrase la plus sotte de la langue française, c'est « bête comme ses pieds ».
Maurice Béjart dans *L'Arc,* n° 79.

maladroit :

4949 Il n'est pas besoin à l'homme d'autre chose que ses pieds pour qu'il trébuche..., car sa misérable pierre d'achoppement, chacun la porte en soi.
Heinrich von Kleist *La Cruche cassée (1808) ;* tr. Ayrault ; Aubier.

Pitié

4950 Où il y a de la pitié, il n'y a pas de plaisir.
Solo-Télévisions ; Éditions Focus.

4951 La pitié peut s'éprouver, mais non s'accepter.
Ernst Wiechert *Missa sine nomine (1980) ;* tr. Martin ; Calmann-Lévy.

4952 On est toujours maladroit quand on a pitié des autres.
Jean-Paul Pinsonneault *Jérôme Aquin (1960) ;* Beauchemin.

4953 Il y a moyen de se défendre contre les insultes ; pas contre la pitié.
Erich Maria Remarque *Arc de Triomphe (1946) ;* tr. Hérubel ; Plon.

4954 Celui qui a pitié se souvient de lui-même.
Publilius Syrus *Sentences.*

4955 Le jour où la pitié devient moquerie commence un âge barbare.
Jules Michelet *Histoire de la Révolution française (1847-1853).*

4956 Le ciel arme de pitié ceux qu'il ne veut pas voir détruits.
Lao-Tseu (VIe ou Ve siècle av. J.-C.) *Tao-tö King.*

4957 Avoir pitié de son ennemi, c'est être sans pitié pour soi-même.
Francis Bacon (1561-1626) *De la dignité.*

4958 Le sentiment que l'homme supporte le plus difficilement est la pitié, surtout quand il la mérite. La haine est un tonique, elle fait

vivre, elle inspire la vengeance; mais la pitié tue, elle affaiblit encore notre faiblesse.
Honoré de Balzac *La Peau de chagrin (1831).*

La pitié n'a qu'un tort, regarder de haut. 4959
André Stil *Dieu est un enfant (1979);* Grasset.

Plaisir

économie dirigée :
Il n'y a pas de plaisir qui ne soit à la recherche de sa cohérence. 4960
Raoul Vaneigem *Traité de savoir-vivre à l'usage des jeunes générations (1967);* Gallimard.

En toutes choses le plaisir croît à raison du péril qui devrait 4961
nous en écarter.
Sénèque *De beneficiis, VII, IX.*

Seule assurément une farouche et triste superstition interdit de 4962
prendre des plaisirs.
Spinoza (1632-1677) *Éthique, IV.*

pénurie :
Ce ne sont pas les plaisirs qui sont malfaisants, mais seulement 4963
la rareté des plaisirs, d'où naît l'excès.
Charles Fourier *Œuvres complètes;* Anthropos.

[...] Les folies sont les seules choses qu'on ne regrette jamais. 4964
Oscar Wilde *Le Portrait de Dorian Gray (1891).*

inflation :
[...] Il aime le jeu, le vin, les femmes; c'est un homme 4965
universel : nous faisons ensemble toutes sortes de débauches; cela m'amuse, cela me détourne de mal faire.
Alain-René Lesage *Crispin rival de son maître (1707).*

Les réserves imposées au plaisir excitent le plaisir de vivre sans 4966
réserve.
Slogan Mai 1968.

Ne parle plus. Ne pense plus. Laisse ta main se promener sur 4967
moi. Laisse-la être heureuse toute seule. Tout redeviendrait si simple si tu laissais ta main seule m'aimer. Sans plus rien dire...
Jean Anouilh *Eurydice (1942);* La Table Ronde.

Entre Machine 4968
Et moi Machin
Il s'pass' des choses
Des machins.
Serge Gainsbourg *Machins Choses;* Éd. Bagatelle.

4969 J'aimerais mieux branler la pique
Que de foutre en paralytique;
Le plaisir gît au remuement.
Poème de **Pierre Motin** (mort en 1615)[1].

4970 En homme de bien se comportait
Et la baisait le mieux possible.
Si on ne le fait pas, l'amour s'en va.
Porcelet *Du vallet aux XII fames* cité par Marie-Thérèse Lorcin *Façons de sentir et de penser : les fabliaux français;* Champion.

4971 Une manie, c'est le plaisir passé à l'état d'idée.
Honoré de Balzac *Le Cousin Pons (1847).*

4972 Seul le plaisir physique contente l'âme pleinement.
Anna de Noailles (1876-1933) dans Edmée de La Rochefoucauld *Anna de Noailles (1976);* Mercure de France.

4973 Je m'étonne que celui qui n'a pas goûté les biens du ciel puisse mépriser ceux de la terre.
Saint Jean Climaque[2] (mort vers 649) *L'Échelle sainte.*

crédit :

4974 L'amour n'est peut-être que la reconnaissance du plaisir.
Honoré de Balzac *Le Père Goriot (1835).*

émission :

4975 Ce petit rire étouffé qui est, non moins que le soupir, un des bruits de l'amour.
Marguerite Yourcenar préface au *Gita Govinda* de Shri Jayadéva; Émile-Paul.

4976 Qu'est-ce qu'un amant? C'est un instrument auquel on se frotte pour avoir du plaisir.
Stendhal *Lucien Leuwen (1855).*

4977 (Hélène, parlant des hommes) – Je ne les déteste pas. C'est agréable de les frotter contre soi comme de grands savons. On en est toute pure...
Jean Giraudoux *La guerre de Troie n'aura pas lieu (1935);* Grasset.

4978 Pour l'agrément, on n'en a jamais avec les hommes : ou ils sont salauds, et on pleure; ou ils sont caressants, et on bâille.
Paul Morand *Lettres à des amis et à quelques autres (1978);* La Table Ronde.

4979 À seize ans, j'aimais les filles. Comme j'étais beau, elles me le rendaient bien. Cela dura jusqu'au jour où je m'aperçus que leur plaisir ne ressemblait pas au mien.
Pierre Herbart *L'Âge d'or (1953);* Gallimard.

---

1 - Pourtant Boileau écrivait :
« J'aime mieux Bergerac et sa burlesque audace
Que ces vers où Motin se morfond et nous glace. »
On s'interroge sur Bergerac!
2 - Il fut moine au mont Sinaï pendant un demi-siècle.

usure :
Faire l'amour avec une femme qui ne vous plaît pas, c'est aussi triste que de travailler. 4980
Jean Anouilh *L'Hermine (1931);* La Table Ronde.

Il y avait trois dames de Paris assez laides à la Cour; on disait que c'étaient des ponts sans garde-fous, parce que personne ne voulait passer dessus. 4981
Voltaire *Le Sottisier.*

Ne dit-on point, d'une chose qui fait plaisir, qu'elle en vaut la peine ? 4982
George Elgozy *L'Esprit des mots ou l'Antidictionnaire (1981);* Denoël.

banqueroute :
Si j'ai perdu mes jours dans la volupté, ah ! rendez-les-moi, grands dieux, pour les reperdre encore [1]. 4983
Julien Offray de La Mettrie *L'Art de jouir (1751).*

Poésie

Pourtant la poésie existait sur la terre avant l'écriture et avant l'imprimerie. 4984
Pablo Neruda dans Jean Marcenac *Neruda;* Seghers.

La poésie est comme la source. Pour y boire, il faut s'agenouiller et se pencher. 4985
Cyprian Norwid dans *Rebelles et Rêveurs, quatorze poètes polonais contemporains;* tr. L. Rey; La Pensée sauvage.

La poésie comme l'amour risque tout sur des signes. 4986
Michel Deguy *Les jours ne sont pas comptés;* Gallimard.

L'inspiration poétique est la forme occidentale de la voyance. 4987
Roger Gilbert-Lecomte *Œuvres complètes;* Gallimard.

inspiration :
Je fais rimer Proust avec langouste, parfois pire. 4988
David Mac Neil *Lady Nurlizer;* Éd. E. Mitchell Music.

La connaissance poétique est celle où l'homme éclabousse l'objet de toutes ses richesses mobilisées. 4989
Aimé Césaire *Sur la poésie;* Seghers.

---

1 - La Mettrie mourut cette année-là, âgé de 42 ans, d'une façon fort bizarre : dans un repas chez Lord Tyrconnel, il se fit fort de manger tout seul un énorme pâté de faisan, fut pris d'une indigestion, se fit saigner pour démontrer aux médecins allemands l'excellence du remède, et en mourut, « laissant à Berlin une maîtresse qui malheureusement n'est pas jolie, et à Paris ses enfants qui meurent de faim » (Voltaire).

4990 La poésie est une solitude... et nous sommes des moines qui échangent des silences.
Jean Cocteau *Lettres à Milorad;* Saint-Germain-des-Prés.

4991 La poésie est une religion sans espoir.
Jean Cocteau *Lettres à Milorad;* Saint-Germain-des-Prés.

4992 La poésie est un exhibitionnisme qui s'exerce chez les aveugles.
Jean Cocteau *Lettres à Milorad;* Saint-Germain-des-Prés.

4993 La poésie est une éternelle jeunesse qui ranime le goût de vivre jusque dans le désespoir.
André Suarès *Temples grecs, maisons des dieux (1980);* Granit.

4994 La poésie est la forme clandestine d'un contre-pouvoir qui libère le poète de tout carcan autoritaire, et lui permet d'accéder à l'existence orageuse de son corps.
Alain Jouffroy *Le Roman vécu (1978);* Laffont.

4995 Vivre tout événement quotidien dans les coordonnées de l'éternité, c'est pour moi la poésie.
Vivre en poésie (1980), entretiens avec **Eugène Guillevic;** Stock.

4996 Tout poème est une mise en demeure.
Jean Cayrol *Pour tous les temps (1955);* Le Seuil.

4997 Il n'y a pas de plus grande récompense, pour un poète, que d'écrire un poème.
Dylan Thomas dans Bokanovsky *À propos de poésie;* Seghers.

4998 La poésie est une forme de violence.
Jorge Gaitan Duran *Si demain je m'éveille.*

4999 La poésie veut quelque chose d'énorme, de barbare et de sauvage.
C'est lorsque la fureur de la guerre civile ou du fanatisme arme les hommes de poignards, et que le sang coule à grands flots sur la terre, que le laurier d'Apollon s'agite et verdit. Il en veut être arrosé. Il se flétrit dans les temps de la paix et du loisir.
Denis Diderot *De la poésie dramatique.*

5000 Et vous allez me demander : mais pourquoi votre poésie
Ne vous parle-t-elle pas du rêve, des feuilles
Ou des grands volcans de votre pays natal ?
Venez voir le sang dans les rues
Venez voir
Le sang dans les rues,
Venez voir le sang
Dans les rues !
Pablo Neruda *Résidence sur la Terre (1935);* Gallimard.

sonnet :

5001 Lorsque la poésie apparaît mêlée à d'autres éléments, plus crus, plus prosaïques [...], je frissonne comme n'importe quel mortel. Ce que ma nature supporte difficilement, c'est l'extrait

pharmaceutique et épuré qu'on appelle « poésie pure », surtout lorsqu'elle est en vers.
Witold Gombrowicz *Conférence sur la poésie (1947).*

La rime est une esclave et ne doit qu'obéir. 5002
Nicolas Boileau *L'Art poétique*[1] *(1674).*

monsieur pet :
À un dîner très chic, Paul Valéry lâcha un petit pet, puis tenta 5003
de noyer la chose en faisant grincer sa chaise. Son voisin lui glissa alors à l'oreille : « Cette fois-ci, M. Valéry, la rime était très difficile. »
Daniel Percheron *Dictionnaire des idées épinglées (1980)*; Le Dernier Terrain vague.

La poésie peut plaire encore... mais le combat, lorsque la vie en 5004
est l'enjeu, ne se livre qu'en prose.
Czeslaw Milosz.

Ma feuille est une eau vide : à sa surface des mots se posent, 5005
font tache et s'étonnent.
Lionel Ray *Le Corps obscur (1981)*; Gallimard.

Il y en avait, il y a dix ans, de ces choses qui m'intimidaient ! La 5006
poésie concrète, Andy Warhol, et puis Marx et Freud et le structuralisme — et les voici envolés..., et rien ne doit plus oppresser quiconque si ce n'est le poids du monde.
Peter Handke *Le Poids du monde (1980)*; Gallimard.

Demain, dès l'aube... 5007
Le scandale de la poésie est que tout lui sert de levier.
Suzanne Lilar *Journal de l'analogisme (1974)*; Grasset.

Je sais que la poésie est indispensable, mais je ne sais pas 5008
à quoi.
Jean Cocteau discours de réception à l'Académie française.

Poète

Être poète, c'est trouver 5009
Sa vie dans les autres.
Gabriel Celaya *Ballades et dits basques*; tr. Seirra ; Seghers.

deuil :
Il se trouve dans les trois quarts des hommes comme un poète 5010
qui meurt jeune, tandis que l'homme survit.
Charles Augustin Sainte-Beuve *Portraits littéraires (1844).*

---

1 - Une des rares œuvres de Boileau composée sans Narcejac.

5011 Les poètes sont des Christs et ils versent leur sang pour nous.
Jean Pommier *Le Spectacle intérieur (1970);* Denoël.

5012 La marche est le braille des poètes. Ils lisent la ville avec leurs pieds.
Giovanni Marangoni *George Jackson Avenue (1974);* Le Seuil.

5013 J'ai appris à devenir poète chez un illettré aveugle de naissance et marchant sur deux béquilles branlantes.
Paul Vallet *Multiphages (1988),* José Corti.

5014 Être poète n'est pas une ambition que j'ai,
C'est ma manière à moi d'être seul.
Fernando Pessoa *Le Gardeur de troupeaux;* tr. Guibert; dans Meyrelles *Anthologie de la poésie portugaise;* Gallimard.

professionnel :

5015 Le vrai poète est celui qui trouve l'idée en forgeant le vers.
Alain *Préliminaires à l'esthétique (1940);* Gallimard.

lisibilité :

5016 Ce père Hugo ! C'est lui qui, relisant un poème confus, s'écriait : « Lorsque j'ai écrit ces vers, il n'y avait que Dieu et moi pour les comprendre. Aujourd'hui, il n'y a plus que Dieu. »
Pierre Descaves *Mes Goncourt (1944);* Laffont.

5017 L'écriture n'a jamais été que le pis-aller des poètes.
Paul Hordequin *La Majorité (1978);* La Table Ronde.

5018 Le premier qui compara la femme à une rose était un poète, le second était un imbécile.
Attribué à **Gérard de Nerval** par Roger Caillois dans *Vocabulaire esthétique.*

Police

5019 L'art de la police est de ne pas voir ce qu'il est inutile qu'elle voie.
Propos de **Napoléon Ier** au citoyen Fouché, 24 mai 1800.

5020 Heureusement pour la police, la plupart des gens sont bavards. Surtout les types intelligents.
P.D. James *La Proie pour l'ombre* tr. L. Rosenbaum *(1984);* Mazarine.

5021 La faille commune par où s'engouffrent éternellement toutes les polices du monde : l'homme est un animal logique.
Gilles Perrault *La Longue Traque (1975);* Lattès.

5022 Les officiants de l'appareil répressif ont toujours eu le sens de

l'Ordre avant celui de la légalité, le sens de l'État avant le souci du citoyen.
Philippe Boucher *Le Ghetto judiciaire (1978) ;* Grasset.

La police ne semble pas attirer les gens intelligents en période de 5023
plein emploi.
Commissaire Whitrod[1] Propos tenu en 1974.

bavures :
La police, c'est un corps qui fonctionne, un corps qui fonctionne 5024
bien, ce n'est pas un corps qui ne produit pas de déchets, c'est un corps qui les élimine convenablement.
Pierre Bertaux ancien directeur de la Sûreté nationale.

Nous savions que Ranucci était à Marseille. Il avait heurté un 5025
chien, et donné son identité au propriétaire de l'animal. Mais pourquoi ce témoignage n'a-t-il jamais été évoqué ? Parce que, répond le policier, il s'est manifesté après la clôture de l'instruction.
Gille Perrault *Le Pull-over rouge (1978) ;* Ramsay.

17 :
Il avait pris l'habitude tous les soirs de téléphoner au 5026
commissariat de son quartier. Il demandait le commissaire, déclinait son identité, donnait son adresse et disait : « Monsieur, j'ai l'honneur de vous déclarer que vous êtes un con. » Ça l'amusait beaucoup.
Georges Brassens, à propos d'Armand Robin ; recueilli par Louis Nucéra ; dans *Le Monde,* 7 août 1981.

Les gendarmes ont grand tort de malmener les criminels. Sans 5027
eux, ils n'existeraient pas.
Alphonse Allais *Les Pensées ;* Cherche-Midi, 1987.

police secours :
La police doit être une mère et non pas une commère. 5028
Prince de Ligne *Mes écarts.*

Un flic, ça devrait être un pote qui te ramène à la maison quand 5029
il te trouve bourré dans la rue (...). On devrait se dire : chouette, voilà le gars (...) qui va me dépanner, qui va me sourire et sécher mes larmes. Un flic, ça devrait être la providence.
Coluche dans *Charlie-Hebdo,* 29 octobre 1980.

Politesse

Je sais toujours que les gens sont aimables, approuva l'hôtesse, 5030

1 - Policier australien.

quand ils enveloppent leur chewing-gum dans du papier avant de le jeter.
Francis Scott Fitzgerald *Le Dernier Nabab* (inachevé, posth., 1941).

moquette :

5031 Voulez-vous héberger l'amour dans vos maisons ?
Jonchez le sol de courtoisie.
Marcabru *Poésies complètes du troubadour Marcabru ;* Éd. J.M.L. Dejeanne Bibl. mérid. 12.

5032 (Napoléon :) – Madame de Coigny, vous aimez toujours autant les hommes ?
– Oui, sire, surtout lorsqu'ils sont bien élevés.
Journal d'**Aimée de Coigny ;** prés. A.M. Grangé ; Lib. acad. Perrin.

5033 Nous nous saluons, mais nous ne nous parlons pas.
Voltaire à Piron qui lui demandait s'il était réconcilié avec Dieu ; *Correspondance.*

désolé :

5034 L'égoïsme inspire une telle horreur que nous avons inventé la politesse pour le cacher.
Arthur Schopenhauer *Le Fondement de la morale ;* tr. Burdeau ; Baillière.

5035 Dans la simple politesse je suis gêné. Je ne suis capable que d'enthousiasme.
Jacques Chardonne *Œuvres complètes ;* Albin Michel.

5036 Un compliment, c'est un peu d'amour dans beaucoup d'esprit.
Émile Faguet *Études littéraires, XVIe s., Clément Marot.*

5037 La politesse est plus généreuse que la franchise, car elle signifie qu'on croit à l'intelligence de l'autre.
Roland Barthes dans *Le Nouvel Observateur,* 1979.

5038 Ce ne sont jamais les questions qui sont indiscrètes... mais les réponses quelquefois.
Noel Coward *Quatuor ;* tr. Géraldy ; France Illustration.

Politique

5039 Il y a deux types de problèmes dans la vie. Les politiques sont insolubles et les économiques sont incompréhensibles.
Sir **Alec Douglas Home**[1] discours, 1964.

---

1 - Il fut Premier ministre de Sa Très Gracieuse Majesté en 1963.

Un problème politique est un problème économique sans solution. 5040
Georges Elgozy *L'Esprit des mots ou l'Antidictionnaire (1981)*; Denoël.

La politique... c'est d'un intérêt psychologique inouï. 5041
André Gide *Les Cahiers de la Petite Dame (1973-1977)*; Gallimard.

Parties politiques :
À la cour du roi Henri, on ne parle que de duels, puteries et maquerelages. La sodomie y règne tellement qu'il y a presse à mettre la main aux braguettes. 5042
Pierre de l'Estoile (1546-1611).

Le drame de l'amitié entre les hommes, c'est tout le cœur de la politique. 5043
Pierre Drieu La Rochelle (1893-1945) dans Dominique Desanti *Drieu la Rochelle ou le Séducteur mystifié (1978)*; Flammarion.

Depuis un quart de siècle, la vie politique française paraît tourner autour de la chronique des vies de couples. De Gaulle et Pompidou, Pompidou et Chaban, Giscard et Barre, Mitterrand et Chirac, Mitterrand et Rocard... Comme si les électeurs étaient autant de conseillers conjugaux. 5044
Bruno Frappat dans *Le Monde*, 18 novembre 1990.

La distinction spécifique du politique... c'est la discrimination de l'ami et de l'ennemi. 5045
Carl Schmitt *Théologie politique*; tr. J.L. Schlegel (1988) Gallimard.

Les hommes ont ceci en commun, ils se rencontrent là où la politique les divise. 5046
Serge Losique *De Z à A*; Éd. du Jour.

amourettes[1] :
Quand la politique n'est pas une érotique, elle est tout simplement une saloperie. 5047
Jacques de Bourbon-Busset *Journal, VIII : Les Choses simples (1980)*; Gallimard.

Les attitudes politiques sont fondamentalement une affaire de tripes. 5048
Ménie Grégoire *Telle que je suis (1976)*; Laffont.

Dans le monde d'aujourd'hui, ce n'est pas le corps des hommes mais leur esprit qui est l'enjeu de la lutte politique. 5049
Aneurin Bevan[2] *Tito nous donne une leçon (1954).*

Toute politique est autorisation de l'avenir. 5050
Denis de Rougemont *L'avenir est notre affaire (1977)*; Stock.

---

1 - « Les amourettes peuvent très honorablement remplacer la cervelle. » Françoise Bernard *Les Recettes faciles*; Hachette.
2 - Un des chefs de file du Parti travailliste de 1930 à 1960, favorable à une réelle socialisation de la Grande-Bretagne.

5051 Les promesses n'engagent que ceux qui les reçoivent.
Jacques Chirac dans *Le Monde,* 22 février 1988.

5052 Toute politique est fondée sur l'oubli.
Jean-François Lyotard dans *« Le Genre humain », Politiques de l'oubli ;* Le Seuil, 1988.

5053 Comment la fin justifierait-elle les moyens ? Il n'y a pas de fin, seulement des moyens à perpétuité.
René Char *L'Âge cassant (1965).*

bleu ou à point ?

5054 La politique est une guerre sans effusion de sang, et la guerre une politique avec effusion de sang.
Mao Tsé-Toung *Citations du président Mao (1967) ;* Le Seuil.

gourmet :

5055 La politique est le bonheur moderne. Tous les enthousiasmes déçus, elle seule aura ménagé, encore, quelque place – terrible – à l'extase publique.
Jean-Paul Michel *La Politique mise à nu par ses célibataires mêmes ;* Éd. L'auteur, Bordeaux.

5056 La tragédie est le sérieux de la politique.
André Glucksmann *Le Discours de la guerre (1979) ;* Éd. de l'Herne.

5057 La politique est une activité tragique, c'est-à-dire insoluble.
Paul Veyne *Comment on écrit l'histoire (1971) ;* Le Seuil.

minuterie :

5058 Un orateur trop long est comme une horloge qui sonnerait les minutes.
Royer-Collard [1] *Discours.*

5059 Un homme politique est obligé d'écouter des balivernes, de débiter des balivernes, d'approuver des balivernes. Encore heureux s'il ne finit pas par y croire lui-même.
P.D. James *Un certain goût pour la mort,*
tr. L. Rosenbaum *(1987) ;* Mazarine.

5060 Quand la politique est devenue une science des mots, tout est perdu.
Charles Nodier *Jean Sbogar (1818).*

5061 La politique est la science des exigences.
Lajos Kossuth [2] (1802-1894).

5062 La politique n'est pas une science exacte.
Otto von Bismarck discours à la Chambre prussienne des seigneurs, déc. 1863 [3].

---

1 - Royer-Collard fut président de la Chambre de 1828 à 1830.
2 - En 1849, il proclama l'indépendance de la Hongrie et la déchéance des Habsbourg. Mais ces « exigences » étaient prématurées.
3 - Bismarck était alors « ministre-président » de Prusse.

Prix Nobel, Collège de France, Sorbonne, prix Goncourt ne 5063
préservent pas de la débilité politique.
Edgar Morin *Pour sortir du vingtième siècle (1981);* Nathan.

En politique, une absurdité n'est pas un obstacle. 5064
Napoléon Ier cité par Patrick Ravignant *Ce que Napoléon a vraiment dit (1969);* Stock.

arrière-boutique :
Tout le monde ment. La vérité, les vraies décisions, se 5065
découvrent derrière des portes où les journalistes ne viennent pas. Tout le monde manipule tout le monde et c'est ce qui rend la politique dangereuse et passionnante à la fois...
Bruno Kreisky[1] propos publiés par Mark Blaisse dans *Libération* du 26 avril 1983.

La vérité ne fait pas de politique... 5066
et réciproquement.
Guy Konopnicki *Les bouches se ferment (1981);* Albin Michel.

De Gaulle :
Moi seul je peux dire et écrire : La France estime que...[2]. 5067
Charles de Gaulle cité par Raymond Tournoux dans *La Tragédie du Général;* Plon.

La confiance des petits exalte l'homme de caractère. 5068
Charles de Gaulle *Le Fil de l'épée (1932);* Plon.

Je n'ai jamais été que d'échec en échec. 5069
Charles de Gaulle cité par Claude Mauriac *La Terrasse de Malagar (1977);* Grasset.

Il suffit en France d'affirmer une chose avec autorité pour être 5070
cru sur parole.
Alexandre Minkowski *Un juif pas très catholique (1980);* Ramsay.

En politique, si vous voulez des discours, demandez à un 5071
homme. Si vous voulez des actes, demandez à une femme.
Margaret Thatcher

L'homme politique se positionne maintenant comme un produit 5072
commercial. L'ennui, c'est qu'il parle.
J.M. Lech interviewé par M. Orange dans *Valeurs actuelles,* 12 mars 1990.

dessous de table :
La valeur ou l'importance d'un homme, c'est comme pour 5073
tout autre objet, son prix, c'est-à-dire ce qu'on donnerait pour disposer de son pouvoir.
Thomas Hobbes *Léviathan (1651).*

---

1 - Ancien chancelier d'Autriche.
2 - Voir la formule d'André Malraux : « Un fou a dit : " Moi, la France ", et personne n'a ri, parce que c'était vrai. »

5074 Cent ans après sa mort, le plus grand bonheur qui puisse arriver à un grand homme, c'est d'avoir des ennemis.
Stendhal *Armance (1827).*

5075 Qu'ils me haïssent, pourvu qu'ils me craignent !
Accius (170-86 av. J.-C.) *Atrée ;* tr. Bayet ; Littérature latine ; Colin.

Watergate :
5076 Je suis partout et nulle part. Je ne vois rien et je vois tout. Je n'écoute rien et j'entends tout... Tel est le rôle d'un chef d'État.
Jean-Bedel Bokassa[1] propos tenu en 1972.

Mitterrand :
5077 On n'est pas né pour la gloire lorsqu'on ne connaît pas le prix du temps.
Vauvenargues *Réflexions (1747).*

5078 Celui qui nourrit de grands desseins ne s'embarrasse pas de détails.
La Dispute sur le sel et le fer (81 av. J.-C.) Prés. Georges Walter ; tr. D. Baudry Weulersse, J. Lévi, P. Baudry ; Lanzmann/Seghers.

5079 Quand je vois tant de grands hommes nourrir de tout petits desseins, je me demande si l'inverse n'est pas vrai.
Casamayor *Le Maître et son Double (1980) ;* Encre.

programme :
5080 Il faut que je couche avec la France le 14 juillet prochain[2].
Le général Boulanger cité par Fresnette Pisani-Ferry dans *Le Général Boulanger (1969) ;* Flammarion.

5081 Chez les hommes de grand emploi, rien n'est plus dangereux qu'une ambition qui les incline peu à peu non plus à servir le pays, mais à se servir de lui.
François Mauriac dans *Mauriac avant Mauriac (1977)* (recueil de textes 1913-1922) prés. J. Touzot ; Flammarion.

5082 La religion des grands consiste pour l'ordinaire à servir Dieu, sans désobliger le diable.
Chancelier Oxenstierna (1583-1654) *Réflexions et Maximes.*

5083 La force est à celui qui est le plus capable de voler[3].
Bernard Marti (XIIe s.) dans E. Hoepffner *Les Poésies de Bernard Marti ;* Classiques français du Moyen Âge ; Champion.

5084 La vantardise est le défaut des institutions comme des individus.
Casamayor *Où sont les coupables ?*

Napoléon :
5085 Sa taille était médiocre, comme celle de presque tous les hommes qui sont élevés au-dessus des autres ; sa poitrine et ses

1 - Ex-empereur de la République centrafricaine.
2 - En août 1889, la République centenaire chassait de son lit le général Boulanger.
3 - « Mais fors' a qui mais pot panar », et le troubadour de poursuivre : « Et le pauvre est vaincu sans coup férir, Qui ne peut se défendre ni fuir. »

épaules étaient larges, et son col était court comme celui des hommes dont le cœur doit être rapproché de la tête.
Honoré de Balzac *Séraphita (1833).*

Jaurès :
Grand homme est celui qui laisse après soi les autres dans 5086
l'embarras.
Paul Valéry.

Il y a ceux qui ont bu l'eau de la baignoire de Marat, et nous 5087
qui avons frissonné à l'horizon de Saint-Just et de Lénine. Mais Staline est perpétuellement imminent. On conserve avec des égards la mâchoire de Hitler[1].
René Char *Aromates chasseurs (1976)*; Gallimard.

le Sottisier :
La grandeur est partout, mais surtout dans la sottise. 5088
Jean Orieux *Voltaire (1978)*; Flammarion.

En ce qui me concerne, jamais je ne me livrerai de bon gré ni ne 5089
livrerai ma confiance à un conducteur de peuples qui ne soit pas pénétré de la conviction que, en conduisant un peuple, il conduit des hommes.
Miguel de Unamuno *Du sentiment tragique de la vie (1913)*; tr. Faure-Beaulieu ; Gallimard.

Il faut ouvrir les yeux des hommes, non les arracher. 5090
Alexandre Herzen *Lettre à Bakounine (1869).*

Pornographie

magazine hard :
Pages destinées à la seule postériorité.
Raymond Queneau *Les Œuvres complètes de Sally Mara (1962)*; 5091
Gallimard.

Dur comme le porphyre et courbe comme une urne, le mot 5092
« porno », trop beau pour ce qu'il dit : alors qu'en sa roide et ronde plénitude cet abréviatif suggère les formes les plus hautes de l'érotisme, on l'emploie familièrement pour en désigner les aspects les plus triviaux et les plus commerciaux.
Michel Leiris *Le Ruban noir au cou d'Olympia (1981)*; Gallimard.

1 - De quelle mâchoire s'agit-il puisqu'on n'a jamais découvert ce qu'il est advenu des cendres du cadavre brûlé dans le jardin de la Chancellerie, le 30 avril 1945 ?

5093 La gauloiserie trouve l'érotisme lugubre et la pornographie décourageante.
Jean-Jacques Pauvert *Anthologie des lectures érotiques (1979);* Ramsay.

5094 L'insolite et l'illicite, deux ingrédients indispensables de toute pornographie.
Marguerite Yourcenar préface au *Gita Govinda*[1], de Shri Jayadeva (XIIe s.) ; Émile-Paul.

5095 L'art érotique convie l'homme tout entier à la fête de la vie.
Hugues Rebell *L'Ermitage.*

5096 L'érotisme est l'approbation de la vie jusque dans la mort.
Georges Bataille *La Littérature et le Mal (1957);* Gallimard.

5097 De la pornographie, on peut dire ce que dit Hegel de la philosophie, qu'elle vient toujours trop tard.
Jean-Noël Vuarnet *Le Joli Temps (1990);* Hatier.

5098 L'érotisme est l'une des bases de la connaissance de soi, aussi indispensable que la poésie.
Anaïs Nin *Être une femme et Autres Essais* tr. B. Commengé *(1977);* Stock.

5099 De deux choses l'une : ou la parole vient à bout de l'érotisme, ou l'érotisme viendra à bout de la parole[2].
Georges Bataille à propos d'*Histoire d'O;* Nouvelle Revue Française, 1955.

5100 – Emmène-moi dans ta chambre, et baise-moi...
– Il y a dans ton vocabulaire quelque chose d'indéfinissable et qui laisse à désirer.
Philip K. Dick *Le Bal des schizos;* tr. G. et A. Duuter (1975); Champ Libre.

5101 Et ta robe en tombant
Sur le parquet ciré
N'a pas fait plus de bruit
Qu'une écorce d'orange.
Jacques Prévert *Sanguine.*

portraits en pieds :

5102 N'en déplaise aux moralistes : les poses les plus licencieuses sont un plaisir non seulement pour les sens, mais encore pour l'esprit.
Paul Léautaud *Propos d'un jour;* Mercure de France.

nouveau roman :

5103 Louise à loilpuche en train de pomper Tataouine, allongé sur son pieu, tandis qu'un autre la sabrait... qu'elle en pognait

---

1 - Le Gita Govinda est la « célébration du bouvier Krishna ». L'inspiratrice en est la prostituée sacrée Padmâvati, que Jayadeva venait d'épouser.
2 - Pauline Réage, l'auteur d'*Histoire d'O,* disait dans *Une fille amoureuse* : « Qui suis-je enfin... sinon la part longtemps silencieuse de quelqu'un, la part nocturne et secrète, qui ne s'est jamais publiquement trahie par un acte, par un geste ni même par un mot, mais communique par les souterrains de l'imaginaire avec des rêves aussi vieux que le monde ? »

un troisième. Un groupe artistique comme dans les livres du marquis de Sade.
Alphonse Boudard *L'Hôpital (1974)*; La Table Ronde.

À force de plaisirs, notre bonheur s'abîme. 5104
Jean Cocteau *Vocabulaire*; La Sirène.

Lorsque j'ai des pensées obscènes, j'essaie de penser à autre chose... C'est pire. 5105
Pensée du 26 juin 1980, Almanach de l'*Os à moelle*; Mengès.

La luisance est évidemment un attribut érotique : elle renvoie à l'état d'une matière à la fois incendiée et mouillée, le désir donnant au corps son éclair, l'extase sa radiance, et le plaisir sa lubrification. 5106
Roland Barthes préf. à la rééd. d'Anthelme Brillat Savarin (1755-1826) *Physiologie du goût*[1] *(1975)*; Hermann.

Plus l'amour est nu, moins il a froid. 5107
John Owen *Epigrams, II, 88 (1613)*.

diptyque :
L'amour a la vertu de dénuder non pas deux amants l'un en face de l'autre, mais chacun des deux devant soi-même. 5108
Cesare Pavese *Le Métier de vivre (1958)*; Gallimard.

La pornographie est-elle un alibi ? 5109
Delfeil De Ton *Mon cul sur la commode (1975)*; Bourgois.

nature morte :
Monde abject qui n'a jamais vécu que l'érotisme des charniers. Sans lui, la mort n'aurait jamais commencé. 5110
Antonin Artaud *Suppôts et Suppliciations* (achevé en 1947); Gallimard.

À société malade, érotisme grabataire. 5111
Les Lolos de Vénus anthologie de M. Ballestini et B. Blanc; Kesselring.

trompe-l'œil :
L'attitude pornographique est fondée sur le postulat que les amants ignorent la lassitude et que la psychologie n'existe pas. 5112
John Atkins *Le Sexe dans la littérature (1975)*; Buchet Chastel.

L'érotisme, métaphore de la sexualité,... aboutit à une forme de l'ennui contemporain. 5113
Robert Benayoun *Érotisme du surréalisme (1978)*; Pauvert.

La pornographie, aujourd'hui, elle est dans le Golfe : tanks gonflables, poupées gonflables. On y compare les performances 5114

1 - Le titre complet était : « Méditations de gastronomie transcendante, ouvrage théorique, historique et à l'ordre du jour, dédié aux gastronomes parisiens ». Et malgré tout ça, cet honorable magistrat était contre l'abolition de la peine de mort !

des érections : quelle est la rampe, le canon qui tirera le plus de coups à la seconde ?
Antoinette Fouque dans *Libération* 13 février 1991.

modèle :

5115 Les femmes, c'est comme les photographes : il y a un imbécile qui conserve précieusement le cliché, pendant que les gens d'esprit se partagent les épreuves.
Henry Becque *L'Enfant prodigue (1868).*

clair-obscur :

5116 Quand j'aborde les questions de sexe à l'écran, je n'oublie pas que, là encore, le suspense commande tout. Si le sexe est trop criard et trop évident, il n'y a plus de suspense.
Alfred Hitchcock cité par François Truffaut dans *Le Cinéma selon Hitchcock (1975)*; Laffont.

5117 Les politiciens et les policiers qui sévissent contre l'érotisme – sous prétexte de « sauvegarder » la jeunesse – oublient que, lorsque la jeunesse fut sauvegardée selon leurs désirs, elle atteignit les limites de l'infâme.
H. Lewandowski *Les Enfers, panorama de l'érotisme, domaine de langue allemande.*

fondu enchaîné :

5118 Nous vivons dans une société beaucoup trop permissive. Jamais encore la pornographie ne s'était étalée avec une telle impudeur. Et en plus, les films sont flous !
Woody Allen *Destins tordus*; tr. M. Lebrun (1981); Laffont.

Postérité

5119 La postérité peut se tromper aussi bien que n'importe qui.
Heywood Brown[1] *Œuvres.*

5120 – Vous savez que l'Académie a rayé de la liste des Quarante le maréchal Pétain et Abel Bonnard. Nous nous sommes demandé s'il ne serait pas séant de les remplacer par deux écrivains morts pour la France...
– Ne craignez-vous pas qu'immortel à titre posthume, cela ne semble bizarre ?
Marcelle Auclair et **Françoise Prévost** *Mémoires à deux voix (1978)*; Le Seuil.

1 - Écrivain américain.

Si j'étais écrivain et mort, comme j'aimerais que ma vie se réduisît, par les soins d'un biographe amical et désinvolte, à quelques détails, à quelques goûts, à quelques réflexions. 5121
Roland Barthes préface à *Sade-Fourier-Loyola (1971)*; Le Seuil.

Quand je ne serai plus, ils n'ont pas fini de déconner. Ils me connaîtront mieux que moi-même. 5122
Jacques Prévert *Soleil de nuit*; Gallimard, 1980 (ouvrage posthume).

L'Académie, le commun des immortels. 5123
Jules Renard *Journal (1904)*; Gallimard.

Quand je n'aurai plus qu'une paire de fesses pour penser, j'irai l'asseoir à l'Académie. 5124
Georges Bernanos *Correspondance inédite (1934-1948)*; Plon.

Gérard de Nerval, Edgar Poe, Baudelaire, Lautréamont, Nietzsche, Arthur Rimbaud, ne sont pas morts de rage, de maladie, de désespoir ou de misère, ils sont morts parce qu'on a voulu les tuer. 5125
Antonin Artaud *Suppôts et Suppliciations* (achevé en 1947); Gallimard.

Il est difficile de loger à plus de vingt ans dans un siècle. 5126
Henri Michaux.

Il faut être un homme vivant et un artiste posthume. 5127
Jean Cocteau *Le Rappel à l'ordre (1926)*; Stock.

Je voulais crever dans l'opulence et la magnificence. Je pensais souvent à la peine que je donnerais aux croque-morts. Trois cent kilos à porter ! Eux, au moins, se souviendraient de moi. 5128
Jean-Louis Yaïch et **Gérard Apfeldorfer** *Kilos de plume, kilos de plomb (1988)*; Le Seuil.

Pouvoir

J'appelle *discours de pouvoir* tout discours qui engendre la faute et, partant, la culpabilité de celui qui le reçoit. 5129
Roland Barthes cité dans **Ignacio Ramonet** *Le Chewing-gum des yeux (1980)*; Alain Moreau.

Tout exercice du pouvoir aujourd'hui... est un vol et une duperie où l'on se floue soi-même. 5130
Gérard Mendel *Quand plus rien ne va de soi (1979)*; Laffont.

Le pouvoir n'existe plus que comme un simulacre. 5131
Jean Baudrillard *Oublier Foucault (1982)*; Galilée.

5132 Le pouvoir ne peut être confié à personne... à personne. Tout homme qui a un tant soit peu vécu connaît les folies et la méchanceté dont il est capable. Si ce n'est pas le cas, il n'est pas digne de gouverner autrui. Mais si c'est le cas, il sait également que ni lui ni aucun autre ne devrait pouvoir décider du sort d'un seul être humain.
Ch. Percy Snow *Lumière et Ténèbres (1947).*

5133 Mieux vaut régner dans l'Enfer que servir dans le Ciel.
John Milton *Le Paradis perdu (1667)*; tr. Messian; Aubier.

5134 La soumission à un homme faible est discipline. La soumission à un homme fort est servilité.
Gilbert Keith Chesterton *What is Wrong in the World (1910) (Ce qui cloche dans le monde)*[1].

5135 Sans l'autorité d'un seul, il y aurait la lumière, il y aurait la vérité, il y aurait la justice. L'autorité d'un seul, c'est un crime. Ce que nous voulons, c'est l'autorité de tous.
Louise Michel plaidoirie, audience du 22 juin 1883[2] dans *Louise Michel, Mémoires*; Maspero.

5136 L'appétit du pouvoir a pris pour fanfare l'amour de la vérité.
François Châtelet *Les Années de démolition (1975)*; Hallier.

5137 La vérité a toujours été l'ennemi public numéro un de tout pouvoir.
Gianfranco Sanguinetti postface à Gianfranco Censor *Véridique rapport sur les dernières chances de sauver le capitalisme en Italie (1976)*; Champ Libre.

5138 J'avoue que le genre humain n'est pas tout à fait si méchant que certaines gens le crient dans l'espérance de le gouverner.
Voltaire.

5139 La marque d'une domination est qu'elle déplace les problèmes et parvient à empêcher qu'on pose ceux qu'elle est incapable de résoudre.
Jean-Marie Domenach *L'Expansion, 1980.*

5140 Il n'y a pas le pouvoir, il y a l'abus de pouvoir, rien d'autre.
Henry de Montherlant *Le Cardinal d'Espagne (1960)*; Gallimard.

5141 Tout pouvoir abuse. Le pouvoir absolu abuse absolument.
Slogan Mai 1968.

5142 Le pouvoir sans abus perd le charme.
Paul Valéry *Cahier B*; Gallimard.

5143 Tout pouvoir sans contrôle rend fou.
Alain *Politique (1951)*; P. U. F.

5144 Le paysan a du bon sens parce qu'il a été vaincu dès le

---

1 - C'était le programme du mouvement « distributiste ».
2 - À l'issue du procès, elle fut condamnée à six ans de prison.

commencement. Donnez-lui le pouvoir et vous verrez ce que deviendra son bon sens.
Ernest Hemingway *L'Adieu aux armes (1929);* tr. Coindreau; Gallimard.

Les hommes veulent être esclaves quelque part, et puiser là de quoi dominer ailleurs. 5145
La Bruyère *Les Caractères (1688).*

Quel autre nom donner à l'autorité que celui de chaîne ? 5146
Adélard de Bath[1] (1090 ?-1160 ?) cf. H. Willner *Des Adelard von Bath Traktat : De eodem et diverso.*

La haine grandit régulièrement entre deux groupes qui se sentent au pouvoir d'un troisième. 5147
Margaret Mead *Le Fossé des générations, les années 70;* tr. J. Clairevoye et W. Desmond; Denoël/Gonthier.

La catastrophe ? Ce serait que persiste un monde où l'homme a des droits sur l'homme. 5148
La Révolution surréaliste; Éd. J.-M. Place; diff. Plasma.

La passion de créer fonde le projet de réalisation, la passion d'aimer fonde le projet de communication, la passion de jouer fonde le projet de participation. Dissociés, ces trois projets renforcent l'unité répressive du pouvoir. 5149
Raoul Vaneigem *Traité de savoir-vivre à l'usage des jeunes générations (1967);* Gallimard.

Les émotions sont indispensables pour prendre des décisions. 5150
K. Oatey interviewé par D. Vautier et P. Lanoy dans *Ça m'intéresse,* avril 1990.

Si tu es le gardien de ton frère, au moins ne sois pas son bourreau. 5151
Marlon Brando.

Prière

génuflexion :
Si tu veux te tenir debout, tombe à genoux. 5152
Vilhelm Ekelund (1880-1949) *Aphorismes.*

Deux prosternations et c'est assez dans la prière de désir; mais l'ablution qui les valide doit avoir été faite dans le sang. 5153
Al-Halladj (858 env.-922); tr. et éd. L. Massignon.

1 - Dans l'optique d'Adélard, il s'agissait de se dégager de l'autorité des maîtres latins, pour s'ouvrir à la science islamique.

5154 Un égarement du cœur vaut mieux que cent génuflexions.
Mohammed Iqbâl[1] (1873-1938) dans Luce-Claude Maître *Iqbâl;* Seghers.

invocation :

5155 Dans une souffrance aiguë, un cri de prière peut jaillir de n'importe quelles lèvres humaines.
Albert Marie Besnard *Prière et Contemplation* dans *Encyclopædia Universalis (1968).*

5156 Il y a une oreille dans l'Inconnu !
Victor Hugo.

5157 Nul n'a prié avec ferveur sans apprendre quelque chose.
Ralph Waldo Emerson[2] *La Nature (1836).*

face à face :

5158 L'homme qui prie se place « devant la Face », se place dans l'accomplissement du mot principe sacré « Je - Tu » qui signifie mutualité active.
Martin Buber *La Vie en dialogue, et autres textes (1959).*

5159 Demandez, et on vous donnera ; cherchez et vous trouverez ; frappez et on vous ouvrira.
Saint Matthieu.

5160 Quand le prêtre joint les mains, le ciel s'agenouille.
Julien Green *Le Revenant (1946-1950);* Plon.

5161 Prier, c'est exaucer Dieu.
André Frossard *Il y a un autre monde (1976);* Fayard.

5162 Quand les dieux veulent nous punir, ils exaucent nos prières.
Oscar Wilde *Un mari idéal (1895).*

prosternation :

5163 Devant Dieu, l'homme fait le dos rond, il s'abîme dans sa petitesse. Ainsi pense-t-il offrir moins de prise à la colère divine.
Michel Tournier *Vues de dos (1981);* Gallimard.

5164 Seigneur, Toi qui aides tant d'étrangers, pourquoi pas moi ?
Anonyme dans *L'Humour;* Laffont/Grammont.

quête :

5165 Je suis allé à l'église. Tandis que je demandais à Dieu de l'argent, une bonne femme est venue m'en demander.
Andy Warhol *Journal* tr. J. Jacobs et J.S. Stekli *(1990);* Grasset.

5166 L'homme prie pour obtenir le mal, comme il prie pour le bien. L'homme est toujours trop pressé.
Coran (VIIe s.) tr. Montet ; Payot.

---

1 - Iqbâl contribua à la fondation du Pakistan.
2 - Emerson était fils, petit-fils, et arrière-petit-fils de pasteurs. Ralph Waldo Emerson lui-même reçut l'ordination en 1829, mais il renonça à ses fonctions pastorales trois ans plus tard.

La maison de Dieu a les cris en horreur. Prie pour toi avec les désirs de ton cœur, dont toutes les paroles sont cachées ; alors Dieu fera ce que tu désires, alors il t'exaucera. 5167
Conseil pour bien prier au temple du sage Ani (Égypte ancienne).

Quand elle est vraiment personnelle et jaillie des origines, la prière se trouve à la limite de la pensée philosophique, elle devient Philosophie dans l'instant où s'abolit toute relation intéressée avec la divinité. 5168
Karl Jaspers *La Foi philosophique (1948)* ; tr. Hersch et Naef.

Prier est dans la religion ce que penser est dans la philosophie. Prier, c'est créer de la religion. 5169
Novalis (1772-1801) *Fragments* ; tr. Maeterlinck.

Les grandes religions monothéistes, Israël comme l'Islam, ont jeté les images au feu et n'ont gardé que le livre. La parole est éveil, appel au dépassement ; la figure figement, fascination. 5170
Julien Gracq *En lisant, en écrivant (1981)* ; José Corti.

Si tu ne trouves pas Dieu en toi, laisse-le où il se trouve. 5171
Joë Bousquet *Langage entier* ; Rougerie.

Tu ne me chercherais pas si tu ne m'avais déjà trouvé. 5172
Djalal-Eddine Roumi *Le Livre du dedans* ; tr. Vitray-Meyerovitch ; Sindbad.

Prison

Prison : seul endroit où le travail intellectuel soit possible – et même efficace. Les révolutions lui doivent le jour, d'après Lénine. 5173
Jean Grenier.

Ceux qui sont pour la première fois en prison se reconnaissent à ce qu'ils ne savent pas parler sans remuer les lèvres. 5174
André Gide *Oscar Wilde (1910)* ; Mercure de France.

Quoi d'étonnant si la prison ressemble aux usines, aux écoles, aux casernes, aux hôpitaux, qui tous ressemblent aux prisons ? 5175
Michel Foucault *Surveiller et punir (1975)* ; Gallimard.

La prison n'est qu'un reflet démesurément grandi de la société qui produit ceux qu'elle incarcère. 5176
Hubert Bonaldi *D'une prison l'autre (1977)* ; Grasset.

Et malheur au peuple des prisons pleines. 5177
Pierre-Jean Jouve *Heures, livre de la grâce (1920)* ; Kundig.

combine :

5178 Plus tôt on est en taule, et plus tôt on en sort.
Jouz Alechkovski *Le Kangourou;* tr. A. Coldefy-Faucard (1982); Stock.

5179 La démocratie, ça ne doit s'arrêter nulle part, et surtout pas au seuil de la prison.
Georges Kiejman commentaire d'une photographie de Danny Lyon *Conversation avec la mort (1967);* Album imaginaire de Cartier-Bresson, n° 16.

5180 Tant que les prisons n'auront pas changé, tout homme qui y entre a une chance de recommencer.
Yves Roumajon *Ils ne sont pas nés délinquants (1981);* Laffont.

stage :

5181 Si j'étais un tyran, j'obligerais tous les jeunes gens à faire un peu de prison. On y apprend à être soi-même.
Jean Giono dans *Lui.*

5182 Je pense que les hommes appelés à en juger d'autres devraient avoir fait un stage de deux ou trois mois en prison.
Marcel Aymé *La Tête des autres (1961);* Grasset.

confort :

5183 Toute prison a sa fenêtre.
Poème de **Gilbert Gratiant** dans Jack Corzani *Littérature antillaise;* Desormeaux.

courant d'air :

5184 Le pire des malheurs en prison, pensa-t-il, c'est de ne pouvoir fermer sa porte.
Stendhal *Le Rouge et le Noir (1830).*

Est/Ouest :

5185 Chez nous, on nous met en prison pour avoir écrit des livres; chez vous, vous écrivez des livres parce que vous êtes allés en prison.
François Chalet *Une année pas comme les autres;* Stock.

5186 L'homme le plus inquiet d'une prison est le directeur.
George Bernard Shaw *Bréviaire du révolutionnaire;* Les Cahiers libres.

5187 Aussi longtemps que nous aurons des prisons, peu importe par qui les cellules sont occupées.
George Bernard Shaw *Bréviaire du révolutionnaire;* Les Cahiers libres.

parloir :

5188 La voix d'un condamné peut se faire entendre, mais ses paroles sont vaines.
Publilius Syrus *Sentences.*

5189 «Te voici en prison!» me dit-on.
J'ai répondu : cela ne me nuit guère!

prison

Quel est le sabre effilé
Qu'on ne place point dans un fourreau ?
Ali Ibn Al-Jahm dans René R. Khawam *La Poésie arabe ;* Seghers.

home sweet home :
Arriver dans une prison que l'on connaît, c'est comme si l'on rentrait chez soi... 5190
Vladimir Boukovski *Et le vent reprend ses tours (1978) ;* Laffont.

En prison, être innocent c'est du manque de tact[1]. 5191
Walter Lewino *Notre-Dame des ordinateurs (1979) ;* Balland.

Sous un gouvernement qui emprisonne injustement, la place de l'homme juste est aussi en prison. 5192
Henry David Thoreau *La Désobéissance civile (1862) ;* tr. Flak ; Pauvert.

Votre seule propriété, c'est le meurtre. Refusez de tuer et vous vous retrouvez derrière des barreaux. 5193
Kenneth Patchen *Le Journal d'Albion Moonlight ;* tr. G. Guinsbourg (1979) ; Flammarion.

Le désespoir, c'est la conscience... du temps comme prison. 5194
Claude Mauriac *Le Temps immobile, t. V : Aimer de Gaulle (1978) ;* Grasset.

Le seul profond désir que l'on garde est la plus profonde prison. 5195
André Suarès *Prisons (1936) ;* Temps singulier.

Supposons que tous les chevaux fussent soudain rendus à la liberté, que feraient-ils ? Ils deviendraient sauvages. Mais supposons qu'ils fussent tous enfermés dans leur pré, enclos, corral, écurie, que feraient-ils ? Ils deviendraient fous. 5196
David Herbert Lawrence *Roman et Sentiment (1923) ;* Bourgois.

L'animal, même sauvage, quand on le tient enfermé, oublie son courage. 5197
Tacite *Histoires.*

Il n'existe pas un pouce de terre où une créature n'en garde une autre. 5198
Guéorgui Vladimov *Fidèle Rouslan : Histoire d'un chien de garde (1978) ;* Le Seuil.

Les voleurs ne s'interrompent pas parce qu'ils sont entre les mains de la justice... Être en prison pour un crime n'empêche pas de commencer un autre crime. Ce sont des artistes qui ont un tableau au Salon et qui n'en travaillent pas moins à une nouvelle œuvre dans leur atelier. 5199
Victor Hugo *Les Misérables (1862).*

---

1 - Et puis c'est prendre la place d'un autre !

5200 Les précautions dont la société s'est armée contre le crime n'ont rien à envier au crime lui-même en bassesse et en férocité.
Charles Nodier *Souvenirs et Portraits de la Révolution et de l'Empire (1831);* Tallandier.

5201 Tout prisonnier a bien le droit de s'évader.
Jeanne d'Arc réponse à Mgr Cauchon, 21 février 1431.

Procès

le juge :

5202 Un juge populaire est un juge sans avenir.
Olivier de Tissot *Sans âme ni conscience (1975);* Balland.

5203 Il existe des juges probes, mais il n'y a aucune manière juridique de rendre la justice.
Günther Weisenborn *L'Exécuteur (1962);* tr. Chavy; Le Seuil.

5204 Il n'y a pas de bons ou de mauvais juges, il n'y a que des juges médiocres ou prestigieux.
Olivier de Tissot *Sans âme ni conscience (1975);* Balland.

5205 Les juges ont déjà les yeux sur tous les instants de notre vie, que les derniers au moins leur échappent!
Léon Schwartzenberg et **Pierre Viansson-Ponté** *Changer la mort (1977);* Albin Michel.

l'avocat :

5206 Les avocats d'un criminel sont rarement assez artistes pour utiliser, au profit du coupable, la beauté terrible de son acte.
Friedrich Nietzsche *Par-delà le Bien et le Mal (1886);* tr. H. Albert; Mercure de France.

5207 Ce qu'il y a de meilleur dans l'avocat, c'est qu'il soit là quand il n'y a plus personne.
Roland Dumas *Les Avocats (1977);* Grasset.

plaidoirie :

5208 Et, je le dis hautement, pour moi le coupable est innocent.
Georges Colomb dit **Christophe** *Le Sapeur Camember (1896).*

honoraires :

5209 La justice est chose précieuse; c'est pourquoi elle coûte cher.
Francisco de Quevedo.

5210 Je ne crois que les témoins qui se font tuer.
Propos rapporté par **Jean-Paul Aupourrain** [1] *Les rêves meurent sous la drogue (1978);* Flammarion.

---

1 - Il reprend la formule de Pascal dans ses *Pensées :* « Je ne crois que les historiens dont les témoins se feraient égorger. »

Le monde est rempli de faux témoins. 5211
Louis Aragon dans Claude Mauriac *Le Temps immobile, t. VI;* Grasset.

Quoi ? Pas d'alibi ? Alors il doit être innocent ! 5212
Émile Gaboriau *Monsieur Lecoq (1869).*

Le déshabillage public de l'accusé, et même des témoins, c'est la 5213
forme noble du strip-tease.
James de Coquet *La Justice poursuivant le crime;* Presses de la Cité.

banc des accusés :
L'aveu est la tentation du coupable 5214
Georges Bataille *Le Procès de Gilles de Rais (1959);* Pauvert.

Faites riches, vous paraîtrez innocents. 5215
Hervé Bazin *Un feu dévore un autre feu (1980);* Le Seuil.

Le sang des innocents devient insupportable... à la longue. 5216
Jean-François Genty *Une dame sans voyelles (1978);* Gallimard.

[...] L'innocence est toujours impossible à démontrer. 5217
Jean Giono *Le Moulin de Pologne (1953);* Gallimard.

Plus grand est l'offensé et plus grande est l'offense. 5218
Jean Cornec *À quoi ça tient ! Quarante histoires sur la justice (1977);* Laffont.

Amnistier le passé comme on enlève des bottes. 5219
Charlélie Couture *Oublier;* disque Phonogram.

verdict :
J'ai pour moi la justice, et je perds mon procès ! 5220
Molière *Le Misanthrope (1666).*

Professionnel

cursus :
Je me souviens qu'il pouvait réciter par cœur douze pages du *De* 5221
Viris Illustribus Urbis Romae. Il est coiffeur à présent[1].
Sacha Guitry *Si j'ai bonne mémoire et autres souvenirs;* Lib. acad. Perrin.

À tous ceux qui, nourris de grec et de latin, sont morts de faim ! 5222
Jules Vallès *Jacques Vingtras (1885).*

---

1 - À ceux qui ne sont pas coiffeurs, rappelons que l'ouvrage est de l'abbé Charles-François Lhomond (1727-1794).

5223 Les vocations manquées déteignent sur toute l'existence.
Honoré de Balzac *La Maison Nucingen (1838).*

5224 On est impardonnable d'avoir fait ce qu'on n'aime pas, surtout si on réussit.
Christian Dior cité dans Marcel Jullian *Délit de vagabondage (1978);* Grasset.

des cordes à son arc :

5225 La presque totalité des hommes s'imagine qu'être jugé apte à quelque chose est un bien. En réalité, c'est être jugé inapte à tout qui est un avantage.
Tchouang-Tseu (350 en.-275 av. J.-C.); tr. Wieger, IV, i.

5226 Les grands travailleurs ne valent rien pour les grandes places; mais ils sont bons pour les emplois subalternes.
Duc de Lévis *Maximes politiques.*

5227 Il n'y a pas de sots métiers, c'est entendu... Mais il y a ceux qu'on laisse aux autres.
Miguel Zamacoïs dans *Almanach des Lettres françaises et étrangères;* G. Cyrès et Cie.

vocation :

5228 Quand on a le physique d'un emploi, on en a l'âme.
Guy de Maupassant *Mont-Oriol (1887);* Albin Michel.

milieu :

5229 De profession à profession, on se devine, et de vice à vice aussi.
Marcel Proust *À la recherche du temps perdu (1918);* Gallimard.

robe :

5230 Un prêtre est moins bien équipé pour donner certains conseils qu'un psychologue, un psychiatre, un psychanalyste.
Alfred Fabre-Luce *L'Été de la résurrection;* Grasset.

ça vole pas haut !

5231 *Sutor, ne supra crepidam.*
(Cordonnier, ne juge pas plus haut que la chaussure.)
Apelle[1] d'après Pline l'Ancien *Histoire naturelle.*

5232 Il y a des lumières que l'on éteint en les plaçant sur le chandelier.
Louis de Bonald (1754-1840) *Pensées*

mal formation :

5233 La plus grande des immoralités est de faire un métier qu'on ne sait pas.
Napoléon Ier en 1813.

---

1 - Le peintre Apelle s'adressait ici à un cordonnier, qui, après avoir critiqué la représentation d'une sandale dans un tableau, s'apprêtait à juger aussi du reste de l'œuvre.

les choses étant ce qu'elles sont :
Napoléon n'aurait pas pu être ambassadeur ou archevêque, il ne pouvait être que Napoléon. 5234
Propos d'**André Malraux** rapporté par Roger Stéphane dans *Toutes choses ont leur saison (1979)*; Fayard.

Quand la femme ne sert plus de marmite, elle sert de couvercle. 5235
Miguel de Cervantès *Nouvelles exemplaires (1613).*

Il est trop tard, dans le siècle comme dans ma propre vie, pour être missionnaire chez les Zoulous, infirmière à Lambaréné, pute dans le port d'Amsterdam ou sourcière dans le Sahel... Il est même trop tard pour croire que la vie ne vaut pas d'être vécue différemment. 5236
France Nespo *La Veuve de paille (1978)*; Le Seuil.

Progrès

Nous vivons une époque moderne. 5237
Philippe Meyer sur *France Inter.* 7 h 45.

Croire au progrès ne signifie pas qu'un progrès ait déjà eu lieu. 5238
Franz Kafka *Œuvres*; tr. Vialatte et Robert.

C'était chouette le progrès. Mais ça fait trop longtemps que ça dure. 5239
Attribué à **James Thurber.**

Il existe une sorte d'homme toujours en avance sur ses excréments. 5240
René Char *Feuillets d'Hypnos (1946)*; Gallimard.

Ce monde où l'on ne parle tant de progrès que parce qu'on désespère de progresser. 5241
Antonin Artaud *Chez les Tarahumaras (1955)*; Arbalète.

Tout s'est perfectionné depuis Homère, à l'exception de la poésie. 5242
Giacomo Leopardi *Zibaldone (1898-1900).*

Le progrès historique est vraiment lent. 5243
Il faut parfois tout un siècle
Pour reculer de cinquante ans.
Paovo Haavikko *Les Arbres, toute leur vigueur*; tr. Rebourcet *(1976)*; Oswald.

Dans nos sociétés en mouvement, les retards donnent quelquefois de l'avance. 5244
Jean-Paul Sartre *Les Mots (1964)*; Gallimard.

5245 La nature humaine, si elle évolue, ce n'est guère plus vite que le profil géologique de la terre.
Alexandre Soljénitsyne *L'Archipel du Goulag (1918-1956)*; Le Seuil.

matérialisme :

5246 Le progrès, c'est la dégringolade. On s'éloigne de l'esprit pour se rapprocher de la terre.
Jean-François Somcynsky *Encore faim (1971)*; Cercle du Livre de France.

5247 Nous étions au bord de l'abîme, mais, depuis, nous avons fait un pas en avant.
Pierre Daninos.

5248 Le progrès n'est rien d'autre qu'un élan vers le pire.
Cioran *L'Élan vers le pire (1988)*; Gallimard.

5249 Les progrès de l'humanité se mesurent aux concessions que la folie des sages fait à la sagesse des fous.
Jean Jaurès (1859-1914).

5250 Ce choix entre les mondes possibles
Est la marque évidente du châtiment divin...
Roque Dalton *Taberna y otros lugares* dans G. de Cortanze *America Libre (1976)*; Seghers.

5251 La tradition est un progrès qui a réussi.
Propos rapporté par **Jean d'Ormesson** à la réception de Marguerite Yourcenar à l'Académie, janvier 1981.

À la queue !

5252 Il viendra un jour où les hommes découvriront tout d'un coup qu'il leur manque quelque chose et que cela se trouve derrière eux et non point en avant.
Ernst Wiechert *Missa sine nomine*; tr. J. Martin (1953); Calmann-Lévy.

5253 Les chances de survie de l'humanité étaient infiniment supérieures quand nous étions sans défense contre les tigres qu'elles ne le sont aujourd'hui où nous sommes sans défense contre nous-mêmes.
Arnold Toynbee *The Observer*, 1963.

5254 Les hommes ne semblent perfectibles qu'en tant qu'automates, non en tant que sujets libres.
Albert Caraco *Le Galant Homme (1979)*; L'Âge d'homme.

5255 La pleine puissance orgastique est la condition de tout progrès humain.
Wilhelm Reich *La Révolution sexuelle (1936)*; Plon.

5256 L'amour est le miracle de la civilisation.
Stendhal *De l'amour (1822)*.

Le véritable progrès c'est Chanel n° 5 « on the rocks ». 5257
Cap'tain Beefheart[1].

Quand l'ampoule succède à la lampe à huile, le tracteur au 5258
bœuf, il s'agit d'un nouveau nécessaire, qui surclasse l'ancien, hors d'époque. Mais le vison, le diamant, le caviar seront toujours superflus.
Hervé Bazin *Les Bienheureux de la désolation (1970);* Le Seuil.

Les Occidentaux... se sont évertués, passant de la bougie à 5259
la lampe à pétrole, du pétrole au bec de gaz, du gaz à l'éclairage électrique, à traquer le moindre recoin, l'ultime refuge de l'ombre.
Tanizaki Junichirô (1886-1965) *Éloge de l'ombre (1933).*

Ce qui nous a changés, à vrai dire... enfin dans les signes 5260
extérieurs, les coutumes, la morale, c'est plutôt le train, l'automobile, l'électricité, le butagaz... la brosse à dents... la publicité du savon pur odor qui nous a poussés à nous laver le fion.
Alphonse Boudard *Les Combattants du petit bonheur (1977);* La Table Ronde.

Si auparavant c'était l'homme qui imposait son rythme aux 5261
objets, aujourd'hui ce sont les objets qui imposent leurs rythmes discontinus aux hommes.
Jean Baudrillard *Le Système des objets (1978);* Gallimard.

Maudits soient les avantages d'un progrès qui nous oblige à nous 5262
enivrer de négoce, de travail et de science!
Miguel de Unamuno *Essais (1916-1918);* tr. Albérès; Éd. Universitaires.

D'ordinaire, les choses atroces faites au nom du progrès ne 5263
sont en aucune façon un progrès, mais juste des choses atroces.
Russell Baker *Harpers,* 1972.

L'amour du passé et du présent se méfie du terrorisme du 5264
progrès.
Michel Deguy *Le Monde de Thomas Mann;* Gallimard.

Le mot progrès n'aura aucun sens tant qu'il y aura des enfants 5265
malheureux.
Albert Einstein.

Naguère, on achetait un camescope pour filmer ses enfants. 5266
Aujourd'hui, on fait des enfants pour étrenner son camescope.
Fabrice Pliskin dans *Elle,* 16 juillet 1990.

---

1 - Star du rock américain.

Prolétariat

alcoolisme :

5267 Un ouvrier ça doit boire, sinon c'est le malheur.
Max Gallo *La Baie des Anges (1976);* Laffont.

5268 Il y a une tristesse ouvrière dont on ne guérit que par la participation politique.
Georges Navel *Travaux (1945);* Stock.

5269 L'ouvrier moderne... loin de s'élever avec le progrès de l'industrie, descend de plus en plus au-dessous des conditions de sa propre classe... (la bourgeoisie) est incapable de dominer parce qu'elle est incapable d'assurer à son esclave l'existence même dans le cadre de son esclavage.
Karl Marx et **Friedrich Engels** *Manifeste du Parti communiste (1848).*

5270 On demande généralement aux esclaves de chanter tout en travaillant.
Frederic Douglass[1] *Autobiographie (1881).*

5271 L'esclavage prend de graves proportions lorsqu'on lui accorde de ressembler à la liberté.
Ernst Jünger dans *La Délirante,* n° 7, automne 1979.

5272 Que les classes dirigeantes tremblent à l'idée d'une révolution communiste ! Les prolétaires n'y ont rien à perdre que leurs chaînes, ils ont un monde à gagner.
Karl Marx et **Friedrich Engels** *Manifeste du Parti communiste (1848).*

Panurge :

5273 Ne faites plus de grandes phrases avec les grands mots de joug brisé, de fers rompus. Allons donc ! Les hommes ne sont pas des esclaves, ce n'est pas vrai, ils se flattent ; ce sont des domestiques volontaires qui aiment à changer de place et de maître.
Alphonse Karr[2] *Une poignée de vérités (1857).*

5274 L'esclave est un serviteur qui ne discute point et se soumet à tout sans murmurer. Quelquefois il assassine son maître mais il ne lui résiste jamais.
Alexis de Tocqueville *La Démocratie en Amérique (1835).*

---

1 - Fils d'une mère négresse esclave et d'un père blanc, il fut élevé jusqu'à dix ans comme esclave, sur une plantation. Il fut l'un des plus célèbres abolitionnistes américains, et un ami personnel de Lincoln.
2 - Karr fut un fervent partisan du général Cavaignac !

Spartacus :
Tout esclave a en main 5275
Le pouvoir de briser sa servitude.
William Shakespeare *Jules César (1599)*; tr. Bonnefoy; Club Français du Livre.

Le peuple voudrait en finir, or il n'y a pas de fin. 5276
Pierre-Joseph Proudhon (1809-1865) *Correspondance.*

La société est composée de deux grandes classes : ceux qui ont 5277 plus de dîners que d'appétit, et ceux qui ont plus d'appétit que de dîners.
Chamfort *Maximes et Pensées (1795).*

Il ne s'agit pas du nombre de kilos de viande que l'on mange, ni 5278 du nombre de fois où l'on peut aller à la plage... Il s'agit précisément que l'individu se sente plus riche intérieurement et beaucoup plus responsable.
Ernesto « Che » Guevara *Le Socialisme et l'Homme (1966)*; Maspero.

Le prolétariat se recrute dans toutes les couches de la population. 5279
Karl Marx et **Friedrich Engels** *Manifeste du Parti communiste (1848).*

Avant de briguer la charge de président de la Martinique, Aimé 5280 Césaire constatait dans une phrase célèbre : « La bourgeoisie s'est trouvée incapable de résoudre les problèmes majeurs auxquels son existence a donné naissance : le problème colonial et le problème du prolétariat. » Il oubliait déjà d'ajouter : « car il s'agit là d'un même problème dont on se condamne à ne rien saisir dès l'instant où on les dissocie ».
Raoul Vaneigem *Traité de savoir-vivre à l'usage des jeunes générations (1967)*; Gallimard.

La classe ouvrière est solidaire de tous les peuples à condition 5281 qu'ils ne lui piquent pas son boulot et qu'ils ne viennent pas la déranger.
Guy Konopnicki *Les bouches se ferment (1981)*; Albin Michel.

Les prolétaires sont des candidats bourgeois qui se gorgent de 5282 vaudeville.
André Salmon (1881-1969) *L'Entrepreneur d'illuminations*; Gallimard.

élitisme :
En politique, j'apprécie les prolétaires; en amour, les princesses 5283 russes.
Maxime Gorki *Propos intempestifs*; L'Âge d'Homme.

Prostitution

5284 Filles de joie. La joie de qui ?
Benoîte Groult préface à Jeanne Cordelier *La Dérobade (1977)*; Hachette.

5285 La prostituée est d'abord une mal-aimée.
M. Sacotte article *Prostitution et Proxénétisme* dans *Encyclopædia Universalis.*

5286 La prostitution marcherait moins bien si les hommes n'avaient pas besoin de se confier à tout prix.
San-Antonio *Emballage cadeau (1976)*; Fleuve Noir.

5287 Je retourne aux putes et au scotch, pendant qu'il est encore temps. Si j'y risque ma peau, il me paraît moins grave de causer sa propre mort que celle des autres.
Charles Bukowski *Contes de la folie ordinaire*; tr. J. Bizot et L. Mercadet (1977); Sagittaire.

epectase :

5288 Car, comme dit le conte d'Aristippe parlant à des jeunes gens qui rougissaient de le voir entrer chez une courtisane : « Le vice est de n'en pas sortir, non pas d'y entrer »[1].
Michel de Montaigne *Essais, III, V.*

5289 C'est en même temps, et par une série de mesures dont la similitude est éclatante, que s'élabore la réglementation de la vidange, de l'équarrissage, de l'abattage et de la prostitution.
Misérable et glorieuse, la Femme du XIXe s.; collectif, prés J.-P. Aron (1980); Fayard.

5290 La Cinquième République a réduit les bordels à des expositions d'escalier.
Hubert Juin *369 (1970)*; Publications Premières.

5291 Rien n'est plus commun que l'adhésion de la prostituée à la rédemption par l'amour. Plus on plonge les pieds dans la merde, plus on renifle vers le ciel.
Jean Poutet *L'Argentine de la peur (1978)*; Plon.

5292 J'ai un profond respect pour ceux qui se prostituent à cause de la faim; si j'avais faim... je n'hésiterais pas un instant à vendre ma faim.
Curzio Malaparte *La Peau (1949).*

---

1 - Diogène Laërce disait d'Aristippe de Cyrène : « Il savait jouir du moment présent; il évitait la souffrance que l'on rencontre lorsqu'on cherche à jouir des choses qui ne se sont pas présentées. »

Les prostituées doivent être comptées parmi les mercenaires. Elles 5293
louent en effet leur corps et fournissent un travail... Elle agit mal en étant une prostituée, mais elle n'agit pas mal en recevant le prix de son travail.
Thomas de Chobham *Manuel de confession* dans Jacques Le Goff *Pour un autre Moyen Âge ;* Gallimard.

Les femmes entretenues prévoient toujours qu'on les aimera, 5294
jamais qu'elles aimeront, sans quoi elles mettraient de l'argent de côté.
Alexandre Dumas fils *La Dame aux camélias (1848).*

Le sexe est un art d'amateur. Les professionnels, hommes ou 5295
femmes, passent complètement à côté.
David Cort *Social Astonishments (1963).*

B. M. C. :
Si l'on songe que l'on compte trois cent soixante-cinq jours, avec 5296
une moyenne prudemment évaluée de trois hommes par jour, cela en fait tout de même onze cents dans l'année, soit trente-trois mille sur trente ans. C'est une armée. On ne saurait donc attendre de moi que je rende compte de chacune de ces trente-trois mille baïonnettes.
Joséphine Mutzenmacher *Histoire d'une fille de Vienne racontée par elle-même ;* tr. J. Launay ; Mercure de France.

Psychanalyse

casting :
La pollution nocturne, le faux souvenir, le rêve, la fantaisie 5297
diurne... le caprice nutritif, les revendications intra-utérines, l'hystérie anamorphique, la rétention volontaire de l'urine, la rétention involontaire de l'insomnie, l'image fortuite à exhibitionnisme exclusiviste, l'acte manqué, l'adresse délirante, l'éternuement régional, la brouette anale...
Salvador Dali *La Conquête de l'irrationnel (1935) ;* Éd. Surréalistes.

générique :
Les meurtres sexuels, l'agonie sexuelle des adolescents, 5298
l'assassinat des forces vitales chez les enfants, l'abondance des perversions, les escadrons de la pornographie et du vice, l'exploitation de la nostalgie humaine de l'amour..., des millions de maladies psychiques et somatiques, la solitude et la dislocation généralisée, et, par-dessus tout ça, la fanfaronnade névrotique des sauveurs en herbe de l'humanité.
Wilhelm Reich *La Fonction de l'orgasme (1952) ;* tr. revue et corrigée par l'auteur ; L'Arche.

scénario :

5299 Je vous résume le freudisme : Pourquoi ¿ Parce queue.
Louis Pauwels *Blumroch l'admirable (1976);* Gallimard.

tête d'affiche :

5300 Lacan ressemble à cet auteur dont parlait Gustave Le Bon, qui prononçait avec le plus grand sérieux des phrases dépourvues de sens mais où réapparaissaient régulièrement des mots tels que « patrie », « honneur », « drapeau », et qui déchaînait en 1914 l'enthousiasme de la foule.
François George *L'effet 'yau de poêle (1979);* Hachette.

coup de théâtre :

5301 La psychanalyse, qui avait commencé par apparaître comme le comble de l'audace intellectuelle et de la subtilité herméneutique, finit par prendre l'allure d'un nouveau conformisme, voire d'une nouvelle forme de bêtise.
François George *L'Effet 'yau de poêle (1979);* Hachette.

5302 La psychanalyse est cette maladie dont elle prétend être le remède.
Karl Kraus *Dits et Contredits (1975);* tr. R. Lewinter; Champ Libre.

5303 Il semble que la psychanalyse soit la troisième de ces professions impossibles où l'on peut d'avance être sûr d'échouer, les deux autres, depuis bien plus longtemps connues, étant l'art d'éduquer les hommes et l'art de gouverner.
Maurice T. Maschino *Votre désir m'intéresse;* Hachette.

5304 Le psychanalyste dit à son patient qu'il n'a aucune raison d'être honteux de ses fantasmes et de ses sentiments... Et pourtant, quand ce patient se comporte trop ouvertement dans la société en agissant sur la base de ses fantasmes, il y a beaucoup de chances pour que le psychanalyste juge alors ce comportement comme irresponsable et autodestructif, ce qu'il est presque à coup sûr.
Bruno Bettelheim *Survivre (1979);* tr. T. Carlier; Laffont.

traumatisme :

5305 Pour guérir une plaie il faut aller au fond,
Le plus cruel alors est le plus charitable.
Jean-Antoine Du Cerceau (1670-1730) *Le Chirurgien.*

5306 Au lieu de participer à une entreprise de libération effective, la psychanalyse prend part à l'œuvre de répression bourgeoise la plus générale, celle qui a consisté à maintenir l'humanité européenne sous le joug de papa-maman.
Gilles Deleuze et **Félix Guattari** *L'Anti-Œdipe (1973);* Éd. de Minuit.

5307 Être psychanalyste, c'est simplement ouvrir les yeux sur cette évidence qu'il n'y a rien de plus cafouilleux que la réalité humaine.
Jacques Lacan *Le Séminaire, III, Les Psychoses (1981);* Le Seuil.

La solution d'un problème change le problème. 5308
Loi de **Peer.**

Les interventions psychiatriques visent des problèmes moraux et 5309
non pas médicaux.
Thomas Szasz *Le Mythe de la maladie mentale (1977)*; Payot.

La psychologie de notre temps ne se relèvera point de son erreur 5310
principale qui est d'avoir trop cru les fous et les malades.
Alain *Système des Beaux-Arts (1926)*; Gallimard.

soif d'aujourd'hui :
Si Freud avait été le détenteur des brevets de Coca-Cola, il y a 5311
de fortes chances pour qu'il n'ait jamais cherché à goûter Pepsi-Cola.
Thomas Szasz *Le Mythe de la psychothérapie*; tr. F. Verne (1981); Payot.

cocaïne :
Je ne cesse d'envier les physiciens et les mathématiciens qui sont 5312
sûrs de leur fait. Moi, je plane, pour ainsi dire, dans les airs. Les faits psychiques semblent non mesurables et le demeureront probablement toujours.
Sigmund Freud cité par Albert Plé dans *Freud et la Morale (1969)*; Les Éd. du Cerf.

oui, mon père :
J'ai cherché une thérapie, je n'ai pas voulu fonder une religion. 5313
Sigmund Freud.

La psychanalyse par elle-même n'est ni pour ni contre la 5314
religion ; c'est l'instrument impartial qui peut servir au clergé comme au monde laïque lorsqu'il n'est utilisé que pour libérer les gens de leur souffrance.
Sigmund Freud *Correspondance,* au pasteur Pfister.

Dans un monde où les croyances religieuses s'effritent, où les 5315
idéologies négligent la recherche de l'absolu, la psychanalyse remplace peut-être la quête du Graal.
Dominique Frischer *Les analysés parlent (1981)*; Stock.

Publicité

L'art publicitaire consiste surtout en l'invention d'exposés 5316
persuasifs qui ne soient ni vrais ni faux.
Jean Baudrillard *La Société de consommation (1978)*; Gallimard.

Ne dites pas à ma mère que je suis dans la publicité, elle me 5317
croit pianiste dans un bordel.
Jacques Séguéla (même titre) *(1979)*; Flammarion.

5318 La pub, boîte noire de la modernité, flatte l'enfant en nous.
Daniel Bougnoux interviewé par J.-C. Raspiengeas dans *Télérama,* 20 avril 1991.

5319 Ce à quoi nous travaillons, c'est à fabriquer des esprits.
Ernst Dichter *La Stratégie du désir (1961);* Fayard.

5320 Une bonne publicité devrait ressembler à un bon sermon; elle ne doit pas seulement soulager les affligés, mais elle doit aussi affliger les satisfaits.
Bernice Fitzgibbon *Macy's, Gimbels and me (1967).*

5321 L'unique garantie des citoyens contre l'arbitraire, c'est la publicité.
Benjamin Constant Observations sur le discours prononcé par S. E. le ministre de l'Intérieur, 20 août 1814.

5322 Les publicitaires se prennent pour des procréateurs. Ils ne sont que des accoucheurs.
Jacques Séguéla *Ne dites pas à ma mère que je suis dans la publicité... Elle me croit pianiste dans un bordel (1979);* Flammarion.

5323 La publicité, c'est un acte d'amour; la publicité comparative est un acte de guerre.
Jacques Séguéla dans *L'Action automobile,* janvier 1991.

5324 Chaque fois qu'on veut rendre la pub intelligente, elle se plante.
Jacques Séguéla dans *Stratégie,* 24 octobre 1990.

Puissance sexuelle

5325 Dans un roman d'amour, je n'ai jamais lu qu'un personnage soit fatigué.
Roland Barthes *Fragments d'un discours amoureux (1977);* Le Seuil.

étalon :

5326 La mesure de l'amour, c'est d'aimer sans mesure.
Saint Augustin *Sermons.*

5327 Trop suffit quelquefois à la femme.
Edmond et **Jules de Goncourt** *Journal, mémoires de la vie littéraire.*

5328 Il vous a plu, madame, et c'est assez pour vous plaire encore.
Madame de La Fayette *Zaïde (1669).*

5329 Quand l'amour se fait mécanique, il propose moins de puissance qu'une moto lancée à cent quarante à l'heure dans le vent et le risque.
François Mitterrand *L'Abeille et l'Architecte (1978);* Flammarion.

Souci n'est que mendicité[1]. 5330
Sottie du XVe s. ; Éd. Émile Picot *Recueil général des sotties.*

Moi, quand j'aime, je veux bien tout donner, je ne demande rien. Je les enveloppe, je les installe, je les mets au chaud, et d'un coup j'en ai marre de les voir s'endormir. Je me fatigue, le secret du départ est là. 5331
Juliette Gréco.

Dans l'étreinte la plus serrée, dans la caresse la plus tendre, il y a ce petit fossé qui, pour étroit qu'il soit, n'en existe pas moins. 5332
David Herbert Lawrence *Le Serpent à plumes (1926);* tr. Clairouin.

Une fois distingué par Potemkine et agréé par l'impératrice, le jeune homme est appelé à la Cour, où le médecin de Sa Majesté, l'Anglais Rogerson, l'examine avec un soin scrupuleux. Puis il est mis en présence de la comtesse Bruce... qui soumet le candidat à une épreuve intime, afin de tester ses capacités physiques. Un rapport détaillé est fait par « l'essayeuse » ou « l'éprouveuse » à l'impératrice qui juge en dernier ressort[2]. 5333
Henri Troyat *Catherine la Grande (1977);* Flammarion.

À force de vous comporter en godemichés à peine innervés et si peu inventifs, ne soyez pas surpris, demain, d'être traités en gadgets jetables ! 5334
Sophie Chauveau *La Débandade;* Garnier/Pauvert.

Ami, vous noterez que par le monde y a beaucoup plus de couillons que d'hommes, et de ce vous souvienne. 5335
François Rabelais *Pantagruel (1534).*

Il y a deux créateurs sur cette terre : l'homme qui baise et l'artiste. Ce sont des dieux. 5336
Michel Déon *Un déjeuner de soleil (1981);* Gallimard.

Tel est le débit, telle est la reproduction. 5337
François Quesnay *Tableau économique (1758).*

La fécondité est la chose du monde la mieux partagée. Avec la plus modeste éjaculation convenablement diluée, on pourra engrosser toute une province. 5338
Gaston Bouthoul *Cent millions de morts;* Le Sagittaire.

moralité :
Aimer sans foutre est peu de chose. 5339
Foutre sans aimer ce n'est rien.
Jean de La Fontaine *Contes et Nouvelles en vers (1665-1675).*

---

1 - Au-delà du sens moral assez psychanalytique, il faut comprendre qu'au Moyen Âge « souci » désignait l'impuissance. La sottie continuait d'ailleurs ainsi : « Jetons hors toute adversité », vers qu'il faut prendre dans son sens le plus concret, puisque jetons voulait dire éjaculons, et l'adversité était le partenaire qu'on faisait jouir.
2 - Potemkine demandait en outre 100 000 roubles au jeune homme qu'il avait « rabattu » pour l'impératrice !

5340 Faire l'amour c'est comme sauter à la corde : on ne peut pas le faire toute la journée !
Agnès Rosenstiehl *Images et Magie des nombres (1980)*; Larousse.

5341 Le siècle de l'Homme est le siècle où les Hommes sont devenus rares.
Ernst Jünger *Journal (1940-1945)*; C. Bourgois.

5342 À quoi ça sert la frite si t'as pas les moules
Ça sert à quoi l'cochonnet si t'as pas les boules.
Boris Bergman *Gaby oh Gaby* chanté par Alain Bashung; Mo Music.

5343 Il y a un apaisement au fond de toute grande impuissance.
Marguerite Yourcenar *Alexis ou le Traité du vain combat (1929)*; Plon.

5344 L'impuissance et l'athéisme ont cela en commun, ils conduisent tous deux à la provocation.
Gilbert Cesbron *Don Juan en automne (1975)*; Laffont.

5345 Le plus pénible avec les impuissants, c'est qu'ils parlent.
Pascal Bruckner *Lunes de fiel (1981)*; Le Seuil.

5346 Quand il a joui et me décule, il part se laver, se repeigner, chercher à boire, et réapparaît la queue aussi raide qu'avant; il la promène devant lui, inutile, magnifique, comme ces aigrettes, ces bosses, ces cornes décoratives qu'ont certains animaux. Son foutre lâché, il a le temps de mettre la table et de cuire une omelette avant que sa bite se soit assoupie.
Tony Duvert[1] *Journal d'un innocent (1976)*; Éd. de Minuit.

Pureté

5347 Les manœuvres inconscientes d'une âme pure sont encore plus singulières que les combinaisons du vice.
Raymond Radiguet *Le Bal du comte d'Orgel (1923)*; Grasset.

5348 Tout est pur pour ceux qui sont purs; et rien n'est pur pour ceux qui sont impurs.
Saint Paul Épître à Tite.

5349 Un pur trouve toujours un plus pur qui l'épure.
Ernest Picard[2] *(1821-1877)*.

---

1 - Le dernier en date des grands écrivains maudits. Si son talent est reconnu à voix basse, on lui préfère l'homosexualité aseptisée et sentimentale d'Yves Navarre. Le *Journal d'un innocent* fait effectivement un mauvais cadeau de Noël.

2 - Il fut plusieurs fois ministre après la chute de Napoléon III. C'est lui qui disait d'Émile Ollivier : « Il fait, comme M. Jourdain, de la prose... sans le savoir. »

Il n'appartient qu'à Dieu de soumettre à la mesure la beauté absolue. 5350
Albrecht Dürer *Melancholia (1514).*

Un homme pur doit être libre et suspect. 5351
Jean Cocteau *Essai de critique indirecte;* Grasset.

La pureté est le pouvoir de contempler la souillure. 5352
Simone Weil *La Pesanteur et la Grâce (1947);* Plon.

Je vois le bien, je l'approuve 5353
Et je fais le mal.
Ovide[1] (43 av. J.-C.-17 ap. J.-C.) *Les Métamorphoses;* tr. Lafaye.

Contempler la pureté, c'est une maladie et non pas du recueillement. 5354
Houeï-Neng (638-713) cité par John C.H. Wu *L'Enseignement de Houeï Neng;* Hermès, 1970.

La morale est exacte comme les mathématiques. 5355
Benjamin Whichcote[2] (1610-1683) *Observations, Apophtegmes, Sermons.*

Aujourd'hui la vertu est devenue si rare que ne rien faire de mal, ne rien faire du tout est vertueux. 5356
Yu J'y Hwan *Maximes* dans Hyun et Mine *Anthologie de la poésie coréenne;* Saint-Germain-des-Prés.

Nous nous croyons purs tant que nous méprisons ce que nous ne désirons pas. 5357
Marguerite Yourcenar *Alexis ou le Traité du vain combat (1929);* Plon.

VAN PUTZEBOUM – Chaste jeune fille ! Ça est pur comme de l'or ! 5358
MARCEL – Et c'est rare par le temps qui court !
POCHET – Quoi, l'or ?
MARCEL – Non, la pureté.
POCHET – Eh bien, et l'or, donc !
Georges Feydeau *Occupe-toi d'Amélie;* Éd. du Bélier.

L'utilité de la vertu est si manifeste que les méchants la pratiquent par intérêt. 5359
Vauvenargues *Maximes et Pensées (1747).*

La morale, ça ne sort personne de la fosse commune. 5360
Tahar Ben Jelloun *La Réclusion solitaire;* Denoël.

Le puritanisme est la crainte épouvantable que quelqu'un puisse être heureux quelque part. 5361
Henry Louis Mencken *American Mercury;* 1925.

---

1 - Un édit d'Auguste le contraignit à l'exil (9 ap. J.-C.). Ovide reconnaît « avoir vu ce qu'il n'aurait pas dû voir ».
2 - Théologien anglican, un des fondateurs de l'école latitudinaire.

5362 C'est une habitude constante de tous les schismes et de toutes les hérésies de quelque ordre que ce soit, de se présenter comme un retour à la pureté des origines.
René Guénon *Le Théosophisme (1969);* Éditions Traditionnelles.

5363 Le néant parti, reste le château de la pureté.
Stéphane Mallarmé *Igitur* (posthume, *1925).*

Quotidien

Le monde va sa vie et nous la nôtre. 5364
Juliette Boisriveau dans *Cosmopolitan,* novembre 1990.

journal :
Ah ! que la vie est quotidienne. 5365
Jules Renard *Journal (1887-1910).*

Un grand sacrifice est aisé, mais ce sont les petits sacrifices 5366
continuels qui sont durs.
Johann Wolfgang Goethe *Les Affinités électives (1809).*

métro-boulot-dodo :
La vie quotidienne, si elle est sans compréhension, vous poussera 5367
à passer à côté de l'amour, de la beauté, de la mort.
Krishnamurti *L'Éveil de l'intelligence;* Stock.

équilibre :

5368 La vie quotidienne est étroite et exige une discipline sévère. L'homme pratique, par crainte de l'infini, s'isole sur un bout de territoire et cherche la sécurité.
Wilhelm Reich *La Fonction de l'orgasme (1927);* tr. revue et corrigée par l'auteur ; L'Arche.

5369 Le connu, c'est l'habituel, et l'habituel est ce qu'il y a de plus difficile à reconnaître.
Friedrich Nietzsche *Le Gai Savoir.*

5370 La vie, simplement, est contenue dans des moments très petits, très gentils.
Claire Gallois *La vie n'est pas un roman (1978);* Grasset.

5371 Ton pas dans l'escalier, la moto qui pétarade dans le jardin ... ces riens infinis qui sont la trame d'une vie, quand un amour n'est jamais acquis.
Hugo Marsan *Le Labyrinthe au coucher du soleil; (1990)* Ramsay.

5372 Ce n'est pas dans la nouveauté, c'est dans l'habitude que nous trouvons les plus grands plaisirs.
Raymond Radiguet *Le Diable au corps (1923);* Grasset.

faux contact :

5373 Ne jamais perdre le contact avec les menues réalités quotidiennes, c'est là un principe qui permet de beaucoup endurer.
Louis Bromfield *Mrs. Parkington;* tr. Buhler ; Stock.

5374 La vie que j'accepte est le plus terrible argument contre moi-même.
René Crevel dans *La Révolution surréaliste (1924-1929);* Éd. J.-M. Place.

5375 Moi, j'ai toujours été dans la vie tracassé par des femmes, par le manque d'argent. Je n'ai jamais eu assez de solitude pour « penser définitivement ».
Voilà pourquoi je n'ai d'opinions sur rien.
Lawrence Durell interview dans *Le Monde,* 12 juillet 1969.

5376 Mon existence est une campagne triste où il pleut toujours.
Léon Bloy *La Femme pauvre (1897).*

5377 C'est bien la peine de ne pas être tout à fait des imbéciles pour vivre comme des fous !
Correspondance de **Gustave Flaubert** à Louise Colet, 27 février 1847.

5378 Il ne se passe pas de jour que nous ne menions à l'abattoir les plus purs de nos élans.
Henry Miller *Crucifixion en rose (1968);* tr. Guertic ; Buchet-Chastel.

5379 L'homme vit d'amour effréné et de prévisions exactes.
Henri Petit *Les Justes Solitudes (1965);* Grasset.

quotidien

réveil téléphonique :
Nos automatismes... nos grilles de normalisation... sont tels que chaque matin qui se lève est une leçon de courage. 5380
Jean-Edern Hallier *Chaque matin qui se lève est une leçon de courage (1978);* Éd. Libres Hallier.

C'est bien plus souvent dans les petites choses que dans les grandes que l'on connaît les gens courageux. 5381
Baldassare Castiglione *Le Parfait Courtisan (1528).*

train-train :
La vie est comme un train. Vous prévoyez des retards de temps en temps, mais pas un déraillement. 5382
Willie Stargell [1] propos tenu en 1976.

L'habitude, qui fait de la vie un proverbe. 5383
Alfred de Musset *Poésies nouvelles.*

L'habitude est une grande sourdine. 5384
Samuel Beckett *En attendant Godot (1952);* Éd. de Minuit.

faits divers :
La banalité quotidienne que seul l'atroce transperce. 5385
Eugène Ionesco *Journal en miettes (1973);* Mercure de France.

à suivre...
Notre existence quotidienne est un mauvais feuilleton par lequel nous nous laissons envoûter. 5386
Michel Butor *Répertoire (1964);* Éd. de Minuit.

XIIe siècle : ce qu'il y avait de grandiose en ce temps-là, c'était que, pour toute question d'actualité, on faisait intervenir l'ordre éternel des mondes. 5387
Ernst Kantorowicz.

---

1 - Joueur de base-ball américain.

r

racisme

5388 Le racisme n'est pas que le refus des autres, de les connaître, de les comprendre, de les supporter ou de les modifier. C'est, fondamentalement, le refus de connaître. Et, par conséquent, un retranchement de soi-même, une vision pessimiste de sa propre capacité d'être et de durer.
Michel Jobert (né en 1921).

5389 Il n'est permis qu'à un aveugle de douter que les Blancs, les Nègres, les albinos, les Hottentots, les Lapons, les Chinois, les Américains soient des races entièrement différentes.
Voltaire *Essai sur les mœurs (1756).*

prêt-à-porter :
5390 Comme il régnait dans le pays une chaleur extrême, le malade (Ibn Séoud) proposa aux Américains de s'habiller comme lui. « Je ne déshonorerai pas mon uniforme par ce travestissement », rétorqua le médecin général qui dirigeait la délégation.
Paul Milliez *Médecin de la liberté* (entretiens avec Igor Barrère) *(1980);* Le Seuil.

Il ne faut pas leur répondre. Ce qu'ils disent est si bête que même à les contredire on déraisonne. 5391
Joë Bousquet *Le Médisant par bonté (1980);* Gallimard.

coloris :
J'eus des ennuis lors de ma première demande de visa pour entrer aux États-Unis quand je me décrivis de couleur rose. On me dit sévèrement que j'étais blanc. 5392
Peter Ustinov *Cher moi;* tr. C. Musard et J. Chnéour (1978); Stock.

Il a fallu un amendement pour donner aux citoyens japonais venus investir en Afrique du Sud leur statut de Blancs *honoris causa.* 5393
Jean Kestergat *25 millions de Sud-Africains (1965);* Elsevier.

Vous trouvez normal qu'il y ait des toilettes séparées pour les femmes et pour les hommes. Pourquoi pas pour les Noirs et pour les Blancs ? 5394
Jean Kestergat *25 millions de Sud-Africains (1965);* Elsevier.

J'aime les femmes blanches et je déteste les noires... Une femme blanche est toujours belle, même quand elle est chauve et qu'elle n'a plus qu'une dent. 5395
Chester Himes *Un Noir à l'ombre;* Gallimard.

L'enfant noir, l'enfant blanc 5396
Ont tous deux le sang
Rouge.
Pierre Osenet *Le Sang rouge* dans Jack Corzani *Littérature antillaise (1978);* Desormeaux.

Comme des enfants sous la menace de l'enfer, les nègres acceptaient d'instinct que les Autres, c'est-à-dire les Blancs, fussent supérieurs; et de plus, il y avait toujours la peur de s'apercevoir que c'était peut-être vrai. 5397
George Lamming *Les Îles fortunées;* tr. Audry et Étienne; Julliard.

Pourquoi même le sucre tout blanc-blanc doit fabriquer le Nègre-noir ? 5398
Vladimir Maïakovski *Black and White.*

Armstrong je ne suis pas noir 5399
Je suis blanc de peau
Quand on veut chanter l'espoir
Quel manque de pot.
Claude Nougaro *Armstrong;* Éd. Champs-Élysées, Philips.

Les nègres ont trois passions : les mouchoirs, les chaussettes et l'indépendance. 5400
Gérard de Villiers [1] *SAS broie du noir (1967);* Plon.

---

1 - Comme le note si joliment le critique Adolf Hitler, dans son remarquable ouvrage (*Mon combat,* 1934) : « Seul celui qui aura appris, dans sa famille, à l'école (ou par la lecture des SAS) à apprécier la grandeur intellectuelle de son pays, pourra ressentir (et ressentira) l'orgueil de lui appartenir. » Grâce à de Villiers, nous sommes fiers d'être Français.

5401 Si les nègres font partie de l'espèce humaine, ils ne nous appartiennent plus, ils sont égaux.
Si les nègres font partie de l'espèce brute, nous avons droit de les exploiter, de les utiliser à notre profit, comme les rennes, les bœufs et les chameaux ; nous avons même aussi le droit, c'est une conséquence forcée, de les manger comme des poulets et des chevreuils, il n'y a pas ici de juste milieu.
Victor Schœlcher (1804-1893) *De l'esclavage des Noirs et de la législation coloniale.*

5402 C'est dur d'être noir. Vous n'avez jamais été noir ? Je l'étais autrefois – quand j'étais pauvre.
Larry Holmes cité par Joyce Carol Oates *De la boxe (1988)* [1], tr. A. Rabinovitch ; Stock.

5403 On ne peut plus dire aujourd'hui « Mort aux Juifs », parce que cette mort a eu lieu.
Alain Finkielkraut *Le Juif imaginaire (1980)* ; Le Seuil.

5404 L'antisémitisme, c'est la rumeur qui court à propos des Juifs.
Théodor W. Adorno *Minima moralia (1980)* ; tr. E. Kaufholz et J.R. Ladmiral ; Payot.

5405 Me dire antisémite – alors qu'en 39 j'avais pour avocat Pierre Masse, pour médecin Wallich et pour producteur Sandberg ! Me dire antisémite, alors qu'en somme je confiais ma santé, mes intérêts et mon honneur à trois Juifs !
Sacha Guitry *Quatre ans d'occupation* ; L'Élan.

5406 De même que chaque antisémite a son bon Juif, chaque vieux a son bon jeune.
Patrick Modiano au sujet d'Alexandre Jardin.

5407 Le sexisme comme le racisme commence par la généralisation. C'est-à-dire la bêtise.
Christiane Collange (inédit).

5408 La femme orientale est une machine et rien de plus ; elle ne fait aucune différence entre un homme et un autre homme. Fumer, aller au bain, se peindre les paupières et boire du café, tel est le cercle d'occupations où tourne son existence. Quant à la jouissance physique, elle-même doit être fort légère, puisqu'on leur coupe de bonne heure ce fameux bouton, siège d'icelle.
Gustave Flaubert Lettre à Louise Colet.

5409 Je suis la femme sans avis
Sur une affiche de ta vie
Sur la page d'un magazine
On a dévoilé ma poitrine.
Étienne Roda-Gil *La Femme nue* ; chanté par Catherine Lara ; Éd. Veranda et You You Music.

---

1 - Larry Holmes est boxeur.

Si belle si belle et inutile 5410
Mais ce sont vos valeurs que je trouve futiles
Si belle si belle et puérile
Mais ce sont vos discours que je trouve infantiles.
Hagen Dierks *Si belle, si belle et inutile* chanté par Lio ; Arabella.

Pour briser la clôture où l'enferme l'homme, la femme doit aussi 5411
dénoncer l'image d'elle-même qu'il lui renvoie [1].
Gisèle Halimi.

Les hommes divisent instinctivement les femmes en deux 5412
catégories :
les femmes comme il faut et les femmes comme il en faut...
L'ange et la bête.
Diviniser la femme ou l'abaisser, c'est toujours la tenir à distance.
Françoise Parturier *La Prudence de la chair ;* Julliard.

À mon avis, quel que soit le sexe, chacun a ses emmerdes. 5413
Patti Smith [2] interviewée en 1977.

Nous sommes tous des femmes, des homosexuels, des Juifs, des 5414
hétérosexuels, des Occitans... et nous ne devons permettre à personne de confisquer l'un ou l'autre de ces attributs, de s'en prévaloir et de reconduire le processus d'exclusion.
Michel Thevoz colloque *Minorités dans la pensée ;* Payot.

Je suis de la couleur de ceux qu'on persécute ! 5415
Alphonse de Lamartine *Toussaint Louverture.*

raisonnement scientifique

axiome :
La vérité scientifique est une proposition incontestable ou 5416
contestable, énoncée en langage mathématique. Une niaiserie est une proposition contestable ou incontestable énoncée en langage vulgaire.
Georges Elgozy *L'Esprit des mots ou l'Antidictionnaire (1981) ;* Denoël.

1 - Comme disait Jean Cocteau : les miroirs feraient bien de réfléchir avant de renvoyer les images.
2 - Chanteuse américaine.

postulats :

5417 Le vrai n'est pas plus sûr que le probable.
Diogène Laërce (IIIe s.) *Vies des philosophes, IX.*

5418 L'explication scientifique, c'est essentiellement la réduction de l'arbitraire dans la description.
René Thom dans Gilbert Durand *Orphée et Iris 80,* colloque de Cordoue en 1980 ; Stock.

hypothèses... :

5419 Le sceptique est un homme qui ne doute de rien.
Paul Claudel *Journal (éd. 1969) ;* Gallimard.

5420 Le scepticisme est la carie de l'intelligence.
Victor Hugo *Les Misérables (1862).*

5421 La recherche d'effets liés à une cause n'a jamais conduit qu'à des sottises.
Jacques Laurent *Le Nu vêtu et dévêtu (1979) ;* Gallimard.

syllogisme :

5422 Une pierre ne peut voler. Ma mère ne peut voler. Ergo, ma mère est une pierre.
Ludwig Holberg *Erasmus Montanus (1722).*

laboratoire :

5423 On peut, sur les vérités de fait, se passer de la démonstration si l'on sait se servir de l'expérience.
Roger Bacon[1] *Opus Majus (1267).*

5424 L'observation est l'investigation d'un phénomène naturel, et l'expérience est l'investigation d'un phénomène modifié par l'investigateur.
Claude Bernard (1813-1878).

5425 L'observation scientifique est toujours une observation polémique.
Gaston Bachelard *La Formation de l'esprit scientifique (1938) ;* Vrin.

5426 Une expérience scientifique est [...] une expérience qui contredit l'expérience commune.
Gaston Bachelard *La Formation de l'esprit scientifique (1938) ;* Vrin.

preuves :

5427 La preuve scientifique diffère de la preuve du cœur : il n'est guère de moyen de prouver l'une par l'intermédiaire de l'autre.
Farah Antoûn (1847-1922) *Averroès et sa philosophie* dans René R. Khawam ; Seghers.

---

1 - Accusé d'enseigner des « nouveautés », le franciscain Roger Bacon fut condamné et incarcéré de 1277 à sa mort en 1292. Dieu lui-même, selon Bacon, était l'objet de « science expérimentale » (le vocable était neuf au XIIIe s.) : « Le meilleur moyen de connaître Dieu est une expérience de douceur ; c'est un moyen bien plus excellent, plus noble et plus délectable que l'argumentation. » *(Opus Majus.)*

Du moment que vous prouvez, vous mentez. 5428
Gustave Flaubert lettre à Louise Colet.

La vérité n'est pas l'exactitude. 5429
Henri Matisse.

Un véritable réaliste, s'il est incrédule, trouve toujours en lui la 5430
force et la faculté de ne pas croire même au miracle, et si ce dernier se présente comme un fait incontestable, il doutera de ses sens plutôt que d'admettre le fait.
Fedor Dostoïevski *Les Frères Karamazov (1879-1880);* tr. Mongault; Gallimard.

déduction :
En fait, la démarche scientifique représente un effort pour libérer 5431
de toute émotion la recherche et la connaissance.
François Jacob *Le Jeu des possibles (1981);* Fayard.

rapports sexuels

Tous les corps matériels s'attirent mutuellement en raison directe 5432
de leur masse et en raison inverse du carré de la distance.
Loi de l'attraction universelle de **Newton.**

missionnaire :
La manière naturelle, quant à la position, est que la femme gise 5433
sur le dos et que l'homme se couche sur son ventre, observant d'éjaculer dans le vase destiné à cet usage.
Sanchez [1] dans J.-L. Flandrin *Le Sexe et l'Occident (1981);* Le Seuil.

chanson de saillie [2] *:*
Le pénis quant à lui 5434
Il entre et i'fait comm'chez lui.
Pierre Perret *Maman Papa;* Adèle.

Je suis une fille rapide qui les aime lents. 5435
Mae West dans *Playboy;* 1971.

ejaculatio praecox :
Il y a plus atroce qu'un amour qui n'atteint pas son but : celui 5436
qui l'atteint trop vite.
Paul Gadenne *Siloé (1941);* Le Seuil.

---

1 - Jésuite espagnol, auteur du *Disputationes de sancto matrimonii sacramento* (1550-1610).
2 - Merci Bobby Lapointe.

impasse :

5437 L'amour physique est sans issue
Je vais je vais et je viens
Entre tes reins.
Serge Gainsbourg *Je t'aime, moi non plus;* Éd. Transatlantiques.

aller-retour :

5438 Aimer, ça allait tout seul. C'est le retour qui n'était pas facile.
Josette Bernier *Non Monsieur (1969);* Cercle du Livre de France.

rouages :

5439 L'amour, une question de lubrifiants.
Roque Dalton *Taberna y otros lugares* dans G. de Cortanze *America libre (1976);* Seghers.

5440 J'ai éprouvé [...] que rien n'est plus capable d'inspirer du courage à une femme que l'intrépidité d'un homme qu'elle aime.
Abbé Antoine-François Prévost *Histoire du chevalier Des Grieux et de Manon Lescaut (1731).*

5441 Le tact dans l'audace, c'est de savoir jusqu'où on peut aller trop loin.
Jean Cocteau *Le Rappel à l'ordre (1926);* Stock.

5442 Lorsqu'on sodomise celle qu'on aime, on se pénètre en elle de toute la matière dont on est bâti.
Joë Bousquet *Le Cahier noir (1989);* Albin Michel.

école hôtelière :

5443 Mon cul s'éveille au souvenir
D'une inoubliable caresse
Que m'enseigna une négresse
Dans un hôtel rue d'Aboukir.
Guillaume Apollinaire *Poésies libres.*

5444 Ma bouche aura des ardeurs de géhenne
Ma bouche te sera un enfer de douceur...
Guillaume Apollinaire *Poèmes à Madeleine : Le Quatrième poème secret;* Gallimard.

5445 La langue est un petit membre qui a de grandes prétentions.
Saint Jacques Épître.

5446 Je plaçai plus haut sa tête et autoritairement, car il faut montrer de l'autorité en certaines occasions, j'entrai dans le calice de sa bouche.
André Pieyre de Mandiargues *La Marée* [1] *(1962);* Gallimard.

5447 Tu m'aimes dans ta bouche?
Pierre Dalle Nogare *Le Grand Temps (1977);* Julliard.

---

1 - Cette plaquette érotique fut offerte comme étrennes aux abonnés du Cercle du Livre Précieux.

Monsieur Teste...
Il faut juger à froid et agir à chaud. 5448
Paul Valéry.

Le plaisir, telle la vengeance, peut être un plat qui se mange 5449
froid.
Alexandre Minkowski *Un Juif pas très catholique (1980)*; Ramsay.

Dieu a fait le coït, l'homme a fait l'amour. 5450
Edmond et **Jules de Goncourt** *Journal, mémoires de la vie littéraire.*

À l'heure du thermonucléaire, le coït néanderthalien est dépassé 5451
et nocif, car, joint à l'inhalation d'une atmosphère polluée, il est cancérigène.
Régis Jauffret *Tel Quel*; 6 décembre 1979.

rationnel

coprologie :
Ceux qui aiment la discussion se foutent à raisonner comme un 5452
pot de chambre sous le cul d'un malade.
Émile Pouget *Le Père peinard*[1] *(1976)*; Galilée.

tératologie :
Le sommeil de la raison engendre des monstres. 5453
Francisco de Goya (1746-1828) légende d'une gravure des *Caprices.*

logique :
Quand on sait ce qu'on sait, quand on voit ce qu'on voit, on a 5454
raison de penser ce qu'on pense.
Proverbe suisse dans Martia Leiter et Rolf Kesselring *Démocratie suisse et Cie*; Kesselring.

alimentaire, mon cher Watson ! :
La preuve du pudding, c'est qu'on le mange. 5455
Proverbe anglais.

La démonstration est forcément satisfaisante, quand elle vaut 5456
disculpation.
François de Closets *Le Système EPM (1980)*; Grasset.

---

1 - Émile Pouget fut condamné avec Louise Michel à huit ans de prison pour « pillage », à la suite d'une manifestation contre le chômage. Libéré après trois ans d'internement, il lança en 1889 le journal *Le Père peinard* dont il fut l'unique rédacteur.

sans queue ni tête :

5457 La raison est virile devant l'objet, puérile devant le récit.
Alain *Vigiles de l'esprit (1942)*; Gallimard.

5458 S'expliquer, c'est mentir.
Jacques Perret *La Bête mahousse (1951)*; Gallimard.

5459 Plus la tentation de comprendre est forte, plus s'affirme la nécessité de dénaturer.
Thierry Lévy *L'Animal judiciaire (1975)*; Grasset.

5460 Comprendre, c'est trembler... J'admire celui qui se met à genoux devant l'événement.
Harold Brodkey *Histoires sur un mode presque classique*; tr. M. Lederer (1990); Grasset.

rime sans raison :

5461 La foi en la raison est exposée à paraître aussi insoutenable rationnellement que toute autre foi.
Miguel de Unamuno *Du sentiment tragique de la vie (1913)*; tr. Faure-Beaulieu; Gallimard.

5462 C'est là le paradoxe suprême de la pensée que de vouloir découvrir quelque chose qu'elle-même ne puisse penser.
Sören Kierkegaard *Riens philosophiques.*

5463 À toute erreur des sens correspondent d'étranges fleurs de raison.
Louis Aragon *Le Paysan de Paris (1926)*; Gallimard.

5464 Nous classifions trop et ne jouissons pas assez.
Okakura Kazuko *Le Livre du thé (1976)*; P. Derain.

5465 Je sais bien que la France est, dit-on, cartésienne (elle s'en vante assez), et pour Descartes les animaux étaient des machines. Il n'y aurait rien à dire contre cette métaphore, s'il l'avait étendue aussi aux hommes, et je crois bien qu'au plus secret de lui il l'a fait.
Marguerite Yourcenar *Les Yeux ouverts (1980)*; Centurion.

5466 Mais quand nous sommes confrontés à dix facteurs différents qui agissent tous les uns sur les autres et se combinent pour engendrer au total un nombre astronomique de variantes, la raison abdique et seule l'intuition s'avère à la hauteur.
Yehudi Menuhin *Le Voyage inachevé (1979)*; Le Seuil.

faux-fuyant :

5467 L'angoisse qui habite la logique est celle qui naît des rapports ambigus de l'homme avec lui-même.
Manuel de Diéguez *Le Mythe rationnel de l'Occident (1980)*; P. U. F.

5468 [...] Je puis penser ce que je veux, pourvu que je ne tombe pas en contradiction avec moi-même.
Emmanuel Kant Préface à la *Critique de la raison pure (1781)*; tr. Trémésaygnes et Pacaud.

Au moment où nous concevons le concevable, il commence à 5469
résonner en nous et devient inconcevable.
Jean Arp Préface au catalogue du Salon de mai, Paris 1959.

vingt mille lieues sous les mers :
L'homme libre est celui qui ne craint pas d'aller jusqu'au bout 5470
de sa raison.
Jules Renard *Journal,* 1901.

La logique me sauve de l'ennui. 5471
Sir Arthur Conan Doyle *La Ligue des rouquins;* tr. Baillargeon; Laffont.

Penser est une besogne de pauvres, une misérable revanche. 5472
Quand je suis seul, je ne pense pas.
Jacques Rigaut *Roman d'un jeune homme pauvre* dans *Littérature,* n° 18, 1921.

La lutte contre l'idéalisation est la lutte contre la rationalité. 5473
Noam Chomsky *Dialogues avec Mitsou Ronat (1977);* Flammarion.

Ce qui caractérise le totalitarisme moderne, c'est l'ambition folle 5474
de la raison, qui prétend s'imposer comme science absolue pour la libération de l'homme.
Marie-Antonietta Macciocchi *La Femme à la valise (1988);* Grasset.

La logique mène à tout... à condition d'en sortir. 5475
Alphonse Allais *La logique mène à tout;* Pierre Horay.

réalité

Rien n'est inutile comme le réel. 5476
Georges Henein dans Sarane Alexandrian *Georges Henein;* Seghers.

Le monde n'est réel que si je le dérange. 5477
Alain Bosquet *Poèmes, un;* Gallimard.

Un portrait porte absence et présence, plaisir et déplaisir. La 5478
réalité exclut absence et déplaisir.
Blaise Pascal *Pensées;* Édition des œuvres complètes de Lafuma (1947-1952).

Dans le réel, la plénitude se refusera toujours, mais le chemin de 5479
la nostalgie et de la liberté est infini et ne sera jamais mesuré par notre pas.
Hermann Broch *Anarchie* dans *Les Somnambules;* tr. A. Kohn (1956); Gallimard.

5480 La provocation est une façon de remettre la réalité sur ses pieds.
Bertolt Brecht dans Bernard Dort *Lecture de Brecht (1972);* Le Seuil.

5481 Le chemin des paradoxes est le chemin du vrai. Pour éprouver la réalité, il faut la voir sur la corde raide.
Oscar Wilde *Le Portrait de Dorian Gray (1890).*

5482 Qu'est-ce que la réalité, sinon un impondérable ?
Herman Melville *Moby Dick (1851).*

5483 La vie sur la terre est une situation de contrainte et de rationnement.
Jean Fourastié *Essais de morale prospective (1974);* Gonthier.

5484 Le bien et l'être sont identiques dans la réalité ; ils ne diffèrent que selon la raison.
Saint Thomas d'Aquin.

5485 Celui-là seul connaît vraiment l'enfer, qui a appris ce que c'est vraiment que le présent.
Jakob Wassermann *L'Affaire Maurizius (1928);* tr. J.-C. Guidau ; Plon.

5486 On passe sa vie à romancer les motifs et à simplifier les faits.
Boris Vian cité dans *En verve;* Pierre Horay.

5487 On peut voir le nécessaire, le comprendre, le vouloir, l'aimer même, tout en se sentant pénétré d'une douleur infinie.
Ernst Jünger *Journal parisien;* tr. Betz, Plard, de Tavarnicki (1980) ; Christian Bourgois.

5488 Tout est plus simple qu'on ne peut l'imaginer et en même temps plus enchevêtré qu'on ne saurait le concevoir.
Johann Wolfgang Goethe *Sentences en prose;* tr. Lichtenberger ; Renaissance du Livre.

5489 Ceux qui refusent de regarder la réalité
Appellent leur propre destruction
Tout simplement.
James Baldwin *Chroniques d'un pays natal;* tr. Tournaire (1973) ; Gallimard.

5490 J'aime la réalité ; elle n'a pas pour moi d'infiniment petits ; rien en elle ne me semble indigne.
Henry de Montherlant *Les Olympiques (1924);* Gallimard.

5491 Ne pas ajouter à la démence du réel la niaiserie d'une explication.
Jean Rostand *Inquiétudes d'un biologiste (1967);* Stock.

5492 Rien n'est plus gênant que les faits : ils empêchent de croire ce qu'on veut.
Claude Roy *Les Chercheurs de Dieu (1981);* Gallimard.

en réalité :
Beaucoup de personnes pensent être myopes alors que, en 5493
réalité, les choses ne sont pas nettes !
Vassilis Alexakis *Aller-retour.*

recherche

L'important dans la recherche, c'est l'imprévisible. 5494
François Gros, François Jacob, Pierre Royer *Sciences de la vie et société (1980) ;* Le Seuil.

Jamais nous ne trouverons la vérité si nous nous contentons de 5495
ce qui est déjà trouvé.
Gilbert de Tournai (XIIIe s.) dans Jacques Le Goff *Les Intellectuels au Moyen Âge ;* Le Seuil.

Une science se confirme ou s'infirme dans son progrès, non dans 5496
la relecture de ses inventeurs.
André Akoun cité dans *Dictionnaire des grandes philosophies ;* dir. L. Jerphagnon ; Privat.

Le monde doit tous ses progrès aux gens mal à l'aise. L'homme 5497
heureux ne se hasarde pas à dépasser les limites anciennes.
Nathaniel Hawthorne *La Maison aux sept pignons (1851) ;* tr. Forgues ; Gérin.

Le commencement de toutes les sciences, c'est l'étonnement de 5498
ce que les choses sont ce qu'elles sont.
Aristote (384-322 av. J.-C.) *Métaphysique ;* tr. Tricot ; Vrin.

De par sa nature le vrai chercheur possède la faculté de ressentir 5499
l'étonnement.
Hans Selye [1] dans *Newsweek,* 1958.

manipulation génétique :
Dieu peut faire un veau avec un tronc d'arbre. L'a-t-il jamais 5500
fait [2] ?
Guillaume de Conches (XIIe siècle).

Qu'est-ce qu'un paradoxe, sinon une vérité opposée aux préjugés 5501
du vulgaire.
Denis Diderot *Pensées philosophiques* [3] *(1746).*

---

1 - Endocrinologue canadien qui a étudié les réactions de l'organisme face aux diverses agressions.
2 - C'est une réponse à la *Lettre sur la toute-puissance divine* de Pierre Damien (XIe s.) qui soutenait que « Dieu a créé la nature contre la nature ».
3 - L'ouvrage fut condamné par un arrêt du Parlement de Paris.

5502 Seuls les grands esprits sont exposés à ce que j'appelle des paradoxes, qui ne sont autre chose que des pensées grandioses, mais imparfaites.
Sören Kierkegaard *Journal (1834-1846)*; tr. Ferlov et Gateau ; Gallimard.

5503 De système, je n'en ai pas, j'en repousse formellement la supposition. Le système de l'humanité ne sera connu qu'à la fin de l'humanité.
Pierre-Joseph Proudhon *Le Peuple (1848).*

5504 Comme la biologie n'a rien à dire sur les structures sociales, on peut lui faire dire n'importe quoi.
François Gros, François Jacob, Pierre Royer *Sciences de la vie et Société (1980)*; Le Seuil.

et pourtant elle tourne !
5505 S'il y a un problème ce n'est pas le problème de Galilée, mais celui de ses juges.
Claude Roy *Les Chercheurs de Dieu (1981)*; Gallimard.

Zakharov :
5506 Pour rester maîtres de certains secrets, pour contrôler le développement de certaines techniques, les États vont sans doute être amenés à s'intéresser davantage que par le passé à la recherche scientifique, et ils seront tentés de la soumettre à des réglementations, à des surveillances, auxquelles elle n'était pas habituée.
Louis de Broglie *Physique et Microphysique (1947)*; Albin Michel.

5507 L'esprit et la foi véritables de nos aventures scientifiques apparaissent rarement dans les revues scientifiques. Pourtant ce sont des facteurs puissants... qui ne peuvent être respectés que si les savants sont libres de circuler dans leur royaume, qui est à l'échelle du monde.
Detlev Bronk[1] propos tenu dans *Life : Le Monde des sciences (1964)*; Time-Life.

5508 Dans les sciences, le chemin est plus important que le but. Les sciences n'ont pas de fin.
Erwin Chargaff[2] (né en 1905).

réformes

5509 Vive la réforme !
Slogan 1848[3].

1 - Biophysicien américain.
2 - Biochimiste américain.
3 - C'est avec ce slogan que se fit la révolution de 1848.

roulette :
La plupart des gens attendent d'avoir mal aux dents pour aller chez le dentiste. La plupart des sociétés attendent d'être dérangées par les victimes pour entreprendre des réformes. 5510
Charles Issawi à *Columbia Forum,* 1970.

Un État qui n'a pas les moyens d'effectuer des changements n'a pas les moyens de se maintenir. 5511
Edmund Burke *Réflexions sur la Révolution de France (1796).*

social-démocratie :
Une transfusion de globules rouges sauverait peut-être nos sociétés capitalistes. 5512
Georges Elgozy *Le Bourgeois socialiste (1977);* Calmann-Lévy.

Il ne s'agit pas de renverser le pouvoir, mais de le civiliser. 5513
György Konrad *Le Complice;* tr. V. Charaire (1980); Le Seuil.

Lorsqu'il s'agit d'améliorer d'une manière durable la condition d'un peuple, les petits moyens ne produisent même pas de petits effets, ils ne produisent absolument aucun effet. 5514
John Stuart-Mill *Principes d'économie politique (1848);* tr. Dussard et Seneuil; Guillaumin.

remue-ménage :
Tous les réformateurs sont célibataires. 5515
George Moore *The Bending of the Bough.*

Il est plus facile d'écrire sur une feuille de papier, qui supporte tout, que sur la peau humaine, qui ne supporte rien. 5516
Réflexion de **Catherine II** à Diderot dans Comte de Ségur *Mémoires (1824).*

Le réformateur d'aujourd'hui devient un fardeau pour le réformateur de demain. 5517
Chili Al-Chumayil (1860-1917) *Je vois* dans René R. Khawam *Nouvelles arabes;* Seghers.

Il y a loin de la réforme à la renaissance. 5518
Khâled Muhammad Khâled (né en 1920) *Citoyens et Non-sujets;* Le Caire.

Les changements servent-ils à quelque chose ? À rien, si ce n'est à conserver l'immuable. 5519
Ludwig Hohl *Tous les hommes presque toujours s'imaginent;* tr. W. Weideli (1981); L'Aire.

Tout conservatisme repose sur l'idée que si vous laissez les choses telles qu'elles sont, elles resteront ce qu'elles sont. Mais c'est faux. Si vous laissez quoi que ce soit tel quel, vous donnerez naissance à un total bouleversement. 5520
Gilbert Keith Chesterton *Orthodoxie (1908);* tr. Grolleau; Rouart-Watelin.

Un réactionnaire est un somnambule qui marche à reculons. 5521
Franklin Delano Roosevelt Discours 1939.

5522 La tradition consiste à donner le droit de vote aux classes les plus obscures : nos ancêtres. C'est la démocratie des morts.
Wystan Hugh Auden[1] conférence à Columbia, 1970.

5523 L'agonie a ses ruades. En langue politique, cela s'appelle réaction.
Victor Hugo *Tas de pierres.*

5524 Il faut abattre le libéralisme, car il donne des armes à ceux qui veulent lui substituer l'autoritarisme.
Wolinski *Giscard n'est pas drôle (1976)*; Éd. du Square.

5525 Les vieux voleurs tiennent pour l'ordre.
Michel Campiche *Du haut de la solitude (1981)*; L'Aire.

ajustement :

5526 J'ai retourné ma veste quand je me suis aperçu qu'elle était doublée de vison.
Serge Gainsbourg interviewé dans *Le Monde* du 1er juillet 1971.

Refoulement

5527 Il n'y a de terrible en nous que ce qui n'a pas encore été dit.
Louis-Ferdinand Céline *Voyage au bout de la nuit (1932)*; Gallimard.

5528 [...] Au niveau de l'expérience des autres [...] le sujet a à reconnaître ses désirs. Et s'ils ne sont pas reconnus, ils sont comme tels interdits, et c'est là que commence en effet le refoulement.
Jacques Lacan *Le Séminaire, I*; Le Seuil.

Lady Macbeth :

5529 Si l'on enlevait la propreté, on verrait ce qu'elle recouvre, ce qu'elle protège.
Geneviève Heller *Propre en ordre (1980)*; Éditions d'En-Bas (Lausanne).

les statuts du commandeur :

5530 Lacan a énoncé une profonde loi d'après laquelle ce qui est aboli symboliquement resurgit dans le réel sous forme hallucinatoire.
Gilles Deleuze *Présentation de Sacher-Masoch (1967).*

1 - Un professeur lui demanda ce qu'il voulait faire. « Être poète », répondit-il. « Dans ce cas, des études de littérature ne vous feront pas de mal. » « Vous ne comprenez pas, répondit l'étudiant ; je veux être un grand poète. »

Un symptôme se forme à titre de substitution à la place de quelque chose qui n'a pas réussi à se manifester au-dehors. 5531
Sigmund Freud *Introduction à la psychanalyse (1916-1917).*

L'essence de la société est le refoulement de l'individu, et l'essence de l'individu est le refoulement de lui-même. 5532
Norman Brown *Éros et Thanatos;* tr. R. Villoteau (1972); Denoël.

Il me semble que si j'arrivais à tuer tout à fait le désir de possession que je refoule si péniblement, je nierais mon amour. 5533
Pierre Drieu La Rochelle, dans Pierre Andreu et Frédéric Grover *Drieu La Rochelle;* Hachette.

La vérité d'un homme, c'est d'abord ce qu'il cache. 5534
André Malraux *Antimémoires (1967);* Gallimard.

Ce « qui » en vous refoule est beaucoup plus angoissant que ce « que » vous refoulez. 5535
Clément Rosset *Logique du pire (1970);* P.U.F.

Celui qui désire, mais n'agit point, engendre la peste. 5536
William Blake *Le Mariage du Ciel et de l'Enfer;* tr. Berger; Rieder.

Il y a l'autre fainéant, le fainéant bien malgré lui, qui est rongé intérieurement par un grand désir d'action, qui ne fait rien, parce qu'il est dans l'impossibilité de rien faire, puisqu'il est comme en prison dans quelque chose. 5537
Vincent Van Gogh *Lettres à son frère Théo (1872-1890);* Gallimard.

S'il n'avait point d'avenir, cela venait aussi de ce que son passé l'avait abandonné. 5538
Manès Sperber *La Baie perdue;* tr. Sperber et Gidon (1972); Gallimard.

Ce ne sont jamais les excès qui tuent, mais ce qui les contrarie. 5539
Raoul Vaneigem *Le Livre des plaisirs (1979);* Encre.

Aucun acte n'est raisonnable, s'il n'est pas suscité tout au fond de nous-mêmes par nos désirs cachés. 5540
Jean-Luc Hennig *Griselidis, courtisane (1981);* Albin Michel.

L'hétérosexualité masculine est beaucoup plus imprégnée que l'hétérosexualité féminine de fortes pulsions de peur et de jalousie, de fantasmes d'inversion de rôle et de revanche envers les femmes. 5541
Deborah Cameron et **Elisabeth Frazer** *The Lust to kill (1988);* Polity Press, Oxford.

[...] La répétition, d'autre part, n'est pas simplement stéréotypie de la conduite, mais répétition par rapport à quelque chose de toujours manqué. 5542
Jacques Lacan *Le Séminaire, XI (1973);* Le Seuil.

Mais la manière désastreuse dont est construit l'univers psychopathologique veut que l'acte maladroit, l'acte qu'il faudrait avant tout éviter, soit justement l'acte calmant. 5543
Marcel Proust *La Fugitive (1925).*

Regard

5544 Dieu dit : Que le néant soit.
Et il leva la main droite
jusqu'à voiler son regard.
Et le néant fut créé.
José Angel Valente *Material Memoria;* tr. J. Ancet (1988); Éd. Unes.

5545 Lorsque vous vous sentez saisie par un regard qui ne perd rien de vous, chaque geste, chaque parcelle de vous-même prend une importance obsédante.
Robert Margerit *Montdragon (1973);* Gallimard.

5546 Je m'arrange assez bien du regard de Dieu sur mes péchés, mais je n'y supporte pas le regard des autres.
Françoise Chandernagor *L'Allée du roi (1981);* Julliard.

5547 Le regard indifférent est un perpétuel adieu.
Malcolm de Chazal *Sens plastique* dans Jouvancourt *Poètes et Prosateurs de l'île Maurice;* La Frégate, Port-Louis.

5548 Le regard occidental n'a cessé d'être méprisant que pour se faire esthétique.
Marc Augé *Génie du paganisme (1981);* Gallimard.

5549 Si l'homme, parfois, ne fermait pas
Souverainement les yeux,
il finirait par ne plus voir
Ce qui vaut la peine
d'être regardé.
René Char *Feuillets d'Hypnos (1946).*

5550 Les yeux de l'esprit ne commencent à être perçants que quand ceux du corps commencent à baisser.
Platon *Le Banquet.*

5551 Il n'est point dessein de bourreau qui ne lui soit suggéré par le regard de la victime.
Pier Paolo Pasolini *Écrits corsaires (1976);* tr. P. Guilhon; Flammarion.

5552 Si les gens du Pentagone amenaient le matin leurs bébés à la crèche, dans leur sac-kangourou, ils ne verraient pas le monde de la même façon.
Nancy Huston *À l'amour comme à la guerre (1984);* Le Seuil.

5553 Les yeux seuls sont encore capables de pousser un cri.
René Char *Fureur et Mystère (1948);* Gallimard.

5554 Cette ternissure qui monte inexorablement... ce retrait du regard qui mue un visage d'homme en un *memento mori* plus obsédant que

le crâne décharné des sépulcres, chaque fois que je l'ai pu mes doigts posés sur des paupières encore tièdes en ont dérobé l'horreur. 5555
Maurice Genevoix *Trente mille jours (1980)*; Le Seuil.

Dans le mot œil, il y a le mot loi. 5556
Tout regard contient la loi.
Edmond Jabès dans *Revue des sciences humaines,* 1981.

Votre œil me fait un été dans mon âme. 5557
Pierre de Ronsard *Amours de Cassandre, II (1552).*

Quelques-uns voient triste, moi je vois gai. 5558
Eugène Labiche cité par Emmanuel Haymann dans *Labiche ou l'esprit du Second empire (1988)*; Orban.

scène primitive :
Un regard d'enfant enregistre vite. Plus tard, il développe l'épreuve ! 5559
Jean Cocteau *Portraits-souvenirs (1935)*; Stock.

Des regards neufs à travers de vieux trous. 5560
Georg Christoph Lichtenberg *Aphorismes (1800-1806).*

L'amour est aveugle ? Quelle plaisanterie ! Dans un domaine où tout est regard ! 5561
Philippe Sollers *Le Défi*; Le Seuil.

L'œil est la seule partie du corps qui se refuse au toucher, même entre amants. 5562
François Flahault *Face à face. Histoires de visages (1989)*; Plon.

On croit devenir myope, on est déjà aveugle. 5563
Liam O'Cusegan *Les Pensées d'un homard* dans *Les Cahiers de l'Imaginaire,* n° 2.

J'ai vu de la lumière dans ses yeux alors je suis monté. 5564
Michèle Anouf *Des histoires ordinaires,* dessins de Nicolas Guilbert ; Luneau Ascot.

Quand je regarde une poitrine de femme, je vois double. 5565
Jules Renard *Journal,* 1898.

Le regard est androgyne. 5566
Jean-Baptiste Niel *Vous qui passez dans l'ombre (1989)*; Gallimard.

relations

5567 Entre nous, dans nos relations, il n'y a que des signes, comme dans ton algèbre !
Fedor Dostoïevski *Crime et Châtiment (1866).*

5568 Il ne faut pas en vouloir aux gens lorsqu'ils agissent de manière à confirmer la mauvaise opinion que nous avons d'eux.
Michel Campiche *Du haut de la solitude (1981);* L'Aire.

5569 Un compromis fait un bon parapluie, mais un pauvre toit.
Robert Lowell *Démocratie.*

5570 Il faut se vomir sur les autres.
Léon Bloy *Le Mendiant ingrat (1897);* Mercure de France.

5571 Quand j'ai besoin de quelqu'un, je n'y regarde pas de si près, je le baiserais au cul.
Napoléon Ier cité par le marquis de Caulaincourt *Mémoires.*

mixture :
5572 Ne sois pas trop doux, on t'avalerait ; ne sois pas trop amer, on te cracherait.
Paroles d'**Ahiqar** (VIe s. av.J.-C.).

5573 Il n'y a d'échange que de mauvais procédés.
Raoul Vaneigem *Le Livre des plaisirs (1979);* Encre.

5574 Le ridicule ne tue pas, mais il met mal à l'aise.
Louis Gauthier *Les grandes légumes célestes vous parlent (1973).*

5575 [...] C'est toujours sur les couteaux qui coupent pas qu'on se donne une entaille. Les autres, on s'en méfie.
Germaine Guèvremont *Marie-Didace (1974).*

5576 Oui, notre folie va jusque-là, de nous faire prendre pour but suprême de nos efforts l'opinion d'autrui.
Arthur Schopenhauer *Le Monde comme volonté et comme représentation, IV, 59.*

5577 La bonne éducation consiste à cacher tout le bien que nous pensons de nous-mêmes et le peu de bien que nous pensons des autres.
Mark Twain *Carnets.*

5578 Terre sanguine
Moi je décline
Toute responsabilité
Sur ce qui s'est passé.
Julie « Sogni » Daroy *Terre sanguine* chanté par Rachid Bahri ; Rideau Rouge.

tiers importun :
À quoi peut servir un être sans amour, sinon à gêner autrui ? 5579
Bernart de Ventadour (1145-1195) ; Éd. C. Appel.

Toutes les tendances égoïstes qu'on trouve chez les hommes, le 5580
culte de soi et le mépris des autres, prennent leur source dans l'organisation actuelle des relations entre les hommes et les femmes.
John Stuart Mill (1806-1873) *L'Asservissement des femmes.*

religion populaire

Le blasphème fait partie de la religion populaire. 5581
Antonio Machado *Juan de Mairena (1936);* tr. Léon ; Gallimard.

ex-voto :
Pour comprendre une religion, n'en déplaise à nos docteurs en 5582
théologie clercs ou laïcs, les croyances populaires importent beaucoup plus que les formes raffinées, abstraites.
C. Hainchelin *Les Origines de la religion (1955).*

esprit de clocher :
Une religion ne se réduit généralement pas à un culte unique, 5583
mais consiste en un système de cultes doués d'une certaine autonomie.
Émile Durkheim *Les Formes élémentaires de la vie religieuse (1912).*

Nous sommes Chrestiens à mesme titre que nous sommes 5584
Périgordins ou Alémans.
Michel de Montaigne *Essais, II, ch. XII (1595).*

Les enfants de Dieu sont très chers, mais très bizarres, très 5585
gentils mais très étroits.
Sadhu Sundar Singh cité par Aldous Huxley *La Philosophie éternelle (1949);* tr. J. Castier ; Plon.

Le cerveau d'une dévote, et d'une dévote cuisinière, est 5586
naturellement sec et brûlé.
Marivaux *Le Paysan parvenu (1756).*

crédulité :
Je crois que deux et deux sont quatre, Sganarelle, et que quatre 5587
et quatre sont huit.
Molière *Dom Juan (1665).*

Que l'on prêche dans les églises ne rend pas les paratonnerres 5588
inutiles.
Georg Christoph Lichtenberg *Aphorismes (1800-1806).*

5589 Il y a des gens dont il ne faut pas dire qu'ils craignent Dieu, mais bien qu'ils en ont peur.
Denis Diderot *Pensées philosophiques (1746).*

5590 Les superstitieux sont dans la société ce que les poltrons sont dans une armée : ils ont et donnent des terreurs paniques.
Voltaire *Lettres philosophiques (1734).*

5591 Oui, je le soutiens, la superstition est plus injurieuse à Dieu que l'athéisme.
Denis Diderot *Pensées philosophiques (1746).*

5592 La superstition demande des causes, alors que le propre de la raison véritable est de découvrir que les choses sont sans cause et de déceler, dans le vœu causal, la racine de l'angoisse religieuse.
Clément Rosset *L'Anti-nature (1973)*; P. U. F.

5593 La justification de la Providence, c'est le donquichottisme de la théologie.
E.M. Cioran *Essai sur la pensée réactionnaire (1977)*; Fata Morgana.

de mâle en Pie [1] :

5594 Quand le peuple ne croira plus à l'Immaculée Conception, il croira aux tables tournantes.
Gustave Flaubert *Correspondance,* à Mlle Leroyer de Chantepie, 23 janvier 1866.

5595 L'Évangile hors de l'Église est un poison.
Joseph de Maistre (1753-1821) cité dans Louis Pauwels *Comment devient-on ce que l'on est ?*; Stock.

5596 Nous avons un Dieu sexy, une religion sexy et un leader très sexy. Si vous n'aimez pas le sexe, vous feriez mieux de partir avant qu'il ne soit trop tard.
Moses David [2] propos tenus en 1974.

5597 Le défi de l'époque, c'est de pratiquer sans avoir la foi. Si nous ne le relevons pas, l'époque va nous passer sur le corps.
Régis Debray *L'Indésirable (1975)*; Le Seuil.

rencontre

5598 Moi, je veux qu'on me rencontre.
François Truffaut *La Petite Voleuse* (1988) de Claude Miller.

---

1 - Le dogme de l'Immaculée Conception a été proclamé par Pie IX en 1854.
2 - Chef spirituel d'une secte extrémiste américaine.

coup d'œil :

Au beau milieu de la foule 5599
D'un beau dimanche après-midi
Au beau milieu de la foule
Je le reconnais, c'est lui.
Michel Berger *Comment lui dire,* chanté par France Gall ; Éd. Musicales.

Toute vie véritable est rencontre. 5600
Martin Buber *Le Je et le Tu (1923)* dans Geneviève Blanquis *Buber ;* Aubier-Montaigne.

La magie du premier amour, c'est d'ignorer qu'il puisse finir un jour. 5601
Benjamin Disraeli *Henriette Temple, IV (1837).*

L'homme et la femme ne se rencontrent qu'une fois. 5602
Jacques Audiberti *Le mal court (1947) ;* Gallimard.

J'ai connu trois femmes différentes dans ma vie et trois hommes différents en moi. 5603
Walter Benjamin *Écrits autobiographiques ;* tr. C. Jouanlanne et F.F. Poirier ; Christian Bourgois (1990).

Rendez-vous 5604
Elle m'a dit rendez-vous
D'accord je me rends.
Hagen Dierks *Paradis* chanté par Alain Chamfort ; Éditions A. C. O. Music/Melody Nelson.

poignant :

Le plus grand bonheur que puisse donner l'amour, c'est le premier serrement de main d'une femme qu'on aime. 5605
Stendhal *De l'amour (1822).*

camarade :

Tu m'as pris par la main dans cet enfer moderne 5606
Où l'homme ne sait plus ce que c'est qu'être deux
Tu m'as pris par la main comme un amant heureux [1].
Louis Aragon *Le Roman inachevé (1956) ;* Gallimard.

Le flirt, c'est l'aquarelle de l'amour. 5607
Paul Bourget *Physiologie de l'amour moderne (1883-1899).*

La première fois qu'Aurélien vit Bérénice, il la trouva franchement laide. Elle lui déplut, enfin. Il n'aima pas comment elle était habillée. 5608
Louis Aragon *Aurélien (1945) ;* Gallimard.

mauvaise rencontre :

Il n'y a pas de femmes dures, il n'y a que des hommes mous. 5609
Raquel Welsh citée dans le *Sunday Times,* 1980.

---

1 - Le caractère œdipien de cette citation ne peut échapper. Seules les mères prennent leur enfant par la main pour traverser la rue.

5610 J'avoue
J'en ai bavé
Pas vous
Mon amour
Avant
D'avoir eu vent
De vous
Mon amour.
Serge Gainsbourg *La Javanaise;* Éditions Tutti.

5611 Chaque rencontre est une incarcération.
Pierre Drachline *Autopsie à vif (1976);* Plasma.

5612 Rencontrer un homme, c'est être tenu en éveil par une énigme.
E. Lévinas *En découvrant l'existence avec Husserl et Heidegger* (1982); Vrin.

répression

prisonnier politique :

5613 Son crime : penser. On l'oublie, il mourra.
Affiche d'**Amnesty International.**

5614 Nul ne peut être puni qu'en vertu d'une loi.
Déclaration des droits de l'homme et du citoyen de 1789, article 8.

5615 S'ils viennent me prendre ce matin, ils viendront te prendre ce soir.
Angela Davis *If they come in the morning (1971).*

5616 Un homme meurt en moi toutes les fois qu'un homme meurt quelque part, assassiné.
Jaime Torres Bodet *Civilisation (1928);* tr. J. Supervielle.

5617 Les autorités ont déclaré qu'il ne restait pas de survivants, après le tremblement de terre, dans les prisons politiques... Pourtant, l'une de ces prisons, la Airacion, n'a été que très peu touchée, et l'autre, éloignée de la capitale, est intacte.
Politique Hebdo, n° 64, février 1973.

5618 Les camps de concentration... les totems de notre époque.
Matta, interview F.C. Toussaint dans *Les Lettres Françaises,* 16 juin 1966.

torture :

5619 La torture n'est qu'un élément qui permet d'exorciser la société.
Amnesty International dans Michel Ternisien et Daniel Bacry *La Torture, la nouvelle Inquisition (1980);* Fayard.

La notion selon laquelle une civilisation non répressive est impossible est la pierre angulaire de la théorie freudienne. 5620
Herbert Marcuse *Éros et Civilisation (1955);* tr. Nény et Fraenkel.

Lors des arrestations des années trente, on avait pris des gens au hasard... Ils n'étaient ni des ennemis du pouvoir ni des criminels d'État et, lorsqu'ils mouraient, ils ne savaient pas pourquoi il leur fallait mourir [1]. 5621
Varlam Chalamov *Kolyma, récits de la vie des camps;* tr. C. Fournier (1980) ; Maspero.

[...] Sous peine d'assurer le triomphe du chat, la souris torturée doit mimer l'indifférence. Ce sont là les raffinements de la vie civilisée. 5622
Paule Saint-Onge *La Saison de l'inconfort.*

Ce qui distingue principalement l'ère nouvelle de l'ère ancienne, c'est que le fouet commence à se croire génial. 5623
Karl Marx (1818-1883).

Je me félicite d'avoir connu un siècle dont un des préceptes aura été : l'homme est quelque chose qui doit être avili. 5624
Jean Cassou *Une vie pour la liberté (1981);* Laffont.

censure :
Nul homme ne peut justement en censurer ou en condamner un autre, car, à la vérité, nul homme n'en connaît vraiment un autre. 5625
Sir Thomas Browne *Religio medici (1642) (La Religion du médecin).*

On dit souvent que la force est impuissante à dompter la pensée ; mais pour que ce soit vrai, il faut qu'il y ait pensée. Là où les opinions irraisonnées tiennent lieu d'idées, la force peut tout. 5626
Simone Weil *Réflexions sur les causes de la liberté et de l'oppression sociale (1934);* Gallimard.

Interdit pour obscénité, vulgarité excessive des scènes montrant des rapports sexuels, atteinte aux bonnes mœurs, ce film, doublement pernicieux, parce que réalisé par une femme, montre une scène ignoble où l'on voit l'interprète féminine prendre l'initiative dans les rapports amoureux. 5627
Censure italienne à propos de *Portier de nuit* de **Liliana Cavani** en 1974.

Le papier couvert d'écriture brûle mal. 5628
Mikhaïl Boulgakov *Le Maître et Marguerite* [2] *(1942);* tr. Ligny ; Laffont.

---

1 - Staline justifia ainsi la déportation de dizaines de milliers d'« assassins de Kirov » : « Ces camarades ne se bornèrent pas toujours à des critiques et à une résistance passive. Ils menaçaient de provoquer une révolte au sein du Parti contre le Comité central. » Joseph Staline — *Problèmes du léninisme.*
2 - L'ouvrage fut composé entre 1930 et 1940, pendant les purges staliniennes. En 1929, une lettre de Staline avait imposé l'interdiction totale des œuvres de Boulgakov.

5629 Tout livre brûlé illumine le monde.
Ralph Waldo Emerson (1803-1882) *Compensation.*

5630 C'est le propre de la censure violente d'accréditer les opinions qu'elle attaque.
Voltaire *Poème sur le désastre de Lisbonne.*

encadrement :

5631 Partout, il y a toujours des policiers, des chefs de train, des consuls, des capitaines, des gouverneurs, des contremaîtres, toute une meute d'individus chargés d'empêcher l'être humain d'aller où il veut et comme il veut.
Manuel Rojas *Fils de voleur (1951);* tr. Lorris; Laffont.

réussite

5632 Il faut que tu ais du succès pour qu'on te donne une chance d'avoir du succès.
Coluche cité par Philippe Boggio dans *Coluche;* Flammarion.

5633 Le succès appartient aux apathiques.
Gustave Flaubert *Correspondance;* Éd. Conard.

Filipacchi[1] :

5634 L'homme énergique et qui réussit, c'est celui qui parvient à transmuer en réalités les fantaisies du désir.
Sigmund Freud *Cinq leçons sur la psychanalyse (1909);* tr. Le Say et S. Jankélévitch.

5635 Pour moi, je n'ai qu'un besoin, celui de réussir.
Napoléon Ier au vice-amiral Decrès[2], août 1805.

5636 Toute misère est à la mesure du rêve ou de l'ambition qu'elle trahit.
André Suarès *Temples grecs, maisons des dieux (1980);* Granit.

5637 La réussite n'est souvent qu'une revanche sur le bonheur.
Bernard Grasset *Remarques sur l'action (1936);* Grasset.

5638 Produits bio, médecines douces, gourous. Qui est intéressé par tout cet attirail ?
Je vous le donne en mille : les businessmen BCBG, golden boys et wonder women, enfoncés jusqu'au cou dans le fric et le stress.
Gérard Pangon dans *Télérama,* 10 novembre 1990.

---

1 - *Playboy* c'est *Lui.*
2 - L'amiral Decrès était alors ministre de la Marine.

Nous vivons dans un monde où l'échec des autres devient plus important que notre propre réussite. 5639
Philippe Bouvard *Un oursin dans le caviar (1973);* Stock.

Les ratés ne nous rateront pas. 5640
Georges Bernanos *Le Chemin de la Croix-des-Âmes (1948);* Gallimard.

De la considération des obstacles vient l'échec. 5641
De la considération des moyens la réussite.
Pantcha Tantra [1]; tr. Daumal; Bharata; Gallimard.

Tout est un moyen, même l'obstacle. 5642
Ibn Séoud (1880-1953) [2].

Quand on veut enfoncer les portes ouvertes avec succès, il ne faut pas oublier qu'elles ont un solide chambranle. 5643
Robert Musil *L'Homme sans qualités (1931);* tr. Jacottet; Le Seuil.

Ce n'est pas l'impossible qui désespère le plus, mais le possible non atteint. 5644
Robert Mallet *Apostilles (1972);* Gallimard.

Moi, j'ai de bons amis, un chemin tout tracé 5645
Une femme, un enfant et malgré quelques traites
J'ai un budget réglé, ma maison est payée
Et dans quelques années, je serai en retraite.
Raymond Manondy *Je cherche l'or du temps,* chanté par Charles Dumont; Pathé-Marconi.

Ne t'attarde pas à l'ornière des résultats. 5646
René Char *Feuillets d'Hypnos (1946);* Gallimard.

je me suis compris :
L'ambition individuelle est une passion enfantine. 5647
Charles de Gaulle; propos recueillis par André Malraux dans *Les Chênes qu'on abat (1971);* Gallimard.

mat :
L'échec de beaucoup de personnes nous sauve un peu. 5648
Ernesto Sabato *Alejandra;* tr. Villard; Le Seuil.

C'est le fait d'un ignorant d'accuser les autres de ses propres échecs; celui qui a commencé de s'instruire s'en accuse soi-même; celui qui est instruit n'en accuse ni autrui ni soi-même. 5649
Épictète *Manuel;* tr. Souilhé et Jagu; Les Belles-Lettres.

style :
Chacun rate sa vie, à sa manière, selon ses moyens et ses convictions. 5650
Léon Aréga *Le Débarras;* Gallimard.

---

1 - Les contes indiens du *Pantcha Tantra* auraient été composés au début de notre ère.
2 - Ce géant de deux mètres dut lutter trente-deux ans pour conquérir la péninsule Arabique!

5651 L'homme paraît mieux bâti pour se battre que pour avoir gagné.
Tony Duvert *Abécédaire malveillant* (1989) ; Éd. de Minuit.

5652 Rien n'échoue comme le succès.
Gilbert Keith Chesterton *Hérétiques ;* tr. J.-S. Bradley ; Gallimard.

5653 Le succès façonne une mentalité de rentier.
Jean Favier *De l'or et des épices* (1988) ; Fayard.

5654 Après l'insuccès, les desseins les mieux concertés paraissent absurdes.
Fédor Dostoïevski *Crime et Châtiment ;* tr. V. Derély.

5655 En amour comme dans les affaires, dans les sciences comme dans le saut en longueur, on doit croire avant de pouvoir gagner ou atteindre son but.
Robert Musil *L'Homme sans qualités* (1931) ; tr. Jacottet ; Le Seuil.

5656 Si vous voulez aller sur la mer sans prendre le risque de chavirer, ce n'est pas un bateau qu'il vous faut acheter, c'est une île.
Marcel Pagnol *Fanny ;* Marcel Pagnol.

5657 La seule façon d'accomplir est d'être.
Lao-Tseu ; tr. Kaltenmark ; Le Seuil.

5658 Voilà bien les hommes ! Tous également scélérats dans leurs projets, ce qu'ils mettent de faiblesse dans l'exécution, ils l'appellent probité.
Pierre Choderlos de Laclos *Les Liaisons dangereuses (1782).*

5659 Ô jeune ambition, sache-le bien, toute grandeur humaine n'est que maladie.
Herman Melville *Moby Dick (1851).*

5660 Quand tout marche bien, il est grand temps d'entreprendre autre chose.
Fernand Deligny.

5661 Je voulais être un grand écrivain et je l'ai été. Je voulais connaître la gloire et je l'ai connue. Et puis je voulais aussi autre chose, et je ne savais pas ce que c'était, et cela, je ne l'ai pas eu.
Jean-Paul Sartre propos rapporté par Geneviève Brissac dans *Le Monde,* 19 octobre 1990.

5662 On ne peut avoir le grand succès que lorsqu'on se reste fidèle.
Friedrich Nietzsche *Lettres choisies (1937) ;* tr. Vialatte ; Gallimard.

rêve

carnaval [1] :
Le rêve... fête des fous et des esclaves, récompense de la 5663
soumission de tout le jour.
Paul Valéry *Troisième Cahier Paul Valéry : Questions du rêve;* Gallimard.

Rêver, c'est se choisir soi-même selon une logique chaque fois 5664
particulière.
Jean Duvignaud, Françoise Duvignaud, Jean-Pierre Corbeau *La Banque des rêves (1979);* Payot.

Le rêve est à lui-même sa propre loi. 5665
Thomas de Quincey *Les Confessions d'un mangeur d'opium anglais,* tr. P. Leyris; Gallimard, 1990.

Aussi longtemps que les hommes ne seront pas complets et 5666
libres, ils rêveront la nuit.
Paul Nizan (1905-1940) *Œuvres;* Maspero.

La substance du rêve est la conscience d'un manque. 5667
Marcel Brion *Algues (1976);* Albin Michel.

châteaux en Espagne...
Plus je vieillis, plus je crois que ce qui ne s'évanouit pas, ce sont 5668
les rêves.
Jean Cocteau.

Les rêves, du moins, ne pourrissent pas. 5669
Fernando Pessoa *L'Heure du diable;* tr. M. Druais, B. Sesé (1989); José Corti.

Dans l'ensemble, les éléments habituels de mes rêves sont d'une 5670
grande médiocrité, matériaux mesquins le plus souvent réalistes, sortes d'images d'Épinal faites avec de l'ordinaire.
Henri Michaux *Façons d'endormi, façons d'éveillé (1969);* Gallimard.

Lui qui n'avait pas attendu que le temps et tout ce qu'apporte le 5671
temps lui apprissent que le suprême degré de la sagesse était d'avoir des rêves assez grands pour ne pas les perdre de vue pendant qu'on les poursuit.
William Faulkner *Sartoris (1929);* tr. Raimbault et Delgove; Gallimard.

---

1 - Fête des fous et des esclaves, récompense de la soumission de toute l'année, aurait pu dire Maurice Lever dans *Le Sceptre et la Marotte (1983);* Fayard.

5672 Et si tout n'était qu'illusion ? Si rien n'existait ? Dans ce cas, j'aurais payé ma moquette beaucoup trop cher.
Woody Allen *Dieu, Shakespeare et Moi (1975)*; tr. M. Lebrun ; Solar.

5673 La vie est faite d'illusions. Parmi ces illusions certaines réussissent. Ce sont elles qui constituent la réalité.
Jacques Audiberti *L'Effet Glapion (1959)*; Gallimard.

5674 Le rêve est une stratégie de survie.
Jonathan Winson dans *Pour la science,* janvier 1991.

5675 Celui qui détruit les illusions, les siennes et celles des autres, la nature le punit avec toute la rigueur d'un tyran.
Friedrich Nietzsche *Considérations inactuelles (1873-1876).*

nuits dans les jardins d'Espagne :

5676 Ceux qui rêvent de jour ont conscience de bien des choses qui échappent à ceux qui rêvent seulement de nuit.
Edgar Allan Poe *Histoires extraordinaires (1845).*

5677 L'homme a du génie lorsqu'il rêve.
Akira Kurosawa interviewé par M. Stouvenot dans *Le Journal du Dimanche,* 6 mai 1990.

5678 Nous entendons dans les rêves ce que dit la matière.
Ernst Jünger *Ombres perdues* dans *La Délirante,* n° 6, 1976.

5679 Celui qui rêve se mélange à l'air.
Georges Schéhadé *Monsieur Bob'le (1951)*; Gallimard.

5680 Je crois que l'homme rêve uniquement pour ne pas cesser de voir.
Johann Wolfgang Goethe *Les Affinités électives (1809)*; tr. Porchat.

5681 Les hommes s'endorment journellement avec une audace qui serait inintelligible si nous ne savions qu'elle est le résultat de l'ignorance du danger.
Pierre Pachet *Nuits étroitement surveillées (1980)*; Gallimard.

5682 Mon idéal ? Dormir, sans illusion aucune.
Manuel Machado y Ruiz (1874-1947) *Lauriers-roses*; tr. Darmangeat ; Seghers.

5683 Peut-être qu'en dormant on s'entraîne à mourir ?
À moins que l'on ne dorme en mémoire des morts ?
Henri Pichette *Poèmes offerts*; Granit.

5684 La pensée est le labeur de l'intelligence, la rêverie en est la volupté. Remplacer la pensée par la rêverie, c'est confondre un poison avec une nourriture.
Victor Hugo *Les Misérables (1862).*

5685 Quand le vivant s'endort, il s'établit immédiatement une communication entre son lit et sa tombe. Tout corps couché

prend la ligne de l'horizon de l'âme. L'endormi devient le réveillé de l'ombre.
Platon lors de la séance de spiritisme du 29 avril 1855 chez Victor Hugo *Les Tables tournantes de Jersey (1980)*; Stock.

La rêverie est le dimanche de la pensée. 5686
Henri-Frédéric Amiel *Fragments d'un journal intime (1884).*

Le rêve chemine linéairement, oubliant son chemin en courant. 5687
La rêverie travaille en étoile. Elle revient à son centre pour lancer de nouveaux rayons.
Gaston Bachelard *La Psychanalyse du feu (1937).*

[...] Le rêveur a à sa disposition le mode d'expression 5688
symbolique qu'il ne connaît ni ne reconnaît à l'état de veille.
Sigmund Freud *Introduction à la psychanalyse (1916-1917).*

Il refuse au cauchemar la part de féerie qui le rend 5689
habituellement supportable.
Michel Tournier *Présentation de Arthur Tress, Rêves*; Complexe.

Les hommes éveillés n'ont qu'un monde, mais les hommes 5690
endormis ont chacun leur monde.
Héraclite d'Éphèse *Fragments originaux*; tr. Battistini; Gallimard.

Chaque rêve qui réussit est un accomplissement du désir de 5691
dormir.
Sigmund Freud *L'Interprétation des rêves (1900)*; P. U. F.

J'ai crevé l'oreiller 5692
J'ai dû rêver trop fort
Ça m' prend les jours fériés.
Boris Bergman et **Alain Bashung** *Vertige de l'amour*; Phonogram.

empreinte :
La trace d'un rêve n'est pas moins réelle que celle d'un pas. 5693
Georges Duby.

Échapper à sa propre chronologie est une joie que donnent les 5694
rêves.
Maurice Béjart *Un instant dans la vie d'autrui*; Flammarion.

On ne plaisante pas avec le rêve. 5695
Pierre Gascar préface à Suzy Morel *L'Enfant cavalier*; Stock.

Mes genoux continuent à se mouvoir, mes pieds sont sans vie, 5696
cependant un homme insensé me poursuit misérablement.
Aphorisme akkadien (2000 av. J.-C.).

Nous n'avons qu'un ennemi : la pesanteur. 5697
Gabriel Matzneff *Les Passions schismatiques (1977)*; Stock.

L'homme traverse des printemps successifs. Mais pour la femme, 5698
il est beau de ne traverser qu'un seul rêve et d'en mourir.
Peter Altenberg (1859-1919) *Esquisses viennoises*; tr. M. Couffon; Éd. Pandora.

5699 Chute des reins, chute du rêve enfantin d'être sage.
Paul Verlaine *Femmes (1890).*

5700 Notre histoire n'est qu'un long rêve de Dieu.
Scot Erigène.

révélation

5701 Ton image est dans mon œil,
Ton mémorial sur mes lèvres,
Ta demeure en mon cœur, mais où te caches-tu donc ?
Al-Halladj (858-922) *Fragments en prose;* tr. Louis Massignon; Le Seuil.

b.a. ba :

5702 Nous sommes tous des enfants, dans une immense école maternelle, où nous essayons d'épeler le nom de Dieu avec des cubes marqués d'un alphabet qui ne convient pas !
Tennessee Williams *Soudain l'été dernier (1958);* tr. Guicharnaud; Laffont.

Verbe :

5703 Avant de parler par Moïse et par Jésus-Christ, Dieu a parlé une première fois à tous les hommes à travers le cosmos et la conscience.
Jean Daniélou (1905-1974) cité par le révérend père Carré, discours de réception à l'Académie française, février 1976.

5704 [Dieu] ne parle pas, mais sa voix est distincte; il éclaire peu, mais sa lumière est pure.
Malebranche *De la recherche de la vérité (1674).*

5705 La lumière est l'ombre de Dieu.
Inscription médiévale sur des cadrans solaires.

5706 Dieu est le Dieu du présent.
Maître Eckhart (1260 env.-1327) *Œuvres;* tr. P. Petit.

intériorité :

5707 Qu'est-ce que Dieu ? C'est un secret de l'homme.
Alain Bosquet *Le Livre du doute et de la grâce (1977);* Gallimard.

5708 À force d'interroger l'homme, on attend la réponse de Dieu.
Henri Petit *Le Bonheur;* Grasset.

5709 La personne humaine... est la révélation en l'homme de l'image de Dieu.
Nicolas Berdiaev *Vérité et Révélation.*

5710 Lorsque nous cherchons Dieu, l'amour dit : par ici !
Victor Hugo.

Dieu habite dans un cœur brisé. 5711
Isaïe, LVII, 15.

Nous fuyons le vide intérieur parce que Dieu pourrait s'y glisser. 5712
Simone Weil *Cahiers, 3 (1956);* Plon.

face à face :
Plus tu connaîtras Dieu, et plus tu sauras que tu es incapable de 5713
lui donner un nom.
Angelus Silésius *Le Pèlerin chérubinique, Mystique de l'intériorité;* éd. et tr. H. Plard.

Quiconque a vu Dieu et a compris ce qu'il a vu, n'a pas vu. 5714
Saint Maxime le Confesseur [1] (mort en 662) *Épître Dionys.* dans *Œuvres complètes,* Patrologie grecque XC, XCI.

Dieu voit celui qui le voit. 5715
Maxime de scarabée égyptien.

Mais nul ne veut ouvrir les yeux à l'Éternel. 5716
Andreas Gryphius (1616-1664) *Vanité, vanité;* tr. Lasne; Marabout.

Dieu ne connaît rien hors lui [2]. 5717
Attribué à **Avicenne** (980-1037), thèse condamnée en 1270.

Si Dieu devait apparaître aux affamés, il n'oserait leur apparaître 5718
que sous forme de nourriture.
Mahātmā Gandhi (1869-1948).

Essayez un instant d'imaginer votre confusion si, dans le 5719
royaume des cieux, vous découvrez que Dieu est un nègre.
Robert Kennedy (1925-1966).

Si Dieu existe, qu'il le prouve, et s'il n'existe pas, qu'il ait le 5720
courage de l'avouer...
Pensée du 24 juin 1980, Almanach de l'*Os à moelle;* Mengès.

révolte

J'appelle les fainéants, les crasseux, les drogués, les alcooliques, 5721
les pédés, les femmes, les parasites, les jeunes, les vieux, les artistes, les taulards, les gouines, les apprentis, les Noirs, les

1 - Sa lutte contre l'hérésie monothélite lui valut d'être conduit à Constantinople où le préfet « le fit fouetter, lui fit couper la langue et la main droite, le promena en cet état par toute la ville de Constantinople, et l'envoya en exil ». Mésangui et Goujet, *Les Vies des saints (1734).*
2 - Cette formule est extraite d'un catalogue de thèses condamnées sans que les écrits originaux d'Avicenne aient été consultés par les autorités ecclésiastiques.

piétons, les Arabes, les Français, les chevelus, les fous, les travestis, les anciens communistes, les abstentionnistes convaincus, tous ceux qui ne comptent pas pour les hommes politiques, à voter pour moi.
Coluche appel électoral pour les élections présidentielles de 1981.

5722 Qui refuse sa similitude avec le pouvoir est voué à s'effacer de son propre combat.
Michel Crouzet *La Vie de Henry Brulard ou l'Enfance de la révolte (1983);* José Corti.

5723 Tous les grands rebelles ont été de très petits rebelles.
Gilbert Keith Chesterton *La Sphère et la Croix (1909);* tr. Grolleau ; Crès.

5724 Vous me demandez ce qui me poussa à l'action ? C'est la volonté de me trouver au cœur de toutes les révoltes contre l'humiliation, c'est d'être présent, toujours et partout, chez les humiliés en armes.
Ernesto « Che » Guevara (1928-1967) [1] dans Jean Daniel *L'Ère des ruptures (1980);* Grasset.

5725 Nous voulons démolir les musées, les bibliothèques, combattre le moralisme, le féminisme, et toutes les lâchetés opportunistes et utilitaires.
Filippo Tommaso Marinetti *Manifeste du futurisme, Le Figaro,* 20 février 1909.

5726 La révolte n'est pas un sentiment. C'est une douleur du regard.
Ingrid Nahour *Les Lèvres mortes;* Éd. Papyrus.

5727 Ne me libère pas, je m'en charge.
Slogan Mai 1968.

5728 Il n'y a pas de liberté. Il y a la délivrance.
Paul La Cour *Fragments d'un journal (1948).*

5729 Je sais mal ce qu'est la liberté, mais je sais bien ce qu'est la libération.
André Malraux *Antimémoires; (1967);* Gallimard.

5730 Avant la chose,
Il y eut la révolte de la chose :
La jarre s'est brisée pour ne pas être jarre
Entre les mains malpropres.
Alain Bosquet *Le Livre du doute et de la grâce (1977);* Gallimard.

5731 L'excès est une preuve d'idéalité : aller au-delà du besoin.
Gustave Flaubert *Correspondance.*

---

1 - Cet ancien médecin, abattu par ses geôliers dans la salle d'école d'un petit village bolivien, acceptait sa mort « pourvu que d'autres hommes se lèvent pour entonner les chants funèbres dans le crépitement des mitrailleuses ».

L'individu qui pense contre la société qui dort, voilà l'histoire éternelle, et le printemps aura toujours le même hiver à vaincre. 5732
Alain *Propos de politique (1934)*; P.U.F.

L'anarchie, c'est la victoire de l'esprit sur la certitude. 5733
Georges Henein [1] (né en 1914) dans Sarane Alexandrian *Georges Henein*; Seghers.

Celui qui a été démesurément écrasé et humilié est obligé de s'opposer démesurément. 5734
Albert Memmi *L'Homme dominé (1973)*; Gallimard.

L'aboutissement de toute pensée, c'est le pavé. 5735
Slogan Mai 1968.

Ceux qui ont beaucoup à espérer et rien à perdre seront toujours dangereux. 5736
Edmund Burke (1729-1797) [2] *Correspondance.*

On ne peut pas dire que l'ennemi c'est le communisme actuel ou c'est le capitalisme actuel, car l'ennemi, c'est vraiment le spectre de la libération. 5737
Herbert Marcuse *L'Homme unidimensionnel (1964)*; tr. M. Wittig; Éd. de Minuit.

La révolte des jeunes bourgeois contre la bourgeoisie est condamnée au canular ou au fascisme. 5738
Romain Gary *Adieu Gary Cooper (1969)*; Gallimard.

Dans tous les efforts de contestation, d'où qu'ils viennent aujourd'hui, des marxistes ou des anarchistes, des révolutionnaires ou des révoltés, la poésie fait défaut... Ou bien une « poésie » gratuite, quelques vers de mirliton. L'un et l'autre n'ont rien à voir avec la poésie effective des êtres et des choses. 5739
Kostas Axelos propos recueillis dans *Le Monde,* 22 avril 1977.

Il n'y a pas d'héroïsme puisqu'on est empoigné par la grandeur de l'œuvre à accomplir et qu'on reste au-dessous. 5740
Louise Michel [3] *Mémoires (1886)*; Maspero.

[...] L'heure du souper approchait. Cette circonstance vous paraîtra ridicule, mais elle est fondée; et j'ai observé qu'à Paris, dans les émotions populaires, les plus échauffés ne veulent pas ce qu'ils appellent se désheurer. 5741
Cardinal de Retz *Mémoires (1665)* [4].

---

1 - Georges Henein a collaboré au mouvement surréaliste, et à la revue *Triple V* dirigée par Breton.
2 - Il fut l'un des ennemis les plus acharnés de la Révolution française.
3 - « Un visage aux traits masculins, d'une laideur de peuple, creusé à coups de hache dans le cœur d'un bois plus dur que le granit... telle apparaissait, au déclin de son âge, celle que les gazettes capitalistes nommaient la Vierge rouge, la bonne Louise. » Laurent Tailhade.
4 - Pour des motifs restés inconnus, son enterrement eut lieu de nuit, avec une certaine pompe. Était-ce pour « désheurer » l'éventuelle assistance ?

5742 Il n'y a que deux attitudes : se résigner ou se révolter. Toutes deux, à la limite, exigent la même liberté et la même lucidité. Malheureusement, nos révoltés sont encore et toujours beaucoup trop résignés, et nos résignés beaucoup trop révoltés.
Julien Torma *Euphorismes (1978);* Éd. Paul Vermont.

5743 Il y a en France 38 000 communes.
Nous en sommes à la seconde.
Slogan Mai 1968.

révolution

5744 [...] La routine, cette préface des révolutions.
Émile de Girardin *Les Cinquante-deux*[1] *: note du 14 décembre.*

5745 La révolution, c'est une tentative pour faire aboutir les rêves.
Robert Rosenstone *Voix (1977);* Maspero.

5746 La révolution, c'est les vacances de la vie.
André Malraux *L'Espoir (1937);* Gallimard.

5747 La révolution doit apprendre à ne pas prévoir.
Napoléon Ier.

5748 L'insurrection finit quand la révolution commence.
Giuseppe Mazzini (1806-1872) *Écrits politiques.*

5749 Citoyen, vouliez-vous une révolution sans révolution ?
Maximilien de Robespierre discours à l'Assemblée nationale, 5 novembre 1792[2].

5750 Que la pique du peuple brise le sceptre des rois.
Danton discours à la Convention, 4 octobre 1792[3].

exécution :

5751 Napoléon, en arrivant sur la scène du monde, vit que son rôle était d'être l'exécuteur testamentaire de la Révolution.
Napoléon III (1808-1873) *Idées napoléoniennes.*

sans-culotte :

5752 Le costume étant le plus énergique de tous les symboles, la Révolution fut aussi... un débat entre la soie et le drap.
Honoré de Balzac *Traité de la vie élégante.*

1 - Suite d'écrits sur des questions à l'ordre du jour, 1849-1854.
2 - Robespierre répondait ici aux accusations du girondin Louvet, représentant du Loiret, qui lui avait reproché ses abus de pouvoir : « Je t'accuse de t'être continuellement produit comme un objet d'idolâtrie ; je t'accuse d'avoir tyrannisé par tous les moyens d'intrigue et d'effroi l'assemblée électorale du département de Paris. »
3 - Le 21 septembre, la Convention, dotée des pleins pouvoirs, avait décrété l'abolition de la royauté. A cette occasion, Grégoire avait dit : « Les rois sont dans l'ordre moral ce que les monstres sont dans l'ordre physique. »

Du roi nu au roi mort, la distance n'est pas si longue. C'est pourquoi, au lendemain des révolutions vaincues, les vestiaires de l'Histoire s'emplissent de rois qui se rhabillent. 5753
François Bott *Traité de la désillusion (1977);* P.U.F.

coup d'État :
Toutes les révolutions modernes ont abouti à un renforcement de l'État. 5754
Albert Camus *L'Homme révolté (1951);* Gallimard.

Les révolutions n'ont généralement pour résultat immédiat qu'un déplacement de servitude. 5755
Gustave Le Bon *Aphorismes du temps présent;* Flammarion.

La désastreuse expérience de ces trente dernières années nous conduit à comprendre toutes les révoltes mais en même temps à ne faire confiance à aucune révolution. 5756
Jean Daniel *L'Ère des ruptures (1979);* Grasset.

La vraie révolution, c'est quand les rôles changent et pas seulement les titulaires. 5757
Gilbert Cesbron *Mourir étonné (1976);* Laffont.

Toute révolution qui n'est pas accomplie dans les mœurs et dans les idées échoue. 5758
François René de Chateaubriand *Essai historique, politique et moral sur les révolutions anciennes et modernes... (1797).*

Il n'est pas possible d'être simultanément secoué par une révolution énergétique, une révolution technologique, une révolution familiale, une révolution sexuelle et une révolution dans les communications à l'échelle de la planète, sans avoir aussi à affronter, tôt ou tard, une révolution politique potentiellement explosive. 5759
Alvin Toffler *La Troisième Vague (1980);* tr. M. Deutsch; Denoël.

L'épopée de notre époque est la révolution mondiale, elle ne peut se terminer avant d'avoir englobé le monde entier. 5760
Paul Baran et **Paul Sweezy** *Le Capitalisme monopoliste (1968);* tr. C. Passadeos.

Les révolutions sont des temps où le pauvre n'est pas sûr de sa probité, le riche de sa fortune, et l'innocent de sa vie. 5761
Joseph Joubert (1754-1824) *Pensées et Maximes.*

Les barricades n'ont que deux côtés. 5762
Elsa Triolet *Proverbes d'Elsa;* Les Éditeurs Français Réunis.

Au moment où Gavroche débarrassait de ses cartouches un sergent gisant près d'une borne, une balle frappa le cadavre. « Fichtre ! fit Gavroche. Voilà qu'on me tue mes morts. » 5763
Victor Hugo *Les Misérables (1862).*

Les barricades sont les voix de ceux qu'on n'entend pas. 5764
Martin Luther King propos tenu en 1968.

5765 L'émeute, c'est quand le populaire est battu : tous des vauriens !... La révolution, c'est quand il est le plus fort : tous des héros.
Victorien Sardou *Rabagas (1880).*

révolution culturelle :
5766 L'ancienne solution pour empêcher une révolution était dix soldats pour un guérillero. Maintenant, la solution, c'est dix anthropologues pour un guérillero.
Jean Copans *Anthropologie et Impérialisme (1975)*; Maspero.

richesse

garni :
5767 On raconte toujours que notre maison de campagne a 82 pièces. Ce n'est pas vrai. Je viens de les compter, nous n'en avons que 35.
Anne princesse d'Angleterre.

5768 D'être riche, ça vous fait honte ?
Didier Decoin *John l'Enfer (1977)*; Le Seuil.

5769 Malheur à vous, les riches, car vous tenez votre consolation.
Saint Luc.

5770 Combien que ça fait un million ?
Ça fait beaucoup.
Jules Renard *Poil de carotte (1893).*

jeunesse dorée :
5771 Tout ce qui brille n'est pas or, mais contient au moins des électrons libres.
J.D. Bernal[1] conférence, 1960.

5772 L'argent est semblable à un sixième sens sans lequel vous ne pouvez pas faire un usage complet des cinq autres.
Somerset Maugham *Esclavage humain (1915)*; tr. Blanchet; Éd. de Paris.

5773 J'aime beaucoup les personnages qui font des fortunes immenses. C'est drôle, mais ça me fait plaisir comme s'il s'agissait de moi.
Georges Duhamel *Cécile parmi nous (1945)*; Gallimard.

5774 Elle signe des chèques de mille dollars comme d'autres se mouchent.
Michel Déon *Un taxi mauve (1973)*; Gallimard.

---

1 - Scientifique anglais.

pactole :
Riche comme Crésus. 5775
Lucien (120 env.-200 env.) *Timon.*

On peut voir le peu de cas que Dieu fait des richesses, par les gens à qui il les donne [1]. 5776
Alexander Pope (1688-1744) *Thoughts on Various Subjects.*

On excuse les vices du riche, et on ne supporte pas les défauts du pauvre. 5777
Michel Campiche *Du haut de la solitude;* L'Aire.

dame de fer :
Personne ne se souviendrait du bon Samaritain s'il n'avait eu que de bonnes intentions. Il avait aussi de l'argent. 5778
Margaret Thatcher dans *The Spectator,* 1980.

Il est dangereux de se pencher au-dehors 5779
Quel que soit ton train de vie.
Claude Nougaro *E pericoloso sporgersi;* Éd. du Chiffre Neuf.

Picsou :
Plus ils sont riches, ces animaux-là, plus ils sont pingres. 5780
Federico de Roberto *Les Princes de Francalanza (1979);* Denoël.

Cette pièce de monnaie n'est vraiment à toi que si elle quitte ta main. 5781
Abdallah Ibn Al-Abbâs dans René R. Khawam *Propos des Arabes sur la vie en société;* Albin Michel.

Les gens riches, en général, m'ennuient car s'ils sont riches c'est qu'ils ont réussi à garder leur argent, et cela implique que l'on dise « non » dix fois par jour à d'autres gens. 5782
Françoise Sagan *Réponses (1974);* J.-J. Pauvert.

Le bourgeois ne se dissipe pas, il se remplit. Il n'aime pas, il s'approprie. Il n'éjacule pas, il retient. 5783
Emmanuelle Arsan *Emmanuelle IV (1974);* Filipacchi.

Il faut être riche pour être en droit de ne rien acheter. 5784
Arnould Frémy *Les Français peints par eux-mêmes.*

Sans argent, je ne suis pas vraiment moi-même. Je suis riche « par nature ». Je l'ai toujours été en réalité, mais je n'en ai jamais eu les moyens [2]. 5785
Nicole Blondeau et **Jean-Paul Feuillebois** *Victoria la Scandaleuse (1979);* Mengès.

---

1 - Pope ne fut pas délaissé par la fortune, faible compensation à ses tourments physiques : « Ses jambes étaient si minces qu'il en augmentait le volume au moyen de trois paires de bas que la servante lui mettait et lui ôtait, car il était incapable de s'habiller et de se déshabiller, et il avait besoin qu'on l'aidât à se mettre au lit et à se lever. » Johnson.
2 - Le propos est attribué à Victoria Woodhull qui fut la première femme à la Bourse de New York. Sa société, la Woodhull et Claflin, était financée par le milliardaire Vanderbilt.

rire

5786 J'ai un vrai rire de merde. À une époque, je m'entraînais à éclater de rire pour essayer de l'améliorer un peu. Mais je n'y suis jamais arrivé.
Robert Carter *La Fabrique de sucre (1989)*; tr. S. Mayoux Gallimard.

5787 Les gens qui ne rient jamais ne sont pas des gens sérieux.
Alphonse Allais (1855-1905).

5788 J'ai remarqué que plus on vieillit, plus on a tendance à rire tout seul. Cela me paraît constituer un progrès.
Antonio Tabucchi *Le Fil de l'horizon*; tr. L. Chapuis (1988); Christian Bourgois.

5789 Le rire châtie certains défauts à peu près comme la maladie châtie certains excès.
Henri Bergson *Le Rire. Essai sur la signification du comique (1899).*

5790 Celui qui rit en sait toujours assez.
Françoise Mallet-Joris *Allegra (1976)*; Grasset.

5791 Rien n'est pire qu'un rire stupide.
Graham Greene *L'Autre et son Double* (entretiens avec M.-F. Allain); Belfond.

5792 Lorsque l'on rit, cela fait moins de saleté à nettoyer.
Kurt Vonnegut Jr. *Gibier de potence (1981)*; Le Seuil.

5793 Il y a dans le rire des vertus secrètes d'inquiétude et de lucidité. Un homme qui rit ne peut rester bien longtemps un salaud.
Robert Escarpit *Lettre ouverte à Dieu*; Albin Michel.

5794 Dieu m'a donné de quoi rire.
Sara dans *Genèse XXI, 1-6.*

5795 Le rire, en maintenant l'homme à son rang, chante à sa manière la gloire de Dieu.
Karl Rahner *L'Homme au miroir de l'année chrétienne (1966)*; Mame.

5796 Comme le cœur et comme le sexe, le rire procède par érection.
Jean Cocteau *La Difficulté d'être*; éd. du Rocher.

5797 Qui rit vendredi, c'est toujours ça de pris.
Cavanna *Humour secret*; Julliard.

5798 Un Londonien rit beaucoup moins qu'un Bochiman.
Boris Cyrulnik *Mémoire de singe et Paroles d'homme (1983)*; Hachette.

La passion du rire est un mouvement subit de vanité produit 5799
par une conception soudaine de quelque avantage personnel, comparé à une faiblesse que nous remarquons actuellement dans les autres, ou que nous avions auparavant.
Thomas Hobbes *De la nature humaine;* tr. d'Holbach; Vrin.

J'aime une femme qui rit. Il semble alors que son vagin remonte 5800
jusqu'à sa bouche, en vrillant, comme certaines fusées de feux d'artifice.
Henry de Montherlant *Carnets, 1930-1944;* Gallimard.

Je me suis souvent demandé ce qu'il y avait d'impoli à rire de 5801
ses propres plaisanteries, car c'est un des plus grands plaisirs de la vie.
John Kenneth Galbraith *Chroniques d'un libéral impénitent (1982);* Gallimard.

Je suis une créature parmi des milliers de créatures visibles ou 5802
invisibles... La vie à laquelle j'appartiens est comme une goutte de rosée sur la feuille d'un arbre aux multiples ramifications; je dois admettre la vanité de cette condition et pourtant m'intéresser aux joies et aux peines quotidiennes. C'est pour cela que je ne peux m'empêcher de rire.
Naguib Mahfouz *Récits de notre quartier;* tr. K. Osman (1988); Éd. Sindbad.

fini de rire :
Mourra bien qui rira le dernier. 5803
Jacques Prévert *Soleil de nuit;* Gallimard.

Roman

Un roman commence par un coup de dés. 5804
Roger Vailland *La Fête (1960);* Gallimard.

Ce que nous attendons d'un récit... c'est de l'expérience vécue 5805
par procuration.
John Updike *La Vie littéraire;* tr. J. Malignon; Gallimard.

Un des problèmes qui ont le plus remué les consciences du XXe 5806
siècle, et tout le roman moderne : celui de la cohérence du réel [1].
Alain Robbe-Grillet *Djinn (1981);* Éd. de Minuit.

Le roman n'est pas posé sur la réalité comme le couvercle sur 5807
une boîte. Il est une autre réalité qui gravite autour de la première et qui l'éclaire.
Félicien Marceau *Le Roman en liberté;* Gallimard.

---

1 - Problème résolu par Alain Robbe-Grillet d'un coup de « gomme ».

madame Bovary :

5808 Tout roman est contraire au véritable christianisme, parce que tout roman renferme en soi et caresse plus ou moins un idéal de félicité sur terre, ou un idéal de douleur.
Charles-Augustin Sainte-Beuve *Mes poisons (1926).*

5809 Je trouve qu'il y a trop de romans policiers et pas assez de meurtres.
Vassilis Alexakis *La Tête du chat (1978);* Le Seuil.

5810 C'est la fiction qui permet d'articuler la réalité.
Roger Lewinter *Le Récit et sa Représentation;* colloque de Saint-Hubert; Payot.

5811 La science-fiction est le moyen d'expression par lequel notre misérable certitude que demain différera d'aujourd'hui de façon imprévisible peut être transmuée en une attente impatiente et passionnante.
John Brunner préface dans *Le Livre d'or de la science-fiction;* Presses pocket.

5812 Le plus beau des romans est une lettre, un texte que personne ne pourrait résumer, et qui n'aurait de raison que pour moi-même.
Yves Navarre *Romances sans paroles (1982);* Flammarion.

adultère :

5813 J'aime ma femme, mais j'aime mieux mon roman.
Henry de Montherlant *Carnet 3 (1956);* Gallimard.

méthode de travail :

5814 On n'écrit pas un roman d'amour pendant qu'on fait l'amour.
Colette *Lettres au petit corsaire (1963);* Flammarion.

rue

5815 La connaissance du cœur humain, c'est l'érudition des flâneurs.
François de Curel *L'amour brode (1893);* Stock.

titi :

5816 Être môme du pavé, enfant de purotins, nez au vent, mains dans les poches, des copains en pagaille, c'est Noël tous les jours.
Cavanna *Les Ritals (1978);* Belfond.

5817 J'essuie toujours des regards méprisants lorsque j'essaie de flâner parmi des gens affairés. J'ai l'impression qu'on me prend pour un pickpocket.
Franz Hessel *Promenades dans Berlin;* tr. J.M. Palmier (1989); Presses universitaires de Grenoble.

Le passage clouté est le haut lieu de la tendresse municipale. 5818
France Quéré *Au fil de l'autre (1979);* Le Seuil.

Tout est redevenu étrangement calme 5819
Les fakirs traversent dans les clous.
Boris Bergman et **Alain Bashung** *Ça cache quekchose;* disques Phonogram.

sens unique :
Dans la cité... l'homme ne peut s'égarer même s'il le désire, 5820
parce que mille, dix mille, cent mille paires d'yeux le classent, le situent, le reconnaissent et l'étreignent, l'identifient et le sauvent, lui permettent de se retrouver dans son lieu naturel : la prison, l'orphelinat, le commissariat, l'asile d'aliénés ou la salle des urgences.
Luis Martin-Santos *Les Demeures du silence (1960);* tr. Rouquié; Le Seuil.

danger particulier :
Dans une cohue on ne peut penser qu'à ses orteils. 5821
Lauri Viita *Et après (1965);* Leevi.

signal sonore :
On n'entend plus guère le repasseur de couteaux, le réparateur 5822
de porcelaine, le rempailleur de chaises; on n'entend plus guère que les radios qui bafouillent, des tourne-disques, des transistors et des télés, ou bien encore le faible aye aye, ouïe ouïe que pousse un piéton écrasé.
Raymond Queneau.

stationnement interdit :
Le plus grand danger du monde est de passer sous des balcons 5823
élevés garnis de gros pots de fleurs un jour de grand vent.
Yves La Prairie *Le Nouvel Homme et la Mer (1977);* Mengès.

Il y a des possédés que tient la hantise de la rue : là seulement 5824
ils éprouvent le pouvoir de la nature.
Louis Aragon *Le Paysan de Paris (1926);* Gallimard.

descente dangereuse :
Comme je descendais une rue impossible 5825
Je ne me sentis plus guidé par le chauffeur.
Des grévistes hurleurs le choisissant pour cible
L'écartelaient tout nu sur le seuil d'un coiffeur.
Jean Pellerin *Trésor du pastiche;* Pierre Horay.

décharge interdite :
Moi je fais où on me dit de faire! 5826
Affiche de la mairie de Paris (1982).

Rupture

5827 J'ai été folle de ce garçon, et maintenant je ne peux plus le voir. Comme les hommes changent !
Henri Becque *La Parisienne.*

liaison interrompue :
5828 [...] J'ai eu juste autant d'amour que toi de vertu, et c'est sûrement beaucoup dire, il n'est pas étonnant que l'un ait fini en même temps que l'autre.
Pierre Choderlos de Laclos *Les Liaisons dangereuses (1782).*

5829 Seule comme une pomme
Tombée par terre
Sans ultimatum
Tête à l'envers.
Al Goldstein chanté par Françoise Hardy *Seule comme une pomme;* Rideau Rouge.

symptôme :
5830 Quand elle part j'ai l'cœur serré lacéré
Les docteurs sont incompétents
Elle part elle part.
Michel Jonasz *Quand elle part j'ai l'cœur serré;* Atlantic/April Music.

salut vieux !
5831 [...] Aimer, c'est rompre avec soi-même [...].
Jacqueline Mabit *Les hommes ont passé.*

5832 Il m'est arrivé de penser que la preuve de notre amour était dans cet acharnement que nous mettions à le détruire.
William Growd *La Nuit conjugale (1967);* Le Seuil.

Landru :
5833 Je pratique
La politique
De la femme brûlée
Je brûle toutes celles que j'ai adorées.
Serge Gainsbourg *Au pays des malices;* Le Temps singulier.

5834 Une histoire d'amour qui s'achève ressemble assez à de l'étoffe brûlée. On raccommode une déchirure et ça craque juste à côté.
Anita Roustan *Panne de cœur (1989);* Calmann-Lévy.

5835 Quand elle n'est pas là,
Je dis : où est-elle ?
Alain Souchon *Chansons.*

rupture

retour-aller :
Qu'il est facile de se quitter, difficile de se retrouver ! 5836
Song Fang-Hu ; tr. Li Tche-houa ; dans Paul Démiéville
Anthologie de la poésie chinoise classique ; Gallimard.

laisser-tomber :
Au bureau des objets trouvés au coin d'une rue 5837
Désemparé je suis comme ces objets perdus.
Michel Jonasz *Les Objets perdus ;* Atlantic.

De nos jours 5838
Y'a des accidents d'amour
De nos jours
Y'a des passions qui tournent court.
Michel Berger *Les Accidents d'amour ;* P. E. M. Colline.

non :
Est-ce que vous vous êtes aperçu à quel point il est rare qu'un 5839
amour échoue sur les qualités ou les défauts réels de la personne
aimée ?
Jacques Lacan *Le Séminaire, II (1978) ;* Le Seuil.

L'amour 5840
C'est un terrain vague dans moi
Une propriété trouée avec ruine unique.
Gregory Corso *Sentiments élégiaques américains (1978) ;* C. Bourgois.

qui dit mieux !
On patiente un an, deux ans, sept ans, huit ans et on explose. 5841
Paul Fournel *Les petites filles respirent le même air que nous (1978) ;* Gallimard.

S

Sacré

5842 Sauvage est la proximité du sacré.
Friedrich Hölderlin (1770-1843) *Œuvres;* tr. Jacottet; Gallimard.

5843 Tout ce qui ne se consume pas pourrit. Aussi la vérité permanente du sacré réside-t-elle simultanément dans la fascination du brasier et l'horreur de la pourriture.
Roger Caillois *L'Homme et le Sacré (1939);* Gallimard.

5844 La religion n'est pas seulement un système d'idées, elle est avant tout un système de forces.
Émile Durkheim *De la division du travail social (1893);* P. U. F.

coquille [1] :

5845 Il y a dans la religion quelque chose d'éternel qui est destiné à survivre à tous les symboles particuliers dans lesquels la pensée religieuse s'est successivement enveloppée.
Émile Durkheim *Les Formes élémentaires de la vie religieuse (1912).*

---

1 - Symbole des pèlerins de Saint-Jacques-de-Compostelle.

Les absolus ont tout du château de cartes. 5846
Pascal Ory *Nizan (1980);* Ramsay.

J'ai mis vingt ans à savoir que le ciel, pour moi, était vide et 5847
qu'aucun secours ne me viendrait de là. Ni d'ailleurs, mais ce fut un peu plus long.
Françoise Giroud *Ce que je crois (1978);* Grasset.

panthéon :
Quand on voudra s'occuper utilement du bonheur des hommes, 5848
c'est par les dieux du ciel que la réforme doit commencer.
Paul Thiry d'Holbach *Le Système de la nature* [1] *(1770).*

Les hommes tiennent à leur religion comme les sauvages à l'eau- 5849
de-vie.
Paul Thiry d'Holbach *Le Système de la nature (1770).*

[...] La religion, ce n'est pas gênant mais confortable. Savoir où 5850
l'on va est quand même rassurant.
Jean Basile *La Jument des Mongols (1966);* Grasset.

Je suis au monde, mais je ne suis pas du monde. 5851
Credo gnostique dans **Henri-Charles Puech** *En quête de la gnose (1978);* Gallimard.

Pierre :
Nous sommes tous des fondateurs de religions. 5852
Per Olov Enquist *Le Cinquième Hiver du magnétiseur;* tr. L. et M. de Gouvenain; Flammarion.

La religion est l'intuition de l'Univers [2]. 5853
F. D. E. Schleiermacher *Discours sur la religion (1799);* tr. Rouge; Aubier.

arbre de vie :
Quel est le principe essentiel du bouddhisme? Le cyprès dans la 5854
cour.
Daisetz Téitaro Suzuki *Introduction au bouddhisme zen (1978);* Buchet-Chastel.

Un maître zen dit à son disciple : 5855
– Allez me chercher mon éventail de corne de rhinocéros.
Le disciple : – Je regrette, Maître, il est brisé.
Le maître : – Bon, dans ce cas, apportez-moi le rhinocéros!
Anecdocte citée par **Marie-Madeleine Davy** préface du t. 3 de l'*Encyclopédie des mystiques (1972);* Seghers.

L'hindouisme, c'est le respect de la vache. 5856
Mahātmā Gandhi [3] cité dans l'*Encyclopédie des mystiques, t. 3 (1972);* dir. Marie-Madeleine Davy.

---

1 - L'ouvrage fut publié sous le pseudonyme de feu Mirabeau.
2 - La foi est ainsi une « province particulière de la sensibilité » *(ibid).*
3 - Gandhi se réclamait de l'hindouisme, mais il en heurtait les conceptions traditionnelles. Il fut d'ailleurs assassiné par un brahmane orthodoxe. Dans l'Atharva Veda, la vache joue un rôle cosmique :
« La vache est le ciel, la vache est la terre. »

5857 Une fois yin, une fois yang, c'est là le tao.
Aphorisme taoïste.

5858 La religion est une partie du sexe de la femme.
Edmond et Jules de Goncourt *Idées et Sensations.*

trinité :

5859 Il y en a trois qui se partagent le monde de leurs sectes et de leurs doctrines : Moïse, Jésus, Mahomet ; Moïse, le premier, rendit fous les juifs ; Jésus, les chrétiens ; Mahomet les païens.
Légende de **Simon de Tournai** enseignant à ses étudiants parisiens le blasphème des trois imposteurs [1] (début XIIIe s.) dans H. Busson *Les Sources et le Développement du rationalisme.*

5860 Le protestantisme n'est en religion qu'une hérésie illogique ; en politique, qu'une révolution avortée.
François René de Chateaubriand *Mémoires d'outre-tombe (1848).*

5861 Le catholicisme est inadmissible, le protestantisme est intolérable.
André Gide *Journal (1939-1949) ;* Gallimard.

5862 Le nerf, la saveur de la religion, c'est le repentir.
Hubert Monteilhet *Devoirs de vacances (1967) ;* Denoël.

5863 Les sectes sont des clignotants qui signalent un défaut dans les circuits de notre civilisation matérialiste.
Alain Woodrow *Les Nouvelles Sectes (1977) ;* Le Seuil.

5864 Toute cérémonie religieuse crée la possibilité d'une messe noire.
Erving Goffman *Les Rites d'interaction (1974) ;* Éd. de Minuit.

5865 Le vingt et unième siècle sera religieux et de ce fait ne sera pas.
Jacques Ellul *La Foi au prix du doute (1980) ;* Hachette.

Sadisme et masochisme

5866 Il y a des coups de fouet qui se perdent.
Cécil Saint-Laurent *Les Voyeurs jaloux (1976) ;* Julliard.

5867 Le désir de faire souffrir l'objet sexuel – ou le sentiment opposé, le désir de se faire souffrir soi-même – est la forme de perversion la plus fréquente et la plus importante de toutes.
Sigmund Freud *Trois essais sur la théorie de la sexualité (1905) ;* tr. Reverchon-Jouve ; Gallimard.

---

1 - Dialecticien subtil, Simon de Tournai (1130-1203) attirait des foules d'étudiants à ses cours de l'université de Paris.

Tout sadisme semble la volonté délirante d'une impossible possession. 5868
André Malraux *Le Triangle noir (1970);* Gallimard.

Sade fait songer aux livres sacrés des grandes religions. 5869
Jean Paulhan *Le Marquis de Sade et sa complice, ou les Revanches de la pudeur (1951).*

les infortunes de la vertu :
C'est trop idéaliste... et, de ce fait, cruel. 5870
Fedor Dostoïevski *Humiliés et offensés (1861).*

Il y a dans l'acte de l'amour une grande ressemblance avec la torture ou avec une opération chirurgicale. 5871
Charles Baudelaire *Les Fleurs du mal (1857).*

Je suis venu te dire que je m'en vais [1]. 5872
Chanson de **Serge Gainsbourg.**

Jules et Junie :
J'aimais jusqu'à ses pleurs que je faisais couler [2]. 5873
Jean Racine *Britannicus (1669).*

Il est des hommes mûrs et durs aux cœurs impurs 5874
Qui n'ont pas de pitié quand les filles murmurent.
Jean Thévenin *Les Chevelures à cheval (1971);* Gallimard.

Au moins, les sadiques ne sont pas indifférents aux souffrances qu'ils causent. 5875
Nathalie Clifford-Barney *Pensées d'une amazone;* Émile-Paul.

On peut être cruel en pardonnant et miséricordieux en punissant. 5876
Saint Augustin (354-430) *Epistolae, CLIII;* tr. Péronne, Ecalle, Vincent.

Le masochisme est une expérience mystique. 5877
André Pieyre de Mandiargues *La Mort mithridatisée* dans *Troisième belvédère (1971);* Gallimard.

duo :
Chéri, fais-moi mal !
Non ! 5878
Boutade connue [3].

Le masochiste exhibe et le châtiment et sa faillite ; il montre certes sa soumission, mais aussi sa révolte invincible... Il ne peut être brisé de l'extérieur. 5879
Theodor Reik *Le Masochisme (1953);* Payot.

---

1 - Et tes larmes n'y pourront rien changer.
2 - Néron évoque Junie à Narcisse.
3 - Il en existe plusieurs variantes, certaines avec mise en scène :
« Un sadique se trouve face à face avec un masochiste. Il l'entraîne sans ménagement dans un coin de la pièce, prend une profonde inspiration et, terrible, ébauche un geste de menace. L'angoisse délicieuse se peint sur les traits du masochiste. Au moment de frapper, pourtant, le sadique se ravise, baisse le bras, puis, impitoyable, laisse tomber un "non" sardonique et méchant. »
Rapporté par D. Jameux. *Sadisme et Masochisme* in *Encyclopaedia Universalis.*

5880 Sur sa parole d'honneur, M. Léopold de Sacher-Masoch s'engage à être l'esclave de Mme de Pistor, et à exécuter absolument tous ses désirs et ordres et cela pendant six mois.
Contrat passé par le chevalier **Léopold von Sacher-Masoch,** commencé d'exécuter le 8 décembre 1869 [1]; cité par Gilles Deleuze *Présentation de Sacher-Masoch (1967);* Éd. de Minuit.

Sagesse

5881 Le sage n'a ni maison, ni parenté, ni patrie [2].
Philon d'Alexandrie (v. 20 av. J.-C.-45 ap. J.-C.) *De vita contemplativa, 18.*

digestion :

5882 Celui qui connaît, et ce qu'il connaît, sont un [3].
Maître Eckhart (v. 1260-v. 1327) *Œuvres;* tr. P. Petit.

5883 L'on devient ce que l'on connaît[4].
Shankara dans P. Martin Dubost *Shankara et le Védânta (1973);* Le Seuil.

5884 Nul n'est sage à moins d'être heureux.
Saint Augustin *De beata vita*[5].

indigestion :

5885 Le sage n'est pas sans souffrir de comprendre avec trop de sagesse.
Euripide *Électre, 295 (413 av. J.-C.).*

5886 L'on n'est pas sage tant que l'on n'a follé.
Proverbia vulgalia, manuscrit du XIVe s.; Herefort, Cathedral Close.

5887 Je me méfie pourtant de l'intuition, science de ceux qui bougent : le vrai savoir est sédentaire.
François Mitterrand *L'Abeille et l'Architecte (1978);* Flammarion.

5888 Reste assis dans ta cellule, elle t'enseignera tout.
Réponse de l'**Abbé Moïse** à un interlocuteur[6] dans *Sentences des Pères du Désert;* tr. dom Dion, dom Oury; Solesmes.

---

1 - Un contrat identique fut passé avec Wanda de Dunaiev qui formula un certain nombre de conditions : « Vous ne serez ni un fils, ni un frère, ni un ami; vous ne serez ainsi rien que mon esclave gisant dans la poussière. » *(ibid).*
2 - Philon parle ici notamment des thérapeutes, communauté d'ascètes juifs des alentours d'Alexandrie. Ces sages ont grandement influencé saint Antoine et les premiers ermites chrétiens.
3 - Il ne s'agit pas d'une identification mais d'une indistinction.
4 - C'est l'une des expériences du yoga.
5 - Adage stoïcien rapporté par saint Augustin, II, 14.
6 - Moïse (330-405 env.) s'était retiré dans le désert égyptien après avoir mené la vie d'un chef de bande. Ce colosse noir resta six ans dans sa cellule en se tenant debout toute la nuit, sans s'agenouiller ni s'appuyer, de peur de dormir.

Le sage est celui qui s'étonne de tout. 5889
André Gide *Les Nourritures terrestres (1897);* Gallimard.

La voie de l'humilité sera d'apprendre de l'inférieur qui ne sait pas, alors qu'on sait, ce que l'on ne sait pas. 5890
Dénkart [1] Livre III, ch. 104; tr. du pehlvi par J. de Menasce.

Qui mérite le nom de sage ? Celui qui trouve quelque chose à apprendre de chaque homme. 5891
Mishna [2] (IIe s. - début du IIIe s.).

Saisir l'à-propos est, en toutes choses, le plus grand mérite. 5892
Pindare (518-438 av. J.-C.) *Les Pythiques.*

Mieux vaut écouter la semonce du sage que le chant du fou. 5893
Ecclésiaste VII, 5.

Les hommes sages ne disent pas tout ce qu'ils pensent, mais ils pensent tout ce qu'ils disent. 5894
Gotthold Ephraim Lessing (1729-1781) *Manuel de morale;* tr. d'Antelmy.

C'est une fille qui pense à rien; quand je lui dis à quoi tu penses 5895
Elle me dit je pense à rien, et depuis tout va vraiment bien.
Pierre Grillet *Cette fille;* You You Music, Sidonie, April Music et Repère.

etc.
La dissimulation est une sagesse abrégée. 5896
Francis Bacon (1561-1626) *De dignitate et augmentis scientiarum, VI, 32. (De la dignité et de l'accroissement des connaissances humaines.)*

La plupart des gens qui vieillissent trempent leur bel iceberg dans l'eau tiède. 5897
Claude Roland-Manuel *Chemins d'ombre;* Calligrammes.

La sagesse des vieillards, c'est une grande erreur. Ce n'est pas plus sage qu'ils deviennent, c'est plus prudents. 5898
Ernest Hemingway *L'Adieu aux armes (1929);* tr. Coindreau.

Il y aurait beaucoup à dire sur la prétendue sagesse des vieillards. Les sénateurs, quand ils ne parlent pas de leur prostate, se racontent des histoires de cul. 5899
Yvan Audouard *Les Pensées (1991);* Cherche-Midi;

[...] On a tout à gagner, quand on est sage, à ne point le paraître. 5900
Eschyle (525-456 av. J.-C.) *Prométhée enchaîné.*

Si jamais j'acquiers la sagesse, je serai assez sage, j'imagine, pour en tirer parti. 5901
Somerset Maugham *Le Fil du rasoir (1944);* tr. Oungre; Plon.

---

1 - Texte mazdéen.
2 - Recueil hébraïque des *halakhot*, rédigé par le patriarche Juda Ier.

5902 Le sage fait son deuil de sa mort.
Roger Judrin *Miroir d'ombre (1981);* Calligrammes.

5903 La sagesse n'est pas la méditation de la mort, mais la méditation de la vie.
Spinoza (1632-1677) *Œuvres complètes;* tr. Ch. Appuhn.

5904 Je ne comprends pas. Comment cela est-il possible ? dit l'homme de bon sens. La réponse, c'est qu'il n'y a rien à « comprendre ». C'est comme ça.
Hubert Reeves *Patience dans l'azur (1981);* Le Seuil.

5905 En nous s'est installée plus que l'absence et la mort même : une espèce de doute, d'incapacité à aimer... Tout cela, en un mot, qu'on appelle sagesse.
André Miquel *L'Inaccompli (1989);* Le Seuil.

5906 Le Seigneur connaît les pensées des sages et sait qu'elles sont vaines.
Psaumes XCIII.

Saints

apôtres :
5907 Ils sont à table
Ils ne mangent pas
Ils ne sont pas dans leur assiette
Et leur assiette se tient toute droite
Verticalement derrière leur tête.
Jacques Prévert *Paroles; La Cène (1945);* Gallimard.

5908 Saint Longin [1]... il faut vraiment avoir percé le Sacré Cœur de Jésus pour devenir un saint.
Alexandre Barivault *Considérations désobligeantes (1966);* éd. Calender.

5909 Il était dans la nature des choses que le premier converti par la Rédemption fût un soldat et un Romain.
Louis-Ferdinand Céline dans *Cahiers Céline t. 1;* Gallimard.

Robert d'Arbrissel [2] :
5910 Un saint est un pécheur mort, revu et corrigé.
Ambrose Bierce *Dictionnaire du diable (1911).*

1 - Après la passion du Christ, le centurion Longin se convertit au christianisme et se retira en Cappadoce. Il fut martyrisé.
2 - Le bienheureux Robert d'Arbrissel couchait avec deux nonnes pour mettre sa continence à l'épreuve. Les lettres de l'évêque lui reprochant sa conduite furent censurées par les hagiographes.

Thérèse d'Avila [1] :
J'aime mieux un saint qui a des défauts qu'un pécheur qui n'en a pas. 5911
Charles Péguy *Le Mystère des Saints innocents (1912);* Gallimard.

Antoine le Grand [2] :
Les saints vont en enfer. 5912
Gilbert Cesbron *Les saints vont en enfer (1955);* L. G. F.

Louise de Marillac [3] :
Un saint triste est un triste saint. 5913
Saint François de Sales (1567-1622) *Œuvres;* Éd. des Visitandines d'Annecy.

Clotilde [4] :
Quand le monde est en ordre 5914
le saint accomplit sa mission,
quand le monde est en désordre
le saint préserve sa vie.
Tchouang-Tseu (350-275 env.) *Œuvres complètes;* tr. Liou Kiahway; Gallimard.

Agnès [5] :
Que si le créateur trouve une joie si parfaite à mourir pour sa créature, quel contentement doit éprouver la créature de mourir pour son créateur! 5915
Jacques-Bénigne Bossuet *Panégyriques (1652-1659).*

Perpétue et Félicité [6] :
Je n'ai jamais été de ce peuple-ci; je n'ai jamais été chrétien, je suis de la race qui chantait dans le supplice. 5916
Arthur Rimbaud *Une saison en enfer (1873).*

---

1 - Agée, elle n'était pas encore dénuée d'une certaine coquetterie. Au frère Juan de la Misère qui faisait son portrait elle dit : « Dieu te pardonne, fray Juan! tu m'as peinte laide et chassieuse. »
2 - L'enfer était venu à lui dans le tombeau où il s'était retiré :
« La troupe infernale... prenant la forme de toutes sortes de bêtes farouches et de serpents, remplirent incontinent ce lieu... de loups, d'aspics, de scorpions et d'autres serpents (qui)... s'élançaient contre lui ». (Vie par saint Athanase; tr. Arnauld d'Andilly).
3 - Dépressive et souffrante, elle se faisait « remonter » par son ami Vincent de Paul. Il est vrai que, privée de mère à la naissance, elle avait perdu son père à treize ans, et qu'elle s'était retrouvée veuve à trente-quatre ans avec un fils difficile et sept cousins orphelins à charge! Elle rencontra François de Sales en 1619 à Paris.
4 - La veuve de Clovis s'était retirée dans un monastère de Tours pendant que ses fils s'entretuaient et tuaient les enfants de Clodomir (« Clotaire saisit l'aîné qui n'avait que dix ans, le jeta contre terre, et, le serrant d'une main, de l'autre il lui enfonça son poignard sous l'aisselle. Son frère, un enfant de sept ans, se jeta aux genoux de Childebert, son oncle. » Mais il fut poignardé comme son aîné. Clotilde se rendit au palais, emporta ses petits-fils dans ses bras, les fit laver et embaumer. Florisoone. *Légende de sainte Clotilde.*
5 - Elle avait douze ans lorsqu'elle fut sacrifiée : « Pourquoi, bourreau, tant de regards? Périsse un corps qui peut être aimé par des yeux auxquels je me refuse! ». « On alluma un grand feu, Agnès fit le signe de la croix et entra généreusement au milieu des flammes. » *(Acta sanctorum martyrum orient. et occid.).*
6 - « Ils partirent de la prison pour l'amphithéâtre, comme pour le ciel, joyeux, le visage épanoui, émus peut-être, non de peur, mais de joie. » Récit d'un témoin oculaire du martyre (203).

Christophe[1] :

5917 L'usage est de louer les saints morts et de persécuter les vivants.
Nath Howe *A Chapter of Proverbs from Common Life.*

5918 Ce sont les martyrs qui font la foi plutôt que la foi ne fait les martyrs.
Miguel de Unamuno (1864-1936) *Pages choisies;* tr. M. Vallis; Povolozky.

Eustache[2] :

5919 L'idée chrétienne s'allume à la persécution : c'est là le point où le raffinement naturel de toute brutalité dirigée contre elle se métamorphose en une quasi surnaturelle stupidité.
Gertrude von Le Fort (1876-1971) *La Dernière à l'échafaud;* tr. Briod.

Denis[3] :

5920 Chaque prêtre loue ses reliques.
Proverbia et versus proverbiorum, manuscrit du XIVe s., Tours, Bibliothèque municipale.

Origène[4] :

5921 Quand Dieu fait un calembour, il peut durer toute la vie d'un prophète, d'un poète, d'un martyr ou d'un saint.
Achille Chavée (1906-1969) *Petit traité d'agnosticisme* dans *The Daily Bull;* Éd. La Louvière (1980).

Salaire

5922 Je ne connais que trois manières d'exister dans la société : il faut y être mendiant, voleur ou salarié.
Honoré-Gabriel Riquetti de Mirabeau (1749-1791) *Pensées diverses.*

---

1 - Le roi de Lycie le fit torturer. Christophe n'ayant ressenti aucune douleur sur son siège de fer chauffé au rouge, le roi ordonne de le transpercer de flèches. Aucune n'atteint le géant, mais l'une d'elles vient se ficher dans l'œil du roi. Celui-ci fait aussitôt trancher la tête du saint, trempe ses doigts dans le sang et s'en frotte l'œil blessé qui guérit illico. Le roi se convertit alors et décrète que quiconque ne sera pas chrétien aura la tête tranchée.
2 - Il fut enfermé dans un taureau d'airain chauffé au rouge. « Quand on le tira trois jours plus tard de cette machine ardente, son corps était aussi blanc que la neige » et sa chevelure intacte. Témoin de ce prodige, l'empereur retourna à son palais saisi de terreur.
3 - Jean de Berry, oncle de Charles VI, échangea la tête de saint Philippe contre le sommet du crâne de saint Denis, dont les chanoines de Notre-Dame de Paris acceptèrent de se séparer. D'autant plus facilement que le corps intact de saint Denis, tête comprise, était conservé par les religieux de Saint-Denis qui entreprirent un interminable procès (1410).
4 - Ayant lu la phrase de l'Évangile : « Il y a des eunuques qui se sont rendus tels eux-mêmes pour le Royaume des Cieux », le philosophe Origène s'émascula.

Les ministres le nomment traitement, les notaires : émoluments, les médecins : honoraires, les employés : appointements, les ouvriers : salaires, les domestiques : gages. L'argent ne fait pas le bonheur. 5923
Gustave Flaubert (1821-1880) *Dictionnaire des idées reçues* (publication posthume en 1911).

mauvais traitements :
Je me débats donc, d'abord pour vivre, et le pain quotidien, c'est dur. 5924
Antonin Artaud (1896-1948) Lettre à Jean-Louis Barrault[1].

gagne-pain :
Tu éprouveras l'amère saveur qu'a le pain d'autrui, et comme il est dur de monter et descendre les escaliers d'autrui. 5925
Dante (1265-1321) *Le Paradis* dans *La Divine Comédie;* tr. Portier; Seghers.

L'esclavage humain a atteint son point culminant à notre époque sous forme de travail librement salarié. 5926
George Bernard Shaw *Bréviaire du révolutionnaire (1929);* tr. A et H. Hamon; Aubier.

vampirisme :
Les uns vivent de la mort des autres, les autres meurent de la vie de quelques-uns. 5927
Dominique de Roux *Le Cinquième Empire (1977);* Belfond.

Le travail, c'est du capital qui ne s'accumule pas. 5928
Paul Laffitte *Jéroboam ou la Finance sans méningite;* La Sirène.

Le travail salarié apparaît comme la négation de la fixité du travail et de sa rémunération[2]. 5929
Karl Marx *Fondements de la critique de l'économie politique (1857-1858).*

Il faut choisir dans la vie entre gagner de l'argent et le dépenser : on n'a pas le temps de faire les deux. 5930
Édouard Bourdet *Les Temps difficiles (1934);* Stock.

feuille de paie :
Tout honneur matériel repose sur des chiffres. 5931
Honoré de Balzac *La Maison Nucingen (1838).*

Quand une fonction se dévalorise, elle se féminise... quand une fonction se féminise, elle se dévalorise[3]. 5932
Évelyne Sullerot *Le Fait féminin (1978);* Fayard.

---

1 - Ils furent l'un et l'autre élèves de Dullin.
2 - « Le travail salarié... surgit de la ruine de l'économie corporative. » *(ibid).*
3 - C'est le cas de l'enseignement en France, de la médecine dans les pays de l'Est, etc. Évelyne Sullerot en tire une conclusion importante : « L'accès des femmes à des fonctions jusque-là occupées par des hommes ne suffit pas à asseoir une égalité définitivement acquise. » *(ibid).*

augmentation :
5933 Soyez réalistes, demandez l'impossible.
Slogan Mai 1968.

5934 Qui veut trop est plus riche qu'on ne pense.
Camille Goemans (1900-1960) Aphorisme dans Bussy *Anthologie du surréalisme en Belgique ;* Gallimard.

5935 Ce n'est pas une miette de pain, c'est la moisson du monde entier qu'il faut à la race humaine, sans exploiteurs et sans exploités.
Louise Michel Note annexe à l'audience du 23 juin 1883 dans les *Mémoires (1886).*

Salut

5936 Ce que nous appelons le péché originel, Ninon de Lenclos l'appelait le péché original.
Denis Diderot *Pensées philosophiques (1746).*

pomme :
5937 Il reste dans le fruit les dents de l'origine.
Pierre Emmanuel *Tombeau d'Orphée ;* Seghers.

5938 Le but de Dieu... est que nous soyons le Fils unique.
Maître Eckhart (v. 1260-1327).

5939 Dieu est subtil, mais il n'est pas malveillant.
Albert Einstein dans Banesh Hoffmann *Albert Einstein, créateur et rebelle (1979) ;* Le Seuil.

5940 Ce n'est pas la toute-puissance de Dieu qui nous menace... mais sa douceur.
André Frossard *Il y a un autre monde (1976) ;* Fayard.

5941 Prie pour avoir toujours tort à l'égard de Dieu.
Sören Kierkegaard (1813-1855) *Œuvres ;* tr. Ferlov et Gateau ; Gallimard.

5942 La grâce ne fait pas disparaître la nature qui l'achève.
Saint Thomas d'Aquin (1224/5-1274) *Œuvres ;* Paris, Vivès.

5943 La Grâce est pesanteur.
Patrice de La Tour du Pin lettre à J.-M. Saintillan, *Le Monde,* 31 octobre 1980.

L'intention du Saint Esprit est de nous enseigner comment on doit aller au ciel, et non comment va le ciel. 5944
Galilée (1546-1642) lettre à la grande-duchesse Christine ; Éd. *Dialogues et lettres choisies* par P.-H. Michel et G. de Santillana.

plaidoirie :
Ce ne sont pas nos actes qui nous sanctifient, c'est nous qui sanctifions nos actes. 5945
Maître Eckhart (v. 1260-v. 1327) *Œuvres, sermons et traités ;* tr. P. Petit.

Les actes qui conviennent le mieux à la nature divine sont ceux qui ont pour but l'essence même de Dieu et non pas le salut des choses de ce monde. 5946
Alexandre d'Aphrodise (IIe-IIIe s.) manuscrit arabe (798), bibliothèque de l'Escurial, f 98 v (XIe-XIIe s.) ; tr. P. Thillet dans *Premier congrès international de philosophie médiévale (1958).*

Tels que sont eux-mêmes les hommes, tel leur apparaîtra Dieu lui-même. 5947
John Smith *Le Platonicien.*

non-lieu :
Sans doute existe-t-il un Dieu pour les inconscients. 5948
Patrice Franceschi *Ils ont choisi la liberté : la guerre d'Afghanistan (1981) ;* Arthaud.

contumace :
Si tu veux être connu de Dieu, sois ignoré des hommes. 5949
Pères du Désert (IVe s.), Arm. II, 250 (36) B ; recension arménienne des Apophtegmes, dans la Vie des saints Pères.

Tomber a été inventé pour se relever. Malheur à ceux qui ne tombent jamais. 5950
Félix Leclerc *Le Fou de l'île (1974) ;* Fidès.

Plus on se sent pécheur, plus on est chrétien. 5951
Novalis (1772-1801) Fragments inédits ; tr. Claretie, Stock.

C'est quand le danger est le plus grand que le salut est le plus proche. 5952
Friedrich Hölderlin (1770-1843).

quand le bâtiment va...
L'humanité ne trouvera son salut que lorsqu'elle se sera remise à construire des temples. 5953
Maurice Druon *Lettres d'un Européen (1963-1970) ;* Plon.

Il nous est ordonné de pardonner à nos ennemis, mais il n'est écrit nulle part que nous ayons l'ordre de pardonner à nos amis. 5954
Cosme de Médicis (1519-1574) [1] cité par Francis Bacon *Essays, IV.*

---

1 - On l'a souvent rendu responsable de la mort de ses deux fils, Jean et Garcias, et de sa femme. Mais il ne pardonnait guère à ses ennemis, allant jusqu'à faire condamner à mort par contumace les exilés.

procureur :

5955 Celui qui aime beaucoup ne pardonne pas facilement.
Paul Claudel *L'Otage (1914);* Gallimard.

citation :

5956 N'attendez pas le Jugement dernier. Il a lieu tous les jours.
Albert Camus *La Chute (1956);* Gallimard.

5957 Il n'y en aura pas
De Jugement dernier
C'est déjà tout jugé.
Jean Mogin *Le Naturel;* Grasset.

sine die :

5958 Si au jour du Jugement, me trouvant face à Dieu, je constate que Dieu se prend au sérieux, j'irai voir ailleurs.
Malcolm Muggeridge propos tenu sur les ondes anglaises, 1968.

5959 Je suis prêt à rencontrer mon créateur... Que mon créateur soit prêt à me rencontrer et à supporter ma présence, c'est un autre problème.
Winston Churchill (1874-1965).

5960 Seigneur, si Tu me pardonnes
Les petits tours que je te joue,
Je Te pardonnerai, moi,
Le grand tour que Tu m'as joué.
Robert Frost *Dans la clairière (1962).*

Santé

5961 Nous allons très bien, merci. Tous, les vivants et les morts.
Boris Schreiber *Le Lait de la nuit (1989);* François Bourin.

5962 La santé, c'est ce qui sert à ne pas mourir chaque fois qu'on est gravement malade.
Georges Perros *Papiers collés, III (1978);* Gallimard.

5963 Il y va de notre devoir d'être en bonne santé.
Selvarajan Yesudian *Sport et Yoga (1958);* Albin Michel.

5964 La poursuite exclusive de la santé conduit toujours à quelque chose de morbide.
Gilbert Keith Chesterton *Orthodoxie;* tr. Grolleau; Rouart/Watelin.

5965 Chaque climat est un remède. La médecine future sera une émigration prévoyante.
Jules Michelet.

génocide :

Il y a quinze ans encore, on comptait, chez la moyenne des hommes en bonne santé, de cinquante à cent millions de spermatozoïdes par centimètre cube. À l'heure actuelle, la densité normale est tombée de vingt à quarante millions par centimètre cube. 5966

Sylvie Crossman et **Édouard Fenwick** *Le Nouvel Âge (1981);* Le Seuil.

décolleté :

La femme qui se sait joliment parée ne s'est jamais enrhumée. 5967

Friedrich Nietzsche *Le Crépuscule des idoles (1888).*

La pensée, oui, dans une belle chair. 5968

Léon-Paul Fargue *Sous la lampe;* Gallimard.

cure :

Faire l'amour tendrement, mais vertueusement, serait très favorable aux personnes disposées à devenir poitrinaires. 5969

Nicolas Restif de La Bretonne *Les Parisiennes (1787).*

On a beau avoir une santé de fer, on finit toujours par rouiller. 5970

Jacques Prévert.

Ma santé est bonne, excellente même, je mange de tout, je n'ai mal nulle part, même pas à mes cors. Sur ces mots, elle s'écroula morte à mes pieds. 5971

Virgilio Pinera *Nouveaux contes froids;* tr. L. Hasson (1988); Le Seuil.

Satan

J'ai vu le Diable, l'autre nuit 5972
Et, dessous sa pelure,
Il n'est pas aisé de conclure
S'il faut dire : elle, ou : lui

P.J. Toulet *Les Contrerimes;* Émile-Paul.

[...] Enfin, après un chahut étourdissant, tout devint subitement tranquille, et le terrible monstre Amôrtok entra. Il a des bras noirs, et celui qu'il touche devient noir et meurt[1]. 5973

G. Holm *Ethnological Sketch of the Angmagssalik Eskimo* dans *Meddeleiser on Groenland,* t. 39 (1914).

---

1 - C'est la description d'une évocation infernale au Groenland.

farces et attrapes :

5974 Une fois, il a mis le feu aux rideaux de mon lit... Une autre fois il prit mon lit et le promena dans la chambre comme un lit à roulettes [1].
Saint Jean-Marie Vianney (1786-1859) propos rapporté par Michel Suffran *Ars ou le poids du péché (1973)*; SOS.

5975 Tu es comme la nuit; tu n'as pas de regard.
Tu es comme le renard,
Qui, dans la ville, erre tristement la nuit...
Exorcisme assyrien cité dans C. Fossey *La Magie assyrienne (1902).*

pauvre diable :

5976 Le diable : encore un incompris!
Henry de Montherlant *Carnets (1930-1944)*; Gallimard.

5977 Le diable représente en quelque sorte les défauts de Dieu. Sans le diable Dieu serait inhumain.
Jean Cocteau *Opium (1930)*; Stock.

5978 Dieu fait l'aliment, le diable l'assaisonnement.
James Joyce *Ulysse (1922)*; tr. A. Morel, S. Gilbert et V. Larbaud; Adrienne Monnier.

le diable par la queue :

5979 Le diable n'est pas autre chose que l'incarnation des pulsions anales érotiques refoulées.
Sigmund Freud cité par H. Rousseau art. *Satan* dans *Encyclopaedia Universalis.*

5980 Nous avons beaucoup d'écrits où l'on se refuse à convenir qu'il existe un Dieu. Mais nul athée, tant que je sache, n'a réfuté de façon probante l'existence du diable.
Heinrich von Kleist *La Cruche cassée (1803)*; tr. Ayrault; Aubier.

5981 La croyance dans l'action des démons se trouve à la racine de notre concept de causalité.
Albert Einstein (1879-1955) dans Léon Poliakov *La Causalité diabolique (1980)*; Calmann-Lévy.

5982 Qui a rejeté son démon nous importune avec ses anges.
Henri Michaux *Tranches de savoir (1950)*; Cercle des Arts.

au diable l'avarice :

5983 Il vaut mieux donner son âme au diable que d'essayer de la vendre à Dieu.
Gilbert Cesbron *Journal sans date (1979)*; Laffont.

5984 Il ne faut jamais penser au bonheur; cela attire le diable, car c'est lui qui a inventé cette idée-là pour faire enrager le genre humain.
Gustave Flaubert *Correspondance* à Louise Colet, 1853.

---

1 - Le curé d'Ars l'avait surnommé le « Grappin ».

pièges à connes :
Pour faire des prosélytes, spécialement parmi les femmes, le démon use de trois procédés : ou il leur inspire un dégoût particulier, ou il les tente, ou il les corrompt. 5985
Jacob Sprenger *Malleus Maleficorum* [1] dans Julio Caro Baroja *Les Sorcières et leur Monde (1972);* Gallimard.

Rien n'est plus près d'une femme ensorcelée qu'une femme éprise. 5986
Julien Green *Adrienne Mesurat;* Plon.

Le diable est un optimiste s'il croit qu'il peut rendre les gens encore plus méchants. 5987
Karl Kraus (1874-1936) cité par Harry Zohn *Karl Kraus.*

Je me moque du diable! Il reçoit les âmes, mais ce n'est pas lui qui les damne. 5988
Jean-Paul Sartre *Le Diable et le Bon Dieu (1951);* Gallimard.

Je suis une partie de cette force qui veut toujours le mal et produit pourtant le bien [2]. 5989
Johann Wolfgang Goethe *Faust (1806).*

Il est facile d'entrer dans le monde des bouddha, il est difficile d'entrer dans le monde des démons. 5990
Ikkyû [3].

Savant

tango :
La vérité recule, mais le savant avance. 5991
Henri Poincaré (1854-1912) *Œuvres;* Éd. G. Darboux.

tapisserie :
Le génie est une longue patience, c'est une réflexion de génie pas doué. 5992
Boris Vian *Textes et Chansons;* Julliard.

Cela prend beaucoup de temps d'être un génie, vous devez tellement rester tranquille à ne rien faire, à ne vraiment rien faire. 5993
Gertrude Stein *Autobiographie de tout le monde;* tr. M.-F de Palomera (1978); Le Seuil.

---

1 - Le livre parut pour la première fois en 1486. Il appelait à la lutte contre la sorcellerie et à l'intervention de l'Inquisition malgré les résistances du clergé: «La pire des hérésies est de ne pas croire à la sorcellerie.»
2 - Le propos est de Méphistophélès.
3 - Moine zen.

5994 Le spécialiste est celui qui sait de plus en plus de choses sur un domaine de plus en plus restreint, jusqu'à tout savoir sur rien.
Ralph Barton Perry (1876-1920).

5995 Qui sait le plus doute le plus.
Attribué à **Pie II** [1] (1405-1464).

5996 Le savant n'est pas l'homme qui fournit les vraies réponses ; c'est celui qui pose les vraies questions.
Claude Lévi-Strauss *Le Cru et le Cuit (1964) ;* Plon.

5997 L'homme de la rue attendait jadis du savant qu'il interprète l'univers et la vie humaine. Maintenant, il ne lui demande plus que de l'aider à vivre.
Juan Lopez-Ibor cité dans *Life : Le monde des sciences (1964) ;* Time-Life.

5998 Il n'y a pas d'expert qui soit absolument compétent.
Conseils du **vizir Ptahhotep ;** tr. Yoyotte dans *L'Orient ancien ;* Mazenod.

5999 [...] La marque distinctive du savant, c'est la capacité d'enseigner.
Aristote (384-322 av. J. -C.) *Métaphysique, I.*

eurêka :

6000 On sait que le propre du génie est de fournir des idées aux crétins une vingtaine d'années plus tard.
Louis Aragon *Traité du style (1928) ;* Gallimard.

6001 [...] On ne saurait être l'homme de sa spécialité que si l'on est aussi sa victime.
Friedrich Nietzsche *Le Gai Savoir (1881-1882).*

6002 Les hommes de génie sont des météores destinés à brûler pour éclairer leur siècle.
Napoléon Bonaparte *Discours de Lyon, 1791.*

star system :

6003 Le génie, c'est ce qui peut faire voir les étoiles en plein jour.
Alphonse Esquiros *L'Esprit des Anglais (1859-1864)* [2].

6004 Ce que Dieu seul a fait, Newton seul l'imagine.
Abbé Jacques Delille *L'Imagination (1806)* [3].

6005 Un génie est... quelqu'un qui découvre que la pierre qui tombe et la lune qui ne tombe pas représentent un seul et même phénomène.
Ernesto Sábato *Alejandra (1961) ;* tr. Villard ; Le Seuil.

---

1 - Le pape Pie II, qui monta sur le trône pontifical en 1458, a laissé des ouvrages d'histoire, de géographie, de théologie, ainsi que des poésies et un roman de jeunesse *(Euryale et Lucrèce)* !
2 - Alphonse Esquiros était parti en exil volontaire en Angleterre à la suite du coup d'État du 2 décembre 1851.
3 - Sa femme avait encore dû l'enfermer pour qu'il travaille lorsque l'abbé Delille eut cette idée !

Quand un scarabée aveugle rampe à la surface d'un globe, il ne remarque pas que le chemin qu'il a suivi est courbe ; j'ai eu de la chance de m'en apercevoir. 6006
Albert Einstein dans Ronald Clarke *Einstein, sa vie, son époque (1979)* ; Stock.

Je ne vois pas bien pourquoi les hommes qui croient aux électrons se considèrent comme moins crédules que les hommes qui croient aux anges. 6007
George Bernard Shaw préface à *Sainte Jeanne (1924)* ; tr. Hamon ; Aubier.

c. q. f. d :
Les savants sont des êtres humains. C'est une vérité qu'on oublie souvent, mais qu'on peut vérifier par l'expérience. 6008
George Mc Bundy[1] discours à l'American Association for the Advancement of Science, 1962.

hugh = mc² :
Un génie mathématique peut gagner une renommée, une position élevée et des revenus assez importants là où il existe des universités et des académies, mais pas dans une tribu de chasseurs. 6009
Theodosius Dobzhansky *Le Droit à l'intelligence (1978)* ; tr. M. Reisinger ; Complexe/P. U. F.

C'est quand ils se conduisent comme tout le monde que les génies manifestent le mieux leur supériorité sur le commun des mortels. 6010
Jean-Louis Curtis *L'Horizon dérobé (1981)* ; Flammarion.

La stupidité de cette époque, quels déments prodigieux n'aura-t-elle pas produits ! 6011
Pierre Gascar *Gérard de Nerval et son temps (1981)* ; Gallimard.

Il n'y a point de génie sans un grain de folie. 6012
Aristote (384-322 av. J.-C.) *Poétique* tr. Hardy ; Les Belles-Lettres.

Il faut savoir les savants déments. Il faut les imaginer sages. Il faut les espérer poètes. 6013
Sylvie Crossman et **Édouard Fenwick** *Le Nouvel Âge (1981)* ; Le Seuil.

Le savant est l'homme pour lequel s'opère facilement la distinction entre la franchise et le mensonge dans les paroles, entre la vérité et l'erreur dans les convictions, entre la beauté et la laideur dans les actes. 6014
Abd El-Kader (1808-1883) *Lettres aux Français* ; tr. R.R. Khawam ; Phébus.

Quel est de tous les hommes le plus contemplatif ? C'est le plus savant. 6015
Réponse qu'aurait faite **Albert le Grand** (1206-1280) à un disciple.

---

1 - Porte-parole de la Maison-Blanche.

6016 À force de lire et de lire, le monde est mort,
Et nul n'est devenu savant !
Kabîr [1] (XVe s.) *Poèmes.*

6017 Ceux qui ont embrassé science et littérature
Ont récité leur fable et se sont endormis.
Omar Khayyam [2] (1021 env.-1122) *Rubaïyat;* tr. Etessam-Zadeh.

6018 J'ai quelquefois pensé que plus tard, lorsqu'on ne saura plus écrire, lorsque les outrances de la littérature et de l'alittérature auront détérioré jusqu'aux fondements du langage, on irait prendre des leçons de netteté, de rectitude, d'appropriation verbale dans les écrits des gens de science.
Jean Rostand *Inquiétudes d'un biologiste (1967);* Stock.

6019 L'encre du savant est aussi précieuse que le sang du martyr.
Proverbe arabe de la *Sunna.*

Savoir-vivre

délicatesse :

6020 Je suis, ainsi que beaucoup d'autres, embarrassé lorsqu'il s'agit d'enfiler une femme honnête.
Stendhal *Journal, 1801.*

6021 Tu ne souffles pas, tu n'ahanes pas, tu ne pousses pas de râles d'agonie. À vrai dire, tu es plutôt paisible au pieu.
Paddy Chayesfsky *Network (1976)* de Sydney Lumet.

expérience :

6022 [...] Je pense à présent qu'il faut se conduire toujours en homme du monde avec les putes et souvent en julot avec les bourgeoises.
Alphonse Boudard *Les Combattants du petit bonheur (1977);* La Table Ronde.

6023 Plaisirs de la vie... : 1. faire l'amour ; 2. bien manger ; 3. pêcher les maquereaux à la traîne ; 4. voir partir les enfants quand ils sont grands ; 5. faire pousser des fleurs [3].
Geneviève Dormann *Le Livre des listes;* Orban.

6024 Faites porter deux douzaines de roses à la chambre 424, et mettez « Émilie je t'aime » au dos de la facture.
Groucho Marx dans le film *Un jour aux courses.*

---

1 - Kabîr s'attaque surtout ici aux religions révélées, à l'« Écriture ».
2 - Ghiyâth al-Abû l-Fat'h Ibn-i Ibrâhîm al Khayyamî, plus connu sous le nom patronymique de Khayyam, le « fabricant de tentes », poète et astronome iranien, d'une immense culture scientifique.
3 - Lire le livre de Geneviève Dormann.

Il y a trois choses, dans la vie, que je ne supporte pas : le café brûlant, le champagne tiède et les femmes froides. 6025
Orson Welles.

Le plaisir que donnent l'alcool, la viande, les femmes, c'est délivrance pour ceux qui savent, péché mortel pour les non-initiés. 6026
Kularnavatantra ; tr. Renou dans *Anthologie sanskrite ;* Payot.

compromis :
Un homme qui craint de s'enivrer ne jette pas son vin, il le mélange. 6027
Plutarque *Œuvres morales.*

L'apéritif c'est la prière du soir des Français. 6028
Paul Morand *Ouvert la nuit (1922) ;* Grasset.

Le shah d'Iran remarquait un jour que « prendre sa nourriture avec une fourchette, c'était comme faire l'amour par interprète interposé ». 6029
Guy Deleury *Le Modèle hindou (1978) ;* Hachette.

Est-ce le progrès si un cannibale se sert d'une fourchette ? 6030
Stanislaw J. Lec *Unkempt Thoughts (1962).*

régime :
Une femme bien peut dire qu'elle s'est tapé tel ou tel, mais jamais qu'elle s'est tapé une choucroute. 6031
Françoise Sagan *Un piano dans l'herbe (1970) ;* Flammarion.

Je ne suis pas un adepte des banquets, des rots et des pets. 6032
Jacques Fouroux dans *Libération.*

Ah ! qu'il est doux 6033
De ne rien faire
Quand tout s'agite autour de nous [1] !
Michel Carré et **Jules Barbier** *Galatée.*

Même dans un palais, la vie peut être agréable. 6034
Marc-Aurèle dans **Brendan Gill** *Les Grandes Maisons de Los Angeles ;* Le Moniteur.

Dans mon pays, on ne questionne pas un homme ému. 6035
René Char *Commune présence (1964) ;* Gallimard.

Une œuvre où il y a des théories est comme un objet sur lequel on laisse la marque du prix. 6036
Marcel Proust *Le Temps retrouvé (1927).*

Ne désespérez jamais. Faites infuser davantage. 6037
Henri Michaux *Tranches de savoir (1953) ;* Cercle des Arts.

Je n'aime pas les prisonniers [...] ; on se fait tuer [2]. 6038
Alfred de Vigny *Servitude et Grandeur militaires (1835).*

---

1 - Ces vers étaient devenus le titre d'une « anti-émission de France-Inter présentée par personne ».
2 - Paroles attribuées par Vigny à Napoléon.

6039 On n'a pas le droit de mourir vieux, malade ou noyé parce que c'est dégoûtant pour les autres.
Geneviève Dormann *Le Bateau du courrier (1974);* Le Seuil.

6040 En voulant traverser la rue
Jim fut fauché par l'omnibus.
J'en fus gravement affecté :
Il devait m'emmener dîner.
Harry J.C. Graham *Autres rimes sans loi.*

6041 Il n'y a que les domestiques qui savent reconnaître les gens distingués.
Edmond et Jules de Goncourt *Journal, mémoires de la vie littéraire (1851-1896).*

6042 Vous faites malade un Allemand de le coucher sur un matelas, comme un Italien sur la plume, et un Français sans rideau.
Michel de Montaigne *Essais, III, 13.*

6043 Le savoir-vivre, c'est la façon heureuse de faire les choses.
Ralph Waldo Emerson *Conduct of Live : Behavior (1860).*

Science

6044 Dans une illumination, j'ai décidé, à dix ans, que je serai un savant.
Rémy Chauvin interviewé par M.T. de Brosses dans *Paris Match,* 6 septembre 1990.

6045 La science occidentale se conduit comme ces bourgeoises de province tenant salon, pour lesquelles un être humain n'existe que dans la mesure où elles l'ont admis à leur thé, le second mercredi du mois.
Jean Servier *L'Homme et l'Invisible (1980);* Imago.

6046 À partir du moment où l'homme pense que la grande horloge de la nature tourne toute seule, et continue de marquer l'heure même quand il n'est pas là, naît l'ordre de la science.
Jacques Lacan *Le Séminaire, II (1978);* Le Seuil.

carbone 14 :
6047 On ne connaît pas complètement une science tant qu'on n'en sait pas l'histoire.
Auguste Comte (1798-1857).

6048 [...] La science antique portait sur des concepts, tandis que la science moderne cherche des lois.
Henri Bergson *L'Évolution créatrice (1907).*

La science est un cercle fermé sur lui-même, un cercle de cercle. 6049
Friedrich Hegel *La Science de la logique (1812);* tr. Jankélévitch.

Si la science un jour règne seule, les hommes crédules n'auront 6050
plus que des crédulités scientifiques.
Anatole France *La Vie littéraire (1888).*

rayons X :
La science remplace du visible compliqué par de l'invisible 6051
simple.
Jean Perrin (1870-1942) [1] dans Pierre-Henri Simon *Questions aux savants (1969);* Le Seuil.

Toute science vient de Dieu. 6052
Origène (v. 185-253/4) *Homélie sur les nombres, XVIII,* 3.

La science a fait de nous des dieux avant même que nous 6053
méritions d'être des hommes.
Jean Rostand *Pensées d'un biologiste (1939);* Stock.

Il n'y a rien dans la science qui n'ait d'abord apparu dans 6054
la conscience.
Georges Canguilhem *Le Normal et le Pathologique;* P. U. F.

Il ne peut pas y avoir de morale scientifique; mais il ne peut pas 6055
non plus y avoir de science immorale.
Henri Poincaré (1854-1912) *Dernières pensées;* Flammarion.

Toute science a la voracité destructrice d'un rite obsessionnel. 6056
Edward Sapir *Anthropologie (1934);* tr. C. Baudelot et P. Clinquart; Éd. de Minuit.

Si la science n'a jamais tant frôlé l'horreur, elle n'a jamais non 6057
plus tant frôlé la poésie qu'aujourd'hui [2].
Sylvie Crossman et **Édouard Fenwick** *Le Nouvel Âge (1981);* Le Seuil.

Ce ne sont pas les idées de la science qui engendrent les 6058
passions, ce sont les passions qui utilisent la science pour soutenir leur cause.
François Jacob *Le Jeu des possibles (1981);* Fayard.

Même la théorie de la relativité est autobiographique. 6059
Florence de Monza dans *Elle,* 20 octobre 1990.

qui va là ?
Toute découverte de la science pure est subversive en puissance; 6060
toute science doit parfois être traitée comme un ennemi possible.
Aldous Huxley *Le Meilleur des mondes (1932);* tr. Castier; Plon.

---

1 - Prix Nobel de physique en 1926, il a notamment travaillé sur les rayons X et les rayons cathodiques.
2 - Les auteurs font notamment allusion aux expériences de Robert Graham qui stocke, dans son garage du sud de Los Angeles, le sperme des prix Nobel pour « travailler à l'amélioration du patrimoine génétique de l'humanité ». *(The Future of man).*

6061 La science ne saurait être rendue responsable de l'illusion des imbéciles qui prétendent, on ne sait pourquoi, qu'elle doit assurer leur bonheur.
Georges Bernanos *Français, si vous saviez (1945-1948)*; Gallimard.

6062 La science a-t-elle promis le bonheur ? Je ne le crois pas. Elle a promis la vérité, et la question est de savoir si l'on fera jamais du bonheur avec la vérité.
Émile Zola discours aux étudiants de Paris, 18 mai 1893.

6063 La pataphysique est la science des solutions imaginaires, qui accorde symboliquement aux linéaments les propriétés des objets décrits par leur virtualité.
Alfred Jarry *Gestes et Opinions du docteur Faustroll, pataphysicien (1911)*; Fasquelle.

6064 La science repose sur des croyances.
Michel Polanyi *La Logique de la liberté (1951)*; P.U.F.

6065 Toute science commence comme philosophie et se termine en art.
Will Durant *Histoire de la philosophie (1926)*; Payot.

6066 Non, la science n'est pas une illusion, mais ce serait une illusion de croire que nous puissions trouver ailleurs ce qu'elle ne peut pas nous donner.
Sigmund Freud *L'Avenir d'une illusion*; tr. Marie Bonaparte (1932); Denoël.

6067 Ne pensez-vous pas que j'aurais été beaucoup mieux traité si mes théories avaient contenu un plus grand pourcentage d'erreur et d'absurdité ?
Lettre de **Sigmund Freud** à Albert Einstein, 1936.

Sciences sociales

bla bla...

6068 Toute science de l'homme n'est qu'un discours.
Roland Barthes *Politiques de la philosophie*; Le Seuil.

6069 Les sciences humaines d'aujourd'hui sont plus que du domaine du savoir : déjà des pratiques, déjà des institutions.
Michel Foucault *Les Mots et les Choses (1966)*; Gallimard.

S.O.S. :

6070 Chaque discipline nouvelle dans le domaine des sciences de l'homme est inséparable d'une crise ou d'une inquiétude, voire d'une catastrophe pressentie.
Philosopher (1980), sous la dir. de Christian Delacampagne et Robert Maggiori; Fayard.

La science sociale a presque horreur de l'événement. Non sans raison : le temps court est la plus capricieuse, la plus trompeuse des durées. 6071
Fernand Braudel *Écrits sur l'histoire (1977);* Flammarion.

L'ethnographie n'est-elle pas une tentative de rachat et un symbole d'expiation de l'Occident ? 6072
André Reszler *L'Intellectuel contre l'Europe (1976);* P. U. F.

Aucune tâche n'est plus ardue que celle d'être l'ethnologue de sa propre tribu. 6073
Tobie Nathan *Sexualité idéologique et névrose (1978);* La Pensée sauvage.

À Bahia, chaque Noir un peu éveillé possède son ethnologue rivé à lui comme un petit poisson pilote sur le dos d'un requin[1]. 6074
Gilles Lapouge *Équinoxiales (1977);* Flammarion.

L'anthropologie est une discipline dont le but premier, sinon le seul, est d'analyser et d'interpréter les différences. 6075
Claude Lévi-Strauss *Anthropologie structurale (1958);* Plon.

Si la sociologie avait trouvé une solution, cela se saurait ! 6076
Jean Sendy *Nous autres, gens du Moyen Âge (1969);* Julliard.

Il doit exister aussi une science de la société, absolue, rigoureuse, basée sur la nature de l'homme et de ses facultés, et sur leurs rapports, science qu'il ne faut pas inventer, mais découvrir. 6077
Pierre-Joseph Proudhon *De l'utilité de la célébration du dimanche.*

Un sociologue sérieux doit accorder plus d'importance à la sexualité des élites qu'à l'article 16 de la Constitution. 6078
Emmanuel Todd *Le Fou et le Prolétaire (1979);* R. Laffont.

démographie :
Les miroirs et la copulation sont abominables car ils multiplient le nombre des hommes. 6079
Jorge Luis Borges *Fictions (1944).;* Gallimard.

Si l'on mettait dans le lac Léman toute la population du globe, son niveau ne monterait que de 15 centimètres. 6080
Daniel Percheron *Dictionnaire des idées épinglées (1980);* Le Dernier Terrain vague.

Oui, bien sûr, on savait que la population du globe atteignait maintenant quatre milliards d'individus, mais, Dieu merci, on n'était pas obligé de les faire figurer sur son carnet d'adresses. 6081
Jean-Louis Curtis *L'Horizon dérobé (1981);* Flammarion.

La statistique est la première des sciences exactes. 6082
Edmond et **Jules de Goncourt** *Journal, mémoires de la vie littéraire (1851-1896).*

---

1 - « La moindre gentillesse de la part des Noirs est de livrer à leurs ethnologues une menue bizarrerie, un détail inaperçu. Voilà comment l'ethnologue et son Bahianais vous produisent un système religieux inconnu en moins de deux » *(ibid).*

6083 Les sondages, c'est comme la minijupe : ça fait rêver, mais ça cache l'essentiel.
Alexandre Sanguinetti[1] (1913-1980).

biologie :

6084 Le mâle est un accident, la femelle aurait suffi.
Rémy de Gourmont *Physique de l'amour (1903).*

sécurité ou liberté :

6085 La sécurité du biologique se fait au détriment de la liberté.
Jacques Ruffié *De la biologie à la culture (1976);* Flammarion.

6086 Il n'y a rien de vivant dans une cellule sauf l'ensemble.
Lucien Cuénot[2] (1866-1951) cité dans le *Dictionnaire des grandes philosophies (1980);* dir. L. Jerphagnon; Privat.

6087 Le microbe n'a pas le temps d'examiner le biologiste.
Henri Michaux *Face aux verrous (1954);* Gallimard.

6088 Il a fallu la biologie... pour nous obliger à concevoir que la reproduction de l'humanité, ce n'est pas la reproduction de la viande.
Pierre Legendre *Le Dossier occidental de la parenté;* tr. A. Schütz, M. Smith, Y. Thomas, 1988, Fayard.

6089 Le biologiste passe, la grenouille reste.
Jean Rostand *Inquiétudes d'un biologiste (1967);* Stock.

Secret

coffre-fort :

6090 Ami, toi seul es ton secret!
Toi seul peux y entrer!
Selvarajan Yesudian *Sport et Yoga (1958);* Albin Michel.

6091 Seul le mystère fonde l'être.
Jean-Claude Renard *La Lumière du silence (1978);* Éditeurs Français Réunis.

6092 Le mystère divin et le mystère humain ne sont qu'un mystère; en Dieu se garde la mystique de l'homme et dans l'homme le secret de Dieu.
Nicolas Berdiaev *Le Sens de l'acte créateur (1916).*

6093 Que serait un Dieu sans le nuage qui le protège et le recouvre ?
Rainer Maria Rilke (1875-1926) *Œuvres complètes;* tr. Jacottet; Le Seuil.

---

1 - Ancien député, gaulliste, auteur de *J'ai mal à ma peau de gaulliste* et *Lettre ouverte à mes compatriotes corses.*
2 - Zoologiste et généticien français.

Au milieu des ténèbres, je souris à la vie, comme si je connaissais la formule magique qui change le mal et la tristesse en clarté et en bonheur. Alors, je cherche une raison à cette joie, je n'en trouve pas et ne puis m'empêcher de sourire de moi-même. Je crois que la vie elle-même est l'unique secret. 6094
Rosa Luxemburg[1] *Lettres de prison, 1916-1918;* tr. Aubreuil; Bélibaste.

combinaison :
Énigme du monde, j'ai peur qu'elle n'ait que deux mots : propagation pour les espèces et douleur pour les individus. 6095
Benjamin Constant (1767-1830) *Journal.*

Les questions qui ne se donnent pas de réponse elles-mêmes en naissant n'obtiennent jamais de réponse. 6096
Franz Kafka (1883-1924) *Journal;* tr. M. Robert; Grasset.

Gardez le mystère, il vous gardera. 6097
Ode de **Salomon**[2] (IIe s.).

Il ne faut jamais tout dire, même à une pierre. 6098
Henry de Montherlant *Tous feux éteints : Carnets 1965-1972;* Gallimard.

Ne jetez point vos perles devant les pourceaux. 6099
Saint Matthieu.

Poursuivre lentement l'exécution d'un dessein, et le divulguer, est de même que parler d'une chose pour ne pas la faire. 6100
Cardinal de Richelieu (1585-1642) *Testament politique*[3].

Il est beau d'avoir un secret, mais [...] il est encore plus beau que les autres sachent que vous en avez un. 6101
Jean Grenier *La Vie quotidienne (1968);* Gallimard.

La moindre des qualités que doit posséder un homme d'honneur consiste à garder un secret. 6102
La plus grande consiste à oublier ce secret.
Al-Muhallab dans René R. Khawam *Propos des Arabes sur la vie en société (1964);* Albin Michel.

L'oubli... détient le pouvoir et le sens du secret. 6103
Maurice Blanchot *L'Attente : l'oubli (1962);* Gallimard.

Quatre choses ne peuvent rester longtemps cachées : la science, la sottise, la richesse et la pauvreté. 6104
Les Mille et Une Nuits (Xe s.), Histoire de douce amie; tr. Mardrus; Roissard.

---

1 - Arrêtée en juillet 1916 « par mesure de précaution », elle fut libérée par la révolution de novembre 1918. Arrêtée lors de la répression antispartakiste, elle eut le crâne défoncé à coups de crosse, et son corps fut jeté dans un canal de Berlin.
2 - On pense que les *Odes* de Salomon, mentionnées par Lactance vers 320, étaient rédigées à l'origine en grec, mais ont été conservées en syriaque.
3 - Le *Testament politique* ne peut être attribué avec certitude au cardinal de Richelieu, mais il provient de sa chancellerie. Il aurait été écrit vers 1624.

6105 Finalémon, plis un doussier est sécret et plis on sait d'avonce ça qu'on va trouveye dadons.
Guy Konopnicki *Les Bouches se ferment (1981);* Albin Michel.

Sécurité

6106 La plus grande pulsion n'est pas la libido mais le besoin de sécurité.
Jean Delumeau *Histoire des pères et de la paternité (1990);* Larousse.

6107 Il n'y a pas d'exemple dans l'histoire qu'on ait acquis la sécurité par la lâcheté, et cela ni pour les peuples, ni pour les groupements humains, ni pour les hommes.
Léon Blum en 1938 dans D.H. Weinberg *Les Juifs à Paris de 1933 à 1939;* tr. Pouteau ; Calmann-Lévy.

6108 La sécurité du pouvoir se fonde sur l'insécurité des citoyens.
Leonardo Sciascia *Le Chevalier et la Mort;* tr. M. Orcel et M. Fusco (1989) ; Fayard.

6109 Le monde est plein de braves gens qui ne voient partout que des gredins.
Jacques Chardonne *L'Amour, c'est beaucoup plus que l'amour (1957);* Albin Michel.

6110 Ils croient que rien n'arrivera parce qu'ils ont fermé la porte.
Maurice Maeterlinck *Intérieur (1894);* Fasquelle.

6111 C'est une gigantesque erreur de vouloir se protéger à tout prix, c'est-à-dire au prix de la vie elle-même.
Pierre Furlan *L'Invasion des nuages pâles (1988);* Actes Sud.

6112 Notre liberté est menacée par le besoin de sécurité et la sécurité elle-même est menacée par le souci obsédant qu'on en a.
Norbert Bensaïd *La Lumière médicale (1981);* Le Seuil.

6113 L'amélioration des techniques de fraude est beaucoup moins coûteuse, en temps et en argent, que celle des moyens de prévention.
Bruno Lussato *Le Défi informatique (1981);* Fayard.

6114 Forcer une serrure, c'est briser une idole.
Georges Darien *Le Voleur (1897);* Faubert.

dissuasion :

6115 Quand il y a une vieille fille dans une maison, les chiens de garde sont inutiles.
Honoré de Balzac *Pierrette (1840).*

Séduction

Elle a trop de muscles. Mais elle a des dents admirables. 6116
Pierre Drieu La Rochelle *Histoires déplaisantes (1963);* Gallimard.

Juliette aurait-elle aimé Roméo si Roméo avait eu quatre incisives 6117
manquantes, un grand trou noir au milieu ?
Albert Cohen *Belle du Seigneur (1968);* Gallimard.

clair de lune :
Allez donc savoir ce qui se passe dans la tête d'une femme 6118
lorsqu'elle écoute un misérable pianiste ! Où va se nicher le romantisme ?
Bertrand Blier *Beau-père (1981);* Laffont.

forcing :
Il semblerait que ce soit une loi de la nature que l'organisme 6119
masculin, lorsqu'il est amoureux... déploie tout le charme de sa personnalité, dans la mesure où il en a.
Karl von Frisch *Les Insectes maîtres de la terre;* tr. G. Cornilleau ; Flammarion.

chauvinisme :
Le fait de ne pas être trop mal physiquement – ma calvitie n'est 6120
pas un obstacle ! –, d'être cultivé joue en ma faveur. Il est vrai que je possède aussi une espèce d'aura qui attire.
Gabriel Matzneff interview dans *Elle,* mars 1982.

Je suis attirante sans être vulgaire. Je me contente de suggérer. 6121
Mae West *Playboy,* 1971.

Séduisante est une femme quand un homme sait qu'elle est 6122
femme.
Gina Lollobrigida dans *The Observer,* 1956.

magie du verbe :
Les paroles les plus obscures d'un homme qui plaît donnent plus 6123
d'agitation que des déclarations ouvertes d'un homme qui ne plaît pas.
Madame de La Fayette *La Princesse de Clèves (1678).*

Rien de si aimable qu'un homme séduisant, mais rien de plus 6124
odieux qu'un séducteur.
Ninon de Lenclos *Lettres (1706).*

Il faut de l'artifice pour se faire aimer ; il faut chercher avec 6125
quelque adresse les moyens d'enflammer, et l'amour tout seul ne donne point de l'amour.
Lettres de la religieuse portugaise (1669).

6126 La plupart des femmes qu'on n'a pas eues, c'est qu'on ne les a pas demandées.
Marcel Pagnol *Jazz (1954).*

6127 De ses deux bras tendus
Elle fait l'horizon et le ciel
Où sa tête en se balançant
Fait toute la course du soleil.
Étienne Roda-Gil *Je sais que c'est elle,* chanté par Julien Clerc ; Pathé-Marconi.

6128 Le succès d'un amant dépend beaucoup de sa façon de prendre congé.
Sei Shônagon (X^{e}-XIe s.) *Notes de chevet ;* tr. Beaujard ; Maisonneuve.

6129 S'introduire comme un rêve dans l'esprit d'une jeune fille est un art, en sortir est un chef-d'œuvre.
Sören Kierkegaard *Le Journal du séducteur (1843) ;* tr. Prior et Guignot ; Gallimard.

Sénilité

6130 C'est curieux... À partir d'un certain degré de décrépitude, on commence tous à se ressembler.
Pierre Magnan *Le Tombeau d'Hélios (1980) ;* Fayard.

6131 Les hommes vieillissent toujours mal quand ils restent jeunes.
Romain Gary *Au-delà de cette limite votre ticket n'est plus valable (1975) ;* Gallimard.

derniers feux :

6132 Ils se passionnent ces vieux pour des bricoles, un quart de rouge, quelques mégots... ils se chamaillent, se filent des coups de canne, à ce qu'il paraît, pour des histoires encore d'amour puisque c'est mixte l'établissement.
Alphonse Boudard *L'Hôpital (1974) ;* La Table Ronde.

terminus :

6133 Ils crachent, ils cancanent, ils bafouillent, rabougris, chauves, édentés, baveux, sourdingues. C'est le bout de la vie, le bout du rouleau de la misère. Ça sent l'urine, ça sent le sapin, la fosse commune, le Dieu gourmand qui guette les âmes.
Alphonse Boudard *L'Hôpital (1974) ;* La Table Ronde.

6134 Un vieillard n'a plus de vices, ce sont les vices qui l'ont.
Max Jacob *Le Cornet à dés (1917) ;* Gallimard.

Vieillesse (n.) : période de notre existence pendant laquelle nous composons avec les vices que nous chérissons encore, en vitupérant ceux que nous n'avons plus la hardiesse de pratiquer. 6135
Ambrose Bierce *Le Dictionnaire du diable;* tr. Jacques Papy (1955) ; Les Quatre Jeudis.

vie de ranci :
À mon âge, on n'a plus que les impuissances de la vie. 6136
François René de Chateaubriand[1] *Vie de Rancé (1844).*

En vieillissant, on apprend à troquer ses erreurs contre ses ricanements. 6137
E.M. Cioran *Syllogismes de l'amertume (1952);* Gallimard.

Tout le monde voudrait vivre longtemps, mais personne ne voudrait être vieux. 6138
Jonathan Swift (1667-1745) *Pensées sur divers sujets moraux et divertissants;* tr. Pons ; Gallimard.

Vivre trop vieux, c'est perdre jusqu'à ses souvenirs. 6139
Jacques Chardonne *Claire (1931);* Albin Michel.

Sens

En chaque sens sont les cinq autres. 6140
Juan Ramón Jiménez *Cahiers de Juan Ramón Jiménez (1979);* tr. Durand.

Les yeux : les seuls points d'eau dans le désert de la viande. 6141
Philippe Bosser *Les Rêveries de la phrase célibataire (1980);* Plasma.

Celui qui ne sait pas fermer les yeux quand il le faut ne sait pas regarder. 6142
Samuel Butler *Carnets (1912);* tr. Larbaud ; Gallimard.

L'œil existe à l'état sauvage. 6143
André Breton *Le Surréalisme et la Peinture (1928);* Gallimard.

L'œil ne voit pas ce qui le crève. 6144
Proverbe touareg.

Tels sont les yeux, tel est le corps. 6145
Hippocrate.

---

1 - Chateaubriand avait soixante-seize ans et était perclus de rhumatisme goutteux.

6146 On ne peut pas séparer un homme du bruit qu'il fait avec sa bouche.
Pierre Jakez Hélias *Lettres de Bretagne;* Galilée.

6147 Des lèvres épaisses
à couper au baiser.
Léo Malet *Poèmes surréalistes : Autre portrait;* A. Eibel.

6148 Si Cléopâtre avait été affligée du nez de Cyrano, il est en effet probable que la face du monde en eût été changée, comme le suggère Pascal, et plus certainement la face de Cléopâtre, donc, tous les psychanalystes vous le diront, Cléopâtre elle-même.
Paul Guimard introduction à *L'Ironie du sort (1974);* Denoël.

6149 Le siècle de Cyrano pouvait-il manquer de nez ?
Colloque : La qualité de la vie au XVIIe s., 1982.

6150 Le geste embarrassé du monsieur qui a, entre le pouce et l'index, quelque chose venant du nez.
Jules Renard *Journal (1892).*

6151 Je ne puis, moi, me défaire
Du chant de l'antique sphère
Abeille de mon tympan.
Jacques Audiberti *L'Empire et la Trappe (1929);* Gallimard.

6152 Regarde avec tes oreilles.
William Shakespeare *Le Roi Lear (1605).*

6153 Tout homme sourd mettra ses oreilles à la disposition de l'anatomie.
Georg Christoph Lichtenberg *Aphorismes (1800-1806).*

Sensibilité

6154 Un seul fil remué fait sortir l'araignée.
Victor Hugo.

6155 Au commencement était l'émotion.
Louis-Ferdinand Céline *Œuvres;* Gallimard.

6156 Une affection est une conviction.
Victor Hugo *Les Misérables (1862).*

6157 Un jeune homme qui n'a pas pleuré est un sauvage et un vieillard qui ne rit pas est un insensé.
George Santayana (1863-1952) *Dialogues dans les limbes;* tr. Keller.

crépuscule :
Les hommes sensibles préfèrent le soir au matin, la nuit au jour, 6158
et la beauté des femmes mûres à celle des jeunes filles.
Paul Léautaud *Passe-temps (1929)* ; Mercure de France.

orphelin :
Une femme qui ne fait pas attention à moi, j'ai l'impression 6159
qu'elle m'abandonne.
Robert Merle *Les Hommes protégés (1974)* ; Gallimard.

Il y a des gens qui ont la susceptibilité de l'huître, on ne peut 6160
y toucher sans qu'ils se contractent.
Paul-Jean Toulet *Monsieur du Paur, homme public* ; Émile-Paul.

Il y a des tempéraments heureux, qui se consolent de tout parce 6161
qu'ils ne sentent rien vivement.
Antoine Hamilton *Mémoires de la vie du comte de Gramont (1713).*

incarnation :
Tout le sensible a besoin de la croix... tout l'intelligible doit 6162
passer par la tombe.
Saint Maxime le Confesseur (mort en 662) *Les Sentences.*

Lorsque l'esprit est libre, le corps est délicat. 6163
William Shakespeare *Le Roi Lear (1605).*

Il est plus facile d'écrire sur une feuille de papier, qui supporte 6164
tout, que sur la peau humaine qui ne supporte rien.
Catherine II de Russie.

Sentiment

Sensation digérée. 6165
Adrien Decourcelle *Les Formules du docteur Grégoire (1868).*

premiers pas :
La cruauté, bien loin d'être un vice, est le premier sentiment 6166
qu'imprime en nous la nature ; l'enfant brise son hochet, mord
le téton de sa nourrice, étrangle son oiseau, bien avant que
d'avoir l'âge de raison.
Donatien Alphonse François, marquis de Sade *La Philosophie dans le boudoir (1795).*

Dans le domaine qu'on tient pour si subtil, si indéchiffrable, des 6167
sentiments – et qui l'est –, ce sont néanmoins les plus grossiers
qui opèrent.
Jean-Baptiste Pontalis *Loin (1980)* ; Gallimard.

6168 La véritable forme du sentiment, ce n'est pas la conscience qu'on en a, mais l'action qu'on en tire.
Ramon Fernandez propos rapporté par son fils Dominique Fernandez dans *Le Monde,* 15 juin 1979.

6169 De tout temps, on a pris les « beaux sentiments » pour des arguments.
Friedrich Nietzsche *La Volonté de puissance.*

commérages :

6170 Que le vent qui gémit, le roseau qui soupire,
Que les parfums légers de ton air embaumé,
Que tout ce qu'on entend, l'on voit ou l'on respire,
Tout dise : « Ils ont aimé ! »
Alphonse de Lamartine *Méditations poétiques.*

sale temps !

6171 « Levez-vous vite, orages désirés qui devez emporter René dans les espaces d'une autre vie ! » Ainsi disant, je marchais à grands pas, le visage enflammé, le vent sifflant dans ma chevelure, ne sentant ni pluie, ni frimas, enchanté, tourmenté, et comme possédé par le démon de mon cœur.
François René de Chateaubriand *Atala (1801).*

interflora :

6172 Voici des fruits, des fleurs, des feuilles et des branches
Et puis voici mon cœur, qui ne bat que pour vous.
Ne le déchirez pas avec vos deux mains blanches
Et qu'à vos yeux si beaux l'humble présent soit doux.
Paul Verlaine (1844-1896) *Romances sans paroles. Aquarelles.*

contre-performance :

6173 Les sentiments ? Ils aspirent à l'éternité et... ne passent pas la nuit.
France Quéré *Au fil de l'autre (1979);* Le Seuil.

6174 Il n'y a que le cœur qui aille aussi vite que les hirondelles.
Lacordaire Lettre à Mme Swetchine, 4 septembre 1835.

Sexe

6175 La vérité se révèle au pied du sexe
Sigmund Freud *Trois essais sur la théorie de la sexualité (1923);* Gallimard.

le triangle d'or :

6176 Le sexe représente une force trop immense pour que l'on en fasse bon marché ou mauvais usage.
Erica Jong *La Planche de salut;* tr. G. Belmon et H. Chabrier (1977); Laffont.

Le sexe est le cerveau de l'instinct. 6177
André Suarès *Voici l'Homme (1948);* Albin Michel.

Il n'y a pas de sagesse au-dessous de la ceinture. 6178
Matthew Hale[1] *Thoughts on some important Subjects (1674).*

Le sexe sans risques, c'est comme la vérité en publicité, une espèce de contradiction dans les termes. 6179
Jay Mc Inerney *Toute ma vie;* tr. J.P. Carasso; *(1989);* Payot.

[...] Le sexe, ce pauvre instrument à qui nous demandons tant de plaisir, alors qu'il ne peut donner que le soulagement. 6180
Roger Fournier *Inutile et adorable (1963);* Cercle du Livre de France.

L'organe génital est le fond des tendresses humaines. 6181
Gustave Flaubert *Correspondance (1830-1851);* Gallimard.

Les parties de plaisir s'achèvent dans la solitude mélancolique des examens intimes. 6182
Patrick Wald Lasowski *Syphilis; essais sur la littérature française du XIXe siècle;* Gallimard.

Et une gonzesse qui pouffe n'est pas loin du paf. 6183
San-Antonio *À prendre ou à lécher (1980);* Fleuve noir.

Ce que l'homme a au-dehors, la femme l'a au-dedans, tant par la providence de la nature, que de l'imbecillité d'icelle, qui n'a pu expeller et jeter dehors lesdites parties, comme à l'homme. 6184
Ambroise Paré (1509-1590)[2].

La caverne sexuelle est devenue la fosse visqueuse de l'enfer. 6185
Jean Delumeau *La Peur en Occident, XIV-XVIIIe siècle (1978);* Fayard.

Les Américaines ne seraient-elles pas plus clitoridiennes que les Françaises ? 6186
– Je ne crois pas que les Françaises soient plus vaginales que les Américaines.
Dr Michel Meignant *L'Amour thérapie (1977);* Buchet-Chastel.

Le plaisir de la femme n'a pas à choisir entre activité clitoridienne et passivité vaginale. 6187
Luce Irigaray *Ce sexe qui n'en est pas un (1977);* Éd. de Minuit.

La femme a des sexes un peu partout. Elle jouit d'un peu partout. 6188
Luce Irigaray *Ce sexe qui n'en est pas un (1977);* Éd. de Minuit.

Dans mes plus anciens dessins, Ariane est le labyrinthe. Sa vulve en est l'entrée. Thésée s'est égaré. 6189
André Masson *La Mémoire du monde;* Skira.

---

1 - Ce jurisconsulte anglais fut l'avocat du roi Charles 1er.
2 - Imbécillité doit évidemment s'entendre ici dans son sens ancien de fragilité. Cette pensée curieuse ne saurait masquer la qualité très novatrice et souvent encore actuelle des travaux du célèbre chirurgien.

6190 Mignon, discret, doux petit chose
À peine ombré d'un or fluet,
T'ouvrant en une apothéose,
À mon désir rauque et muet.
Paul Verlaine *À celle que l'on dit froide : Œuvres libres.*

6191 Que la cicatrice
Si jolie d'Alice
Jamais ne guérisse.
Pierre Perret *Celui d'Alice ;* Adèle.

6192 Le fruit d'Ève fendu.
Jean Cocteau *Allégories (1941) ;* Gallimard.

6193 Femmes, longs vases entrouverts, grands enfants chauds.
Paul Morand *Fermé la nuit (1923) ;* Gallimard.

6194 Le phallus en ce siècle devient doctrinaire.
Henri Michaux *Face aux verrous (1954) ;* Gallimard.

6195 Un jour, lors d'une inspection des bagages de ses dames, on trouve dans une malle cinq instruments virils à usage intime. Devant la consternation de la propriétaire, la reine (Catherine de Médicis) réagit en éclatant de rire[1].
Ivan Cloulas *Catherine de Médicis (1979) ;* Fayard.

priapisme :

6196 Rien n'est petit dans l'amour.
Laure Conan *Angéline de Montbrun (1884).*

6197 Les hommes recouvrent leur diable du plus bel ange qu'ils peuvent trouver.
Marguerite de Navarre *(1492-1549) L'Heptaméron.*

6198 Le pénis est un clitoris agrandi.
Mary Jane Sherfey *Nature et Évolution de la sexualité féminine (1976) ;* tr. C. Kestemberg ; P. U. F.

6199 C'est que, voyez-vous bien, le sexe est sérieux (regardez-le), parfois même ennuyeux (quand il se fait regarder).
François Caradec[2] dans Hubert Juin *369* (1970) ; Publications Premières.

6200 Comment ! lui répondis-je, quelle différence y a-t-il donc ? Tiens, vois ! me dit-il, en troussant sa chemise et me montrant son petit outil, qui était devenu gros et raide, et que je n'avais qu'entrevu jusque-là. Je pris cette lance en main, je la considérai, je la caressai, j'en découvrais, j'en aiguisais la pointe, et j'eus enfin la satisfaction d'en faire l'examen le plus attentif.
Honoré-Gabriel Riquetti de Mirabeau[3] (1749-1791) *Le Rideau levé.*

---

1 - Catherine était alors sexagénaire, et le règne de Henri III rendait nécessaire l'usage de tels supplétifs !
2 - On lui doit l'édition « définitive » des œuvres complètes d'Alphonse Allais.
3 - Mirabeau cultivait sa laideur. « On ne connaît pas, disait-il, toute la puissance de ma laideur. »

castration :
Ce qu'on retranche à la perfection des créatures, c'est à la 6201
perfection même de Dieu qu'on le retranche.
Saint Thomas d'Aquin (1225-1274) *Opera omnia.*

Les anges n'ont pas de sexe, puisqu'ils sont éternels. 6202
Auguste Comte *Catéchisme positiviste... ; Neuvième entretien (1852).*

Sexualité

bonnes manières :
Il faut apprendre aux gens à se servir de leur sexe comme de la 6203
cuillère et de la fourchette.
Interview de Mme Maj Brith Walan dans **Yves de Saint Agnès** *Une révolution sexuelle ;* Julliard.

Quand on est petit on se demande comment faire l'amour et 6204
comment faire des enfants.
Quand on grandit, on se demande comme faire l'amour sans
faire d'enfant.
Marc Jolivet sur *A2.*

L'amour physique est la clef de presque toutes les vies. On le 6205
sait, on n'ose le dire, de peur de passer pour un obsédé sexuel.
Jacques de Bourbon-Busset *L'Amour durable (1973) ;* Gallimard.

Dieu même est la source et la réalité de l'éros, et en interdit 6206
une double désécration : celle du libertinage qui en est la
profanation, et celle d'un ascétisme qui par calcul ou par un
misérabilisme congénital en est la négation[1].
Henry Corbin *Quiétude et inquiétude de l'âme dans le soufisme de Ruzbehan Baqli de Shïrâz dans Eranos Jahrbuch, XXVII,* 1958, p. 61.

Faites la fête avec tout votre corps, avec tout votre être. Et tant 6207
pis si vous y laissez quelques plumes. Ça repousse !
Sophie Chauveau *Débandade ;* Garnier-Pauvert.

Le comique de la sexualité : idée inacceptable pour les puritains 6208
ainsi que pour les néo-libertins.
Milan Kundera dans *L'Infini,* n° 32 ; Gallimard.

La fermeture Éclair 6209
A glissé sur tes reins
Et tout l'orage heureux

---

1 - L'amour sexuel ainsi compris peut être voie de régénération :
« Mon amour, comme le vent, quand tu passes sur ma tombe,
Dans ma fosse, de désir, je déchire mon linceul. »
Hâfiz (XIVe s.), le vieux maître de Shïrâz (il savait le Coran par cœur).

De ton corps amoureux
A éclaté soudain.
Jacques Prévert *Sanguine.*

6210 Pourquoi une femme n'aurait-elle pas le droit de dire sa vérité sans être traitée de putain ?
Erica Jong *Le Complexe d'Icare (1976)*; Laffont.

6211 Je fréquentais pas assez bas pour l'avortement, pas assez haut pour la pilule. Juste assez médiocre pour la trouille qui ne peut rien faire, les pourvu que et les si jamais. Ah ! le bon vieux temps.
Charlotte Wagner *La Luronne (1981)*; Belfond.

6212 Sans la pilule ça serait encore un gros péché de tringler hors des liens conjugaux... sans papa Fleming, sa pénicilline, certaines maladies seraient encore honteuses, ô combien !
Alphonse Boudard *Les Combattants du petit bonheur (1977)*; La Table Ronde.

6213 À mesure que diminue la liberté économique et politique, la liberté sexuelle a tendance à s'accroître en compensation.
Aldous Huxley *Le Meilleur des mondes (1932)*; tr. J. Castier; Plon.

6214 Il semble que dans notre pays la révolution sexuelle doive s'avancer masquée d'idéologie et de politique. Là où, dans le monde anglo-saxon, elle s'envelopperait de musique pop ou de marihuana.
Emmanuel Todd *Le Fou et le Prolétaire (1979)*; Laffont.

6215 En Amérique, le sexe est une obsession ; ailleurs c'est un fait.
Marlène Dietrich.

6216 Notre glorification sans réserve de la sexualité a pratiquement éliminé les petites sociétés stériles et sacrées qu'ont connues presque toutes les civilisations... qui offraient un asile à ceux qui ne se sentent faits ni pour la famille, ni pour la procréation, ni même pour la sexualité.
Marguerite Yourcenar *Les Yeux ouverts (1980)*; Centurion.

6217 Je fais l'amour mais c'est de telle sorte
Que seulement du plaisir j'en rapporte,
N'engageant point ma chère liberté [1].
Philippe Desportes (1546-1606) *Chanson.*

6218 Le sexe est une des formes primaires du pouvoir.
Ernesto Sábato *Tango (1968).*

6219 De toute façon, l'homme n'est jamais gagnant dans le duel sexuel. La femme lui est « fatale ».
Jean Delumeau *La Peur en Occident, XIVe - XVIIIe siècle (1978)*; Fayard.

1 - En récompense de telles chansons, Desportes devint abbé des Vaux de Cernay, chanoine de la Sainte-Chapelle. On lui offrit même l'archevêché de Bordeaux qu'il refusa, pour garder sa liberté.

La pointe de ton sein 6220
A tracé tendrement
La ligne de ma chance
Dans le creux de ma main.
Jacques Prévert *Sanguine.*

La plus grande joie d'une femme, dont elle peut tirer les conséquences sensuelles les plus profondes, c'est la certitude que lui donne un homme de sa virilité morale. 6221
Pierre Drieu La Rochelle *Gilles (1939)*; Gallimard.

Telle vertueuse que soit une femme, c'est sur sa vertu qu'un compliment lui fait le moins plaisir. 6222
Prince de Ligne *(1735-1814) Diverses remarques sur les femmes.*

La pédérastie me paraît, au même titre que les autres habitudes sexuelles, une habitude sexuelle. 6223
Louis Aragon.

Rien n'assomme comme les aventures sexuelles des autres. 6224
Jean-Louis Bory *Tous nés d'une femme*; Gallimard.

élégance :
On a dit que je changeais d'homme comme on change de bottines. Passez-moi le luxe, par charité je ne suis porter éternellement la même paire. 6225
André Breton *Littérature,* nouvelle série n° 2, 1er avril 1922.

Si je me suis dévoué à certains corps, c'était pour oublier le poids du mien. 6226
René Crevel (1900-1935)[1].

Chaque fois que nous faisons l'amour, je tâche – le perçoit-il ? – d'en profiter sournoisement pour mourir. 6227
Madeleine Chapsal *Une femme en exil (1978)*; Grasset.

La sexualité existe après la mort, mais nous ne pouvons pas la ressentir. 6228
Lily Tomlin[2].

Plus le corps est faible, plus il commande; plus il est fort, plus il obéit. Toutes les passions sensuelles logent dans des corps efféminés; ils s'en irritent d'autant plus qu'ils peuvent moins les satisfaire. 6229
Jean-Jacques Rousseau *Émile (1762).*

Fin de siècle, fin de sexe. 6230
Jean Lorrain (1855-1906) dans Hubert Juin *Le Livre de Paris 1900*; Belfond.

---

1 - Après trois années de psychanalyse, René Crevel écrivait en 1929 *(Êtes-vous fous ?)* : « Je sais à quoi m'en tenir et que je suis affligé non du classique complexe d'Œdipe, mais du simplexe anti-Œdipe... Malheur à l'homme qui n'a pas voulu coucher avec ma mère. »
2 - Comédienne américaine.

Signes

6231 Il faut savoir que tout rime.
Wols dans *Hommage à Wols ;* Delpire éditeur.

6232 Le monde matériel est un emblème, un hiéroglyphe du monde spirituel.
Pierre-Simon Ballanche *Vision d'Hébal.*

6233 Toute créature est pleine de Dieu et est un livre.
Maître Eckhart (1260-1327) cité par Édouard Jeauneau *La Philosophie médiévale ;* P. U. F.

6234 En moi se pense la partie, donc je suis le Tout.
Joë Bousquet *Œuvre romanesque complète (1979) ;* Albin Michel.

6235 Toute découverte dans l'univers de l'infiniment petit a des conséquences directes sur notre connaissance de l'infiniment grand.
Jean-Pierre Baton et **Gilles Cohen-Tannoudji** *L'Horizon des particules (1989) ;* Gallimard.

6236 Ne contemple, en toutes choses, qu'Une ; c'est la seconde qui te fourvoie.
Kabir (XVe s.) *Paroles.*

6237 Les mystères simples, absolus et immuables de la Vérité divine sont cachés dans les ténèbres super-lumineuses de ce silence qui révèle en secret[1].
Denys l'Aréopagite (Ve-VIe s.) *Des noms divins et de la théologie mystique.*

6238 Tout ce qui se manifeste est vision de l'invisible[2].
Anaxagore (v. 500-428 av. J.-C.) *Textes.*
2 - Voir la théorie des « homéoméries » d'Aristote.

6239 Il n'est pas d'incident si négligeable où ne s'inscrit la volonté de Dieu comme toute l'immensité du ciel dans une goutte d'eau.
Georges Bernanos *Dialogues des carmélites (1948) ;* Le Seuil.

6240 Il y a des êtres mystérieux, toujours les mêmes, qui se tiennent en sentinelles à chaque carrefour de notre vie.
Patrick Modiano *Villa triste (1975) ;* Gallimard.

6241 Il y a des hommes n'ayant pour mission parmi les autres que de servir d'intermédiaires ; on les franchit comme des ponts, et l'on va plus loin.
Gustave Flaubert *L'Éducation sentimentale (1869).*

---

1 - Denys disait aussi avec les néo-platoniciens : « Dieu n'est ni un, ni unité, ni divinité, ni bonté, ni esprit au sens où nous entendons ces termes. »

L'Homme masque le monde. 6242
Maurice Coyaud *Fourmis sans ombre. Le Livre du haïku (1978);* Phébus.

Nous sommes une matière qui épouse toujours la forme du premier monde venu. 6243
Robert Musil *L'Homme sans qualités (1931).*

Les formes et les choses se manifestent à celui qui n'est pas attaché à son être propre. Dans ses mouvements, il est comme l'eau ; dans son repos, il est comme un miroir, et dans ses réponses, il est comme l'écho. 6244
Lie Tseu *Le Vrai Classique du vide parfait;* Gallimard.

Un paysan, c'est un tronc d'arbre qui se déplace. 6245
Jules Renard *Journal,* 1894.

Écouter comme un arbre vaut mieux que tout. 6246
Jean Chalon *Les Petites Solitudes;* Le Verbe et l'Empreinte.

co-naissance :
Il ne faut pas comprendre [...] ; il faut prendre connaissance. 6247
Paul Claudel *L'Otage (1914);* Gallimard.

archétype :
Toute connaissance est souvenance. 6248
Thomas Hobbes (1588-1679) *Human Nature, VI.*

Il est possible que nous portions en nous, occultes, enterrées, certaines métaphores primordiales, et que toute quête verbale n'ait d'autre but que de déchiffrer ces images antérieures. 6249
Hector Bianciotti *Le Traité des saisons;* tr. F.-M. Rosset (1977) ; Gallimard.

On dirait que l'humanité tout entière a oublié et cherche à se rappeler on ne sait quelle Loi perdue. 6250
Villiers de l'Isle-Adam *Contes cruels : Les Demoiselles de Belfilâtre (1833).*

Le fait d'être habité par une nostalgie incompréhensible serait tout de même le signe qu'il y a un ailleurs. 6251
Eugène Ionesco *Notes et Contre-Notes (1962);* Gallimard.

On s'aperçoit de ce qu'on cherchait après qu'on a trouvé ce qu'on ne cherchait pas. 6252
Roger Judrin *Chemin de braise (1981);* L'Aire.

rendez-vous manqués :
Nous venons trop tard pour les dieux et trop tôt pour l'Être. 6253
Martin Heidegger *Questions, III (1966);* Gallimard.

Silence

6254 Le silence est le dernier refuge de la liberté.
Michel Campiche *Du haut de la solitude (1981)*; L'Aire.

6255 Oui, je sais, j'ai tendance à ouvrir ma gueule un peu trop fort, mais ça tient à ce que, jusqu'à vingt ans, j'ai cru que je m'appelais silence.
Coluche, cité par Philippe Boggio dans *Coluche*; Flammarion.

6256 De tous les arguments, le plus difficile à réfuter est le silence.
William Billings (1746-1800).

6257 Le silence restera la manifestation surréaliste la plus recommandable.
Georges Henein dans Sarane Alexandrian *Georges Henein*; Seghers.

6258 Le plus corrosif de tous les acides est le silence.
Andreas Frangias *L'Épidémie (1979)*; tr. J. Lacarrière; Gallimard.

6259 Le silence est rempli de toute vie, mais la mort est cachée dans le discours abondant.
Pères du Désert (IVᵉ s.) Bu II, 459 dans E.A. Wallis Budge *The Paradise of the Holy Fathers*; tr. Regnault.

6260 Il y a des chants qui, lorsqu'ils se taisent, obligent à écouter un certain silence plus précieux qu'eux-mêmes.
Albert Marie Besnard *Propos intempestifs sur la prière (1978)*; Cerf.

6261 Dans le silence et la solitude, on n'entend plus que l'essentiel.
Camille Belguise.

6262 Les gens sans bruit sont dangereux.
Il n'en est pas ainsi des autres.
Jean de La Fontaine *Fables : Le Torrent et la Rivière.*

6263 On n'écrit pas pour dire que tout est fichu. Dans ce cas-là on se tait. Je m'y prépare.
Albert Camus *Correspondance (1932-1960)*; Gallimard.

6264 Le baiser, la bouche sur la bouche, est le signe le plus expressif du silence.
Pierre Baillargeon *Commerce (1969)*; Éd. du Jour.

6265 Tant de choses ne valent pas d'être dites. Et tant de gens ne valent pas que les autres choses leur soient dites. Cela fait beaucoup de silence !
Henry de Montherlant *Le Maître de Santiago (1947)*; Gallimard.

Le silence est la plus grande persécution : jamais les saints ne se sont tus. 6266
Blaise Pascal *Pensées, XIV, 920.*

La volonté de se taire est comme un jeûne. 6267
Sophie Avon *Le Silence de Gabriel (1988);* Arléa.

La condition souveraine du savoir est le silence. 6268
Abd-Allah Ibn Muqaffa' *Kalîla et Dimna;* tr. Miquel (1957); Klincksieck.

On étouffe les clameurs, mais comment se venger du silence ? 6269
Alfred de Vigny *Cinq-Mars (1826).*

Rien ne rehausse l'autorité mieux que le silence, splendeur des forts et refuge des faibles. 6270
Charles de Gaulle *Le Fil de l'épée (1932);* Plon.

Se taire est dans le camp de la réflexion, c'est savoir parler, notamment de toute autre chose. 6271
Sören Kierkegaard *Journal.*

Le silence est le mystère du monde futur. 6272
La parole est l'organe du monde présent.
Isaac le Syrien.

À te vivre, je déborde de silence et de sel. 6273
Andrée Chédid *Visages premiers (1972);* Flammarion.

La parfaite valeur est de faire sans témoins ce qu'on serait capable de faire devant tout le monde. 6274
La Rochefoucauld *Maximes (1665).*

C'est un homme que Dieu aime, celui qui écoute. 6275
Le Livre des Morts cité par François Daumas dans *La Civilisation de l'Égypte pharaonique (1965);* Arthaud.

Les rivières les plus profondes sont les plus silencieuses. 6276
Quinte-Curce (Ier s.) *Vie d'Alexandre, VII, IV.*

Parler – se taire : un même meurtre. 6277
Jean-Claude Renard *La Lumière du silence (1978);* Éditeurs Français Réunis.

Faute de parler, on meurt sans confession. 6278
Germaine Guevremont *Marie-Didace (1974).*

écoute :
Heureux ceux qui ne parlent pas, car ils s'entendent. 6279
Mariano José de Larra (1809-1837) *La Parole.*

Simplicité

6280 La simplicité suffit pour mener une vie pauvre.
Serge Bonnet et **Bernard Gouley** *Les Ermites (1980)*; Fayard.

6281 Il n'y a pas de simplicité véritable. Il n'y a que des simplifications.
Léon-Paul Fargue *Sous la lampe (1929)*; Gallimard.

6282 Qui s'est abaissé devant une fourmi n'a plus à s'abaisser devant un lion.
Henri Michaux *Tranches de savoir (1953)*; Cercle des Arts.

6283 Je demande, pour ma part, à être conduit au cimetière dans une voiture de déménagement.
André Breton *Manifeste du surréalisme (1924)*; J.-J. Pauvert.

6284 Tout bonheur est une innocence.
Marguerite Yourcenar *Alexis ou le Traité du vain combat (1929)*; Plon.

6285 Moi, pour la modestie, je ne crains personne.
Erik Satie dans Ornella Volta *Erik Satie (1977)*; Seghers.

6286 Il faut être modeste. Modeste, mais hautain.
Georges Henein à Henri Calet *Lettres (1935-1956)* dans la revue *Grandes Largeurs,* n° 2-3 ; Éd. Le Tout sur le Tout.

6287 Ce n'est pas pour me vanter, mais il fait rudement chaud.
Eugène Labiche *Théâtre (1879).*

6288 La timidité est une condition étrange du cœur, une catégorie, une dimension qui débouche sur la solitude. C'est aussi une souffrance dont on ne peut se défaire, comme si l'on avait deux épidermes et que la deuxième peau intérieure s'irritait et se contractait devant la vie. Parmi les structurations de l'homme, cette qualité ou ce défaut fait partie de l'alliage qui établit la perpétuité de l'être.
Pablo Neruda *J'avoue que j'ai vécu (1975)*; tr. Couffon ; Gallimard.

6289 La liberté n'est souvent... qu'une sorte de timidité.
Friedrich Nietzsche *Le Gai Savoir (1881-1887)*; tr. A. Vialatte ; Gallimard.

6290 Les remords sont les vitamines du timide.
Philippe Bosser *La Chanterelle - Drôle de trame (1981)*; Éd. Calligrammes.

6291 Les gens simples n'existent pas.
Richard Jorif *Les Persistants Lilas*; François Bourin.

Société

doublure :

La vie sociale c'est l'envers ; l'endroit, c'est la vie intérieure. 6292
Jean Pommier *Spectacle intérieur (1970) ;* Denoël.

Les composantes de la société ne sont pas les êtres humains, 6293
mais les relations qui existent entre eux.
Arnold Toynbee *L'Histoire ;* avec coll. de J. Cajlan ; Elsevier Sequoia.

Parlez et l'on vous dira commun ; 6294
Ne parlez pas, vous n'êtes pas mûr ;
Pauvre, les gens se moquent ;
Riche, ils vous envient.
Sous ce ciel, la vie, après tout, n'est pas facile.
Sang-Yong Kim *Anthologie de la poésie coréenne ;* tr. Hyun et Mine ; Saint-Germain-des-Prés.

Le scandale est souvent pire que le péché. 6295
Marguerite de Navarre *Heptaméron (1558-1559).*

La société serait une chose charmante si on s'intéressait les uns 6296
aux autres.
Chamfort, *Pensées, Maximes et Anecdotes (1803).*

[...] Ce que racontaient les gens m'échappait, car ce qui 6297
m'intéressait, c'était non ce qu'ils voulaient dire, mais la manière dont ils le disaient, en tant qu'elle était révélatrice de leur caractère ou de leurs ridicules.
Marcel Proust *Le Temps retrouvé (1927).*

snobisme :

Jamais on ne le voit sortir du grand seigneur ; 6298
Dans le brillant commerce il se mêle sans cesse,
Et ne cite jamais que duc, prince ou princesse :
La qualité l'entête...
Molière *Le Misanthrope (1666).*

Les gens du monde ne sont pas plus tôt attroupés qu'ils se 6299
croient en société.
Chamfort *Pensées, Maximes et Anecdotes (1803).*

Snob : homme qui envoie son chien apprendre à aboyer à 6300
Londres.
Philippe Jullian *Dictionnaire du snobisme (1958).*

Si le temps passe et que tu t'aperçoives que ton nom circule 6301
parmi les hommes, n'en fais pas plus de cas que de tout ce que tu trouves dans leur bouche.
Rainer-Maria Rilke *Œuvres complètes ;* tr. Jacottet ; Le Seuil.

6302 J'éprouvai que toutes les puissances ne peuvent rien contre la réputation d'un homme qui la conserve dans son corps.
Cardinal de Retz *Mémoires (1717).*

6303 Les réputations se font sur des méprises.
Étiemble interview dans Jacques Chancel *Radioscopie/4;* Laffont.

6304 J'aurais fait rimer des mots qui ne riment pas à grand-chose... Les vieilles dames m'auraient appelé « maître » et les jeunes gens « vieux con » ; bref, j'aurais été quelqu'un.
San-Antonio *Passez-moi la Joconde;* Fleuve noir.

6305 Drôle d'époque où recenser les sujets de préoccupation de ses contemporains revient à ressasser un chapelet de lieux communs.
Christiane Collange *Ça va les hommes ? (1981);* Grasset.

6306 Les lieux communs sont assez désagréables ; mais les lieux semi-communs sont franchement répugnants.
Eugenio d'Ors *Les Dialogues de la passion méditative.*

6307 Donnez-moi un préjugé, et j'ébranlerai le monde.
Gabriel Garcia Marquez *Chronique d'une mort annoncée;* tr. Cl. Couffon (1981) ; Grasset.

6308 Les préjugés occupent une partie de l'esprit et en infectent tout le reste.
Malebranche *De la recherche de la vérité (1674-1712).*

6309 Malheur à vous quand tout le monde dira du bien de vous !
Saint Luc.

6310 L'imitation est la plus sincère des flatteries.
Charles Caleb Colton.

6311 Il peut y avoir un coup de poignard sans flatterie, il y a rarement de flatterie sans coup de poignard.
Francisco de Quevedo *Marcus Brutus (1644).*

6312 Lorsque tu vois quelqu'un louer en toi des qualités que tu ne possèdes pas, ne crois pas qu'il se gênera pour t'accuser de vices que tu ignores totalement.
Wahhb Ibn-Monabbih dans René R. Khawam *Propos des Arabes sur la vie en société;* Albin-Michel.

6313 Outrager est d'un fou, flatter est d'un esclave.
Cardinal de Bernis (1715-1794) *Épîtres.*

6314 J'emmerde la société mais elle me le rend bien.
Slogan Mai 1968.

Soleil

Le soleil est nouveau tous les jours. 6315
Héraclite d'Éphèse (576-480 av. J.-C.) *Fragments originaux;* tr. Battistini; Gallimard.

Aujourd'hui, j'ai permis au soleil de se lever plus tôt que moi. 6316
Georg Christop Lichtenberg *Aphorismes (1800-1806).*

coup de soleil :
Ajoutez à cela l'orgueil insupportable des humains, qui se 6317
persuadent que la nature n'a été faite que pour eux, comme s'il était vraisemblable que le soleil [...] n'eût été allumé que pour mûrir ses nèfles, et pommer ses choux.
Cyrano de Bergerac (1619-1655) *Voyage dans la Lune.*

on en connaît un rayon !
Premièrement, il est du sens commun de croire que le soleil a 6318
pris la place au centre de l'univers, puisque tous les corps qui sont dans la nature ont besoin de ce feu radical; [...] de même que la sage nature a placé les parties génitales dans l'homme, les pépins dans le centre des pommes, les noyaux au milieu de leur fruit.
Cyrano de Bergerac (1619-1655) *Voyage dans la Lune.*

Le soleil ne gagnerait rien en beauté s'il ne se montrait qu'une 6319
fois l'an.
Tom Macinnes *Œuvres complètes (1923).*

C'était une de ces journées d'hiver où le soleil semble éclairer 6320
tristement la campagne grisâtre, comme s'il regardait en pitié la terre qu'il a cessé de réchauffer.
Benjamin Constant *Adolphe (1815).*

Il existe deux soleils, qui se lèvent l'un et l'autre... L'un se lève 6321
sur les regards, l'autre se lève sur les cœurs.
Barlaam et Joasaph[1] (VIIIe s.); trad. de la version arabe ismaélienne par D. Gimaret.

bronzage :
Je suis un authentique fils du soleil, et un fils calciné. 6322
Gilbert Chaudanne *De la poésie à la poévie* dans *Prisme,* n° 134.

[...] Le soleil c'est comme la mort, on ne peut le narguer trop 6323
longtemps, ça éteint les yeux[2].
Emmanuel Cocke *Va voir au ciel si j'y suis.*

---

1 - Adaptation de la vie de Bouddha à l'usage des chrétiens de Byzance. L'histoire de Joasaph, fils du roi païen Avenir, converti par l'ermite Barlaam, a été mise en scène en 1455 par Jehan le Prieur (le *Mystère du roi Avenir*).

2 - La Rochefoucauld l'avait mieux dit : « Le soleil ni la mort ne se peuvent regarder fixement. »

6324 Le soleil... ne se lève que pour celui qui va à sa rencontre.
Dom Henri Le Saux *Guânânanda, un maître spirituel du pays Tamoul (1970)*; éd. Présence.

Solidarité

6325 Si toutes les filles du monde voulaient s'donner la main, tout autour de la mer elles pourraient faire une ronde. Si tous les gars du monde voulaient bien êtr'marins, ils f'raient avec leurs barques un joli pont sur l'onde. Alors on pourrait faire une ronde autour du monde, si tous les gens du monde voulaient s'donner la main.
Paul Fort *Ballades françaises (1922-1951)*; Flammarion.

6326 Il faut, pour servir les hommes, rejeter toute raison.
Anatole France *Les Opinions de Jérôme Coignard.*

6327 Ça soulage le cœur de couler tous ensemble.
Publilius Syrus *Sentences*; tr. Gouast; Seghers.

6328 Les riches auront de la nourriture, les pauvres de l'appétit.
Coluche au café-théâtre.

6329 Mon humanité consiste à sentir que nous sommes voix de la même pénurie.
Jorge Luis Borges dans Sucre *Borges*; tr. J.M. Place (1970); Seghers.

6330 La fraternité du malheur est la fraternité la plus rapide.
José Marti *Œuvres complètes (1891).*

6331 M'aide pas, j'ai pas le temps!
Maxime de **Coluche.**

6332 Celui qui ne se sent pas offensé par l'offense faite à d'autres hommes, celui qui ne ressent pas sur sa joue la brûlure du soufflet appliqué sur une autre joue, quelle qu'en soit la couleur, n'est pas digne du nom d'homme.
José Marti dans *Pages choisies*; tr. Duireaux, Carneret, Noulet; Nagel.

6333 Rassemble les hommes du monde entier au creux de ton amour.
Aelred de Rievaulx *La Vie de recluse*; tr. Ch. Dumont (1976); Cerf.

6334 La pitié est le sentiment qui arrête l'esprit devant ce qu'il y a de grave et de constant dans les souffrances humaines et qui l'unit avec le sujet souffrant; la terreur est le sentiment qui arrête

l'esprit devant ce qu'il y a de grave et de constant dans les souffrances humaines, et qui l'unit avec la cause secrète.
James Joyce *Gens de Dublin (1967);* tr. Fernandez, du Pasquier et Reynaud ; Plon.

Il n'y a qu'un moyen de salut : prends à ta charge tous les péchés des hommes. En effet, mon ami, dès que tu répondras sincèrement pour tous et pour tout, tu verras aussitôt qu'il en est vraiment ainsi, que tu es coupable pour tous et pour tout. 6335
Fedor Dostoïevski *Les Frères Karamazov (1877).*

Les hommes ne sont pas faits pour s'aimer – malgré le mot d'ordre bien connu. Alors il faut qu'ils s'aident à survivre sans l'amour. 6336
Georges Perros *Échancrures (1977);* Calligrammes.

Le sacrifice de nous-mêmes nous permet de sacrifier les autres sans honte. 6337
George Bernard Shaw *Bréviaire du révolutionnaire;* tr. A. et H. Hamon ; Aubier.

La souffrance d'autrui est chose qui doit s'apprendre. 6338
Friedrich Nietzsche *Humain, trop humain (1878).*

Quelqu'un disait d'un asthmatique fort doux et fort patient dans ses souffrances : « On voudrait respirer pour lui. » 6339
Joseph Joubert *Pensées.*

Si je pouvais laisser mes couilles à Robespierre, cela durerait encore un peu. 6340
Danton dans *Journal* d'Aimée de Coigny présenté par A.M. Grangé ; Lib. acad. Perrin.

Seules les madones et les pietà se comprennent. 6341
Bruno Lagrange et **Marc Oraison** *Le Mystère humain de la mort (1976);* Tchou.

Partage ma moto chaque fois qu'il fait beau 6342
Partage mon lit chaque fois qu'il fait gris.
Michel Monnereau et **Mike Lecuyer** *M'écrire au journal;* Éditions Crypto.

help !
Criez court, et vous serez peut-être secourus. 6343
Georges Henein *Notes sur un pays inutile.*

voisin :
Si quelqu'un fait pour vous aider quelque chose, mais le fait de travers, vous voyez, vous, qu'il l'a fait de travers ; lui, il voit qu'il l'a fait. 6344
Henry de Montherlant *Carnets;* Gallimard.

Il est facile de nager quand on vous tient le menton. 6345
Manuscrit du XIIIe s., sans titre ; Bibliothèque nationale, Paris.

coup de main :

6346 Aide-toi, Dieu t'aidera.
Proverbes en françois, manuscrit de 1456 ; Bibliothèque nationale, Paris.

6347 On ne guérit plus, on est guéri, comme on est éduqué, transporté, déplacé, consommé et enterré.
J.A. Malarewicz *Itinéraire d'une absence (1979) ;* Privat.

suppositoire :

6348 Mode d'emploi : introduire au moment de la crise (la forme torpille assure une introduction particulièrement heureuse). Remboursé par la Sécurité sociale, visa n° 3204.11.126, P. 29.962.
Alphonse Boudard *Les Combattants du petit bonheur (1977) ;* La Table ronde.

Solitude

6349 Il y aura toujours de la solitude pour ceux qui en sont dignes.
Jules Barbey d'Aurevilly *Le Bonheur dans le crime (1874).*

6350 Celui qui connaît l'art de vivre avec soi-même ignore l'ennui.
Érasme *Colloques, Convivium religiosum (1526).*

6351 Pour entrer en solitude, un homme doit se retirer tout autant de sa chambre que de la société.
Ralph Waldo Emerson *La Nature (1836).*

6352 La vraie tristesse de la solitude tient à ce que, loin d'y être seul avec soi, on y subit la pire compagnie, la présence intériorisée des autres, la loi du clan.
Raoul Vaneigem *Le Livre des plaisirs (1979) ;* Encre.

6353 La solitude est très belle... quand on a près de soi quelqu'un à qui le dire.
Gustavo Adolfo Becquer *Lettres littéraires à une femme (1871-1923).*

6354 Être seul, comme l'enfant est seul.
Rainer-Maria Rilke *Lettres à un jeune poète (1937) ;* Grasset.

6355 Je cherche sans cesse la solitude pour me livrer à la peur.
Pierre Drieu La Rochelle *Histoires déplaisantes* (1963) ; Gallimard.

6356 Être seul produit la souffrance la plus glacée, la plus dégoûtante qui soit : on devient inconsistant.
Peter Handke *La Femme gauchère ;* tr. G.A. Goldschmidt (1980) ; Gallimard.

Il croyait que c'était à la solitude qu'il tentait d'échapper, et non pas à lui-même. 6357
William Faulkner *Lumière d'août (1932).*

La solitude appelle la multitude. 6358
Serge Bonnet et **Bernard Gouley** *Les Ermites (1980)*; Fayard.

Il n'y a point d'homme pour l'homme. 6359
Mateo Alemán *Guzman d'Alfarache (1599-1604)*; tr. Reille; Gallimard.

[...] L'isolement n'est pas la solitude absolue, qui est cosmique, l'autre solitude, la petite solitude, n'est que sociale. 6360
Eugène Ionesco *Le Solitaire (1973)*; Mercure de France.

L'homme naît seul et meurt seul... Alors que sont pour lui les amis ? Des entraves. 6361
Santideva (VIIe s.) *La Marche à la Lumière*; tr. Finot; Bossard.

Rien n'avance plus les affaires de l'amour que d'être solitaire. 6362
Adam de Perseigne *Lettre, III,* p. 159; tr. Chanoine J. Bouvet.

C'est peut-être leur solitude morale – à quoi j'aspire – qui me fait admirer les traîtres et les aimer. 6363
Jean Genet *Le Journal du voleur (1949)*; Gallimard.

Il y a sans doute des hommes libres qui ne savent pas le prix de la liberté, mais les hommes seuls savent toujours le prix de la solitude. 6364
Jean-Noël Gurgand *Israéliennes (1975)*; Grasset.

Celui qui parle seul espère parler à Dieu un jour. 6365
Antonio Machado *Campagnes de Castille (1882-1886)*; tr. Darmangeat et Pradal-Rodriguez; Seghers.

Encore un samedi à tuer 6366
À bout portant dans les cafés.
Michel Monnereau et **Mike Lécuyer** *Samedi*; Disques Phonogram, BAP Productions.

Seul 6367
Et chauve
Que rien ne me sauve
Plus jamais.
Gérard Manset; Éd. Chappel.

Si vous peuplez tout seul la solitude du monde, alors vous êtes un humoriste. 6368
André Frédérique *Non-Lieu,* n°s 5-6.

Enfin seul, sans s. 6369
Jules Renard *Journal,* 1er avril 1898.

Sommeil

6370 Le sommeil est un amour perdu.
Roberto Juarroz *Poesia vertical, II (1980)*; tr. F. Verheren; Rencontre.

6371 Chez les peuples primitifs, on ne réveille jamais un dormeur, car son âme est alors absente et peut ne pas avoir le temps de réintégrer son enveloppe.
James George Frazer *Le Rameau d'or (1890-1915)*; tr. Keller.

astucieux :

6372 Le sommeil est encore plus parfait... quand on le partage avec un être aimé.
David Herbert Lawrence *Amants et Fils (1913)*; tr. Fournier-Pargovie; Gallimard.

6373 J'avais pris l'habitude de Corinne sans m'en rendre compte, sans doute parce qu'elle me servait d'édredon.
Alain Bonnand *Les jambes d'Émilienne ne mènent à rien (1986)*; Le Dilettante.

6374 Perdu entre le souvenir fantastique des visions de la nuit et le pressentiment indéfini des réalités au sein desquelles j'allais rentrer, je sommeillais encore.
J. I. I. Grandville, présenté par Roland Topor; Garnier.

sommeil profond :

6375 Je trouvai le cadavre d'un homme mort depuis quatre ou cinq heures. Je me mis en devoir de le disséquer, mais au premier coup de scalpel... le cadavre porta la main droite sur le cœur et agita faiblement la tête.
Philippe Ariès *L'Homme devant la mort (1977)*; Le Seuil.

6376 Et, surtout, puisque tu prétends que tout le monde meurt, il ne faut pas essayer de me faire croire que c'est comme quand on dort. Ceux qui s'amusent n'ont jamais sommeil...
René Crevel *Babylone (1975)*; J.-J. Pauvert.

sommeil difficile :

6377 Partout où j'ai voulu dormir,
Partout où j'ai voulu mourir,
Partout où j'ai touché la terre,
Sur ma route est venu s'asseoir
Un malheureux vêtu de noir,
Qui me ressemblait comme un frère.
Alfred de Musset *La Nuit de décembre (1835)*.

sommeil réparateur :

6378 Seuls la mort et le sommeil innocentent les hommes. La

naissance fait de nous des païens, et la vie des carnassiers ou des puceaux.
Philippe Bosser *La Chanterelle – Drôle de trame (1981);* Calligrammes.

sommeil agité :
Les gens de lettres, les penseurs, les artistes, en un mot tous les hommes dont les nerfs et le cerveau reçoivent beaucoup d'impressions ou combinent beaucoup d'idées, sont très sujets à des pertes nocturnes très énervantes pour eux. 6379
Pierre-Jean-Georges Cabanis *La Science de l'homme.*

insomnie :
Le sommeil, aventure sinistre de tous les soirs. 6380
Pierre Pachet *Nuits étroitement surveillées (1980);* Gallimard.

Avec les insomnies, on peut faire des bouquets noirs de grandes fleurs friables et crissantes comme sable sous les dents. 6381
Jean-Claude Pirotte *La Pluie à Rethel (1982);* Luneau/Ascot.

L'insomnie est la seule forme d'héroïsme au lit. 6382
E.M. Cioran.

Se pencher sur le sommeil a de quoi émerveiller. Se pencher sur les lits a de quoi vous faire peur. 6383
Anthony Burgess *Sur le lit;* tr. J. Bonnefoy; Denoël.

Il importe de s'accoutumer d'abord à être mal couché; c'est le moyen de ne plus trouver de mauvais lit. 6384
Jean-Jacques Rousseau *Émile (1762).*

L'éveil absolu, sans le moindre sommeil, est à mon avis le contraire du mot Dieu. 6385
Matta interview de F.C. Toussaint dans *Les Lettres Françaises,* 16 juin 1966.

Quand je me réveille c'est malgré moi. 6386
Jacques Rigaut *Écrits (1970);* Gallimard.

bonne nuit :
L'homme en tant qu'homme ne peut vivre horizontalement. Son repos, son sommeil est le plus souvent une chute. 6387
Gaston Bachelard *L'Air et les Songes (1943);* José Corti.

Un bon rêveur ne se réveille pas. 6388
Fernando Pessoa *L'Heure du diable,* tr. M. Druais et B. Sesé (1989); José Corti.

Sottise

6389 Le bonheur d'un con fait toujours peine à voir.
Frédéric Dard.

6390 La cloche du sot est vite sonnée.
Roman de la Rose.

6391 « Avoir raison »... qui donc y tient encore : quelques sots.
André Gide *Journal (1943-1953)* ; Gallimard.

6392 Contre la stupidité, même les dieux se disputent en vain.
Friedrich von Schiller *La Pucelle d'Orléans (1800-1801)* ; tr. Thomas ; Aubier.

6393 Il nous est devenu difficile de parler de bêtise, sachant bien qu'on est, ou deviendra, toujours l'imbécile de quelqu'un.
Jean-Jacques Pauvert *Anthologie historique des lectures érotiques (1980)* ; Ramsay.

6394 J'aime mieux les méchants que les imbéciles, parce qu'ils se reposent.
Alexandre Dumas Fils (1824-1893).

6395 Il n'y a que les imbéciles pour faire leur lit tous les jours.
Nancy Spain[1].

6396 [...] Une vraie douleur est capable de donner de l'intelligence à un imbécile, toujours pour un temps naturellement.
Fedor Dostoïevski *Les Possédés (1871).*

6397 La bêtise humaine est la seule chose qui donne une idée de l'infini.
Ernest Renan *Dialogues et Fragments philosophiques (1888).*

6398 Moins le blanc est intelligent, plus le noir lui paraît bête.
André Gide

Souffrance

6399 L'homme a beaucoup appris qui a beaucoup souffert.
La Chanson de Roland (v. 1100-1125).

1 - Journaliste britannique.

Il reste toujours quelque chose à aimer dans un être qui souffre. 6400
Lorraine Hansberry *Une maison au soleil* dans Kesteloot *Anthologie de la littérature négro-africaine;* Marabout.

On aime l'autre pour sa folie, même en sachant qu'on doit en 6401
souffrir, puisque c'est la marque qu'il va laisser en nous.
Jean-Pierre Burgart *Le Bracelet de verre (1981);* Mercure de France.

La souffrance est pire dans le noir; on ne peut poser les yeux 6402
sur rien.
Graham Greene *Le Fond du problème (1948);* tr. Sibon; Laffont.

Croire que parce que ses yeux n'expriment rien, un être ne 6403
souffre pas, est une erreur facile à commettre.
Graham Greene *La Puissance et la Gloire (1940);* tr. Sibon; Laffont.

Plutôt souffrir que mourir, 6404
C'est la devise des hommes.
Jean de La Fontaine *La Mort et le Bûcheron.*

heures de pointe :
Mourir c'est un siècle, souffrir c'est une persécution. 6405
Graffiti sur le siège d'un train de banlieue.

Ceux qui ont souffert, l'éventualité de la souffrance les fait 6406
souffrir autant que la douleur même.
Sénèque *Épîtres, LXXIV.*

La souffrance affecte moins nos sens que l'imagination. 6407
Quintilien *Institution oratoire, I, XII.*

dissection :
Quelle raison a-t-on pour croire que la séparation de l'âme et du 6408
corps ne puisse se faire sans une douleur extrême?
Buffon *Histoire naturelle... (1749-1789).*

Il suffit d'une rage de dents pour voir à quel point la souffrance 6409
est inutile, insupportable, destructrice.
Léon Schwartzenberg et **Pierre Viansson-Ponté** *Changer la mort (1977);* Albin-Michel.

Je n'ai jamais trouvé que la souffrance améliorât le caractère. 6410
W. Somerset Maugham *Et mon fantôme en rit encore – Journal, 1892-1944;* tr. C. Derblum (1989); Éd. du Rocher.

On ne guérit d'une souffrance qu'à condition de l'éprouver 6411
pleinement.
Marcel Proust *La Fugitive* dans *Œuvres libres.*

Longtemps, il avait pensé qu'un homme ne vaut que par les 6412
chagrins qu'il a eus.
Puis il avait cessé de le croire. Souffrir n'est gage de rien.
Roger Grenier *Partita (1990);* Gallimard.

6413 Et ne craignez plus la souffrance
Qui vous dissimulait la mort !
Annie Salager *Les Fous de Bassan (1976)* ; Saint-Germain-des-Prés.

6414 Les choses ne sont jamais aussi claires et intelligibles que lorsque une souffrance les a dévoilées.
Fawzi Mellah *Élissa, la reine vagabonde (1988)* ; Le Seuil.

condition inhumaine :

6415 Se plaindre de sentir des ennuis et des peines,
C'est se plaindre d'être homme et non arbre ou rocher.
Jean Bertaux *Cantique.*

Sourire

6416 Si un homme de l'âge de pierre avait dû réfléchir sur un sourire, ça l'aurait exténué.
Matta interview F.C. Toussaint *Les Lettres Françaises,* 16 juin 1956.

6417 [...] Charmées par mon sourire, ce petit morceau déjà visible de mon squelette.
Albert Cohen *Belle du seigneur (1968)* ; Gallimard.

6418 Elle te sourit... et dans quel costume de gala : elle a mis toutes ses blessures.
Gaston Leroux *La Reine de Saba (1907).*

6419 Les gens tristes ont les plus beaux sourires.
Claude Jasmin *La Corde au cou (1960)* ; Cercle du Livre de France.

6420 Plus le visage est sérieux, plus le sourire est beau.
François René de Chateaubriand *Mémoires d'outre-tombe (1848).*

6421 Tu n'as pas désespéré
Comment saurais-tu sourire ?
Odilon-Jean Périer *Poèmes* ; Gallimard.

6422 Un sourire coûte moins cher que l'électricité et donne plus de lumière.
Abbé Pierre, propos.

6423 Si Napoléon et César s'étaient rencontrés, ils auraient échangé un sourire de complicité. Mais je crains que le Christ et Mahomet ne se fussent pris au sérieux.
Arthur Schnitzler *La Transparence impossible* ; tr. P. Deshusses (1990) ; Rivages.

Quand il n'y a plus rien à dire, peut-être est-ce l'heure du 6424
sourire ?
Patrick Segal *L'Homme qui marchait dans sa tête (1977)*; Flammarion.

D'ici peu, l'apparition d'un sourire sera une incongruité et une 6425
inconvenance comme si le grand Sphinx se mettait à siffler Lili Marlène.
Guido Ceronetti *Une poignée d'apparences*; tr. A. Maugé (1988); Albin Michel.

Souvenir

Les souvenirs sont d'une certaine manière les seuls présages que 6426
l'on puisse lire à tête reposée.
Dominique Eddé *Lettre posthume*; L'Arpenteur, 1989.

Méfie-toi des souvenirs comme d'une montre arrêtée. 6427
Georges Schéhadé *Monsieur Bob'le (1951)*; Gallimard.

En vertu de quoi devons-nous traîner, tout au long de notre 6428
vie adulte, le souvenir marqué au fer rouge de nos premiers balbutiements ?
Jocelyne d'Agostino *L'Enfant-dos (1978)*; Éd. Libres Hallier.

Je me souviens. C'est parfois pis encore que de divaguer. 6429
Yves Thiériault *Les Commettants de Caridad (1966)*; Homme.

transmutation :
Tout moment passé m'habite de sorte que je ne tiens au 6430
présent que pour en faire un souvenir.
Yolande Chéné *Peur et Amour (1965)*; Éditions du jour.

[...] Il arrive que des souvenirs, postérieurement à tout 6431
événement, se comportent tout à coup dans notre mémoire comme des événements eux aussi.
Marcel Proust *La Prisonnière (1923).*

passé devant soi :
Le souvenir est l'espérance renversée. On regarde le fond du 6432
puits comme on a regardé le sommet de la tour.
Gustave Flaubert *Mémoires d'un fou (1836).*

Le souvenir des joies perdues vaut mieux que les désirs 6433
inassouvis.
Harry Bernard *La Maison vide (1961)*; Fides.

Quand je mordille tes cheveux élastiques et rebelles, il me 6434
semble que je mange des souvenirs.
Charles Baudelaire *Petits poèmes en prose (1862).*

6435 Autrefois le rite voulait qu'on ne plantât aucune borne sans la présence d'un jeune enfant à qui on appliquait soudain un grand soufflet ; c'était s'assurer d'un bon témoin ; c'était fixer un souvenir.
Alain *Les Arts et les Dieux (1958) ;* Gallimard.

6436 On photographie des choses pour se les chasser de l'esprit.
Franz Kafka.

6437 Les souvenirs sont du vent, ils inventent les nuages.
Jules Supervielle *Le Corps tragique (1959) ;* Gallimard.

6438 L'homme est peuplé de nuages qui le connaissent depuis l'enfance.
Jean Orizet *Le Voyageur absent (1982) ;* Grasset.

6439 Beaucoup de souvenirs, ou le souvenir de nombreuses choses, c'est ce qu'on nomme l'expérience.
Thomas Hobbes *Leviathan (1651).*

6440 Les serments, comme les personnes, perdent leur force en vieillissant.
Marcel Pagnol *Le Temps des amours (1979) ;* Julliard.

6441 Nos morts continuent à vieillir avec nous.
Pablo Picasso dans Pierre de Champis *Ombre et Soleil (1979) ;* Gallimard.

6442 La vie ne se comprend que par un retour en arrière, mais on ne la vit qu'en avant.
Sören Kierkegaard *Œuvres complètes ;* tr. Tisseau et Jacquet-Tisseau.

6443 Vivre sans souvenirs est peut-être le secret des dieux.
Alvaro Mutis *La Neige de l'amiral ;* tr. A. Morvan, 1989 ; Sylvie Messinger.

Souveraineté

6444 Sur le plus haut trône du monde, on n'est jamais assis que sur son cul.
Michel de Montaigne *Essais III, 13 (1588).*

6445 Pour présider, d'abord s'asseoir.
Eugenio d'Ors *Au grand saint Christophe ;* tr. M. et Mme Tissier de Mallerais ; Corréa.

Le roi est semblable au commun des mortels ; seule la position qu'il occupe fait qu'il est ce qu'il est. 6446
La Dispute sur le sel et le fer (81 av. J.-C.); présenté par Georges Walter ; tr. D. Baudry Weulersse, J. Lévi, P. Baudry ; Lanzmann/Seghers.

Si tout le monde s'accorde à proclamer que le roi est habillé, c'est que nul n'a intérêt à reconnaître sa nudité. 6447
François de Closets *Le Système EPM (1980)*; Grasset.

Quand un prince manque d'un Homère, c'est qu'il n'est pas digne d'en avoir un... 6448
Fénelon *Dialogues des morts (1712).*

Qu'on laisse un roi tout seul,... sans compagnie, penser à lui tout à loisir ; et l'on verra qu'un roi sans divertissement est un homme plein de misères. 6449
Blaise Pascal *Pensées (1669).*

Les rois ne touchent pas aux portes. Ils ne connaissent pas ce bonheur. 6450
Francis Ponge *Le Parti pris des choses (1966)*; Gallimard.

Un prince qui peut faire ce qu'il veut est fou. 6451
Jacopo Sannazzaro[1] (1458-1530) *Pensées.*

Qu'est-ce qui peut résister au pouvoir sans bornes d'un prince absolu qui gouverne un peuple belliqueux ? 6452
Catherine II de Russie dans Henri Troyat *Catherine la Grande (1977)*; Flammarion.

égérie :
L'ennemi le plus dangereux d'un souverain, c'est sa femme, si elle sait faire autre chose que des enfants. 6453
Denis Diderot *Principes de politique des souverains.*

Édouard II aurait été roi de France si sa mère avait été un homme. 6454
Tony Mayer *Différence entre l'esprit et l'humour*; 37e congrès du PEN, 1970.

Les rois n'ont pas de pied pour marcher en arrière. 6455
Cardinal de Richelieu cité dans Georges Perros *Papiers collés, t. I (1960)*;

Les rois peuvent voir tomber leur palais, les fourmis auront toujours leur demeure. 6456
Eugénie de Guérin (1805-1848) Lettre à Madame de Maistre.

Disons la triste histoire de la mort des rois : les uns déposés, d'autres tués à la guerre, d'autres égorgés en dormant, tous assassinés. 6457
William Shakespeare *Richard III (1592-1593).*

---

1 - Il publia ses œuvres sous le pseudonyme d'Actius Syncerus.

6458 Malheureux le roi qui n'a qu'une tête !
Montesquieu *Lettres persanes (1721).*

restauration :

6459 Est-ce que hier n'est pas fini ?
Louis XVIII (1755-1824).

Spectacle

6460 C'est pas difficile d'être une vedette. Ce qui est difficile, c'est d'être un débutant.
Coluche.

6461 Le spectacle est le capital à un tel degré d'accumulation qu'il devient image.
Guy Debord *La Société du spectacle (1967)*; Buchet-Chastel.

6462 Les vedettes ont toujours l'âge idéalisé de leur public.
Jacques Attali *Bruits (1977)*; P. U. F.

6463 Les meilleurs acteurs parlent trop.
Vauvenargues *Introduction à la connaissance de l'esprit humain (1746).*

6464 La race des gladiateurs n'est pas morte, tout artiste en est un. Il amuse le public avec ses agonies.
Gustave Flaubert *Correspondance,* à Ernest Feydeau, 1859.

6465 Mille spectateurs, parmi lesquels chacun juge de travers, font, tous ensemble, un public fichtrement intelligent.
Wilhelm Furtwängler *Entretiens sur la musique (1979)*; Albin Michel.

6466 Il n'y a qu'un seul public : celui qui vient pour aimer... Si les gens viennent pour s'aimer eux-mêmes ou chercher le reflet d'anciennes amours, le contact n'a pas lieu.
Maurice Béjart *Un instant dans la vie d'autrui (1974)*; Flammarion.

6467 L'AMI — Je ne comprends pas votre sévérité pour ce spectacle. Le public l'adore.
BARBEY D'AUREVILLY — Oui, mais il est le seul.
Jules Barbey d'Aurevilly (1808-1889).

6468 Le gros public ? Qu'est-ce que c'est que ça le gros public ? Comment est-il fait le gros public ? Un grand mince ?
Henry Jeanson.

John-Paul II :
Le pape a beaucoup de charisme. Je l'engagerais volontiers. 6469
Lord Grade[1] *Sunday Times,* 1979.

Quand j'ai fait la connaissance d'Elvis il valait un million de 6470
dollars. Maintenant, il a un million de dollars.
Colonel Tom Parker[2].

L'ennui avec le travail d'imprésario, c'est que les vedettes gardent 6471
90 % de mon argent.
Lord Grade *Sunday Times,* 1979.

Je vouvoie Paul, car avec ce qu'il me prend, j'ai toujours cru 6472
qu'ils étaient deux.
Thierry Le Luron à propos de son imprésario Paul Lederman.

Chrétienne ou païenne, sainte ou truande, Piaf s'amuse : elle a 6473
transformé son adultère en famille nombreuse.
Monique Lange *Histoire de Piaf (1979);* Ramsay.

[...] Les hommes moyens dont l'esprit est surexcité mais 6474
incapable de se libérer dans la création, éprouvent le désir de se donner en spectacle.
Robert Musil *L'Homme sans qualités (1933).*

L'homme cherche, la vierge attend, la femme attire. 6475
Victor Hugo *La Légende des siècles (1883).*

Un ennuyeux s'ennuie chez les clowns. 6476
Un joyeux s'amuse aux enterrements.
Félix Leclerc *Carcajou ou le Diable des bois.*

funambule :
L'Homme est une corde tendue entre l'animal et le surhomme, 6477
une corde au-dessus d'un abîme.
Friedrich Nietzsche *Ainsi parlait Zarathoustra (1885);* tr. Betz; Gallimard.

La culture, devenue intégralement marchandise, doit aussi devenir 6478
la marchandise vedette de la société spectaculaire.
Guy Debord *La Société du spectacle (1967);* Buchet-Chastel.

Le spectacle n'est pas un ensemble d'images, mais un rapport 6479
social entre des personnes, médiatisé par des images.
Guy Debord *La Société du spectacle (1967);* Buchet-Chastel.

C'est un fou et je suis un comique. Dire que ç'aurait pu être 6480
le contraire...
Charlie Chaplin à propos d'Hitler, rapporté par Claude-Jean Philippe dans *Le Roman de Charlot;* Fayard.

Le spectacle du monde ressemble à celui des jeux Olympiques; 6481

1 - Imprésario britannique.
2 - Manager de Elvis Presley.

les uns y tiennent boutique ; d'autres paient de leur personne ; d'autres se contentent de regarder.
Pythagore (VIe s. av. J.-C.) *Fragments.*

6482 Les gouvernements font semblant de gouverner, les travailleurs de travailler, les créateurs de créer, les jouisseurs de jouir et les rieurs de rire.
Mangin *Mémoires d'un vieux parapluie,* texte établi par M. Bressant ; Éd. de Fallois, 1990.

6483 Savoir paraître, savoir aussi disparaître, c'est le secret des étoiles.
André Téchiné dans *Télérama,* 12 mai 1990.

Sport

6484 Le champion, élément fabuleux dans le paysage moderne, est un héros qui ne parvient pas à devenir un personnage.
Antoine Blondin dans *Le Monde,* 12 octobre 1968.

6485 La conscience se réduit à l'instant. Le cœur, l'intelligence, le muscle ne font qu'un ; c'est un des plus hauts degrés de fusion où parviennent, l'espace d'un moment, les facultés de l'homme.
Roger Vailland *Trois cent vingt-cinq mille francs (1955) ;* Buchet-Chastel.

6486 Rien n'est plus libre ni plus contraint à la fois que l'action du bon joueur.
Pierre Bourdieu *Le Sens pratique (1980),* Éd. de Minuit.

exploit :
6487 Il faut toujours connaître les limites du possible. Pas pour s'arrêter, mais pour tenter l'impossible dans les meilleures conditions.
Romain Gary *Charge d'âme (1977) ;* Gallimard.

troie contre un :
6488 Ulysse ? Que voulez-vous qu'il fît contre Troie ?
Roland Bacri *Le Petit Lettré illustré (1971) ;* Balland.

6489 Battre les records, c'est l'idée fixe d'un véritable sportif, et il y a là comme une usurpation par le corps de cette vocation spirituelle du chrétien : se dépasser soi-même.
François Mauriac *Mauriac avant Mauriac, 1913-1922,* présenté par J. Touzot (1977) ; Flammarion.

coup de cong !
6490 Aucun Vietcong ne m'a jamais traité de nègre.
Mohammed Ali propos tenu en 1966, quand ce boxeur refusa d'aller combattre au Viêt-nam [1].

1 - Sans doute son plus beau combat.

challenger :
Mon seul rival international, c'est Tintin. 6491
Propos de **Charles de Gaulle** à André Malraux.

Pélissier :
Je m'appelle Pélissier et non pas Azor... Avant d'être des coureurs, nous sommes des hommes libres. 6492
Albert Londres *Les Forçats de la route.*

Un arrêt du Tour, c'est un arrêt du cœur, et pas seulement pour le sport cycliste. Car chaque fois que le Tour a été arrêté (1915! 1940!), c'est parce que le monde lui-même avait perdu les pédales. 6493
Jacques Marchand *Pour ou contre le Tour de France (1963);* Berger-Levrault.

Devant une pareille débauche d'efforts, je me permis de signaler à Kubler que le Ventoux n'était pas un col comme les autres. Avec son inimitable accent, Kubler, superbe, me répondit : « Si Ventoux col pas comme les autres, Ferdi aussi coureur pas comme les autres... » 6494
Raphaël Géminiani *Mes quatre cents coups;* La Table Ronde.

Giro[1] :
J'aimerais mieux être le premier dans ce village que le second à Rome. 6495
Jules César dans Plutarque *Vie de César.*

Face à l'éternel vainqueur, il y a d'abord Raymond Poulidor, l'éternel second, Poupou la malchance, Poupou l'alibi. 6496
Roger-Gérard Schwartzenberg *L'État spectacle (1977);* Flammarion.

J'avais alors besoin d'un asile – on m'indiqua le sport. 6497
Adolf Rudnicki *Que le meilleur gagne* (trad. 1978); Le Sagittaire.

yoga :
Le yoga ? Une invention occidentale! 6498
Guy Deleury interview à *Lire,* mars 1979.

escrime :
Il n'y a point de maître d'armes mélancolique. 6499
Alfred de Musset *Fantasio (1834).*

judo :
Vous ne pouvez maintenir quelqu'un à terre sans y rester avec lui. 6500
B.T. Washington dans *New York Times,* 1915.

Manureva :
Amis, ne plaignez pas le marin disparu, 6501
Heureux, il dort où il voulait vivre.

---

1 - Tour d'Italie, épreuve cycliste en plusieurs étapes que J. César aurait remportée s'il n'avait été trahi par ses coéquipiers.

Amis, ne plaignez pas le marin disparu,
Mais priez que les vagues le bercent doucement.
Alain Gerbault[1] *L'Évangile du soleil;* Fasquelle.

6502 Pour moi, le Dakar, c'est dîner tous les soirs avec cinq cents garagistes. Pas vraiment mon truc.
Florence Arthaud dans *Le Sport.*

6503 Le football... étrange ballet tissé par les obscurs désirs du sexe masculin.
Pierre-Louis Rey *Le Football, vérité et poésie (1979);* Hachette.

6504 La seule façon d'être suivi, c'est de courir plus vite que les autres.
Francis Picabia.

doping :
6505 Le goût frénétique de l'homme pour toutes les substances saines ou dangereuses, qui exaltent sa personnalité, témoigne de sa grandeur. Il aspire toujours à réchauffer ses espérances et à s'élever vers l'infini.
Charles Baudelaire *Du vin et du haschich (1860).*

6506 Un cœur de champion, c'est aussi beau qu'un cerveau de savant.
Gérard Depardieu *Lettres volées (1988);* J.-C. Lattès.

Stratégie

Jéricho :
6507 L'art de la guerre, c'est soumettre l'ennemi sans combat.
Sun Tzu[2] (Ve s. av. J.-C.) *L'Art de la guerre;* Flammarion.

Austerlitz[3] :
6508 Avant une guerre, la science militaire fait figure de science, comme l'astronomie. Après une guerre, elle tient plus de l'astrologie.
Rebecca West.

Valmy :
6509 La guerre est un drame passionné et non une science exacte.
Antoine-Henri Jomini *Précis de l'art de la guerre (1977);* Champ Libre.

---

1 - Il avait trente et un an lorsqu'il partit pour le tour du monde en solitaire sans moteur. Il avait composé cette épitaphe pour lui-même.
2 - La tradition rapporte qu'il entreprit d'imposer à ses femmes la discipline militaire. Elles éclatèrent de rire au premier exercice, et il dut trancher la tête de deux d'entre elles pour se faire obéir !
3 - Et son fameux soleil.

Waterloo :
Il n'y a que deux espèces de plans de campagne, les bons et les mauvais. Les bons échouent presque toujours par des circonstances imprévues qui font souvent réussir les mauvais. 6510
Napoléon Ier *Correspondance.*

Diên Biên Phu :
Pour tendre des embuscades, il faut d'abord être sûr du terrain et des populations environnantes sous peine de voir le piège se retourner contre soi. 6511
Patrice Franceschi *Ils ont choisi la liberté : La guerre d'Afghanistan (1981);* Arthaud.

Calais :
Comme les ennemis sont mortels, il n'est somme toute que d'attendre. 6512
Georges Elgozy *L'Esprit des morts, ou l'Antidictionnaire (1981);* Denoël.

nerf :
Pour soutenir la guerre, trois choses sont nécessaires : de l'argent, de l'argent, et encore de l'argent. 6513
Paroles du **maréchal Trivulce** (1448-1518) au roi Louis XII [1].

Sedan :
Dieu est d'ordinaire pour les gros escadrons contre les petits. 6514
Roger de Bussy-Rabutin Lettre au comte de Limoges dans *Correspondance (1693).*

Hannibal :
C'en était fait si l'ennemi n'avait poussé en avant ses éléphants, dont l'apparition transforma le combat en spectacle. 6515
Florus (Ier s.) abrégé de l'*Histoire romaine, Livre I.*

Certains gouvernements, quand ils envoient leurs légions d'un pôle à l'autre, parlent encore de la défense de leurs foyers; on dirait qu'ils appellent leurs foyers tous les endroits où ils ont mis le feu. 6516
Benjamin Constant *De l'esprit de conquête... (1814);* Slatkine.

guerre nucléaire :
Depuis l'aube de la conscience jusqu'au milieu de notre siècle, l'homme a dû vivre avec la perspective de sa mort en tant qu'individu; depuis Hiroshima, l'humanité dans son ensemble doit vivre avec la perspective de son extinction en tant qu'espèce biologique. 6517
Arthur Koestler *Face au néant (1975);* Calmann-Lévy.

Des événements aussi fous ne se produisent que lorsque les hommes qui connaissent les faits ne trouvent personne pour en parler et lorsque les faits sont trop secrets pour être discutés ou même soumis à réflexion. 6518
Robert Oppenheimer (1904-1967).

---

1 - L'argent était l'une des préoccupations majeures du « Grand Trivulce » qui sut amasser une immense fortune par ses pillages et ses exactions.

6519 L'espionnage serait peut-être tolérable s'il pouvait être exercé par d'honnêtes gens.
Montesquieu *De l'esprit des lois (1748).*

décodage :
6520 3733 3737 1514 2920 2524, c'est-à-dire « Merde »[1] !
David Kahn *La Guerre des codes secrets;* tr. P. Baud et J. Jedrusek (1980) ; Inter Éditions.

6521 Agir en primitif et prévoir en stratège.
René Char *Feuillets d'Hypnos (1946);* Gallimard.

Style

6522 Le style, c'est ce qui arrache une idée au ciel où elle se mourait d'ennui.
Bernard Frank *La Panoplie littéraire (1978);* Flammarion.

6523 Le style, c'est la part de l'homme dans l'interprétation des choses.
Charles Ferdinand Ramuz *Les Signes parmi nous (1919).*

fioritures :
6524 Pas d'adjectifs, ils affaiblissent le style... L'adjectif, c'est comme les bijoux. Une femme élégante ne porte pas de bijoux.
Jacques Chardonne *Ce que je voulais vous dire aujourd'hui (1970);* Grasset.

6525 L'adjectif, c'est la graisse du style.
Victor Hugo.

6526 Il y a des stylistes en gros et en détail : Balzac est un styliste en gros.
Julien Gracq *Lettrines I (1967);* José Corti.

6527 La forme seule conserve les œuvres de l'esprit.
Paul Valéry *Variétés (1924);* Gallimard.

6528 La seule écriture valable, c'est celle qu'on invente... C'est ça qui rend les choses réelles.
Ernest Hemingway *Les Aventures de Nick Adams;* tr. C. Zins, M. Duhamel (1977) ; Gallimard.

6529 La précision des équivoques est l'un des charmes du style.
Roger Judrin *Miroir d'ombre (1980);* Calligrammes.

---

1 - C'est la réponse en langage codé faite par le duc d'Orléans à un agent royaliste dont il n'avait pu déchiffrer le message.

C'est une très belle histoire que nous vivons, puisque nous la vivons[1]. 6530
Yves Navarre *Le Temps voulu (1981)*; Flammarion.

Pour améliorer son style : récrire le premier chapitre des *Liaisons dangereuses,* de Laclos, en utilisant les métaphores de l'automobile. 6531
Jean Guénot *Écrire, guide pratique de l'écrivain avec des exercices (1977)*; J. Guénot.

Suicide

Que je suis heureux d'être parti[2] ! 6532
Johann Wolfgang Goethe *Werther (1774).*

Le suicide, cette mystérieuse voie de fait sur l'inconnu. 6533
Victor Hugo *Les Misérables (1862).*

Si possible, mourez de façon qui amusera les gens tout en mettant vos attributs en valeur. S'étouffer à mort au cours d'un exercice d'autofellation est un bon exemple. 6534
P.J. O'Rourke *Le Guide des mauvaises manières (1990)*; Presses de la Cité.

Le goût du suicide est un don, un sixième sens, je ne sais quoi, on naît avec. 6535
Georges Bernanos *Journal d'un curé de campagne (1936)*; Plon.

Essayez, si vous le pouvez, d'arrêter un homme qui voyage avec son suicide à la boutonnière. 6536
Jacques Rigaut *Pensées* dans *Écrits posthumes (1970)*; Gallimard.

Le désespoir est le suicide du cœur. 6537
Jean-Paul Richter *Vie de Quintus Fixlein (1796).*

À peine arrivé au monde... mon premier réflexe fut, paraît-il, nettement rétrograde, et nombreuses mes tentatives de suicide... Je dois d'être encore vivant à bien des gens pour lesquels je garde une reconnaissance éternelle, que je voudrais éternelle car, hélas ! je doute qu'on parvienne à me sauver jusqu'à la fin des temps[3]. 6538
Georges Perros *Notes d'enfance (1979)*; Calligrammes.

---

1 - Toutes les qualités du style d'Yves Navarre s'expriment ici. C'est de la grande prose dix-huitiémiste, profonde, pudique, c'est une très belle phrase que nous lisons, puisque nous la lisons.
2 - Première ligne de la lettre envoyée par Werther à son ami, lui annonçant son suicide.
3 - Georges Perros est mort d'un cancer à cinquante-cinq ans.

6539 Il n'y a que l'envie de mourir pour donner des leçons à notre cœur.
Joë Bousquet *Œuvre romanesque complète, t. III;* Albin Michel.

6540 C'est parfois la peur de la mort qui pousse les hommes à la mort.
Épicure (341-270 av. J.-C.).

sang-froid :

6541 Je portai un pistolet à ma tempe, mais au dernier moment, mes nerfs craquèrent et je tirai en l'air.
Woody Allen *Destins tordus (1981);* tr. M. Lebrun; R. Laffont.

6542 Chaque homme possède au moins autant de raisons de se suicider que de ne pas le faire.
Yvon Toussaint *La mort est dans la ville (1978);* Albin Michel.

6543 Cent bonnes raisons pour se suicider tout de suite...
Pour me dépayser...
Pour tuer un juif, comme tout le monde...
Parce que je possède mille bonnes raisons de m'en vouloir.
Roland Topor revue *Le Fou parle,* n° 3.

6544 La mort la meilleure est celle qui nous plaît.
Henry de Montherlant[1] *Tous feux éteints – Carnets 1965-1972;* Gallimard.

6545 Personne n'est juge en sa propre cause.
Saint Thomas d'Aquin (1224/5-1274) *Somme théologique.*

6546 Nul de nous ne vit pour soi-même, et nul ne meurt pour soi-même.
Saint Paul *Épître aux Romains.*

6547 L'homme vivant peut, s'il le veut, mourir afin de ne pas blâmer son frère.
Pères du Désert (IVe s.) *Collectio monastica,* texte éthiopien; tr. Régnault; coll. 13, 48.

6548 Mieux vaut une fin effroyable qu'un effroi sans fin[2].
Pierre Leulliette *Les Enfants martyrs (1978);* Le Seuil.

6549 Le suicide est le dernier acte par lequel un homme puisse montrer qu'il a dominé sa vie.
Henry de Montherlant dans Pierre Moron *Le Suicide;* P. U. F.

6550 Il n'y a qu'un problème philosophique vraiment sérieux : c'est le suicide.
Albert Camus *Le Mythe de Sisyphe (1942);* Gallimard.

---

1 - Refusant la cécité, il se tira une balle dans la bouche le 21 septembre 1972.
2 - « L'« enfant » avait un petit chat qu'il aimait beaucoup. On (ses parents) tua le petit chat. Lui, il se pendit. » *(ibid).*

suicide

Maintenant qu'Agatha Christie est morte, la seule chose qui m'empêche de me suicider est de savoir qui gagnera les prochains oscars. 6551
Edward Gorey dans *Esquire*, 1976.

Il y a des suicides qui font penser à la sortie d'un vieux comédien. 6552
Michel Campiche *Du haut de la solitude*; L'Aire.

Beaucoup de suicidés se sont arrêtés sur le seuil de la mort par le souvenir du café où ils vont jouer tous les soirs leur partie de dominos. 6553
Honoré de Balzac *Le Cousin Pons (1847).*

Je ne me tuerai pas. On oublie si vite les morts. 6554
Marguerite Yourcenar *Feux (1973)*; Gallimard.

Guyana :
L'éventualité du suicide collectif est le dernier avatar de l'évolution culturelle. 6555
Jacques Ruffié *De la biologie à la culture (1976)*; Flammarion.

Sans l'idée du suicide, je me serais tué depuis toujours. 6556
E.M. Cioran *Syllogismes de l'amertume (1952)*; Gallimard.

Qui serait assez insensé pour mourir avant d'avoir fait le tour de sa prison ? 6557
Marguerite Yourcenar *L'Œuvre au noir (1968)*; Gallimard.

tabac

6558 La cigarette est la prière de notre temps.
Annie Leclerc *Au feu du jour (1979)*; Grasset.

6559 La cigarette... par un sortilège parfumé, impose à l'esprit qui s'agite un équilibre variable d'où il puisse tomber dans le songe.
Pierre Louys dans *Pierre Louys, une vie secrète* de J.-P. Goujon (1988) ; Seghers/J.-J. Pauvert.

6560 Les cigarettes ont au moins le charme de vous laisser inassouvi.
Oscar Wilde *Intentions (1891)*; Stock.

aristocrate :

6561 Le puro de La Havane n'est pas un cigare comme les autres. Mis en boîte, il continue de travailler [...]. C'est parmi tous les produits du tabac, un seigneur qui doit être traité selon son rang.
D. Zino Davidoff *Le Livre du connaisseur de cigares (1967)*; R. Laffont.

Il y a dans les gestes lents, dignes, mesurés du fumeur de cigare une cérémonie qui permet de retrouver des rythmes oubliés et de rétablir une communication avec soi-même. 6562
D. Zino Davidoff *Le Livre du connaisseur de cigares (1967);* R. Laffont.

Le père Taupe soignait son bonheur ; au plaisir de la pipe il joignit celui de se gratter la tête avec l'index et de regarder l'ongle progressivement noircir. 6563
Raymond Queneau *Le Chiendent (1933);* Gallimard.

La pipe se fume, alors qu'on est fumé par la cigarette. 6564
Louis Pauwels.

Il serait difficile de convaincre un homme d'affaires, tétant sa pipe éteinte, ou tirant sur son cigare, qu'il est en réalité en train de chercher un petit réconfort personnel dans une version sophistiquée de la sucette de bébé. 6565
Desmond Morris *La Clé des gestes;* tr. Y. Dubois et Y. Mauvais (1982) ; Grasset.

Il y a dans le tabac, dans la fumée qu'on absorbe et qu'on renvoie dans le nez des autres, une volonté inconsciente de les entraîner dans quelque chose qui est un remplissage du vide et, en même temps, une satisfaction prodigieuse de la pulsion d'autodestruction. 6566
Didier Anzieu conférence non publiée.

campagne anti-tabac :

Le roi de Perse, Abbas Ier... faisait suffoquer à la fumée les impénitents preneurs de tabac, faisait brûler vif les marchands, couper le nez des priseurs et la bouche des pipeurs. 6567
Ned Rival *Tabac miroir du temps (1981);* Lib. acad. Perrin.

On vante volontiers le vin et ses vertus. Les fumeurs revendiquent au mieux le droit d'avoir tort. 6568
Norbert Bensaïd *La Lumière médicale (1982);* Le Seuil.

défense de fumer :

La vraie raison des mesures de police prises contre les fumeurs fut d'empêcher les réunions où, sous le couvert de tabagie, on critiquait le gouvernement. 6569
Ned Rival *Tabac miroir du temps (1981);* Lib. acad. Perrin.

Depuis que j'ai cessé de fumer, je vis étrangement... Où est-il le temps où je pouvais m'accrocher pas à pas, minute après minute, à ma cigarette ? 6570
Annie Leclerc *Au feu du jour (1979);* Grasset.

cendrier :

Cesser de fumer est la chose la plus aisée qui soit. Je sais ce que c'est : je l'ai fait cinquante fois. 6571
Mark Twain.

Techniques et positions

6572 On peut faire de la science-fiction. Imagine-t-on de l'amour-fiction ?
Bruno Lagrange et **Marc Oraison** *Le Mystère humain de la mort (1979);* Tchou.

6573 Tu ne peux faire
Qu'l'amour à la papa
Crois-moi, crois-moi
Y a trente-deux façons de fair' ça.
Serge Gainsbourg *L'Amour à la papa;* Éditions Tutti.

acrobatie :

6574 Oui, Bach, Mozart, Dieu, elles commencent toujours par ça. Ça fait conversation honnête, alibi moral. Et quinze jours plus tard, trapèze volant dans le lit.
Albert Cohen *Belle du seigneur (1968);* Gallimard.

missionnaire (et inversement) :

6575 Aimez-vous les uns sur les autres.
Slogan Mai 1968.

6576 Elle est couchée sur le dos
Tu es couché sur elle et c'est
La sépulture
Elle est couchée sur le dos
Tu es couché sous elle et c'est
La couverture.
Jacques Roubaud *Autobiographie, chapitre dix, poèmes avec des moments de repos en prose (1977);* Gallimard.

6577 Le lutteur qui amène son adversaire à terre doit être actif. Si, dans cette position, les deux concurrents sont passifs, l'arbitre peut leur ordonner de se lever et de continuer le match dans la position debout.
P. Failliot *Dicosport. Les règles de 45 sports (1980);* E. P. A.

6578 Je voudrais bien être avec vous comme sont les pieds de Jésus : l'un dessous et l'autre dessus ; entre les deux, un petit clou.
Chanson populaire espagnole.

6579 Et vos seins, double mont d'orgueil et de luxure
Entre quels mon orgueil viril parfois se guinde
Pour s'y gonfler à l'aise et s'y frotter la hure :
Tel un sanglier ès vaux du Parnasse et du Pinde.
Paul Verlaine *Ouverture* dans *Œuvres libres;* Baudouin.

69 :

6580 Les extrêmes me touchent.
André Gide *Morceaux choisis;* Gallimard.

Montouroy prit d'abord les pieds et sa langue habile et souple en fouillait les doigts, en caressait les ongles, provoquait chez Dodue des tressaillements, de petits cris, des rires. 6581
Hugues Rebell [1] *Les Nuits chaudes du cap Français;* Union Générale d'Éditions.

Lorsque l'homme adopta la position verticale et que se réduisit son odorat, ce ne fut pas seulement son érotisme anal qui faillit être victime d'une répression organique, mais toute sa sexualité. 6582
Sigmund Freud *Malaise dans la civilisation (1930);* tr. Marie Bonaparte.

Il est difficile aux amants de s'entretenir longtemps debout. 6583
Antoine Bret (1717-1792) *Telle mère telle fille.*

Les mots « faire l'amour » ont une séduction à eux, très verbale, en les séparant de leur sens. Ce terme de « faire », matériel et positif, uni à cette abstraction poétique du mot « amour », m'enchantait. 6584
Françoise Sagan *Bonjour tristesse (1954);* Julliard.

éloquence :
Une main occupée pour la force, l'autre pour l'amour, quel orateur pourrait prétendre à la grâce en pareille situation ? 6585
Pierre Choderlos de Laclos *Les Liaisons dangereuses (1782).*

partouze :
Le plaisir d'être dans les foules est une expression mystérieuse de la jouissance de la multiplication du nombre. Tout est nombre. Le nombre est dans tout. Le nombre est dans l'individu. L'ivresse est dans le nombre. 6586
Charles Baudelaire *Mon cœur mis à nu (1887).*

lequel ?
Les femmes n'aiment rien tant que les parties carrées ou sextines dont les hommes ne se soucient pas parce qu'ils en sentent l'inconvénient. 6587
Charles Fourier (1772-1837) *Œuvres complètes;* Anthropos.

1 + 2 = beaucoup. 6588
Hubert Juin *369 (1970);* Publications Premières.

Même les corps qui s'amusent le mieux n'ont jamais d'ombres amusées. 6589
Robert Mallet *Apostilles (1972);* Gallimard.

---

1 - Georges Grassal, dit Hugues Rebell, consacra son existence à célébrer « la volupté aux larges fesses » (Hubert Juin *369*; Denoël).

technologie

6590 Les constructeurs de tunnel n'ont jamais eu la foi qui déplace les montagnes.
Pensée du 26 février 1981, Almanach de l'*Os à moelle;* Mengès.

6591 C'est la chaude loi des hommes
Du raisin, ils font du vin
Du charbon, ils font du feu
Des baisers ils font des hommes.
Paul Eluard (1895-1952) *Tout dire : Bonne justice;* Gallimard.

6592 Le langage et l'outil sont l'expression de la même propriété de l'homme.
André Leroi-Gourhan *Le Geste et la Parole, t. I (1964);* Albin Michel.

6593 La révolution technologique exige de sauter par-dessus les stades de l'industrialisation classique, ceux d'avant le microprocesseur, puisque les deux matières premières essentielles en sont : le silicium du sable... et la matière grise des hommes.
Jean-Jacques Servan-Schreiber *Le Défi mondial (1980);* Fayard.

6594 L'essence de la technique n'est absolument rien de technique.
Martin Heidegger *La Question de la technique (1961).*

Alexeiev [1] :

6595 Le paysan le plus ignorant sait partout remuer les gros fardeaux par le secours du levier, sans se douter que la puissance faisant équilibre est au poids comme la distance du point d'appui à ce point est à la distance de ce même point d'appui à la puissance. S'il avait fallu que cette connaissance précédât l'usage des leviers, que de siècles se seraient écoulés avant qu'on eût pu déranger une grosse pierre de sa place !
Voltaire *Des sauvages.*

6596 [...] La technique est la tactique de la vie.
Oswald Spengler *L'Homme et la Technique (1931);* tr. Petrowsky; Gallimard.

6597 La technique [...] parachève ce que la nature est dans l'impossibilité d'élaborer jusqu'au bout.
Aristote (v. 384-322 av. J.-C.) *Physique.*

6598 Il faut se méfier des ingénieurs, ça commence par la machine à coudre, ça finit par la bombe atomique.
Marcel Pagnol *Critique des critiques (1949);* Nagel.

---

1 - Cet ancien bûcheron battit le record du monde d'haltérophilie avec 415 kg.

Ce qu'il y a de neuf dans l'époque, ce n'est pas son infamie, mais seulement les techniques appliquées. 6599
Manès Sperber *Et le buisson devint cendre;* tr. de l'auteur et de B. Gidon; revue par O. Mannoni (1990); Odile Jacob.

Les camps de concentration, les génocides, les guerres mondiales et les bombes atomiques ne sont pas des rechutes dans la barbarie, mais les résultats effrénés des conquêtes de la technique et de sa domination. 6600
Herbert Marcuse *Eros et Civilisation (1955);* tr. J.-C. Nény et B. Fraenkel; Éd. de Minuit.

Les techniciens préfabriqués et omniscients [sont] aussi à l'aise à la préfecture de la Seine qu'au ministère du Ravitaillement, ou au ministère de la Culture, dans n'importe quel ministère qui est toujours pour eux un ministère de l'absolu. 6601
Louis Chevalier *L'Assassinat de Paris (1977);* Calmann-Lévy.

doping :
Ce monde gouverné par la biologie et la chimie, où le meilleur de l'homme sera voulu, prévu, calculé, où le talent, le don, la charité, la vertu seront obtenus à volonté par des artifices techniques. 6602
Jean Rostand *Inquiétudes d'un biologiste (1967);* Stock.

Il y a tout un côté de la tendance technique qui tient à la construction de l'univers même. 6603
André Leroi-Gourhan *Milieu et Technique (1945);* Albin Michel.

Au moulin à eau correspond la société féodale, et au moulin à vapeur la société bourgeoise. 6604
Karl Marx (1818-1883).

Une gestion toujours plus technologique de la nature et de la vie diminuera inévitablement cette intimité entre les gens et les choses qui constitua un des aspects les plus attachants de la vie. 6605
René Dubos *Courtisons la terre (1980);* Stock.

randonnée :
Le temps est venu de nouvelles alliances, depuis toujours nouées, longtemps méconnues, entre l'histoire des hommes, de leurs sociétés, de leurs savoirs, et l'aventure exploratrice de la nature. 6606
Isabelle Stengers et **Ilya Prigogine** *La Nouvelle Alliance (1979);* Gallimard.

Au prix de quel recul du monde vivant sera obtenu le progrès de la puissance ? 6607
Bertrand de Jouvenel *La Civilisation de puissance (1976);* Fayard.

téléphone

réclamation :

6608 Allo, Maman Bobo
Comment tu m'as fait
J'suis pas beau.
Alain Souchon *Allo, Maman Bobo.*

renseignement :

6609 Je passe ma vie à faire le douze.
Michel Jonasz *Du blues, du blues ;* Éd. Marouani.

6610 Quand je m'enfermais pour téléphoner à ma femme, on croyait que j'appelais Giscard.
Jean-Pierre Elkabbach interviewé dans *Elle,* février 1982.

friture :

6611 Dieu entend mieux un sanglot qu'un appel.
Saint Augustin.

supplice de la baignoire :

6612 Tout corps plongé dans un liquide reçoit un coup de téléphone.
Maurice Roche *Mémoire (1976) ;* Belfond.

6613 La servitude. C'est ça, le téléphone. Il sonne : tu accours. Ou bien tu n'accours pas, mais tu te ronges les sangs de regret ou de curiosité insatisfaite.
Gabrielle Roy *La Rivière sans repos (1970) ;* Beauchemin.

6614 J'avais passé l'après-midi à m'élargir le cul avec un godemiché pour qu'il puisse y entrer sans peine ; quand il a téléphoné, j'étais en train de le débourrer de merde et de le graisser.
Hervé Guibert *Fou de Vincent (1989) ;* Éd. de Minuit.

6615 Dieu, que tu étais jolie, ce soir, au téléphone.
Sacha Guitry *Elles et toi ;* Ami du livre moderne.

6616 À l'époque du Minitel, bien écrire devient une jouissance d'antiquaire.
Georges-Noël Jeandrieu *Les Successions amoureuses (1990) ;* Le Seuil.

36 15

6617 Toute technique réalise un fantasme.
Daniel Sibony *Entre dire et faire (1990) ;* Grasset.

télévision

La télévision n'est pas faite pour l'information. 6618
Alexandre Baloud directeur de l'info de *M 6,* décembre 1990.

S.V.P. 11-11 :
Un instrument avec lequel on ne peut même pas discuter ! 6619
Bernard Privat *L'Itinéraire ;* Gallimard.

Une caméra n'est jamais innocente. Elle amplifie tout. 6620
Claude Carré directeur de l'info d'*A 2,* décembre 1990.

L'obsession du direct est le pire ennemi de la compréhension du 6621
monde.
H. Le Paige dans *Le Monde,* 24 janvier 1991.

CSA :
Radio et télévision vivent de réponses vagues à des questions 6622
vaines.
André Gillois *Ce siècle avait deux ans (1980) ;* Belfond.

Si Marx publiait le *Capital,* il se produirait chez Pivot, et on 6623
passerait à autre chose.
André Harris et **Alain de Sédouy** *Qui n'est pas de droite ? (1979) ;* Le Seuil.

La société surinformée bascule du faire vers le faire-semblant. 6624
Thierry Gaudin et al. *2100, récit du prochain siècle (1990) ;* Payot.

L'écran nous laisse sans réponse et sans voix. 6625
Daniel Bougnoux interviewé par J.C. Raspiengeas dans *Télérama,* 20 avril 1991.

La maison, le foyer, c'est n'importe où pourvu qu'il y ait la télé. 6626
Antony Burgess *1984-1985 ;* tr. G. Belmont et H. Chabrier (1979) ; Laffont.

De ma maison de campagne isolée, j'ai vu le président Kennedy 6627
s'effondrer à Dallas, dans son automobile, à la seconde même
où il était frappé.
Quand nos égoïsmes nous empêchent de nous sentir concernés,
ils ne peuvent faire que nous ne soyons informés.
Emmanuel Berl, *Le Virage (1972) ;* Gallimard.

Le téléspectateur : un gastronome du malheur des autres. 6628
Jacques Lanzmann dans *VSD,* 5 avril 1990.

J'ai fini par tomber malade, parce que vivre tous les jours tout 6629
ce qui se passe dans le monde, ce n'est pas possible.
Jean Cayrol *Poésie-Journal (1969) ;* Le Seuil.

temps

6630 Le temps est un enfant.
Héraclite (576-480 av. J.-C.) *Fragments originaux;* tr. Battistini; Gallimard.

Kronos[1] :

6631 Toutes les présences à l'œuvre sur terre sont féminines : la mère, la tempête, la passion, la désagrégation, la maladie, la mort. Mais en face d'elle se tient... un vieillard qui les valait toutes : le temps!
Diane de Margerie *La Volière (1979);* Balland.

6632 Le temps est le lieu transitoire des événements, mais surtout le tombeau des heures, pour toujours.
Raul Pompéia *L'Athénée (1980);* tr. F. Duprat et L. Dantas; Pandora.

6633 Ce ne sont pas les heures qui sont précieuses, ce sont les minutes.
George Bernard Shaw (1856-1950).

6634 L'habitude est une somnolence, ou tout au moins un affaiblissement de la conscience du temps.
Thomas Mann *La Montagne magique (1924).*

6635 La direction du temps n'est point passé-présent-futur, mais l'inverse : possible-passant-passé.
Jérôme Deshusses *Délivrez Prométhée;* Flammarion.

6636 Le passé est un œuf cassé, l'avenir un œuf couvé.
Paul Eluard *Les Sentiers et les Routes de la poésie (1954);* Gallimard.

6637 Le temps détruit ce qui n'est que réel.
Jean Grenier *Inspiration méditerranéenne (1961);* Gallimard.

6638 Le temps qu'on perd ne revient pas; le temps qu'on gagne non plus d'ailleurs.
Jean-Marie Poupart *Que le Diable emporte le titre.*

6639 Je ne possède aucune montre ni n'en laisse aucune me posséder.
Walter Campos de Carvalho *La Pluie immobile;* tr. A. Raillard (1980); Albin Michel.

6640 [...] La pensée est l'esclave de la vie, et la vie est la marotte du temps.
William Shakespeare *Henri IV (1597-1598).*

---

1 - Le lien entre Kronos, le père de Zeus, et Chronos, le temps, trouve son sens dans un jeu de mots que s'autorise Aristote (*De mundo,* 401 à 15).

Qu'est-ce que le temps? Si personne ne me le demande, je le sais. Si je veux l'expliquer à qui me le demande, je ne le sais plus. 6641
Saint Augustin (354-430) *Les Confessions.*

[...] Les hommes sont ce qu'est l'instant. 6642
William Shakespeare *Le Roi Lear (1606).*

Thot [1] :
Le temps n'a pas la même allure pour tout le monde! 6643
William Shakespeare *Comme il vous plaira (1599).*

Le temps dont nous disposons chaque jour est élastique; les passions que nous ressentons le dilatent, celles que nous inspirons le rétrécissent, et l'habitude le remplit. 6644
Marcel Proust *À l'ombre des jeunes filles en fleurs (1919);* Gallimard.

Il est toujours plus tard que tu ne crois. 6645
Inscription de cadran solaire.

Wells :
Le jour où l'on aura inventé la machine à remonter le temps, on pourra enfin cesser de chercher midi à quatorze heures. 6646
Pensée du 14 janvier 1981, Almanach de l'*Os à moelle;* Mengès.

Ne vous dérangez pas, le temps ne fait que passer. 6647
Vassilis Alexakis *Aller-Retour (1983).*

L'être du temps est un art migratoire. 6648
Abdelkébir Khatibi *Le Lutteur de classe à la manière taoïste (1976);* Sindbad.

Einstein :
Il faut arriver à temps dans une gare pour rater le train précédent. 6649
Jacques Roubaud *Autobiographie, chapitre dix... (1977);* Gallimard.

Rien n'est grave puisque tout passe. 6650
Ou plutôt s'éloigne.
Eugène Ionesco *Le Solitaire (1973);* Mercure de France.

Il faut donner du temps au temps. 6651
Miguel de Cervantès *Don Quichotte (1605-1615).*

La contemplation du temps est la clef de la vie humaine. 6652
Simone Weil *La Connaissance surnaturelle (1950);* Gallimard.

nirvàna :
La joie est notre évasion hors du temps. 6653
Simone Weil *La Connaissance surnaturelle (1950);* Gallimard.

---

1 - Le dieu égyptien Thot, à tête d'Ibis, régulateur du temps, aurait établi les divisions du calendrier égyptien.

6654 On a tort de dire que le temps guérit tout : soudain, les vieilles plaies se font lancinantes et ne meurent plus qu'avec l'homme.
Ilya Ehrenbourg *Un écrivain dans la révolution (1963);* Gallimard.

6655 [...] Pour toute la pensée indienne, l'existence humaine était vouée à la souffrance par le fait même qu'elle se déroulait dans le temps [1].
Mircea Eliade *Mythes, Rêves et Mystères (1957);* Gallimard.

6656 [...] Ce bruit de soupir, d'inquiétudes, que fait le temps qui passe.
Gabrielle Roy *La Montagne secrète (1962);* Flammarion.

6657 À la différence de l'argent, le temps pourrait bien avoir son odeur, qui varie avec les saisons, les heures du jour et les âges de la vie.
Maurice Deleforge *Odeur du temps, deuxième suite (1990);* Éd. Kim.

6658 Chaque homme trouve au fond de ses réveils tous les désordres du temps, réduits à la médiocre échelle d'une inquiétude privée.
Paul Nizan (1905-1940) *Œuvres;* Maspero.

6659 Le temps n'est pas moins pollué que l'espace : je viens de passer un sale quart d'heure.
Roland Topor *Interlude* dans *Le Monde,* 11 octobre 1981.

terrorisme

6660 On est toujours le terroriste de quelqu'un.
Anouar al-Sadate cité par Eugène Mannoni dans *Le Point,* 12 octobre 1981.

alibi :

6661 Moi, conspirateur ! Je baise ma femme tous les soirs [2].
Danton dans *Journal* d'Aimée de Coigny édité par A.M. Grangé ; Lib. acad. Perrin.

6662 Parfois j'ai l'impression de faire l'amour avec la révolution.
Fidel Castro [3] à Jean Daniel dans *L'Ère des ruptures (1979);* Grasset.

---

1 - « Tout est douleur, tout est éphémère », Bouddha, cité dans Mircea Eliade. *Histoire des croyances et des idées religieuses (1978);* Payot.
2 - Danton aurait fait « exhumer le cadavre de sa femme pour la serrer encore dans ses bras » *(Ibid.).*
3 - Cela doit faire quelque temps que le « Lider maximo » est devenu nécrophile !

Fuyons la folie des extrémités qui n'ont d'issue que les abîmes. 6663
Saint-Simon *Mémoires (1829-1830).*

Parfois la démocratie doit être baignée dans le sang. 6664
Auguste Pinochet [1].

L'époque humaine et bienveillante de notre Révolution a pour 6665
auteur le peuple même, le peuple entier, tout le monde. Et l'époque des violences, l'époque des actes sanguinaires... n'a pour acteurs qu'un nombre d'hommes minime.
Jules Michelet *Histoire de la Révolution française (1847-1853).*

Les fanatiques sur la terre sont trop souvent des saints au ciel. 6666
Élisabeth Barrett Browning *Aurora Leigh (1855).*

amputation :
L'homme vicié par un régime corrompu ne peut être changé, il 6667
doit être retranché physiquement de la communauté des purs [2].
François Ponchaud *Cambodge, année zéro (1977);* Julliard.

En mourant, Aldo Moro – malgré toutes ses responsabilités 6668
historiques – a acquis une innocence qui nous rend tous, donc moi-même, coupables. Son cadavre n'appartient à personne mais sa mort nous accuse tous.
Léonardo Sciascia [3] interview dans *Le Nouvel Observateur,* août 1978.

L'assassinat n'a jamais changé l'histoire du monde. 6669
Benjamin Disraeli discours, 1865.

Même un nihiliste a une mémoire. 6670
John Irving *Le Monde selon Garp;* tr. M. Rambaud (1980); Le Seuil.

atout cœur :
La vaporisation des vingt-cinq centigrammes de plutonium 238 6671
provenant d'un unique pacemaker correspondrait à une dose mortelle sur une surface de 37 500 mètres carrés... Il serait très imprudent d'exclure la possibilité que des terroristes puissent se procurer une arme radioactive aussi puissante en ôtant un pacemaker de la poitrine d'une infortunée victime.
Robert Jungk *L'État atomique;* tr. F. Straschitz (1979); R. Laffont.

Le terrorisme... c'est la propagande par l'action. 6672
Walter Laqueur *Terrorisme (1977).*

Parmi tous les mouvements politiques connus jusqu'à présent, le 6673
fascisme est peut-être celui qui a tendu, qui s'est attaché le plus sciemment à produire des impressions sensibles, sensorielles, laissant en tout cas un immense matériel photographique.
Ernst Nolte *Le Fascisme (1973);* Librairie Universelle.

---

1 - « Pinochet est une malédiction pour son peuple. » Claude Cheysson, déclaration à la presse, mai 1983.
2 - Le propos est tenu par des Khmers rouges pour justifier les sanglantes « épurations ». Un tel fanatisme englobe même les objets : « Ces meubles sont des objets de classe, et doivent donc disparaître. » *(Ibid.).*
3 - Sciascia appartenait au parti radical italien, beaucoup plus « à gauche » que le parti radical français.

6674 Hitler n'est qu'un esprit confus et borné, confia Mussolini à Bojano[1]. Il a la tête farcie de clichés philosophiques et politiques totalement incohérents.
John Toland *Adolf Hitler;* tr. Léo Dilé (1978) ; Pygmalion.

6675 Les terroristes sont les super-amuseurs de notre temps.
Walter Laqueur *Le Terrorisme (1979);* P. U. F.

tête

masque :

6676 Je voudrais ne présenter aux autres que ce qu'ils méritent le plus généralement : une tête de rechange.
Georges Perros *Notes d'enfance (1979);* Calligrammes.

6677 Si je devais effacer mes rides pour retourner à mes vingt ans, il me faudrait aussi abandonner ma cervelle actuelle et ça, plutôt mourir.
Laurent Hutton dans *Madame Figaro,* 24 mars 1990.

poirier :

6678 La tête porte les pieds.
Dicton provençal.

6679 Adapte-toi au monde, car ta tête est trop petite pour que le monde s'y adapte.
Georg Christoph Lichtenberg *Aphorismes (1800-1806).*

6680 Cœurs durs et cerveaux ramollis vont de pair.
John Mac Naughton *Essais et Discours.*

6681 Bien plus souvent qu'à l'estomac, c'est à la tête que frappe l'indigestion.
Marcel Bisiaux dans *La Quinzaine littéraire,* 1er avril 1990.

6682 Je montrerai comment ce peu de bruit intérieur, qui n'est rien, contient tout, comment, avec l'appui bacillaire d'une seule sensation, toujours la même et déformée dès son origine, un cerveau isolé du monde peut se créer un monde.
Rémy de Gourmont *Sixtine : Promenades littéraires (1904-1913).*

cerveau lent :

6683 Dans l'état de veille normal de la conscience, il y a un dixième du cerveau en activité. N'existe-t-il pas un état où la totalité du cerveau se trouverait en activité organisée ?
Louis Pauwels et **Jacques Bergier** *Le Matin des magiciens;* Gallimard.

1 - Filippo Bojano était correspondant de la presse italienne à Berlin.

Pour inspecter notre propre cerveau, nous n'avons que nos 6684
propres cerveaux.
Gordon Rattray Taylor *Le Cerveau et ses Mystères;* tr. N. Lévy (1974); Calmann-Lévy.

Déboutonnez votre cerveau aussi souvent que votre braguette [1]. 6685
Slogan Mai 1968.

théâtre

prologue :
Le monde est une scène de théâtre, et la vie est un jeu; 6686
Viens donc, apprends à jouer;
Renonce au sérieux de la vie, ou alors prépare-toi
À supporter les souffrances du drame.
Palladas *Anthologie palatine* cité par E.R. Dodds *Païens et Chrétiens dans un âge d'angoisse;* tr. Saffrey; La Pensée sauvage.

J'entre dans la vie avec la loi d'en sortir, je viens faire mon 6687
personnage, je viens me montrer comme les autres; après, il faudra disparaître.
Jacques-Bénigne Bossuet *Sermons.*

Le théâtre est le seul art biodégradable. 6688
Jérôme Savary dans *Le Point,* 23 avril 1990.

Le comédien revient toujours rôder autour de son théâtre. 6689
Francis Bossus *Beautricourt (1968);* Cercle du Livre de France.

Nos vies sont des comédies de Labiche, mais, si j'en arrache une 6690
page, c'est un miracle : elle est de Beckett.
Claude Roland-Manuel *Chemins d'ombre (1990);* Calligrammes.

Le théâtre est un domestication. 6691
Pierre Jakez Hélias *Le Cheval d'orgueil (1976);* Plon.

loge :
La fenêtre, en province, remplace le théâtre et les promenades. 6692
Gustave Flaubert.

On a tort de sourire du héros qui gît en scène, blessé à mort, et 6693
qui chante un air, au théâtre. Nous passons des années à chanter en gisant.
Franz Kafka *Lettres à Milena (posth., 1952);* tr. Robert et Vialatte; Cercle du Livre précieux.

---

1 - Quand on parle de masturbation intellectuelle!

6694 C'est l'extrême sensibilité qui fait les médiocres acteurs ; c'est la sensibilité médiocre qui fait la multitude des mauvais acteurs ; et c'est le manque absolu de sensibilité qui prépare les acteurs sublimes.
Denis Diderot *Paradoxe sur le comédien (1778-1830).*

coup de théâtre :
6695 Un fiacre vide s'arrête devant le Théâtre Français, et Sarah Bernhardt en descend.
Attribué à **Aurélien Scholl** (et à Winston Churchill, parlant de Attlee).

femme de ménage :
6696 Une tête de vierge sur le corps d'un balai.
Alexandre Dumas fils à propos de Sarah Bernhardt.

6697 Quatre beaux vers valent mieux dans une pièce qu'un régiment de cavalerie.
Voltaire *Sémiramis (1748).*

6698 La claque est à la gloire dramatique ce que les pleureuses étaient à la douleur.
Villiers de l'Isle-Adam *Contes cruels (1883).*

épilogue :
6699 Contentons-nous de dire que le théâtre, comme la vie, est un songe, sans trop nous soucier du mensonge.
Jean-Louis Barrault *Nouvelles réflexions sur le théâtre ;* Flammarion.

théorie

6700 Je ne connais rien de plus pratique qu'une bonne théorie.
Pierre Thuillier *Darwin and Co (1981) ;* Complexe.

6701 C'est la théorie qui décide de ce que nous pouvons observer.
Albert Einstein dans Pierre Thuillier *Darwin and Co (1981) ;* Complexe.

Dirac[1] :
6702 [...] Il ne suffit pas de « voir » un objet jusque-là invisible pour le transformer en objet d'analyse [...]. Il faut encore qu'une théorie soit prête à l'accueillir.
François Jacob *La Logique du vivant (1976) ;* Gallimard.

---

1 - Ce physicien anglais prédit l'existence du positron, qu'il décrivit comme un anti-électron (1931). Cette particule ne fut observée que l'année suivante.

Je ne nie pas l'utilité des idées abstraites et générales, pas plus que je ne conteste la valeur des billets de banque. Mais de même que le billet de banque n'est qu'une promesse d'or, ainsi une conception ne vaut que par les perceptions éventuelles qu'elle représente. 6703
Henri Bergson *La Pensée et le Mouvant (1934);* P.U.F.

Connaître, c'est comprendre toute chose au mieux de nos intérêts. 6704
Friedrich Nietzsche *La Volonté de puissance (1896-1911).*

Röntgen [1] :
La théorie devient force matérielle lorsqu'elle pénètre les masses. La théorie est capable de pénétrer les masses dès qu'elle fait des démonstrations *ad hominem* et elle fait des démonstrations *ad hominem* dès qu'elle devient radicale. Être radical, c'est prendre les choses par la racine. Et la racine de l'homme, c'est l'homme lui-même. 6705
Karl Marx *Critique de la philosophie du droit de Hegel (1841).*

Les subtils sophistes grecs furent de grands agents de liberté mentale : ils enseignèrent à jouer avec les idées, à ne pas les respecter; ils nous apprirent que les idées sont faites pour les hommes et non les hommes pour les idées. 6706
Miguel de Unamuno (1864-1936) *Essais;* tr. Albérès; Éd. Universitaires.

Je ne puis m'empêcher de conjecturer qu'il n'est que cette réussite insensée, lente, puis précipitée, d'un primate obscur pour avoir pu lui inspirer un goût désormais instinctif, c'est-à-dire à la fois salutaire et aveugle, pour les démarches de l'esprit et pour avoir suscité en lui cette crédulité à leur égard. 6707
Roger Caillois *Le Fleuve Alphée (1978);* Gallimard.

Planck [2] :
Ce n'est pas le moindre charme d'une théorie que d'être réfutable. 6708
Friedrich Nietzsche *Par-delà le Bien et le Mal (1886);* tr. H. Albert; Mercure de France.

Chaque système est vrai par ce qu'il propose et faux par ce qu'il exclut. 6709
Roger Caillois propos rapporté par Marguerite Yourcenar, discours de réception à l'Académie; janvier 1981.

À chaque fois, les exceptions l'emportent sur la règle. 6710
John Kenneth Galbraith *Théorie de la pauvreté de masse;* tr. D. Blanchard (1980); Gallimard.

Les petits faits inexpliqués contiennent toujours de quoi renverser toutes les explications des grands faits. 6711
Paul Valéry *Choses tues (1932);* Gallimard.

1 - Il découvrit les rayons X.
2 - Il émit l'hypothèse des quanta.

6712 Une théorie ne vaut rien quand on ne peut pas démontrer qu'elle est fausse.
Schuster cité par Georges Canguilhem *La Connaissance de la vie (1975)*; Vrin.

Louis de Broglie[1] :
6713 Tout se prouve, même ce qui est vrai.
Oscar Wilde préface au *Portrait de Dorian Gray (1891).*

6714 [...] Toute connaissance dégénère en probabilité[2].
David Hume *Traité de la nature humaine (1740)*; tr. A. Leroy.

6715 Il faut passer de la conquête si dure de certitudes à la connivence encore plus dure avec l'incertitude.
Edgar Morin *Pour sortir du vingtième siècle (1981)*; F. Nathan.

Heisenberg[3] :
6716 La mesure suprême de la force : dans quelle mesure un homme peut-il vivre sur des hypothèses et non sur la croyance ?
Friedrich Nietzsche cité par Jean Granier *Nietzsche (1977)*; P.U.F.

6717 Les systèmes sont les fictions du génie de chaque philosophe.
Sénèque (4 av. J.-C.-65 ap. J.-C.); tr. Waltz, Préchac, Bourgery.

6718 Ainsi donc, l'été vint qui matura définitivement la récolte, et lorsque toutes les semences des idées eurent produit leurs choses, elles retombèrent en fine poudre.
Claude Klotz *Les Innommables (1971)*; C. Bourgois.

6719 Lorsqu'une théorie physique qui fut « vraie » est englobée par une autre, c'est avant tout le discours qui subit une mutation.
André Lichnerowicz[4] leçon inaugurale au Collège de France, 3 décembre 1952.

6720 Un concept est une invention à laquelle rien ne correspond exactement, mais à laquelle nombre de choses ressemblent.
Friedrich Nietzsche *Posthumes.*

$E = mc^2$:
6721 Toute théorie est un peu un autoportrait.
André Leroi-Gourhan *Les Racines du monde* (entretiens avec C.H. Roquet); Belfond.

6722 Au fur et à mesure que je parlais, je m'étonnais – et m'épouvantais un peu – d'être ainsi capable de défendre avec

1 - Il découvrit la nature ondulatoire des électrons.
2 - Et Hume d'ajouter : « Quand je tourne mes regards vers moi-même, je ne trouve rien que doute et ignorance » *(ibid.).*
3 - Ses théories sont à la base de la mécanique quantique moderne. Il développa notamment les relations d'incertitude.
4 - Mathématicien français qui s'est attaché notamment aux théories relativistes de la gravitation.

tant de fougue et de conviction une opinion qui n'est pas tout à fait la mienne [1].
Alexandre Minkowski *Un Juif pas très catholique (1982);* Le Seuil.

Se brouiller pour de l'argent, ou pour une femme, d'accord. 6723
Mais pour des raisons théoriques, ça, jamais !
Paul Veyne *Comment on écrit l'histoire (1971);* Le Seuil.

tiers-monde

boursier :
80 % de l'énergie, autant dire : nos couilles, sont dans le tiers 6724
monde.
Romain Gary *Au-delà de cette limite votre ticket n'est plus valable (1975);* Gallimard.

Le tiers monde n'est pas une réalité mais une idéologie. 6725
Hannah Arendt *Du mensonge à la violence;* trad. 1972 ; Calmann-Lévy.

Selon le lieu de sa naissance, l'homme vit bien, vit assez mal ou 6726
ne vit pas du tout.
Jean Bernard *L'Homme changé par l'homme (1976);* Buchet-Chastel.

Le tiers monde, c'est le tiers provisionnel du monde entier. 6727
Almanach 1980 de l'*Os à moelle;* Mengès.

Contre l'avidité des marchands, contre l'ignorance et la 6728
méchanceté des nantis, contre la stupidité guerrière des nations qui organisent les tueries et les famines, les peuples pauvres ont cet invincible pouvoir : le silence, la lumière.
J.M.G. Le Clézio *L'Inconnu sur la terre (1978);* Gallimard.

Autrefois on cherchait des armées pour les mener combattre 6729
dans un pays.
À présent on cherche des pays pour y mener combattre des armées.
Montesquieu *Réflexions sur la monarchie universelle en Europe (1734).*

Mon royaume est brûlé 6730
Mes guerriers dispersés

---

1 - Il s'agissait d'un face à face sur RTL avec Mme Veil, alors ministre de la Santé.

Mes enfants bien-aimés
Ont l'accent étranger.
Étienne Roda-Gil *Geronimo* chanté par Catherine Lara; Éd. Véranda et You You Music.

colonisation :

6731 Les conquêtes sont aisées à faire, parce qu'on les fait avec toutes ses forces; elles sont difficiles à conserver, parce qu'on ne les défend qu'avec une partie de ses forces.
Montesquieu *Considérations sur les causes de la grandeur des Romains et de leur décadence (1734).*

6732 L'effet ordinaire des colonies est d'affaiblir les pays d'où on les tire, sans peupler ceux où on les envoie.
Montesquieu *Lettres persanes (1721).*

6733 À force de dédain objectif, l'Anglais respecte les peuples qu'il a dominés. À force de « dépassement universel », le colonisateur français, chaque fois que les circonstances le lui auront permis, dégrade par assimilation le colonisé qu'il régente.
Édouard Glissant *La Case du Commandeur (1981);* Le Seuil.

6734 Pour le colonisé, la vie ne peut surgir que du cadavre en décomposition du colon.
Frantz Fanon [1] *Les Damnés de la terre (1961);* Maspero.

6735 Les colonies ne cessent pas d'être des colonies parce qu'elles sont indépendantes.
Benjamin Disraeli discours, 1863.

6736 Voici que meurt l'Afrique des empires, c'est l'agonie d'une princesse pitoyable. Et aussi l'Europe à laquelle nous sommes liés par le nombril.
Léopold Sédar Senghor *Liberté : Prière aux masques (1964-1977);* Le Seuil.

6737 Lorsque les Blancs sont venus en Afrique, nous avions les terres et ils avaient la Bible. Ils nous ont appris à prier les yeux fermés : lorsque nous les avons ouverts, les Blancs avaient les terres et nous la Bible.
Jomo Kenyatta [2] (1894-1978).

6738 L'humiliation est l'impalpable structure qui, depuis des siècles, empêche les peuples d'Orient et d'Occident de se rencontrer.
Frédéric Rossif dans *Le Courrier de l'Unesco,* mars 1990.

apartheid :

6739 Les étrangers qu'on préfère, c'est les étrangers de couleur, parce qu'on les repère de loin.
Charlélie Couture *Les Pianistes d'ambiance;* Édition Blue Mountain/Panache.

---

1 - Psychanalyste martiniquais qui participa activement à la lutte de libération lors de la guerre d'Algérie.
2 - Premier président du Kenya indépendant (1964), réélu en 1969.

Que les Nègres se nègrent. 6740
Jean Genet *Les Nègres (1958);* L'Arbalète.

vœu pieux :
Si seulement la Bible avait été écrite en Ouganda [1] ! 6741
Henry Kissinger dans Saul Bellow *Retour de Jérusalem;*
tr. A. Rabinovitch et H. Robillot (1977); Flammarion.

L'Américain qui le premier a découvert Colomb a fait une 6742
fâcheuse découverte.
Georg Christoph Lichtenberg *Aphorismes (1800-1806).*

tolérance

La tolérance est la fille du doute. 6743
Erich Maria Remarque *Arc de Triomphe;* tr. Hérubel; Plon.

Tolérer c'est offenser. 6744
Johann Wolfgang Goethe *Maximes et Réflexions;*
tr. G. Bianquis; Gallimard.

Nul n'arrive à comprendre s'il ne respecte, conservant lui-même 6745
sa propre nature, la libre nature d'autrui.
Slogan Mai 1968.

[...] Il n'y a rien au monde d'intolérant comme l'homme 6746
sensible.
Stendhal *Vie de Rossini (1824).*

Il y a des temps où l'on ne peut plus soulever un brin d'herbe 6747
sans en faire sortir un serpent.
Marceline Desbordes-Valmore.

Ce que le Front National respecte chez l'intégriste musulman, 6748
c'est le fanatisme de l'Autre.
Félix Guattari interviewé dans *Globe* n° 54, février 1991.

Toute tolérance devient à la longue un droit acquis. 6749
Georges Clemenceau *Au soir de la pensée (1927).*

La tolérance ? Il y a des maisons pour ça ! 6750
Attribué à **Paul Claudel.**

---

1 - Kissinger révèle ici la « lassitude » des Américains à l'égard d'Israël.

trahison

6751 Pour trahir, il faut d'abord appartenir.
Harold « Kim » Philby [1] propos tenu en 1967.

6752 La plupart des hommes aiment mieux trahir que combattre.
Pierre Louys cité dans *Pierre Louys, une vie secrète* de J.P. Goujon (1988) ; Seghers/J.-J. Pauvert.

6753 On n'est jamais trahi ; on se sert des autres pour se trahir soi-même.
André de Richaud *La Confession publique ;* Cahiers du Double.

6754 Tel qui trahit se perd, et les autres avec lui.
La Chanson de Roland (v. 1100-1125), vers 3962.

6755 Lorsqu'un être en isole un autre, un meurtre se prépare.
Alain Dag'Naud *L'Almanach des bienheureux ;* Calmann-Lévy.

6756 On passe très souvent à l'ennemi pour fuir ses amis !
Jacinto Benavente *Le Rival de sa femme (1960) ;* Belin.

6757 Pas de résurrection sans Judas.
Jacques Hassoun *Les Passions intraitables (1989) ;* Flammarion.

6758 Celui qui craint avec tant d'excès d'être trompé, disions-nous, mérite de l'être, et l'est presque toujours grossièrement.
Fénelon *Les Aventures de Télémaque (1699).*

6759 Les trois quarts des traîtres sont des martyrs manqués.
Iouri Dombrovski *La Faculté de l'inutile ;* tr. D. Seseman et J. Cathala (1979) ; Albin Michel.

6760 J'ai appris à interpréter toute la vie en termes de conspiration.
John Le Carré *Comme un collégien ;* tr. J. Rosenthal (1977) ; R. Laffont.

6761 Un tatoué ne m'a jamais trahi.
Michel Tournier *Gaspard, Melchior et Balthazar (1980) ;* Gallimard.

1 - Cet ancien diplomate britannique est devenu colonel du K. G. B.

travail

menu :
Il y a trois bonnes choses dans le monde : le travail, le travail, le 6762
travail. Et c'est un paresseux qui vous le dit.
Félix Leclerc *Le Calepin d'un flâneur* dans Luc Bérimont *Leclerc (1971)*; Seghers.

Ce que nous appelons travail est une invention de la modernité. 6763
André Gorz *Métamorphose du travail – quête du sens, critique de la raison économique*; éd. Galilée.

La religion du travail est une intox. 6764
Christiane Rochefort *Ma vie revue et corrigée par l'auteur (1978)*; Stock.

Le travail, c'est un alibi, une fuite. 6765
Adret[1] *Travailler deux heures par jour (1977)*; Le Seuil.

boulimie :
La peur de l'ennui est la seule excuse du travail. 6766
Jules Renard *Journal (1887-1910)*; Gallimard.

Il faut travailler, sinon par goût, au moins par désespoir, 6767
puisque, tout bien vérifié, travailler est moins ennuyeux que s'amuser.
Charles Baudelaire *Mon cœur mis à nu (1887).*

Une étrange folie possède les classes ouvrières. Cette folie est 6768
l'amour du travail, la passion furibonde du travail, poussée jusqu'à l'épuisement des forces vitales de l'individu et de sa progéniture.
Paul Lafargue[2] *Le Droit à la paresse (1880).*

Tout le temps qui n'est pas consacré à l'amour est perdu. 6769
Torquato Tasso, dit Le Tasse (1544-1595).

Je n'ai jamais rien fait que par plaisir. C'est assez dire que je n'ai 6770
pas fait grand-chose.
Georges Perros *Papiers collés,* t. II *(1973)*; Gallimard.

les misérables :
L'histoire du travail est souvent une fresque de la misère; elle est 6771
aussi un long roman d'amour et de joie.
Bernard Clavel présentation de la coll. « Métiers d'hier et d'aujourd'hui » ; Berger-Levrault.

---

1 - Pseudonyme collectif de Claudie Besse, Suzanne Bonnevay, Charly Bojadjan, Roger Collas, Gilles Denigot, Daniel Schiff, Loup Verlet.
2 - Gendre de Marx qui n'avait pas été très favorable au mariage : « L'observation m'a convaincu que vous n'êtes pas travailleur par nature, malgré les accès d'activité fiévreuse et le bon vouloir. » (lettre du 13 août 1866 – dans J. Delperrié de Bayac. *La Vie de Karl Marx (1979)*; Lattés).

6772 Partout où l'homme apporte son travail, il laisse aussi quelque chose de son cœur.
Henryk Sienkiewicz *La Famille Polaniecki (1901)*; Ollendorff.

6773 Travailler, c'est prier.
Saint Bernard de Clairvaux (1090-1153) *Ad sororem.*

6774 Je n'aime pas le travail, nul ne l'aime ; mais j'aime ce qui est dans le travail l'occasion de se découvrir soi-même.
Joseph Conrad *Le Cœur des ténèbres (1902)*; tr. Ruyters ; Gallimard.

6775 Le produire fait passer de l'état caché à l'état non caché, il présente.
Martin Heidegger *Essais et Conférences*; tr. 1980 ; Gallimard.

6776 Le travail ne produit pas que des marchandises ; il se produit lui-même et produit l'ouvrier en tant que marchandise, et cela dans la mesure où il produit des marchandises en général.
Karl Marx *Manuscrits de 1844.*

vases communicants :

6777 Travail : l'un des processus par lesquels A accroît la propriété de B.
Ambrose Bierce *Dictionnaire du Diable (1911).*

6778 Crée comme Dieu, ordonne comme un roi, travaille comme un esclave[1] !
Constantin Brancusi dans Pandrea *Brancusi (1967).*

6779 Pour amener les travailleurs au statut de producteurs et consommateurs « libres » du temps-marchandise, la condition préalable a été l'expropriation violente de leur temps.
Guy Debord *La Société du spectacle (1967)*; Buchet-Chastel.

6780 On revient avec le crédit à une situation proprement féodale, celle d'une fraction de travail due d'avance au seigneur, au travail asservi.
Jean Baudrillard *Le Système des objets (1972)*; Gonthier.

6781 Chaque jour le travail accapare davantage la bonne conscience à son profit : le goût de la joie s'appelle déjà « besoin de repos » ; il commence à rougir de lui-même.
Friedrich Nietzsche *Le Gai Savoir (1881-1887).*

peut mieux faire :

6782 Il y a des gens qui font de l'argent, d'autres de la neurasthénie, d'autres des enfants. Il y a ceux qui font de l'esprit. Il y a ceux qui font l'amour, ceux qui font pitié. Depuis le temps que je cherche à faire quelque chose ! Il n'y a rien à y faire, il n'y a rien à y faire.
Jacques Rigaut *Écrits (1970)*; Gallimard.

1 - Brancusi disait que la sculpture « exige... une lutte acharnée contre les matériaux ».

Plus de travail ni de soucis. 6783
Plus de cigares ni de sorties.
C'est tout ça qui complique trop la vie.
Mike Lécuyer et **Mauro Serri** *Dépression nerveuse;* Disques Phonogram; BAP Productions.

Si le travail c'est la santé, à quoi sert la médecine du travail? 6784
Pensée du 27 avril 1981, Almanach de l'*Os à moelle;* Mengès.

La retraite, qu'est-ce que c'est, sinon la permission officielle de rouiller? 6785
Janine Boissard *Une femme neuve (1980);* Fayard.

trépas

Une vie qui s'achève fait, dit-on, venir de tous les coins du monde des anges pour la pleurer au point du jour. 6786
Chochana Boukhobza *Les Herbes amères (1989);* Balland.

Il est si humiliant de mourir! 6787
W.N.P. Barbellion *Journal d'un homme déçu;* Slatkine.

Mourir, c'est refuser toute compréhension, et pour toujours, de la part des autres [1]. 6788
Yasunari Kawabata *Nuée d'oiseaux blancs (1952);* tr. Fujimori, Guerne; Plon.

Peut-être faut-il considérer la mort comme la gaffe suprême ou hyperbolique, et le défunt comme le gaffeur génial qui, par l'indécence de son trépas, démolit toutes les combinaisons, déchire tous les pactes, vide tous les abcès, liquide tous les malentendus [2]. 6789
Vladimir Jankélévitch *Le Je-ne-sais-quoi et le Presque-rien (1980);* Le Seuil.

bilan :
Ce qui m'emmerderait le plus dans l'idée de mourir, c'est qu'il me faudrait revoir un peu mes dispositions à prendre, mes projets... 6790
Chaval dans Pierre Ajame *Entretiens avec Chaval (1976);* Le Chêne.

---

1 - Kawabata avait perdu dès sa prime enfance son père, sa mère, son unique sœur et sa grand-mère. Mais il fut surtout marqué par l'agonie de son grand-père, en 1914.
2 - Mais « pourquoi le malentendu ne se dissipe-t-il que quand il est trop tard? » *(ibid.).*

6791 Toute humanité veut vivre, mais elle ne veut pas payer le prix et ce prix est le prix de la mort.
Antonin Artaud *Lettres de Rodez (1946).*

6792 J'arrive au temps des échéances. J'ai dépensé ma vie qui n'est jamais qu'un prêt et qu'il faut rendre à la mort usurière.
Elsa Triolet *La Mise en mots (1969)*; Stira.

6793 La mort est d'abord le néant du savoir... « On ne sait pas. » Ce sont les premiers mots qui viennent, et qui conviennent.
Christian Chabanis *La Mort, un terme ou un commencement ? (1975)*; Fayard.

6794 J'approche tout doucement du moment où les philosophes et les imbéciles ont la même destinée.
Voltaire *Correspondance*, à Monsieur le marquis d'Argence de Dirac, 3 sept. 1770 [1].

baroud d'honneur :

6795 Tout ce qui ne tire pas son coup à la mort n'a pas voix au chapitre.
Denis Roche *Louve basse (1976)*; Le Seuil.

6796 Ci-gît dans une paix profonde
Une dame de volupté
Qui, pour plus de sécurité
Fit son paradis en ce monde [2].
Madame de Boufflers épitaphe pour elle-même, citée par Robert Sabatier *Dictionnaire de la mort (1967)*; Albin Michel.

permanente :

6797 Que m'importe de mourir
Les cheveux dans le vent !
Serge Gainsbourg *Harley-Davidson*; Éd. Bagatelle.

6798 La mort semble bien moins terrible, quand on est fatigué.
Simone de Beauvoir *Les Mandarins (1954)*; Gallimard.

6799 Quand la mort met le comble aux maux que j'ai soufferts,
Le beau soulagement d'être mangé des vers.
Voltaire *Poème sur le désastre de Lisbonne (1756).*

6800 Si je devais mourir à l'instant, je dirais : c'est tout ? Et aussi : je n'ai pas bien compris. Et aussi : ça faisait trop de bruit.
Kurt Tucholsky [3].

6801 Au milieu d'un monde qui s'écroule, on veut mourir debout.
Marcel Jouhandeau *Journal sous l'occupation : La courbe des angoisses (1980)*; Gallimard.

---

1 - Voltaire avait 76 ans.
2 - Mme de Boufflers, surnommée la Dame de Volupté, mourut à Paris en 1787. Voltaire lui avait souvent adressé des vers flatteurs :
« Vos yeux sont beaux, votre âme encore plus belle,
Et, sans prétendre à rien, vous triomphez de tous. »
3 - Écrivain allemand exilé en Suède dès l'avènement du nazisme. Il inscrivit ces mots dans un carnet peu avant de se suicider par le poison, le 19 décembre 1935.

salut :

Il faut bien de la force pour dire en mourant les mêmes choses qu'on dirait en bonne santé. 6802

Roger de Bussy-Rabutin (1618-1693) *Lettres à Madame de Sévigné.*

Ceux qui partent n'ont pas les mêmes pensées que ceux qui restent. 6803

François Weyergans *Rire et Pleurer ;* Grasset.

On peut déclamer sa maladie ou réciter la mort des autres, mais sa mort propre, on la meurt toujours avec naturel. 6804

Vladimir Jankélévitch *Le Je-ne-sais-quoi et le Presque-rien (1980) ;* Le Seuil.

Un petit sanglot est juste ce que l'on doit entendre des hommes à la veille de l'éternité. 6805

Jean Giraudoux *Souvenir de deux existences ;* Grasset.

Pour juger de quelqu'un, il faut lui avoir vu jouer le dernier rôle. 6806

Madame de Lambert [1] *Traité de la vieillesse (1732).*

Tout à coup, il se rappela qu'il mourait. 6807

James Blish *L'Artiste et son œuvre,* nouvelle dans *Universalia,* 1982.

Juste avant de mourir, j'ai revu en une seconde toute ma vie... 6808
Bizarrement, je n'étais pas dedans.

Marty Feldman [2] dans le film *La Bible ne fait pas le moine (1980).*

Je suis foutu ! Je ne peux plus lire ni écrire ! 6809
Je suis un autre !
Un autre qui regarde celui d'avant,
Sans intérêt d'ailleurs.

Jacques Prévert *Soleil de nuit (1977) ;* Gallimard.

Un capucin disait que Dieu avait bien fait de mettre la mort à la fin de la vie, parce qu'on avait ainsi le temps de s'y préparer. 6810

Pierre Larousse dans article *Ânerie, Grand Dictionnaire universel du XIXe s. (1864-1876).*

Il mourut en se demandant pourquoi diable la Loi universelle voulait que l'on commençât par naître [3]. 6811

Anthony Burgess *La Symphonie Napoléon ;* tr. G. Belmont et H. Chabrier (1978) ; Laffont.

Peu de jours avant sa mort, la jeune Mme d'Houdetot avait l'air très pensif. « À quoi rêvez-vous ? » lui dit-on. « Je me regrette. » 6812

Pierre Larousse anecdote citée dans le *Grand Dictionnaire universel du XIXe s. (1864-1876).*

---

1 - Devenue veuve en 1686, elle ouvrit dans son hôtel un salon demeuré célèbre.
2 - Metteur en scène.
3 - Pendant la retraite de Russie, le lieutenant Ratiano, qui vient de perdre sa jambe gelée, s'apprête à mourir.

6813 On demandait à Monsieur de Fontenelle mourant : « Comment cela va-t-il ? – Cela ne va pas, dit-il ; cela s'en va. »
Chamfort *Pensées, Maximes et Anecdotes (1803).*

6814 Est-ce que je meurs, ou est-ce mon anniversaire ?
Nancy Astor [1].

6815 Mon Dieu, allez hop... !
Max Baer [2] dernières paroles, 1959.

6816 Je n'aurais jamais dû passer du scotch au Martini.
Humphrey Bogart dernières paroles, 1957.

6817 Docteur, vous pensez que c'était la saucisse ?
Paul Claudel dernières paroles, 1955.

tristesse

6818 Prenez garde à la tristesse. C'est un vice.
Gustave Flaubert *Correspondance,* à Guy de Maupassant, 1878.

6819 Un homme triste pense mal.
Alain propos.

6820 L'homme ne sait pas très bien lui-même ce qu'il est, et cherche autour de lui des occasions à ses tristesses et des prétextes à ses contentements.
Charles Ferdinand Ramuz *La pensée remonte les fleuves (1907) ;* Plon.

6821 Comme la teigne au vêtement et le ver au bois, ainsi nuit la tristesse au cœur de l'homme.
Proverbe cité dans *Encyclopédie des mystiques ;* dir. Marie-Madeleine Davy ; Seghers.

6822 Je ne suis pas triste. J'ai simplement découvert... que nous sommes beaucoup plus malheureux dans le malheur qu'heureux dans le bonheur.
Armand Salacrou *Histoire de rire (1938) ;* Gallimard.

6823 Un bonheur ne peut pas être complet tant que la peine n'y entre pas pour quelque chose.
Adrien Therio *La Soif et le Mirage (1960) ;* Cercle du Livre de France.

---

1 - Ce furent ses dernières paroles, en voyant ses enfants assemblés autour d'elle en 1964.
2 - Boxeur américain.

On s'accommoderait aisément des chagrins, si la raison ou le foie n'y succombait. 6824
E. M. Cioran *Syllogismes de l'amertume;* Gallimard.

Au fond, voyez-vous, le chagrin c'est comme le ver solitaire : le tout, c'est de le faire sortir. 6825
Marcel Pagnol *Fanny (1932).*

Chagrin d'autrui semble querelle. 6826
Bonum Spatium, manuscrit du XIVe s. ; Paris, B. N.

[...] Entre le chagrin et nous, il faut mettre des faits nouveaux, fût-ce de se casser le bras. 6827
Stendhal *Vie de Henry Brulard (1835-1836).*

Univers

6828 Deux choses sont infinies : l'univers et la bêtise humaine ; mais en ce qui concerne l'univers, je n'en ai pas encore acquis la certitude absolue.
Albert Einstein (1879-1955).

6829 Il y a des milliers de ciels dans le ciel. Il y a des milliers de jours dans le jour.
Christian Robin *La Part manquante (1989)* ; Gallimard.

6830 Interrogeons alors l'observation astronomique sur la dimension de l'Univers. [...] Elle ne répond pratiquement rien [...] : au-delà d'une certaine distance, on ne « voit » plus rien. L'amélioration des télescopes n'y changera rien.
Hubert Reeves *Patience dans l'azur (1981)* ; Le Seuil.

6831 À l'échelle astronomique, la lumière progresse à pas de tortue. Les nouvelles qu'elle nous apporte ne sont plus fraîches du tout !
Hubert Reeves *Patience dans l'azur (1981)* ; Le Seuil.

Mon opinion est que l'univers est non seulement plus étrange que nous le supposons, mais plus étrange que nous pouvons le supposer. 6832
J.B.S. Haldane cité par Kenneth Clark *Civilisation;* trad. 1974; Hermann.

Nous sommes toujours de la taille de l'univers que nous découvrons. 6833
Frédérick Tristan *Journal d'un autre (1975);* C. Bourgois.

Rêvant depuis aux causes de la construction de ce grand Univers, je me suis imaginé qu'au débrouillement du chaos, après que Dieu eut créé la matière, les corps semblables se joignirent, par ce principe d'amour inconnu, avec lequel nous expérimentons que toute chose cherche son pareil. 6834
Cyrano de Bergerac *Histoire comique des États et Empires du Soleil (1662).*

L'Univers n'est qu'un vaste océan, sur la surface duquel nous apercevons quelques îles plus ou moins grandes, dont la liaison avec le continent nous est cachée. 6835
Discours préliminaire de l'Encyclopédie, p. XV (1751).

L'univers est une catastrophe tranquille. 6836
Saint-Pol Roux *Les Reposoirs de la procession (1907).*

C'est un fait de pure expérience qu'il n'y a pas d'espace sans temps ni de temps sans espace. 6837
Daisetz Téitaro Suzuki dans F. Capra *Le Tao de la physique;* colloque de Cordoue (1979); Stock.

Regarder loin, c'est regarder tôt. 6838
Béatrice Commengé *Le Ciel du voyageur (1989);* Gallimard.

La plus sûre manière de paralyser l'individu est de lui faire croire qu'il peut embrasser l'univers d'un clin d'œil. 6839
Jean-Edern Hallier *Chaque matin qui se lève est une leçon de courage (1978);* Éd. Libres Hallier.

vue imprenable :
L'oisillon au creux du nid ne peut connaître l'étendue de l'univers. 6840
La Dispute sur le sel et le fer (81 av. J.-C.), présenté par Georges Walter; tr. D. Baudry-Weulersse, J. Lévi, R. Baudry; Lanzmann/Seghers.

Les étoiles n'ont leur vrai reflet qu'à travers les larmes. 6841
Vladimir Nabokov *Regarde, regarde les arlequins;* tr. J.-B. Blandenier (1978); Fayard.

L'espace de Newton est le vide du cœur. 6842
Max Scheler (1874-1928) *Œuvres;* Éd. M. Scheler et M.-S. Frings.

Ce qu'il y a de plus incompréhensible dans l'univers, c'est qu'il soit compréhensible. 6843
Albert Einstein (1879-1955).

chienlit :

6844 Ce qu'expriment la plupart des phénomènes physiques, c'est simplement la tendance naturelle des populations de molécules à passer de l'ordre au chaos.
François Jacob *La Logique du vivant (1976)*; Gallimard.

6845 Le cosmos est une pensée qui ne se pense pas, suspendue à une pensée qui se pense.
Malebranche (1638-1715) *Œuvres complètes.*

6846 L'univers commence à ressembler plus à une grande pensée qu'à une grande machine.
J. Jeans *The Mysterious Universe,* Cambridge, 1931.

déclinaison :

6847 L'Univers est une machine à faire de la conscience.
Hubert Reeves *Patience dans l'azur (1981)*; Le Seuil.

gravitation :

6848 Tu fais semblant de croire que l'univers gravite autour du soleil, mais tu sais bien que c'est autour de toi.
Miguel Zamacoïs dans *Almanach des Lettres françaises et étrangères,* avril 1924; G. Crès et Cie.

V

Vérité

longue marche :
L'homme ne progresse pas de l'erreur vers la vérité, mais de vérités en vérités, d'une vérité moindre à une vérité plus grande. 6849
Vivekânanda [1] (1863-1902) *Jnâna yoga;* tr. J. Hebert; Albin Michel.

La vérité est pareille à l'eau qui prend la forme du vase qui la contient. 6850
Ibn Khaldoun [2] *Muqaddima;* tr. V. Monteil.

précaution :
L'art est nécessaire jusque dans la manière de présenter la vérité. 6851
Elie Fréron *L'Année littéraire (1761).*

La vérité est une science enfantine. 6852
Georges Schéhadé *Monsieur Bob'le (1951);* Gallimard.

---

1 - « Celui qui trouve sa joie (ananda) grâce à la discrimination (viveha) » a diffusé dans le monde l'enseignement de Râmakrishna dont il fut le disciple.
2 - Né à Tunis en 1332, il mourut au Caire en 1406 après une carrière politique et intellectuelle mouvementée.

6853 Ne soyez pas si pressée de croire tout ce qu'on vous raconte... Si vous vous efforcez de tout croire... vous deviendrez incapable de croire les vérités les plus simples.
Lewis Carroll lettre à Mary Mac Donald dans Henri Parisot *Lewis Carroll (1976);* Seghers.

6854 [...] Cette vieille erreur, qu'il n'y a de parfaitement vrai que ce qui est prouvé, et que toute vérité repose sur une preuve, quand, au contraire, toute preuve s'appuie sur une vérité indémontrée.
Arthur Schopenhauer *Le Monde comme volonté et comme représentation (1819).*

6855 Chaque fil de mes cheveux est une vérité différente.
Walter Campos de Carvalho *La Pluie immobile;* tr. A. Raillard; Albin Michel.

6856 Je ne crois plus qu'aux vérités qui se murmurent à voix aussi basse que la première lueur du jour.
Jean Duval *Cahiers (1968);* José Corti.

6857 Qui ne gueule pas la vérité dans un langage brutal quand il sait la vérité se fait le complice des menteurs et des faussaires.
Charles Péguy (1873-1914) cité par Robert Senon dans *Tempête sur l'Église;* Fayard.

6858 Ce que l'imagination saisit comme beauté doit être la vérité.
John Keats (1795-1821) *Lettres;* tr. Bemberg.

6859 Il est des moments où il n'y a ni bonté ni beauté dans la vérité.
Anthony Burgess *Les Puissances des ténèbres;* tr. G. Belmont et H. Chabrier (1980); L'Acropole.

6860 La connaissance progresse en intégrant en elle l'incertitude, non en l'exorcisant.
Edgar Morin *La Méthode (1980);* Le Seuil.

6861 L'homme est l'ouvrier d'une vérité que nul ne connaîtra jamais.
Jean-Paul Sartre *Vérité et Existence,* texte établi par A. Elkaïm-Sartre; Gallimard, 1989.

6862 Voir, c'est comprendre, juger, déformer, oublier ou s'oublier, être ou disparaître.
Paul Eluard *Dictionnaire abrégé du surréalisme;* Galerie des Beaux-Arts, 1938.

6863 La Vérité ? Une marotte d'adolescent, ou un symptôme de sénilité.
E.M. Cioran *La Tentation d'exister;* Gallimard.

6864 J'aime les enfants parce qu'ils mentent et les vieux parce qu'ils disent la vérité.
Paul Morand *Lettres du voyageur;* Éd. du Rocher.

6865 La vérité est ce qui mène au but.
Viekoslav Kaleb *Un escalier et rien de plus;* tr. Polanšcak; Zagreb.

Les années apprennent peu à peu, à tout homme, que la vérité 6866
seule est merveilleuse.
Maurice Maeterlinck *La Vie des termites (1926).*

Je dis toujours la vérité : pas toute, parce que toute la dire, on 6867
n'y arrive pas... les mots y manquent. C'est même par cet impossible que la vérité tient au réel.
Jacques Lacan *Séminaire, Livre II (1978);* Le Seuil.

Les vérités ne peuvent être qu'individuelles. 6868
Jacques de Bourbon-Busset *L'Amour durable (1969);* Gallimard.

Je n'ai jamais cessé d'être sincère lorsque je disais n'importe 6869
quoi.
Alexandre Minkowski *Un Juif pas très catholique (1980);* Ramsay.

La sincérité est trop facile pour que la vérité ne soit pas difficile. 6870
Roger Judrin *Ténèbres d'or;* L'Aire.

Dans le doute, dites la vérité. 6871
Mark Twain *Wilson tête de mou;* tr. Savine et Georges Michel.

Soyez réalistes : ne parlez pas de la vérité. 6872
Stanislas Jerzy Lec *Pensées échevelées;* tr. A et Z. Kosimor (1988); éd. Aldine.

Victoire

1337[1] :
On fait la guerre quand on veut, on la termine quand on peut. 6873
Machiavel *Le Prince (1513).*

1346[2] :
Ce qui perd toujours le vainqueur, c'est de croire en sa 6874
supériorité alors qu'il ne devrait considérer que la faiblesse de son adversaire.
Pierre Juillet[3] interview dans *L'Express,* 10 juillet 1981.

1525[4] :
Il n'est point de vainqueur sans l'aveu du vaincu. 6875
Quintus Ennius (239-169 av. J.-C.); tr. Gouast dans *La Poésie latine;* Seghers.

---

1 - Le 7 octobre 1337, Édouard III revendique le royaume de France. La « guerre de Cent Ans » « prit fin » au traité de Picquigny en 1475.
2 - Crécy.
3 - Ancien conseiller du président Pompidou.
4 - « Tout est perdu fors l'honneur. » François Ier, au soir de la défaite de Pavie, écrivit en fait à sa mère : « De toutes choses ne m'est demeuré que l'honneur et la vie qui est sauve. » C'est le Père Daniel (1649-1728) *(Histoire de France)* qui concentra la formule.

1940 :

6876 La France a perdu une bataille ! Mais la France n'a pas perdu la guerre !
Charles de Gaulle, affiche placardée sur les murs de Londres en juillet 1940.

6877 Il n'y a qu'une réponse à la défaite, et c'est la victoire.
Winston Churchill (1874-1965).

711 [1] :

6878 N'est vaincu que celui qui croit l'être.
Fernando de Rojas *La Célestine (1499)* [2] ; tr. Larrieu dans *Histoire illustrée de la littérature espagnole ;* Didier.

1941 [3] :

6879 Il n'y a que ceux qui sont dans les batailles qui les gagnent.
Saint-Just (1767-1794).

1870 [4] :

6880 La victoire aime l'effort.
Catulle (v. 84-54 av. J. -C.).

6881 [...] Avec quelque ardeur que les hommes poursuivent la victoire, ils aiment toujours à l'acheter.
Buffon (1707-1788) *Les Égarements du cœur et de l'esprit.*

333 av. J. -C. :

6882 Au fond des victoires d'Alexandre on retrouve toujours Aristote [5].
Charles de Gaulle *Vers l'armée de métier (1934) ;* Plon.

1806 [6] :

6883 Une victoire racontée en détail, on ne sait plus ce qui la distingue d'une défaite.
Jean-Paul Sartre *Le Diable et le Bon Dieu (1951) ;* Gallimard.

1918 :

6884 Qui ira donc compter les batailles perdues
Le jour de la victoire ?
Björnstjerne Björnson (1832-1910) *En avant.*

6885 Une guerre laisse le pays avec trois armées : une armée d'infirmes, une armée de pleureuses, et une armée de voleurs.
Henry Louis Mencken *Dictionary of Quotations.*

---

1 - Après la bataille de Jerez de la Frontera, Roderic pleure son royaume perdu. « Il est juste que comme une femme il pleure en mortelle douleur, celui qui, comme chevalier, n'a point défendu son royaume », répond sa mère. *Romance du soupir du Maure (1550 env.) ;* tr. Mérimée.

2 - Le titre originel était : *Comedia de Calisto y Melibea.* La Célestine est une sorcière entremetteuse qui doit faciliter les relations de Calisto et de Melibea.

3 - Pearl Harbor.

4 - Le maréchal Bazaine capitule sans combattre avec son armée intacte.

5 - À treize ans, Alexandre reçut pour précepteur Aristote. Sa victoire contre Darius à Issos, en 333, lui ouvrit la route de l'Asie.

6 - La boucherie d'Eylau provoqua cette réflexion de Napoléon : « Ce spectacle est fait pour inspirer aux princes l'amour de la paix et l'horreur de la guerre. »

Vie

Devant les murs de la cité, un soir d'hiver, 6886
Un homme qui avait beaucoup souffert
Cria, désespéré : « Quel but poursuit la vie ? »
Et clairement, l'écho lui répondit : « La vie ! ».
Frans De Wilde *Le But* dans Maurice Carême *Anthologie de la poésie néerlandaise;* Aubier-Montaigne.

L'éternité n'est guère plus longue que la vie. 6887
René Char *Feuillets d'Hypnos (1946);* Gallimard.

La vie est un sandwich de merde, et chaque jour vous en 6888
mangez un autre morceau.
Joe Schmidt[1] propos tenu en 1976.

La vie est comme une boîte de sardines; nous cherchons tous 6889
la clé.
Alan Bennett[2] *Beyond the Fringe (1961).*

Lorsqu'on n'a pas de vie véritable, on la remplace par des 6890
mirages.
Anton Tchekhov *La Mouette (1896).*

La vie ! Bien agiter avant l'usage. 6891
Miguel de Unamuno (1864-1936) *Frère Don Juan.*

La vie n'a de complaisance que pour ceux qui abusent d'elle. 6892
Robert Elie *La Fin des songes (1968).*

Sacrilège, la vie l'est par définition. 6893
Gilles Perrault *Les Gens d'ici (1979);* Ramsay.

La vie, c'est une barque dans l'herbe du matin. 6894
François Bott *Traité de la désillusion (1977);* P. U. F.

La vie est risible, et je ris. 6895
Henryk Sienkiewicz *Quo vadis ? (1894);* tr. B. Kosakiavicz et J.-L. Janasz; Flammarion.

Couple terrible : la vie tremble, la mort rit. 6896
Edmond Jabès *Le Petit Livre de la subversion hors de soupçon (1976);* Gallimard.

La vie est un travail qu'il faut faire debout. 6897
Alain.

La vie, ça se fabrique avec les moyens du bord. 6898
Hervé Bazin *Ce que je crois (1977);* Grasset.

---

1 - Footballeur américain.
2 - Humoriste anglais. Cette citation était prononcée par un curé farfelu de l'un des sketchs de « Beyond the Fringe ».

6899 La vie est une phrase interrompue.
Victor Hugo *Tas de pierres.*

6900 La vie est magnifique aussi longtemps qu'elle vous consume.
David Herbert Lawrence *Île, mon île (1921)*; Stock.

6901 Celui qui ne sait pas ce que c'est que la vie, comment saura-t-il ce que c'est que la mort ?
Confucius *Entretiens*; tr. Couvreur dans *La Chine*; Mazenod.

livraison :
6902 La vie nous donne ce qu'on en attend, mais ailleurs, autrement, et à contre-temps.
Alfred Fabre-Luce *Vivre avec son double (1979)*; Julliard.

6903 La vie étant ce qu'elle est, on rêve de vengeance.
Paul Gauguin dans Colin Wilson *Être assassin*; tr. C. Herreng (1977); A. Moreau.

6904 La vie n'est qu'une nuit à passer dans une mauvaise auberge.
Sainte Thérèse d'Avila; tr. Groult dans *Anthologie de la littérature spirituelle du XVIe siècle*; Klincksieck.

6905 Vivre, connaître la vie, c'est le plus léger, le plus subtil des apprentissages. Rien à voir avec le savoir.
J.M.G. Le Clézio *L'Inconnu sur la terre (1978)*; Gallimard.

6906 Chaque exilé est un Ulysse en route vers Ithaque.
Toute existence réelle reproduit l'Odyssée,
Le chemin vers Ithaque, vers le centre.
Mircea Eliade *Fragments d'un journal (1973)*; Gallimard.

6907 La vie est un court exil.
Platon.

6908 Il n'y a qu'une vie, c'est donc qu'elle est parfaite.
Paul Eluard *Une leçon de morale*; Gallimard.

6909 Il n'est pas plus surprenant de vivre deux fois qu'une.
Princesse Bibesco dans René Schérer et Guy Hocquenghem; *Coire* dans *Recherches*, n° 22.

6910 [...] La vie d'un homme ne laisse pas compter jusqu'à deux.
William Shakespeare *Hamlet (1601).*

6911 La vie ressemble à la maladie en ce qu'elle procède par crises et usure progressive, comme elle comporte aussi ses améliorations et aggravations quotidiennes. Mais, à la différence des autres maladies, la vie est toujours mortelle.
Italo Svevo *La Conscience de Zeno (1923)*; tr. Michel; Gallimard.

6912 Cette vie est un hôpital où chaque malade est possédé du désir de changer de lit.
Charles Baudelaire *Le Spleen de Paris (1869).*

6913 La vie nous éloigne bien plus des êtres que la mort.
Robert Charbonneau *Aucune créature (1970)* dans *Vie et lettres québécoises.*

Vivre est comme aimer ; toute raison est contre, et tout instinct robuste est pour. 6914
Samuel Butler *La Vie et l'Habitude ;* tr. V. Larbaud (1922) ; Gallimard.

On se lasse de tout, de tous, même de soi-même. Non sans toutefois se plaindre de la brièveté de la vie. 6915
Georges Perros *Notes d'enfance ;* Calligrammes.

Prendre connaissance de la vie, c'est savoir la supporter. 6916
Konrad Klapheck catalogue de son exposition, galerie Sonnabend, Paris (1965).

Presque toute vie d'homme est corrompue par le besoin qu'il a de justifier son existence. 6917
Henry de Montherlant *Pitié pour les femmes (1936) ;* Gallimard.

Il est incroyable que la perspective d'avoir une biographie n'ait fait renoncer personne à avoir une vie. 6918
E.M. Cioran

Je n'ai jamais aimé la vie, 6919
c'est elle qui m'a aimé.
Épitaphe de **Thomas Hardy** (1840-1928).

La vie ne vaut pas la peine d'être vécue, mais je vaux la peine de vivre. 6920
Arthur Cravan *J'étais cigare* dans *Maintenant,* 1913 ; Éric Losfeld.

J'ai réussi à rester en vie durant toute une existence. Ce dont je m'étonne encore aujourd'hui. Au point que je me demande parfois : comment les autres ont-ils fait, eux ? 6921
Hugo Loetscher *Le Déserteur engagé ;* tr. M. Thiollet (1989) ; Belfond.

J'estime la vie une chose trop importante pour en parler jamais de façon sérieuse. 6922
Oscar Wilde *L'Éventail de Lady Windermere (1893) ;* tr. Guillot de Paix ; Denoël.

Ne prenez pas la vie trop au sérieux, vous n'en sortirez pas vivant. 6923
Un humoriste anglais cité par Marc Oraison dans *La Mort... et puis après ? (1978) ;* Fayard.

Qu'avons-nous fait ? Ce que vous, moi et tous les autres font : du bien, du mal et rien. 6924
Denis Diderot *Le Neveu de Rameau (1774).*

Mon seul regret est de ne pas m'être vu passer [1]. 6925
Antoine Blondin *L'Ironie du sport ;* Éd. François Bourin.

1 - À propos de la caravane du Tour de France en 1954.

Vieillesse

6926 Peu de gens savent être vieux.
La Rochefoucauld *Maximes.*

Xénophile[1] :
6927 Les gens de mon âge me paraissent plus âgés que moi.
Maurice Chapelan *Amoralités familières (1964);* Grasset.

Mathusalem[2] :
6928 Ce n'est pas la jeunesse mais la vieillesse qui n'a pas d'âge.
Jean-Claude Pirotte *La Pluie à Rethel (1982);* Luneau-Ascot.

Adam[3] :
6929 L'un des privilèges de la vieillesse, c'est d'avoir, outre son âge, tous les âges.
Victor Hugo.

Enée :
6930 L'existence de l'homme porte la vieillesse du monde.
Joë Bousquet *Œuvre romanesque complète, t. III (1982);* Albin Michel.

Enoch[4] :
6931 Pour mériter le nom biblique de patriarche, il ne suffit pas d'avoir le poil blanc et de souffrir de la vessie.
Georges Bernanos *Le Lendemain, c'est vous ! (1969);* Plon.

6932 L'âge est devenu une maladie vénérienne.
Jorge Enrique Adoum *Élégie à soi-même;* tr. G. de Cortanze dans l'*Action poétique.*

6933 Il faut toujours garder un vice pour ses vieux jours[5].
Alexandre Vialatte *Dernières nouvelles de l'homme (1978);* Julliard.

6934 Les femmes regardaient Booz plus qu'un jeune homme.
Car le jeune homme est beau, mais le vieillard est grand.
Victor Hugo *La Légende des siècles : Booz endormi (1859).*

Attila[6] :
6935 Les vieillards seuls ont le temps d'aimer.
Honoré de Balzac *Une fille d'Ève (1834).*

---

1 - Âgé de 130 ans, ce musicien n'en paraissait que 50 (selon Pline).
2 - D'après les Septante, il serait né l'an du monde 687, et serait mort en 1656, c'est-à-dire âgé de neuf cent soixante-neuf ans.
3 - Il aurait vécu jusqu'à 930 ans.
4 - Père de Mathusalem. Il mourut lui-même âgé de 965 ans !
5 - Un Anglais de 101 ans se vit imposer une pénitence publique pour avoir engrossé une jeune fille. Né en 1483, il ne mourut qu'en 1651, à l'âge de 169 ans. On ne sait pas s'il continua ses frasques après sa « punition ».
6 - Attila, au Ve s., mourut à 124 ans d'un excès qu'il fit la nuit de ses noces.

La chouette de Minerve ne prend son vol qu'à la tombée de la nuit. 6936
G.W.F. Hegel *Principes de la philosophie du droit (1818)*; tr. Kahn.

Caïnan[1] :
Des vieillards mieux que d'autres conservent leur puissance sexuelle. Ne pourrait-on alors les utiliser à des fins de reproduction[2] ¿ » 6937
Pierre Vellas *Le Troisième Souffle (1977)*; Grasset/Opera Mundi.

Le désir, à un moment donné, devient quelque chose de plus qu'un désir : il devient un défi. 6938
Alberto Moravia interviewé par Frédéric Mitterrand dans *Paris Match,* 11 octobre 1990.

Secundi Hongo[3] :
La bonté, c'est la coquetterie des cheveux blancs. 6939
Octave Feuillet (1821-1890).

prostate :
Quand on est vieux, on n'a plus la volonté de se fermer. 6940
Pierre Jakez Hélias *Les Autres et les Miens (1980)*; Plon.

Sophocle[4] :
Je voudrais qu'à cet âge 6941
On sortît de la vie ainsi que d'un banquet,
Remerciant son hôte, et qu'on fît son paquet.
Jean de La Fontaine *Fables : La Mort et le Mourant.*

Noé[5] :
Le philosophe doit regarder la vieillesse comme un préjugé. 6942
Buffon (1707-1788) *Œuvres complètes, IV.*

Un enfant de Mai disait : « Je ne suis pas contre les vieux mais contre ce qui les fait vieillir. » 6943
Jean-Pierre Chevènement *Le Vieux, la Crise, le Neuf (1975)*; Flammarion.

Le soir de la vie apporte avec soi sa lampe. 6944
Joseph Joubert (1754-1824) Pensées.

Je vieillis, et il me semble que j'ai imperceptiblement glissé du temps que l'on passe à vivre à celui que l'on passe à regarder la vie s'écouler. 6945
Julien Gracq *Un beau ténébreux,* José Corti.

---

1 - Il engendra Malaléel à 70 ans.
2 - Cette boutade a été lancée par le professeur Antonini lors d'un colloque des universités du 3e âge.
3 - Le consul de Venise à Smyrne mourut à 115 ans. À 100 ans, les dents de sagesse lui poussèrent, et à 110 ans ses cheveux étaient redevenus noirs.
4 - Il mourut étranglé par un grain de raisin, à 130 ans.
5 - Il vécut 950 ans.

6946 Je jouis à chaque instant de vieillir parce que... je ressens le sentiment délicieux, à chaque seconde, de l'irrémédiable.
Jean Giono propos rapporté par Gilles Lapouge lors d'une interview de Louis Guilloux, dans *Lire,* été 1976, nos 11-12 [1].

6947 La ride est une allusion à la mort.
Vladimir Jankélévitch *La Mort (1966);* Flammarion.

Henriette [2] :
6948 Il faut devenir vieux de bonne heure pour rester vieux longtemps.
Caton le Censeur (v. 234-149 av. J. -C.) [3] *De re rustica.*

Luceya [4] :
6949 Ce qu'il y a de terrible dans le fait de vieillir, ce n'est pas d'être vieux mais de rester jeune.
Oscar Wilde (1854-1900).

6950 Longévité (n.) : prolongation peu commune de la crainte de la mort.
Ambrose Bierce *Dictionnaire du Diable (1911).*

6951 On ne meurt pas de vieillesse, ... on vieillit de mourir.
Jean-Paul Sartre.

puzzle :
6952 La vieillesse est un décès par petits morceaux.
Albert Cohen *Ô vous, frères humains (1972);* Gallimard.

Ville

6953 Je me souviens qu'au Monopoly, l'avenue de Breteuil est verte, l'avenue Henri-Martin rouge, et l'avenue Mozart orange.
Georges Perec *Je me souviens (1978);* Hachette.

au diable vauvert

6954 Dieu a fait la campagne, l'homme a fait la ville, et le diable la petite ville.
East Anglian Daily Times, 20 mai 1922.

---

1 - Mais Gilles Lapouge précise que Giono « était un menteur fieffé, un menteur génial ».
2 - La sage-femme qui accoucha la femme de Charles 1er d'Angleterre, avait 123 ans.
3 - Mais on peut rappeler la formule du comte de Ségur *(Galerie morale et politique) :* « Un Caton de vingt ans, un Adonis de cinquante ans, sont également ridicules ».
4 - À 100 ans, cette comédienne se faisait encore applaudir sur scène.

Moi d'abord la campagne, faut que je le dise tout de suite, j'ai jamais pu la sentir. [...] Mais quand on y ajoute la guerre en plus, c'est à pas y tenir. 6955
Louis-Ferdinand Céline *Voyage au bout de la nuit (1932)*; Gallimard.

Si vous voulez être connu sans connaître, vivez dans un village; si vous voulez connaître sans être connu, vivez à la ville. 6956
Charles Caleb Colton (1780-1832) *Lacon, or Many Things in Few Words.*

Tout le temps que nous avons cru perdre, jeune homme aigri, dans une province étouffante, nous lui devons nos armes les plus sûres. 6957
François Mauriac.

La grande ville est le seul refuge contre l'intolérance, l'inquisition puritaine. 6958
Paul Morand *New York*; Garnier-Flammarion.

Trifouillis-les-oies :
Une ville sans concierge ça n'a pas d'histoire, pas de goût, c'est insipide telle une soupe sans poivre ni sel, une ratatouille informe. 6959
Louis-Ferdinand Céline *Voyage au bout de la nuit (1932)*; Gallimard.

bitume :
La ville est le lieu privilégié du recouvrement de l'invisibilité de l'essentiel. 6960
Paule Monique Vernes *La Ville, la Fête, la Démocratie (1978)*; Payot.

Pour connaître toute la mélancolie d'une ville, il faut y avoir été enfant. 6961
Walter Benjamin *Enfance berlinoise (1962)*; tr. J. Lacoste; Lettres Nouvelles/M. Nadeau.

gondole :
Venise se noie, c'est ce qui pouvait lui arriver de plus beau. 6962
Paul Morand *Venise (1971)*; Plon.

Hâtons-nous de profiter de certaines villes tant qu'elles sont encore mortes. 6963
André Thérive *Limoges*; Émile-Paul.

Fourmies[1] :
Les hommes ne sont point faits pour être entassés en fourmilières mais épars sur la terre qu'ils doivent cultiver. Plus ils se rassemblent, plus ils se corrompent [...]. Les villes sont le gouffre de l'espèce humaine. 6964
Jean-Jacques Rousseau *Émile ou l'Éducation (1762).*

---

1 - 20 000 habitants environ.

Vertus [1] :

6965 Il y a à Florence un tas de tortues interlopes, plus ou moins séparées de leurs maris, de gaupes scandaleuses,... de réputations détraquées, de matrices décrochées, de vagins à pessaires, de mouchardes russes, de bas-bleus anglais, de tribades douteuses, et de pédérastes vagues, où l'on pourrait trouver à loger son ver si l'on avait les goûts de Balzac.
Théophile Gautier Lettre à la Présidente [2], 19 octobre 1850.

Saint-Cirq [3] :

6966 Rappelle-toi que la ville est un drôle d'endroit.
Quelque chose comme un cirque ou un égout.
Lou Reed *Coney Island Baby (Sunbury Music).*

Éclaires [4] :

6967 La ville, pour quelqu'un qui ne sait pas lire, c'est d'abord des pistes d'odeurs, un bruit de fond, des éclairs et des chatoiements.
Jacques Meunier *Les Gamins de Bogota (1977)*; Lattès.

Bruis [5] :

6968 Dans cet univers plein de bruit et de fureur, c'est le bruit des uns qui provoque la fureur des autres.
Antoine Blondin *Quat'saisons (1975)*; La Table Ronde.

6969 Une ville devient un univers lorsqu'on aime un seul de ses habitants.
Lawrence Durrell *Le Quatuor d'Alexandrie,* tr. R. Giroux; Buchet-Chastel.

6970 Tout est calme, la nuit est douce, Solange. Par une nuit calme et douce, vous entrerez chez moi et me surprendrez dans mon sommeil (sera-ce une surprise ? pas vraiment puisque vous êtes présente même dans mon sommeil). Le silence nous enveloppera telle la plainte retenue et joyeuse d'un quatuor de Schubert. Je vous attends. Vous viendrez, Solange, par une nuit calme et douce. Vous viendrez, Solange, et me surprendrez dans mon sommeil. Charles Henri.
P. S. J'oubliais. Le numéro du code de la porte d'entrée est 094 AZ 27 B.
Sempé dans *L'Express,* 4 mars 1983.

---

1 - Chef-lieu de canton de la Marne.
2 - La « Présidente » était la célèbre Aglaé Sabatier, maîtresse de mainte célébrité de Paris. Théophile Gautier ne passait pas inaperçu dans les rues de la capitale : il arborait une chemise rose, un pantalon gainé et des pantoufles vertes, qui l'auraient fait remarquer, même à Florence !
3 - Commune du Lot.
4 - Village de la Marne.
5 - Village des Hautes-Alpes.

Violence

Là où règne la violence, il n'est de recours qu'en la violence. 6971
Bertolt Brecht *Sainte Jeanne des abattoirs (1932)*; tr. Cadot; L'Arche.

parade :
La violence se donne toujours pour une contre-violence, 6972
c'est-à-dire pour une riposte à la violence de l'autre.
Jean-Paul Sartre *Critique de la raison dialectique (1960).*

Malheureusement, il y a des moments où la violence est la seule 6973
façon dont on puisse assurer la justice sociale.
T.S. Eliot *Meurtre dans la cathédrale (1935)*; tr. Fluchère; Le Seuil.

La violence prétend être la solution d'un problème. C'est elle qui 6974
est un problème.
Friedrich Halker.

nuances :
Nous sommes réticents aux meurtres particuliers, mais permissifs 6975
aux génocides, et résignés au meurtre général, biologique.
Viviane Forrester *La Violence du calme (1980)*; Le Seuil.

spécialité :
La violence meurtrière est le triste apanage de l'espèce humaine. 6976
Jacques Ruffié *De la biologie à la culture (1976)*; Flammarion.

au viol :
La violence, ce n'est pas des coups de poing ou des coups de 6977
pied, ni même des coups de mitraillette. C'est tout ce qui dérange l'ordre harmonieux des choses en commençant par le viol de la vérité, le viol de la justice, le viol de la confiance d'autrui.
Lanza del Vasto émission de A2, *L'invité de l'autre monde.* L. Pauwels et J.-Cl. Guilbert, février 1976.

affinités :
La gifle épouse toujours la forme de la joue. 6978
Roger Stéphane (discussion avec André Malraux) *Toutes choses ont leur saison (1979)*; Fayard.

variante :
Tendez l'autre joue trop souvent, et vous recevrez un coup 6979
de rasoir.
Johny Rotten [1].

---

1 - Star du rock punk britannique.

6980 L'agresseur est d'autant plus difficile à vaincre qu'il se fait plus intime.
Jean Bernard *L'Homme changé par l'homme (1976);* Buchet-Chatel.

6981 La séduction est la véritable violence.
Gotthold Ephraim Lessing *Emilia Galotti (1772).*

6982 Viser à la correction n'est pas une impulsion masochiste, c'est un cri de désespoir.
Pierre Albert Jourdan *À la merci des sentences* dans *Le Monde,* 25 juillet 1980.

6983 Quand le chêne est tombé, chacun se fait bûcheron.
Ménandre *Monostique,* 123.

privilégiés :

6984 Ce sont toujours les mêmes qui reçoivent les beignes.
Roger Stéphane (rapportant un propos d'André Malraux) *Toutes choses ont leur saison (1979);* Fayard.

6985 La violence est une forme de faiblesse.
Dominique Rocheteau [1].

à demain :

6986 Après avoir sorti un canif de sa poche, il dit : « Maintenant, on va lui couper la langue. » Moi, je n'ose pas rentrer ma langue et le voilà qui arrive tout près avec son canif; la lame ne va pas tarder à toucher la langue. Au dernier moment il retire sa main et dit : « Non, pas aujourd'hui, demain. »
Elias Canetti *Histoire d'une jeunesse. La langue sauvée* (trad. 1980); Albin Michel.

6987 La violence est ce qui ne parle pas.
Gilles Deleuze *Présentation de Sacher-Masoch (1967).*

6988 La fin est dans les moyens comme l'arbre est dans la semence.
Mahàtmà Gandhi dans Suzanne Lassier *Gandhi et la non-violence (1970);* Le Seuil.

6989 La non-violence sous sa forme active consiste en une bienveillance envers tout ce qui existe. C'est l'Amour pur.
Mahàtmà Gandhi *La Jeune Inde;* tr. Hart; Stock.

dernier coup :

6990 Au lieu de discourir continuellement sur la violence, on ferait mieux de cogner.
Roland Topor *Interlude* dans *Le Monde,* 11 octobre 1981.

1 - Footballeur français, né en 1955.

Virginité

Vierge... par la virginale porte Dieu entra dans votre port, 6991
Grâce à quoi rattachés nous sommes tous à la durable mort.
Arnaut Vidal *Canson à la Vierge*[1] *(XIVe s.).*

L'acte est vierge, même répété. 6992
René Char *Feuillets d'Hypnos (1946)* ; Gallimard.

fuite :
J'y pensais le jour, j'en rêvais la nuit... et à force de rêver, je 6993
m'aperçus en rêvant... je ne sais comment, de je ne sais quoi.
Charles Nodier (1780-1844) *Moi-même.*

Je ne connais pas de femme, et pourtant je ne suis pas vierge. 6994
Saint Basile de Césarée (330-379) cité par Cassien (350-432)
Institutions cénobitiques, VI, 79 (v. 417) ; tr. Cl. Guy ; Cerf.

fleur :
Je dois peut-être te dire « je t'aime », faut pas rêver 6995
Te faire l'amour avec des fleurs, faut pas rêver.
Jean-Michel Jarre *Faut pas rêver* ; chanté par P. Juvet ; Rideau Rouge.

pucelage :
Je lui dis que quand elle serait seule au lit je viendrais l'y 6996
trouver. Elle me dit que c'était bien... Elle en était fort impatiente, par cette curiosité naturelle aux femmes. Elle savait qu'il y avait un mystère, mais n'en avait aucune idée et était bien aise de le connaître... Je vins, elle fit tout cela en riant. C'était une charmante enfant... Les femmes de chambre virent le sang le lendemain[2].
Napoléon Ier (à propos de Marie-Louise) dans C.O. Zieseniss *Napoléon et la cour impériale (1980)* ; Tallandier.

Le premier amour réclame seulement un peu de sottise et 6997
beaucoup de curiosité.
George Bernard Shaw (1856-1950) dans Léon Treich *L'Esprit de Bernard Shaw* ; Gallimard.

Plus besoin d'un pucelage pour trouver un mari... La virginité 6998
féminine est devenue l'affaire des femmes.
Dominique Grisoni et autres *La Première Fois* ; Ramsay.

---

1 - Ce poème lui valut la Violette d'or en 1323 au Consistoire de la Gaie Science à Toulouse. Arnaut Vidal fut couronné le 3 mai 1324. Ce fut l'origine des Jeux Floraux.
2 - Marie-Louise succéda à Joséphine en 1810. Napoléon évoque la scène à son entourage de Longwood, à Sainte-Hélène.

blocage :

6999 Les Australiens sont encore trop prudes pour faire des poupées anatomiquement correctes.
Porte-parole du syndicat des jouets en Australie (1969).

7000 Je hais les êtres vierges, quand ils sont inhumains.
Romanos le Mélode (VIe s.) *Deuxième hymne des dix vierges ;* tr. Grosdidier de Matons ; Cerf.

7001 La chasteté, la perversion sexuelle le plus contre nature.
Aldous Huxley dans *The Sunday Times,* 1973.

7002 On est puceau de l'horreur comme on l'est de la volupté.
Louis-Ferdinand Céline (1894-1961) dans François Gibault *Céline (1977) ;* Mercure de France.

Virilité

connaisseur :

7003 Un homme se mesure en une nuit.
Henry de Montherlant *Œuvres complètes ;* Gallimard.

étalon :

7004 L'homme est la mesure de toute chose.
Platon *Théétète (369-367 av. J.-C.).*

7005 Il m'a écrit qu'en trois jours il avait tiré dix-neuf coups. C'est beau ! Mais j'ai peur qu'il ne finisse par s'en aller en sperme.
Tourgueniev à propos de Maupassant, cité par Henri Troyat dans *Maupassant ;* Flammarion, 1989.

7006 Une fois n'est rien, deux font grand bien, trois c'est assez, quatre c'est trop, cinq c'est la mort d'un gentilhomme, sinon qu'il fût affamé ; au-dessus, c'est affaire à charretiers.
Bonaventure Despériers *Les Nouvelles Récréations et Joyeux Devis, LXXXVI (1558).*

7007 Jouir sans interruption, c'est ne jouir de rien.
Baron d'Holbach *Système de la nature.*

7008 Les femmes savent bien à quoi s'en tenir sur ce qui fait le fond même de l'amour. Elles vantent les faiseurs d'odes et d'invocations : mais elles attirent et recherchent soigneusement les hommes bien portants et attentifs à leurs charmes.
Eugène Delacroix (1798-1863) *Journal.*

7009 Les bons coqs sont toujours maigres.
J. de La Véprie *Proverbes communs.*

On ne s'appuie que sur ce qui résiste. 7010
Sénèque.

aveu :
Je ne pouvais pas atteindre un mur avec un pistolet à six coups, mais je pouvais dégainer en moins de deux. Ça fait bien. 7011
John Wayne propos tenu en 1975.

Sur les petits chemins de terre 7012
On a souvent vécu l'enfer
Pour ne pas mettre pied à terre
Devant Paulette.
Pierre Barouh *La Bicyclette,* chanté par Yves Montand ; Éd. Saravah.

Les mâles sont surtout hardis avec les filles pauvres. 7013
Marcel Aymé *La Jument verte (1933) ;* Gallimard.

L'amour c'est comme l'alcool, plus on est impuissant et saoul et plus on se croit fort et malin et sûr de ses droits. 7014
Louis-Ferdinand Céline *Voyage au bout de la nuit (1932) ;* Gallimard.

Marx, Freud, Michel Polac...
[...] La barbe réchauffe le menton, le cerveau bouillonne davantage chez le barbu. Un bon critère de la qualité d'une barbe est la stimulation psychique qu'elle fournit au porteur. 7015
Louis Landry *Placide Beauparlant, révolutionnaire tranquille.*

force tranquille :
L'homme vraiment fort, équilibré, calme, boit tranquillement au bar ; il n'a pas besoin d'essayer de se prouver à lui-même qu'il n'a pas peur en s'engageant dans la Légion étrangère. 7016
Christopher Isherwood.

Il était bon et viril. Et qu'importait qu'il fût bon et viril de préférence avec de jeunes garçons la nuit, du moment qu'il l'était avec toute l'espèce humaine le jour. 7017
Françoise Sagan à propos de Tennessee Williams.

plus de force :
Ces dames voudraient être députés. Eh bien ! non, qu'elles restent ce qu'elles sont : des putes. Messieurs, au contact des femmes dans la lutte, le caractère de l'homme, s'il risque de gagner en violence impulsive, perdra de son énergie et de sa virilité. 7018
Sénateur Duplantier débat parlementaire, dans Louise Weiss *Mémoires d'une Européenne, t. 2 : Combats pour les femmes : 1934-1939 ;* Albin Michel.

Le courage contre les femmes n'est pas un don naturel, c'est une force acquise. 7019
Jean-Paul Richter *Blumen, Frucht und Dornenstücke.*

La nature n'aime pas les mâles ; ils sont destinés à s'entre-tuer. 7020
Jacques Chardonne *Propos comme ça (1966) ;* Grasset.

Visage

avantages :

7021 Quoi de plus commun de se croire deux nez au visage, et de se moquer de celui qui se croit deux trous au cul ?
Denis Diderot *Les Bijoux indiscrets (1748).*

7022 On peut dire tout ce que l'on veut, la gueule des gens, ça compte !
Olivier de Tissot *Sans âme ni conscience : la Magistrature (1975);* Balland.

7023 Notre vrai visage nous attend.
Jacques Lacarrière *Sourates (1976);* Fayard.

mauvaise mine :

7024 Nous voulions obtenir un effet particulier dans les scènes du cauchemar où Adèle se noyait... Pour suggérer une impression de bizarrerie, j'ai laissé les caractères fondamentaux de la réalité : un visage de couleur presque normale. Le résultat était monstrueux !
Nestor Almendros *Un homme à la caméra (1980);* Éd. Cinq Continents/Hatier.

7025 Rien ne vaut votre propre visage parce que personne n'y croit.
Fedor Dostoïevski *Les Possédés (1871).*

7026 Mon visage, que m'importe ? Car moi, je suis derrière. Il faut être devant pour recevoir le choc.
Edward Lear *Limericks.*

7027 Sur chaque visage on lit un désespoir
Où même le chagrin ne pourrait faire brèche.
Malcolm Lowry *Pour l'amour de mourir;* tr. J.-M. Lucchioni *(1976);* Éd. de la Différence.

7028 Et il y a un mot de Vinci : « Passé quarante ans, un homme est responsable de son visage[1]. » Ce n'est pas gai.
Jean Guéhenno *Changer la vie (1970);* Grasset.

7029 Voilà ce qui nous reste sur la figure après vingt ans passés. Une erreur ! Notre figure n'est qu'une erreur.
Louis-Ferdinand Céline *Voyage au bout de la nuit (1932);* Gallimard.

escroquerie :

7030 Elle a vingt ans le jour et cinquante ans la nuit.
Georges de Brébeuf (1618-1661) *La Gageure.*

---

1 - Attribué également à Vauvenargues, à Cocteau, à Vailland parfois ; 10 contre 1 sur Vauvenargues !

On finit par transformer en réalité les craintes de la tendresse : 7031
une mère voit sur le visage de son fils les marques d'une maladie qui n'y sont pas.
François René de Chateaubriand *Pensées.*

Il y a deux choses qu'on n'oublie qu'à sa mort, c'est le visage de 7032
sa mère et le visage de sa ville.
Nâzim Hikmet *Un étrange voyage ;* tr. Andac, Dino, Marcenac (1980) ; Maspero.

Vitalité

Penses-tu que ce soit là une petite chose que savoir vivre ? Non 7033
seulement une grande, mais la plus grande.
Saint Bernard de Clairvaux (1090-1153) dans *Patrologie latine, 3.*

La vie est à monter, et non pas à descendre. 7034
Émile Verhaeren *Les Forces tumultueuses (1902) ;* Mercure de France.

La porte étroite et le chemin étroit mènent à la vie et il y en a 7035
peu qui le trouvent.
Saint Matthieu.

C'est peut-être cela qu'on cherche à travers la vie, rien que cela, 7036
le plus grand chagrin possible pour devenir soi-même avant de mourir.
Louis-Ferdinand Céline *Voyage au bout de la nuit (1932) ;* Gallimard.

La vie d'un homme d'une certaine valeur est une continuelle 7037
allégorie.
John Keats [1] (1795-1821).

À vingt ans je trouve bête mon Moi je de dix ans. À trente celui 7038
de vingt. À cinquante ceux d'avant. Il n'y a pas de trêve. Où est le dernier Moi qui jugera tous les autres, et pourra les absoudre parce qu'enfin délivré d'être sempiternellement Moi ?
Claude Roy *Moi je (1969) ;* Gallimard.

Je n'évolue pas, je suis. 7039
Pablo Picasso dans *The Art,* 25 mai 1923.

Où est la vie que j'ai aimée ? 7040
Où est la vie qui m'a aimé ?
Ginzà.

---

1 - Il demanda que sur sa tombe fût gravé : « Ci gît un homme dont le nom fut écrit sur l'eau. »

7041 Ne manquez pas votre unique matinée de printemps.
Vladimir Jankélévitch *Le Je-ne-sais-quoi et le Presque rien, t. I. La Manière et l'Occasion (1980)*; Le Seuil.

7042 La vie est trop courte pour être petite.
Devise de **Benjamin Disraeli** (1804-1881).

7043 La plupart des hommes n'aiment rien ; ils n'existent que dans leurs créations ; l'homme veut brûler ; on ne supporte pas la vie de sang-froid.
Jacques Chardonne *Propos comme ça (1966)*; Grasset.

7044 Détruisons et brûlons tout ce qui nous empêche
De quelconque façon d'avoir toujours la pêche.
Noël Godin *Ode à l'attentat pâtissier. Anthologie de la subversion carabinée (1988)*; L'Âge d'Homme.

7045 J'aime couper de sprints ma marche vers la mort.
Jean Giraudoux *Le Sport (1928)*; Grasset.

7046 Il faut accompagner ce mouvement qui est en nous, accompagner joyeusement le temps.
Jacques Darras *Le Génie du Nord (1988)*; Grasset.

7047 La vie est une drôle de chose qui m'est arrivée sur le chemin de la tombe.
Quentin Crisp *Le Fonctionnaire du nu (1968)*; Laffont.

7048 La vie ne songe qu'à se reposer le plus possible en attendant la mort [...]. La vie ne songe qu'à mourir.
Jacques Lacan *Le Séminaire, II (1978)*; Le Seuil.

7049 La vie n'est qu'une variété de la mort, et une variété très rare.
Friedrich Nietzsche *Le Gai Savoir (1881-1887).*

7050 La vie est l'ensemble des fonctions qui résistent à la mort.
Marie François-Xavier Bichat [1] *Recherches physiologiques sur la vie et la mort (1800).*

7051 Si vie et mort joignent leurs doigts pour t'étrangler,
Trop morte vie et mort trop vive, alors t'imposent
De rejoindre en germe de fleur et grain de blé
L'essentiel des choses.
Roger Rabiniaux *La Fin de Pédonzigue (1978)*; Simoën.

7052 Vous m'avez mis au monde. Je ne vous en veux pas. J'y suis, j'y reste. Tout bien pesé, j'irai même jusqu'à vous remercier. C'est une expérience à tenter. Au moins une fois. Une fois, sans plus.
Georges Perros *Notes d'enfance (1979)*; Calligrammes.

1 - Il fut l'un des pères de l'histologie.

Durant la vie, on reste assis sans se reposer. 7053
Une fois mort, on se repose sans s'asseoir [1].
Houei-Neng (638-713) cité par John C.H. Wu *L'Enseignement de Houei-Neng (1970)*; Hermès.

Dans une vie, pour vivre vraiment, il faut au moins avoir un 7054
arbre pour que la pluie n'entre pas dans les yeux, un banc ou un vieux mur pour s'asseoir au soleil et regarder, et puis, aussi, une poignée de terre pour se couvrir le visage une fois mort.
Inès Cagnati *Mosé ou le Lézard qui pleurait (1979)*; Denoël.

Il faut convaincre les vivants que les morts ne savent pas 7055
chanter.
Leroi Jones *Manuel de guérilla (1965).*

Vocation

Je m'amusais aux billes que je rêvais déjà d'écrire. 7056
Louis Nucera *L'Obstiné*; Julliard.

Tout p'tit il battait ses copains 7057
Il était fier de ses deux poings
Presqu'autant qu'son père mineur
Qui disait : « Ça f'ra un boxeur ».
J. Guigo chanté par Yves Montand; *Battling Joë,* Éd. Loulou Gasté.

Si j'avais dit à mon père, sévère ingénieur, que je voulais écrire, 7058
il m'aurait demandé : à qui ?
Maurice Donnay cité par Marcel Pagnol, Discours de réception à l'Académie française.

Il faudra vous débarrasser, mon cher poète, de croire que le 7059
dégoût de la vie soit un signe de vocation religieuse.
Léon Bloy *Le Désespéré (1887).*

Les vocations manquées déteignent sur toute l'existence. 7060
Honoré de Balzac *La Maison Nucingen (1838).*

N'est pas érotomane qui veut. 7061
Alberto Moravia.

Laissez-moi dormir, j'étais fait pour ça. 7062
Épitaphe de **Francis Blanche.**

---

1 - Lin Tsi et les partisans japonais du koàn ont voulu ridiculiser les idées de Houei-Neng : « Il n'y a pas de travail dans le bouddhisme. Le tout est de se tenir dans l'ordinaire et sans affaires : chier et pisser, se vêtir et manger. » *Les Entretiens de Lin Tsi*; tr. P. Démiéville (1972).

Voisin

7063 Il ne peut pas pleuvoir chez le voisin sans que nous ayons les pieds mouillés.
Proverbe chinois.

7064 Ce n'est pas en enfermant son voisin que l'on se convainc de son propre bon sens.
Fedor Dostoïevski dans Roland Jaccard *La Folie (1980)*; P.U.F.

7065 Nous sommes tous les deux voisins du ciel, Madame,
Puisque vous êtes belle et puisque je suis vieux.
Victor Hugo *Toute la lyre.*

7066 Le bonheur de vivre en commun
C'est de critiquer, critiquer, critiquer les voisins
C'est pas grand-chose, c'est presque rien
Mais bon Dieu, qu'ça fait, qu'ça fait, qu'ça fait du bien.
Olivier Guichard, Jacques Demarny, Jean-Claude Lafon *Le Bonheur de vivre en commun*; Kuklos corp.

7067 Évite d'insulter ton voisin, car il demeure toujours à tes côtés.
Abû Bakr dans René R. Khawam *Propos des Arabes sur la vie en société*; Albin Michel.

7068 L'autre à nos côtés est-il un à-côté ?
Peter Posch dans *Apertura,* 1989.

7069 Celui qui a un bon voisin, disent les Grecs, possède un bien très précieux. Cela est également vrai de la femme du voisin.
Nicolas Bentley.

promiscuité :
7070 Il est une façon infaillible d'arriver à connaître les bons et les mauvais côtés de quelqu'un : être entassés ensemble sur un petit voilier d'une sécurité incertaine.
David Niven *Étoiles filantes*; tr. R. Fitzgerald (1977); R. Laffont.

7071 Je m'aperçois que j'éprouve du plaisir à faire du bien à mon voisin; cela m'inquiète énormément sur ma moralité.
Friedrich von Schiller (1759-1805).

7072 L'homme... est un pauvre être mis sur cette terre pour embêter les autres hommes.
Erik Satie, dans Ornella Volta *Erik Satie (1977)*; Seghers.

Voiture

La voiture est la grande soupape de sûreté des frustrations 7073
sociales de notre époque.
Gérard Mendel *Quand plus rien ne va de soi (1979);* R. Laffont.

L'automobile est un équivalent assez exact des cathédrales 7074
gothiques.
Roland Barthes *Mythologies (1957);* Le Seuil.

créneau :
Quand les autos penseront, les Rolls Royce seront plus 7075
angoissées que les taxis !
Henri Michaux cité dans Gilles Guérithault *Vive l'auto (1980);* Grasset.

Mercedes :
Au fond, c'est de l'altruisme d'acheter une voiture à effet ; tout 7076
est pour les autres...
Christiane Rochefort *Les Stances à Sophie (1963);* Grasset.

adultère :
La bagnole par excellence, c'est la familiale... le cabriolet, c'est la 7077
folie ; la familiale, c'est la raison : on couche un soir avec une « Triumph » mais on épouse une « 404 » pour la vie.
Bernard Charbonneau cité par Olivier Masli dans *Le Monde,* 17 août 1968.

L'automobile, c'est l'appendice mobile du nid familial. 7078
Ariane Chemin dans *Le Monde,* 15 avril 1990.

Quoi qu'il semble, il y a beaucoup moins de gens qui abîment 7079
leur voiture que de gens que leur voiture abîme.
Gilbert Cesbron *Mourir étonné (1976);* R. Laffont.

Le bon sens, c'est le type qui vous dit que vous auriez dû faire 7080
régler vos freins la semaine dernière avant de bousiller l'avant de votre voiture cette semaine-ci.
Raymond Chandler *Charades pour écroulés (1979).*

vert !
Tout automobiliste ambitieux est un assassin avec préméditation. 7081
Léon Bloy *Œuvres;* Mercure de France.

Au volant, n'importe qui devient un chef, soucieux d'imposer la 7082
justice, sa justice, aux autres conducteurs... Les complexes se défoulent, les fantasmes se rentrent dedans à cent à l'heure.
Jean Yanne *L'Apocalypse est pour demain (1977);* J.-C. Simoën.

l'homme pressé[1] *:*

7083 Lorsque nous partons sur ma voiture nouvelle, nous pensons : « Que l'aiguille du compteur atteigne 100 km à l'heure et je serai content » ; mais au retour, ayant vingt fois touché le chiffre prestigieux, nous ne sommes pas plus heureux ; le maximum rêvé, puis atteint, est bientôt devenu un monotone train de route.
Paul Morand *Venise.*

7084 La splendeur du monde s'est enrichie d'une beauté nouvelle : la beauté de la vitesse.
Filippo Tommaso Marinetti *Manifeste du futurisme* dans *Le Figaro,* 20 février 1909.

excès de vitesse :

7085 La femme dépasse toutes les bornes, dont la première, qui est l'homme.
Pierre Baillargeon *Commerce.*

embouteillage :

7086 Quel plus bel exemple de l'incommunicabilité moderne que le spectacle des automobilistes dans leurs véhicules : ceux qui roulent deux par deux ne disent pas un mot et ceux qui n'ont pas de passager parlent tout seuls...
Philippe Bouvard *Douze mois et moi : Mars (1978) ;* Stock.

ceinture de sécurité :

7087 Une atroce érection, causée par la masturbation d'une voiture mal suspendue, dont les coussins me branlaient l'entre-cuisse d'une façon dépravée.
Théophile Gautier *Lettre à la Présidente,* 19 octobre 1850.

7088 Seuls dans leurs voitures, les doigts dans le nez,... les hommes peuvent imaginer ce qu'ils feraient s'ils étaient des héros. Mais ils n'en sont pas.
Christiane Collange *Ça va les hommes ? (1981) ;* Grasset.

Volonté

7089 Si une forêt surgit pour vous empêcher d'avancer, écartez les arbres. Les ronces vous suivront.
Eugène Ionesco *Notes et contre-notes (1962) ;* Gallimard.

7090 Être dans le doute, c'est déjà être résolu.
William Shakespeare *Othello (1604).*

7091 Il faut faire quelque chose... Il faut faire quelque chose...
Lucile Desmoulins.

Il arrive que les grandes décisions ne se prennent pas, mais se forment d'elles-mêmes. 7092
Henri Bosco *Malicroix (1948);* Gallimard.

Les choses ne sont pas difficiles à faire, ce qui est difficile c'est de nous mettre en état de les faire. 7093
Constantin Brancusi Catalogue de l'exposition de New York, 1925.

Nos volontés ne sont en réalité que les expressions durcies, fixées et comme bloquées, de ceux de nos désirs que nous tenons pour avouables devant la société, nous-mêmes ou Dieu. Mais il y a tous les autres désirs, les plus nombreux, qui se trahissent dans et par la logique de nos actions mieux encore que par nos lapsus. 7094
Denis de Rougemont *L'avenir est notre affaire (1977);* Stock.

Voyage

Dans un voyage, le plus long est de franchir le seuil. 7095
Varron (116-27 av. J.-C.) *De re rustica.*

Ces touristes, troupeaux indécents traînés dans des campagnes napoléoniennes, d'Hilton en musée, auront fait la Chine et Bali, Bénarès et Borobudur comme ils font caca. 7096
Jacques Pimpaneau *Lettre à une jeune fille qui voudrait partir en Chine* (1990) ; Éd. Picquier.

Tous les voyages aujourd'hui sont polémiques, et se déplacer c'est avant tout se démarquer. 7097
Pascal Bruckner et **Alain Finkielkraut** *Au coin de la rue, l'aventure (1979);* Le Seuil.

lune :
Plus on voyage au loin, moins on connaît. 7098
Lao-Tseu *Tao Te King.*

(...) Loin, c'est la porte à côté 7099
Claude Roy *La Fleur du temps (1988);* Gallimard.

ANSELME : 7100
Las ! en si peu de temps ! il vivait ce matin !
MASCARILLE :
En peu de temps parfois on fait bien du chemin.
Molière *L'Étourdi (1655).*

Nous visitons non pas des lieux, mais le temps. 7101
Robert Coover *Gérald reçoit;* tr. B. Matthieussent (1988) ; Seuil.

Quelle inimaginable imprudence, quel défi au destin que de laisser partir loin de soi les êtres qui vous sont chers. 7102
Louis Calaferte *Memento mori;* L'Arpenteur, 1988.

7103 La vie est un voyage en parachute.
Vincente Huidobro *Altazor (1931);* Champ Libre.

7104 Le voyageur est encore ce qui m'importe le plus dans un voyage.
André Suarès (1868-1948).

7105 Le voyageur doit frapper à toutes les portes avant de parvenir à la sienne.
Rabindranâth Tagore *L'Offrande lyrique (1913);* tr. Gide ; Gallimard.

7106 Heureux qui comme Alice a fait un beau voyage.
Roland Bacri *Le Petit Lettré illustré (1971);* Balland.

touriste :

7107 Celui que Dieu veut combler de ses grâces
Il l'envoie dans le vaste monde
Pour lui faire voir ses merveilles.
Josef von Eichendorff *Scènes de la vie d'un propre-à-rien (1826);* tr. Sucher ; Aubier.

7108 Le campeur, ce véritable anti-héros de notre temps.
Pascal Bruckner et **Alain Finkielkraut** *Au coin de la rue, l'aventure (1979);* Le Seuil.

7109 Le secret pour voyager d'une façon agréable consiste à savoir poliment écouter.
Fedor Dostoïevski.

7110 Franchement, je crois que l'on apprend plus sur un pays en lisant, et en particulier en lisant ses romans, qu'en le visitant.
Anthony Burgess *Hommage à Qwert Yuiop,* tr. P. Leibler ; Grasset.

7111 L'ennui, avec Tania, c'est qu'elle avait une valise au lieu d'un con.
Henry Miller *Tropique du Cancer (1934).*

7112 J'ai la conviction que les gens sont comme des valises : remplies de choses diverses, elles sont expédiées, lancées, bousculées, flanquées à terre, perdues et retrouvées, jusqu'à ce qu'enfin l'Ultime Porteur les jette dans l'Ultime Train, et qu'elles roulent au loin dans un bruit de ferraille.
Katherine Mansfield *Félicité (1920);* tr. Delamain ; Stock.

7113 La transhumance a lieu parfois dans le silence et l'immobilité du corps.
François-René Daillie *Le Cabalaire* (1989) ; Éd. Philippe Olivier.

7114 Les déplacements sont toujours un petit morceau de sens dans une vie qui n'en a pas.
Xavier Patier *le Migrateur* (1990) ; La Table Ronde.

Index des mots-clés

A

B

C

D

E

F

G

H

I

J

K

L

M

N

O

P

Q

T

U

V

Y

Z

Index des auteurs

A

B

C

D

E

F

G

H

I

J

K

L

M

N

O

P

Q

R

S

T

U

V

W

X

Y

Z

Achevé d'imprimer
le 19 Février 1992
sur les presses de
l'Imprimerie Hérissey
à Évreux (Eure)
pour le compte des Éditions Hachette

Conception maquette : Nush Saïah

Imprimé en France
Dépôt légal : 7429, avril 1992
N° d'édition : 91074/18934
N° d'impression : 57307
23.17.4701.01/1
ISBN : 2.01.017736.3